시대에듀# 자격증은 합콘이 팡팡!
#해품사 한능검 합격콘텐츠 서비스

1 ▶ 저자 직강! 유튜브 무료강의

- 회차별 해품사의 기특(기출특화) 무료강의
- 해품사만의 합격꿀팁 + 출제예상 키워드 그냥 싹 다 공개!

▲ 해품사 유튜브

2 ▶ D-30부터! 해품사 한능검 수요스터디

- 2025년 각 시험 전 한 달 동안 매주 수요일에 총 5회 스터디 영상 업로드! (D-1 포함)
- 시험 D-1에는 출제될 문제 예언강의 업로드! ★수험생의 간증이 쏟아지는 찐적중강의
- 해품사의 유튜브 댓글 답변
- 우수참여자 선정 스타벅스 아메리카노 제공

*진행 관련 자세한 사항은 해품사 유튜브 커뮤니티 게시글 참조
*경품은 주최 측의 사정에 따라 유사한 가치의 다른 품목으로 변경될 수 있습니다.
*수요스터디 진행 일정은 주최 측의 사정에 따라 변경되거나 취소될 수 있습니다.

▲ 수요스터디 바로가기

KB215616

3 💬 실시간 저자 소통! 오픈채팅방

공부하다가 모르는 내용이 있거나 궁금한 사항은 오픈채팅방에서 바로 질문하세요!
저자와 한능검 전문가 운영진들이 실시간으로 빠르고! 자세하게! 답변해 드립니다.

▲ 오픈채팅방 바로가기

4 📱 언제 어디서나 공부 가능! HAI한국사 어플

- 기출문제 회차별/시대별/분야별 원하는 대로 무료 풀이
  해품사의 상세한 해설 바로 확인!
  헷갈리거나 틀린문제만 모아서 복습하기도 가능해요!
- 한능검 관련 실시간 질문&답변 가능

▲ 구글플레이

▲ 애플 앱스토어
HAI 한국사 or 하이한국사 검색

해품사 한능검, 한능검은 해품사!

기출문제 풀었을 때 50점 간당간당했는데 덕분에 93점 고득점했습니다.

덕분에 오늘 한국사 시험 문제 보자마자 답 맞혔어요! 감사합니다!

시험장에서 문제 보고 감사해서 울었습니다ㅠㅠ

고난도 짚어주신 부분은 진짜 디테일 끝판왕이네요.

기출의 흐름을 못 잡았었는데, 덕분에 잘 보고 왔어요!

무령왕릉, 신석기, 부여, 고구려 부흥운동 등... 적중률 대박이네요.

공부에 어려움을 겪던 와중에 해품사님 강의를 찾아서 듣게 되었는데, 핵심을 잘 짚어주시니 흐름을 잘 몰라도 뭐가 중요한지 확실히 알겠더라고요. 덕분에 이번 시험은 합격 점수를 훌쩍 뛰어넘는 점수를 받았습니다. 감사합니다.

되게 신선한 방식으로 문제를 연구하시네요. 인상 깊습니다.

댓글 안 쓰는데 넌 ㅇㅈ이다.

완전 가성비 꼼수 꿀팁들 감사합니다. 잘 써먹겠습니다.

금요일까지 기출 61점이었던 제가 현장에서 88점 받게 해준 해품사... 감사합니다.

이걸 왜 지금 봤지?

해품사님 ㄹㅇ최고네요. 걍 쌤 노베였는데... 찝으신 거 거의 다 나온듯;

시간이 많이 없었는데 해품사님 덕분에 합격했습니다. 정말 감사합니다!

 해품사 유튜브에 그대로 있는
#수험생 리얼후기

한능검 전문 유튜브 채널 "해품사의 한방 한능검 연구소"

- ✅ 한능검 매 시험 직접 응시, 총 19회 만점 받은 #프로만점러!
- ✅ 전 회차 기출분석 + 최신 이슈 분석으로 진짜 나올 내용만 적중하는 #한능검 예언가!
- ✅ 연세대 역사교육대학원에서 역사를 연구하는 #찐 사학도!
- ✅ 각종 한능검 꿀팁강의부터 기본 개념강의까지 폭넓은 강의를 선사하는 #족집게 과외쌤!

시대에듀#

기존을 뛰어넘다, 본질을 끌어올리다
수험생의 #니즈에 집중하다

#합격콘텐츠 검수단
상시 모집

합격 후 시대에듀#의 엄격한 검수단이 되어 주세요!
최고의 합격콘텐츠를 개발하여 #합격력을 끌어올리기 위한 노력에 함께해 주세요.

#합격생 #강사 #전문가분들의 연락을 기다리겠습니다.

▶ **모집기간**
　상시

▶ **활동내용**
　시대에듀# 자격증 교재 콘텐츠 검수 등

▶ **신청방법**
　QR 코드 스캔 → 신청서 작성

▶ **합격콘텐츠 검수단 혜택**
　• 검수 활동비 지급
　• 콘텐츠 검수단 활동 경력증 발급

※ 신청서 확인 후 내부 기준에 따라 선정하여 개별 연락드립니다.

한국사능력검정시험인증서

성   명 :

생 년 월 일 :

합 격 등 급 :

인 증 번 호 :

위 사람은 교육부 국사편찬위원회에서 주관한

제   회 한국사능력검정시험에서 위 급수에 합격하였기에

이 증서를 드립니다.

2025년   월   일

국사편찬위원회

2025
최신간

Feel Good~!

"기출 분석 좋은"

해품사
한능검
#기출은 해품사

기출문제편

시대에듀 #

딱 필요한 만큼 제대로 푼다!
#기출문제편

10회분이면 충분하다!

한능검 기출은 양치기로 풀어 내는 게 아닙니다. 학습에 가장 적절한 회차를 '잘' 푸는 게 중요합니다! 이론학습 후 학습효과를 가장 극대화할 수 있는 분량인 10회분을 제대로 풀어보세요!

기출은 해품사!
기출특화 해설강의

문제를 다 푼 후에는 기출분석에 특화된 해설강의를 봐야죠! 해품사 유튜브 '해품사의 한방 한능검 연구소'에서 해품사의 기특 해설강의까지 수강하세요.

기특 해설강의 ▲

해품사 주전공! 저격 모의고사!

저자 해품사가 가장 잘하는 게 바로 '출제 예언'입니다. 26회분 기출을 총분석해서 나올 확률이 가장 높은 문제들로만 저격 예상 모의고사를 만들었습니다!
기출을 다 푼 후 저격 예상 모의고사까지 풀고 시험장에 가면 문제가 술술 풀리는 기적을 경험할 거예요!

심화
2024년도
제72회 한국사능력검정시험 문제지

⏱ 80분 ▶ 분석해설편 p.6

1. (가) 시대의 생활 모습으로 옳은 것은? [1점]

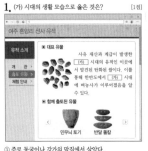

① 주로 동굴이나 강가의 막집에서 살았다.
② 지배층의 무덤으로 고인돌을 축조하였다.
③ 농경과 목축을 시작하여 식량을 생산하였다.
④ 호미, 쇠스랑 등의 철제 농기구를 제작하였다.
⑤ 주먹도끼, 찍개 등의 뗀석기를 처음 제작하였다.

2. 밑줄 그은 '이 나라'에 대한 탐구 활동으로 가장 적절한 것은? [2점]

① 임신서기석의 내용을 분석한다.
② 칠지도에 새겨진 명문을 해석한다.
③ 수도 왕검성의 위치에 대한 자료를 검색한다.
④ 10월에 지냈던 제천 행사인 동맹을 살펴본다.
⑤ 국가의 중대사를 논의한 화백 회의에 대해 조사한다.

3. (가), (나) 사이의 시기에 있었던 사실로 옳은 것은? [2점]

(가) 겨울에 백제왕이 태자와 함께 정병 3만 명을 거느리고 고구려를 침입하여 평양성을 공격하였다. 고구려왕 사유가 힘껏 싸우며 막다가 날아오는 화살을 맞고 죽었다.

(나) 정월에 백제는 고구려의 도살성을 쳐서 빼앗았다. 3월에는 고구려가 백제의 금현성을 함락시켰다. 신라왕이 양국의 병사가 지친 틈을 타 이찬 이사부에게 명하여 병사를 내어 쳐서 두 성을 빼앗아 증축하고 갑사 1천 명을 두어 지키게 하였다.

① 신라가 기벌포에서 당군을 격파하였다.
② 고구려가 국내성에서 평양으로 천도하였다.
③ 계백이 이끈 결사대가 황산벌에서 패배하였다.
④ 연개소문이 정변을 일으켜 권력을 장악하였다.
⑤ 김춘추가 당으로 건너가 군사 동맹을 체결하였다.

심화

해품사 한능검 저격 모의고사

시험 시작 전 문제지를 넘기면 부정행위로 간주됩니다.

○ 자신이 선택한 종류의 문제지인지 확인하십시오.
○ 답안지에 성명과 수험번호를 쓰고, 수험번호와 답은 컴퓨터용 사인펜으로 표시란에 정확히 표시하십시오.
○ 시험 시간은 10시 20분부터 11시 40분까지 80분입니다.

※ 응시자 유의사항을 수험표에서 다시 한 번 확인하시기 바랍니다.

분석해설 기출은 해품사!
해품사 한능검 저격 모의고사

키워드 추출이 기출풀이의 90% 이상!
#분석해설편

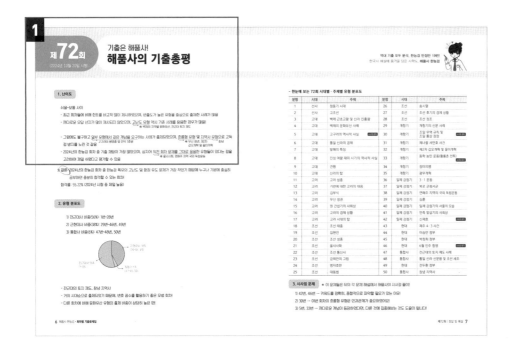

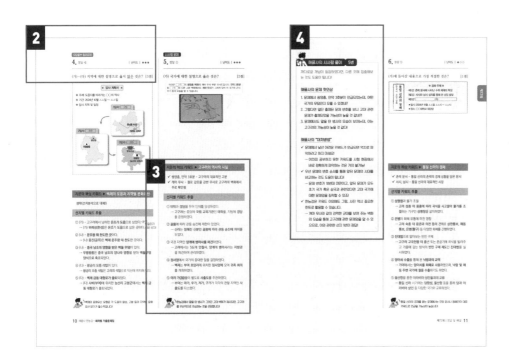

1

해품사라서 가능한 기출총평

해품사가 있는 그대로 알려주는 리얼한 회차별 기출총평을 읽어보며 회차별 난이도, 유형 등을 확인하세요!

2

오답률↑ 킬러문제

수험생이 많이 틀리는 오답률 높은 킬러문제에는 별도로 표시하였어요.

3

해품사의 키워드 추출

문제 지문에서 키워드를 추출하고, 선지별로 키워드 추출한 것을 분석하여 해설을 상세하게 분석합니다!

4

시사점 문제&시사점 풀이

총평에서 언급한 회차별 특이점이 있는 문제에는 해품사가 별도로 시사점 풀이를 해드려요.

#해품사 한능검 회차별 기출문제집 차례 & 학습플랜

기출문제편

제72회	심화편 기출문제	26
제71회	심화편 기출문제	40
제70회	심화편 기출문제	54
제69회	심화편 기출문제	68
제68회	심화편 기출문제	82
제67회	심화편 기출문제	96
제66회	심화편 기출문제	110
제65회	심화편 기출문제	124
제64회	심화편 기출문제	138
제63회	심화편 기출문제	152

완벽한 마무리! 해품사 저격 모의고사 ·········· 168

분석해설편

모든 문제를 다 이해하고
복습까지 끝냈을 때 체크!

제72회	심화편 분석해설	6	2월 9일 ☑
제71회	심화편 분석해설	36	☐
제70회	심화편 분석해설	66	☐
제69회	심화편 분석해설	98	☐
제68회	심화편 분석해설	128	☐
제67회	심화편 분석해설	158	☐
제66회	심화편 분석해설	188	☐
제65회	심화편 분석해설	220	☐
제64회	심화편 분석해설	250	☐
제63회	심화편 분석해설	280	☐
해품사 저격 모의고사 분석해설		312	☐

집중!! 해품사가 알려주는 한능검 관련 자주 묻는 Q&A

1 Q. 한 해 첫 시험은 쉽게, 마지막 시험과 방학 기간은 대체로 어렵게 출제된다는 소문이 있던데 진짜인가요?

A. 아니요! 무조건!! 랜덤입니다. 예를 들어 2020년의 마지막 시험은 손꼽히는 고난도 회차였는데, 2021년과 2024년 마지막 시험은 상당히 합격자가 많은 쉬운 회차였습니다! 제발 소문에 현혹되지 마세요!!
(자세한 건 뒷 페이지 기출분석에서 상세히 알려드려요!)

시험 기본 필수 정보

1) **시험접수**: 한국사능력검정시험 홈페이지(https://www.historyexam.go.kr)에서 접수
  *응시료 심화 기준 27,000원

2) **시험일정**
  – 심화 기준 연 4회
  – 편차 있을 수 있지만 대부분 2월, 5월, 8월, 10월에 시행
  추가접수 기간에는 원하는 고사장이 없을 확률 매우 높으므로 원서접수 첫 타이밍에 도전!!!

구분	원서접수	추가접수	시험일시	합격자 발표
제73회	2025년 1월 14일(화) 10:00~ 2025년 1월 21일(화) 17:00	2025년 1월 27일(월) 10:00~ 2025년 1월 31일(금) 17:00	2025년 2월 16일(일)	2025년 2월 28일(금)
제74회	2025년 4월 22일(화) 10:00~ 2025년 4월 29일(화) 17:00	2025년 5월 6일(화) 10:00~ 2025년 5월 9일(금) 17:00	2025년 5월 24일(토)	2025년 6월 5일(목)
제75회	2025년 7월 8일(화) 10:00~ 2025년 7월 15일(화) 17:00	2025년 7월 22일(화) 10:00~ 2025년 7월 25일(금) 17:00	2025년 8월 9일(토)	2025년 8월 22일(금)
제76회	2025년 9월 16일(화) 10:00~ 2025년 9월 23일(화) 17:00	2025년 9월 30일(화) 10:00~ 2025년 10월 3일(금) 17:00	2025년 10월 18일(토)	2025년 10월 31일(금)

2 Q. 한능검은 유효기간이 없나요?

A. 자격증의 유효기간 자체는 없습니다! (따두기만 하면 만료X)
  다만 주로 한능검을 따려는 분들은 공무원이나 공기업을 준비하는 분들이 많은데,
  각 기관이 인정하는 기간이 다르기 때문에 확인이 반드시 필요합니다!

활용 및 특전

• 2012년부터 한국사능력검정시험 2급 이상 합격자에 한해 인사혁신처에서 시행하는 5급공무원 공개경쟁채용시험 및 외교관 후보자 선발시험에 응시 자격 부여
• 2013년부터 한국사능력검정시험 3급 이상 합격자에 한해 교원임용시험 응시 자격 부여
• 국비유학생, 해외파견 공무원 선발 시 국사시험을 한국사능력검정시험(3급 이상 합격)으로 대체
• 2014년도부터 한국사능력검정시험 2급 이상 합격자에 한해 인사혁신처에서 시행하는 지역인재 7급 견습직원 선발시험에 추천자격 요건 부여

- 2015년부터 공무원 경력경쟁채용시험에 가산점 부여
- 2018년부터 군무원 공개경쟁채용시험에서 국사 과목을 한국사능력검정시험으로 대체
- 2021년부터 7급 국가(지방)공무원 공개경쟁채용시험에서 한국사 과목을 한국사능력검정시험으로 대체
- 2022년부터 순경공채, 경찰간부후보생 경찰채용 필기시험 한국사 과목을 한국사능력검정시험으로 대체
- 2023년부터 소방공무원, 소방간부후보생 공개채용 필기시험 한국사 과목을 한국사능력검정시험으로 대체
- 2024년부터 우정9급(계리) 공개채용 필기시험 한국사 과목을 한국사능력검정시험으로 대체
- 일부 공기업 및 민간기업의 직원 채용이나 승진 시 반영
- 일부 대학의 수시 모집 및 육·해·공·국군간호사관학교 입시 가산점 부여

※ 추후 변경 가능성 있으므로 자세한 사항은 한국사능력검정시험 홈페이지(https://www.historyexam.go.kr)를 참고하세요.

3

Q. 저는 노베이스인데, 이과인데, 재수생인데, 직장인인데, 한국사 극혐하는데(?) 1급 합격도 가능할까요?

A. 물론입니다! 각자의 상황에 맞게 모두 다 알맞은 방법으로 공부한다면 가능합니다!
제가 교재에서 제시하는 테마별 학습단계를 잘 따라오기만 한다면 분명히 원하는 결과를 얻을 것입니다!!

시험 점수

심화 1급: 80점 이상 / 심화 2급: 70점~79점 / 심화 3급: 60점~69점

4

Q. 시험 당일에는 어떤 자료를 보면 좋을까요?

A. 시험 당일에는 새로운 것을 암기하는 것보다는 전 범위 요약본을 가볍고 빠르게 훑어보는 것을 추천합니다. 한국사는 워낙 양이 방대하기 때문에 오히려 못 외웠던 새로운 것을 암기하면 더 헷갈릴 수도 있거든요^^; 교재 맨 앞에 있는 테마별 요약노트를 가져가서 달달 외우는 걸 추천합니다!

시험 당일 응시 관련

1) **입실:** 10시까지 필수! (1분이라도 늦으면 시험 못 봅니다!!!!!!!!!!!!)

2) **당일 준비물:** 신분증, 수험표, 컴퓨터용 사인펜 (하나라도 안챙기면 시험 절대 못 봅니다!)
   *수정테이프 사용 가능
   *가끔 수험표나 컴퓨터용 사인펜은 시험장에서 빌려주니 가져가지 않아도 된다.. 혹은 다른 시험에서는 준비물이 아니었는데.. 이 시험에서는 챙겨야하나? 모바일 신분증은 없나요..? 등 질문이 다수 있는데...
   무조건!!!!!!!!!! 챙기세요 안 챙기면 무조건 본인 책임!!

3) **시험 시간:** 50문제를 80분 동안 마킹까지 끝내야 합니다.
   시험 시간은 10시 20분부터(입실은 10시!!!!)

Feel Good~!

해품사 한능검, 기출은 해품사!

회차별 문항분석표

제72회(2024.10.20.) 문항분석표

※ 분류 기준에 따라 세부 내용은 달라질 수 있습니다.

시대 · 주제별 분석

문항	시대	주제	세부 키워드
1	선사	청동기 시대	민무늬 토기, 반달 돌칼
2	선사	고조선	상, 대부, 장군 등 관직, 범금 8조
3	고대	백제 근초고왕 및 신라 진흥왕	평양성 전투, 도살성, 금현성 점령
4	고대	백제의 문화유산 사례	위례성, 웅진, 사비
5	고대	고구려의 역사적 사실	쌍영총, 안악 3호분
6	고대	통일 신라의 경제	촌락 문서
7	고대	발해의 특징	정혜 공주 무덤
8	고대	진성 여왕 재위 시기의 역사적 사실	진성여왕
9	고대	견훤	공산 전투 승리
10	고대	신라의 탑	쌍봉사 철감선사탑
11	고려	고려 성종	12목, 의창, 국자감
12	고려	거란에 대한 고려의 대응	초조대장경
13	고려	김부식	삼국사기 편찬
14	고려	무신 정권	개경 환도, 조위총의 난, 정방 설치
15	고려	원 간섭기의 사회상	공민왕, 노국 대장 공주
16	고려	고려의 경제 상황	예성항, 개경
17	고려	고려 시대의 탑	경천사지 십층 석탑
18	조선	조선 태종	정도전 숙청(1차 왕자의 난)
19	조선	집현전	세종 때 설치된 학술 연구 기관
20	조선	조선 성종	악학궤범
21	조선	을사사화	외척 간의 권력 다툼
22	조선	조선 통신사	에도 막부의 요청으로 파견
23	조선	강희안의 그림	강희안
24	조선	병자호란	삼전도의 굴욕
25	조선	대동법	이원익, 방납의 폐단, 선혜청
26	조선	송시열	기축봉사
27	조선	조선 후기의 경제 상황	도고
28	조선	조선 정조	무예도보통지
29	개항기	개항기의 신문 사례	한성순보, 독립신문
30	개항기	조일 무역 규칙 및 조일 통상 장정	무관세, 방곡령
31	개항기	제너럴셔먼호 사건	미국 상선 격침
32	개항기	제2차 갑오개혁 및 을미개혁	김홍집, 박영효, 단발령
33	개항기	동학 농민 운동(황룡촌 전투)	장성, 황룡
34	개항기	정미의병	고종의 강제 퇴위, 군대 강제 해산
35	개항기	광무개혁	고종 황제, 구본신참
36	일제 강점기	3·1 운동	민족 최대의 독립 운동
37	일제 강점기	북로 군정서군	청산리 전투
38	일제 강점기	연해주 지역의 국외 독립운동	신한촌
39	일제 강점기	심훈	심훈, 먼동이 틀 때
40	일제 강점기	일제 강점기의 서울의 모습	미쓰코시 백화점, 토막집
41	일제 강점기	민족 말살기의 사회상	중일 전쟁
42	일제 강점기	신채호	광주 학생 항일 운동 진상 조사단 파견
43	현대	제주 4·3 사건	남한만의 단독 선거 반대, 무장대
44	현대	이승만 정부	4·19 혁명
45	현대	박정희 정부	긴급조치
46	현대	6월 민주 항쟁	호헌 철폐
47	통합사	전근대의 토지 제도 사례	관료전, 전시과, 과전법, 직전법
48	통합사	통일 신라 신문왕 및 조선 세조	관료전, 직전법
49	현대	전두환 정부	야간 통행 금지 해제
50	통합사	창녕 지역사	창녕비

해품사 간단총평 　전반적으로 기존 기출 재탕이 많은 무난한 회차!

합격률 　55.22% 　　**유형 분포도** 　전근대 28문제/근현대 19문제/통합사 3문제

제71회(2024.08.10.) 문항분석표

시대 · 주제별 분석

문항	시대	주제	세부 키워드
1	선사	구석기 시대	뗀석기, 주먹도끼
2	선사	부여	1책 12법, 우제점법
3	고대	가야	김수로왕
4	고대	원광	걸사표
5	고대	백제의 성장과 발전	사비 천도, 불교 수용, 평양성 공격
6	고대	신라 지증왕	신라 국호 및 왕 호칭 사용
7	고대	불국사 삼층 석탑	무구정광대다라니경
8	고대	삼국의 통일 과정(고구려 멸망)	안동도호부 설치
9	고대	장문휴의 등주 공격	등주를 습격
10	고려	고려의 경제 상황	해동통보
11	고려	역분전 및 개정전시과	역분전, 전시과 개정
12	고대	궁예	양길, 왕건의 나주 점령
13	고려	고려의 관학 진흥책	관학 진흥, 서적포
14	고려	무신 정권	이의방, 조위총, 정방
15	고려	몽골에 대한 고려의 대응	박서, 송문주
16	고려	고려의 문화유산 사례	상감청자
17	고려	이제현	역옹패설
18	통합사	안동 지역사	하회마을, 봉정사, 도산서원
19	조선	조선 태조(이성계)	한양 도읍
20	조선	비변사	비국, 주사, 국방 문제 논의
21	조선	을사사화	대윤과 소윤의 정치적 갈등
22	조선	이괄의 난 및 병자호란 이후	이괄, 소현 세자
23	조선	신해통공	체제공, 난전
24	조선	조선 숙종	백두산 정계비 건립
25	조선	김정희	세한도
26	조선	조선 후기의 사회상	공노비 해방
27	조선	세도 정치기 및 조선의 사회	안동 김씨 등 외척 세력
28	개항기	신미양요	어재연, 광성보
29	개항기	조일 수호 조규 부록 및 조영 수호 통상 조약	간행이정 10리, 영국 인민의 여행
30	통합사	처용무	궁중 무용, 벽사
31	개항기	을미개혁	태양력, 건양
32	개항기	통리기무아문	개화 정책 총괄 기구
33	개항기	대한매일신보	양기탁
34	개항기	독립 협회	독립문
35	개항기	화폐 정리 사업	백동화, 메가타
36	일제 강점기	연해주 지역의 국외 독립운동	스탈린의 중앙아시아 강제 이주 정책
37	개항기	안중근	동양평화론
38	일제 강점기	무단 통치기의 사회상	조선 태형령
39	일제 강점기	회사령 폐지 및 농촌 진흥 운동	회사령 폐지, 농촌 진흥 위원회
40	일제 강점기	민립 대학 설립 운동	대학을 세움, 이상재
41	일제 강점기	원산 총파업	일제 강점기 최대 규모의 노동 운동
42	일제 강점기	일제 강점기의 사회 및 문화	백화점, 수학여행, 토막집
43	일제 강점기	한국 광복군	지청천, 인도 · 미얀마 전선 파견
44	일제 강점기	민족 말살기의 사회상	중일 전쟁, 창씨개명
45	통합사	공주 지역사	공주 석장리, 우금치 전투
46	현대	6 · 25 전쟁	유엔군
47	현대	5 · 10 총선거	우리나라 최초로 실시된 총선거
48	현대	노태우 정부	서울 올림픽
49	현대	부 · 마 민주 항쟁	야당 총재의 국회의원직 제명
50	현대	김대중 정부의 통일 노력	6월의 남북 정상 회담

해품사 간단총평 까다로운 키워드가 많이 출제되었으며, 어려운 유형이 포진된 회차!

합격률 46.8% **유형 분포도** 전근대 26문제/근현대 21문제/통합사 3문제

제70회(2024.05.25.) 문항분석표

시대 · 주제별 분석

문항	시대	주제	세부 키워드
1	선사	청동기 시대	비파형 동검
2	선사	동예	단궁, 과하마, 반어피
3	고대	고구려 장수왕의 한성 함락	문주, 고구려 군사의 공격 및 왕 사망
4	고대	고구려 소수림왕	율령, 전진 사신 파견, 태학 설립
5	통합사	도교와 관련된 역사적 사실	강서대묘 현무도, 산수무늬 벽돌
6	고대	원효	금강삼매경론, 대승기신론소
7	고대	발해	대조영
8	고대	최치원	진성여왕, 시무 10여조
9	고대	원성왕 즉위	김경신 왕위 계승
10	고대	후삼국의 통일 과정	견훤의 금산사 유폐, 일리천 전투
11	고려	고려의 지방 행정	다인철소, 망이 · 망소이의 난
12	고려	고려의 승려 사례	지눌
13	고려	고려 숙종	주전도감, 해동통보
14	고려	무신 정변	정중부, 의종의 폐위
15	고려	강화 천도 및 삼별초의 항쟁	최우, 김방경, 김통정
16	고려	원 간섭기의 사회상	응방, 겁령구, 순군, 홀적
17	조선	조선 태종	제1차, 제2차 왕자의 난
18	조선	김종서	계유정난 때 살해됨
19	조선	조선 성종	홍문관
20	조선	조광조의 주장	소격서 폐지, 현량과 실시
21	조선	임진왜란	고경명, 조헌, 의병장
22	통합사	우리나라의 사찰 사례	불국사 삼층 석탑
23	조선	대동법	이원익, 방납의 폐단
24	조선	조선 정조	규장각 검서관
25	조선	조선 후기의 사회상	만상과 송상
26	조선	박지원	열하일기
27	조선	김홍도의 그림	단원, 스승 강세황
28	개항기	병인양요 및 신미양요	양헌수, 어재연
29	개항기	조미 수호 통상 조약	미국, 보빙사
30	개항기	갑신정변	급진개화파, 김옥균
31	조선	덕수궁	중명전
32	개항기	정미의병	고종 강제 퇴위 및 군대 강제 해산
33	개항기	경인선 개통	서대문 정거장에서 철도 개통
34	일제 강점기	서간도 지역의 국외 독립운동	신흥무관학교
35	일제 강점기	3 · 1 운동	고종의 인산일을 계기로 시작
36	일제 강점기	무단 통치기의 사회상	토지조사사업
37	일제 강점기	대종교	나철, 단군 신앙
38	일제 강점기	1920년대의 만주 지역의 독립운동	간도참변, 자유시 참변, 미쓰야 협정
39	일제 강점기	문화 통치기의 사회상	나운규, 아리랑
40	일제 강점기	민족 말살 통치기의 사회상	국민학교, 중일 전쟁
41	일제 강점기	조소앙	대한민국 임시 정부 건국 강령
42	현대	남북 협상	김구, 김규식
43	현대	노태우 정부의 통일 노력	남북한의 유엔 동시 가입
44	현대	한 · 미 상호 방위 조약	한 · 미 상호 방위 조약
45	현대	7차 개헌(유신 헌법) 및 8차 개헌	통일 주체 국민 회의, 대통령 선거인단
46	현대	김영삼 정부	금융 실명제, 국제 통화 기금(IMF)
47	현대	노무현 정부	호주제 폐지
48	통합사	우리나라의 사회 보장 제도 사례	사창제
49	현대	김대중 정부	한일 월드컵
50	통합사	대구 지역사 및 광주 지역사	2 · 28 민주 운동, 5 · 18 민주화 운동

해품사 간단총평 유형이 크게 까다롭지는 않으나, 사료와 키워드의 난도가 높은 회차!

합격률	46.76%	유형 분포도	전근대 26문제/근현대 20문제/통합사 4문제

제69회(2024.02.17.) 문항분석표

시대 · 주제별 분석

문항	시대	주제	세부 키워드
1	선사	신석기 시대	빗살무늬 토기, 농경과 목축이 시작
2	선사	신라 진흥왕	북한산 순수비
3	선사	동예 및 삼한	무천, 천군
4	고대	무령왕	22담로에 왕족 파견
5	고대	살수 대첩 및 안시성 전투	을지문덕, 안시성
6	고대	금동 연가 7년명 여래입상	연가 연호
7	고대	삼국의 통일 과정	기벌포, 흑치상지, 검모잠, 안승
8	고대	통일 신라의 경제 상황	민정 문서
9	고대	발해	대조영, 북국
10	고려	고려 왕건	후삼국 통일
11	통합사	평양 지역사	조위총의 난, 동녕부
12	고려	고려의 경제 상황	활구, 은병, 경시서
13	고려	여진에 대한 고려의 대응	윤관
14	고려	무신 정권	김사미, 효심, 이연년
15	고려	고려 공민왕	기철
16	고려	고려의 문화유산 사례	몽골의 침략을 받던 시기
17	고려	저고여 피살 사건 및 원 간섭기	살리타, 첨의부, 제국대장공주
18	고려	최영	요동 정벌 추진
19	조선	균역법	2필의 역을 1필로 감면
20	조선	사헌부	감찰, 대사헌
21	조선	조광조	위훈 삭제, 소격서 폐지
22	조선	조선 광해군	폐모살제, 중립 외교
23	조선	병자호란	삼전도에서 항복
24	조선	조선 세조	직전법
25	통합사	충주 지역사	김윤후의 대몽 항쟁, 탄금대 전투
26	조선	기사환국 및 갑술환국	장희빈 아들 원자 책봉, 인현왕후 복위
27	조선	박제가	북학의
28	조선	세도 정치기 및 조선의 사회	진주, 백낙신, 유계춘
29	개항기	병인양요	정족산성, 양헌수
30	개항기	임오군란	군인들의 봉급이 몇 달 동안 밀림
31	개항기	제1차 갑오개혁	군국기무처
32	개항기	독립 협회	독립문
33	개항기	국채 보상 운동	외채 1,300만 원
34	개항기	고종의 강제 퇴위	황제 퇴위
35	일제 강점기	물산 장려 운동	조선인 기업의 상품 장려
36	일제 강점기	의열단	김원봉
37	일제 강점기	일제 강점기의 항일 운동 및 단체	순종의 죽음, 기회주의 배격, 광주 학생
38	일제 강점기	민족 말살기의 사회상	국가 총동원법
39	현대	신한공사 및 농지 개혁법	신한공사, 농지의 분배
40	일제 강점기	백남운	조선사회경제사
41	일제 강점기	한국 광복군	지청천, 충칭에 총사령부 존재
42	현대	6 · 25 전쟁	중국군, 유엔군
43	현대	장면 내각	내각 책임제
44	현대	사사오입 개헌	사사오입
45	현대	박정희 정부(정치)	인민혁명당 재건위 사건, 긴급조치
46	현대	박정희 정부(경제)	경부 고속 도로 개통, 포항 제철
47	통합사	우리나라의 군사 제도 사례	9서당, 대장군, 무위영, 장어영, 금위영
48	고대	통일 신라 신문왕	9서당
49	현대	5 · 18 광주 민주화 운동	시민군, 계엄군
50	현대	김영삼 정부	하나회 숙청, 문민정부

해품사 간단총평   일부 유형만 소거법을 활용하면 무난히 풀이할 수 있는 회차!

합격률   54.59%   **유형 분포도**   전근대 27문제/근현대 20문제/통합사 3문제

제68회(2023.12.02.) 문항분석표

시대 · 주제별 분석

문항	시대	주제	세부 키워드
1	선사	청동기 시대	고인돌
2	선사	위만	준왕을 몰아내고 왕에 즉위함
3	선사	부여	영고
4	고대	백제의 문화유산 사례	부소산성
5	고대	대야성 전투 및 나당 동맹 체결	대야성, 김춘추, 당태종
6	고대	통일 신라 하대의 사회상	최치원, 진성여왕
7	고대	가야	김수로왕
8	고대	고구려 소수림왕	고국원왕의 아들, 승려 순도
9	고려	고려 성종	12목, 경시서
10	고대	발해의 문화유산	영광탑
11	고려	고려 광종	노비안검법, 쌍기
12	고려	고려의 지방 통치 체제	개경, 남경, 동경
13	고려	여진(금)에 대한 고려의 대응	아구다, 윤관, 정지상
14	통합사	우리나라의 천문학 사례	천문학
15	고려	삼별초	좌별초, 우별초, 최씨 무신 정권이 조직
16	고려	원 간섭기의 사회상	응방, 몽골어, 기철
17	고려	직지심체요절	청주 흥덕사
18	조선	정도전	불씨잡변, 왕자의 난으로 인해 사망
19	조선	조선 세조	이시애의 난
20	조선	임진왜란	일본군, 명의 장수
21	조선	조식	남명, 조선 중기의 성리학자
22	조선	조선 세종	공법
23	조선	조선 후기의 사회상	상평통보, 고추, 담배
24	조선	조선 영조	탕평비, 준천사, 신문고 재설치
25	조선	승정원	은대, 도승지
26	조선	기해예송	송준길, 허목, 3년복
27	조선	종묘	태조 이성계가 처음 건립
28	조선	조선의 역관	역관
29	통합사	개성 지역사	송악
30	개항기	강화도 조약	운요호 사건, 신헌
31	개항기	동학 농민 운동	이용태, 일본의 경복궁 침범, 청일 전쟁
32	개항기	두모포 수세 사건	동래부의 조선 상인에게 세금 징수
33	개항기	보빙사	미국 공사의 부임에 대한 답례
34	일제 강점기	민족 말살기의 사회상	중일 전쟁
35	일제 강점기	3·1 운동	고종의 장례식을 계기로 발생, 헌병
36	개항기	신민회	안창호, 양기탁, 태극 서관
37	개항기	광무개혁	석조전, 고종 황제
38	일제 강점기	국민 대표 회의	국민적 대회합, 국민이 위탁한 사명
39	일제 강점기	산미 증식 계획	수리 조합비 부담, 만주산 잡곡 수입
40	일제 강점기	북로 군정서군	김좌진이 지휘
41	일제 강점기	형평 운동	백정들에 대한 차별
42	현대	6·25 전쟁(서울 수복)	서울 수복
43	현대	김대중 정부	최초의 남북 정상 회담 성사
44	현대	4·19 혁명	3·15 부정 선거에 항거
45	현대	박정희 정부	YH 무역 여성 노동자들의 농성
46	현대	전두환 정부	야간 통행 금지 해제, 삼청 교육대
47	현대	여운형	조선 건국 준비 위원회
48	고대	삼국 시대의 학습 활동 사례	삼국 시대 사람들의 학습 활동
49	통합사	우리나라의 도자기 사례	백자, 고려청자, 분청사기, 청화백자
50	현대	전태일 분신 자살 사건	근로 기준법 준수

해품사 간단총평	독특한 유형이 많으나, 키워드가 어렵지 않은 회차!
합격률 59.35%	유형 분포도 전근대 28문제/근현대 19문제/통합사 3문제

시대 · 주제별 분석

문항	시대	주제	세부 키워드
1	선사	청동기 시대	계급의 출현, 고인돌, 민무늬 토기
2	선사	고대 철기 국가의 제천 행사	동맹, 계절제
3	고대	백제 성왕	사비 천도
4	고대	분황사 모전 석탑	현존하는 가장 오래된 신라 탑
5	고대	삼국의 통일 과정	연개소문의 사망, 기벌포 전투
6	고대	의상	부석사
7	고대	통일 신라 신문왕	감은사 완공
8	고대	혜공왕 피살	김지정, 혜공왕 피살
9	고대	발해	정효 공주
10	고대	신검의 견훤 금산사 유폐	신검의 견훤 금산사 유폐
11	고려	고려 광종	광덕, 준풍 연호
12	고려	고려 현종	왕의 나주 피란
13	고려	최충헌	이의민을 제거하고 정권 장악
14	고려	동북 9성 축조 및 처인성 전투	윤관, 살리타
15	고려	여몽 연합군의 일본 원정	일본 정벌
16	고려	논산 관촉사 석조 미륵보살 입상	관촉사
17	고려	국자감	국자학생, 태학생, 사문학생
18	고려	고려의 중앙 행정 제도	군사 기밀 및 왕명 출납, 낭사, 서경권
19	고려	최영의 요동 정벌 추진	최영과 함께 요동을 공격
20	조선	고려사	우왕 및 창왕을 열전에 기록함
21	조선	유향소	향리들의 불법을 규찰함
22	조선	김종서	계유정난 때 살해됨
23	조선	조선 후기의 사회상	만상, 연행사
24	조선	임진왜란(평양성 전투)	조·명 연합군의 평양성 탈환
25	조선	박제가 및 정약용	북학의, 경세유표
26	조선	조선 시대의 5군영	총융청, 훈련도감, 금위영
27	조선	조선 정조	화성, 혜경궁 홍씨
28	조선	황사영 백서 사건	황사영
29	개항기	신미양요	제너럴셔먼호 사건을 구실로 일어남
30	개항기	조청 상민 수륙 무역 장정 및 조일 통상 장정	내지 통상권 허용, 방곡령 규정
31	개항기	한성순보	박문국, 정부의 개화 정책 홍보
32	개항기	동학 농민 운동(전주 화약 체결)	동학 농민군과 정부의 화약 체결
33	개항기	육영 공원	관립 교육 기관, 좌원 및 우원
34	개항기	박정양	초대 주미 공사
35	개항기	광무개혁	고종 황제, 대한국 국제, 지계 발급
36	개항기	제1차 한일협약 및 대한제국 군대 해산	메가타, 군대를 해산함
37	일제 강점기	의열단	단장 김원봉
38	일제 강점기	광주 학생 항일 운동	한일 학생 간 충돌을 계기로 시작
39	일제 강점기	한국 독립군	대전자령, 청천 장군
40	일제 강점기	민족 말살기의 사회상	국가 총동원법, 국민 징용령
41	일제 강점기	천도교	방정환, 동학을 계승
42	일제 강점기	일제 강점기의 민족 문화 수호 활동	조선학 운동
43	일제 강점기	도쿄 지역의 국외 독립운동	간토 대지진
44	현대	여운형	좌우 합작 운동을 추진함
45	현대	사사오입 개헌	사사오입
46	통합사	우리나라의 화폐 사례	당백전
47	통합사	우리나라의 노비의 역사 흐름	만적의 난, 노비안검법, 공사 노비법 혁파, 공노비 해방
48	통합사	우리나라의 노비의 역사 사례	만적의 난, 노비안검법
49	현대	박정희 정부	민청학련 사건
50	현대	노무현 정부	참여 정부, 개성공단 방문

해품사 간단총평	까다로운 개념 및 사료가 활용된 어려운 회차!
합격률	49.16%
유형 분포도	전근대 28문제/근현대 19문제/통합사 3문제

제66회(2023.08.13.) 문항분석표

시대 · 주제별 분석

문항	시대	주제	세부 키워드
1	선사	구석기 시대	공주 석장리, 주먹도끼
2	선사	옥저	가족 공동묘
3	고대	신라의 문화유산	천마총, 천마도
4	고대	고구려 광개토 대왕	왜구 격퇴 및 신라 내물왕 구원
5	고대	백제 무왕 재위 시기 삼국의 상황	미륵사 창건
6	고대	통일 신라의 경제 상황	법화원, 청해진
7	고대	원성왕 즉위 및 원종과 애노의 난	김경신 왕위 계승, 원종과 애노
8	고대	발해의 문화유산 사례	연꽃무늬 수막새, 온돌 유적
9	고대	견훤	완산주 도읍, 아들인 신검에 의해 유폐
10	고려	고려의 경제 상황	전지, 시지
11	고려	거란에 대한 고려의 대응	광군, 강감찬, 서희
12	고려	어사대	관리의 부정 감찰 및 탄핵
13	고려	몽골에 대한 고려의 대응	강화 천도
14	고려	경대승의 집권	경대승이 정중부를 죽임
15	고려	고려 공민왕	유인우, 이자춘의 쌍성총관부 공격
16	고려	혜심	수선사의 제2대 사주, 집권자 최우
17	고려	월정사 팔각 구층 석탑	강원도 평창군, 고려 다각 다층 석탑
18	고려	정몽주 피살	정몽주의 죽음
19	조선	조선 세종	갑인자
20	조선	무오사화 및 기묘사화	김종직의 조의제문, 조광조
21	조선	광해군의 중립 외교	명의 군사 요청, 강홍립 도원수
22	조선	임진왜란	송상현, 금산 전투, 징비록
23	조선	조선 영조	탕평 군주, 청계천 준설, 균역법
24	조선	홍대용	담헌, 천문 관측, 연행사
25	조선	조선 효종	나선 정벌과 조총 부대 파병
26	조선	조선 후기의 사회상	담배, 이앙, 목화
27	조선	경복궁	흥선 대원군의 중건, 근정전
28	개항기	제너럴셔먼호 사건	박규수의 이양선 격침
29	개항기	갑신정변	우정총국 개국 축하연, 김옥균, 박영효
30	통합사	김부식 및 유득공 및 신채호	왕명에 의해 편찬, 발해사, 아와 비아
31	통합사	삼국사기 및 발해고	왕명에 의해 편찬, 발해사
32	조선	동학	최시형, 최제우
33	개항기	보안회	일본 공사의 황무지 개간 청구
34	개항기	아관 파천	대군주 폐하의 외국 공사관 파천
35	개항기	광무개혁	원수부 관제
36	일제 강점기	한국 독립군	한국대독립당, 지청천 총사령
37	일제 강점기	무단 통치기의 사회상	회사령
38	일제 강점기	대한 광복회	박상진, 채기중
39	일제 강점기	3·1 운동	조선 독립 선언서, 천도교, 기독교
40	일제 강점기	이육사	청포도, 조선은행 대구 지점 폭탄 의거
41	일제 강점기	의열단	김지섭
42	일제 강점기	광주 학생 항일 운동	광주 학생의 석방 요구
43	일제 강점기	민족 말살기의 사회상	창씨개명
44	현대	여운형	조선 건국 준비 위원회
45	현대	6·25 전쟁	유엔군, 중국군
46	현대	박정희 정부	경부 고속 도로 개통
47	현대	김영삼 정부	국제 통화 기금(IMF) 구제 금융 요청
48	통합사	강릉 지역사	경포대, 선교장
49	현대	4·19 혁명	3·15 부정 선거
50	현대	남북 조절 위원회 및 남북 기본 합의서	남북 조절 위원회 및 남북 기본 합의서

해품사 간단총평	문화 파트의 비중이 높으나, 기본적인 유형 위주로 출제된 회차!	
합격률 59.0%	**유형 분포도**	전근대 28문제/근현대 19문제/통합사 3문제

제65회(2023.06.17.) 문항분석표

시대 · 주제별 분석

문항	시대	주제	세부 키워드
1	선사	청동기 시대	비파형 동검, 민무늬 토기
2	선사	고조선	우거왕, 왕검성
3	통합사	공주 지역사	문주왕의 천도
4	고대	호우명 그릇	신라와 고구려 사이의 정치적 관계
5	고대	백제 근초고왕의 평양성 공격	백제왕의 평양성 공격
6	고대	백강 전투 및 매소성 전투	백강, 왜의 군사, 매소성
7	고대	발해	대조영, 해동성국, 5경 15부 62주
8	고대	설총	이두, 원효의 아들
9	고대	통일 신라 하대의 사회상	혜공왕 피살 이후
10	고려	고려 왕건	정계, 계백료서, 흑창
11	고려	고려 성종	12목
12	고려	거란에 대한 고려의 대응	나주로 피란한 고려 현종, 초조대장경
13	고려	의천	문종의 아들, 흥왕사, 신편제종교장총록
14	고려	고려 중기의 정치적 사건	정중부, 이자겸, 척준경, 묘청
15	고려	원 간섭기의 사회상	기철, 정치도감
16	고려	고려의 경제 상황	벽란정
17	고려	수덕사 대웅전	충청남도 예산군, 맞배지붕
18	고려	최영의 요동 정벌 추진	최영, 요동 정벌
19	조선	조선 성종	경국대전
20	조선	조선 명종	을사사화
21	조선	사육신의 단종 복위 운동	성삼문, 상왕을 노산군으로 낮춤
22	조선	몽유도원도	안견
23	조선	병자호란	김상용
24	조선	조선 정조	화성, 사도세자
25	조선	대동법	이원익, 방납의 폐단, 선혜청
26	통합사	우리나라와 일본의 대립 사례	이종무, 김방경, 최무선, 김시민
27	조선	이익	성호사설, 육좀론
28	조선	조선 후기의 사회상	판소리, 한글 소설
29	개항기	흥선 대원군 집권 및 척화비 건립	흥선 대원군, 서양과의 화친 반대
30	개항기	임오군란	구식 군인들에 대한 차별 대우로 발생
31	개항기	동학 농민 운동	보은 집회, 황토현
32	개항기	헤이그 특사 파견	네덜란드 평화 회의, 한국인 3명
33	개항기	정미의병	이인영, 허위, 서울로 진군
34	개항기	아관파천	러시아 공사관으로 거처를 옮김
35	개항기	일본의 경제 침탈에 대한 저항 사례	황국중앙총상회, 보안회, 국채보상운동
36	개항기	독립 협회	러시아의 절영도 조차 요구
37	개항기	개항기의 근대 문물 사례	중명전
38	일제 강점기	무단 통치기의 사회상	태형
39	통합사	우리나라의 교육 기관	교육 입국 조서
40	일제 강점기	제2차 조선 교육령 반포	보통학교 수업 연한 6년
41	일제 강점기	대한민국 임시 정부	독립 공채
42	일제 강점기	민족 말살기의 사회상	중일 전쟁, 황국 신민 서사
43	일제 강점기	조선 의용대	김원봉, 중국 관내 최초 군사 조직
44	일제 강점기	최현배	국어 운동 및 국어 교재 편찬
45	현대	5·10 총선거	우리나라 첫 번째 총선거
46	현대	6·25 전쟁	중국군
47	현대	제2차 경제 개발 5개년 계획 시작	제2차 경제 개발 5개년 계획 착수
48	현대	전두환 정부	박종철 고문 치사 사건
49	통합사	전주 지역사	경기전, 동고산성
50	현대	김대중 정부의 통일 노력	21세기 새로운 한일 파트너십 공동 선언

해품사 간단총평	흐름형 유형의 비중이 높고, 통합형 유형이 많이 출제된 회차!
합격률	57.67%

유형 분포도	전근대 26문제/근현대 20문제/통합사 4문제

제64회(2023.04.15.) 문항분석표

시대 · 주제별 분석

문항	시대	주제	세부 키워드
1	선사	신석기 시대	갈돌과 갈판, 빗살무늬 토기
2	선사	부여	마가·우가·구가
3	고대	고구려의 역사적 사실	안악 3호분, 경당, 제가 회의
4	고대	백제 금동 대향로	부여 능산리 절토, 백제의 공예 기술
5	고대	김유신	금관가야 마지막 왕 후손, 흥무대왕
6	고대	백제 성왕	한강 유역 일시적 회복, 관산성 전투
7	고대	안시성 전투 및 고구려 멸망	안시성 전투, 고구려 지배층 내분
8	고대	발해의 경제 상황	솔빈부의 말, 상경, 중경, 동경
9	고대	장보고의 난	청해진의 궁복
10	고대	궁예	송악, 마진, 무태, 철원
11	고려	거란에 대한 고려의 대응	만부교 사건, 양규
12	고려	이자겸의 난	인종, 척준경
13	고려	고려의 경제 상황	동북 9성 축조, 해동 천태종
14	고려	최우	강화 천도
15	고려	원 간섭기의 사회상	변발과 호복, 일본 원정
16	고려	고려의 불교 문화유산	수덕사 대웅전, 수월관음도
17	조선	조선 세종	집현전
18	조선	창덕궁	유네스코 세계유산, 돈화문, 인정전
19	조선	향약	도약정, 부약정, 율곡전서
20	조선	조선 후기의 사회상	광산 개발
21	조선	임술 농민 봉기	박규수, 삼정이정청
22	조선	조선 성종	동문선, 팔도지리지
23	조선	조선 중종	중종반정을 통해 즉위함, 삼포왜란
24	조선	임진왜란	정문부, 조헌, 사명대사(유정)
25	조선	조선 후기의 문화	김홍도의 풍속화
26	조선	조선 정조	대전통편
27	조선	정약용	목민심서, 경세유표
28	개항기	제너럴셔먼호 사건	대동강에서 이양선을 격침함
29	개항기	최익현	계유상소, 지부복궐척화의소
30	개항기	갑신정변	일본군의 호위, 주상의 경우궁 이관
31	개항기	제1차 갑오개혁	군국기무처
32	개항기	독립 협회	관민 공동회, 헌의 6조, 만민 공동회
33	개항기	한성 사범 학교 규칙 반포	한성 사범 학교 규칙
34	개항기	대한매일신보	양기탁, 베델
35	개항기	러일 전쟁 시기의 역사적 사실	포츠머스 조약
36	일제 강점기	무단 통치기의 사회상	임시 토지 조사국
37	일제 강점기	신간회	광주 학생 항일 운동 진상 조사단 파견
38	일제 강점기	물산 장려 운동	평양에서 시작, 조만식
39	일제 강점기	민족 말살기의 사회상	태평양 전쟁, 징용
40	일제 강점기	이윤재	조선어 학회 사건
41	일제 강점기	한국 광복군	지청천 총사령, 충칭
42	현대	정읍 발언 및 제2차 미소 공동 위원회	이승만 단독 정부 수립, 소련, 미국
43	통합사	우리나라의 지방 통치 체제	9주, 5도·양계, 8도, 23부 행정 구역
44	현대	6·25 전쟁(1·4 후퇴)	한강의 임시 교량 폭파
45	현대	박정희 정부(경제)	광주 대단지 사건
46	현대	4·19 혁명 및 6월 민주 항쟁	3·15 부정 선거, 호헌 철폐
47	현대	박정희 정부(정치)	긴급조치
48	현대	김대중 정부	처음 정상 회담을 개최함
49	통합사	우리나라의 외교 활동	보빙사
50	통합사	안동 지역사	고창 전투, 봉정사 극락전, 임청각

해품사 간단총평	다수의 선지 함정 제시와 더불어 신유형이 많이 출제된 회차		
합격률	48.66%	유형 분포도	전근대 27문제/근현대 20문제/통합사 3문제

시대 · 주제별 분석

문항	시대	주제	세부 키워드
1	선사	구석기 시대	경기도 연천군 전곡리, 주먹도끼
2	선사	동예	단궁, 과하마, 반어피, 책화
3	고대	백제 및 고구려의 역사적 사실	왕의 성은 부여씨, 녹살, 처려근지
4	고대	삼국의 통일 과정(백제의 멸망)	계백, 황산의 벌판
5	고대	통일 신라의 경제 상황	민정 문서, 5소경
6	고대	최치원	6두품 출신 학자, 빈공과, 격황소서
7	고대	신라 진흥왕	황룡사, 거칠부의 국사 편찬
8	고대	발해 문왕	대흥, 정효 공주
9	고려	최충헌 정권	최충헌
10	고대	불국사 삼층 석탑	경주 불국사, 무구정광대다라니경
11	고대	견훤	완산주, 경애왕 피살, 금산사 유폐
12	고려	고려 광종	노비안검법
13	고려	고려의 관학 진흥책	서적포, 7재
14	고려	거란에 대한 고려의 대응	양규, 강감찬
15	고려	고려의 문화유산	직지심체요절, 천산대렵도
16	고려	지눌	보조국사, 송광사
17	고려	고려 말의 상황	최영의 요동 정벌, 위화도 회군, 과전법
18	고려	고려의 경제 상황	도병마사, 흥왕사
19	조선	조선 영조	청계천 준설, 탕평, 균역
20	조선	무오사화	김종직의 조의제문
21	조선	조선 세조	계유정난, 간경도감
22	조선	이이	해주향약, 동호문답, 격몽요결
23	조선	붕당 형성 및 기해 예송	동인과 서인, 송시열, 기년복
24	조선	청나라에 대한 조선의 정책	남한산성, 삼학사
25	조선	조선 후기의 경제 상황	박제가
26	조선	비변사	의정부와 6조의 기능 상실, 변방 방비
27	조선	김정희	세한도
28	조선	신해박해 및 병인박해	윤지충, 권상연, 프랑스 선교사
29	개항기	박규수	임술 농민 봉기의 안핵사 파견
30	개항기	갑신정변	김옥균, 인민 평등권 확립, 급진 개화파
31	일제 강점기	3·1 운동	일제 강점기 최대 민족 운동
32	개항기	제1차 갑오개혁	군국기무처, 총재 김홍집
33	개항기	독립 협회	독립문, 러시아 절영도 조차 요구 저지
34	개항기	장인환 및 전명운의 스티븐스 사살	스티븐스 사살
35	일제 강점기	임병찬	조선 총독부에 국권 반환 요구서 발송
36	일제 강점기	조선 혁명군	총사령 양세봉, 중국 의용군, 남만주
37	일제 강점기	형평 운동	진주에서 시작, 공평, 애정
38	일제 강점기	무단 통치기의 사회상	조선 물산 공진회, 토지 조사 사업
39	일제 강점기	조선어 학회	최현배, 이극로, 조선말 큰사전
40	현대	김구 및 여운형	남북 협상, 좌우 합작 위원회 조직
41	현대	제헌 국회	우리나라 최초의 선거, 임기 2년
42	현대	6·25 전쟁	흥남 철수
43	현대	이승만 정부	2·28 민주 운동
44	현대	3선 개헌 및 유신 헌법	대통령 3번 재임, 통일 주체 국민 회의
45	현대	박정희 정부	서울 평화시장, 전태일 분신
46	고려	부석사 소조 여래 좌상	부석사 무량수전 내 소조불상
47	통합사	우리나라의 전쟁의 흐름	처인성, 보장왕 항복, 정봉수, 송상현
48	통합사	부산 지역사	송상현
49	현대	6월 민주 항쟁	4·13 호헌 조치가 무효
50	현대	노태우 정부의 통일 노력	남북 간 교역, 사회주의 국가 수교

해품사 간단총평	일부 번호대에서 시대순을 벗어나 출제한 경향이 있는 회차	
합격률	53.93%	
유형 분포도	전근대 29문제/근현대 19문제/통합사 2문제	

한국사능력검정시험 문제지

시험 시작 전 문제지를 넘기면 부정행위로 간주됩니다.

○ 자신이 선택한 종류의 문제지인지 확인하십시오.

○ 답안지에 성명과 수험번호를 쓰고, 수험번호와 답은 컴퓨터용
사인펜으로 표시란에 정확히 표시하십시오.

○ 시험 시간은 10시 20분부터 11시 40분까지 80분입니다.

※ 응시자 유의사항을 수험표에서 다시 한 번 확인하시기 바랍니다.

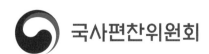

1. (가) 시대의 생활 모습으로 옳은 것은? [1점]

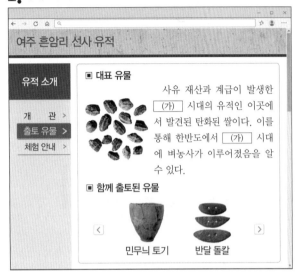

여주 흔암리 선사 유적

유적 소개

개　관 >
출토 유물 >
체험 안내 >

◼ 대표 유물

사유 재산과 계급이 발생한 (가) 시대의 유적인 이곳에서 발견된 탄화된 쌀이다. 이를 통해 한반도에서 (가) 시대에 벼농사가 이루어졌음을 알 수 있다.

◼ 함께 출토된 유물

민무늬 토기　　반달 돌칼

① 주로 동굴이나 강가의 막집에서 살았다.
② 지배층의 무덤으로 고인돌을 축조하였다.
③ 농경과 목축을 시작하여 식량을 생산하였다.
④ 호미, 쇠스랑 등의 철제 농기구를 제작하였다.
⑤ 주먹도끼, 찍개 등의 뗀석기를 처음 제작하였다.

2. 밑줄 그은 '이 나라'에 대한 탐구 활동으로 가장 적절한 것은? [2점]

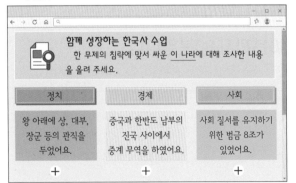

함께 성장하는 한국사 수업

한 무제의 침략에 맞서 싸운 이 나라에 대해 조사한 내용을 올려 주세요.

정치	경제	사회
왕 아래에 상, 대부, 장군 등의 관직을 두었어요.	중국과 한반도 남부의 진국 사이에서 중계 무역을 하였어요.	사회 질서를 유지하기 위한 범금 8조가 있었어요.
+	+	+

① 임신서기석의 내용을 분석한다.
② 칠지도에 새겨진 명문을 해석한다.
③ 수도 왕검성의 위치에 대한 자료를 검색한다.
④ 10월에 지냈던 제천 행사인 동맹을 살펴본다.
⑤ 국가의 중대사를 논의한 화백 회의에 대해 조사한다.

3. (가), (나) 사이의 시기에 있었던 사실로 옳은 것은? [2점]

(가) 겨울에 백제왕이 태자와 함께 정병 3만 명을 거느리고 고구려를 침입하여 평양성을 공격하였다. 고구려왕 사유가 힘껏 싸우며 막다가 날아오는 화살을 맞고 죽었다.

(나) 정월에 백제는 고구려의 도살성을 쳐서 빼앗았다. 3월에는 고구려가 백제의 금현성을 함락시켰다. 신라왕이 양국의 병사가 지친 틈을 타 이찬 이사부에게 명하여 병사를 내어 쳐서 두 성을 빼앗아 증축하고 갑사 1천 명을 두어 지키게 하였다.

① 신라가 기벌포에서 당군을 격파하였다.
② 고구려가 국내성에서 평양으로 천도하였다.
③ 계백이 이끈 결사대가 황산벌에서 패배하였다.
④ 연개소문이 정변을 일으켜 권력을 장악하였다.
⑤ 김춘추가 당으로 건너가 군사 동맹을 체결하였다.

4. (가)~(다) 지역에 대한 설명으로 옳지 <u>않은</u> 것은? [3점]

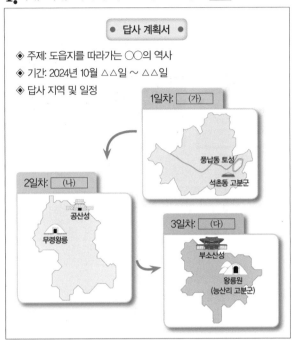

● 답사 계획서 ●

◆ 주제: 도읍지를 따라가는 ○○의 역사
◆ 기간: 2024년 10월 △△일 ~ △△일
◆ 답사 지역 및 일정

1일차: (가)
풍납동 토성
석촌동 고분군

2일차: (나)
공산성
무령왕릉

3일차: (다)
부소산성
왕릉원
(능산리 고분군)

① (가) – 고구려에서 남하한 온조가 도읍으로 삼았다.
② (나) – 문주왕 때 천도한 곳이다.
③ (나) – 중국 남조의 영향을 받은 벽돌 무덤이 있다.
④ (다) – 왕궁리 오층 석탑이 있다.
⑤ (다) – 백제 금동 대향로가 출토되었다.

5. (가) 국가에 대한 설명으로 옳은 것은? [2점]

이것은 (가) 의 쌍영총 벽화의 개마 무사 부분 모사도입니다. 안악 3호분 등 (가) 의 다른 고분 벽화에서도 개마 무사가 그려져 있어 이 국가의 군사, 무기 등의 모습을 알 수 있습니다.

① 태학과 경당을 두어 인재를 양성하였다.
② 골품에 따라 관등 승진에 제한이 있었다.
③ 국경 지역인 양계에 병마사를 파견하였다.
④ 정사암에서 국가의 중대한 일을 결정하였다.
⑤ 여러 가(加)들이 별도로 사출도를 주관하였다.

6. (가)에 들어갈 내용으로 가장 적절한 것은? [1점]

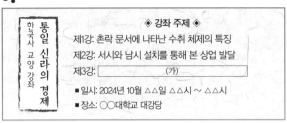

한국사 교양 강좌 / 통일 신라의 경제

◆ 강좌 주제 ◆
제1강: 촌락 문서에 나타난 수취 체제의 특징
제2강: 서시와 남시 설치를 통해 본 상업 발달
제3강: (가)
■일시: 2024년 10월 △△일 △△시 ~ △△시
■장소: ○○대학교 대강당

① 상평창과 물가 조절
② 은병이 화폐 유통에 미친 영향
③ 진대법으로 알아보는 빈민 구제
④ 덩이쇠 수출을 통해 본 낙랑과의 교역
⑤ 울산항을 통한 아라비아 상인들과의 교류

7. 밑줄 그은 '이 국가'에 대한 설명으로 옳은 것은? [2점]

정혜 공주 무덤의 구조도   정혜 공주 묘지석

지린성 둔화에서 발견된 <u>이 국가</u>의 정혜 공주 무덤은 모줄임 천장 구조의 굴식 돌방 무덤으로 고구려 양식을 계승하고 있다. 또 내부에서 출토된 묘지석에 '황상'이라는 칭호가 사용된 점을 통해 <u>이 국가</u>의 자주성을 확인할 수 있다.

① 서경을 북진 정책의 기지로 삼았다.
② 정당성의 대내상이 국정을 총괄하였다.
③ 영락이라는 독자적인 연호를 사용하였다.
④ 군사 조직으로 9서당 10정을 편성하였다.
⑤ 관리 선발을 위해 독서삼품과를 시행하였다.

8. 교사의 질문에 대한 학생의 답변으로 옳은 것은? [2점]

> 화면에 표시된 부분은 진성 여왕 때 유포된 글로 당시 정치 상황을 비판하는 내용입니다. 삼국유사에 따르면 '찰니나제'는 여왕을, '소판니'와 '삼아간'은 위홍 등 간신들을 의미하는 것으로, 그들 때문에 나라가 망한다는 뜻입니다. 이 여왕의 재위 시기에 있었던 사실을 말해 볼까요?

나무망국 찰니나제
판니판니 소판니
우우삼아간 부이사바하

① 김흠돌이 반란을 도모하였어요.
② 김사미와 효심이 난을 일으켰어요.
③ 원종과 애노가 사벌주에서 봉기하였어요.
④ 김유신이 비담과 염종의 난을 진압하였어요.
⑤ 복신과 도침이 주류성에서 군사를 일으켰어요.

9. (가) 인물에 대한 설명으로 옳은 것은? [2점]

> 나는 지금 경주 포석정지에 와 있어. 삼국사기에 의하면 이곳은 경애왕이 연회를 벌이다가 (가) 의 습격을 받은 곳이야.
>
> (가) 에 대해 더 알려 줄래?
>
> 그는 공산 전투에서 고려군에 대승을 거두기도 했어.

① 훈요 10조를 남겼다.
② 경주의 사심관으로 임명되었다.
③ 금마저에 미륵사를 창건하였다.
④ 완산주를 도읍으로 삼아 나라를 세웠다.
⑤ 광평성을 비롯한 정치 기구를 마련하였다.

10. (가)~(다)에 대한 설명으로 옳은 것은? [3점]

사진으로 보는 신라의 탑

(가) 경주 분황사 모전 석탑 / (나) 경주 감은사지 동 삼층 석탑 / (다) 화순 쌍봉사 철감선사탑

① (가) – 내부에서 무구정광대다라니경이 발견되었다.
② (가) – 1층 탑신에 당의 장수 소정방의 명으로 새긴 글이 있다.
③ (나) – 자장의 건의로 건립되었다.
④ (나) – 돌을 벽돌 모양으로 다듬어 쌓았다.
⑤ (다) – 선종의 영향을 받아 만들어졌다.

11. 다음 검색창에 들어갈 왕의 재위 기간에 있었던 사실로 옳은 것은? [2점]

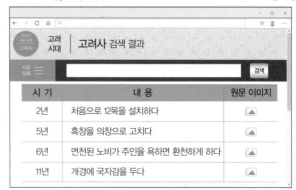

고려사 검색 결과

시 기	내 용	원문 이미지
2년	처음으로 12목을 설치하다	🖼
5년	흑창을 의창으로 고치다	🖼
6년	면천된 노비가 주인을 욕하면 환천하게 하다	🖼
11년	개경에 국자감을 두다	🖼

① 관학을 진흥하고자 양현고를 설치하였다.
② 광덕, 준풍 등의 독자적 연호를 사용하였다.
③ 주전도감을 설치하여 해동통보를 발행하였다.
④ 정계와 계백료서를 지어 관리의 규범을 제시하였다.
⑤ 최승로의 시무 28조를 받아들여 통치 체제를 정비하였다.

12. (가)에 대한 고려의 대응으로 옳은 것은? [2점]

이 자료는 초조대장경의 일부입니다. (가) 의 침입으로 현종이 피란을 가고 개경이 함락되자 부처의 힘으로 나라를 지키려는 마음을 담아 조판하기 시작하였습니다.

① 윤관을 보내 동북 9성을 개척하였다.
② 화통도감을 두어 화포를 제작하였다.
③ 광군을 조직하여 침입에 대비하였다.
④ 박위를 파견하여 근거지를 토벌하였다.
⑤ 철령위 설치에 반발해 요동 정벌을 추진하였다.

13. (가)에 들어갈 내용으로 적절한 것은? [2점]

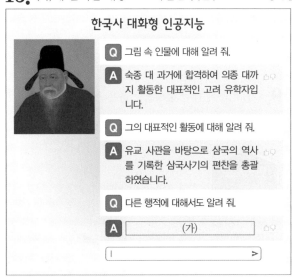

한국사 대화형 인공지능

Q 그림 속 인물에 대해 알려 줘.
A 숙종 대 과거에 합격하여 의종 대까지 활동한 대표적인 고려 유학자입니다.
Q 그의 대표적인 활동에 대해 알려 줘.
A 유교 사관을 바탕으로 삼국의 역사를 기록한 삼국사기의 편찬을 총괄하였습니다.
Q 다른 행적에 대해서도 알려 줘.
A (가)

① 봉사 10조를 국왕에게 올렸습니다.
② 관군을 이끌고 묘청의 난을 진압하였습니다.
③ 만권당에서 원의 유학자들과 교유하였습니다.
④ 불씨잡변을 저술하여 불교를 비판하였습니다.
⑤ 9재 학당을 설립하여 유학 교육에 힘썼습니다.

14. (가)~(다)를 일어난 순서대로 옳게 나열한 것은? [3점]

(가) 왕이 먼저 나라 안의 신하들을 권유하여 개경으로 환도하게 하였다. 여러 신하들이 말하기를 "임금의 명령인데, 감히 따르지 않을 수 있겠는가?"라고 하였으므로, 임유무가 화가 나서 어떻게 해야 할지를 알지 못하였다.

(나) 조위총이 군사를 일으키자, 이의방이 이의민을 정동 대장군 지병마사로 임명하였다. 이의민이 군사를 거느리고 전투에 나섰다가 날아오는 화살에 눈을 맞았으나, 철령으로 진군하여 사방에서 북을 치고 고함을 지르면서 급습하여 크게 격파하였다.

(다) 백관이 최우의 집에 나아가 정년도목(政年都目)을 올렸다. 최우가 청사에 앉아 그것을 받았다. 6품 이하는 당하(堂下)에서 두 번 절하고 땅에 엎드려 감히 고개를 들고 보지 못하였다. 이때부터 최우는 정방을 그의 집에 두고 백관의 인사 행정을 처리하였다.

① (가) – (나) – (다)
② (가) – (다) – (나)
③ (나) – (가) – (다)
④ (나) – (다) – (가)
⑤ (다) – (나) – (가)

15. 밑줄 그은 '시기'의 사실로 옳은 것은? [2점]

이 그림은 공민왕과 그의 왕비인 노국 대장 공주의 초상화야. 고려에는 노국 대장 공주 외에도 제국 대장 공주, 계국 대장 공주 등 원 출신의 왕비들이 여럿 있었어.

맞아. 충렬왕부터 공민왕에 이르는 시기의 왕들은 원의 공주들과 결혼했어.

① 권문세족이 도평의사사를 장악하였다.
② 왕조 교체를 예언하는 정감록이 유포되었다.
③ 강조가 정변을 일으켜 김치양을 제거하였다.
④ 김보당이 의종 복위를 주장하며 난을 일으켰다.
⑤ 국정을 총괄하는 기구로 교정도감이 설치되었다.

16. (가) 국가의 경제 상황으로 옳은 것은? [2점]

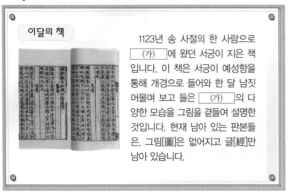

이달의 책

1123년 송 사절의 한 사람으로 (가) 에 왔던 서긍이 지은 책입니다. 이 책은 서긍이 예성항을 통해 개경으로 들어와 한 달 남짓 머물며 보고 들은 (가) 의 다양한 모습을 그림을 곁들여 설명한 것입니다. 현재 남아 있는 판본들은, 그림[圖]은 없어지고 글[經]만 남아 있습니다.

① 솔빈부의 말이 특산품으로 유명하였다.
② 송상이 전국 각지에 송방을 설치하였다.
③ 서적점, 다점 등의 관영 상점을 운영하였다.
④ 집집마다 부경이라고 불리는 창고가 있었다.
⑤ 광산을 전문적으로 경영하는 덕대가 나타났다.

17. (가) 국가의 탑으로 옳은 것은? [1점]

이 탑은 원래 개성에 있었는데 지금은 국립 중앙 박물관에 옮겨져 새로운 영상 기법으로 전시되고 있습니다. (가) 시대에 만들어진 이 탑은 이후 원각사지 십층 석탑에 영향을 주기도 하였습니다.

① ② ③

④  ⑤

18. 밑줄 그은 '임금'에 대한 설명으로 옳은 것은? [2점]

자네 들었는가? 임금께서 민무구, 민무질에게 자결을 명하셨다더군. 몇 해 전 어린 세자를 이용해 권세를 잡으려 했다는 죄로 귀양을 보내셨었지.

나도 들었네. 중전마마의 동생으로 임금께서 정도전을 숙청할 때 공을 세웠던 사람들이었지.

① 공신들에게 역분전을 지급하였다.
② 주자소를 두어 계미자를 주조하였다.
③ 정치도감을 설치하여 개혁을 추진하였다.
④ 구황촬요를 간행하여 기근에 대비하였다.
⑤ 유자광의 고변을 계기로 남이를 처형하였다.

19. (가) 기구에 대한 설명으로 옳은 것은? [3점]

도로명으로 보는 역사: 만리재로

이 도로명은 만리재에서 유래한 것이다. 만리재는 조선의 문신 최만리가 살았다고 하여 붙여진 지명이다. 세자의 스승이기도 하였던 최만리는 세종이 학문 연구, 편찬 사업 등을 수행하도록 설치한 (가) 의 부제학으로 활약하였다. 그러나 훈민정음 창제를 반대하는 상소를 올려 세종과 갈등을 빚기도 하였다.

① 은대(銀臺)라고도 불렸다.
② 전문 강좌인 7재를 운영하였다.
③ 고려의 삼사와 같은 기능을 수행하였다.
④ 단종 복위 운동을 계기로 세조에 의해 폐지되었다.
⑤ 대사성을 수장으로 좨주, 직강 등의 관직을 두었다.

20. 밑줄 그은 '전하'의 재위 기간에 있었던 사실로 옳은 것은? [2점]

전하께서 성군을 이으셨으니, 예악(禮樂)으로 태평 시절을 일으키실 때가 바로 지금이다. 장악원 소장의 의궤와 악보가 오랜 세월이 지나서 끊어지고 문드러졌다. 다행히 보존된 것 역시 모두 엉성하고 오류가 있으며 빠진 것이 많다. 이에 성현 등에게 명하여 다시 교정하게 하였다. 책이 완성되자 악학궤범이라고 이름 지었다.

① 예악을 정리한 가례집람이 저술되었다.
② 국가의 기본 법전인 경국대전이 완성되었다.
③ 외교 문서를 집대성한 동문휘고가 편찬되었다.
④ 붕당의 폐해를 경계하기 위한 탕평비가 건립되었다.
⑤ 이조 전랑 임명을 둘러싸고 김효원과 심의겸이 대립하였다.

21. 밑줄 그은 '이 사건'이 일어난 시기를 연표에서 옳게 고른 것은? [2점]

이곳은 최근에 개방된 효릉입니다. 조선 국왕 인종과 그의 왕비 인성왕후가 모셔져 있습니다. 인종은 즉위한 지 1년도 되지 않아 사망하였습니다. 인종의 죽음은 윤원형, 윤임 등 외척 간의 권력 다툼으로 사림이 피해를 입은 <u>이 사건</u>의 계기가 되었습니다.

	(가)		(나)		(다)		(라)		(마)	
이시애의 난		연산군 즉위		중종 반정		기묘 사화		선조 즉위		이괄의 난

① (가)   ② (나)   ③ (다)
④ (라)   ⑤ (마)

22. (가) 사절단에 대한 설명으로 옳은 것은? [2점]

그림으로 보는 조선 사절단의 여정

『사로승구도』는 1748년 에도 막부의 요청으로 조선이 일본에 파견한 ⟨ (가) ⟩이/가 부산에서 에도에 이르는 여정을 담은 작품입니다. 일본의 명승지나 사행 중 겪은 인상적인 광경을 30장면으로 표현하였는데, 위 그림은 사절단이 에도로 들어갈 때 보았던 모습을 그린 것입니다.

① 연행사라는 이름으로 보내졌다.
② 암행어사의 형태로 비밀리에 파견되었다.
③ 민영익, 홍영식, 서광범 등이 참여하였다.
④ 사행을 다녀온 여정을 조천록으로 남겼다.
⑤ 관련 기록물이 세계 기록 유산에 등재되었다.

23. (가)에 들어갈 작품으로 옳은 것은? [1점]

조선 전기 시·그림·글씨에 모두 뛰어난 것으로 유명하였던 강희안의 대표작으로 간결하고 과감한 필치가 돋보인다.

■ 기간: 2024년 ○○월 ○○일 ~ ○○월 ○○일
■ 장소: △△ 박물관 특별 전시실

①  ② ③

④  ⑤

24. 밑줄 그은 '전란' 중에 있었던 사실로 옳은 것은? [2점]

초대합니다

창작 뮤지컬
비운의 의순 공주, 애숙

삼전도에서의 굴욕적인 항복으로 전란은 끝났습니다. 이후 조선의 공주를 부인으로 삼겠다는 청 섭정왕의 요구로 조선 국왕의 양녀가 되어 원치 않은 결혼을 해야 했던 의순 공주 이애숙. 그녀의 굴곡진 삶을 한 편의 뮤지컬로 선보입니다.

• 일시: 2024년 ○○월 ○○일 ○○시
• 장소: 의정부 △△ 문화회관 대극장

① 이종무가 대마도를 정벌하였다.
② 강홍립이 사르후 전투에 참전하였다.
③ 김준룡이 광교산 전투에서 승리하였다.
④ 조헌이 금산에서 의병을 이끌고 활약하였다.
⑤ 신립이 탄금대에서 배수의 진을 치고 전투를 벌였다.

25. 밑줄 그은 '이 법'에 대한 설명으로 옳은 것은? [1점]

이원익은 방납의 폐단을 없애고자 선혜청을 두고 이 법을 실시할 것을 주장하였습니다.

방납의 폐단을 개혁하고자 한 인물

이이 / 유성룡 / 이원익 / 김육

화면을 누르면 설명을 들을 수 있습니다.

① 양반에게도 군포를 거두었다.
② 토지 1결당 쌀 2두의 결작을 부과하였다.
③ 전세를 풍흉에 따라 9등급으로 차등 과세하였다.
④ 부족한 재정 보충을 위해 선무군관포를 징수하였다.
⑤ 관청에 물품을 조달하는 공인이 등장하는 배경이 되었다.

26. (가) 인물에 대한 설명으로 옳은 것은? [2점]

메타버스로 만나는 조선의 인물

기축봉사를 올려 명에 대한 의리를 강조한 나는 희빈 장씨의 소생을 원자로 정한 데에 반대하다가 이곳 제주도로 유배되었습니다.

굴림 서원

(가)

학생 1

학생 2

① 기해예송에서 기년설을 주장하였다.
② 지전설을 주장한 의산문답을 집필하였다.
③ 양명학을 연구하여 강화 학파를 형성하였다.
④ 역대 명필을 연구하여 추사체를 창안하였다.
⑤ 양반의 허례와 무능을 풍자한 양반전을 지었다.

27. 다음 자료에 나타난 시기의 경제 상황으로 옳지 않은 것은? [1점]

비변사의 계사에, "현재 시전의 병폐로 서울과 지방의 백성이 원망하는 바는 오로지 도고(都庫)에 있습니다. 시중 시세를 조종하여 홀로 이익을 취하니 그 폐단은 한이 없습니다. 한성부에서 엄히 금하도록 하되 그 가운데 매우 심하게 폐단을 빚는 3강(한강·용산강·서강)의 시목전(柴木廛)·염해전(鹽醢廛)과 같은 무리는 그 주모자를 색출하여 형조로 송치해서 엄한 형벌로 다스려 후일을 징계하도록 분부하는 것이 어떻겠습니까?" 하니 윤허한다고 답하였다.

① 금속 화폐인 건원중보가 주조되었다.
② 담배와 면화 등의 상품 작물이 재배되었다.
③ 보부상이 장시를 돌아다니며 상업 활동을 하였다.
④ 모내기법의 확대로 벼와 보리의 이모작이 성행하였다.
⑤ 설점수세제의 시행으로 민간의 광산 개발이 허용되었다.

28. (가) 왕에 대한 설명으로 옳은 것은? [2점]

가상 현실 버스에 오신 여러분 환영합니다. 지금 창문 스크린으로 보고 계신 것은 무예도보통지에 실린 무예 동작입니다. [(가)]의 명으로 이덕무, 박제가, 백동수 등이 편찬한 무예도보통지에는 기존의 무예신보에 마상 무예가 추가되어 총 24개의 무예가 실려있습니다. 이 책은 장용영의 훈련 교재로 사용되었습니다.

① 백두산정계비를 세워 청과의 국경을 정하였다.
② 삼군부를 부활시켜 군사 업무를 담당하게 하였다.
③ 통치 체제를 정비하기 위해 속대전을 편찬하였다.
④ 규장각에 검서관을 두어 서얼 출신 학자들을 기용하였다.
⑤ 한양을 기준으로 역법을 정리한 칠정산 내편을 제작하였다.

29. (가)~(라)에 들어갈 내용으로 옳은 것을 〈보기〉에서 고른 것은? [2점]

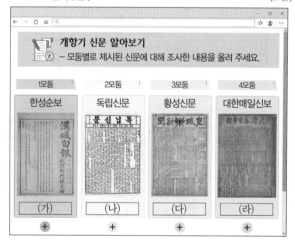

개항기 신문 알아보기
– 모둠별로 제시된 신문에 대해 조사한 내용을 올려 주세요.

1모둠	2모둠	3모둠	4모둠
한성순보	독립신문	황성신문	대한매일신보
(가)	(나)	(다)	(라)

〈보기〉

ㄱ. (가) - 정부에서 발행한 순 한문 신문이었어요.
ㄴ. (나) - 서재필의 주도로 창간되었어요.
ㄷ. (다) - 일장기를 삭제한 손기정 사진이 실렸어요.
ㄹ. (라) - 상업 광고가 처음으로 게재되었어요.

① ㄱ, ㄴ　　　② ㄱ, ㄷ　　　③ ㄴ, ㄷ
④ ㄴ, ㄹ　　　⑤ ㄷ, ㄹ

30. (가), (나) 체결 사이의 시기에 있었던 사실로 옳은 것은? [3점]

> (가) 제6칙 이후 조선국 항구에 거주하는 일본 인민은 양미 (糧米)와 잡곡을 수출, 수입할 수 있다.
> 제7칙 일본국 정부에 속한 모든 선박은 항세를 납부하지 않는다.

> (나) 제9관 입항하거나 출항하는 각 화물이 해관을 통과할 때는 응당 본 조약에 첨부된 세칙(稅則)에 따라 관세를 납부해야 한다.
> 제37관 조선국에서 가뭄과 홍수, 전쟁 등의 일로 인해 국 내에 양식이 결핍할 것을 우려하여 일시 쌀 수출 을 금지하려고 할 때에는 1개월 전에 지방관이 일본 영사관에게 통지하여 미리 그 기간을 항구 에 있는 일본 상인들에게 전달하여 일률적으로 준수하는 데 편리하게 한다.

① 조미 수호 통상 조약이 체결되었다.
② 러시아가 용암포 조차를 요구하였다.
③ 영국이 거문도를 불법적으로 점령하였다.
④ 일본 군함 운요호가 영종도를 공격하였다.
⑤ 청과 대등한 입장에서 한청 통상 조약이 맺어졌다.

31. 밑줄 그은 '사건' 이후에 전개된 사실로 옳은 것은? [2점]

> 조선왕 전하께
> …… 9월 말에 평양의 대동강에서 좌초한 미국 상선에 승 선한 사람들이 살해당했고 배가 불살라졌다는 고통스럽고 놀랄 만한 사건이 있었다고 들었습니다. 본 총병은 본국 수 사제독의 위임으로 파견되어 상세히 조사하라는 명을 받았 습니다. 과연 이러한 일이 있었는지, 사실인지 아닌지, 생존 자가 몇 사람인지 등을 귀국에서 신속히 조사해 분명히 답해 주시길 부탁드립니다.
> – 미국 군함 와추세트(Wachusett) 수사총병 슈펠트(Shufeldt) –

① 홍경래가 난을 일으켰다.
② 임술 농민 봉기가 일어났다.
③ 황사영 백서 사건이 발생하였다.
④ 어재연이 광성보 전투에서 전사하였다.
⑤ 청의 요청으로 나선 정벌에 조총 부대를 파견하였다.

32. (가) 시기에 있었던 사실로 옳은 것은? [3점]

> 일본으로 망명했던 박영효가 귀국 했다네.
> 며칠 전 내무대신으로 임명되어 총리대신 김홍집과 함께 새로운 정부를 주도한다더군.

> 단발령이 공포되었다네. 폐하께서는 이미 단발을 하셨다는군.
> 그래서 지금 전국에서 반대 상소가 빗발치고 있다네.

① 과거제가 폐지되었다.
② 호포제가 실시되었다.
③ 교정청이 설치되었다.
④ 5군영이 2영으로 통합되었다.
⑤ 교육 입국 조서가 반포되었다.

33. (가)에 들어갈 내용으로 옳은 것은? [3점]

> ## 답사 계획서
>
> • 주제: 동학 농민군의 발자취를 따라서
> • 기간: 2024년 ○○월 ○○일~○○일
> • 답사 장소
>
> | 지역 | 장소 | 설명 |
> |---|---|---|
> | 부안 | 백산 | 호남 창의 대장소(大將所)를 설 치하고 4대 강령을 발표하였다. |
> | 장성 | 황룡 전적 | (가) |
> | 공주 | 우금치 전적 | 농민군이 관군과 일본군을 상 대로 격전을 벌이다 패배하였다. |

① 농민군이 정부와 화약을 맺었다.
② 최제우가 혹세무민의 죄로 처형되었다.
③ 홍계훈의 관군을 상대로 농민군이 승리하였다.
④ 피신해 있던 농민군의 지도자 전봉준이 체포되었다.
⑤ 농민들이 조병갑의 탐학에 맞서 만석보를 파괴하였다.

34. 밑줄 그은 '이 시기'의 의병 활동에 대한 설명으로 옳은 것은? [2점]

이곳 지리산 연곡사에는 의병장 고광순의 순절비가 있습니다. 그는 지리산을 중심으로 장기 항전을 계획하다가 일본군의 토벌 작전으로 순국하였습니다. 고종의 강제 퇴위와 군대의 강제 해산으로 의병 활동이 고조된 이 시기에는 고광순을 비롯하여 각계각층의 사람들이 국권 회복을 위해 활동하였습니다.

① 13도 창의군을 결성하였다.
② 한중 연합 전선을 형성하였다.
③ 최익현이 태인에서 궐기하였다.
④ 고경명 등이 의병장으로 활약하였다.
⑤ 봉오동 전투에서 일본군을 격퇴하였다.

35. 밑줄 그은 '개혁'의 내용으로 옳은 것은? [2점]

덕수궁 내에 있는 정관헌은 전통 건축 양식에 근대적 요소를 결합한 것으로 평가받고 있습니다. 고종이 황제로 즉위한 후 구본신참을 바탕으로 개혁을 추진할 때 건립되었습니다.

① 홍범 14조를 반포하였다.
② 공사 노비법을 혁파하였다.
③ 신식 군대인 별기군을 창설하였다.
④ 근대 교육 기관인 육영 공원을 설립하였다.
⑤ 지계아문을 설치하여 토지 소유자에게 지계를 발급하였다.

36. (가) 운동에 대한 설명으로 옳은 것은? [1점]

언론 보도로 본 만세 기념일

3월 1일에 배화 여학교 학생 일동은 학교 동산에 올라가서 우리 독립 선언 기념을 경축하기 위하여 만세를 부르고, 배재 학교 생도 일동은 3월 1일에 일제히 결석하고 3월 2일에 등교하여 갑자기 그 학교 마당에서 만세를 불렀으니 …… 저와 같은 불미한 행동을 허락한 까닭으로 그 학교 교장들은 파직하고 심하면 그 학교를 폐쇄할 지경에 이르겠다더라.

[해설] 이 자료는 신한민보 1920년 4월 20일자에 실린 기사이다. 민족 최대의 독립운동이었던 (가) 의 1주년 무렵 배화 여학교와 배재 학교 학생들이 만세 운동을 전개하여 학교가 폐쇄될 위기에 처했다는 내용이 담겨 있다.

① 통감부의 방해와 탄압으로 중단되었다.
② 러시아의 절영도 조차 요구를 저지하였다.
③ 순종의 인산일을 기회로 삼아 추진되었다.
④ 대한민국 임시 정부 수립의 계기가 되었다.
⑤ 성진회와 각 학교 독서회에 의해 전국적으로 확산되었다.

37. (가) 부대에 대한 설명으로 옳은 것은? [3점]

이달의 독립운동가

노은(盧隱) 김규식

• 생몰년: 1882~1931
• 생애 및 활동
  경기도 구리에서 태어났다. 대한 제국 군인 출신으로 의병 활동에 참여하다가 일본군에게 체포되어 복역하였다. 1920년 청산리 전투에서 김좌진, 이범석 등이 이끈 (가) 의 지도부로 활약하였다. 이후 러시아, 만주 일대에서 독립 운동을 계속하다가 1931년에 순국하였다. 1963년 건국훈장 독립장이 추서되었다.

① 영릉가에서 일본군에 승리를 거두었다.
② 미국과 연계하여 국내 진공 작전을 계획하였다.
③ 중국 팔로군과 함께 호가장 전투에서 활약하였다.
④ 동북 항일 연군으로 개편되어 유격전을 전개하였다.
⑤ 중광단을 중심으로 조직되어 항일 독립 전쟁에 참여하였다.

38. 밑줄 그은 '이 지역'을 지도에서 옳게 찾은 것은? [1점]

여기 눈에 띄는 주소 표지판이 하나 있습니다. '세울스카야 2A'. 그 뜻은 '서울 거리 2A번지'입니다. 왜 이런 주소가 있을까요?

사실 이 지역에는 신한촌 등 한인 집단 거주지가 있었습니다. 그러나 이곳에 살던 한인들은 1937년에 중앙아시아로 강제 이주를 당하였습니다.

세월이 흘러 현재는 신한촌의 역사를 기억하기 위한 조형물이 세워져 있습니다. 점차 잊히는 이들의 역사, 우리의 관심이 필요한 때입니다.

1/3   2/3   3/3

(가) 남만주
(나) 연해주
(라) 하와이
(마) 멕시코
(다) 일본

① (가) ② (나) ③ (다)
④ (라) ⑤ (마)

39. (가)에 들어갈 내용으로 적절한 것은? [2점]

자료로 보는 한국 명화 🎥

이 자료는 일제 강점기에 발행된 극장 홍보지로, 심훈이 감독한 무성 영화 「먼동이 틀 때」를 소개한 것이다. 이 영화는 나운규의 「아리랑」에 이어 한국 영화 초기 명작으로 평가받기도 한다. 이외에도 심훈은 다수의 시나리오와 영화 평론을 집필하였으며, (가)

① 별 헤는 밤, 참회록 등의 시를 남겼다.
② 국문 연구소의 연구위원으로 활동하였다.
③ 근대극 형식을 도입한 토월회를 조직하였다.
④ 실천적인 유교 정신을 강조하는 유교구신론을 저술하였다.
⑤ 브나로드 운동을 소재로 한 소설 상록수를 신문에 연재하였다.

40. (가)에 들어갈 내용으로 가장 적절한 것은? [1점]

탐구 활동 계획서

1. 주제: (가)

2. 조사 방법: 문헌 조사, 인터넷 검색 등

3. 참고 자료

• 자료 1

미쓰코시 백화점 경성 지점

경성 우편국을 끼고 돌아서면 요지경 같은 진고개다. …… 미쓰코시에 들어가니 아래층은 음식과 과자를 팔고, 2층으로 가니 거기는 일본 옷감뿐이더라.
– 「별건곤」 –

• 자료 2

토막집과 토막민

경성부 내의 토막민 수가 1,583호이고 인구가 5,000여 명에 달한다고 한다. …… 토막민 자체에 대한 사회적 책임으로 보아 중대한 사회 문제라고 아니할 수 없는 것이다.
– 「동아일보」 –

① 개화 정책의 추진과 한계
② 식민지 근대 도시의 이중성
③ 형평 운동의 전개 과정과 반발
④ 경제 개발 5개년 계획의 시행 결과
⑤ 상품 화폐 경제의 발달과 신분제의 동요

41. 밑줄 그은 '시기'에 볼 수 있는 사회 모습으로 가장 적절한 것은? [2점]

> 이것은 한 제과업체의 캐러멜 광고로 탱크와 전투기 그림을 활용하여 "캐러멜도 싸우고 있다"라는 문구를 담고 있습니다. 중일 전쟁 이후 일제가 국가 총동원법을 시행한 시기에 제작된 이 광고는 당시 군국주의 문화가 일상에까지 스며들어 있었음을 잘 보여 줍니다.

① 몸뻬 착용을 권장하는 애국반 반장
② 경성 제국 대학 설립을 추진하는 관리
③ 헌병 경찰에게 끌려가 태형을 당하는 농민
④ 원산 총파업에 연대 지원금을 보내는 외국 노동자
⑤ 안창남의 고국 방문 비행을 환영하기 위해 상경하는 청년

42. ㉠~㉤에 대한 설명으로 옳지 않은 것은? [2점]

단재 신채호 연보

1880년	충청도 회덕에서 출생
1898년	성균관에 입학
1907년	㉠ 신민회 활동에 참여하고 대한매일신보 필진으로 근무
1919년	상하이로 가서 ㉡ 대한민국 임시 정부 수립에 참여
1923년	㉢ 조선 혁명 선언 작성
1927년	무정부주의 동방 연맹 창립 대회에 참가
1928년	타이완 지룽에서 체포됨
1931년	㉣ 『조선상고사』가 조선일보에 연재됨
1936년	㉤ 뤼순 감옥에서 사망

① ㉠ – 광주 학생 항일 운동에 진상 조사단을 파견하였다.
② ㉡ – 이륭양행에 교통국을 설치하여 국내와 연락을 취하였다.
③ ㉢ – 의열단이 활동 지침으로 삼았다.
④ ㉣ – 역사를 아와 비아의 투쟁으로 정의하였다.
⑤ ㉤ – 안중근 의사가 순국한 곳이다.

43. (가) 사건에 대한 설명으로 가장 적절한 것은? [3점]

> 이것은 냉전과 분단의 상징물인 독일 베를린 장벽의 일부로, (가) 을/를 기념하는 이 공원에 기증되었습니다. 이곳 제주도에서 일어난 (가) 은/는 남한만의 단독 선거에 반대하는 무장대와 이를 진압하는 토벌대 간의 무력 충돌, 그 뒤 토벌대의 진압 과정에서 수많은 제주도민이 희생된 사건으로, 6·25 전쟁이 끝나고 나서야 종결되었습니다.

① 허정 과도 정부가 구성되는 결과를 가져왔다.
② 국가 보위 비상 대책 위원회가 설치되는 배경이 되었다.
③ 장기 독재를 비판하는 3·1 민주 구국 선언을 발표하였다.
④ 민주화를 위한 개헌 청원 100만인 서명 운동을 전개하였다.
⑤ 정부 차원에서 진상 조사 보고서를 발간하고 공식 사과하였다.

44. 교사의 질문에 대한 학생의 대답으로 적절하지 않은 것은? [2점]

> 이것은 그의 84세 생일을 위해 기획된 LP 음반의 재킷으로, '제84회 탄신 기념'이라고 적혀 있습니다. 음반에는 '애국가', '만수무강하시리', '우남 행진곡' 등이 수록되어 있습니다. 그러나 그는 다음 해에 일어난 4·19 혁명으로 하야하였습니다. 그가 대통령으로 재임하던 시기에 있었던 사실을 말해 볼까요?

① 경부 고속 도로가 개통되었어요.
② 한미 상호 방위 조약이 체결되었어요.
③ 진보당의 당수였던 조봉암이 처형되었어요.
④ 반민족 행위 특별 조사 위원회가 해체되었어요.
⑤ 유상 매수, 유상 분배 원칙의 농지 개혁법이 제정되었어요.

45. 밑줄 그은 '당시 헌법'이 시행된 시기에 볼 수 있는 모습으로 가장 적절한 것은? [2점]

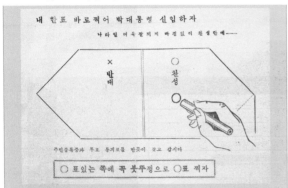

자료는 당시 헌법의 유지 여부를 묻는 국민 투표를 앞두고 찬성을 독려하는 홍보문의 일부이다. 이 투표의 실시 결과 당시 헌법을 유지하는 것으로 결정되었다. 3개월 뒤 이 헌법을 부정, 반대하는 주장이나 보도를 일체 금지하고 위반자는 영장 없이 체포한다는 내용을 핵심으로 한 대통령 긴급 조치 제9호가 선포되었다.

① 국민 방위군에 소집되는 청년
② 개성 공단 착공식에 참석하는 기업인
③ 미소 공동 위원회의 재개를 요구하는 시민
④ 남북 기본 합의서 채택 소식을 보도하는 기자
⑤ 통일 주체 국민 회의 대의원 명단을 점검하는 공무원

46. (가) 민주화 운동에 대한 설명으로 적절한 것은? [2점]

① 굴욕적인 한일 국교 정상화에 반대하였다.
② 5년 단임의 대통령 직선제 개헌을 이끌어냈다.
③ 시위 과정에서 시민군이 자발적으로 조직되었다.
④ 3선 개헌 반대 범국민 투쟁 위원회를 결성하였다.
⑤ 대통령 중심제에서 의원 내각제로 바뀌는 계기가 되었다.

[47~48] 다음을 읽고 물음에 답하시오.

(가) ㉠ 왕은 5월에 교서를 내려 문무 관료들에게 토지를 차등 있게 주었다. …… 봄 정월에 중앙과 지방 관리들의 녹읍을 폐지하고 해마다 조를 차등 있게 주고 이를 일정한 법으로 삼았다.

(나) 처음으로 직관(職官)·산관(散官)의 각 품의 전시과를 제정하였는데, 관품의 높고 낮은 것은 논하지 않고 다만 인품만 가지고 전시과의 등급을 결정하였다.

(다) 도평의사사에서 글을 올려 과전을 지급하는 법을 정할 것을 청하니, 그 의견을 따랐다. 경기는 사방의 근본이므로 마땅히 과전을 설치하여 사대부를 우대하여야 한다. 무릇 수도에 거주하며 왕실을 지키는 자는 현직, 산직(散職)을 불문하고 각각 과(科)에 따라 받게 한다.

(라) 만약 그 자신이 죽고 그 아내에게 미치게 되면 수신전이라 일컬었고, 부부가 다 죽고 그 아들에게 전해지면 휼양전이라 일컬었으며, 만약 그 아들이 관직에 제수되더라도 그대로 그 전지를 주고는 과전이라 일컬었는데, …… ㉡ 왕께서 이를 없애고, 현직 관리에게 주어 직전(職田)이라 하였던 것입니다.

47. (가)~(라)를 일어난 순서대로 옳게 나열한 것은? [3점]

① (가) − (나) − (다) − (라)
② (가) − (나) − (라) − (다)
③ (나) − (가) − (라) − (다)
④ (나) − (다) − (가) − (라)
⑤ (다) − (라) − (나) − (가)

48. ㉠, ㉡ 왕에 대한 설명으로 옳은 것을 〈보기〉에서 고른 것은? [2점]

〈보기〉
ㄱ. ㉠ − 병부를 처음으로 설치하였다.
ㄴ. ㉠ − 전국에 9주 5소경을 설치하였다.
ㄷ. ㉡ − 6조 직계제를 시행하였다.
ㄹ. ㉡ − 초계문신제를 실시하였다.

① ㄱ, ㄴ   ② ㄱ, ㄷ   ③ ㄴ, ㄷ
④ ㄴ, ㄹ   ⑤ ㄷ, ㄹ

49. 다음 뉴스가 보도된 정부 시기의 사실로 옳은 것은?

[2점]

> 문교부가 중고등학생의 교복과 두발을 자율화하겠다고 발표한 데 이어, 오늘부터 야간 통행 금지 해제가 본격 적용되었습니다. 시민들은 새벽 거리를 활보하며 37년 만에 되찾은 24시간의 자유를 만끽하게 되었습니다.

① 서울 올림픽 대회가 개최되었다.

② 보도 지침으로 언론이 통제되었다.

③ 삼풍 백화점 붕괴 사고가 일어났다.

④ 양성 평등의 실현을 위해 호주제가 폐지되었다.

⑤ 사회 통합을 위한 다문화 가족 지원법이 시행되었다.

50. (가) 지역을 지도에서 옳게 찾은 것은?

[1점]

(가) 의 명소

천연 보호구역 우포늪이 있는 (가) 의 자연과 역사를 소개하는 채널입니다.

홈 　 동영상 　 재생목록 　 커뮤니티 　 채널 　 정보 ＞

업로드한 동영상 ∨ 　 정렬 기준

화왕산성 아래
교동과 송현동 고분군
조회수 1,209회

만옥정 공원에서 둘러본
신라 진흥왕 척경비
조회수 212회

술정리에서 바라본
동 삼층 석탑
조회수 721회

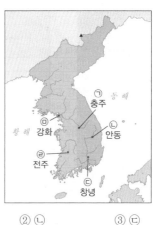

① ㉠ 　 　 ② ㉡ 　 　 ③ ㉢

④ ㉣ 　 　 ⑤ ㉤

1. (가) 시대의 생활 모습으로 옳은 것은? [1점]

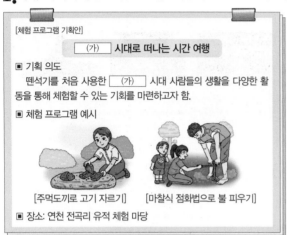

[체험 프로그램 기획안]

[(가)] 시대로 떠나는 시간 여행

■ 기획 의도
  뗀석기를 처음 사용한 [(가)] 시대 사람들의 생활을 다양한 활동을 통해 체험할 수 있는 기회를 마련하고자 함.

■ 체험 프로그램 예시

[주먹도끼로 고기 자르기]   [마찰식 점화법으로 불 피우기]

■ 장소: 연천 전곡리 유적 체험 마당

① 주로 동굴이나 바위 그늘에서 살았다.
② 청동 방울 등을 의례 도구로 사용하였다.
③ 따비와 괭이로 땅을 갈아 농사를 지었다.
④ 거푸집을 이용하여 세형 동검을 제작하였다.
⑤ 빗살무늬 토기를 만들어 식량을 저장하였다.

2. 다음 검색창에 들어갈 나라에 대한 설명으로 옳은 것은? [2점]

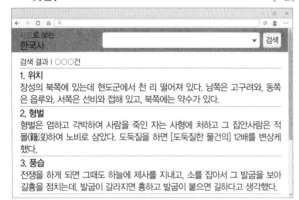

사로로 보는 한국사   [   ] ▾ 검색

검색 결과 | ○○○건

1. 위치
장성의 북쪽에 있는데 현도군에서 천 리 떨어져 있다. 남쪽은 고구려와, 동쪽은 읍루와, 서쪽은 선비와 접해 있고, 북쪽에는 약수가 있다.

2. 형벌
형벌은 엄하고 각박하여 사람을 죽인 자는 사형에 처하고 그 집안사람은 적몰(籍沒)하여 노비로 삼았다. 도둑질을 하면 [도둑질한 물건의] 12배를 변상케 했다.

3. 풍습
전쟁을 하게 되면 그때도 하늘에 제사를 지내고, 소를 잡아서 그 발굽을 보아 길흉을 점치는데, 발굽이 갈라지면 흉하고 발굽이 붙으면 길하다고 생각했다.

① 신성 지역인 소도가 있었다.
② 혼인 풍습으로 민며느리제가 있었다.
③ 읍락 간의 경계를 중시하는 책화가 있었다.
④ 여러 가(加)들이 각각 사출도를 주관하였다.
⑤ 사회 질서를 유지하기 위해 범금 8조를 만들었다.

3. (가) 나라에 대한 설명으로 옳은 것은? [1점]

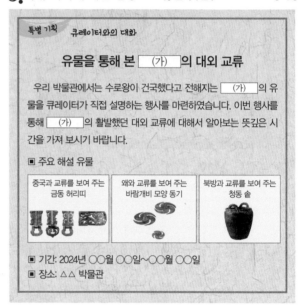

특별 기획   큐레이터와의 대화

유물을 통해 본 [(가)]의 대외 교류

우리 박물관에서는 수로왕이 건국했다고 전해지는 [(가)]의 유물을 큐레이터가 직접 설명하는 행사를 마련하였습니다. 이번 행사를 통해 [(가)]의 활발했던 대외 교류에 대해서 알아보는 뜻깊은 시간을 가져 보시기 바랍니다.

■ 주요 해설 유물

| 중국과 교류를 보여 주는 금동 허리띠 | 왜와 교류를 보여 주는 바람개비 모양 동기 | 북방과 교류를 보여 주는 청동 솥 |

■ 기간: 2024년 ○○월 ○○일~○○월 ○○일
■ 장소: △△ 박물관

① 법흥왕 때 신라에 복속되었다.
② 서옥제라는 혼인 풍습이 있었다.
③ 6좌평이 중요한 국사를 논의하였다.
④ 만장일치제로 운영된 화백 회의가 있었다.
⑤ 지방에 22담로를 두어 왕족을 파견하였다.

4. (가) 인물에 대한 설명으로 옳은 것은? [3점]

  왕이 고구려가 자주 국경을 침략하는 것을 걱정하여 수에 군사를 요청해 고구려를 치고자 하였다. 이에 [(가)]에게 명하여 걸사표를 짓도록 하였다. [(가)]이/가 말하기를, "자기가 살고자 남을 멸하는 것은 출가한 승려로서 적합한 행동은 아니지만, 제가 대왕의 땅에서 살고 대왕의 물과 풀을 먹고 있으니 어찌 감히 명을 따르지 않겠습니까."라고 하면서 글을 써서 올렸다.

① 구법 순례기인 왕오천축국전을 남겼다.
② 황룡사 구층 목탑의 건립을 건의하였다.
③ 무애가를 지어 불교 대중화에 기여하였다.
④ 사군이충 등을 포함한 세속 5계를 제시하였다.
⑤ 풍수지리 사상이 반영된 송악명당기를 저술하였다.

5. (가)~(다) 학생이 발표한 내용을 일어난 순서대로 옳게 나열한 것은? [2점]

① (가) – (나) – (다)
② (가) – (다) – (나)
③ (나) – (가) – (다)
④ (나) – (다) – (가)
⑤ (다) – (나) – (가)

6. 밑줄 그은 '왕'에 대한 설명으로 옳은 것은? [2점]

① 병부와 상대등을 설치하였다.
② 백제 비유왕과 동맹을 체결하였다.
③ 이사부를 보내 우산국을 복속시켰다.
④ 매소성 전투에서 당의 군대를 격파하였다.
⑤ 김흠돌의 난을 진압하고 귀족들을 숙청하였다.

7. (가)에 해당하는 국가유산으로 옳은 것은? [2점]

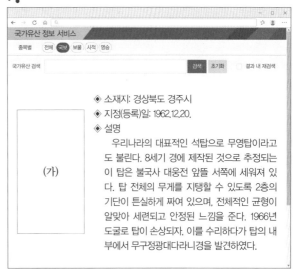

◈ 소재지: 경상북도 경주시
◈ 지정(등록)일: 1962.12.20.
◈ 설명
　　우리나라의 대표적인 석탑으로 무영탑이라고도 불린다. 8세기 경에 제작된 것으로 추정되는 이 탑은 불국사 대웅전 앞뜰 서쪽에 세워져 있다. 탑 전체의 무게를 지탱할 수 있도록 2층의 기단이 튼실하게 짜여 있으며, 전체적인 균형이 알맞아 세련되고 안정된 느낌을 준다. 1966년 도굴로 탑이 손상되자, 이를 수리하다가 탑의 내부에서 무구정광대다라니경을 발견하였다.

①  ②  ③

④  ⑤

8. 다음 상황 이후에 전개된 사실로 옳은 것은? [3점]

　　12월에 황제가 함원전에서 포로를 받아들였다. [황제가] 왕은 정사를 자기가 한 것이 아니라 하였기에 용서하여 사평태상백 원외동정으로 삼았다. 천남산은 사재소경으로, 승려 신성은 은청광록대부로, 천남생은 우위대장군으로 삼았다. …… 천남건은 검주(黔州)로 유배를 보냈다. 5부, 176성, 69만여 호를 나누어 9도독부, 42주, 100현으로 만들고, 평양에 안동도호부를 두어 이를 통치하게 하였다.

－『삼국사기』－

① 안승이 보덕국왕으로 임명되었다.
② 을지문덕이 살수에서 대승을 거두었다.
③ 김춘추가 당과의 군사 동맹을 성사시켰다.
④ 의자왕이 윤충을 보내 대야성을 함락하였다.
⑤ 연개소문이 정변을 일으켜 영류왕을 시해하였다.

9. 다음 사건이 일어난 시기를 연표에서 옳게 고른 것은? [2점]

> 개원(開元) 20년에 발해가 천자의 조정을 원망하여 군사를 거느리고 등주(登州)를 습격하여 자사 위준을 살해하였습니다. 이에 황제께서 크게 노하여 하행성 등에게 군사를 징발하여 바다를 건너 공격해 토벌하도록 명하였습니다. 아울러 당에 숙위하고 있던 신라인 김사란을 귀국시켜 신라로 하여금 발해를 공격하도록 하였습니다. …… 겨울은 깊어 가고 눈이 많이 내려 신라와 당의 군대가 추위에 고생하므로 회군을 명령하였습니다.

(가)	(나)	(다)	(라)	(마)
발해 건국	무왕 즉위	문왕 상경 천도	선왕 즉위	고려 건국	발해 멸망

① (가) ② (나) ③ (다)
④ (라) ⑤ (마)

10. 다음 자료에 나타난 시기의 경제 상황으로 옳은 것은? [1점]

> 왕이 제서(制書)를 내리기를, "백성을 부유하게 하고 국가를 이롭게 하는 것으로 전화(錢貨)만큼 중요한 것이 없다. 서북의 양조(兩朝)에서는 이를 행한 지 이미 오래되었으나 우리나라는 홀로 아직 행하지 않고 있다. 이제 처음으로 화폐를 주조하는 법을 제정하고, 이에 따라 주조한 동전 15,000관(貫)을 재추(宰樞)와 문무 양반 및 군인에게 나누어 하사하여 화폐 사용의 시작점으로 삼고자 한다. 전문(錢文)은 해동통보라고 한다."라고 하였다.

① 송상이 전국 각지에 송방을 두었다.
② 감자, 고구마 등의 구황 작물이 재배되었다.
③ 시장을 감독하는 관청인 동시전이 설치되었다.
④ 예성강 하구의 벽란도가 국제 무역항으로 번성하였다.
⑤ 설점수세제의 시행으로 민간의 광산 개발이 허용되었다.

11. (가), (나) 사이의 시기에 있었던 사실로 옳은 것은? [3점]

> (가) 처음으로 역분전을 정하였다. 통일할 때 조정의 관리들과 군사들에게 관계(官階)는 논하지 않고, 그 사람의 성품과 행동이 착하고 악함과 공로가 크고 작음을 참작하여 차등 있게 주었다.
>
> (나) 12월에 문무 양반 및 군인들의 전시과를 개정하였다. 제1과는 전지 100결, 시지 70결을 지급한다. …… 제18과는 전지 20결을 지급한다. 이 한(限)에 들지 못한 자에게는 모두 전지 17결을 주기로 하고 이것을 통상의 법식으로 한다.

① 경기에 한하여 과전법이 실시되었다.
② 쌍기의 건의로 과거제가 시행되었다.
③ 신돈이 전민변정도감의 책임자가 되었다.
④ 만적이 개경에서 노비를 모아 반란을 모의하였다.
⑤ 최충헌이 봉사 10조를 올려 시정 개혁을 건의하였다.

12. (가) 인물의 활동으로 옳은 것은? [2점]

> ○ 북원의 도적 우두머리인 양길은 [(가)]이/가 자신을 배신한 것을 미워하여 국원 등 10여 곳의 성주들과 그를 칠 것을 모의하고 비뇌성 아래로 진군하였다. 그러나 양길의 병사는 패배하여 흩어져 달아났다.
> – 『삼국사기』 –
>
> ○ [태조가] 수군을 거느리고 서해로부터 광주(光州) 부근에 이르러 금성군을 쳐서 함락하고 10여 군현을 공격하여 차지하였다. 이에 금성군을 고쳐서 나주라 하고 군사를 나누어서 지키게 한 뒤 돌아왔다. …… [(가)]이/가 변경의 일을 물었는데, 태조가 변방을 안정시키고 경계를 넓힐 전략을 보고하였다. 좌우의 신하가 모두 [태조를] 주목하게 되었다.
> – 『고려사』 –

① 일리천 전투에서 신검의 군대를 물리쳤다.
② 9산 선문 중 하나인 가지산문을 개창하였다.
③ 문무관료전을 지급하고 녹읍을 폐지하였다.
④ 광평성을 비롯한 각종 정치 기구를 마련하였다.
⑤ 정계와 계백료서를 지어 관리의 규범을 제시하였다.

13. (가)에 들어갈 내용으로 가장 적절한 것은? [2점]

문헌공도 등 사학의 발달로 관학이 위축된 시기에 관학 진흥을 위하여 시행한 정책에 대해 말해 보자.

서적포를 두어 출판을 담당하게 하였어.

(가)

① 국자감에 전문 강좌인 7재를 개설하였어.
② 사액 서원에 서적과 노비 등을 지급하였어.
③ 독서삼품과를 실시하여 인재를 등용하였어.
④ 초계문신제를 시행하여 문신을 재교육하였어.
⑤ 흥왕사에 교장도감을 두고 속장경을 편찬하였어.

14. 다음 서술형 평가의 답안에 들어갈 내용으로 가장 적절한 것은? [1점]

> **서술형 평가** ○학년 ○○반 이름: ○○○
>
> ◎ 다음 상황들이 나타난 시기의 사회 모습을 서술하시오.
>
> ○ 이의방은 평소 자기를 핍박하는 이고를 미워하였는데, 이고가 난을 모의한다는 말을 듣고 그를 살해하였다.
> ○ 서경유수 조위총이 반란을 일으켰는데, 두경승이 향산동 통로역에서 반란군을 패퇴시켰다.
> ○ 최우가 정방(政房)을 자기 집에 설치하고 문사를 선발하여 여기에 소속시켰다.
>
> 답안

① 서얼이 통청 운동을 전개하였다.
② 청해진을 거점으로 국제 무역이 이루어졌다.
③ 왕조 교체를 예언하는 정감록 등이 유포되었다.
④ 망이·망소이의 난 등 하층민의 봉기가 발생하였다.
⑤ 역관들이 시사(詩社)에 참여해 위항 문학 활동을 하였다.

15. (가)에 대한 고려의 대응으로 옳은 것은? [2점]

> ○ 박서는 김중온의 군사로 성의 동서쪽을, 김경손의 군사로는 성의 남쪽을, 별초 250여 인은 나누어 3면을 지키게 하였다. [(가)]의 군사들이 성을 여러 겹으로 포위하고 공격하자 성 안의 군사들이 갑자기 나가 싸워 그들을 패주시켰다.
> ○ 송문주는 귀주에서 종군하였던 사람인데 그 공으로 낭장(郎將)으로 초수(超授)되었다. 이후 죽주 방호별감이 되었을 때, [(가)]이/가 죽주성에 이르러 보름 동안이나 다방면으로 공격하였으나 성을 빼앗지 못하고 물러갔다.

① 강화도로 도읍을 옮겨 항전하였다.
② 광군을 창설하여 침입에 대비하였다.
③ 화통도감을 설치하여 군사력을 증강하였다.
④ 철령위 설치에 반발하여 요동 정벌을 추진하였다.
⑤ 신기군, 신보군, 항마군으로 구성된 별무반을 창설하였다.

16. (가) 국가의 국가유산으로 옳지 않은 것은? [1점]

> **□□신문**
> 제△△호　　　　　2024년 ○○월 ○○일
>
> **'국보 순회전: 모두의 곁으로', 강진군에서 열려**
>
>
> ▲ 청자 상감 모란무늬 항아리
>
> 국립중앙박물관이 지역 간의 문화 격차를 해소하기 위해 기획한 국보 순회전이 전남 강진군에서 '도자기에 핀 꽃, 상감 청자'를 주제로 개최되었다. 이번 전시에서는 청자 상감 모란무늬 항아리, 청자 상감 물가풍경무늬 매병 등 [(가)]의 대표적인 국가유산인 상감 청자가 공개된다. 특히 국보 '청자 상감 모란무늬 항아리'는 왕실 자기의 전형을 보여 주는 유물로 모란을 정교하고 화려하면서도 사실적으로 묘사하였다는 평가를 받는다. 전시회 관계자는 "상감 청자의 생산지였던 강진군에서 개최되어 더 큰 의미가 있다."라고 밝혔다.

①
②
③
④
⑤

17. 다음 가상 인터뷰의 주인공에 대한 설명으로 옳은 것은? [3점]

최근에 역옹패설을 저술하셨는데 독자들이 관심 가질 만한 내용을 소개해 주세요.

고위 관리 유청신이 원의 사신과 몽골말로 직접 대화하자 홍자번이 역관을 심하게 꾸짖었고, 이에 유청신이 부끄러워 한 일화가 실려 있습니다.

① 불씨잡변을 지어 불교를 비판하였다.
② 정혜결사를 통해 불교 개혁에 앞장섰다.
③ 청방인문표를 지어 인질의 석방을 요구하였다.
④ 고구려 계승 의식을 강조한 동명왕편을 지었다.
⑤ 만권당에서 조맹부, 요수 등의 문인들과 교유하였다.

18. (가) 지역에서 있었던 사실로 옳은 것은? [3점]

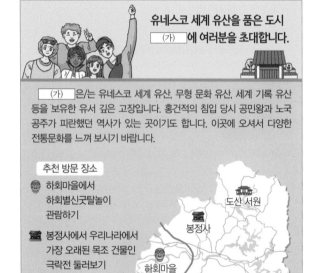

유네스코 세계 유산을 품은 도시
(가) 에 여러분을 초대합니다.

(가) 은/는 유네스코 세계 유산, 무형 문화 유산, 세계 기록 유산 등을 보유한 유서 깊은 고장입니다. 홍건적의 침입 당시 공민왕과 노국 공주가 피란했던 역사가 있는 곳이기도 합니다. 이곳에 오셔서 다양한 전통문화를 느껴 보시기 바랍니다.

추천 방문 장소
- 하회마을에서 하회별신굿탈놀이 관람하기
- 봉정사에서 우리나라에서 가장 오래된 목조 건물인 극락전 둘러보기
- 도산 서원에서 퇴계 이황의 학문과 일생 생각해 보기

① 왕건이 고창 전투에서 견훤에게 승리하였다.
② 묘청이 반란을 일으키고 국호를 대위라 하였다.
③ 흥덕사에서 금속 활자본인 직지심체요절이 간행되었다.
④ 정중부를 비롯한 무신들이 보현원에서 정변을 일으켰다.
⑤ 이성계를 중심으로 한 고려군이 황산에서 왜구를 격퇴하였다.

19. 밑줄 그은 '임금'의 재위 시기에 있었던 사실로 옳은 것은? [2점]

임금이 무악에 이르러서 도읍을 정할 땅을 물색하였다. 좌시중 조준, 우시중 김사형에게 말하였다. "고려 말에 서운관에서 송도의 지덕이 이미 쇠했다는 이유로 여러 번 글을 올려 한양으로 도읍을 옮기자고 하였다. 근래에는 계룡이 도읍할 만한 곳이라 하기에 백성을 공사에 동원하여 힘들게 하였다. 이제 또 여기가 도읍할 만한 곳이라 하여 와서 보니, 유한우 등이 도리어 무악보다는 송도가 더 명당이라고 고집한다. 그대들은 도읍할 만한 곳을 서운관 관리에게 다시 보고받도록 하라."

① 독창적 문자인 훈민정음이 반포되었다.
② 수도 방어를 위하여 금위영이 창설되었다.
③ 조선의 기본 법전인 경국대전이 완성되었다.
④ 왕위 계승을 둘러싸고 왕자의 난이 발생하였다.
⑤ 성삼문 등이 상왕의 복위를 꾀하다가 처형되었다.

20. (가) 기구에 대한 설명으로 옳은 것은? [2점]

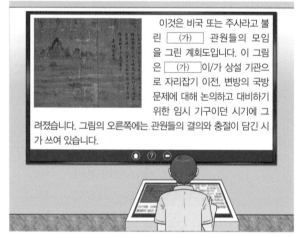

이것은 비국 또는 주사라고 불린 (가) 관원들의 모임을 그린 계회도입니다. 이 그림은 (가) 이/가 상설 기관으로 자리잡기 이전, 변방의 국방 문제에 대해 논의하고 대비하기 위한 임시 기구이던 시기에 그려졌습니다. 그림의 오른쪽에는 관원들의 결의와 충절이 담긴 시가 쓰여 있습니다.

① 수도의 행정과 치안을 담당하였다.
② 흥선 대원군이 집권한 시기에 혁파되었다.
③ 국왕 직속 사법 기구로 반역죄 등을 다루었다.
④ 5품 이하의 관리 임명에 대한 서경권을 행사하였다.
⑤ 도승지를 수장으로 좌승지, 우승지 등의 관직을 두었다.

21. 밑줄 그은 '이 사건'에 대한 설명으로 옳은 것은? [2점]

> 이곳은 이언적의 위패를 모신 경주 옥산 서원입니다. 이언적은 이른바 대윤과 소윤이라는 정치 세력 간의 갈등으로 윤임 등 대윤 세력이 탄압받은 이 사건 당시 관련자들의 처리를 두고 갈등이 생기자 스스로 관직에서 물러났습니다. 이후 양재역 벽서 사건에 연루되어 유배되었습니다.

① 김종직의 조의제문이 발단이 되었다.
② 폐비 윤씨 사사 사건이 원인이 되었다.
③ 왕실 외척 간의 권력 다툼으로 일어났다.
④ 진성 대군이 왕으로 즉위하는 결과를 가져왔다.
⑤ 조광조 등이 반정 공신의 위훈 삭제를 주장하였다.

22. (가), (나) 사이의 시기에 있었던 사실로 옳은 것은? [2점]

> (가) 임금이 여러 도(道)에 명을 내렸다. "나라의 운세가 매우 좋지 않아 역적 이괄이 군사를 일으켰는데, 여러 장수들이 좌시하여 수도가 함락되고 말았다. …… 예로부터 반역은 어느 시대에나 있었지만, 이처럼 극도로 흉악한 역적은 없었다. 종사와 자전*을 염려하여 남쪽으로 피란하기로 결정하였다."
>
> (나) 청명수가 심양에 있는 소현 세자의 관소에 와서 용골대의 뜻을 전하기를, "세자가 이곳에 들어온 지가 이미 5년이 되었으니, 어찌 스스로 먹고살 길을 마련하지 않는가. 세자와 인질들에게 어찌 먹고살 식량을 늘 지급해 줄 수가 있겠는가. 경작할 땅을 주어 내년부터 각자 농사를 지어 먹도록 함이 마땅하다."라고 하였다.
> *자전(慈殿): 임금의 어머니

① 정문부가 길주에서 의병을 이끌었다.
② 삼수병으로 구성된 훈련도감이 설치되었다.
③ 영창 대군이 사사되고 인목 대비가 유폐되었다.
④ 이덕형이 구원병 요청을 위해 명에 청원사로 파견되었다.
⑤ 김상헌 등이 남한산성에서 화의에 반대하여 항전을 주장하였다.

23. 다음 자료를 활용한 탐구 활동으로 가장 적절한 것은? [2점]

> 좌의정 채제공이 왕에게 아뢰었다. "빈둥거리는 무뢰배가 삼삼오오 떼를 지어 스스로 상점을 개설하고 일용품을 거래하는 일이 많아졌습니다. 그들은 큰 물건에서 작은 물건까지 싼값에 억지로 사들이기 일쑤입니다. 혹 물건 주인이 말을 듣지 않으면 난전(亂廛)으로 몰아서 결박하여 형조와 한성부로 끌고 가 혹독한 형벌을 당하도록 합니다. 이 때문에 물건 주인은 본전에서 밑지더라도 어쩔 수 없이 팔고 갑니다. 그리고 무뢰배들은 제각기 가게를 벌여놓고 배나 되는 값을 받습니다. 어쩔 수 없이 사야 하는 사람은 그 가게 외에서는 물건을 구할 수 없기 때문에, 물건 값이 날마다 치솟고 있습니다."

① 계해약조의 체결 과정을 확인한다.
② 오가작통법의 실시 목적을 파악한다.
③ 신해통공을 단행하게 된 배경을 조사한다.
④ 토지 소유자에게 결작을 부과한 이유를 살펴본다.
⑤ 풍흉에 따라 전세를 차등 부과하는 기준을 알아본다.

24. 밑줄 그은 '이 왕'의 재위 시기에 있었던 사실로 옳은 것은? [2점]

> 이것은 조선과 청 사이의 경계를 나타내고자 세운 비석의 탁본입니다. 비석에 대해 자세히 설명해 주시겠어요?

> 이 비석은 국경을 분명히 하기 위해 청에서 파견한 오라총관 목극등과 이 왕이 보낸 조선의 관리들이 현지를 답사하고 세웠습니다. 비석에는 서쪽은 압록강, 동쪽은 토문강을 경계로 한다는 내용이 새겨져 있습니다.

① 최제우가 혹세무민의 죄로 처형되었다.
② 변급, 신류 등이 나선 정벌에 참여하였다.
③ 국왕의 친위 부대인 장용영이 창설되었다.
④ 경신환국 등 여러 차례 환국이 발생하였다.
⑤ 정여립 모반 사건을 빌미로 기축옥사가 일어났다.

25. 밑줄 그은 '이 인물'에 대한 설명으로 옳은 것은?
[2점]

> 이것은 이 인물이 제주도 유배지에서 부인에게 보낸 한글 편지입니다. 편지에는 유배 생활의 곤궁함과 함께 위독한 부인에 대한 걱정과 그리움이 담겨 있습니다. 독창적인 서체로 유명한 이 인물은 유배지에서 세한도를 그리기도 하였습니다.

① 기대승과 사단칠정 논쟁을 전개하였다.
② 북한산비가 진흥왕 순수비임을 고증하였다.
③ 양명학을 연구하여 강화 학파를 형성하였다.
④ 청으로부터 시헌력을 도입하자고 건의하였다.
⑤ 열하일기에서 수레와 선박의 사용을 강조하였다.

26. 다음 가상 대화가 이루어진 시기에 볼 수 있는 모습으로 적절하지 <u>않은</u> 것은?
[2점]

> 며칠 전 주상께서 각 궁방과 중앙 관청에 소속된 노비를 모두 양민으로 삼고, 노비 문서를 거두어 불태우라고 명하셨다는군.

> 나도 들었네. 선왕께서 노비 추쇄관을 혁파하셨는데, 그 뜻을 이어받으신 것 아니겠는가.

① 담배 농사를 짓는 농민
② 염포 왜관에서 교역하는 상인
③ 세책가에서 춘향전을 빌리는 부녀자
④ 관청에 필요한 물품을 납품하는 공인
⑤ 송파장에서 산대놀이 공연을 벌이는 광대

27. 밑줄 그은 '이 시기'에 있었던 사실로 옳은 것은?
[2점]

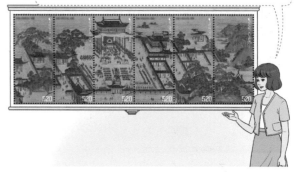

> 이 우표 속 그림은 국왕의 혼인을 축하하기 위해 거행된 진하례 모습을 그린 궁중 행사도입니다. 그림에 보이는 왕실 행사의 화려함과는 달리 안동 김씨 등 외척 세력이 세 왕에 걸쳐 60여 년 동안 권력을 잡은 이 시기에는 국왕의 실권이 많이 위축되었습니다.

① 어영청을 중심으로 북벌이 추진되었다.
② 윤지충 등이 처형된 신해박해가 일어났다.
③ 이필제가 영해 지역을 중심으로 난을 일으켰다.
④ 경복궁 중건 비용 마련을 위해 당백전이 발행되었다.
⑤ 삼정의 문란을 해결하기 위해 삼정이정청이 설치되었다.

28. (가) 사건 이후에 일어난 사실로 옳은 것은?
[1점]

> 3년 전 우리나라에서 전시한 어재연 장군의 수자기를 찍은 사진이야. 어재연 장군은 미군이 강화도를 침략한 (가) 당시 광성보에서 항전하셨어.

> 맞아. 이 수자기는 그때 빼앗겼다가 많은 노력 끝에 대여 형식으로 들어와 실물을 볼 수 있었어. 안타깝게도 지금은 미국으로 다시 돌아가 언제 돌아올 수 있을지 모른다고 해.

① 의궤를 비롯한 외규장각 도서가 약탈당하였다.
② 홍경래 등이 난을 일으켜 정주성을 점령하였다.
③ 종로를 비롯한 전국 각지에 척화비가 건립되었다.
④ 제너럴셔먼호가 대동강 유역에서 통상을 요구하였다.
⑤ 황사영이 외국 군대의 출병을 요청하는 백서를 작성하였다.

29. (가), (나) 조약 사이의 시기에 볼 수 있는 모습으로 가장 적절한 것은? [3점]

> (가) 부산항에서 일본국 인민이 통행할 수 있는 도로 이정(里程) 은 부두로부터 기산하여 조선 이법(里法)으로 동서남북 직경 10리로 정한다. 동래부는 이정 밖에 있지만 특별히 왕래할 수 있다. 일본국 인민은 마음대로 통행하며 조선 토산물과 일본국 물품을 사고팔 수 있다.
>
> (나) 통상 지역에서 조선 이법 100리 이내, 혹은 장래 양국 관원이 서로 의논하여 정하는 경계 안에서 영국 인민은 여행증명서 없이 마음대로 돌아다닐 수 있다. 여행증명서를 지닌 영국 인민은 조선 각지를 돌아다니며 통상하거나, 각종 화물을 들여와 팔거나(단, 조선 정부가 불허한 서적·인쇄물 등은 제외), 일체 토산물을 구매할 수 있다.

① 거문도를 불법으로 점거하는 영국 군인
② 남연군 묘의 도굴을 시도하는 독일 상인
③ 부산 절영도의 조차를 요구하는 러시아 공사
④ 조청 상민 수륙 무역 장정을 체결하는 청 관리
⑤ 톈진 조약에 따라 조선에서 철수하는 일본 군인

30. (가)에 대한 설명으로 옳은 것은? [2점]

한국의 무형 문화 유산 - (가)

🔊 한국사 알림이 채널　　조회 수 202,408

　궁중 무용 중 유일하게 사람 형상의 가면을 쓰고 추는 춤으로 5명이 중앙과 동서남북을 상징하는 5가지 색깔의 옷을 입고 춤을 춥니다. 가면의 팥죽색은 악귀를 물리치는 벽사의 의미를 담고 있습니다. 2009년 '유네스코 무형 문화 유산'으로 등재되었습니다.

① 처용 설화를 바탕으로 하였다.
② 종묘에서 행하는 제향 의식이다.
③ 부처의 영취산 설법 모습을 재현하였다.
④ 창과 아니리, 너름새 등으로 구성되었다.
⑤ 양반, 파계승 등을 풍자하는 내용이 담겨 있다.

31. 밑줄 그은 '개혁'의 내용으로 옳은 것은? [2점]

> 어제 발행된 관보를 보았는가? 지난 8월 국모 시해 사건 이후 김홍집 내각에서 추진한 개혁의 일환으로 태양력을 시행한다더니. 그에 맞추어 연호를 새로 정하라는 조칙이 내려졌군.

> 그래서 내일부터 양력 1월 1일이 시작되고, 새로운 연호는 건양으로 정해졌다고 하네.

① 양전 사업을 실시하여 지계를 발급하였다.
② 지방 행정 구역을 8도에서 23부로 개편하였다.
③ 군제를 개편하여 친위대와 진위대를 설치하였다.
④ 공사 노비법을 혁파하고 과부의 재가를 허용하였다.
⑤ 교육의 기본 방향을 제시한 교육 입국 조서를 반포하였다.

32. (가) 기구를 통해 추진된 정책으로 옳은 것은? [2점]

> 이곳은 기기창 건물 중 하나인 번사창입니다. 강화도 조약 체결 이후 정부는 국내외 정세에 대응하고 개화 정책을 총괄하기 위한 기구로 (가) 을/를 설치하였습니다. 이 기구의 건의로 청에 파견한 영선사 일행에 유학생을 포함시켜 근대 문물을 배워 오도록 하였습니다. 이러한 노력의 영향으로 설치된 근대적 무기 공장이 바로 기기창이었습니다.

① 별기군을 창설하였다.
② 원수부를 설치하였다.
③ 대전통편을 편찬하였다.
④ 신문지법을 공포하였다.
⑤ 서당 규칙을 제정하였다.

33. (가) 신문에 대한 설명으로 옳은 것은? [1점]

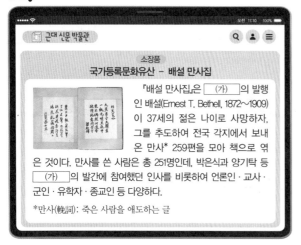

① 박문국에서 발행하였다.
② 브나로드 운동을 주도하였다.
③ 여권통문을 처음 게재하였다.
④ 국채 보상 운동을 지원하였다.
⑤ 순한글판으로 발행된 최초의 신문이었다.

35. 밑줄 그은 '사업'에 대한 탐구 활동으로 가장 적절한 것은? [2점]

화폐로 보는 한국사

백동화(白銅貨)는 전환국에서 발행한 액면가 2전 5푼의 동전이다. 당시 재정 궁핍으로 본위 화폐인 은화는 거의 주조되지 않았고, 보조 화폐인 백동화가 주로 제조되어 사용되었다. 러일 전쟁 중에 재정 고문으로 임명된 메가타 다네타로의 주도하에 전환국을 폐지하고 백동화와 엽전을 일본 제일은행권으로 교환하는 사업을 추진하면서, 백동화의 발행이 중단되었다.

① 군국기무처의 활동을 조사한다.
② 당오전이 발행된 배경을 파악한다.
③ 삼국 간섭이 발생한 원인을 분석한다.
④ 대한 광복회가 결성된 목적을 살펴본다.
⑤ 제1차 한일 협약 체결의 영향을 알아본다.

34. (가) 단체의 활동으로 옳은 것은? [2점]

독립문 주춧돌 놓는 예식을 독립 공원 부지에서 열었다. …… 회장 안경수 씨가 연설하기를, "　(가)　이/가 처음에 시작할 때 단지 회원이 네다섯 명이더니 오늘날 회원은 수천 명이다. 조선 인민들이 나라가 독립되는 것을 좋아하기에 심지어 궁벽한 시골에 사는 인민 중에서 독립문 세우는 데 돈을 보조하는 사람들이 있으며, 외국 사람 중에서도 돈 낸 사람들이 많이 있었다. 이것을 보면 조선 사람들도 오늘부터 조선에서 모든 일을　(가)　하듯이 시작하여 모두 합심하기를 바란다."라고 하였다.

① 고종 강제 퇴위 반대 운동을 전개하였다.
② 일제의 황무지 개간권 요구를 저지시켰다.
③ 중추원 개편을 통한 의회 설립을 추진하였다.
④ 대성 학교를 설립하여 민족 교육을 실시하였다.
⑤ 독립운동 자금 마련을 위해 독립 공채를 발행하였다.

36. (가) 지역에서 일어난 민족 운동에 대한 설명으로 옳은 것은? [3점]

이 문서는 일제에 협력하는 것을 방지한다는 명분으로　(가)　의 한인들을 중앙아시아로 강제 이주시키라는 명령서이다.

1937년에 소련 공산당 서기장 스탈린이 승인한 이 명령의 시행으로 블라디보스토크를 포함한　(가)　의 한인 10만 명 이상이 우즈베키스탄, 카자흐스탄 등지로 강제 이주당하였다.

① 권업회를 조직하고 신문을 발행하였다.
② 한인 자치 기구인 경학사를 설립하였다.
③ 유학생을 중심으로 2·8 독립 선언서를 발표하였다.
④ 독립군 양성을 위해 대조선 국민 군단을 결성하였다.
⑤ 서전서숙과 명동 학교를 설립하여 민족 교육을 실시하였다.

37. (가) 인물의 활동으로 옳은 것은? [1점]

신간 도서 소개

동양평화론

미완의 원고, 책으로 출간

"슬프도다! 천만 뜻밖에도 일본이 승리한 이후에 가장 가깝고 친하며 어질고 약한, 같은 인종인 한국을 억눌러 강제로 조약을 맺었다."

[(가)]은/는 뤼순 감옥에서 사형 집행을 눈앞에 두고 온 힘을 다해 동양 평화론을 집필하였다. 안타깝게도 그는 원고를 완성하지 못하고 형장의 이슬로 사라졌지만, 국가 간의 평등과 상호 협력으로 평화를 이룩하자는 그의 주장은 오늘날에도 시사점을 준다.

① 명동 성당 앞에서 이완용을 습격하였다.
② 하얼빈에서 이토 히로부미를 사살하였다.
③ 타이중에서 일본 육군 대장을 저격하였다.
④ 샌프란시스코에서 D.W.스티븐스를 처단하였다.
⑤ 서울역에서 신임 총독의 마차에 폭탄을 투척하였다.

38. 밑줄 그은 '시기'의 사회 모습으로 가장 적절한 것은? [2점]

개성에서 청년 두 명이 웃통을 벗고 일하다가 순사에게 발견되어 태형에 처해졌다는 신문 기사입니다. 일제가 조선 태형령을 시행한 시기에는 기사의 내용처럼 사소한 사안에도 태형이라는 가혹한 형벌이 집행되었습니다.

① 육영 공원에서 외국인 교사를 초빙하였다.
② 애국반이 편성되어 일상생활이 통제되었다.
③ 조선 형평사가 창립되어 형평 운동을 전개하였다.
④ 나운규가 제작한 아리랑이 단성사에서 개봉되었다.
⑤ 경복궁에서 조선 물산 공진회가 최초로 개최되었다.

39. (가), (나)가 공포된 시기의 사이에 있었던 사실로 옳은 것은? [2점]

(가) 회사령 폐지에 관한 건
　　회사령은 폐지한다.
　　－ 부칙
　　1. 이 영은 공포일로부터 시행한다.
　　2. 구령에 의하여 설립한 회사로 이 영 시행 당시 존재하는 것은 조선 민사령에 의하여 설립한 것으로 본다.

(나) 조선 총독부 농촌 진흥 위원회 규정
　　제1조 조선의 농산어촌 진흥에 관한 방침, 시설 및 통제에 관한 중요 사항을 심의하기 위하여 조선 총독부에 조선 총독부 농촌 진흥 위원회를 둔다.
　　제3조 위원장은 조선 총독부 정무총감으로 한다.

① 함경도에서 방곡령이 선포되었다.
② 조선 물산 장려회가 평양에서 창립되었다.
③ 황국 중앙 총상회의 상권 수호 운동이 전개되었다.
④ 유상 매수, 유상 분배를 규정한 농지 개혁법이 제정되었다.
⑤ 국가 총동원법을 제정하여 인력과 물자를 강제 동원하였다.

40. 다음 자료가 발표된 시기를 연표에서 옳게 고른 것은? [2점]

대학을 세운다는 일은 극히 거창하여 여간 몇 사람의 힘으로는 도저히 성취할 바가 아니므로 금일까지 실지의 운동이 일어나지 못하였던 것이라. 그러나 일이 거창하고 어렵다고 시작을 아니하면 언제까지든지 조선 사람의 대학이라는 것은 생겨볼 수가 없다. 그러므로 이번에 조선 전도의 다수한 유지를 망라하여 민중적 운동으로 될 수 있는 대로 많은 사람의 힘을 합하여 민립 대학 한 곳을 세워 보고자 이상재, 이승훈 등의 주창으로 수일 전에 민립 대학 기성 준비회를 조직하고 집행위원을 선정하였는데, 장차 각 부·군에서 다수한 발기인의 참가를 구하여 경성에서 발기회를 열고 실행 방법을 결정할 터이다.

1895		1911		1919		1924		1938		1942
	(가)		(나)		(다)		(라)		(마)	
한성 사범 학교 설립		제1차 조선 교육령		3·1 운동		경성 제국 대학 개교		제3차 조선 교육령		조선어 학회 사건

① (가)　　　② (나)　　　③ (다)
④ (라)　　　⑤ (마)

41. (가) 사건 이후에 전개된 사실로 옳은 것은? [3점]

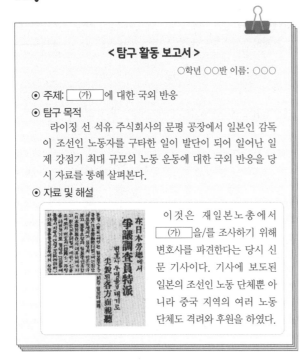

〈탐구 활동 보고서〉

○학년 ○○반 이름: ○○○

◉ 주제: (가) 에 대한 국외 반응

◉ 탐구 목적

　　라이징 선 석유 주식회사의 문평 공장에서 일본인 감독이 조선인 노동자를 구타한 일이 발단이 되어 일어난 일제 강점기 최대 규모의 노동 운동에 대한 국외 반응을 당시 자료를 통해 살펴본다.

◉ 자료 및 해설

　　이것은 재일본노총에서 (가) 을/를 조사하기 위해 변호사를 파견한다는 당시 신문 기사이다. 기사에 보도된 일본의 조선인 노동 단체뿐 아니라 중국 지역의 여러 노동 단체도 격려와 후원을 하였다.

① 동양 척식 주식회사가 설립되었다.
② 강주룡이 을밀대 지붕에서 고공 농성을 벌였다.
③ 황실의 지원을 받아 대한 천일 은행이 창립되었다.
④ 전국 단위의 조직인 조선 노농 총동맹이 조직되었다.
⑤ 고율의 소작료에 반발하여 암태도 소작 쟁의가 발생하였다.

42. (가)에 들어갈 내용으로 가장 적절한 것은? [1점]

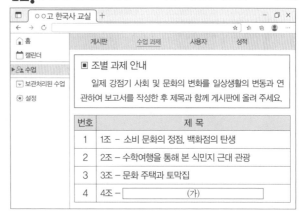

번호	제목
1	1조 – 소비 문화의 정점, 백화점의 탄생
2	2조 – 수학여행을 통해 본 식민지 근대 관광
3	3조 – 문화 주택과 토막집
4	4조 – (가)

① 서양식 의료의 수용, 광혜원
② 근대적 우편 제도의 시작, 우정총국
③ 전시 통제 체제 속에서 강요된 여성복, 몸뻬
④ 근면, 자조, 협동을 기치로 내세운 새마을 운동
⑤ 상품 광고의 새로운 장을 연 컬러텔레비전 방송

43. (가) 부대에 대한 설명으로 옳은 것은? [2점]

사진으로 보는 독립운동사

[해설] 이 사진은 충칭에서 열린 대한민국 임시 정부의 ' (가) 총사령부 성립 전례식' 기념 사진 중 하나이다. 사진에는 대한민국 임시 정부 주석 김구와 함께 이 부대의 총사령관인 지청천이 '광복 조국'이 쓰인 기를 들고 있는 모습이 보인다. (가) 은/는 영국군의 요청으로 인도, 미얀마 전선에서 작전을 펼치는 등 활발한 활동을 전개하였다.

① 자유시 참변으로 세력이 약화되었다.
② 영릉가에서 일본군에 승리를 거두었다.
③ 봉오동 전투에서 일본군을 크게 물리쳤다.
④ 미군과 연계하여 국내 진공 작전을 준비하였다.
⑤ 쌍성보 전투에서 한중 연합 작전을 전개하였다.

44. 밑줄 그은 '시기'에 볼 수 있는 모습으로 적절하지 않은 것은? [2점]

장행기

장행기는 지원병 형식으로 끌려가는 청년을 환송하기 위해 국민 총력 조선 연맹 지부에서 만들어 준 깃발이다. 이 장행기의 주인공은 일제가 중일 전쟁을 일으키고 침략을 확대하던 시기에 지원병으로 끌려가 전사하였다. 장행기에는 창씨개명한 그의 일본식 이름이 적혀 있다.

① 국방헌금 모금에 적극 협력하는 부호
② 황국 신민 서사 암송을 강요받는 학생
③ 원각사에서 연극 은세계를 공연하는 배우
④ 내선일체에 협력하자는 논설을 쓰는 언론인
⑤ 국민 징용령에 의해 강제로 동원되는 노동자

45. 다음 안내에 따라 학생이 발표한 내용으로 가장 적절한 것은? [3점]

학생 여러분, 이번 시간에는 우리 고장의 유적과 기념물을 조사해서 발표하는 활동을 하겠습니다. 우리 고장은 금강 중류에 위치한 유서 깊은 도시입니다. 남한에서 최초로 발굴된 구석기 유적이 있어 선사 시대부터 우리 고장에 사람이 살았던 것을 알 수 있습니다. 또한, 삼국이 상호 경쟁하던 시기에는 백제의 수도로서 백제 중흥을 위한 노력이 전개되었던 곳으로 백제 고분을 통해 당시의 문화를 엿볼 수 있습니다. 고려 시대에는 최승로의 건의에 따라 설치된 12목 중의 하나였고, 이후 조선 시대에도 감영이 있어 지역의 중심지 역할을 하였습니다. 그리고 근대에는 동학 농민군이 관군과 일본군에 맞서 치열한 전투를 전개하는 등 외세를 물리치기 위한 민족 운동이 펼쳐지기도 하였습니다.

그럼, 모둠별로 우리 고장의 다양한 유적과 기념물에 대해 조사한 후 알게 된 내용을 발표해 봅시다.

① 갑 – 수양개 유적을 조사하여 우리 고장에 살던 구석기인들이 다양한 기법으로 석기를 제작했음을 알 수 있었습니다.
② 을 – 송산리 고분군의 벽돌무덤을 조사하여 무령왕이 중국 남조, 왜 등과 활발하게 교류했음을 알 수 있었습니다.
③ 병 – 만인의총을 조사하여 정유재란 당시 우리 고장의 백성들이 조명 연합군과 함께 결사 항전했음을 알 수 있었습니다.
④ 정 – 만석보 유지비를 조사하여 우리 고장 농민들이 군수 조병갑의 수탈에 저항하여 봉기했음을 알 수 있었습니다.
⑤ 무 – 아우내 3·1 운동 독립 사적지를 조사하여 유관순이 우리 고장에서 만세 시위를 주도했음을 알 수 있었습니다.

46. (가) 전쟁 중에 있었던 사실로 옳은 것은?　　[2점]

> 저는 지금 부산의 재한 유엔 기념 공원 내에 있는 유엔군 전몰장병 추모명비 앞에 와 있습니다. (가) 에서 전사하거나 실종된 4만여 명의 이름을 새겨 넣어 추도와 기억의 공간으로 만든 이곳에서 평화의 가치를 생각해 보았으면 합니다.

① 애치슨 라인이 발표되었다.

② 한일 기본 조약이 체결되었다.

③ 국가 보위 비상 대책 위원회가 설치되었다.

④ 김구, 김규식 등이 남북 협상에 참여하였다.

⑤ 비상계엄이 선포된 가운데 발췌 개헌안이 통과되었다.

47. 밑줄 그은 '총선거'에 대한 설명으로 옳은 것은? [1점]

공보물로 본 우리나라 선거의 역사

[해설] 이것은 유엔 한국 임시 위원단의 감시하에 우리나라 최초로 실시된 총선거에 출마한 장면 후보자의 선거 공보이다. 후보자의 사진, 약력, 선거 구호 등이 보이고, 특히 자세한 투표 안내가 눈에 띈다.

① 5·16 군사 정변 이후에 실시되었다.

② 제헌 국회의원을 선출하기 위해 시행되었다.

③ 통일 주체 국민 회의 대의원이 투표에 참여하였다.

④ 민의원, 참의원으로 구성된 양원제 국회가 탄생하였다.

⑤ 신한 민주당이 창당 한 달 만에 제1야당이 되는 결과를 가져왔다.

48. 다음 기사가 보도된 정부 시기의 사실로 옳은 것은?　　[3점]

> **□□신문**
>
> 제△△호　　　　　○○○○년 ○○월 ○○일
>
> **제24회 서울 올림픽 개회식이 열리다**
>
> 제24회 서울 올림픽 개회식이 어제 잠실 올림픽 주경기장에서 성공적으로 열렸다. 개회식 마지막 행사에서는 주제곡 '손에 손잡고'가 울려 퍼지는 가운데 서울 올림픽 마스코트인 호돌이를 비롯하여 이전 올림픽의 마스코트들이 함께 춤추는 장면이 연출되어 동서 화합의 의미를 더했다.
>
> 12년 만에 동서 양 진영이 함께 모인 이번 대회에서는 160개국의 선수 8,000여 명이 참가하여 과거 어느 대회보다 수준 높은 경기가 펼쳐질 것으로 예상된다.

① 국민 교육 헌장이 발표되었다.

② 3당 합당으로 민주 자유당이 창당되었다.

③ 군 내부의 사조직인 하나회가 해체되었다.

④ 사회 정화를 명분으로 삼청 교육대가 설치되었다.

⑤ 외환 위기 극복을 위한 금 모으기 운동이 전개되었다.

49. (가) 민주화 운동에 대한 설명으로 옳은 것은? [2점]

> ● 하계 답사 안내 ●
>
> 우리 문화원에서는 부산과 마산 지역의 시민과 학생들이 일으킨 [(가)] 의 의미를 조명하는 답사를 준비하였습니다. YH 무역 사건, 야당 총재의 국회의원직 제명 등 일련의 사건으로 당시 정부에 대한 민심 이반이 가속화하는 가운데 일어난 [(가)] 의 유적지를 둘러보면서 민주주의의 소중함을 되새기는 기회가 되길 바랍니다.
>
> ◈ 기간: 2024년 ○월 ○○일~○월 ○○일
> ◈ 답사 일정
> • 1일차: 부산대 10·16 기념관 – 국제 시장 – 부산 양서 협동조합 터
> • 2일차: 경남대 교내 기념석 – 서항 공원 – 창동 사거리
> ◈ 주요 답사지
>
>
> 10·16 기념관
>
>
> 서항 공원 내 기념물
>
> ◈ 주관: △△ 문화원

① 유신 체제 붕괴의 배경이 되었다.
② 시민군을 조직하여 계엄군에 대항하였다.
③ 시위 도중 김주열이 최루탄을 맞고 사망하였다.
④ 직선제 개헌을 약속한 6·29 선언을 이끌어냈다.
⑤ 대통령이 하야하여 미국으로 망명하는 결과를 가져왔다.

50. 다음 연설이 있었던 정부의 통일 노력으로 옳은 것은? [2점]

> 노벨 위원회가 긍정적으로 평가해 준 최근의 남북 관계에 대해 몇 말씀 드리겠습니다. 저는 지난 6월에 북한의 김정일 국방위원장과 역사적인 남북 정상 회담을 가졌습니다. …… 우리의 일관되고 성의 있는 자세와 노르웨이를 비롯한 전 세계 모든 나라의 햇볕 정책에 대한 지지는 북한의 태도를 바꾸게 만들었습니다.

① 남북 기본 합의서를 교환하였다.
② 7·4 남북 공동 성명을 발표하였다.
③ 6·15 남북 공동 선언을 채택하였다.
④ 한반도 비핵화 공동 선언에 합의하였다.
⑤ 남북 이산가족 고향 방문단의 교환을 최초로 실현하였다.

1. (가) 시대의 생활 모습으로 가장 적절한 것은?　[1점]

① 철제 무기로 정복 활동을 벌였다.
② 오수전, 화천 등의 중국 화폐로 교역하였다.
③ 많은 인력을 동원하여 고인돌을 축조하였다.
④ 주로 동굴이나 강가에 막집을 짓고 거주하였다.
⑤ 가락바퀴와 뼈바늘을 사용하여 옷을 만들기 시작하였다.

2. (가) 나라에 대한 설명으로 옳은 것은?　[2점]

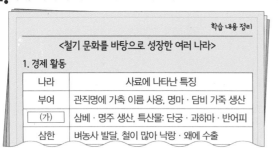

나라	사료에 나타난 특징
부여	관직명에 가축 이름 사용, 명마 · 담비 가죽 생산
(가)	삼베 · 명주 생산, 특산물: 단궁 · 과하마 · 반어피
삼한	벼농사 발달, 철이 많아 낙랑 · 왜에 수출

① 신지, 읍차 등의 지배자가 있었다.
② 혼인 풍습으로 민며느리제가 있었다.
③ 10월에 무천이라는 제천 행사를 열었다.
④ 여러 가(加)들이 각각 사출도를 주관하였다.
⑤ 제가 회의에서 나라의 중대사를 결정하였다.

3. 다음 자료에 나타난 사건의 영향으로 가장 적절한 것은?　[3점]

> 왕이 문주에게 일러 말하기를, "내가 어리석고 밝지 못하여 간사한 사람[도림]의 말을 믿어 이 지경이 되었다. …… 나는 마땅히 사직에서 죽겠지만, 네가 이곳에서 함께 죽는 것은 이로울 게 없다. 어찌 난을 피하여 나라의 계통을 잇지 않겠는가?"라고 하였다. …… 고구려의 대로 제우 · 재증걸루 · 고이만년 등이 북성을 공격하여 7일 만에 빼앗았다. 이동하여 남성을 공격하니 성 안 사람들이 두려워하였다. 왕이 성을 나와 도망하자, 고구려 장수 재증걸루 등이 왕을 보고 말에서 내려 절한 다음에 그 얼굴을 향해 세 번 침을 뱉고는 죄를 나열한 다음 포박하여 아차성 아래로 보내 죽였다.

① 고구려가 평양으로 천도하였다.
② 동성왕이 나제 동맹을 강화하였다.
③ 고국원왕이 근초고왕의 공격을 받아 전사하였다.
④ 백제가 고구려를 견제하고자 북위에 국서를 보냈다.
⑤ 신라가 왜를 격퇴하기 위해 고구려에 군사를 청하였다.

4. (가) 왕의 재위 시기에 있었던 사실로 옳은 것은?　[2점]

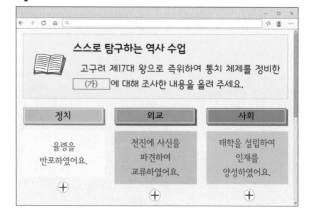

① 승려 순도를 통해 불교를 수용하였다.
② 낙랑군을 축출하여 영토를 확장하였다.
③ 영락이라는 독자적인 연호를 사용하였다.
④ 을지문덕이 살수에서 수의 군대를 물리쳤다.
⑤ 이문진이 유기를 간추린 신집 5권을 편찬하였다.

5. 강연자의 질문에 대한 청중의 답변으로 가장 적절한 것은? [2점]

화면에 보이는 고구려의 사신도와 백제 산수무늬 벽돌은 신선 사상을 기반으로 불로장생을 추구하는 이 종교의 내용이 잘 표현된 문화유산입니다. 이 종교와 관련된 역사적 사실은 무엇이 있을까요?

강서대묘 사신도 중 현무도   산수무늬 벽돌

① 간경도감에서 경전이 간행되었습니다.
② 연개소문이 당에 도사 파견을 요청하였습니다.
③ 과거 시험의 교재로 사서집주가 채택되었습니다.
④ 범일이 9산 선문 중 하나인 사굴산문을 개창하였습니다.
⑤ 주요 경전의 이름이 새겨진 임신서기석이 만들어졌습니다.

6. (가) 승려에 대한 설명으로 옳은 것은? [2점]

일체유심조
모든 것은 마음먹기에 달려 있다!

우리 역사상 불교 발전에 가장 크게 이바지한 승려를 가리는 이번 투표에서 여러분들의 현명한 선택을 기다립니다.

■ 주요 활동
· 『금강삼매경론』, 『대승기신론소』 등 저술
· 일심 사상과 화쟁 사상 주장

기호 ○번 (가)

① 구법 순례기인 왕오천축국전을 남겼다.
② 황룡사 구층 목탑의 건립을 건의하였다.
③ 무애가를 지어 불교 대중화에 기여하였다.
④ 화랑도의 규범으로 세속 5계를 제시하였다.
⑤ 화엄일승법계도를 지어 화엄 사상을 정리하였다.

7. (가) 국가에 대한 설명으로 옳은 것은? [1점]

『신라고기(新羅古記)』에 이르기를 "고(구)려의 옛 장수 조영의 성은 대씨(大氏)니 남은 군사를 모아 태백산 남쪽에서 나라를 세우고 나라 이름을 [(가)](이)라고 하였다." …… 『지장도(指掌圖)』에 보면 "[(가)]은/는 만리장성 동북쪽 모서리 밖에 있다." 라고 하였다.

① 군사 조직으로 9서당 10정을 편성하였다.
② 정사암에 모여 국가 중대사를 논의하였다.
③ 광평성을 비롯한 각종 정치 기구를 갖추었다.
④ 5경 15부 62주의 지방 행정 제도를 마련하였다.
⑤ 상수리 제도를 시행하여 지방 세력을 견제하였다.

8. (가) 인물에 대한 설명으로 옳은 것은? [2점]

[역사 다큐멘터리 기획안]

도당 유학생, 서로 다른 길을 걷다

■ 기획 의도
당에 건너가 유학했던 6두품들이 신라로 돌아온 이후의 행보를 알아본다.

■ 구성 내용
1. [(가)], 진성 여왕에게 시무책 10여 조를 올리다
2. 최승우, 견훤의 신하로 왕건에게 보내는 격문을 짓다
3. 최언위, 고려에 투항하여 문한관으로 문명을 떨치다

① 향가 모음집인 삼대목을 편찬하였다.
② 외교 문서인 청방인문표를 작성하였다.
③ 격황소서를 지어 문장가로서 이름을 떨쳤다.
④ 유식의 교의를 담은 해심밀경소를 저술하였다.
⑤ 국왕에게 조언하는 내용의 화왕계를 저술하였다.

9. 다음 상황이 나타난 시기를 연표에서 옳게 고른 것은? [3점]

각간 김경신이 해몽을 청하자 아찬 여삼은 "복두를 벗은 것은 위에 다른 사람이 없다는 뜻이요, 소립을 쓴 것은 면류관을 쓸 징조이며, 12현금(絃琴)을 든 것은 12대손까지 왕위를 전한다는 조짐이며, 천관사 우물로 들어간 것은 궁궐로 들어갈 상서로운 조짐입니다."라고 하였다. "위에 주원이 있는데 어찌 내가 왕위에 오를 수 있겠소?"라고 경신이 묻자, 아찬이 대답하기를 "청컨대 은밀히 북천신에게 제사 지내면 될 것입니다."라고 하여 이에 따랐다. 얼마 지나지 않아 선덕왕이 죽자, 나라 사람들이 김주원을 왕으로 받들어 궁중으로 맞아들이려 했다. 주원의 집은 북천 북쪽에 있었는데 홀연히 냇물이 불어나 건널 수가 없었다. 이에 경신이 먼저 궁궐로 들어가 왕위에 올랐다.

654		681		722		780		828		889
	(가)		(나)		(다)		(라)		(마)	
무열왕 즉위		김흠돌의 난		정전 지급		혜공왕 피살		청해진 설치		원종과 애노의 난

① (가) ② (나) ③ (다)
④ (라) ⑤ (마)

10. (가)에 들어갈 내용으로 적절한 것은? [2점]

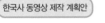

한국사 동영상 제작 계획안

다시 하나로, 민족의 재통일을 이루다

○학년 ○반 ○모둠

■ 제작 의도

고려의 후삼국 통일 과정과 역사적 의의를 주요 인물과 관련된 사건의 발생 순서에 따라 살펴본다.

■ 장면별 구성 내용

#1. 신숭겸, 공산 전투에서 전사하다
#2. 왕건, 고창 전투에서 후백제군을 물리치다
#3. 견훤, 금산사에서 탈출하여 고려에 귀순하다
#4.   (가)
#5. 왕건, 일리천에서 신검의 군대에 승리하다

① 안승, 보덕국왕으로 책봉되다
② 궁예, 국호를 태봉으로 바꾸다
③ 경순왕 김부, 경주의 사심관이 되다
④ 윤충, 대야성을 공격하여 함락시키다
⑤ 흑치상지, 임존성에서 부흥군을 이끌다

11. (가) 국가의 경제 상황으로 옳은 것은? [1점]

이것은 (가) 시대에 다인철소에서 생산된 유물들입니다. 특수 행정 구역이었던 소에 대해 검색한 것을 말해 볼까요?

(가) 시대에는 가혹한 수탈에 맞서 공주 명학소에서 봉기가 일어나기도 하였어요.

국가가 지정한 특정 물품을 생산하여 공급하였던 소의 주민들은 일반 군현민에 비해 차별을 받았어요.

① 특산품으로 솔빈부의 말이 유명하였다.
② 풍흉에 따라 9등급으로 전세를 거두었다.
③ 감자, 고구마 등의 작물이 널리 재배되었다.
④ 경시서의 관리들이 시전의 상행위를 감독하였다.
⑤ 설점수세제를 시행하여 민간의 광산 개발을 허용하였다.

12. (가)~(마)에 들어갈 내용으로 적절한 것은? [3점]

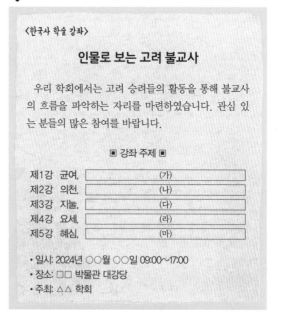

〈한국사 학술 강좌〉

인물로 보는 고려 불교사

우리 학회에서는 고려 승려들의 활동을 통해 불교사의 흐름을 파악하는 자리를 마련하였습니다. 관심 있는 분들의 많은 참여를 바랍니다.

■ 강좌 주제 ■

제1강 균여	(가)
제2강 의천	(나)
제3강 지눌	(다)
제4강 요세	(라)
제5강 혜심	(마)

• 일시: 2024년 ○○월 ○○일 09:00~17:00
• 장소: □□ 박물관 대강당
• 주최: △△ 학회

① (가) – 법화 신앙에 중점을 둔 백련 결사를 제창하다
② (나) – 심성의 도야를 강조한 유불 일치설을 주장하다
③ (다) – 권수정혜결사문을 작성하여 정혜쌍수를 강조하다
④ (라) – 이론과 수행을 함께 강조하는 교관겸수를 제시하다
⑤ (마) – 보현십원가를 지어 불교 교리를 대중에게 전파하다

13. (가) 왕에 대한 설명으로 옳은 것은? [2점]

> 이것은 조카 헌종을 몰아내고 즉위한 [(가)] 의 넷째 딸인 복령 궁주 왕씨 묘지명입니다. 여기에서는 복령 궁주를 '천자의 딸'이라고 표현하여 국왕의 권위를 드러내고자 하였습니다. [(가)] 은/는 개경 세력을 견제하고자 남경에 궁궐을 짓고, 재정을 확보하기 위해 주전도감을 설치하여 해동통보를 발행하는 등 왕권 강화를 꾀하였습니다.

① 여진 정벌을 위해 별무반을 창설하였다.
② 전국에 12목을 설치하고 관리를 파견하였다.
③ 광덕, 준풍 등의 독자적인 연호를 사용하였다.
④ 거란의 침입에 대비하여 개경에 나성을 축조하였다.
⑤ 정계와 계백료서를 지어 관리의 규범을 제시하였다.

14. (가) 사건에 대한 탐구 활동으로 가장 적절한 것은? [2점]

> **대한민국 방방곡곡 – 거제 둔덕기성 전경**
> 史 한국사 채널   조회 수 140,525
>
> 거제의 둔덕기성은 신라 시대에 축조되었고, 고려 시대에 성벽이 개축되어 축성법의 변화를 연구하는 데 학술적 가치가 큰 사적입니다. 정중부 등이 일으킨 [(가)] (으)로 폐위된 의종이 이곳에서 머물렀다고 전해지고 있습니다. 이후 김보당은 의종을 경주로 피신시켜 복위를 시도하였습니다.

① 정동행성이 설치되는 배경을 살펴본다.
② 철령위 설치에 대한 최영의 대응을 검색한다.
③ 칭제 건원과 금국 정벌을 주장한 인물을 찾아본다.
④ 서경유수 조위총이 반란을 일으킨 이유를 알아본다.
⑤ 이성계 등 신흥 무인 세력이 성장하는 과정을 조사한다.

15. (가), (나) 사이의 시기에 있었던 사실로 옳은 것은? [2점]

> (가) 최우가 녹전거(祿轉車) 100여 대를 빼앗아 집안의 재물을 강화도로 옮기니, 수도가 흉흉하였다. …… 또 사자(使者)를 여러 도에 나누어 보내어, 백성을 산성과 섬으로 옮겼다.
>
> (나) 김방경과 흔도(忻都), 홍차구, 왕희, 왕옹 등이 3군을 거느리고 진도를 토벌하여 크게 격파하고, 승화후 왕온을 죽였다. 김통정이 남은 무리를 이끌고 탐라로 도망하여 들어갔다.

① 양규가 곽주성을 급습하여 탈환하였다.
② 최무선이 진포에서 왜구를 격퇴하였다.
③ 강조가 정변을 일으켜 국왕을 폐위하였다.
④ 김윤후가 처인성에서 살리타를 사살하였다.
⑤ 이자겸과 척준경이 반란을 일으켜 궁궐을 불태웠다.

16. 다음 자료에 나타난 시기의 사회 모습으로 적절한 것은? [1점]

> ○ 당시 응방·겁령구 및 내수(內竪) 등의 천한 자들이 모두 사전(賜田)을 받았는데, 많은 경우는 수백 결에 이르렀다. 일반 백성을 유인하여 전호로 삼고, 가까운 곳에 있는 민전에서는 모두 수조하였으므로 주와 현에서는 부세가 들어올 바가 없게 되었다.
>
> ○ 공주가 장차 입조(入朝)할 예정이었으므로, 인후와 염승익에게 명하여 양가의 자녀로서 나이가 14~15인 자들을 선발하였고, 순군(巡軍)과 홀적(忽赤) 등으로 하여금 인가를 수색하게 하였다. 혹 밤중에 침실에 돌입하거나 노비를 포박하여 심문하기도 하였으니, 비록 자녀가 없는 자라 할지라도 깜짝 놀라 동요하게 되었다. 원망하며 우는 소리가 온 거리에 가득하였다.

① 최충이 9재 학당을 설립하였다.
② 만적이 개경에서 반란을 모의하였다.
③ 지배층을 중심으로 변발과 호복이 유행하였다.
④ 국난 극복을 기원하며 초조대장경이 조판되었다.
⑤ 기근에 대비하기 위하여 구황촬요가 간행되었다.

17. (가) 왕에 대한 설명으로 옳은 것은? [2점]

> 오늘 말씀해 주실 삼공신회맹문에는 어떤 내용이 담겨 있나요?

> 이 문서에는 두 차례에 걸친 왕자의 난으로 즉위한 (가) 이/가 삼공신들과 함께 종묘사직 및 산천에 제를 올려 충의와 신의를 맹세한 내용이 기록되어 있습니다. 삼공신은 개국공신, 제1차 왕자의 난에서 공을 세운 정사공신, 제2차 왕자의 난을 평정하는 데 도움을 준 좌명공신을 말합니다.

개국정사좌명삼공신회맹문

① 경국대전을 완성하여 통치 체제를 정비하였다.
② 초계문신제를 시행하여 문신들을 재교육하였다.
③ 길주를 근거지로 일어난 이시애의 난을 진압하였다.
④ 문하부를 폐지하고 낭사를 사간원으로 독립시켰다.
⑤ 붕당의 폐해를 경계하기 위한 탕평비를 건립하였다.

18. (가) 인물에 대한 설명으로 옳은 것은? [2점]

> 이것은 (가) 이/가 함길도에 있을 때 화살이 날아왔는데도 놀라지 않고 태연히 연회를 계속 즐겼다는 고사를 담은 야연사준도입니다. 세종 대 함길도 병마도절제사로 활약했던 그는 문종 대 고려사절요 편찬을 총괄하였고, 단종 대 좌의정의 자리에 올랐으나 계유정난 때 살해되었습니다.

북관유적도첩 특별전

야연사준도

화면을 넘기면 다른 작품을 볼 수 있습니다.

① 두만강 일대에 6진을 개척하였다.
② 탄금대에서 배수의 진을 치고 싸웠다.
③ 조총 부대를 이끌고 나선 정벌에 나섰다.
④ 왜구의 근거지인 쓰시마섬을 정벌하였다.
⑤ 외교 담판을 통해 강동 6주를 획득하였다.

19. 밑줄 그은 '전하'의 재위 시기에 있었던 사실로 옳은 것은? [2점]

> 며칠 전 전하께서 예문관에서 옛 집현전의 직제를 분리하여 홍문관으로 이관하는 것을 명하셨다고 하네. 이제 홍문관이 옛 집현전의 기능을 대신한다는 것이지.

> 홍문관원들이 경연관을 겸한다고 하니 앞으로 경연이 더욱 활성화되겠군.

① 국왕의 친위 부대인 장용영이 설치되었다.
② 백운동 서원이 사액을 받아 소수 서원이 되었다.
③ 국가의 의례를 정비한 국조오례의가 완성되었다.
④ 통치 체제를 정비하기 위해 속대전이 편찬되었다.
⑤ 수조권이 세습되던 수신전과 휼양전이 폐지되었다.

20. 다음 자료에 대한 탐구 활동으로 가장 적절한 것은? [2점]

> ○ 조광조 등이 아뢰기를, "소격서가 요사하고 허탄함은 이미 경연에서 다 아뢰었고 전하께서도 그것이 허탄함을 환히 아시니 지금 다시 말할 것이 없습니다.……"라고 하였다.
>
> ○ 신광한이 아뢰기를, "지난번에 조광조가 아뢰었던 천거로 인재를 뽑는 일은 여럿이 의논한 일입니다. 각별히 천거하는 것은 한(漢)에서 시행한 현량과와 효렴과를 따르는 것이 가합니다. 이것은 자주 할 수는 없으나 지금은 이를 시행할 만한 기회입니다.……"라고 하였다.

① 호포제를 실시한 배경을 조사한다.
② 기해 예송의 전개 과정과 결과를 파악한다.
③ 중종 때 사림파 언관들이 제기한 주장을 검색한다.
④ 정여립 모반 사건을 계기로 동인이 입은 피해를 찾아본다.
⑤ 인현 왕후가 폐위되고 남인이 권력을 차지한 사건을 알아본다.

21. (가) 전쟁 중에 있었던 사실로 옳은 것은? [2점]

> 문학으로 만나는 한국사
>
> 홍계남이 당초 의병을 일으켜 흉적을 쳐서 활을 쏘아 맞히고 벤 수급이 매우 많았고 가는 곳마다 공을 세우니, 적들이 홍장군이라고 부르며 감히 침범하지 못했다. 호서(충청도) 내지가 편안할 수 있었던 것은 모두 홍계남의 공이라고 한다. 가상한 일이다. 의병이 곳곳에서 봉기하였지만, …… 고경명과 조헌은 모두 나랏일에 몸을 바쳐 죽을 자리에서 죽었으니 가히 그 명성에 걸맞는다고 말할 수 있다.
>
> ─ 『쇄미록』 ─
>
> [해설] 이 작품은 오희문이 ___(가)___ 중에 있었던 일을 적은 일기이다. 적군의 침입과 약탈, 의병장의 활동, 피란민의 참혹한 생활 등이 생생하게 담겨 있다.

① 삼수병으로 구성된 훈련도감이 설치되었다.

② 왕이 도성을 떠나 남한산성으로 피란하였다.

③ 송시열, 이완 등을 중심으로 북벌이 추진되었다.

④ 국방 문제를 논의하기 위해 비변사가 신설되었다.

⑤ 제한된 범위의 무역을 허용한 계해약조가 체결되었다.

22. (가)~(마)에 대한 설명으로 적절하지 않은 것은? [3점]

> 답사 계획서
>
> ● 주제: 불교 문화유산이 숨 쉬는 곳, 산사(山寺)를 찾아서
>   – 유네스코가 주목한 사찰을 중심으로
> ● 기간: 2024년 ○○월 ○○일~○○일
> ● 경로: 보은 법주사 → 영주 부석사 → 안동 봉정사 → 합천 해인사 → 순천 선암사
>
> (가) 보은 법주사
> (나) 영주 부석사
> (다) 안동 봉정사
> (라) 합천 해인사
> (마) 순천 선암사

① (가) – 오층 목조탑 내부에 부처의 일생을 그린 팔상도가 있다.

② (나) – 배흘림기둥에 주심포 양식으로 축조된 무량수전이 있다.

③ (다) – 현존하는 우리나라 최고(最古)의 목조 건물인 극락전이 있다.

④ (라) – 팔만대장경판을 보관하고 있는 장경판전이 있다.

⑤ (마) – 무구정광대다라니경이 발견된 삼층 석탑이 있다.

23. 밑줄 그은 '제도'에 대한 설명으로 옳은 것을 〈보기〉에서 고른 것은? [2점]

이원익의 건의로 경기도에서 시행되는 수취 제도에 대해 설명해 주세요.

이번에 시행되는 제도는 지방의 특산물을 징수하면서 나타난 방납의 폐단을 막아 백성들의 부담을 줄여주기 위한 것입니다. 공물을 현물 대신 토지의 결 수에 따라 쌀로 납부합니다.

〈보기〉
ㄱ. 선혜청에서 관련 업무를 담당하였다.
ㄴ. 재정을 보충하기 위해 지주에게 결작을 부과하였다.
ㄷ. 관청에 물품을 조달하는 공인이 등장하는 배경이 되었다.
ㄹ. 어장세, 선박세 등이 국가 재정으로 귀속되는 결과를 가져왔다.

① ㄱ, ㄴ   ② ㄱ, ㄷ   ③ ㄴ, ㄷ
④ ㄴ, ㄹ   ⑤ ㄷ, ㄹ

24. 다음 시나리오에 등장하는 왕의 재위 시기에 있었던 사실로 옳은 것은? [2점]

#5. 궁궐 안

왕과 신하들이 대화하는 장면

신하1: 전하, 우리나라의 습속은 예로부터 신분에 따라 등용하는 것이 원칙이었습니다. 서얼들을 적자와 똑같이 대우한다면, 서얼이 적자를 능멸하는 폐단이 열리게 될 것입니다.

왕: 수많은 서얼들도 나의 신하인데 그들이 제자리를 얻지 못하고 포부도 펴지 못한다면 이 또한 과인의 허물일 것이오. 규장각에 검서관을 두어 이덕무, 박제가, 유득공, 서이수를 등용하려는 내 결심은 변함이 없을 것이니 그리 알고 물러들 가시오.
⋮

① 왕권 강화를 위해 6조 직계제가 시행되었다.
② 거중기 등을 활용하여 수원 화성이 축조되었다.
③ 청과 국경을 정하는 백두산정계비가 건립되었다.
④ 통치 체제를 정비하기 위해 대전회통이 편찬되었다.
⑤ 삼정의 문란을 시정하기 위한 삼정이정청이 설치되었다.

25. 다음 상황이 나타난 시기에 볼 수 있는 모습으로 적절하지 않은 것은? [1점]

김화진 등이 아뢰기를, "······ 만상과 송상이 함께 수많은 가죽을 마음대로 밀무역을 합니다. 수달 가죽은 금지 품목 가운데 하나인데 변경을 지키는 관리들이 대수롭지 않게 여겨 1년, 2년이 되면 곧 일상적인 물건과 같아지니 ······ 이후로는 한결같이 법전에 의거하여 금지 조항을 거듭 자세히 밝혀서 송상과 만상에게 법을 범해서는 안 되며, 범하는 사람이 있으면 일일이 적발하여 법에 따라 엄격하게 처벌한다는 것을 분명히 알게 해야 합니다. 아울러 살피지 못한 변방의 관리들도 드러나는 대로 무겁게 다스린다는 뜻을 분명히 알게 해야 합니다. ······"라고 하니, 임금이 그리하라 하였다.

① 채굴 노동자를 고용하는 덕대
② 벽란도에서 교역하는 송의 상인
③ 상평통보로 물건을 거래하는 보부상
④ 포구에서 물품의 매매를 중개하는 여각
⑤ 담배, 인삼 등 상품 작물을 재배하는 농민

26. (가) 인물에 대한 설명으로 옳은 것은? [2점]

우리 모둠은 열하일기에서 상공업 진흥과 청의 문물 수용을 주장한 (가) 에 대해 발표하려고 합니다.

모둠별 주제 탐구
조선 후기 실학자의 활동

1모둠
지전설과 무한 우주론을 주장한 홍대용

2모둠
성호사설에서 개혁안을 제시한 이익

3모둠
화폐 유통의 필요성을 주장한 (가)

① 북한산비가 진흥왕 순수비임을 고증하였다.
② 청으로부터 시헌력을 도입하자고 건의하였다.
③ 우서에서 사농공상의 직업적 평등을 주장하였다.
④ 양반전을 지어 양반의 허례와 무능을 풍자하였다.
⑤ 10리마다 눈금을 표시한 대동여지도를 완성하였다.

27. (가) 인물의 작품으로 옳은 것은? [1점]

이 작품은 조선 후기 대표적 풍속 화가인 단원 (가) 이/가 나귀를 타고 유람하는 나그네의 시점으로 그린 행려풍속도병입니다. 8폭 병풍에는 계절에 따라 변해가는 산수와 대장간, 나루터 등 다양한 세상살이의 모습이 생동감 있게 표현되어 있습니다. 각 폭의 그림 위쪽에는 그의 스승인 강세황의 그림 평이 적혀 있습니다.

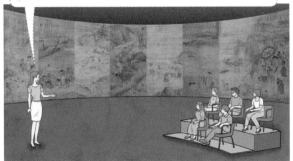

①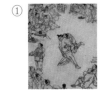
②
③
④
⑤

28. (가), (나) 사이의 시기에 있었던 사실로 옳은 것은? [3점]

(가) 순무영에서 정족산성 수성장 양헌수가 보내온 보고에 의하면, " …… 우리 군사가 잠입한 사실을 적들이 알지 못하였습니다. 오늘 저들은 우리가 지키고 있는 성을 점령할 계책으로 그 우두머리가 말을 타고 나귀를 끌고 짐바리와 술과 음식을 가지고 동문과 남문으로 나누어 들어왔습니다. 이때 우리 군사들이 좌우에 매복하였다가 일제히 총탄을 퍼부었습니다. ……"라고 하였습니다.

(나) 4월 24일에 계속해서 올린 강화 진무사 정기원의 치계에, "미국 배가 다시 항구로 들어와서 광성진을 습격하여 함락하였는데, 중군 어재연이 힘껏 싸우다가 목숨을 바쳤고, 사망한 군사가 매우 많습니다. 적병은 초지포 부근에 주둔하였습니다. 장수 이렴이 밤을 이용하여 습격해서야 그들을 퇴각시켰습니다."라고 하였습니다.

① 일본 군함 운요호가 영종도를 공격하였다.
② 오페르트가 남연군 묘의 도굴을 시도하였다.
③ 마젠창과 묄렌도르프가 고문으로 파견되었다.
④ 영국군이 러시아를 견제하기 위해 거문도를 점령하였다.
⑤ 황사영이 외국 군대의 출병을 요청하는 백서를 작성하였다.

29. (가) 조약에 대한 설명으로 옳은 것은? [2점]

설명	미국에서 발행된 'Frank Leslies Illustrated Newspaper' 1883년 9월 29일자에 실린 보빙사의 사진이다. 전권 대신 민영익과 부대신 홍영식 등으로 구성된 보빙사는 (가) 체결로 미국 공사가 부임하자 그에 대한 답례로 파견되었다. 미국에서 아서 대통령을 만나고 우체국, 신문사, 병원 등 각종 근대 시설을 시찰하고 돌아왔다.

① 최혜국 대우를 최초로 규정하였다.
② 통감부가 설치되는 계기가 되었다.
③ 천주교 포교 허용의 근거가 되었다.
④ 재정 고문을 두도록 하는 조항을 담고 있다.
⑤ 부산, 원산, 인천이 개항되는 결과를 가져왔다.

30. (가)에 대한 설명으로 옳은 것은? [2점]

① 전개 과정에서 집강소가 설치되었다.
② 수신사가 파견되는 데 영향을 주었다.
③ 한성 조약이 체결되는 결과를 가져왔다.
④ 사태 수습을 위해 박규수가 안핵사로 파견되었다.
⑤ 구식 군인에 대한 차별 대우가 발단이 되어 일어났다.

31. (가) 궁궐에 대한 설명으로 옳은 것은? [3점]

돈덕전으로의 초대

돈덕전이 재건되어 전시관으로 개관합니다. 많은 관람 부탁드립니다.

- 주소: 서울특별시 중구 세종대로 99
- 개관일: 2023년 ○○월 ○○일

◉ 소개

돈덕전은 (가) 안에 지어진 유럽풍 외관의 건물로, 고종 즉위 40주년 기념행사를 열기 위해 건립되었다. 1층에는 폐하를 알현하는 폐현실, 2층에는 침실이 자리하여 각국 외교 사절의 폐현 및 연회장, 국빈급 외국인의 숙소로 사용되었다. 러시아 공사관에서 (가) 으로 거처를 옮긴 뒤부터 고종은 중명전을 비롯한 서구식 건축물을 지어 근대 국가로서의 면모를 보여주고자 하였다. 돈덕전 역시 이러한 의도가 투영된 건축물이다.

① 제1차 미소 공동 위원회가 개최되었다.
② 도성 내 서쪽에 있어 서궐이라고 불렸다.
③ 일제에 의해 창경원으로 격하되기도 하였다.
④ 정도전이 궁궐과 주요 전각의 명칭을 정하였다.
⑤ 태종이 도읍을 한양으로 다시 옮기며 건립하였다.

32. (가) 의병에 대한 설명으로 옳은 것은? [2점]

이달의 독립운동가

최초의 여성 의병 지도자 윤희순(尹熙順)

- 생몰년: 1860~1935
- 생애 및 활동

경기도 구리 출신으로 명성 황후 시해 사건이 일어나자 '안사람 의병가'를 창작하여 여성의 의병 참여를 독려하는 데 앞장섰다. 고종의 강제 퇴위와 군대 해산에 반발하여 일어난 (가) 당시 30여 명의 여성으로 의병대를 조직하여 최초의 여성 의병장으로 활약하였다. 일제에 나라를 뺏긴 이후에는 만주로 망명하여 항일 인재 양성과 무장 투쟁을 이어 나갔다. 1990년 건국훈장 애족장이 추서되었다.

① 최익현이 태인에서 궐기하였다.
② 고종의 해산 권고 조칙에 따라 해산하였다.
③ 민종식이 이끄는 부대가 홍주성을 점령하였다.
④ 일본에 국권 반환 요구서를 제출하고자 하였다.
⑤ 의병 부대가 연합하여 서울 진공 작전을 전개하였다.

33. ㉠ 시기에 볼 수 있는 모습으로 가장 적절한 것은?

[2점]

이것은 경인선 철도의 노선 계획도입니다. 경인선은 미국인 모스로부터 부설권을 사들인 일본에 의해 서울에서 인천을 잇는 철도로 개통되었습니다. 완공 후 ㉠ 서대문 정거장에서 철도 개통식이 열렸습니다. 이후, 경부선, 경의선 철도가 차례로 개통되었습니다. 그 과정에서 많은 토지가 철도 부지로 수용되고 농민들이 공사에 강제로 동원되면서 많은 저항이 있었습니다.

① 학도 지원병을 독려하는 지식인
② 금난전권 폐지에 반대하는 시전 상인
③ 근우회가 주최하는 강연에 참여하는 여성
④ 두모포에서 무력시위를 벌이는 일본 군인
⑤ 근대 학문을 가르치는 한성 사범 학교 교사

34. 밑줄 그은 '이 지역'에서 있었던 민족 운동으로 옳은 것은?

[3점]

□□신문

제△△호　　　　　　　　○○○○년 ○○월 ○○일

『원병상 회고록』으로 본 국외 민족 운동

한국 독립운동사의 일면을 살펴볼 수 있는 책이 발간되었다. 이 책은 신흥 무관 학교 졸업생이자 교관으로 독립군 양성에 헌신한 원병상의 회고록이다. 책에는 이 지역에 세워진 신흥 무관 학교의 변화 과정과 학생들의 생활상이 구체적으로 담겨 있을 뿐만 아니라, 국권 피탈 이후 망명해 온 독립지사들이 힘겹게 정착해 나가는 과정이 생생하게 기록되어 있어 독립운동사와 생활사 자료로서 가치가 크다.

① 한인 자치 기구인 경학사가 설립되었다.
② 권업회가 조직되어 기관지를 발행하였다.
③ 유학생들을 중심으로 2·8 독립 선언서가 발표되었다.
④ 대조선 국민 군단이 결성되어 군사 훈련을 실시하였다.
⑤ 흥사단이 창립되어 교민들에게 민족의식을 심어주고자 하였다.

35. 밑줄 그은 '운동'에 대한 설명으로 옳은 것은? [1점]

이 자료는 고종의 인산일을 계기로 시작된 만세 운동에서 불렸던 독립가 전단입니다. 당시에 우리 민족은 독립 선언서를 발표하고 대한 독립 만세를 외치며 전국 각지와 해외 곳곳에서 시위를 이어 나갔습니다.

터졌구나 터졌구나
조선독립성
십 년을 참고 참아
이제 터졌네
삼천리의 금수강산
이천만 민족
살았구나 살았구나
이 한 소리에

① 통감부의 방해와 탄압으로 중단되었다.
② 천도교 소년회가 창립된 후 본격화되었다.
③ 일제가 이른바 문화 통치를 실시하는 배경이 되었다.
④ 성진회와 각 학교 독서회에 의해 전국으로 확산되었다.
⑤ 시위를 준비하는 과정에서 사회주의자들이 대거 검거되었다.

36. 밑줄 그은 '시기'에 시행된 일제의 정책으로 옳은 것은? [1점]

오늘 소개해 주실 자료는 무엇인가요?

이 자료는 토지 조사 사업이 실시되던 시기에 조선 총독부 임시 토지 조사국이 작성한 문서입니다. 여기에는 경상북도 상주, 칠곡, 울릉도 등 총 6개 지역에서 토지 소유자와 그 경계를 조사하여 확정하였다고 기록되어 있습니다.

① 애국반을 조직하였다.
② 신문지법을 제정하였다.
③ 조선 태형령을 시행하였다.
④ 산미 증식 계획을 실시하였다.
⑤ 황국 신민 서사의 암송을 강요하였다.

37. (가) 종교에 대한 설명으로 옳은 것은? [2점]

지난 개천절을 기회로 하여 독립운동을 계획했다는 이유로 (가) 간부 7명이 동대문 경찰서에 체포되었다는 기사가 실렸구나.

(가) 은/는 나철이 만주에서 단군 신앙을 기반으로 창시한 종교인데, 민족의식을 고취할 뿐만 아니라 독립운동도 전개하고 있네요.

① 개벽, 신여성 등의 잡지를 발간하였다.
② 한용운 등이 사찰령 폐지를 주장하였다.
③ 박중빈을 중심으로 새생활 운동을 펼쳤다.
④ 김창숙의 주도로 파리 장서 운동을 전개하였다.
⑤ 무장 투쟁을 전개하기 위해 중광단을 조직하였다.

38. (가)~(다)를 일어난 순서대로 옳게 나열한 것은? [2점]

주제: 1920년대 국외 민족 운동의 시련

일본군이 독립군에 대한 보복으로 간도 지역의 한인을 학살한 간도 참변이 발생하였어요.

독립군의 통합 과정에서 많은 희생자가 발생한 자유시 참변이 일어났어요.

만주에서 활동하는 독립군 색출을 위해 조선 총독부가 만주 군벌과 미쓰야 협정을 체결하였어요.

(가)   (나)   (다)

① (가) – (나) – (다)
② (가) – (다) – (나)
③ (나) – (가) – (다)
④ (나) – (다) – (가)
⑤ (다) – (가) – (나)

39. 밑줄 그은 '시기'에 볼 수 있는 모습으로 가장 적절한 것은? [3점]

아리랑 아리랑 아라리오 ~~ 아리랑 고개로 넘어간다 ~~ 나를 버리고 가시는 임은 ~~ 십 리도 못가서 발병 난다 ~~ ♬

이 노래가 영화 음악으로도 쓰였다는 것을 알고 있었어?

나운규가 감독과 주연을 모두 맡았네.

이 영화가 처음 제작 발표된 시기의 민족적 애환을 잘 표현하였다는 평가를 받고 있어.

① 관민 공동회에서 연설하는 백정
② 교육 입국 조서를 발표하는 관리
③ 원각사에서 은세계 공연을 보는 관객
④ 전차 개통식에 참여하는 한성 전기 회사 직원
⑤ 카프(KAPF)를 형성하여 활동하는 신경향파 작가

40. 밑줄 그은 '이 시기'에 시행된 일제의 정책으로 옳은 것은? [1점]

이 사진은 어느 국민학교의 수업 장면입니다. 중일 전쟁 이후 일제가 침략 전쟁을 확대하던 이 시기에는 학생들도 '대동아 전쟁'이라는 주제로 일제의 침략 행위를 정당화하는 교육을 받아야 했습니다.

① 회사령을 공포하였다.
② 치안 유지법을 제정하였다.
③ 헌병 경찰제를 실시하였다.
④ 경성 제국 대학을 설립하였다.
⑤ 조선 사상범 예방 구금령을 시행하였다.

41. 밑줄 그은 '나'에 대한 설명으로 옳은 것은? [3점]

> 나는 1913년 상하이 망명 후 동제사에 참여하였소. 1917년에는 대동 단결 선언을 작성했다오. 여기에서 나는 주권이 국민에게 있음을 밝 혔는데, 이것이 공화정을 지향하는 정치사상으로 평가받고 있다오. 1930년에는 안창호 등과 함께 한국 독립당을 창당하였소. 이후 대한 민국 임시 정부 건국 강령 초안도 작성하였다오.

대동단결의 선언

① 조선 혁명 선언을 작성하였다.
② 한국독립운동지혈사를 저술하였다.
③ 극동 인민 대표 대회에서 의장단으로 선출되었다.
④ 헤이그에서 열린 만국 평화 회의에 특사로 파견되었다.
⑤ 새로운 국가 건설을 위한 이념으로 삼균주의를 주장하였다.

42. 다음 편지가 작성된 시기를 연표에서 옳게 고른 것은? [2점]

> 친애하는 메논 박사
>
> 남북 지도자 회담에 관하여 귀하와 귀 위원단에게 우리의 의 견과 각서를 이미 제출한 바이어너와 우리는 가급적 우리 양인 의 명의로 남에서 이에 찬동하는 제 정당의 대표 회담을 소집하 여 이미 제출한 바에 제1차 보조를 하겠습니다. 이 회의에서 남 쪽이 대표를 선출하면 북쪽에 연락할 인원과 방법에 대한 것을 결정하겠습니다. 귀 위원단이 이에 대하여 원만하고 적극적인 협조를 직접 간접으로 하여 주시면 대단히 감사하겠으며 우리 양방의 노력으로 하여금 우리가 공동으로 목적하는 바를 이루 어지기를 믿습니다. 끝으로 우리의 심각한 경의를 표합니다.
>
> 김구, 김규식

(가)	(나)	(다)	(라)	(마)
8·15 광복	모스크바 3국 외상 회의	이승만 정읍 발언	좌우 합작 7원칙 발표	유엔 총회 남북한 총선거 결정	제헌 국회 구성

① (가)   ② (나)   ③ (다)
④ (라)   ⑤ (마)

43. 다음 연설문을 발표한 정부의 통일 노력으로 옳은 것은? [2점]

> 제5차 남북 고위급 회담에서 서명된 합의서는 남과 북이 오랜 단절과 대립을 청산하여 상호 신뢰를 바탕으로 이 땅 에, 평화의 질서를 구축하고 교류 협력을 통해 민족의 화해 와 공동 번영을 이루어가기 위해 필요한 조처들을 망라하 고 있습니다. …… 석 달 전 남북한의 유엔 동시 가입과 이 에 이은 이번 합의서의 서명은 한반도 문제 해결과 민족 통 일을 향한 여정에 획기적인 이정표를 세운 것입니다. …… 나는 올해 안에 한반도의 비핵화를 실현하는 합의를 이루고 밝아오는 새해와 함께 남과 북이 평화와 협력, 평화와 공동 번영의 새로운 시대를 힘차게 열게 되기를 바랍니다.

① 판문점에서 남북 정상 회담을 개최하였다.
② 남북 이산가족의 고향 방문을 최초로 성사시켰다.
③ 민족 자존과 통일 번영을 위한 7·7 선언을 발표하였다.
④ 7·4 남북 공동 성명을 실천하기 위해 남북 조절 위원회 를 구성하였다.
⑤ 남북 관계 발전과 평화 번영을 위한 10·4 남북 정상 선 언에 서명하였다.

44. 다음 상황 이후에 일어난 사실로 옳은 것은? [2점]

> 오늘 미합중국 존 포스터 덜레스 국무 장관과 우리나라 변영태 외무 장관 사이에 상호 방위 조약이 체결되었습니다. 이로써 양국은 우호 관계를 바탕 으로 한국에 대한 공산주의자들의 침공에 맞서 나란히 싸울 수 있도록 상호 이해와 공동의 이상을 나누게 되었습니다.

① 반민족 행위 특별 조사 위원회가 설치되었다.
② 평화 통일론을 주장한 진보당의 조봉암이 처형되었다.
③ 비상계엄이 선포된 가운데 발췌 개헌안이 통과되었다.
④ 미국의 극동 방위선을 규정한 애치슨 라인이 발표되었다.
⑤ 유상 매수, 유상 분배를 규정한 농지 개혁법이 제정되었다.

45. (가), (나) 헌법에 대한 설명으로 옳은 것은? [2점]

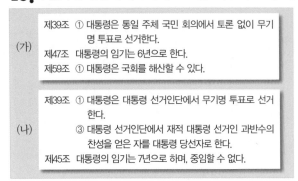

(가)	제39조 ① 대통령은 통일 주체 국민 회의에서 토론 없이 무기명 투표로 선거한다. 제47조 대통령의 임기는 6년으로 한다. 제59조 ① 대통령은 국회를 해산할 수 있다.
(나)	제39조 ① 대통령은 대통령 선거인단에서 무기명 투표로 선거한다. 　　　③ 대통령 선거인단에서 재적 대통령 선거인 과반수의 찬성을 얻은 자를 대통령 당선자로 한다. 제45조 대통령의 임기는 7년으로 하며, 중임할 수 없다.

① (가) - 6 · 25 전쟁 중 부산에서 공포되었다.
② (가) - 대통령의 국회의원 1/3 추천 조항을 담고 있다.
③ (나) - 호헌 동지회 결성의 배경이 되었다.
④ (나) - 3 · 1 민주 구국 선언에 영향을 주었다.
⑤ (가), (나) - 6월 민주 항쟁 이후에 제정되었다.

46. (가) 시기에 있었던 사실로 옳은 것은? [1점]

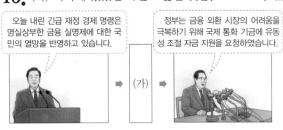

오늘 내린 긴급 재정 경제 명령은 명실상부한 금융 실명제에 대한 국민의 열망을 반영하고 있습니다. ➡ (가) ➡ 정부는 금융 외환 시장의 어려움을 극복하기 위해 국제 통화 기금에 유동성 조절 자금 지원을 요청하였습니다.

① 처음으로 수출액 100억 달러를 달성하였다.
② 미국과 자유 무역 협정(FTA)을 체결하였다.
③ 저유가 · 저금리 · 저달러의 3저 호황이 있었다.
④ 경제 협력 개발 기구(OECD) 회원국이 되었다.
⑤ 원조 물자를 가공하는 삼백 산업이 발달하였다.

47. 밑줄 그은 '정부' 시기에 있었던 사실로 옳은 것은? [3점]

① 평창 동계 올림픽이 개최되었다.
② 전국 민주 노동조합 총연맹이 창립되었다.
③ 헝가리와 상주 대표부 설치 협정을 체결하였다.
④ 진실 · 화해를 위한 과거사 정리 기본법이 제정되었다.
⑤ 중학교 입시 제도가 폐지되고 무시험 추첨제가 실시되었다.

48. ㉠~㉢에 대한 설명으로 적절하지 않은 것은? [2점]

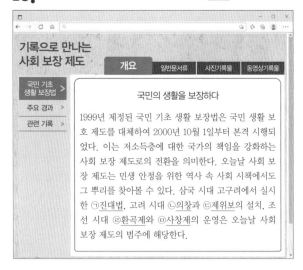

① ㉠ - 고국천왕이 시행하였다.
② ㉡ - 성종이 흑창을 확대 개편하여 설치하였다.
③ ㉢ - 기금을 모아 그 이자로 빈민을 구휼하였다.
④ ㉣ - 세도 정치기에 농민을 수탈하는 수단으로 변질되었다.
⑤ ㉤ - 구제도감을 두어 백성을 구호하였다.

49. 다음 기사가 보도된 정부 시기의 사실로 옳은 것은?

[2점]

□□신문

제△△호 　　　　　　　○○○○년 ○○월 ○○일

제17회 FIFA 한일 월드컵 개막식이 열리다

제17회 FIFA 한일 월드컵 개막식이 어제 저녁 서울 월드컵 경기장에서 성공적으로 열렸다. 오후 7시 25분부터 취타대 등을 앞세운 32개 참가국 입장이 끝난 뒤 진행된 개막 행사는 환영·소통·어울림·나눔으로 구성되었다. 이후 세계 평화와 인류 화합의 새 시대가 열리고 한일 양국 간 우호 친선의 21세기가 열리기를 기원하는 대통령의 개막 선언으로 화려하게 마무리되었다.

① 중앙정보부가 창설되었다.
② 국가 인권 위원회가 출범하였다.
③ 세계 무역 기구(WTO)에 가입하였다.
④ G20 정상 회의를 서울에서 개최하였다.
⑤ 37년 만에 야간 통행 금지가 해제되었다.

50. (가), (나) 지역에서 있었던 사실로 옳은 것을 〈보기〉에서 고른 것은?

[2점]

달구벌 [(가)] 의 2·28 민주 운동을 기념하는 의미를 담은 228번 버스가 5·18 민주화 운동이 일어난 빛고을 [(나)] 에서 5월 18일부터 운행됩니다. 대한민국 민주주의의 역사를 공유하는 달구벌과 빛고을 두 도시가 열어갈 화합과 협력의 새로운 장이 주목됩니다.

달빛동맹의 두 도시, 화합과 협력의 새 장을 열다

〈보기〉

ㄱ. (가) – 김광제 등을 중심으로 국채 보상 운동이 시작되었다.
ㄴ. (가) – YH 무역 노동자들이 폐업에 항의하며 농성을 벌였다.
ㄷ. (나) – 한일 학생 간의 충돌을 계기로 민족 운동이 일어났다.
ㄹ. (나) – 3·15 부정 선거를 규탄한 김주열의 시신이 발견되었다.

① ㄱ, ㄴ　　　　② ㄱ, ㄷ　　　　③ ㄴ, ㄷ
④ ㄴ, ㄹ　　　　⑤ ㄷ, ㄹ

1. (가) 시대의 생활 모습으로 가장 적절한 것은? [1점]

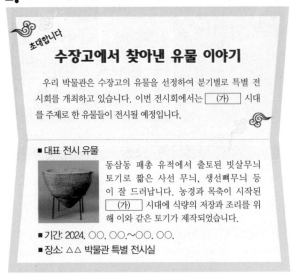

초대합니다

수장고에서 찾아낸 유물 이야기

우리 박물관은 수장고의 유물을 선정하여 분기별로 특별 전시회를 개최하고 있습니다. 이번 전시회에서는 (가) 시대를 주제로 한 유물들이 전시될 예정입니다.

■ 대표 전시 유물

동삼동 패총 유적에서 출토된 빗살무늬토기로 짧은 사선 무늬, 생선뼈무늬 등이 잘 드러납니다. 농경과 목축이 시작된 (가) 시대에 식량의 저장과 조리를 위해 이와 같은 토기가 제작되었습니다.

■ 기간: 2024. ○○. ○○.~○○. ○○.
■ 장소: △△ 박물관 특별 전시실

① 반달 돌칼을 이용하여 벼를 수확하였다.
② 주로 동굴이나 강가의 막집에 거주하였다.
③ 가락바퀴와 뼈바늘로 옷을 만들어 입었다.
④ 많은 인력을 동원하여 고인돌을 축조하였다.
⑤ 주먹도끼, 찍개 등의 뗀석기를 처음 제작하였다.

2. 밑줄 그은 '이 왕'의 업적으로 옳은 것은? [2점]

이 비석은 원래 도선국사비, 무학대사비 등으로 알려져 있었지.

맞아. 그런데 조선 후기에 김정희가 금석과안록에서 이 왕이 건립한 순수비임을 고증하였어.

① 관료전을 지급하여 녹읍을 폐지하였다.
② 인재 등용을 위해 독서삼품과를 실시하였다.
③ 이차돈의 순교를 계기로 불교를 공인하였다.
④ 지방관을 감찰하기 위해 외사정을 파견하였다.
⑤ 대아찬 거칠부에게 명하여 국사를 편찬하였다.

3. (가), (나) 나라에 대한 설명으로 옳은 것을 〈보기〉에서 고른 것은? [3점]

(가) 대군장이 없고, 그 관직으로는 후(侯)와 읍군과 삼로가 있다. …… 해마다 10월이면 하늘에 제사를 지내는데, 밤낮으로 술 마시며 노래 부르고 춤추니, 이를 무천이라 한다. 또 호랑이를 신으로 여겨 제사 지낸다.

– 『후한서』 동이열전 –

(나) 해마다 5월이면 씨뿌리기를 마치고 귀신에게 제사를 지낸다. 떼를 지어 모여서 노래와 춤을 즐기며 술 마시고 노는데 밤낮으로 쉬지 않는다. …… 국읍에 각각 한 사람씩 세워서 천신의 제사를 주관하게 하는데, 이를 천군이라 부른다.

– 『삼국지』 위서 동이전 –

〈보기〉

ㄱ. (가) – 혼인 풍습으로 민며느리제가 있었다.
ㄴ. (가) – 읍락 간의 경계를 중시하는 책화가 있었다.
ㄷ. (나) – 신지, 읍차 등의 지배자가 있었다.
ㄹ. (나) – 여러 가(加)들이 별도로 사출도를 주관하였다.

① ㄱ, ㄴ
② ㄱ, ㄷ
③ ㄴ, ㄷ
④ ㄴ, ㄹ
⑤ ㄷ, ㄹ

4. (가)에 들어갈 내용으로 적절한 것은? [2점]

한국사 교양 강좌

우리 학회는 백제 웅진기의 역사를 주제로 교양 강좌를 운영하고 있습니다. 이번 달에는 백제 중흥의 기틀을 마련한 왕에 대한 강좌를 준비하였습니다.

제1강 – 동성왕을 시해한 백가를 처단하다
제2강 – 지방의 22담로에 왕족을 파견하다
제3강 – [(가)]
제4강 – 공주 왕릉원에 안장되다

■ 주최: □□학회
■ 일시: 2024년 2월 매주 수요일 19:00~21:00
■ 장소: ○○대학교 인문대학 대강의실

---

① 금마저에 미륵사를 창건하다
② 윤충을 보내 대야성을 함락하다
③ 평양성을 공격하여 고국원왕을 전사시키다
④ 진흥왕과 연합하여 한강 하류 지역을 수복하다
⑤ 사신을 보내 중국 남조의 양과 외교 관계를 강화하다

5. (가), (나) 사이의 시기에 있었던 사실로 옳은 것은? [2점]

(가) 을지문덕이 우중문에게 시를 보내 이르기를, "신묘한 계책은 천문을 다 헤아렸고 기묘한 계획은 지리를 모두 통달하였도다. 싸움에 이겨 이미 공로가 드높으니 만족할 줄 알고 그치기를 바라노라."라고 하였다.

(나) 안시성 사람들이 황제의 깃발과 일산을 멀리서 바라보고, 곧장 성에 올라가 북을 치고 소리를 질렀다. 황제가 화를 내자, 이세적은 성을 함락한 날에 남자를 모두 구덩이에 묻어 죽이자고 청하였다. 안시성 사람들이 이를 듣고 더욱 굳게 지키니, 오래도록 공격하여도 함락되지 않았다.

---

① 관구검이 환도성을 공격하여 함락하였다.
② 계백이 이끄는 군대가 황산벌에서 항전하였다.
③ 연개소문이 정변을 일으켜 권력을 장악하였다.
④ 광개토 대왕이 신라에 침입한 왜를 격퇴하였다.
⑤ 미천왕이 낙랑군을 축출하여 영토를 확장하였다.

6. 다음 설명에 해당하는 문화유산으로 옳은 것은? [2점]

문화유산 발표 대회

- 경상남도 의령군에서 출토되어 1964년에 국보로 지정되었어.
- 고구려 승려들이 만든 천불(千佛) 중 하나야.
- 광배 뒷면에 고구려의 연호로 추정되는 연가(延嘉)라는 글자가 새겨져 있어.

① ② ③ ④ ⑤

7. (가)~(다)를 일어난 순서대로 옳게 나열한 것은? [3점]

(가) 사찬 시득이 수군을 거느리고 소부리주 기벌포에서 설인귀와 싸웠으나 패배하였다. 다시 나아가 크고 작은 22번의 싸움에서 승리하고, 4천여 명의 목을 베었다.

(나) 흑치상지가 도망하여 흩어진 무리들을 모으니, 열흘 사이에 따르는 자가 3만여 명이었다. …… 흑치상지가 별부장 사타상여를 데리고 험준한 곳에 웅거하여 복신과 호응하였다.

(다) 검모잠이 국가를 다시 일으키기 위하여 당을 배반하고 보장왕의 외손 안승을 세워 임금으로 삼았다. 당 고종이 대장군 고간을 보내 행군총관으로 삼고 병력을 내어 그들을 토벌하니, 안승이 검모잠을 죽이고 신라로 달아났다.

---

① (가) – (나) – (다) ② (가) – (다) – (나)
③ (나) – (가) – (다) ④ (나) – (다) – (가)
⑤ (다) – (나) – (가)

8. (가) 국가의 경제 상황으로 옳은 것은? [2점]

> 이 문서는 일본의 도다이사 쇼소인에서 발견된 것으로, (가) 의 5소경 중 하나인 서원경 주변 촌락을 포함한 4개 촌락의 인구 현황, 토지의 종류와 면적 등이 상세히 기록되어 있습니다.

① 경성과 경원에 무역소를 두었다.
② 수도에 서시와 남시를 설치하였다.
③ 주전도감에서 해동통보를 발행하였다.
④ 독점적 도매상인인 도고가 출현하였다.
⑤ 감자, 고구마 등을 구황 작물로 재배하였다.

9. (가) 국가에 대한 설명으로 옳은 것은? [2점]

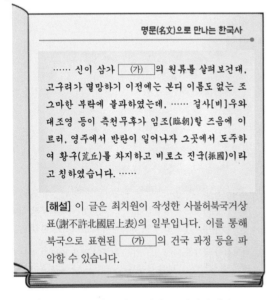

> **명문(名文)으로 만나는 한국사**
>
> …… 신이 삼가 (가) 의 원류를 살펴보건대, 고구려가 멸망하기 이전에는 본디 이름도 없는 조그마한 부락에 불과하였는데, …… 걸사[비]우와 대조영 등이 측천무후가 임조(臨朝)할 즈음에 이르러, 영주에서 반란이 일어나자 그곳에서 도주하여 황구(荒丘)를 차지하고 비로소 진국(振國)이라고 칭하였습니다. ……
>
> [해설] 이 글은 최치원이 작성한 사불허북국거상표(謝不許北國居上表)의 일부입니다. 이를 통해 북국으로 표현된 (가) 의 건국 과정 등을 파악할 수 있습니다.

① 정사암 회의에서 나라의 중대사를 결정하였다.
② 지방의 여러 성에 욕살, 처려근지 등을 두었다.
③ 도병마사에서 변경의 군사 문제 등을 논의하였다.
④ 서적 관리, 주요 문서 작성 등을 위해 문적원을 두었다.
⑤ 골품에 따라 관등 승진, 일상생활 등을 엄격히 제한하였다.

10. (가) 왕에 대한 설명으로 옳은 것은? [1점]

> 이 불상은 충청남도 논산시에 있는 개태사지 석조 여래 삼존 입상으로, 큼직한 손과 신체의 굴곡이 거의 드러나지 않는 원통형의 형태가 특징입니다. 개태사는 후삼국을 통일한 (가) 이/가 이를 기념하여 세운 사찰입니다.

① 관학 진흥을 위해 양현고를 설치하였다.
② 쌍기의 건의를 받아들여 과거제를 시행하였다.
③ 전국에 12목을 설치하고 지방관을 파견하였다.
④ 전시과 제도를 처음 마련하여 관리에게 토지를 지급하였다.
⑤ 후대 왕들이 지켜야 할 정책 방향을 담은 훈요 10조를 남겼다.

11. 다음 검색창에 들어갈 지역에서 있었던 사실로 옳은 것은? [3점]

시 기	내용	원문이미지
광종 11년	서도라 고쳐 부르다	원문이미지
목종 원년	호경으로 개칭하다	원문이미지
명종 4년	유수 조위총이 반란을 일으키다	원문이미지
원종 11년	동녕부가 설치되다	원문이미지

① 정몽주가 이방원 세력에게 피살되었다.
② 묘청이 반란을 일으키고 국호를 대위라 하였다.
③ 몽골의 침략으로 황룡사 구층 목탑이 소실되었다.
④ 흥덕사에서 금속 활자로 직지심체요절이 간행되었다.
⑤ 정서가 유배 중에 정과정이라는 고려 가요를 지었다.

12. 다음 자료에 나타난 국가의 경제 상황으로 옳은 것은?
[2점]

> ○ 이때에 은병을 화폐로 쓰기 시작하였다. 그 제도는 은 한 근으로 만들며 본국의 지형을 본뜨도록 하였다. 속칭 활구라 하였다.
>
> ○ 도평의사사에서 방을 붙여 알리기를, "지금부터 은병 하나를 쌀로 환산하여 개경에서는 15~16석, 지방에서는 18~19석의 비율로 하되, 경시서에서 그 해의 풍흉을 살펴 그 값을 정할 것이다."라고 하였다.

① 솔빈부의 말을 특산물로 수출하였다.
② 서적점, 다점 등의 관영 상점을 운영하였다.
③ 청해진을 중심으로 해상 무역을 전개하였다.
④ 광산을 전문적으로 경영하는 덕대가 활동하였다.
⑤ 기유약조를 체결하여 일본과의 교역을 재개하였다.

13. (가)에 대한 고려의 대응으로 옳은 것은? [2점]

> 변방의 장수가 보고하기를, "[(가)]이/가 매우 사나워 변방의 성을 침입하고 있습니다."라고 하였다. …… 드디어 출병하기로 의논을 정하여 윤관을 원수로 삼고 지추밀원사 오연총을 부원수로 삼았다. 윤관이 아뢰기를, "신이 일찍이 선왕의 밀지를 받았고 지금 또 엄명을 받았으니, 어찌 감히 삼군을 통솔하여 [(가)]의 보루를 깨뜨리고 우리의 강토를 개척하여 나라의 수치를 씻지 않겠습니까."라고 하였다.

① 광군을 창설하여 침입에 대비하였다.
② 박위를 파견하여 근거지를 토벌하였다.
③ 강화도로 도읍을 옮겨 장기 항전을 준비하였다.
④ 선물 받은 낙타를 만부교에서 굶어 죽게 하였다.
⑤ 동북 9성을 설치하고 경계를 알리는 비석을 세웠다.

14. 다음 자료를 활용한 탐구 활동으로 가장 적절한 것은?
[1점]

> ○ 남쪽에서 도적들이 봉기하였다. 가장 심한 자들은 운문을 거점으로 한 김사미와 초전을 거점으로 한 효심이었다. 이들은 유랑민을 불러 모아 주현을 습격하여 노략질하였다.
>
> ○ 원율 사람인 이연년이 백적도원수라 자칭하며 많은 사람을 불러 모아 여러 주군을 공격하여 노략질하니 최린이 지휘사 김경손과 함께 그들을 격파하였다.

① 노비안검법이 실시된 목적을 알아본다.
② 삼정이정청이 설치된 과정을 살펴본다.
③ 사심관 제도가 시행된 사례를 조사한다.
④ 집강소에서 추진한 개혁의 내용을 분석한다.
⑤ 무신 집권기 하층민의 반란이 발생한 배경을 파악한다.

15. 다음 사건이 일어난 시기를 연표에서 옳게 고른 것은?
[2점]

> 조일신이 전 찬성사 정천기 등과 함께 기철·기륜·기원·고용보 등을 제거할 것을 모의하고 그들을 체포하게 하였는데, 기원은 잡아서 목을 베고 나머지는 모두 도망갔다. 조일신이 그 무리를 거느리고 나아가서 왕이 있던 궁궐을 포위하고, 숙직하고 있던 판밀직사사 최덕림, 상호군 정환 등 여러 사람을 죽였다.

918	1009	1126	1198	1270	1392
	(가)	(나)	(다)	(라)	(마)
고려 건국	강조의 정변	이자겸의 난	만적의 난	개경 환도	고려 멸망

① (가)　　　　② (나)　　　　③ (다)
④ (라)　　　　⑤ (마)

16. 밑줄 그은 '국가'의 문화유산으로 옳지 않은 것은? [2점]

이것은 왕실의 종친인 신안공 왕전이 몽골의 침략을 받던 시기에 국가의 태평을 기원하며 발원한 법화경서탑도(法華經書塔圖)입니다. 감색 종이에 금가루 등으로 법화경 수만 자를 한 자씩 써서 칠층 보탑을 형상화한 것이 특징입니다.

17. (가), (나) 사이의 시기에 있었던 사실로 옳은 것은? [3점]

(가) 살리타가 이첩(移牒)하기를, "황제께서 고려가 사신 저고여를 죽인 이유 등 몇 가지 일을 묻게 하셨다."라고 하면서 말 2만 필, 어린 남녀 수천 명, 자주색 비단 1만 필, 수달피 1만 장과 군사의 의복을 요구하였다.

(나) 첨의부에서 아뢰기를, "제국 대장 공주의 겁령구*와 내료(內僚)들이 좋은 땅을 많이 차지하여 산천으로 경계를 정하고 사패(賜牌)**를 받아 조세를 납입하지 않으니, 청컨대 사패를 도로 거두소서."라고 하였다.

*겁령구: 시종인
**사패: 토지 등에 대한 권리를 인정해 주는 증서

① 신숭겸이 공산 전투에서 전사하였다.
② 최승로가 왕에게 시무 28조를 올렸다.
③ 김방경의 군대가 탐라에서 삼별초를 진압하였다.
④ 강감찬이 개경에 나성을 축조할 것을 건의하였다.
⑤ 경대승이 정중부 등을 제거하고 권력을 장악하였다.

18. (가) 인물의 활동으로 옳은 것은? [2점]

이것은 명의 철령위 설치에 반발하여 팔도도통사로서 요동 정벌을 추진하였던 (가) 의 초상입니다. 그는 요동 정벌에 반대한 이성계가 위화도 회군으로 정권을 장악하면서 죽임을 당하였습니다.

① 홍산 전투에서 왜구를 물리쳤다.
② 화통도감의 설치를 건의하였다.
③ 정변을 일으켜 목종을 폐위하였다.
④ 의종 복위를 도모하여 군사를 일으켰다.
⑤ 교정별감이 되어 국정 전반을 장악하였다.

19. 밑줄 그은 '대책'에 대한 탐구 활동으로 가장 적절한 것은? [2점]

양역(良役)의 편중됨이 실로 양민의 뼈를 깎아 지탱하지 못하는 폐단이 됩니다. 전하께서 이를 불쌍하게 여겨 2필의 역을 특별히 1필로 감하였으니, 이는 천지와 같은 큰 은덕이요 죽은 사람을 살려 주는 은혜입니다. …… 그러나 이미 포를 감하였으니 마땅히 그 대신할 것을 보충해야 하나 나라의 재원은 한정이 있습니다. …… 이에 신들은 감히 눈앞의 한때 일을 다행으로 여기지 않고 좋은 대책을 찾아 반드시 오래도록 이어지게 하겠습니다.

① 공인이 등장하게 된 배경을 살펴본다.
② 당백전 발행이 끼친 영향을 파악한다.
③ 선무군관포를 징수한 목적을 찾아본다.
④ 토산물을 쌀, 동전 등으로 납부하게 한 원인을 조사한다.
⑤ 전세를 풍흉에 따라 9등급으로 차등 부과한 이유를 알아본다.

20. (가) 기구에 대한 설명으로 옳은 것은? [2점]

총마계회도(驄馬契會圖)

총마들의 모임을 기념하기 위해 그린 그림으로, 총마는 감찰의 별칭이다. 감찰은 대사헌을 수장으로 하는 (가) 의 관원으로, 관리의 위법 사항을 규찰하였다. 그림에는 계회 장소의 모습과 함께 왕이 내린 시문, 참석자 명단 등이 담겨 있다.

① 수도의 행정과 치안을 담당하였다.
② 왕명 출납을 맡은 왕의 비서 기관이었다.
③ 왕에게 경서 등을 강론하는 경연을 주관하였다.
④ 역사서를 편찬하고 사고에 보관하는 일을 맡았다.
⑤ 5품 이하 관리의 임명 과정에서 서경권을 행사하였다.

21. (가)에 들어갈 내용으로 가장 적절한 것은? [2점]

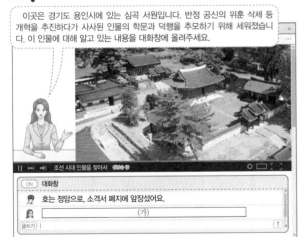

이곳은 경기도 용인시에 있는 심곡 서원입니다. 반정 공신의 위훈 삭제 등 개혁을 추진하다가 사사된 인물의 학문과 덕행을 추모하기 위해 세워졌습니다. 이 인물에 대해 알고 있는 내용을 대화창에 올려주세요.

조선 시대 인물을 찾아서

대화창

호는 정암으로, 소격서 폐지에 앞장섰어요.

(가)

글쓰기

① 성학집요를 지어서 임금에게 바쳤어요.
② 김종직의 조의제문을 사초에 포함시켰어요.
③ 최초의 서원인 백운동 서원을 건립하였어요.
④ 소학의 보급과 현량과 실시를 주장하였어요.
⑤ 재상 중심의 정치를 강조한 조선경국전을 저술하였어요.

22. 밑줄 그은 '이 왕'이 추진한 정책으로 옳은 것은? [2점]

역사적 평가가 엇갈리는 이 왕에 대한 생각을 말해보자.

동생 영창 대군을 죽이고 어머니 인목 대비를 폐위한 것은 비난받을 행동이었어.

후금과의 관계 악화를 피하려 한 외교 정책은 국가의 안정을 도모한 적절한 선택이었다고 생각해.

① 6조 직계제를 처음으로 실시하였다.
② 학문 연구 기관으로 집현전을 두었다.
③ 전란의 피해를 복구하고 동의보감을 간행하였다.
④ 역대 문물 제도를 정리한 동국문헌비고를 편찬하였다.
⑤ 시전 상인의 특권을 축소하는 신해통공을 단행하였다.

23. 밑줄 그은 '이 전쟁'의 영향으로 가장 적절한 것은? [2점]

사료로 만나는 한국사

신풍부원군 장유가 예조에 단자를 올리기를 "외아들이 있는데 강도(江都)의 변 때 그의 처가 잡혀갔다가 속환되어 지금은 친정 부모집에 가 있습니다. 그대로 배필로 삼아 함께 조상의 제사를 받들 수 없으니, 새로 장가들도록 허락해 주십시오."라고 하였다.

위 사료는 이 전쟁 중 강화도가 함락되면서 적국으로 끌려 갔다 돌아온 며느리를 아들과 이혼하게 해달라는 내용의 글이다. 국왕이 삼전도에서 항복하며 종결된 이 전쟁으로 많은 사람들이 포로로 끌려갔다. 여성들은 살아 돌아오더라도 절개를 잃었다는 이유로 억울하게 이혼을 당하기도 하였다.

① 이완 등을 중심으로 북벌이 추진되었다.
② 김종서가 두만강 일대에 6진을 개척하였다.
③ 이종무가 적의 근거지인 쓰시마섬을 정벌하였다.
④ 강홍립이 이끄는 부대가 사르후 전투에 참전하였다.
⑤ 국방 문제를 논의하기 위해 비변사가 처음으로 설치되었다.

24. (가) 왕의 재위 시기에 있었던 사실로 옳은 것은? [2점]

> 만약 그 자신이 죽고 아내에게 전지가 전해지면 수신전이라 하였고, 부부가 모두 죽고 아들에게 전해지면 휼양전이라 일컬었으며, 만약 그 아들이 관직에 제수된다면 그대로 그 전지를 주고 과전이라 하였다. ······ (가) 이/가 이 제도를 폐지하고 현직 관리에게 전지를 주고 직전이라 하였다.

① 불교 경전을 간행하는 간경도감이 설치되었다.
② 음악 이론 등을 집대성한 악학궤범이 완성되었다.
③ 세계 지도인 혼일강리역대국도지도가 제작되었다.
④ 신하를 재교육하기 위한 초계문신제가 실시되었다.
⑤ 삼남 지방의 농법을 소개한 농사직설이 편찬되었다.

25. (가) 지역에서 있었던 사실로 옳은 것은? [2점]

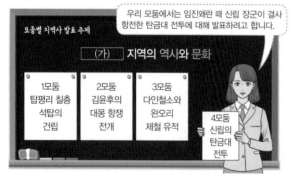

① 제1차 미소 공동 위원회가 개최되었다.
② 명 신종을 기리는 만동묘가 건립되었다.
③ 강주룡이 을밀대 지붕에서 고공 농성을 벌였다.
④ 고구려비가 남한 지역에서 유일하게 발견되었다.
⑤ 박재혁이 경찰서에서 폭탄을 터뜨리는 의거를 일으켰다.

26. (가) 시기에 있었던 사실로 옳은 것은? [3점]

① 무신 이징옥이 반란을 일으켰다.
② 송시열이 유배된 후 사사되었다.
③ 자의 대비의 복상 문제로 예송이 일어났다.
④ 정여립 모반 사건을 빌미로 기축옥사가 발생하였다.
⑤ 붕당 정치의 폐해를 막기 위해 탕평비가 건립되었다.

27. (가) 인물에 대한 설명으로 옳은 것은? [2점]

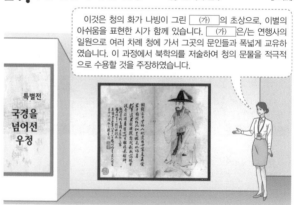

① 세계 지리서인 지구전요를 저술하였다.
② 의산문답에서 무한 우주론을 주장하였다.
③ 기기도설을 참고하여 거중기를 설계하였다.
④ 서자 출신으로 규장각 검서관에 기용되었다.
⑤ 양반전을 지어 양반의 허례와 무능을 풍자하였다.

28. 다음 가상 대화가 이루어진 시기의 사회 모습으로 가장 적절한 것은? [1점]

① 빈민 구제를 위해 흑창이 설치되었다.
② 원종과 애노가 사벌주에서 봉기하였다.
③ 홍건적의 침입으로 개경이 함락되었다.
④ 지배층을 중심으로 변발과 호복이 유행하였다.
⑤ 안동 김씨 등의 세도 정치로 매관매직이 성행하였다.

29. (가) 사건에 대한 설명으로 옳은 것은? [1점]

① 운요호 사건을 빌미로 일어났다.
② 왕이 공산성으로 피란하는 계기가 되었다.
③ 전개 과정에서 외규장각 도서가 약탈당하였다.
④ 사태 수습을 위해 이용태가 안핵사로 파견되었다.
⑤ 황사영이 외국 군대의 출병을 요청하는 원인이 되었다.

30. 다음 자료에 나타난 사건의 영향으로 가장 적절한 것은? [2점]

이때 세금을 부과하는 직책의 신하들이 재물을 거두어들여 자기 배만 채우면서 각영(各營)에 소속된 군인들의 봉급은 몇 달 동안 나누어 주지 않았다. 그리하여 훈국(訓局)의 군사가 맨 먼저 난을 일으키고, 각영의 군사가 잇달아 일어났다. 이들은 이최응, 민겸호, 김보현, 민창식을 죽였고 또 중전을 시해하려 하였다. 중전은 장호원으로 피하였다.

① 강화도 조약이 체결되었다.
② 김기수가 수신사로 일본에 파견되었다.
③ 종로와 전국 각지에 척화비가 세워졌다.
④ 일본 공사관 경비 명목으로 일본군이 주둔하였다.
⑤ 통리기무아문을 설치하고 그 아래에 12사를 두었다.

31. (가)에 들어갈 내용으로 적절한 것은? [2점]

한국사 챗봇

Q 군국기무처에 대해 알려줘.

A 군국기무처는 국정 전반에 걸친 개혁을 담당한 기구입니다. 총재는 김홍집이었으며, 유길준 등 개화파와 박준양 등 흥선 대원군 계열의 인사로 구성되었습니다. 개혁을 추진하면서 수개월 동안 200여 건의 안건을 의결하였습니다.

Q 이 기구에서 의결한 주요 개혁 내용을 알려줘.

A (가)

① 공사 노비법을 혁파하였습니다.
② 5군영을 2영으로 통합하였습니다.
③ 건양이라는 연호를 제정하였습니다.
④ 한성 사범 학교 관제를 반포하였습니다.
⑤ 지계아문을 설치하여 지계를 발급하였습니다.

32. (가) 단체에 대한 설명으로 옳은 것은? [2점]

> 신들은 나라가 나라일 수 있는 조건은 두 가지가 있다고 생각합니다. 첫째는 자립하여 다른 나라에 의지하지 않는 것이며, 둘째는 자수(自修)하여 나라 안에 정법(政法)을 행하는 것입니다. 이 두 가지는 하늘이 우리 폐하께 부여해 준 하나의 큰 권한으로서, 이 권한이 없으면 나라가 없는 것입니다. 그래서 신 등은 [(가)]을/를 설립하여 독립문을 세우고 위로는 황상의 지위를 높이며, 아래로는 인민의 뜻을 확고히 함으로써 억만년 무궁한 기초를 확립하고자 하였던 것입니다.

① 만세보를 발행하여 민중 계몽에 힘썼다.
② 일본의 황무지 개간권 요구를 저지하였다.
③ 일제가 조작한 105인 사건으로 와해되었다.
④ 중추원 개편을 통해 의회 설립을 추진하였다.
⑤ 독립운동 자금 마련을 위해 독립 공채를 발행하였다.

34. 다음 대화에 나타난 사건 이후의 사실로 옳은 것은? [3점]

며칠 전 황제 폐하께서 황태자 전하께 대리를 명하는 조칙을 내리셨다는 소식을 들었는가?

들었네. 그 다음날 일본 군대의 삼엄한 경계 속에서 양위식이 거행되어 대리가 아니라 사실상 황제께서 퇴위당하신 셈이지.

① 신식 군대인 별기군이 창설되었다.
② 묄렌도르프가 외교 고문으로 파견되었다.
③ 초대 통감으로 이토 히로부미가 부임하였다.
④ 기유각서가 체결되어 사법권을 박탈당하였다.
⑤ 관민 공동회가 개최되어 헌의 6조를 결의하였다.

33. 다음 자료에 나타난 민족 운동에 대한 설명으로 옳은 것은? [1점]

> 거액의 외채 1,300만 원을 해마다 미루다가 갚지 못할 지경에 이른다면 나라를 보존하기 어려울 것이니, 나라를 보존하지 못하면, 아! 우리 동포는 장차 무엇에 의지하겠습니까? …… 근래에 신문을 접하니, 영남에서 시작하여 서울에 이르기까지 담배를 끊어 나라의 빚을 갚자는 논의가 시작되었고, 발기한 지 며칠이 되지 않아 의연금을 내는 자들이 날마다 이른다 하니, 우리 백성들이 임금에게 충성하고 나라를 사랑하는 마음을 통쾌하게 볼 수 있습니다.

① 조선 총독부의 탄압과 방해로 실패하였다.
② 대한매일신보 등의 지원을 받아 확산되었다.
③ 대한민국 임시 정부가 수립되는 계기가 되었다.
④ 백정에 대한 사회적 차별 철폐를 목적으로 하였다.
⑤ 조선 민립 대학 기성회에서 모금 활동을 전개하였다.

35. 밑줄 그은 '이 운동'에 대한 설명으로 옳은 것을 〈보기〉에서 고른 것은? [2점]

광고로 보는 역사

[해설] 이것은 경성 방직 주식회사의 광목 광고이다. 조선인 기업이 만든 상품의 사용을 장려하고자 전개된 <u>이 운동</u> 당시의 상황을 반영하여 '조선 사람의 자본과 기술로 된 광목'이라는 문구가 광고에 사용되었다.

〈보기〉

ㄱ. 회사령 폐지 등이 배경이 되었다.
ㄴ. 황국 중앙 총상회의 주도하에 전개되었다.
ㄷ. 평양에서 시작되어 전국적으로 확산되었다.
ㄹ. 대동 상회 등 근대적 상회사가 설립되는 계기가 되었다.

① ㄱ, ㄴ　　② ㄱ, ㄷ　　③ ㄴ, ㄷ
④ ㄴ, ㄹ　　⑤ ㄷ, ㄹ

36. (가) 단체에 대한 설명으로 옳은 것은? [2점]

이달의 독립운동가

황상규

경상남도 밀양 출생이다. 1918년 만주로 망명하였으며 김동삼, 김좌진, 안창호 등과 대한 독립 선언서를 발표하였다. 1919년 11월 김원봉 등과 ┌─(가)─┐을/를 조직하여 일제 기관의 파괴와 조선 총독 이하의 관리 및 매국노의 암살 등을 꾀하였다. 1920년에 국내로 폭탄을 들여와 의거를 준비하던 중 발각되어 7년의 징역형을 선고받았다. 1963년 건국 훈장 독립장이 추서되었다.

① 조선 혁명 선언을 활동 지침으로 삼았다.
② 삼균주의를 기초로 한 건국 강령을 발표하였다.
③ 잡지 개벽 등을 발행하여 민족 의식을 고취하였다.
④ 홍커우 공원에서 일어난 윤봉길 의거를 계획하였다.
⑤ 조선 총독부에 국권 반환 요구서를 제출하려 하였다.

37. (가)~(다)를 발표된 순서대로 옳게 나열한 것은? [3점]

(가) 우리들 민중의 통곡과 복상이 결코 이척[순종]의 죽음에 있지 않다는 것을 민중 각자의 마음속에 그것을 명백히 말해주고 있다. 우리들의 비애와 통렬한 애도는 경술년 8월 29일 이래 쌓이고 쌓인 슬픔이다. …… 금일의 통곡·복상의 충성과 의분을 돌려 우리들의 해방 투쟁에 바치자!

(나) 조선 민족의 정치적 의식이 발달함에 따라 민족적 중심 단결을 요구하는 시기를 맞이하여 민족주의를 표방한 신간회가 발기인의 연명으로 3개 조의 강령을 발표하였다. ……
1. 우리는 정치적·경제적 각성을 촉진함
1. 우리는 단결을 공고히 함
1. 우리는 기회주의를 일체 부인함

(다) 우리 2천만 생령(生靈)을 사랑하고 조국을 사랑하는 광주 학생 남녀 수십 명이 중상을 입었다. 고뇌하는 청년 학생 2백 명이 불법으로 철창 속에 갇혀 있다. …… 우리들은 광주 학생의 석방을 요구하는 동시에 참을 수 없는 피눈물로 시위 대열에 나가는 것이다.

① (가) – (나) – (다)　　② (가) – (다) – (나)
③ (나) – (가) – (다)　　④ (나) – (다) – (가)
⑤ (다) – (나) – (가)

38. 밑줄 그은 '시기'에 볼 수 있는 모습으로 가장 적절한 것은? [1점]

이곳은 전라남도 여수시 거문도에 있는 해안 동굴 진지입니다. 국가 총동원법이 시행되던 시기에 일제는 이와 같은 군사 시설물을 거문도를 비롯한 각지에 구축하였습니다.

① 태형을 집행하는 헌병 경찰
② 원산 총파업에 참여하는 노동자
③ 황국 신민 서사를 암송하는 학생
④ 경성 제국 대학 설립을 추진하는 관리
⑤ 서울 진공 작전에 참여하는 13도 창의군 의병

39. (가), (나) 법령이 발표된 사이의 시기에 있었던 사실로 옳은 것은? [3점]

(가) 제1조 신한 공사를 조선 정부에서 독립한 기관으로써 창립함.
　　공사는 군정 장관 또는 그의 수임자가 후임자를 임명할 때까지 10명의 직무를 집행하는 취체역이 관리함.
　　제4조 …… 동양 척식 주식회사가 소유하던 조선 내 법인의 일본인 재산은 전부 신한 공사에 귀속됨.

(나) 제4조 본법 시행에 관한 사무는 농림부 장관이 관장한다.
　　제12조 농지의 분배는 농지의 종목, 등급 및 농가의 능력 등에 기준한 점수제에 의거하되 1가당 총경영 면적 3정보를 초과하지 못한다.
　　제13조 분배받은 농지에 대한 상환액 및 상환 방법은 다음에 의한다.
　　　　1. 상환액은 해당 농지의 주생산물 생산량의 12할 5푼을 5년간 납입케 한다.

① 조선 건국 동맹이 결성되었다.
② 한미 상호 방위 조약이 체결되었다.
③ 조선 사상범 예방 구금령이 공포되었다.
④ 5·10 총선거로 제헌 국회가 구성되었다.
⑤ 정부에 비판적인 경향신문이 폐간되었다.

40. 다음 가상 인터뷰의 주인공에 대한 설명으로 옳은 것은? [2점]

며칠 전 경성에서 조선사회경제사 출판 축하회가 있었습니다. 저자로서 책에 대한 소개를 부탁드립니다.

저는 우리 역사의 전개 과정을 세계사의 보편적인 발전 법칙에 따라 네 단계로 나누어 파악하였습니다. 이 책에서는 그중 원시 씨족 사회와 삼국 정립기의 노예제 사회에 대해 서술하였습니다.

① 진단 학회를 조직하였다.
② 한국독립운동지혈사를 저술하였다.
③ 식민 사학의 정체성론을 반박하였다.
④ 우리말 큰사전 편찬 사업을 추진하였다.
⑤ 민족의 얼을 강조하고 조선학 운동을 주도하였다.

41. (가) 부대에 대한 설명으로 옳은 것은? [2점]

한국 독립운동을 촉진하고 한국 혁명 역량을 집중하기 위해 이번 달 15일 중국 국민당 군사 위원회는 조선 의용대를 개편하여 　(가)　에 편입할 것을 특별히 명령하였다. 제1지대는 총사령에게 직속되어 이(지)청천 장군이 통할한다. …… 　(가)　의 총사령부는 충칭에 설치하기로 결정하였다.

① 자유시 참변으로 세력이 약화되었다.
② 영릉가 전투에서 일본군에 승리하였다.
③ 쌍성보 전투에서 한중 연합 작전을 전개하였다.
④ 국내 정진군을 편성하여 국내 진공 작전을 추진하였다.
⑤ 홍범도 부대와 연합하여 청산리에서 일본군을 격퇴하였다.

42. 밑줄 그은 '전쟁' 중에 있었던 사실로 옳은 것은? [1점]

이 비석은 북한군의 남침으로 시작된 전쟁 중 벌어진 장진호 전투를 기념하기 위해 미국 버지니아주에 세워진 것입니다. 장진호 전투는 북한을 돕기 위해 참전한 중국군을 상대로 유엔군 등이 벌인 주요 전투 중 하나였습니다.

① 애치슨 라인이 발표되었다.
② 가쓰라·태프트 밀약이 체결되었다.
③ 모스크바 3국 외상 회의가 개최되었다.
④ 흥남에서 대규모 철수 작전이 전개되었다.
⑤ 김구, 김규식 등이 남북 협상에 참여하였다.

43. 다음 성명을 발표한 정부 시기에 볼 수 있는 모습으로 적절한 것은? [2점]

내각 책임제 속에서 행정부에 맡겨진 책무를 유감없이 수행하기 위해 무엇보다 먼저 행정부 내의 기강 확립에 주안점을 두지 않아서는 안 될 것입니다. …… 부정 선거 원흉의 처단은 이미 공소 제기와 구형을 한 터이므로 법원의 엄정한 판결이 있을 것을 기대하는 바입니다.

① 국민 교육 헌장을 읽고 있는 학생
② 서울 올림픽 대회에 참가하는 선수
③ 개성 공단 착공식을 취재하는 기자
④ 함평 고구마 피해 보상 투쟁에 참여하는 농민
⑤ 민의원에서 통과된 법안을 심의하는 참의원 의원

44. 밑줄 그은 '개헌' 이후에 있었던 사실로 옳은 것은? [2점]

대한 변호사 협회장의 성명

이번 개헌 안건의 의결에 있어서 찬성표 수가 135이고 재적 의원 수가 203인 것은 변하지 않는 수이다. 그러면 재적인 수의 3분의 2는 135.333이니 이 선에 도달하려면 동일한 표수가 있어야 될 것이다. …… 찬성표가 재적인 수에 도달하거나 또는 정족수 이상 되어야 하거늘 0.333에 도달하지 못하니 그것을 사사오입이라는 구실로 떼어 버리고 정족수인 3분의 2와 동일한 수라고 하는 것은 헌법 위반이 되는 것이므로 법조인으로서 이를 이해하기 곤란하다.

① 여수·순천 10·19 사건이 일어났다.
② 진보당의 당수였던 조봉암이 처형되었다.
③ 반민족 행위 특별 조사 위원회가 설치되었다.
④ 국회 프락치 사건으로 일부 국회의원이 체포되었다.
⑤ 여운형 등의 주도로 좌우 합작 위원회가 구성되었다.

45. (가) 헌법이 시행된 시기의 사실로 옳은 것은? [2점]

사진은 인민 혁명당 재건위 사건 재판 당시의 모습입니다. 이 사건은 (가) 헌법에 의거하여 발동한 긴급 조치 제4호 등으로 정부에 비판적인 인물들을 반국가 세력으로 몰아 처벌한 것입니다. 당시 사형을 당한 8명은 2007년에 열린 재심 공판에서 무죄를 선고 받았습니다.

① 김주열이 최루탄을 맞고 사망하였다.
② 부천 경찰서 성 고문 사건이 발생하였다.
③ 개헌 청원 백만인 서명 운동이 전개되었다.
④ 국민 보도 연맹원에 대한 학살이 자행되었다.
⑤ 민주화 시위 도중 대학생 강경대가 희생되었다.

46. (가) 정부 시기의 경제 상황으로 옳은 것은? [1점]

사진으로 보는 (가) 정부

경부 고속 도로 개통 | 포항 제철소 1기 준공

① 제3차 경제 개발 5개년 계획을 추진하였다.
② 미국과 자유 무역 협정(FTA)을 체결하였다.
③ 대통령 긴급 명령으로 금융 실명제를 실시하였다.
④ 국제 통화 기금(IMF)의 구제 금융 지원금을 조기 상환하였다.
⑤ 저임금 노동자의 생활 안정을 위해 최저 임금법을 제정하였다.

[47~48] 다음을 읽고 물음에 답하시오.

(가) 여덟째는 적금서당이다. 왕 6년에 보덕국 사람들로 당을 만들었다. 금장의 색은 적흑이다. 아홉째는 청금서당이다. …… 금장의 색은 청백이다.

(나) 응양군, 1령(領)으로 군에는 정3품의 상장군 1인과 종3품의 대장군 1인을 두었으며, …… 정8품의 산원 3인, 정9품의 위 20인, 대정은 40인을 두었다.

(다) 무위영, 절목계하본(節目啓下本)에 의하여 낭청 1명을 훈련도감의 예에 따라 문신으로 추천하여 군색종사관으로 칭하고 …… 중군은 포장·장어영 중군을 거친 자로 추천하여 금군별장이라 칭한다.

(라) 별대와 정초군의 군병을 합하여 한 영(營)의 제도를 만들어 본영은 금위영이라 칭하고, 군병은 금위별대라 칭한다.

47. (가)~(라) 군사 조직을 만들어진 순서대로 옳게 나열한 것은? [3점]
① (가) – (나) – (다) – (라)
② (가) – (나) – (라) – (다)
③ (나) – (가) – (라) – (다)
④ (나) – (다) – (가) – (라)
⑤ (다) – (라) – (나) – (가)

48. 밑줄 그은 '왕'의 업적으로 옳은 것은? [2점]
① 김흠돌의 난을 진압하였다.
② 병부와 상대등을 설치하였다.
③ 나선 정벌에 조총 부대를 파견하였다.
④ 정계와 계백료서를 지어 관리의 규범을 제시하였다.
⑤ 쌍성총관부를 공격하여 철령 이북의 땅을 수복하였다.

49. (가) 민주화 운동에 대한 설명으로 옳은 것은? [1점]

이곳은 옛 전남도청 본관으로 (가) 당시 시민군이 계엄군에 항쟁한 장소입니다. 정부는 본관을 포함한 옛 전남도청을 복원하여 (가) 의 의미를 기억하고 추모하는 공간으로 되살리겠다고 하였습니다. 건물 내부에는 당시 상황을 알 수 있는 실물 또는 가상 콘텐츠 공간 등이 조성될 예정입니다.

① 3·1 민주 구국 선언을 발표하였다.
② 시위 도중 대학생 이한열이 희생되었다.
③ 호헌 철폐, 독재 타도 등의 구호를 외쳤다.
④ 허정 과도 정부가 출범하는 계기가 되었다.
⑤ 관련 기록물이 유네스코 세계 기록 유산으로 등재되었다.

50. 다음 뉴스가 보도된 정부 시기에 있었던 사실로 옳은 것은? [3점]

오늘 수방사령관과 특전사령관이 해임되었습니다. 지난달 육군참모총장과 기무사령관이 교체된 이후 불과 한 달여 만에 단행된 인사 조치입니다. 군 내부의 사조직을 해체하려는 문민정부의 의지가 반영된 것으로 보입니다.

① 굴욕적인 대일 외교에 반대하는 6·3 시위가 일어났다.
② 북방 외교를 추진하여 사회주의 국가인 소련과 수교하였다.
③ 통일 방안을 논의하기 위해 남북 조절 위원회를 설치하였다.
④ 경제적 취약 계층을 위한 국민 기초 생활 보장법을 시행하였다.
⑤ 역사 바로 세우기를 내세우며 옛 조선 총독부 건물을 철거하였다.

1. (가) 시대의 생활 모습에 대한 설명으로 옳은 것은?
[1점]

사진으로 만나는 고창 고인돌 유적

우리 박물관에서는 2000년 유네스코 세계 유산으로 등재된 고창 고인돌 유적을 소개하는 특별전을 마련하였습니다. 고인돌은 계급이 발생한 ▨ (가) ▨ 시대를 대표하는 무덤입니다. 사진을 통해 다양한 고인돌의 형태를 살펴보시기 바랍니다.

■ 기간: 2023년 ○○월 ○○일~○○월 ○○일
■ 장소: ▲▲ 박물관 기획 전시실

① 반달 돌칼로 벼를 수확하였다.
② 소를 이용하여 깊이갈이를 하였다.
③ 주로 동굴이나 강가의 막집에서 살았다.
④ 오수전, 화천 등의 중국 화폐로 교역하였다.
⑤ 옷을 만들 때 가락바퀴와 뼈바늘을 이용하기 시작하였다.

2. (가)에 들어갈 내용으로 가장 적절한 것은? [2점]

#8. 궁궐 안

손자와 대화하며 과거를 회상하는 장면

손자: 할아버지, 어떻게 왕이 되셨나요?
왕: 이 땅에 들어와서 처음에는 국경 수비를 맡았다가 준왕을 몰아내고 왕이 되었지.
손자: 또 무슨 일을 하셨어요?
왕: 왕검성을 중심으로 기반을 정비하고 백성을 받아들여 나라의 내실을 다졌단다. 그리고 ▨ (가) ▨

① 율령을 반포하여 체제를 정비하였단다.
② 화랑도를 국가적인 조직으로 개편하였단다.
③ 내신 좌평 등 여섯 명의 좌평을 거느렸단다.
④ 진번과 임둔을 복속하여 영토를 확대하였단다.
⑤ 지방의 여러 성에 욕살, 처려근지 등을 두었단다.

3. 다음 자료에 해당하는 나라에 대한 설명으로 옳은 것은? [2점]

○ 산릉과 넓은 못[澤]이 많아서 동이 지역에서는 가장 넓고 평탄한 곳이다. …… 사람들은 체격이 크고 성품은 굳세고 용감하며, 근엄·후덕하여 다른 나라를 쳐들어가거나 노략질하지 않는다.

○ 은력(殷曆) 정월에 지내는 제천 행사는 국중 대회로 날마다 마시고 먹고 노래하고 춤추는데, 그 이름을 영고라 했다.

– 『삼국지』 위서 동이전 –

① 신성 지역인 소도가 존재하였다.
② 혼인 풍습으로 민며느리제가 있었다.
③ 여러 가(加)들이 각각 사출도를 주관하였다.
④ 특산물로 단궁, 과하마, 반어피가 유명하였다.
⑤ 왕 아래 상가, 대로, 패자 등의 관직이 있었다.

4. (가)~(마) 문화유산에 대한 설명으로 적절하지 않은 것은? [2점]

● 답사 계획서 ●

◈ 주제: 백제 왕들의 흔적을 찾아서
◈ 기간: 2023년 ○○월 ○○일~○○일
◈ 답사 지역 및 일정 안내

(가) 공산성
(나) 무령왕릉
1일차
(다) 부소산성
(라) 능산리 고분군
2일차
(마) 왕궁리 유적
3일차

① (가) – 웅진성이라 불리기도 하였다.
② (나) – 중국 남조의 영향을 받았다.
③ (다) – 성왕이 전사한 곳이다.
④ (라) – 사신도 벽화가 남아 있는 무덤이 발견되었다.
⑤ (마) – 수부(首府)라는 글자가 새겨진 기와가 출토되었다.

5. (가), (나) 사이의 시기에 있었던 사실로 옳은 것은? [3점]

(가) 겨울에 왕이 장차 백제를 쳐서 대야성에서의 싸움을 되갚으려고 이찬 김춘추를 고구려에 보내서 군사를 청하였다. 대야성 전투에서 패하였을 때 도독인 품석의 아내도 죽었는데, 바로 춘추의 딸이었다.

(나) 춘추가 무릎을 꿇고 아뢰기를, "…… 만약 폐하께서 천조(天朝)의 군사를 빌려주시어 흉악한 무리를 없애주지 않으신다면 저희 백성은 모두 포로가 될 것이니, 그렇다면 산 넘고 바다 건너 행하는 술직(述職)*도 다시는 바랄 수 없을 것입니다."라고 하였다. 당 태종이 매우 옳다고 여겨서 군사의 출정을 허락하였다.

*술직: 제후가 입조하여 천자에게 맡은 직무를 아뢰는 것

－『삼국사기』 －

① 문무왕이 안승을 보덕국왕으로 봉하였다.
② 안시성의 군사와 백성들이 당군을 물리쳤다.
③ 복신과 도침이 부여풍을 왕으로 추대하였다.
④ 계백이 이끄는 군대가 황산벌에서 항전하였다.
⑤ 진흥왕이 대가야를 정복하여 영토를 확장하였다.

6. 밑줄 그은 '시기'에 있었던 사실로 옳은 것은? [2점]

최치원이 지은 해인사 묘길상탑기에는 진성 여왕이 다스리던 시기의 혼란스러운 사회상이 묘사되어 있습니다. '전란과 흉년으로 악 중의 악이 없는 곳이 없고 도처에 굶어 죽거나 싸우다 죽은 시신이 널려 있다.'고 한탄하는 내용이 적혀 있습니다.

합천 해인사 길상탑과
그 안에서 나온 묘길상탑기(탁본)

① 원광이 세속 5계를 제시하였다.
② 이차돈의 순교로 불교가 공인되었다.
③ 원종과 애노가 사벌주에서 봉기하였다.
④ 거칠부가 왕명에 의해 국사를 편찬하였다.
⑤ 자장의 건의로 황룡사 구층 목탑이 건립되었다.

7. (가) 나라에 대한 설명으로 옳은 것은? [2점]

(가) 의 대표적 생활 유적지인 봉황대가 회현리 패총과 합쳐져 김해 봉황동 유적으로 확대 지정되었습니다. 이 유적은 김수로왕에 의해 건국되었다고 전해진 (가) 의 초기 모습을 추정해 볼 수 있는 귀중한 문화유산입니다.

김해 봉황동 유적, 사적으로 확대 지정

① 집사부를 비롯한 14부를 두었다.
② 집집마다 부경이라는 창고가 있었다.
③ 대가들이 사자, 조의, 선인을 거느렸다.
④ 철이 많이 생산되어 낙랑, 왜 등에 수출하였다.
⑤ 왕족인 부여씨와 8성의 귀족이 지배층을 이루었다.

8. 밑줄 그은 '왕'의 업적으로 옳은 것은? [1점]

○ 왕은 이름이 구부이고, 고국원왕의 아들이다. 신체가 장대하고, 웅장한 지략이 있었다.

○ 진(秦) 왕 부견이 사신과 승려 순도를 보내 불상과 경문을 주었다. 왕이 사신을 보내 답례로 방물(方物)을 바쳤다.
－『삼국사기』－

① 태학을 설립하여 인재를 양성하였다.
② 도읍을 국내성에서 평양으로 옮겼다.
③ 서안평을 점령하여 영토를 확장하였다.
④ 영락이라는 독자적인 연호를 사용하였다.
⑤ 을파소를 등용하고 진대법을 시행하였다.

9. 밑줄 그은 '교서'를 내린 왕의 재위 기간에 볼 수 있는 모습으로 가장 적절한 것은? [3점]

상평창을 양경(兩京)과 12목에 설치하고 교서를 내렸다. 『한서』 식화지에 '그해가 풍년인지 흉년인지에 따라 곡식을 풀거나 거두어들이는 것을 행한다.'라고 하였다. …… 경시서에 맡겨 곡식을 풀거나 거두어들이도록 하라."

① 서적포에서 책을 인쇄하는 관리
② 국자감 학생들을 가르치는 박사
③ 양현고에서 재정을 관리하는 관원
④ 9재 학당에서 유교 경전을 읽는 학생
⑤ 청연각의 소장 도서를 분류하는 학사

10. (가) 국가의 문화유산으로 옳은 것은? [2점]

○○ 신문

제△△호 　　　　　　○○○○년 ○○월 ○○일

[특집] 우리 역사를 찾아서 – 영광탑

영광탑은 중국 지린성 창바이조선족자치현에 있으며, 벽돌을 쌓아 만든 누각 형태의 전탑이다. 지하에는 무덤으로 보이는 공간이 있는 것이 특징이다. 1980년대 중국 측의 조사에서 (가) 의 탑으로 확정하였다.

① 　② 　③

④ 　⑤

11. (가) 왕의 재위 시기에 있었던 사실로 옳은 것은?

[1점]

> 공은 대송(大宋) 강남 천주 출신이다. …… 예빈성 낭중에 임명하고 집 한 채를 내려주었다.

> 이것은 고려에 귀화한 채인범의 묘지명으로 현존하는 고려 시대 묘지명 중 가장 오래된 것입니다. 노비안검법을 실시한 　(가)　은/는 채인범, 쌍기 등의 귀화인들을 적극 등용하였습니다.

① 최승로가 시무 28조를 건의하였다.
② 경기에 한하여 과전법이 실시되었다.
③ 신돈이 전민변정도감의 판사가 되었다.
④ 빈민 구제 기관인 흑창이 처음 설치되었다.
⑤ 광덕, 준풍 등의 독자적 연호가 사용되었다.

12. (가) 시대의 지방 통치 체제에 대한 설명으로 옳은 것은?

[2점]

> 개경으로 가는 주요 길목인 혜음령에 세워졌던 혜음원에는 행인의 안전한 통행을 위한 숙소와 사원이 있었습니다. 혜음원지를 통해 개경 외에 남경, 동경 등이 설치되었던 　(가)　 시대 원(院)의 모습을 유추할 수 있습니다.

고지도와 항공 사진을 통해 본 혜음원지

개경
혜음령
남경
파주 혜음원지

① 22담로에 왕족을 파견하였다.
② 전국에 9주 5소경을 설치하였다.
③ 특수 행정 구역으로 향, 부곡, 소가 있었다.
④ 지방관을 감찰하기 위하여 외사정을 두었다.
⑤ 지방 행정 구역을 8도에서 23부로 개편하였다.

13. (가)~(다)를 일어난 순서대로 옳게 나열한 것은?

[3점]

(가) 금의 군주 아구다가 국서를 보내 이르기를, "형인 금 황제가 아우인 고려 국왕에게 문서를 보낸다. …… 이제는 거란을 섬멸하였으니, 고려는 우리와 형제의 관계를 맺어 대대로 무궁한 우호 관계를 이루기 바란다."라고 하였다.

(나) 윤관이 여진인 포로 346명과 말, 소 등을 조정에 바치고 영주·복주·웅주·길주·함주 및 공험진에 성을 쌓았다. 공험진에 비(碑)를 세워 경계로 삼고 변경 남쪽의 백성을 옮겨와 살게 하였다.

(다) 정지상 등이 왕에게 아뢰기를, "대동강에 상서로운 기운이 있으니 신령스러운 용이 침을 토하는 형국으로, 천 년에 한 번 만나기 어려운 일입니다. 천심에 응답하고 백성들의 뜻에 따르시어 금을 제압하소서."라고 하였다.

① (가) - (나) - (다)
② (가) - (다) - (나)
③ (나) - (가) - (다)
④ (나) - (다) - (가)
⑤ (다) - (나) - (가)

14. ㉠에 대한 답으로 옳지 않은 것은?

[2점]

> 이것은 하늘의 별자리를 새긴 조선 시대 대표적인 천문도야.

> ㉠ 한국의 역사에서 천문에 관한 또 다른 사례를 알려줄래?

> 천상열차분야지도라는 이름은 천문 현상을 12개 분야로 나누어 차례로 늘어놓았다는 뜻이래.

① 고구려 무용총에 별자리를 그린 벽화가 있어.
② 삼국사기에 일식, 월식에 관한 많은 관측 기록이 있어.
③ 충선왕은 서운관에서 천체 운행을 관측하도록 했어.
④ 선조 때는 날아가서 폭발하는 비격진천뢰가 개발되었어.
⑤ 홍대용이 의산문답을 통해 지전설과 무한 우주론을 주장했어.

15. (가) 군사 조직에 대한 설명으로 옳은 것은? [2점]

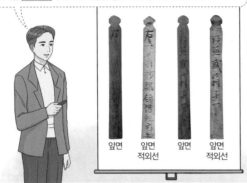

이것은 태안 마도 3호선에서 발굴된 죽찰입니다. 적외선 촬영 기법을 통해 상어를 담은 상자를 우□□별초도령시랑 집에 보낸다는 문장이 확인되었습니다. 우□□별초는 우별초로 해석되는데, 우별초는 최씨 무신 정권이 조직한 [(가)]의 하나로 시랑은 장군 격인 정 4품이었습니다.

① 후금의 침입에 대비하고자 창설되었다.
② 원의 요청으로 일본 원정에 참여하였다.
③ 신기군, 신보군, 항마군으로 편성되었다.
④ 진도에서 용장성을 쌓고 몽골에 대항하였다.
⑤ 응양군과 용호군으로 구성된 국왕의 친위 부대였다.

16. 다음 서술형 평가의 답안에 들어갈 내용으로 가장 적절한 것은? [2점]

서술형 평가   ○학년 ○○반 이름: ○○○

◎ 아래의 인물들이 활동한 시기에 볼 수 있는 사회 모습에 대해 서술하시오.

○ 윤수는 응방을 관리하였는데 권력을 믿고 악행을 행하여 사람들로부터 비난받았다.
○ 유청신은 몽골어를 익혀 여러 차례 원에 사신으로 가서 공을 세우고 충렬왕의 총애를 받아 장군이 되었다.
○ 기철과 형제들은 누이동생이 원 순제의 황후가 된 후 국법을 무시하고 횡포를 부렸다.

답안	

① 왕조 교체를 예언하는 정감록이 유포되었습니다.
② 대각국사 의천이 해동 천태종을 개창하였습니다.
③ 지배층을 중심으로 변발과 호복이 유행하였습니다.
④ 가혹한 수탈에 저항하여 망이·망소이가 봉기하였습니다.
⑤ 상민층이 납속과 공명첩을 활용하여 신분 상승을 꾀하였습니다.

17. (가) 문화유산에 대한 설명으로 옳은 것은? [2점]

2023년 프랑스 국립 도서관에서 열린 '인쇄하다! 구텐베르크의 유럽'전에서 [(가)]이/가 공개되었습니다.

1973년 '동양의 보물'전 이후 50년 만에 대중에게 전시되었다는 점에서 의미가 있습니다.

승려 백운이 편찬한 불서로 제자들이 1377년 청주 흥덕사에서 인쇄하였습니다. 현재 하권만 프랑스에 남아 있습니다.

① 신미양요 때 미군이 탈취하였다.
② 현존하는 최고(最古)의 금속 활자본이다.
③ 거란의 침입을 물리치기 위해 제작하였다.
④ 장영실, 이천 등이 제작한 활자로 인쇄하였다.
⑤ 불국사 삼층 석탑을 보수하는 과정에서 발견되었다.

18. 밑줄 그은 '인물'에 대한 설명으로 옳은 것은? [2점]

불씨잡변을 지어 불교를 비판하였던 인물에 대해 말해 보자.

도성의 축조 계획을 세우고 새 궁궐의 이름을 경복궁이라고 지었어.

제1차 왕자의 난 때 이방원에게 죽임을 당했지.

① 최초의 서원인 백운동 서원을 건립하였다.
② 일본에 다녀와서 해동제국기를 편찬하였다.
③ 성학십도를 지어 군주의 도를 도식으로 설명하였다.
④ 조선경국전을 저술하여 통치 제도 정비에 기여하였다.
⑤ 경세유표를 집필하여 국가 제도의 개혁 방향을 제시하였다.

19. (가) 왕에 대한 설명으로 옳은 것은? [3점]

작품명: 출기파적도(出奇破賊圖)

이 그림은 이시애가 일으킨 반란을 좌대장 어유소가 진압하는 상황을 표현한 것이다. 이시애는 _____(가)_____의 호패법 재실시 등 중앙의 통제 강화에 반발하여 함길도에서 반란을 일으켰다.

① 주자소를 설치하여 계미자를 주조하였다.
② 현직 관리를 대상으로 직전법을 실시하였다.
③ 조선의 기본 법전인 경국대전을 완성하였다.
④ 기유약조를 체결하여 일본과의 무역을 재개하였다.
⑤ 폐비 윤씨 사사 사건을 빌미로 갑자사화를 일으켰다.

20. (가) 전쟁에 대한 탐구 활동으로 가장 적절한 것은? [1점]

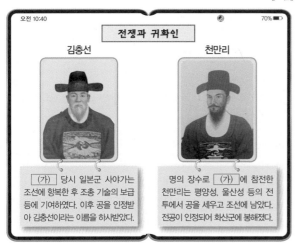

오전 10:40   70%

전쟁과 귀화신

김충선   천만리

_____(가)_____ 당시 일본군 사야가는 조선에 항복한 후 조총 기술의 보급 등에 기여하였다. 이후 공을 인정받아 김충선이라는 이름을 하사받았다.

명의 장수로 _____(가)_____에 참전한 천만리는 평양성, 울산성 등의 전투에서 공을 세우고 조선에 남았다. 전공이 인정되어 화산군에 봉해졌다.

① 나선 정벌의 전적지를 검색한다.
② 북학론이 끼친 영향을 파악한다.
③ 명량 해전의 승리 요인을 분석한다.
④ 삼정이정청의 활동 내용을 찾아본다.
⑤ 4군과 6진을 개척한 과정을 알아본다.

21. (가)의 활동으로 옳은 것은? [3점]

문학으로 만나는 역사 인물

請看千石鐘
非大扣無聲
爭似頭流山
天鳴猶不鳴

천 석 들어가는 큰 종을 보소서
크게 치지 않으면 소리가 없다오
어떻게 해야만 두류산*처럼
하늘이 울어도 울지 않을까

*두류산: 지리산의 별칭

[해설]
_____(가)_____이/가 만년에 지리산 기슭 산천재에서 학문을 연구하고 제자들을 가르치며 지은 시이다. 지리산에 빗대어 자신의 높은 기상을 표현하였다. 그의 호는 남명으로, 조선 중기 경상우도의 대표적인 성리학자로 알려져 있다. 평소 경(敬)과 의(義)를 강조하며 학문의 실천성을 강조하였다.

① 곽재우, 정인홍 등의 제자를 배출하였다.
② 기기도설을 참고하여 거중기를 설계하였다.
③ 위훈 삭제를 주장하여 훈구 세력의 반발을 샀다.
④ 북학의를 저술하여 수레와 배의 이용을 권장하였다.
⑤ 양명학을 체계적으로 연구하여 강화 학파를 형성하였다.

22. 밑줄 그은 '왕'의 재위 기간에 있었던 사실로 옳은 것은? [2점]

〈역사 다큐멘터리 제작 기획안〉

조선, 전국적인 규모의 여론 조사를 실시하다!

▣ **기획 의도**
여론 조사를 통해 정책을 추진하려는 왕의 모습에서 '민본'의 의미를 생각해 본다.

▣ **장면별 주요 내용**
#1. 왕은 관리와 백성을 대상으로 공법 시행에 대한 전국적인 찬반 조사를 명하다.
#2. 호조에서 찬성 98,657명, 반대 74,149명이라는 결과를 보고하다.
#3. 여러 차례 보완을 거쳐 토지의 비옥도와 풍흉에 따라 조세를 차등 징수하는 내용의 공법을 확정하다.

① 세계 지도인 혼일강리역대국도지도가 제작되었다.
② 각지의 농법을 작물별로 정리한 농사직설이 간행되었다.
③ 유능한 인재를 양성하기 위해 초계문신제가 시행되었다.
④ 우리나라와 중국의 의서를 망라한 동의보감이 완성되었다.
⑤ 전국의 지리, 풍속 등이 수록된 동국여지승람이 편찬되었다.

23. 다음 상황이 나타난 시기에 볼 수 있는 모습으로 적절하지 <u>않은</u> 것은? [1점]

① 벽란도에서 인삼을 사는 송의 상인
② 호랑이를 소재로 민화를 그리는 화가
③ 광산 노동자에게 품삯을 나눠주는 덕대
④ 여러 장시를 돌며 물품을 판매하는 보부상
⑤ 저잣거리에서 영웅 소설을 읽어주는 전기수

24. 다음 왕에 대한 설명으로 옳은 것은? [2점]

초상과 어진으로 만나는 조선의 왕

왼편은 연잉군 시절인 20대의 초상이며 오른편은 50대의 어진이다. 그는 즉위 후 탕평 교서를 반포하고 탕평비를 건립하였다. 준천사를 신설하여 홍수에 대비하였으며, 신문고를 다시 설치하여 백성들의 억울함을 듣고자 하였다.

① 통치 체제를 정비하기 위해 대전회통을 편찬하였다.
② 왕권 강화를 위해 친위 부대인 장용영을 설치하였다.
③ 각 궁방과 중앙 관서의 공노비 6만여 명을 해방하였다.
④ 어영청을 중심으로 국방력을 강화하고 북벌을 추진하였다.
⑤ 균역법을 시행하여 백성들의 군역 부담을 줄여주고자 하였다.

25. (가) 관서에 대한 설명으로 옳은 것은? [2점]

체험 활동 소감문

2023년 12월 2일 ○○○

지난 토요일에 '승경도' 놀이를 체험했다. 승경도는 조선 시대 관직 이름을 적은 놀이판이다. 윷을 던져 말을 옮기는데, 승진을 할 수도 있지만 자칫하면 파직이 되거나 사약까지 받을 수 있어 흥미진진했다.

놀이 규칙에 은대법이 있는데, (가) 을/를 총괄하는 도승지 자리에 도착한 사람은 당하관 자리에 있는 사람들이 던진 윷의 결괏값을 이용할 수 있는 규칙이다. 은대가 무엇인지 몰랐는데, (가) 을/를 뜻함을 알게 되었다.

① 수도의 행정과 치안을 맡아보았다.
② 재상들이 합의하여 국정을 총괄하였다.
③ 반역죄, 강상죄를 범한 중죄인을 다스렸다.
④ 왕의 비서 기관으로 왕명의 출납을 담당하였다.
⑤ 외적의 침입에 대비하기 위한 임시 기구로 설치되었다.

26. 다음 상황이 나타난 시기를 연표에서 옳게 고른 것은? [3점]

○ 송준길이 아뢰었다. "적처(嫡妻) 소생이라도 둘째부터는 서자입니다. …… 둘째 아들은 비록 왕통을 계승하였더라도 (그를 위해서는) 3년 복을 입어서는 안 됩니다."

○ 허목이 상소하였다. "장자를 위해 3년 복을 입는다는 것은 위로 쳐서 정체(正體)이기 때문입니다. …… 첫째 아들이 죽어서 적처 소생의 둘째를 세우는 것도 역시 장자라고 부릅니다."

(가)	(나)	(다)	(라)	(마)
계유정난	중종반정	을사사화	인조반정	경신환국	이인좌의 난

① (가)　　　② (나)　　　③ (다)
④ (라)　　　⑤ (마)

27. (가) 문화유산에 대한 설명으로 옳은 것은? [1점]

이 건물은 (가) 의 정전입니다. (가) 은/는 태조 이성계가 개경에 처음 세웠는데, 도읍을 한양으로 옮긴 후 지금의 위치에 건립하였습니다. 사직과 더불어 왕조 국가를 표현하는 상징이었습니다.

① 경내에 조선 총독부 청사가 세워졌다.
② 역대 국왕과 왕비의 신주가 모셔져 있다.
③ 대성전과 명륜당을 중심으로 구성되어 있다.
④ 일제 강점기에 창경원으로 격하되기도 하였다.
⑤ 토지와 곡식의 신에게 제사를 지내는 공간이다.

28. (가)에 들어갈 대답으로 가장 적절한 것은? [2점]

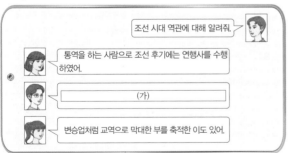

조선 시대 역관에 대해 알려줘.

통역을 하는 사람으로 조선 후기에는 연행사를 수행하였어.

(가)

변승업처럼 교역으로 막대한 부를 축적한 이도 있어.

① 사간원에서 간쟁을 담당하였어.
② 매매, 상속, 증여의 대상이었어.
③ 수군, 봉수 등 천역에 종사하였어.
④ 수령을 보좌하면서 향촌 실무를 담당하였어.
⑤ 사역원에서 노걸대언해 같은 교재로 교육받았어.

29. 다음 특별전에서 볼 수 있는 도시의 역사에 대한 설명으로 적절하지 않은 것은? [2점]

송악(松嶽)
개주(開州)
열린 성(成)의 도시
특별전

여지도 속 옛 궁성

① 고려 태조 왕건이 도읍으로 삼았다.
② 원의 영향을 받은 경천사지 십층 석탑이 축조되었다.
③ 조선 후기 송상이 근거지로 삼아 전국적으로 활동하였다.
④ 일제 강점기 강주룡이 을밀대 지붕 위에서 고공 농성을 하였다.
⑤ 북위 38도선 분할 이후 남한에 속했다가 정전 협정으로 북한 지역이 되었다.

30. 다음 대화가 오갔던 회담 결과 체결된 조약에 대한 설명으로 옳은 것은? [2점]

운요호가 작년에 귀국 경내를 통과하다가 포격을 받았으니, 귀국이 교린의 우의를 저버린 것입니다.

운요호는 국적과 이유를 밝히지 않고 곧장 우리가 수비하는 곳으로 진입해왔으니, 변방 수비병의 발포는 부득이한 것이었소.

일본 전권변리대신
구로다 기요타카

조선 접견대관
신헌

① 천주교 포교가 허용되었다.
② 갑신정변의 영향으로 체결되었다.
③ 일본 측의 해안 측량권이 인정되었다.
④ 통신사가 처음 파견되는 계기가 되었다.
⑤ 외국 상인의 내지 통상권을 최초로 규정하였다.

31. (가)~(다)를 일어난 순서대로 옳게 나열한 것은? [2점]

(가) 고부에서 민란이 다시 일어났다는 소문이 자자합니다. ……
장흥 부사 이용태를 고부군 안핵사로 임명하여 밤새 달려가
엄격히 조사하여 등급을 나누고 구별하여 보고하게 하소서.

(나) 전봉준은 무주 집강소에 다음과 같은 통문을 보냈다. "최근
일본이 경복궁을 침범하였다. 국왕이 욕을 당했으니, 우리들
은 마땅히 달려가 목숨을 걸고 의로써 싸워야 한다."

(다) 청국의 간섭을 끊어버리고 우리 대조선국의 고유한 독립 기
초를 굳건히 하였는데, 이번에 마관(馬關, 시모노세키) 조약
으로 말미암아 세계에 드러나는 빛이 더욱 빛나게 되었다.

① (가) – (나) – (다) ② (가) – (다) – (나)
③ (나) – (가) – (다) ④ (나) – (다) – (가)
⑤ (다) – (나) – (가)

32. 해설사가 설명하는 사건이 발생한 시기를 연표에서
옳게 고른 것은? [3점]

조선 정부는 이곳에 해관을 설치하고 동래부 거류지의 일본 상인과 거래하는
조선 상인으로부터 세금을 징수하였습니다. 그러자 일본 상인이 조약 위반이라고
반발하였고, 결국 3개월 만에 수세가 중단되었습니다.

(가)	(나)	(다)	(라)	(마)
척화비 건립	제1차 수신사 파견	영국의 거문도 점령	함경도 방곡령 선포	청일 전쟁 발발	러일 전쟁 발발

① (가) ② (나) ③ (다)
④ (라) ⑤ (마)

33. (가) 사절단에 대한 설명으로 옳은 것은? [2점]

미국 공사의 부임에 대한 답례로 (가) 이/가 파견되었습니다. 8명의 조선 관
리로 구성된 이들은 40여 일 동안 미국에 체류하면서 뉴욕의 전등 시설과 우체국,
보스턴 박람회 등을 시찰하였습니다.

① 에도 막부의 요청으로 파견되었다.
② 별기군(교련병대) 창설을 건의하였다.
③ 조선책략을 들여와 국내에 소개하였다.
④ 기기국에서 무기 제조 기술을 습득하고 돌아왔다.
⑤ 전권대신 민영익과 홍영식, 서광범 등으로 구성되었다.

34. (가)에 들어갈 내용으로 적절한 것은? [1점]

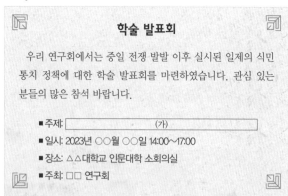

학술 발표회

우리 연구회에서는 중일 전쟁 발발 이후 실시된 일제의 식민
통치 정책에 대한 학술 발표회를 마련하였습니다. 관심 있는
분들의 많은 참석 바랍니다.

■주제: [(가)   ]
■일시: 2023년 ○○월 ○○일 14:00~17:00
■장소: △△대학교 인문대학 소회의실
■주최: □□ 연구회

① 치안 유지법의 제정 배경
② 조선 태형령의 적용 사례 분석
③ 제1차 조선 교육령의 제정 목적
④ 경성 제국 대학의 설립 의도와 과정
⑤ 국가 총동원법의 제정과 조선에서의 시행

35. 다음 자료에 나타난 민족 운동에 대한 설명으로 옳지 않은 것은? [2점]

한국인들이 독립 선언을 하다
- 집회에 참가한 수천 명 체포 -

일본 당국은 고종의 장례식을 계기로 문제가 발생할 것으로 예상하고 많은 헌병을 서울로 집결시켰다. …… 전국의 모든 도시와 마을에서 독립을 위한 행진과 시위가 일어났다. 일본 측은 당황했지만 곧 재정비하여 강력하고 신속한 진압에 나섰다. 그 결과 수천 명의 시위대가 체포되었지만 일본 측 보고서에는 수백 명으로 기록되어 있다.

① 중국의 5·4 운동에 영향을 주었다.
② 대한민국 임시 정부 수립의 계기가 되었다.
③ 신간회에서 진상 조사단을 파견하여 지원하였다.
④ 국외로도 확산되어 필라델피아에서 한인 자유 대회가 열렸다.
⑤ 평화적 만세 운동에서 무력 투쟁 사례가 늘어나기 시작하였다.

36. (가) 단체에 대한 설명으로 옳은 것은? [2점]

이 자료는 (가) 의 활동 목적이 잘 드러나 있는 통용장정의 일부입니다. (가) 은/는 안창호와 양기탁 등이 중심이 된 비밀 결사로 태극 서관을 설립하여 회원들의 연락 장소로 사용하였습니다.

이 자료에 대해 말씀해 주시겠습니까?

본회의 목적은 ……
쇠퇴한 교육과 산업을 개량하고
사업을 유신시켜
유신된 국민이 통일 연합해서
유신이 된 자유 문명국을 성립시킨다.

① 복벽주의를 표방하였다.
② 13도 창의군을 결성하였다.
③ 일제의 황무지 개간권 요구를 저지하였다.
④ 근대 교육을 위해 배재 학당을 설립하였다.
⑤ 일제가 조작한 105인 사건으로 해체되었다.

37. 밑줄 그은 '개혁'에 해당하는 내용으로 옳은 것을 〈보기〉에서 고른 것은? [2점]

【건축으로 보는 한국사】 석조전

고종은 황제로서의 권위와 근대 국가를 향한 의지를 보여주기 위해 서양의 신고전주의 양식으로 설계된 석조전 착공을 명하였다. 그러나 황제권 강화를 표방하며 개혁을 추진하던 고종은 석조전이 완공되기 전에 강제로 퇴위당하였다.

〈보기〉

ㄱ. 박문국을 설치하여 한성순보를 발행하였다.
ㄴ. 통리기무아문을 설치하여 개화 정책을 추진하였다.
ㄷ. 관립 상공 학교를 설립하여 실업 교육을 실시하였다.
ㄹ. 지계아문을 설치하여 토지 소유자에게 지계를 발급하였다.

① ㄱ, ㄴ ② ㄱ, ㄷ ③ ㄴ, ㄷ
④ ㄴ, ㄹ ⑤ ㄷ, ㄹ

38. 밑줄 그은 '회의'에 대한 설명으로 옳은 것은? [3점]

본 회의는 2천만 민중의 공의(公意)를 지키는 국민적 대회합으로서, 최고의 권위에 의해 국민의 완전한 통일을 견고하게 하며 광복 대업의 근본 방침을 수립하고, 이로써 우리 민족의 자유를 만회하고 독립을 완성하기를 기도하며 이에 선언하노라. 삼일 운동으로써 우리 민족의 정신적 통일은 이미 표명되었다. …… 본 대표들은 국민이 위탁한 사명을 받아 국민적 대단결을 힘써 도모하며, 독립 전도의 대방책을 확립하여 통일적 기관 하에서 대업을 기성(期成)하려 한다.

① 창조파와 개조파가 대립하였다.
② 대일 선전 성명서를 공표하였다.
③ 삼균주의를 기초로 하는 건국 강령을 발표하였다.
④ 파리 강화 회의에 김규식을 파견할 것을 결정하였다.
⑤ 지청천을 사령관으로 하는 한국 광복군을 조직하였다.

39. 밑줄 그은 '이 계획'에 대한 설명으로 옳은 것은?

[1점]

① 독립 협회 결성의 계기가 되었다.
② 국채 보상 운동의 배경이 되었다.
③ 재정 고문 메가타의 주도로 시행되었다.
④ 토지 조사 사업이 시행되는 배경이 되었다.
⑤ 일본의 쌀 부족 현상을 해결하기 위해 시행되었다.

40. (가) 부대에 대한 설명으로 옳은 것은?

[2점]

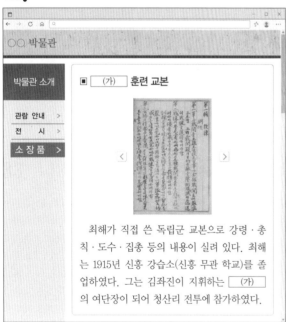

① 대전자령에서 일본군을 기습하였다.
② 영릉가에서 일본군에 승리를 거두었다.
③ 동북 항일 연군으로 개편되어 유격전을 전개하였다.
④ 중광단을 중심으로 조직되어 항일 독립 전쟁에 참여하였다.
⑤ 인도·미얀마 전선에 파견되어 영국군과 연합 작전을 펼쳤다.

41. 다음 가상 일기의 밑줄 그은 '운동'에 대한 설명으로 옳은 것은?

[1점]

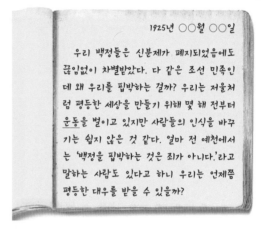

① 조선 형평사의 주도로 전개되었다.
② 대한매일신보의 지원을 받아 확대되었다.
③ 평양에서 시작하여 전국적으로 확산되었다.
④ 순종의 인산일을 기한 대규모 시위를 계획하였다.
⑤ 라이징 선 석유 회사의 한국인 구타 사건을 계기로 시작되었다.

42. 교사의 질문에 대한 학생의 답변으로 적절하지 않은 것은?

[2점]

① 반공 포로가 석방되었어요.
② 한미 상호 방위 조약이 체결되었어요.
③ 흥남에서 대규모 철수가 이루어졌어요.
④ 유엔군이 인천 상륙 작전을 전개하였어요.
⑤ 비상계엄이 선포된 가운데 발췌 개헌안이 통과되었어요.

43. (가) 정부의 통일 정책에 대한 설명으로 옳은 것은?
[1점]

① 남북 기본 합의서에 서명하였다.
② 남북한이 유엔에 동시 가입하였다.
③ 7·4 남북 공동 성명을 발표하였다.
④ 6·15 남북 공동 선언을 채택하였다.
⑤ 남북 이산가족 고향 방문을 최초로 실현하였다.

44. (가) 민주화 운동에 대한 설명으로 옳은 것은? [2점]

① 긴급 조치 철폐를 요구하였다.
② 장면 내각이 출범하는 배경이 되었다.
③ 전남 도청에서 시민군이 계엄군에 맞서 싸웠다.
④ 민주화를 위한 개헌 청원 100만인 서명 운동이 전개되었다.
⑤ 5년 단임의 대통령 직선제 개헌이 이루어지는 계기가 되었다.

45. 다음 사건이 있었던 정부 시기의 경제 상황으로 옳은 것은?
[3점]

YH 무역 여성 노동자들은 일방적인 폐업에 항의하며 신민당 당사에서 농성 시위를 벌이다 경찰에 의해 강제 해산되었다. 그 과정에서 노동자 김경숙이 사망하였다. 이 사진은 현장에 남아 있던 머리띠와 신발들이다. 머리띠에는 '안되면 죽음이다'라는 글귀가 쓰여 있다.

① 금융 실명제가 실시되었다.
② 연간 수출액 100억 달러가 달성되었다.
③ 개성 공단에서 의류 생산이 시작되었다.
④ 칠레와 자유 무역 협정(FTA)을 체결하였다.
⑤ 저금리, 저유가, 저달러의 3저 호황이 있었다.

46. 밑줄 그은 '정부' 시기의 사회 모습으로 옳은 것은?
[2점]

① 금강산 관광이 시작되었다.
② 서울 올림픽 대회가 개최되었다.
③ 삼풍 백화점 붕괴 사고가 발생하였다.
④ 보도 지침을 통해 언론을 통제하였다.
⑤ 양성평등 실현을 위해 호주제가 폐지되었다.

47. (가)에 들어갈 내용으로 옳은 것은? [2점]

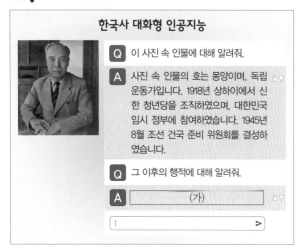

① 한국 민주당을 창당하였습니다.
② 5·10 총선거에 출마하였습니다.
③ 단독 정부 수립을 주장하였습니다.
④ 조선 혁명 선언을 작성하였습니다.
⑤ 좌우 합작 위원회를 조직하였습니다.

48. 교사의 질문에 대한 학생의 답으로 옳은 것은? [2점]

① 울주 대곡리 반구대에 고래 사냥 모습을 새겼습니다.
② 이제현이 만권당에서 원의 학자들과 교류하였습니다.
③ 청소년들이 경당에서 책을 읽고 활쏘기를 배웠습니다.
④ 독특한 회계 정리 방식인 사개치부법을 사용했습니다.
⑤ 정혜 공주 묘지석에는 유교 경전과 중국 역사서의 내용
이 인용되어 있습니다.

49. (가)~(마)의 설명과 사진을 연결한 것으로 옳지 <u>않은</u> 것은? [3점]

(가) 태토와 유약이 모두 백색이고 1,200도 이상에서 구워 만든 자기다. 영국 여왕 엘리자베스 2세가 이 자기 중 하나를 보면서 '세상에서 제일 아름다운 그릇'이라는 찬사를 보냈다.

(나) 철분이 약간 함유된 태토에 유약을 입혀 고온에서 구워낸 자기다. 송 사신 서긍은 "푸른 빛깔을 고려인은 비색(翡色)이라 하는데 근래에 들어 빛깔이 더욱 좋아졌다."고 하였다.

(다) 회색 태토 위에 백토로 표면을 분장한 뒤에 유약을 입혀 구운 자기다. 고유섭이 회청색을 띠는 사기라는 의미로 '분장회청 사기(분청사기)'라 하였다.

(라) 초벌구이한 백자 위에 코발트로 그림 그린 후 유약을 발라 구운 자기다. 코발트는 수입산 안료였기에 예종은 관찰사를 통해 백성들이 회회청(코발트)을 구해오도록 독려할 정도였다.

(마) 표면에 무늬를 파고 백토와 자토를 그 자리에 넣어 초벌구이한 후 유약을 발라 구워낸 자기다. 최순우는 "고려 사람들은 비색의 자기에 영롱한 수를 놓은 방법을 궁리해 냈다."고 하였다.

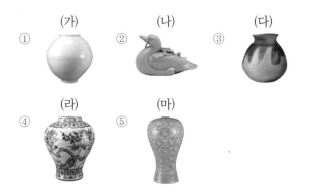

(가)	(나)	(다)
①	②	③
(라)	(마)	
④	⑤	

50. 다음 사건의 영향을 받아 발생한 사실로 옳은 것은? [2점]

근로 기준법을 준수하라!

나는 아주 작은 바늘 구멍이라도 내기 위해서 죽는 것입니다. 그 작은 구멍을 자꾸 키워 벽을 허물어야 합니다. 그래야 없는 사람도 살고 근로자도 살 수 있는 것입니다.

① 신한 공사가 설립되어 귀속 재산을 관리하였다.
② 부산에서 조선 방직의 총파업 사건이 발생하였다.
③ 경제 자립을 목표로 제1차 경제 개발 5개년 계획이 추진되었다.
④ 미국에서 들여온 원조 물자를 기반으로 삼백 산업이 발달하였다.
⑤ 평화 시장 노동자들을 중심으로 한 청계 피복 노동 조합이 결성되었다.

1. (가) 시대의 생활 모습으로 옳은 것은? [1점]

> 계급이 출현한 ☐(가)☐ 시대의 생활상을 엿볼 수 있는 환호, 고인돌, 민무늬 토기 등이 울주 검단리 유적에서 발굴되었습니다. 특히 마을의 방어시설로 보이는 환호는 우리나라의 ☐(가)☐ 시대 유적에서 처음 확인된 것으로, 둘레가 약 300미터에 달합니다.

① 철제 무기로 정복 활동을 벌였다.
② 주로 동굴이나 막집에서 거주하였다.
③ 소를 이용한 깊이갈이가 일반화되었다.
④ 비파형 동검과 청동 거울 등을 제작하였다.
⑤ 빗살무늬 토기에 음식을 저장하기 시작하였다.

2. (가)~(라)에 들어갈 내용으로 옳은 것을 〈보기〉에서 고른 것은? [2점]

〈여러 나라의 제천 행사〉

나라	내용
부여	(가)
고구려	(나)
동예	(다)
삼한	(라)

〈보기〉

ㄱ. (가) - 무천이라는 제천 행사에서 밤낮으로 음주 가무를 즐겼다.
ㄴ. (나) - 10월에 지내는 제천 행사는 국중대회로 동맹이라 하였다.
ㄷ. (다) - 영고라는 제천 행사를 열고 죄수를 풀어주기도 하였다.
ㄹ. (라) - 씨뿌리기가 끝난 5월과 농사를 마친 10월에 제사를 지냈다.

① ㄱ, ㄴ ② ㄱ, ㄷ ③ ㄴ, ㄷ ④ ㄴ, ㄹ ⑤ ㄷ, ㄹ

3. 다음 자료에 해당하는 왕에 대한 설명으로 옳은 것은? [1점]

백제 제26대 왕 명농. 지혜와 식견이 뛰어나고 결단력이 있었다.

웅진에서 사비로 도읍을 옮기고 백제의 중흥을 꾀했다.

구천(관산성 부근)에서 신라의 복병에게 목숨을 잃었다.

① 국호를 남부여로 개칭하였다.
② 금마저에 미륵사를 창건하였다.
③ 고흥에게 서기를 편찬하게 하였다.
④ 윤충을 보내 대야성을 함락하였다.
⑤ 동진에서 온 마라난타를 통해 불교를 수용하였다.

4. (가)에 해당하는 문화유산으로 옳은 것은? [3점]

> 국보로 지정된 ☐(가)☐ 은 현존하는 신라 탑 중에 가장 오래된 것으로 평가받습니다. 이 탑은 돌을 벽돌 모양으로 다듬어 쌓았다는 특징이 있으며, 선덕 여왕 3년에 건립된 것으로 추정됩니다.

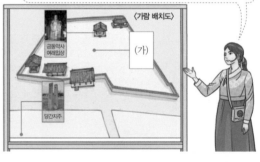

①   ②   ③

④   ⑤

5. (가)에 들어갈 내용으로 가장 적절한 것은? [3점]

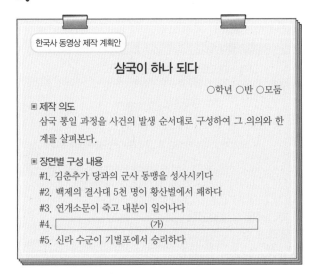

> 한국사 동영상 제작 계획안
>
> ## 삼국이 하나 되다
>
> ○학년 ○반 ○모둠
>
> ■ 제작 의도
> 삼국 통일 과정을 사건의 발생 순서대로 구성하여 그 의의와 한계를 살펴본다.
>
> ■ 장면별 구성 내용
> #1. 김춘추가 당과의 군사 동맹을 성사시키다
> #2. 백제의 결사대 5천 명이 황산벌에서 패하다
> #3. 연개소문이 죽고 내분이 일어나다
> #4. _____ (가) _____
> #5. 신라 수군이 기벌포에서 승리하다

① 흑치상지가 당의 유인궤에게 항복하다
② 문무왕이 안승을 보덕국왕으로 책봉하다
③ 을지문덕이 살수에서 수의 군대를 물리치다
④ 부여풍이 백강에서 왜군과 함께 당군에 맞서 싸우다
⑤ 개로왕이 북위에 사신을 보내 고구려 공격을 요청하다

6. 밑줄 그은 '이 승려'에 대한 설명으로 옳은 것은? [2점]

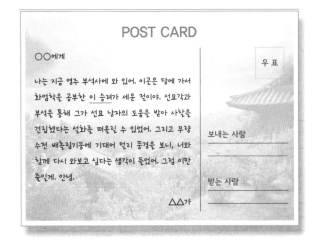

> POST CARD
>
> ○○에게
>
> 나는 지금 영주 부석사에 와 있어. 이곳은 당에 가서 화엄학을 공부한 이 승려가 세운 절이야. 선묘각과 부석을 통해 그가 선묘 낭자의 도움을 받아 사찰을 건립했다는 설화를 떠올릴 수 있었어. 그리고 무량수전 배흘림기둥에 기대어 멀리 풍경을 보니, 너와 함께 다시 와보고 싶다는 생각이 들었어. 그럼 이만 줄일게. 안녕.
>
> 보내는 사람
>
> 받는 사람
>
> △△가

① 황룡사 구층 목탑의 건립을 건의하였다.
② 무애가를 지어 불교 대중화에 노력하였다.
③ 유식의 교의를 담은 해심밀경소를 저술하였다.
④ 승려들의 전기를 정리한 해동고승전을 편찬하였다.
⑤ 현세의 고난에서 구제받고자 하는 관음 신앙을 강조하였다.

7. (가) 왕의 업적으로 옳은 것은? [2점]

> 대왕암이 내려다 보이는 이곳은 경주 이견대입니다. 선왕을 기리며 감은사를 완공한 (가) 은/는 이곳에서 용을 만나는 신묘한 일을 겪었고, 이를 통해 검은 옥대와 만파식적의 재료가 된 대나무를 얻었다고 합니다.

① 향가 모음집인 삼대목을 편찬하였다.
② 관료전을 지급하고 녹읍을 폐지하였다.
③ 인사를 담당하는 위화부를 창설하였다.
④ 건원이라는 독자적인 연호를 사용하였다.
⑤ 시장을 감독하기 위해 동시전을 설치하였다.

8. 다음 상황 이후에 전개된 사실로 옳은 것은? [2점]

> 이찬 김지정이 반역하여 무리를 모아 궁궐을 에워싸고 침범하였다. 여름 4월에 상대등 김양상이 이찬 경신과 함께 군사를 일으켜 김지정 등을 죽였으나, 왕과 왕비는 반란군에게 살해되었다. 양상 등이 왕의 시호를 혜공왕이라 하였다.
>
> – 『삼국사기』 –

① 김흠돌이 반란을 도모하였다.
② 이사부가 우산국을 복속하였다.
③ 김대성이 불국사 조성을 주도하였다.
④ 장보고가 왕위 쟁탈전에 가담하였다.
⑤ 거칠부가 왕명에 의해 국사를 편찬하였다.

9. (가) 국가에 대한 설명으로 옳은 것은? [2점]

이 글은 양태사가 지은 '밤에 다듬이 소리를 듣고'라는 한시로, 정효 공주 묘지(墓誌) 등과 함께 (가) 의 한문학 수준을 보여주는 대표적인 사례입니다. 이 시에는 문왕 때 일본에 사신으로 파견된 그가 다듬이 소리를 듣고 고국을 그리워하는 마음이 잘 표현되어 있습니다.

> 서리 가을 가득한 하늘에 달빛 비치는 은하수도 밝은데
> 나그네 돌아갈 일 생각하니 감회가 새롭네
> 홀로 앉아 지새는 긴긴 밤 근심에 젖어 마음 아픈데
> 홀연히 들리누나 이웃집 아낙네 다듬이질 소리
> 바람결에 그 소리 끊일 듯 이어지는 듯
> 밤 깊어 별빛 기우는데 잠시도 쉬지 않네
> 나라 떠나온 뒤로 아무 소리 듣지 못하더니
> 이제 타향에서 고향 소리 듣는구나
> ⋮

① 교육 기관으로 주자감을 설립하였다.
② 골품제라는 엄격한 신분제를 마련하였다.
③ 정사암에 모여 국가 중대사를 논의하였다.
④ 관리 선발을 위해 독서삼품과를 시행하였다.
⑤ 청연각과 보문각을 설치하여 학문 연구를 장려하였다.

10. 다음 상황 이후에 있었던 사실로 옳은 것은? [3점]

파진찬 신덕, 영순 등이 신검에게 견훤을 금산사에 유폐하고 사람을 보내 금강을 죽이도록 권하였다. 신검이 대왕을 자칭하고 국내에 대사면령을 내렸다. 교서에서 이르기를, "…… 왕위를 어리석은 아이에게 줄 뻔하였다. 다행스러운 것은 상제께서 진정한 마음을 내리시니 군자들이 허물을 고쳤고 맏아들인 나에게 명하여 이 한 나라를 다스리게 하셨다는 점이다. ……"라고 하였다.

① 궁예가 광평성을 설치하였다.
② 장문휴가 당의 등주를 공격하였다.
③ 신숭겸이 공산 전투에서 전사하였다.
④ 왕건이 일리천 전투에서 승리하였다.
⑤ 김헌창이 웅천주에서 반란을 일으켰다.

11. (가) 왕이 추진한 정책으로 옳은 것은? [1점]

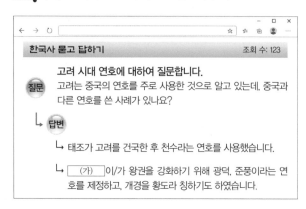

한국사 묻고 답하기   조회 수: 123

질문   **고려 시대 연호에 대하여 질문합니다.**
고려는 중국의 연호를 주로 사용한 것으로 알고 있는데, 중국과 다른 연호를 쓴 사례가 있나요?

↳ 답변

↳ 태조가 고려를 건국한 후 천수라는 연호를 사용했습니다.

↳ (가) 이/가 왕권을 강화하기 위해 광덕, 준풍이라는 연호를 제정하고, 개경을 황도라 칭하기도 하였습니다.

① 과거제를 도입하였다.
② 흑창을 처음 설치하였다.
③ 전시과 제도를 시행하였다.
④ 삼국사기 편찬을 명령하였다.
⑤ 12목에 지방관을 파견하였다.

12. (가) 왕의 재위 기간에 있었던 사실로 옳은 것은? [3점]

〈역사 연극 시나리오 구상〉

제목: (가) 의 험난한 피란길

○학년 ○반 ○모둠

장면1: 강조의 정변을 구실로 침입한 거란군이 서경까지 이르자 강감찬이 왕에게 남쪽으로 피란할 것을 권유한다.

장면2: 왕이 개경을 떠나 전라도 삼례에 이르는 동안 호위군이 도망가는 등의 어려움을 겪는다.

장면3: 나주에 도착한 왕은 강화가 성립되어 거란군이 물러간다는 소식을 듣고 안도한다.

① 만부교 사건이 일어났다.
② 초조대장경 조판이 시작되었다.
③ 사신 저고여가 귀국길에 피살되었다.
④ 공주 명학소에서 망이 · 망소이가 봉기하였다.
⑤ 신돈을 중심으로 전민변정 사업이 추진되었다.

13. (가) 인물의 활동으로 옳은 것은? [2점]

이것은 이의민을 제거하고 정권을 장악한 (가) 의 묘지명 탁본입니다. 여기에는 그가 명종의 퇴위와 신종의 즉위에 관여한 사실 등이 기록되어 있습니다.

① 인사 행정을 담당하던 정방을 폐지하였다.
② 교정도감을 두어 국가의 중요한 사무를 처리하였다.
③ 삼별초를 이끌고 진도로 이동하여 대몽 항쟁을 펼쳤다.
④ 화약과 화포 제작을 위한 화통도감 설치를 건의하였다.
⑤ 후세의 정책 방향을 제시하기 위해 훈요 10조를 남겼다.

14. (가), (나) 사이의 시기에 있었던 사실로 옳은 것은? [2점]

(가) 윤관이 포로 346구와 말 96필, 소 300여 마리를 바쳤다. 의주와 통태진·평융진에 성을 쌓고, 함주·영주·웅주·길주·복주, 공험진과 함께 북계 9성이라 하였다.

(나) 그해 12월 16일에 처인부곡의 작은 성에서 적과 싸우던 중 화살로 적의 괴수인 살리타를 쏘아 죽였습니다. 사로잡은 자들이 많았으며 나머지 무리는 무너져 흩어졌습니다.

① 외침에 대비하여 광군을 조직하였다.
② 서희의 활약으로 강동 6주를 획득하였다.
③ 이제현이 만권당에서 유학자들과 교유하였다.
④ 묘청 등이 칭제 건원과 금 정벌을 주장하였다.
⑤ 압록강에서 도련포까지 천리장성을 축조하였다.

15. 다음 자료를 활용한 탐구 활동으로 가장 적절한 것은? [2점]

시중 김방경과 대장군 인공수를 [상국(上國)]에 파견하여 표문을 올렸다. "우리나라는 근래 역적을 소탕하는 대군에 군량을 공급하는 일로 이미 해마다 백성에게서 양식을 거두어들였습니다. 게다가 일본 정벌에 필요한 전함을 건조하는 데 장정들이 모두 징발되었고 노약자들만 겨우 밭 갈고 씨 뿌리는 일을 하고 있습니다."

① 삼전도비가 건립된 계기를 찾아본다.
② 정동행성이 설치되는 배경을 살펴본다.
③ 사심관 제도가 시행된 원인을 조사한다.
④ 조위총의 난이 전개되는 과정을 알아본다.
⑤ 권수정혜결사문이 작성된 목적을 파악한다.

16. 밑줄 그은 '불상'에 해당하는 문화유산으로 옳은 것은? [2점]

이것은 이색의 목은집에 실린 시의 일부입니다. 그는 관촉사에서 열린 법회에 참여하고 그곳에서 보았던 불상을 떠올리며 이 시를 지었습니다.

한산의 동쪽으로 백여 리쯤 되는 곳에
은진현이라 그 안에 관족사*가 있다네
여기엔 크나큰 석상 미륵존이 있으니
내 나간다 나간다며 땅속에서 솟았다네
          :

*관족사: 현재의 관촉사

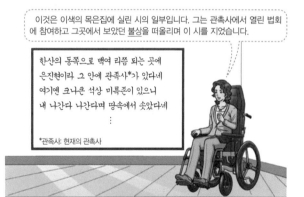

 ①　 ②　 ③

 ④　 ⑤

17. (가) 교육 기관에 대한 설명으로 옳은 것은? [2점]

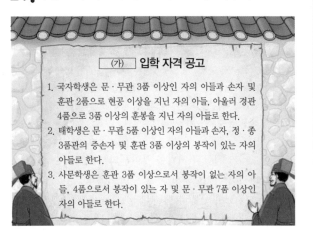

(가) 입학 자격 공고

1. 국자학생은 문·무관 3품 이상인 자의 아들과 손자 및 훈관 2품으로 현공 이상을 지닌 자의 아들, 아울러 경관 4품으로 3품 이상의 훈봉을 지닌 자의 아들로 한다.
2. 태학생은 문·무관 5품 이상인 자의 아들과 손자, 정·종 3품관의 증손자 및 훈관 3품 이상의 봉작이 있는 자의 아들로 한다.
3. 사문학생은 훈관 3품 이상으로서 봉작이 없는 자의 아들, 4품으로서 봉작이 있는 자 및 문·무관 7품 이상인 자의 아들로 한다.

① 문헌공도로 불리기도 하였다.
② 중앙에서 교수나 훈도가 파견되었다.
③ 전국의 부·목·군·현에 하나씩 설치되었다.
④ 장학 기금 마련을 위해 양현고가 설립되었다.
⑤ 사가독서제를 시행하여 학문에 전념하게 하였다.

18. ㉠~㉢ 기구에 대한 설명으로 옳은 것을 〈보기〉에서 고른 것은? [2점]

🔍 **역사 돋보기 왕실과의 혼인을 통한 이자겸의 출세**

음서로 관직에 진출한 이자겸은 1108년 둘째 딸이 예종의 비가 되면서 빠른 속도로 출세하였다. 1109년 ㉠추밀원(중추원) 부사, 1111년 ㉡어사대의 대부가 된다. 1113년에는 ㉢상서성의 좌복야에 임명되었고, 1118년 재신으로서 판이부사를 맡았으며, 1122년 ㉣중서문하성 중서령에 오른다.

〈보기〉
ㄱ. ㉠ - 군사 기밀과 왕명 출납을 담당하였다.
ㄴ. ㉡ - 소속 관원이 낭사와 함께 서경권을 행사하였다.
ㄷ. ㉢ - 화폐·곡식의 출납과 회계를 담당하였다.
ㄹ. ㉣ - 원 간섭기에 도평의사사로 개편되었다.

① ㄱ, ㄴ ② ㄱ, ㄷ ③ ㄴ, ㄷ ④ ㄴ, ㄹ ⑤ ㄷ, ㄹ

19. 다음 상황이 나타난 시기를 연표에서 옳게 고른 것은? [2점]

명 황제가 말하기를, "철령을 따라 이어진 북쪽과 동쪽과 서쪽은 원래 개원로(開元路)*가 관할하던 군민(軍民)이 속하던 곳이니, 한인·여진인·달달인·고려인을 그대로 요동에 소속시켜라."라고 하였다. …… 왕은 최영과 함께 요동을 공격하기로 계책을 결정하였으나, 감히 드러내어 말하지 못하고 사냥 간다는 핑계를 대고 서쪽으로 해주에 행차하였다.

*개원로(開元路): 원이 설치한 행정 구역

(가)	(나)	(다)	(라)	(마)
1351 공민왕 즉위	1359 홍건적 침입	1380 황산 대첩	1391 과전법 실시	1394 한양 천도	1400 태종 즉위

① (가) ② (나) ③ (다) ④ (라) ⑤ (마)

20. 밑줄 그은 '이 역사서'에 대한 설명으로 옳은 것은? [3점]

대개 이미 지나간 흥망은 장래의 교훈이 되기 때문에 이 역사서를 편찬하여 올리는 바입니다. …… 범례는 사마천의 『사기』를 따르고, 대의(大儀)는 모두 왕께 아뢰어 재가를 얻었습니다. 본기(本紀)라는 이름을 피하고 세가(世家)라 한 것은 명분의 중요성을 나타내기 위함이며, 가짜 왕인 신씨들[신우, 신창]을 세가에 넣지 않고 열전으로 내린 것은 그들이 왕위를 도둑질한 사실을 엄히 논죄하려는 것입니다.

① 발해사를 우리 역사로 체계화하였다.
② 고구려 시조의 일대기를 서사시로 표현하였다.
③ 불교사를 중심으로 고대의 민간 설화를 수록하였다.
④ 고조선부터 고려 말까지의 역사를 연대순으로 기록하였다.
⑤ 조선 건국을 정당화하는 입장에서 고려의 역사를 정리하였다.

21. (가) 기구에 대한 설명으로 옳은 것은? [2점]

우부승지 김종직이 아뢰기를, "고려 태조는 여러 고을에 영을 내려 공변되고 청렴한 선비를 뽑아서 향리들의 불법을 규찰하게 하였으므로 간사한 향리가 저절로 없어져 5백 년간 풍화를 유지할 수 있었습니다. 우리 조정에서는 이시애의 난 이후 (가) 이/가 혁파되자 간악한 향리들이 불의를 자행하여서 건국한 지 1백 년도 못 되어 풍속이 쇠퇴해졌습니다. …… 청컨대 (가) 을/를 다시 설립하여 향풍(鄕風)을 규찰하게 하소서."라고 하였다.

－『성종실록』－

① 조광조 일파의 건의로 폐지되었다.
② 좌수와 별감을 중심으로 운영되었다.
③ 풍기 군수 주세붕이 처음 설립하였다.
④ 대사성 이하 좨주, 직강 등의 관직을 두었다.
⑤ 매향(埋香) 활동 등 각종 불교 행사를 주관하였다.

22. 다음 검색창에 들어갈 인물의 활동으로 옳은 것은? [2점]

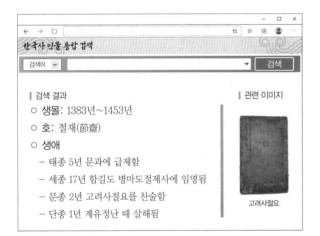

한국사 인물 통합 검색

검색어 ▼ [   ] 검색

검색 결과
○ 생몰: 1383년~1453년
○ 호: 절재(節齋)
○ 생애
  - 태종 5년 문과에 급제함
  - 세종 17년 함길도 병마도절제사에 임명됨
  - 문종 2년 고려사절요를 찬술함
  - 단종 1년 계유정난 때 살해됨

관련 이미지
고려사절요

① 여진을 정벌하고 6진을 개척하였다.
② 불씨잡변을 지어 불교를 비판하였다.
③ 반정 공신의 위훈 삭제를 주장하였다.
④ 왜구의 근거지인 쓰시마섬을 정벌하였다.
⑤ 충청도 지역까지 대동법의 확대 실시를 건의하였다.

23. 다음 가상 대화가 이루어진 시기에 볼 수 있는 모습으로 적절하지 않은 것은? [1점]

만상 임상옥이 인삼 무역으로 큰 수익을 거두었다고 하네.

그렇게. 중국 상인들이 연행사를 따라오는 상인들에게 인삼을 대량으로 구매하려고 인삼국을 차렸다는군.

① 담배 농사를 짓고 있는 농민
② 관청에 종이를 납품하는 공인
③ 시사(詩社)에서 시를 낭송하는 중인
④ 장시에서 판소리 공연을 하는 소리꾼
⑤ 솔빈부의 특산품인 말을 수입하는 상인

24. 다음 기사에 보도된 전투 이후의 사실로 옳은 것은? [2점]

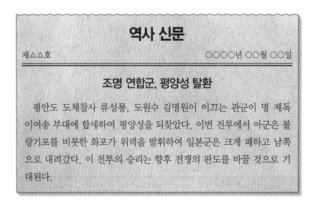

역사 신문

제△△호　　　　　　　　　○○○○년 ○○월 ○○일

조명 연합군, 평양성 탈환

평안도 도체찰사 류성룡, 도원수 김명원이 이끄는 관군이 명 제독 이여송 부대에 합세하여 평양성을 되찾았다. 이번 전투에서 아군은 불랑기포를 비롯한 화포가 위력을 발휘하여 일본군은 크게 패하고 남쪽으로 내려갔다. 이 전투의 승리는 향후 전쟁의 판도를 바꿀 것으로 기대된다.

① 송상현이 동래성에서 항전하였다.
② 권율이 행주산성에서 적군을 격퇴하였다.
③ 이순신이 한산도 앞바다에서 대승을 거두었다.
④ 신립이 탄금대 앞에서 배수의 진을 치고 싸웠다.
⑤ 최윤덕이 올라산성에서 이만주 부대를 정벌하였다.

25. (가), (나) 인물에 대한 설명으로 옳은 것은? [2점]

① (가) - 100리 척을 사용하여 동국지도를 제작하였다.
② (가) - 곽우록에서 토지 매매를 제한하는 한전론을 제시하였다.
③ (나) - 의산문답에서 중국 중심의 세계관을 비판하였다.
④ (나) - 여전론을 통해 마을 단위의 공동 경작을 주장하였다.
⑤ (가), (나) - 양명학을 연구하여 강화 학파를 형성하였다.

26. (가)~(다)를 일어난 순서대로 옳게 나열한 것은? [2점]

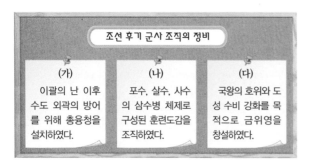

조선 후기 군사 조직의 정비

(가)
이괄의 난 이후 수도 외곽의 방어를 위해 총융청을 설치하였다.

(나)
포수, 살수, 사수의 삼수병 체제로 구성된 훈련도감을 조직하였다.

(다)
국왕의 호위와 도성 수비 강화를 목적으로 금위영을 창설하였다.

① (가) - (나) - (다)   ② (가) - (다) - (나)
③ (나) - (가) - (다)   ④ (나) - (다) - (가)
⑤ (다) - (나) - (가)

27. (가) 왕의 재위 기간에 있었던 사실로 옳은 것은? [1점]

이 그림은 화성능행도 8폭 중 일부로, (가) 이/가 혜경궁 홍씨를 모시고 현륭원에 다녀오는 모습을 그린 것입니다. 위엄을 갖춘 행렬의 장대함과 구경꾼들의 생동감 넘치는 표정이 잘 드러나 있습니다.

① 자의 대비의 복상 문제로 예송이 전개되었다.
② 명의 신종을 제사 지내는 만동묘가 설치되었다.
③ 문신을 재교육하기 위한 초계문신제가 실시되었다.
④ 붕당의 폐해를 경계하는 탕평비가 성균관에 건립되었다.
⑤ 비변사의 혁파로 의정부와 삼군부의 기능이 정상화되었다.

28. 다음 상황이 나타난 시기를 연표에서 옳게 고른 것은? [3점]

사학(邪學) 죄인 황사영은 사족으로서 사술(邪術)에 미혹됨이 가장 심한 자였다. [그는] 의금부에서 체포하려는 것을 미리 알고 피신하였는데, 상복을 입고 성명을 바꾸거나 토굴에 숨어서 종적을 감춘 지 반년이 지났다. 포청에서 은밀히 염탐하여 지금에야 제천 땅에서 붙잡았다. 그의 문서를 수색하던 중 백서를 찾았는데, 장차 북경의 천주당에 전하려고 한 것이었다.

(가)	(나)	(다)	(라)	(마)
1728 이인좌의 난	1746 속대전 편찬	1791 신해 박해	1811 홍경래의 난	1834 헌종 즉위	1862 임술 농민 봉기

① (가)   ② (나)   ③ (다)   ④ (라)   ⑤ (마)

29. (가) 사건에 대한 설명으로 옳은 것은? [1점]

> 이 척화비는 자연석에 비문을 새긴 것이 특징입니다. 척화비는 제너럴셔먼호 사건을 구실로 일어난 (가) 이후 전국 각지에 세워졌습니다. 이를 통해 서양 세력과의 통상 수교를 거부한 역사의 한 장면을 엿볼 수 있습니다.

① 청군의 개입으로 종결되었다.
② 외규장각 도서가 약탈되는 결과를 가져왔다.
③ 에도 막부에 통신사가 파견되는 계기가 되었다.
④ 사태 수습을 위해 박규수가 안핵사로 파견되었다.
⑤ 전개 과정에서 어재연 부대가 광성보에서 항전하였다.

30. (가), (나) 조약에 대한 설명으로 옳은 것은? [3점]

> (가) 제4조 ······ 조선 상인이 북경에서 규정에 따라 교역하고, 중국 상인이 조선의 양화진과 서울에 들어가 영업소를 개설한 경우를 제외하고 각종 화물을 내지로 운반하여 상점을 차리고 파는 것을 허가하지 않는다. ······
>
> (나) 제37관 조선국에서 가뭄과 홍수, 전쟁 등의 일로 국내에 양식이 부족할 것을 우려하여 일시 쌀 수출을 금지하려고 할 때에는 1개월 전에 지방관이 일본 영사관에 통지하고, 미리 그 기간을 항구에 있는 일본 상인들에게 전달하여 일률적으로 준수하는 데 편리하게 한다.

① (가) - 통감부가 설치되는 계기가 되었다.
② (가) - 조선의 관세 자주권을 최초로 인정하였다.
③ (나) - 최혜국 대우를 규정한 조항을 담고 있다.
④ (나) - 일본 공사관의 경비병 주둔을 명시하였다.
⑤ (가), (나) - 갑신정변의 영향으로 체결되었다.

31. 다음 검색창에 들어갈 신문에 대한 설명으로 옳은 것은? [2점]

문화유산 DB | 문화유산 검색 | 교과서 속 문화유산 | 3D 문화유산

문화유산 검색 [　　　　　　] 검색

문화재 종목별 검색
☑ 문화재 정보
☑ 우리 지역 문화재
☑ 유형 분류

・분류: 국가등록문화재
・소개: 1883년 박문국에서 창간된 근대 신문으로, 세계 정세를 폭넓게 전하고 정부의 개화 정책을 홍보하였다.

① 여권통문을 처음 보도하였다.
② 국채 보상 운동의 확산에 기여하였다.
③ 의병 투쟁에 호의적인 기사를 게재하였다.
④ 외국인이 읽을 수 있도록 영문으로도 발행되었다.
⑤ 순 한문 신문으로 열흘마다 발행하는 것이 원칙이었다.

32. 다음 가상 뉴스에서 보도하는 사건 이후에 전개된 사실로 옳은 것은? [1점]

> 지난달 전주성을 점령한 동학 농민군이 마침내 정부와 화약을 체결하였습니다. 농민군은 곧 집강소를 중심으로 폐정 개혁에 착수할 것으로 예상됩니다.

속보 　　 전주 화약 체결

① 남접과 북접이 논산에서 연합하였다.
② 농민군이 황룡촌 전투에서 관군에 승리하였다.
③ 교조 신원을 요구하는 보은 집회가 개최되었다.
④ 사태 수습을 위해 안핵사 이용태가 파견되었다.
⑤ 전봉준이 농민을 이끌고 고부 관아를 습격하였다.

33. 다음 대화에 해당하는 교육 기관에 대한 설명으로 옳은 것은? [2점]

① 7재라는 전문 강좌가 개설되었다.
② 조선 총독부의 탄압으로 폐교되었다.
③ 교육 입국 조서에 근거하여 세워졌다.
④ 주요 건물로 대성전과 명륜당을 두었다.
⑤ 헐버트, 길모어 등이 교사로 초빙되었다.

34. (가) 인물의 활동으로 옳은 것은? [3점]

① 샌프란시스코에서 흥사단을 창립하였다.
② 황준헌이 쓴 조선책략을 국내에 들여왔다.
③ 인재 양성을 위해 오산 학교를 설립하였다.
④ 국문 연구소를 설립하고 연구위원으로 활동하였다.
⑤ 독립 협회의 제안을 받아들여 중추원 관제 개편을 추진하였다.

35. (가)에 들어갈 내용으로 가장 적절한 것은? [2점]

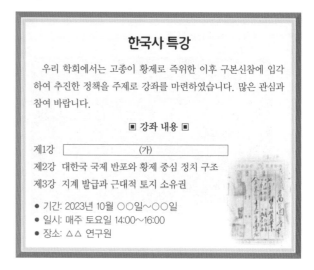

① 통역관 양성을 위한 동문학 설립
② 개혁 방향을 제시한 홍범 14조 반포
③ 통리기무아문 설치와 개화 정책 추진
④ 원수부 창설과 황제의 군 통수권 강화
⑤ 23부로의 지방 제도 개편과 지방관 권한 축소

36. (가), (나) 사이의 시기에 있었던 사실로 옳은 것은? [2점]

① 데라우치가 초대 총독으로 부임하였다.
② 13도 창의군이 서울 진공 작전을 전개하였다.
③ 기유각서를 통해 일제에 사법권을 박탈당하였다.
④ 상권 수호를 위해 황국 중앙 총상회가 조직되었다.
⑤ 헤이그에서 열린 만국 평화 회의에 특사가 파견되었다.

37. (가) 단체에 대한 설명으로 옳은 것은? [2점]

> **판결문**
>
> **피고:** 오복영 외 1인
> **주문:** 피고 두 명을 각 징역 7년에 처한다.
> **이유**
> 제1. 피고 오복영은 이전부터 조선 독립을 희망하고 있었다.
> 1. 대정 11년(1922) 11월 중 김상옥, 안홍한 등이 조선 독립자금 강탈을 목적으로 권총, 불온문서 등을 가지고 조선에 오는 것을 알고 천진에서 여비 40원을 조달함으로써 동인 등으로 하여금 조선으로 들어오게 하고
> 2. 대정 12년(1923) 8월 초순 (가) 단원으로 활약할 목적으로 피고 이영주의 권유에 의해 동 단에 가입하고
> 3. 이어서 피고 이영주와 함께 (가) 단장 김원봉 및 단원 유우근의 지휘 하에 피고 두 명은 조선 내 관리를 암살하고 주요 관아, 공서를 폭파함으로 민심의 동요를 초래하고 ……

① 일제의 황무지 개간권 요구를 저지하였다.
② 일제가 조작한 105인 사건으로 큰 타격을 입었다.
③ 단원인 나석주가 동양 척식 주식회사에 폭탄을 던졌다.
④ 조선 총독부에 국권 반환 요구서를 제출하고자 하였다.
⑤ 이륭양행에 교통국을 설치하여 국내와 연락을 취하였다.

38. 밑줄 그은 '이 운동'에 대한 설명으로 옳은 것을 〈보기〉에서 고른 것은? [1점]

> 이것은 1929년 11월 한일 학생 간의 충돌을 계기로 시작된 <u>이 운동</u>을 기념하는 탑입니다. 당시 민족 차별에 분노한 광주 지역 학생들이 대규모 시위를 전개하였고, 전국의 많은 학교가 동맹 휴학으로 동참하였습니다. 이 기념탑은 학생들의 단결된 의지를 타오르는 횃불로 형상화한 것입니다.

〈보기〉
ㄱ. 조선인 본위의 교육 제도 확립 등을 요구하였다.
ㄴ. 대한매일신보의 후원 속에 전국으로 확산하였다.
ㄷ. 신간회에서 진상 조사단을 파견하여 지원하였다.
ㄹ. 일제가 이른바 문화 통치를 실시하는 배경이 되었다.

① ㄱ, ㄴ ② ㄱ, ㄷ ③ ㄴ, ㄷ ④ ㄴ, ㄹ ⑤ ㄷ, ㄹ

39. (가) 부대에 대한 설명으로 옳은 것은? [2점]

> 대전자령은 태평령이라고도 하는데, 일본군이 서남부의 왕청현 쪽으로 가려면 반드시 지나가야 하는 지점이었다. 대전자령의 양쪽은 험준한 절벽과 울창한 산림 지대로 되어 있어 적을 공격하기에 알맞은 곳이었다. 이 전투에 (가) 의 주력 부대 500여 명, 차이시잉(柴世榮)이 거느리는 중국 의용군인 길림구국군 2,000여 명이 참가하였다. …… 한중 연합군은 계곡 양편 산기슭에 구축되어 있는 참호 속에 미리 매복·대기하여 일본군 습격 준비를 마쳤다.
> – 『청천장군의 혁명투쟁사』 –

① 영국군의 요청으로 인도·미얀마 전선에 투입되었다.
② 간도 참변 이후 조직을 정비하고 자유시로 이동하였다.
③ 중국 관내(關內)에서 결성된 최초의 한인 무장 부대였다.
④ 홍범도 부대와 연합하여 청산리에서 일본군과 교전하였다.
⑤ 한국 독립당의 군사 조직으로 북만주 지역에서 활약하였다.

40. 밑줄 그은 '이 시기'에 있었던 사실로 옳은 것은? [1점]

> **문학으로 만나는 한국사**
>
> "이제 곧 창씨개명이 문제가 아닌 날이 닥칠 겁니다. 그때는 사느냐 죽느냐, 이 문제가 턱에 걸려서 아무것도 뵈지 않을걸요. 아 왜 거년(去年) 칠월에 국가 총동원법 제4조라고 허면서, 국민 징용령이 안 떨어졌습니까? 일본 본토는 그렇다 치고, 조선, 대만, 사할린, 남양 군도에까지 그 징용령이 시행되고 있는 판에, 징병령인들 떨어지지 않겠습니까? 지금 지원병 제도는 장차 징병 문제를 결정하려는 시험을 해 보는 것이라고 허드구만요."
> 이기채는 가슴이 까닭 없이 덜컥, 내려앉는다.
> – 『혼불』 –
>
> [해설] 이 작품에는 일제가 국가 총동원법을 제정하고 노동력 수탈을 위해 국민 징용령 등을 시행하던 <u>이 시기</u> 우리 민족의 삶이 잘 표현되어 있다.

① 조선 태형령이 공포되었다.
② 헌병 경찰 제도가 실시되었다.
③ 경성 제국 대학이 설립되었다.
④ 조선 농민 총동맹이 조직되었다.
⑤ 황국 신민 서사 암송이 강요되었다.

41. (가) 종교에 대한 설명으로 옳은 것은? [2점]

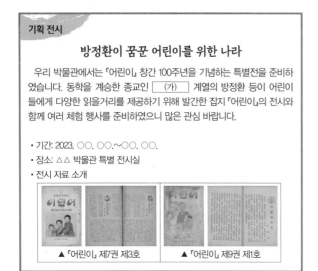

기획 전시

방정환이 꿈꾼 어린이를 위한 나라

우리 박물관에서는 「어린이」 창간 100주년을 기념하는 특별전을 준비하였습니다. 동학을 계승한 종교인 (가) 계열의 방정환 등이 어린이들에게 다양한 읽을거리를 제공하기 위해 발간한 잡지 「어린이」의 전시와 함께 여러 체험 행사를 준비하였으니 많은 관심 바랍니다.

• 기간: 2023. ○○. ○○.~○○. ○○.
• 장소: △△ 박물관 특별 전시실
• 전시 자료 소개

▲ 「어린이」 제7권 제3호　　▲ 「어린이」 제9권 제1호

① 한용운 등이 사찰령 폐지를 주장하였다.
② 만세보를 발행하여 민중 계몽에 앞장섰다.
③ 박중빈을 중심으로 새생활 운동을 펼쳤다.
④ 배재 학당을 세워 신학문을 보급하고자 힘썼다.
⑤ 의민단을 조직하여 항일 무장 투쟁을 전개하였다.

42. (가)에 들어갈 내용으로 가장 적절한 것은? [3점]

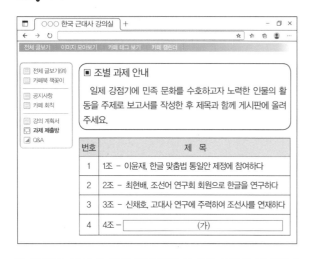

조별 과제 안내

일제 강점기에 민족 문화를 수호하고자 노력한 인물의 활동을 주제로 보고서를 작성한 후 제목과 함께 게시판에 올려 주세요.

번호	제　목
1	1조 – 이윤재, 한글 맞춤법 통일안 제정에 참여하다
2	2조 – 최현배, 조선어 연구회 회원으로 한글을 연구하다
3	3조 – 신채호, 고대사 연구에 주력하여 조선사를 연재하다
4	4조 – (가)

① 정인보, 민족의 얼을 강조하고 조선학 운동을 전개하다
② 장지연, 황성신문에 시일야방성대곡이라는 논설을 싣다
③ 유길준, 서유견문을 집필하여 서양 근대 문명을 소개하다
④ 최익현, 지부복궐척화의소를 올려 왜양일체론을 주장하다
⑤ 신헌, 강화도 조약 체결의 전말을 기록한 심행일기를 남기다

43. 밑줄 그은 '이 지역'에서 있었던 민족 운동으로 옳은 것은? [2점]

이것은 1923년 이 지역에서 발생한 지진 당시 희생된 조선인을 위로하기 위해 세운 추도비입니다. 지진이 일어나자 "조선인이 불을 질렀다", "조선인이 공격해 온다" 등의 유언비어가 퍼졌고, 이에 현혹된 사람들이 조직한 자경단 등에 의해 수많은 조선인이 학살되었습니다.

① 한인 자치 기구인 경학사를 설립하였다.
② 민족 교육을 위해 서전서숙을 건립하였다.
③ 유학생을 중심으로 2·8 독립 선언서를 발표하였다.
④ 대조선 국민 군단을 결성하여 군사 훈련을 실시하였다.
⑤ 대한 광복군 정부를 세워 무장 독립 투쟁을 준비하였다.

44. (가) 인물에 대한 설명으로 옳은 것은? [2점]

□□일보

제△△호　　　　　　　2023년 ○○월 ○○일

'몽양 (가) 장례식 만장' 117점 국가등록문화재 등록 예고

1918년 중국에서 신한 청년당을 조직하고 해방 후 좌우 합작 운동을 추진한 (가) 선생의 마지막 길에 내걸린 만장(輓章)이 국가등록문화재가 된다. 만장이란 망자를 추모하는 글을 비단이나 종이에 적어 만든 깃발로, 1947년 거행된 그의 장례식에는 각계각층이 애도하는 만장이 내걸렸다.

이 만장은 독립운동에 헌신하고 광복 후 좌우 대통합을 위해 노력했던 그에 대한 대중들의 인식과 평가를 담은 자료로서 중요한 역사적 가치가 있다.

① 조선 건국 동맹을 결성하였다.
② 한국독립운동지혈사를 저술하였다.
③ 권업회의 초대 회장으로 선출되었다.
④ 대한 광복회를 조직하여 친일파를 처단하였다.
⑤ 백산 상회를 설립하여 독립운동 자금을 마련하였다.

45. 밑줄 그은 '개헌안'의 시행 결과로 옳은 것은? [2점]

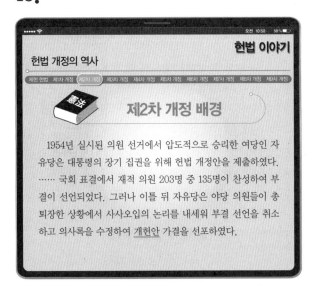

① 통일 주체 국민 회의에서 대통령이 선출되었다.
② 5년 단임의 대통령이 직선제에 의해 선출되었다.
③ 대통령이 국회의원의 3분의 1을 추천하게 되었다.
④ 국회에서 간접 선거 방식으로 대통령이 선출되었다.
⑤ 개헌 당시의 대통령에 한하여 중임 제한이 철폐되었다.

46. (가)~(마)에 들어갈 내용으로 적절하지 않은 것은? [1점]

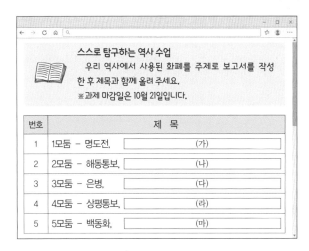

① (가) - 중국 연과의 교류 관계를 보여주다
② (나) - 의천의 건의로 화폐가 주조되다
③ (다) - 경복궁 중건을 위해 제작되다
④ (라) - 법화로 발행되어 전국적으로 유통되다
⑤ (마) - 전환국에서 화폐가 발행되다

[47~48] 다음 자료를 읽고 물음에 답하시오.

(가) 만적 등 6명이 북산에서 나무하다가 공사 노비를 불러 모아 모의하기를, "국가에서 경인년·계사년 이후로 높은 벼슬이 천한 노비에게서 많이 나왔으니, 장수와 재상이 어찌 종자가 있으랴. …… 그 주인을 죽이고 노비 문서를 불태워 삼한에서 천인을 없애면 모두 공경 장상이 될 수 있을 것이다."라고 하였다.

(나) 왕 7년, 노비를 안검하여 그 시비를 분별하도록 명하자, 노비로 주인을 배반한 자가 매우 많아지고 윗사람을 능멸하는 풍조가 크게 행해졌다. 사람들이 모두 탄식하고 원망하였다. 대목왕후가 이를 간절히 간언하였으나 왕은 받아들이지 않았다.

(다) 1. 문벌, 양반과 상인들의 등급을 없애고 귀천에 관계없이 인재를 선발하여 등용한다.
  1. 과부가 재가하는 것은 귀천을 막론하고 자신의 의사대로 하게 한다.
  1. 공노비와 사노비에 관한 법을 일체 혁파하고 사람을 사고파는 일을 금지한다.

(라) "임금이 백성을 대할 때는 귀천이 없고 내외 없이 고루 균등하게 적자(赤子)로 여겨야 하는데, 노(奴)와 비(婢)라고 하여 구분하는 것이 어찌 똑같이 동포로 여기는 뜻이겠는가. 내노비 36,974명과 시노비 29,093명을 모두 양민으로 삼도록 하라. 그리고 승정원으로 하여금 노비 문서를 거두어 돈화문 밖에서 불태우도록 하라."

47. (가)~(라)를 일어난 순서대로 옳게 나열한 것은?
[3점]

① (가) – (나) – (다) – (라)
② (가) – (나) – (라) – (다)
③ (나) – (가) – (라) – (다)
④ (나) – (다) – (가) – (라)
⑤ (다) – (라) – (나) – (가)

48. (가)~(라)를 활용한 탐구 활동으로 적절한 것을 〈보기〉에서 고른 것은?
[2점]

〈보기〉
ㄱ. (가) – 무신 집권기에 발생한 하층민의 봉기에 대해 알아본다.
ㄴ. (나) – 호족의 경제적 기반을 약화시킨 제도를 살펴본다.
ㄷ. (다) – 균역법이 시행되는 배경을 파악한다.
ㄹ. (라) – 삼정이정청이 설치된 계기를 조사한다.

① ㄱ, ㄴ ② ㄱ, ㄷ ③ ㄴ, ㄷ ④ ㄴ, ㄹ ⑤ ㄷ, ㄹ

49. (가) 정부 시기에 있었던 사실로 옳은 것은?
[2점]

(가) 정부의 민주화 운동 탄압 사례 중의 하나로 알려진 전국 민주 청년 학생 총연맹 사건의 관련 기록물이 세상에 나왔습니다. 국가기록원은 사건이 발생한 지 40여 년 만에 관련 인물 180명의 재판 기록과 수사 기록을 공개했습니다.

'민청학련 사건' 기록물, 세상 밖으로

① 정부에 비판적인 경향신문이 폐간되었다.
② 국민의 요구에 굴복하여 대통령이 하야하였다.
③ 민주화 시위 도중 대학생 강경대가 희생되었다.
④ 장기 독재에 저항한 3·1 민주 구국 선언이 발표되었다.
⑤ 기존의 헌법을 유지하는 4·13 호헌 조치가 선언되었다.

50. 다음 연설이 있었던 정부의 통일 노력으로 옳은 것은?

[2점]

> 진작부터 꼭 한번 와 보고 싶었습니다. 참여 정부 와서 첫 삽을 떴기 때문에 …… 지금 개성 공단이 매출액의 증가 속도, 그리고 근로자의 증가 속도 같은 것이 눈부시지요. …… 경제적으로 공단이 성공하고, 그것이 남북 관계에서 평화에 대한 믿음을 우리가 가질 수 있게 만드는 것이거든요. 또 함께 번영해 갈 수 있는 가능성에 대해서 우리가 믿음을 갖게 되는 것이기 때문에, 이것이 선순환 되면 앞으로 정말 좋은 결과가 있을 것입니다.

① 남북한이 국제 연합(UN)에 동시 가입하였다.

② 민족 자존과 통일 번영을 위한 7 · 7 선언을 발표하였다.

③ 남북 이산가족 고향 방문단의 교환 방문을 최초로 성사시켰다.

④ 7 · 4 남북 공동 성명 실천을 위해 남북 조절 위원회를 구성하였다.

⑤ 남북 관계 발전과 평화 번영을 위한 10 · 4 남북 정상 선언을 발표하였다.

1. (가) 시대의 생활 모습으로 옳은 것은? [1점]

① 반달 돌칼로 벼를 수확하였다.
② 주로 동굴이나 막집에서 살았다.
③ 반량전, 명도전 등 화폐를 사용하였다.
④ 빗살무늬 토기를 만들어 식량을 저장하였다.
⑤ 가락바퀴와 뼈바늘을 이용하여 옷을 만들었다.

2. 다음 자료에 해당하는 나라에 대한 설명으로 옳은 것은? [2점]

> 호의 수는 5천인데 대군왕은 없으며 읍락에는 각각 대를 잇는 우두머리가 있다. …… 여러 읍락의 거수(渠帥)들은 스스로를 삼로라 일컬었다. …… 장사를 지낼 때에는 큰 나무 곽을 만든다. 길이가 10여 장이나 되며 한쪽을 열어 놓아 문을 만든다. 사람이 죽으면 임시로 매장한다. 겨우 시체가 덮일 만큼 묻었다가 가죽과 살이 다 썩은 다음에 뼈만 추려 곽 속에 넣는다. 온 집 식구를 하나의 곽 속에 넣어 두는데, 죽은 사람의 숫자만큼 나무를 깎아 생전의 모습과 같이 만들었다.
>
> - 『삼국지』 동이전 -

① 신성 지역인 소도가 존재하였다.
② 혼인 풍습으로 민며느리제가 있었다.
③ 범금 8조를 통해 사회 질서를 유지하였다.
④ 여러 가(加)들이 각각 사출도를 주관하였다.
⑤ 정사암에 모여 국가의 중대사를 논의하였다.

3. (가) 국가의 문화유산으로 옳은 것은? [2점]

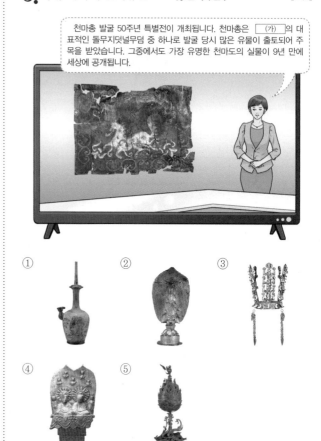

> 천마총 발굴 50주년 특별전이 개최됩니다. 천마총은 (가) 의 대표적인 돌무지덧널무덤 중 하나로 발굴 당시 많은 유물이 출토되어 주목을 받았습니다. 그중에서도 가장 유명한 천마도의 실물이 9년 만에 세상에 공개됩니다.

4. 밑줄 그은 '왕'에 대한 설명으로 옳은 것은? [2점]

> ○ 기해년에 백제가 맹세를 어기고 왜와 화통하였다. 왕이 순행하여 평양으로 내려갔는데, 신라에서 사신을 보내어 아뢰기를, "왜인이 국경에 가득 차 성지(城地)를 파괴하고 있습니다. …… 귀부하여 명을 받고자 합니다."라고 하였다.
> ○ 경자년에 왕이 보병과 기병 5만 명을 보내서 신라를 구원하게 하였다. 군대가 남거성을 거쳐 신라성에 이르니 왜적이 많았다. 군대가 도착하자 왜적이 퇴각하였다.

① 대가야를 병합하였다.
② 평양으로 도읍을 옮겼다.
③ 22담로에 왕족을 파견하였다.
④ 영락이라는 연호를 사용하였다.
⑤ 낙랑군을 몰아내고 영토를 확장하였다.

5. (가) 왕의 재위 시기 삼국의 상황으로 옳은 것은? [3점]

이 사진은 익산 미륵사지 서탑 출토 사리장엄구의 발견 당시 모습입니다. 삼국유사에는 (가) 이/가 왕후인 신라 선화 공주의 발원으로 미륵사를 창건했다고 되어 있지만, 금제 사리봉영기에는 왕후가 백제 귀족 사택적덕의 딸로 기록되어 있습니다. 이로 인해 미륵사 창건 배경과 (가) 의 아들인 의자왕의 친모가 누구인지에 대한 논란이 벌어지기도 하였습니다.

금제 사리봉영기

① 고구려 - 을지문덕이 살수에서 수의 대군을 격파하였다.
② 백제 - 고흥이 서기를 편찬하였다.
③ 백제 - 계백이 황산벌에서 군대를 이끌고 결사 항전하였다.
④ 신라 - 이사부가 우산국을 정복하였다.
⑤ 신라 - 사찬 시득이 기벌포에서 당군에 승리하였다.

6. 교사의 질문에 대한 학생의 답변으로 가장 적절한 것은? [2점]

지도는 이 국가의 교역로를 표시한 것입니다. 청해진을 설치하여 해상 교역을 활발하게 전개하였던 이 국가의 경제 상황에 대해 말해 볼까요?

법화원
청해진

① 삼한통보와 해동통보를 발행하였어요.
② 특산품으로 솔빈부의 말이 유명하였어요.
③ 고구마, 감자 등의 구황 작물을 재배하였어요.
④ 특수 행정 구역인 소에서 여러 물품을 생산하였어요.
⑤ 조세 수취를 위해 3년마다 촌락 문서를 작성하였어요.

7. (가), (나) 사이의 시기에 볼 수 있는 모습으로 가장 적절한 것은? [3점]

(가) 선덕왕이 죽었는데 아들이 없자, 여러 신하들이 회의를 한 후에 왕의 조카인 김주원을 옹립하고자 하였다. 주원의 집은 왕경에서 북쪽으로 20리 떨어진 곳에 있었는데, 마침 큰비가 와서 알천의 물이 넘쳐 주원이 건너 오지 못하였다. …… 여러 사람들의 뜻이 모아져 김경신이 왕위를 계승하도록 하였다.
　　　　　　　　　　　　　　　　　　　　　　- 『삼국사기』 -

(나) 나라 안의 모든 주군에서 공물과 부세를 보내지 않아, 창고가 텅텅 비어 나라 재정이 궁핍해졌다. 왕이 사신을 보내 독촉하니 곳곳에서 도적이 벌떼처럼 일어났다. 이때 원종과 애노 등이 사벌주에 근거하여 반란을 일으켰다.
　　　　　　　　　　　　　　　　　　　　　　- 『삼국사기』 -

① 계백료서를 읽는 관리
② 녹읍 폐지를 명하는 국왕
③ 성균관에서 공부하는 학생
④ 초조대장경을 조판하는 장인
⑤ 김헌창의 난을 진압하는 군인

8. (가)에 들어갈 내용으로 가장 적절한 것은? [1점]

한국사 모둠별 탐구 활동 안내

◆ 주제: (가)
◆ 방법: 문헌 조사, 인터넷 검색 등을 활용하여 아래에 제시된 문화유산을 탐구한다.
◆ 모둠별 탐구 자료

1모둠	2모둠
▲ 크라스키노 성 유적 출토 연꽃무늬 수막새	▲ 콕샤로프카 평지성 온돌 유적

① 백제 문화의 국제성
② 신라와 서역의 교류
③ 가야 문화의 일본 전파
④ 고려에서 유행한 몽골풍
⑤ 발해와 고구려의 문화적 연관성

9. 밑줄 그은 '인물'에 대한 설명으로 옳은 것은? [2점]

대한민국 방방곡곡 – 김제 금산사

한국사 채널 　　　　　　조회수 230,813

금산사는 삼국 시대에 창건된 유서 깊은 사찰입니다. 완산주를 도읍으로 국가를 세운 인물이 아들 신검 등에 의해 유폐되었다가 탈출한 곳으로 잘 알려져 있습니다. 이 사찰은 국보인 미륵전을 비롯하여 여러 점의 국가 지정 문화재를 보유하고 있습니다.

① 독서삼품과를 실시하였다.
② 동진으로부터 불교를 수용하였다.
③ 후당과 오월에 사신을 파견하였다.
④ 광평성 등의 정치 기구를 마련하였다.
⑤ 화랑도를 국가적인 조직으로 개편하였다.

10. 다음 제도를 시행한 국가의 경제 상황으로 옳지 않은 것은? [2점]

　　문종 3년 5월 양반 공음전시법을 정하였다. 1품은 문하시랑평장사 이상으로 전지 25결, 시지 15결이다. 2품은 참정 이상으로 전지 22결, 시지 12결이다. 3품은 전지 20결, 시지 10결이다. 4품은 전지 17결, 시지 8결이다. 5품은 전지 15결, 시지 5결이다. 이를 모두 자손에게 전하여 주게 한다. …… 공음전을 받은 자의 자손이 사직을 위태롭게 할 것을 꾀하거나 모반이나 대역에 연좌되거나, 여러 공죄나 사죄를 범하여 제명된 것 이외에는 비록 그 아들에게 죄가 있더라도 그 손자에게 죄가 없다면 공음전시의 3분의 1을 지급한다.

① 활구라고 불리는 은병이 유통되었다.
② 벽란도가 국제 무역항으로 번성하였다.
③ 서적점, 다점 등의 관영 상점이 운영되었다.
④ 경시서의 관리들이 수도의 시전을 감독하였다.
⑤ 설점수세제의 시행으로 민간의 광산 개발이 허용되었다.

11. (가)~(다) 학생이 발표한 내용을 순서대로 옳게 나열한 것은? [2점]

〈한국사 주제 발표〉
주제: 거란에 대한 고려의 대응

광군을 창설하여 거란의 침입에 대비하였습니다.

강감찬이 귀주에서 거란군을 크게 물리쳤습니다.

서희가 소손녕과 외교 담판을 벌여 강동 6주 지역을 확보하였습니다.

(가)　　　　(나)　　　　(다)

① (가) – (나) – (다)　　② (가) – (다) – (나)
③ (나) – (가) – (다)　　④ (나) – (다) – (가)
⑤ (다) – (나) – (가)

12. (가) 기구에 대한 설명으로 옳은 것은? [2점]

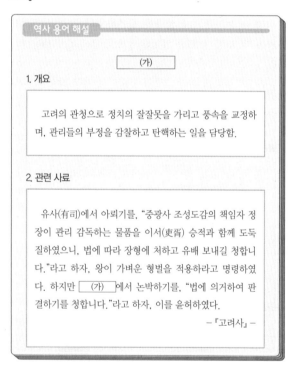

역사 용어 해설

　　　　(가)

1. 개요

　　고려의 관청으로 정치의 잘잘못을 가리고 풍속을 교정하며, 관리들의 부정을 감찰하고 탄핵하는 일을 담당함.

2. 관련 사료

　　유사(有司)에서 아뢰기를, "중광사 조성도감의 책임자 정장이 관리 감독하는 물품을 이서(吏胥) 승적과 함께 도둑질하였으니, 법에 따라 장형에 처하고 유배 보내길 청합니다."라고 하자, 왕이 가벼운 형벌을 적용하라고 명령하였다. 하지만 　(가)　에서 논박하기를, "법에 의거하여 판결하기를 청합니다."라고 하자, 이를 윤허하였다.

－『고려사』－

① 무신 집권기 최고 권력 기구였다.
② 원 간섭기에 첨의부로 격하되었다.
③ 고려 말에 도평의사사로 개편되었다.
④ 관직 임명에 대한 서경권을 행사하였다.
⑤ 서얼 출신의 학자들이 검서관으로 기용되었다.

13. (가)의 침입에 대한 고려의 대응으로 옳은 것을 〈보기〉에서 고른 것은? [2점]

> 강화중성은 (가) 의 침략에 맞서 고려가 강화도로 천도한 이후 건립한 내성, 중성, 외성 중 하나입니다. 강화중성은 당시 수도를 둘러싼 토성(土城)으로, 이번 발굴 조사에서 방어를 위해 성벽의 바깥에 돌출시킨 대규모 치성(雉城)이 확인되었습니다.

〈보기〉

ㄱ. 양규가 무로대에서 적군을 물리쳤다.
ㄴ. 김윤후가 충주성 전투에서 활약하였다.
ㄷ. 송문주가 죽주성에서 적군을 격퇴하였다.
ㄹ. 윤관이 별무반을 이끌고 동북 9성을 쌓았다.

① ㄱ, ㄴ　　② ㄱ, ㄷ　　③ ㄴ, ㄷ
④ ㄴ, ㄹ　　⑤ ㄷ, ㄹ

14. 다음 자료에 나타난 상황 이후의 사실로 옳은 것은? [2점]

> 경대승이 정중부를 죽이자, 조정 신하들이 대궐에 나아가 축하하였다. 경대승이 말하기를 "임금을 죽인 사람이 아직 살아 있는데, 무슨 축하인가?"라고 하였다. 이의민은 이 말을 듣고 매우 두려워하여 날랜 사람들을 모아서 대비하였다. 또한 경대승의 도방(都房)에서 자기들이 싫어하는 사람을 죽일 것을 모의한다는 말을 들었다. 이의민이 더욱 두려워하여 마을에 큰 문을 세워 밤마다 경계하였다.

① 묘청 등이 서경 천도를 주장하였다.
② 최충헌이 왕에게 봉사 10조를 올렸다.
③ 강조가 정변을 일으켜 왕을 폐위하였다.
④ 이자겸과 척준경이 반란을 일으켜 궁궐을 불태웠다.
⑤ 김보당이 폐위된 왕의 복위를 주장하며 군사를 일으켰다.

15. 밑줄 그은 '왕'의 재위 기간에 볼 수 있는 모습으로 가장 적절한 것은? [1점]

> 이자춘이 쌍성 등지의 천호들을 거느리고 내조하니 왕이 맞이하며 말하기를, "어리석은 민(民)을 보살펴 편안하게 하느라 얼마나 노고가 많았는가?"라고 하였다. 그때 어떤 사람이 '기철이 쌍성의 반민(叛民)들과 몰래 내통하여 한패로 삼아 역모를 도모하려 한다'고 밀고하였다. 왕이 이자춘에게 이르기를, "경은 마땅히 돌아가서 우리 민을 진정시키고, 만일 변란이 일어나면 마땅히 내 명령대로 하라."라고 하였다. …… 이자춘이 명령을 듣고 곧 행군하여 유인우와 합세한 후 쌍성총관부를 공격하여 격파하였다.

① 초량 왜관에서 교역하는 상인
② 내의원에서 동의보감을 읽는 의원
③ 주자감에서 유학을 공부하는 학생
④ 전민변정도감에 억울함을 호소하는 농민
⑤ 황룡사 구층 목탑의 건립에 참여하는 장인

16. (가) 인물에 대한 설명으로 옳은 것은? [3점]

> 이것은 전라남도 강진군 월남사지에 있는 (가) 의 비입니다. 비문에는 지눌의 제자인 그가 수선사의 제2대 사주가 된 일, 당시 집권자인 최우가 그에게 두 아들을 출가(出家)시킨 일 등이 기록되어 있습니다.

① 화엄일승법계도를 지어 화엄 사상을 정리하였다.
② 해동 천태종을 개창하여 불교 교단 통합에 힘썼다.
③ 선문염송집을 편찬하고 유불 일치설을 주장하였다.
④ 권수정혜결사문을 작성하여 정혜쌍수를 강조하였다.
⑤ 보현십원가를 지어 불교 교리를 대중에게 전파하였다.

17. (가)에 해당하는 문화유산으로 옳은 것은? [3점]

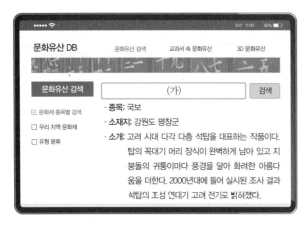

문화유산 DB   문화유산 검색   교과서 속 문화유산   3D 문화유산

문화유산 검색   (가)   검색

☑ 문화재 종목별 검색
☐ 우리 지역 문화재
☐ 유형 분류

· **종목**: 국보
· **소재지**: 강원도 평창군
· **소개**: 고려 시대 다각 다층 석탑을 대표하는 작품이다. 탑의 꼭대기 머리 장식이 완벽하게 남아 있고 지붕돌의 귀퉁이마다 풍경을 달아 화려한 아름다움을 더한다. 2000년대에 들어 실시된 조사 결과 석탑의 조성 연대기 고려 전기로 밝혀졌다.

① ② ③
④ ⑤

19. 밑줄 그은 '왕'의 업적으로 옳은 것은? [2점]

이전에 주조한 활자가 크고 고르지 않았다. 이에 왕께서 경자년에 다시 주조하셨다. 그리하여 그 모양이 작고 바르게 되었으니, 이것으로 인쇄하지 않은 책이 없었다. 이를 경자자라고 하였다. 갑인년에 다시 『위선음즐(爲善陰騭)』의 글자 모양을 본떠 갑인자를 주조하니, 경자자에 비하여 조금 크고 활자 모양이 매우 좋았다.

① 조선의 기본 법전인 경국대전을 반포하였다.
② 역대 문물을 정리한 동국문헌비고를 간행하였다.
③ 삼남 지방의 농법을 소개한 농사직설을 편찬하였다.
④ 전세를 1결당 4~6두로 고정하는 영정법을 제정하였다.
⑤ 삼정의 문란을 시정하기 위해 삼정이정청을 설치하였다.

18. 다음 시나리오의 상황 이후에 전개된 사실로 옳은 것은? [2점]

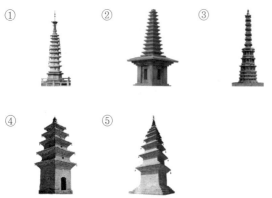

#12. 이성계의 집
이방원이 정몽주를 죽였다고 말하자 이성계가 크게 화를 낸다.

이성계: 대신을 함부로 살해하였으니, 나라 사람들이 내가 몰랐다고 하겠느냐? 우리 가문은 평소 충효로 소문났는데, 네가 감히 불효를 저질러 이렇게 되었구나.

이방원: 정몽주 등이 우리 가문을 무너뜨리려 하는데, 어찌 앉아서 망하기만을 기다리겠습니까? 이것이야말로 효입니다.

① 최승로가 시무 28조를 올렸다.
② 권근 등의 건의로 사병이 혁파되었다.
③ 안우, 이방실 등이 홍건적을 격파하였다.
④ 망이 · 망소이가 공주 명학소에서 봉기하였다.
⑤ 쌍기의 의견을 수용하여 과거제가 시행되었다.

20. (가), (나) 사이의 시기에 있었던 사실로 옳은 것은? [2점]

(가) 정문형, 한치례 등이 아뢰기를, "지금 김종직의 조의제문을 보니, 입으로만 읽지 못할 뿐 아니라 차마 눈으로도 볼 수 없습니다. …… 마땅히 대역의 죄로 논단하고 부관참시해서 그 죄를 분명히 밝혀 신하와 백성의 분을 씻는 것이 사리에 맞는 일입니다."라고 하였다. …… 왕이 정문형 등의 의견을 따랐다.

(나) 의금부에 전지하기를, "조광조, 김정 등은 서로 사귀어 무리를 이루고 자기 편은 천거하고 자기 편이 아닌 자는 배척하면서, 위세를 높여 서로 의지하며 권세가 있는 요직을 차지하였다. …… 이 모든 일들을 조사하여 밝히라."라고 하였다.

① 정여립 모반 사건으로 기축옥사가 일어났다.
② 외척 간의 권력 다툼으로 윤임이 제거되었다.
③ 자의 대비의 복상 문제로 예송이 전개되었다.
④ 희빈 장씨 소생의 원자 책봉 문제로 환국이 발생하였다.
⑤ 폐비 윤씨 사사 사건을 빌미로 김굉필 등이 처형되었다.

21. 다음 상황이 나타난 시기를 연표에서 옳게 고른 것은? [2점]

> 4월 누르하치의 군대가 무순을 함락하고, 7월에는 청하를 함락하였다. 이에 명에서 정벌을 결정하고 우리나라에 군사 징발을 요구하였다. 명의 총독 왕가수의 군문(軍門)에서 약 4만의 병사를 요구하였으나, 경략(經略) 양호가 조선의 병사와 군마가 적다고 하여 마침내 그 수를 줄여서 총수(銃手) 1만 명만 징발하였다. 7월 조정에서 강홍립을 도원수로, 김경서를 부원수로 삼았다.
>
> – 『책중일록』 –

1453		1510		1597		1627		1728		1811
	(가)		(나)		(다)		(라)		(마)	
계유 정난		삼포 왜란		정유 재란		정묘 호란		이인좌의 난		홍경래의 난

① (가)　　　② (나)　　　③ (다)
④ (라)　　　⑤ (마)

22. (가) 전쟁 중에 있었던 사실로 옳은 것은? [2점]

생생 한국사 교실
수행 과제: (가) 와/과 관련된 문화유산을 조사하여 사진과 설명을 올려 주세요.

○○○ 동래부순절도
동래부사 송상현과 관민의 항전을 묘사한 그림입니다.

□□□ 금산 칠백의총
금산 전투에서 전사한 의병 7백여 명의 유해를 모신 곳입니다.

△△△ 징비록
당시 영의정을 지냈던 유성룡이 전쟁의 상황 등을 기록한 것입니다.

① 김상용이 강화도에서 순절하였다.
② 이괄이 이끈 반란군이 도성을 장악하였다.
③ 정봉수와 이립이 용골산성에서 항전하였다.
④ 김시민이 진주성에서 적군을 크게 물리쳤다.
⑤ 이종무가 적의 근거지인 쓰시마섬을 정벌하였다.

23. (가) 왕에 대한 설명으로 옳은 것은? [1점]

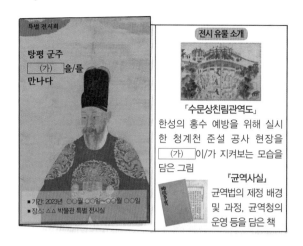

특별 전시회
탕평 군주
(가) 을/를 만나다
■ 기간: 2023년 ○○월 ○○일~○○월 ○○일
■ 장소: △△ 박물관 특별 전시실

전시 유물 소개
「수문상친림관역도」
한성의 홍수 예방을 위해 실시한 청계천 준설 공사 현장을 (가) 이/가 지켜보는 모습을 담은 그림

「균역사실」
균역법의 제정 배경 및 과정, 균역청의 운영 등을 담은 책

① 학문 연구 기관으로 집현전을 두었다.
② 삼수병으로 구성된 훈련도감을 설치하였다.
③ 속대전을 편찬하여 통치 체제를 정비하였다.
④ 궁중 음악을 집대성한 악학궤범을 편찬하였다.
⑤ 시전 상인의 특권을 축소하는 신해통공을 단행하였다.

24. 다음 인물에 대한 설명으로 옳은 것은? [3점]

화제의 신간　경영·경제　예술　역사　과학

담헌 평전
시대를 앞선 조선의 실학자

목 차
· 1장 명문가의 자제로 태어나다
· 2장 농수각을 세우고 천문을 관측하다
· 3장 연행사의 일원으로 청에 가다
· 4장 「연기」, 「을병연행록」을 저술하다

펼치기 ⌄

미리보기　　－ 1 ＋　♡　구매하기

① 지봉유설에서 천주실의를 소개하였다.
② 의산문답에서 무한 우주론을 주장하였다.
③ 양반전을 지어 양반의 허례와 무능을 풍자하였다.
④ 북학의를 저술하여 청의 문물 수용을 강조하였다.
⑤ 동의수세보원을 편찬하여 사상 의학을 정립하였다.

25. (가)에 들어갈 내용으로 가장 적절한 것은? [2점]

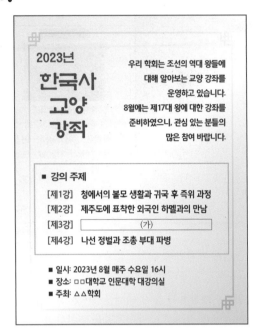

2023년
한국사 교양 강좌

우리 학회는 조선의 역대 왕들에 대해 알아보는 교양 강좌를 운영하고 있습니다. 8월에는 제17대 왕에 대한 강좌를 준비하였으니, 관심 있는 분들의 많은 참여 바랍니다.

■ 강의 주제
[제1강] 청에서의 볼모 생활과 귀국 후 즉위 과정
[제2강] 제주도에 표착한 외국인 하멜과의 만남
[제3강] (가)
[제4강] 나선 정벌과 조총 부대 파병

■ 일시: 2023년 8월 매주 수요일 16시
■ 장소: □□대학교 인문대학 대강의실
■ 주최: △△학회

① 어영청의 개편과 북벌 추진
② 위화도 회군과 과전법의 시행
③ 문신 재교육을 위한 초계문신제의 운영
④ 백두산정계비 건립과 청과의 국경 획정
⑤ 기유약조 체결을 통한 일본과의 무역 재개

26. 다음 일기가 작성된 시기의 경제 상황으로 적절하지 않은 것은? [1점]

5월 ○○일, 앞 밭에 담배를 파종했다.
5월 ○○일, 비록 비가 여러 날 내렸으나 큰비는 끝내 내리지 않았다. 가물어서 고답(高畓)은 모두 이앙을 하지 못하였다.
6월 ○○일, 목화 밭에 풀이 무성해져 노비 5명에게 김매기를 하도록 시켰다.

① 상평통보가 화폐로 사용되었다.
② 시장을 관리하기 위한 동시전이 설치되었다.
③ 관청에 물품을 조달하는 공인이 활동하였다.
④ 보부상이 장시를 돌아다니며 상품을 판매하였다.
⑤ 국경 지대에서 개시 무역과 후시 무역이 이루어졌다.

27. (가) 궁궐에 대한 설명으로 옳은 것은? [3점]

(가) **복원 기공식 대통령 연설문**

임진왜란 때 (가) 은/는 불길 속에 휩싸여 흥선 대원군이 그 당시의 국력을 기울여 중건할 때까지 270년의 오랜 세월 동안 폐허로 남아 있었습니다. 일제는 1910년 우리나라를 병탄한 뒤 우리 역사의 맥을 끊기 위해 350여 채에 이르던 전각 대부분을 헐어내고 옮겼습니다. 국권의 상징이던 근정전을 가로막아 총독부 건물을 세웠습니다. 이제 우리가 궁을 복원하려는 것은 남에 의해 훼손된 민족사에 대한 긍지를 회복하기 위한 것입니다.

① 일제에 의해 동물원 등이 설치되었다.
② 제1차 미소 공동 위원회가 개최되었다.
③ 도성 내 서쪽에 있어 서궐이라고 불렸다.
④ 조선 물산 공진회 개최 장소로 이용되었다.
⑤ 태종이 도읍을 한양으로 다시 옮기며 건립하였다.

28. 다음 장면에 나타난 사건이 끼친 영향으로 가장 적절한 것은? [2점]

평양부 방수성 앞 물가에 큰 이양선 한 척이 머무르다가 끝내 물러가지 않으며 상선을 약탈하고 총을 쏴 백성들을 살상하였습니다. 이에 평안 감사 박규수가 관민을 이끌고 공격하여 불태웠다고 합니다.

① 이용태가 안핵사로 파견되었다.
② 이원익이 대동법 시행을 건의하였다.
③ 정약종 등이 희생된 신유박해가 일어났다.
④ 로저스 제독이 이끄는 미군이 강화도에 침입하였다.
⑤ 황사영이 외국 군대의 출병을 요청하는 백서를 작성하였다.

29. 다음 사건 이후에 전개된 사실로 옳은 것은? [2점]

홍영식이 우정국에서 개업식을 명목으로 연회를 열어 세인들이 독립당이라고 칭하는 사람들과 각국 사관(使官) 등을 초대하였다. 연회가 끝날 무렵에 우정국 옆에서 불이 일어났다. …… 마침내 어젯밤의 사변에 따라 독립당이 정권을 획득하였다. 조보(朝報)에서는 새롭게 관리를 임명하겠다는 취지를 포고하였다. 박영효, 김옥균, 서광범은 승지가 되었고, 김옥균은 혜상공국 당상을 겸하였다.

– 「조난기사」 –

① 한성 조약이 체결되었다.
② 신식 군대인 별기군이 창설되었다.
③ 김윤식이 청에 영선사로 파견되었다.
④ 일본 군함 운요호가 영종도를 공격하였다.
⑤ 개화 정책을 총괄하는 통리기무아문이 설치되었다.

[30~31] 다음 자료를 읽고 물음에 답하시오.

(가) 고대 여러 나라들도 역시 각각 사관(史官)을 두어 일을 기록하였습니다. 그러므로 맹자께서 이르시기를, "진(晉)의 승(乘)과 초(楚)의 도올(檮杌)과 노(魯)의 춘추(春秋)는 모두 한가지다."라고 하셨습니다. 생각건대 우리 해동(海東) 삼국도 역사가 길고 오래되어 마땅히 그 사실이 책으로 기록되어야 하므로 폐하께서 이 늙은 신하에게 명하시어 편집하도록 하셨습니다. …… 신의 학술이 이처럼 부족하고 얕으며, 옛 말과 지나간 일은 그처럼 아득하고 희미합니다. 그러므로 온 정신과 힘을 다 쏟아 부어 겨우 ㉠책을 만들었습니다. 그러나 보잘 것 없기에 스스로 부끄러울 따름입니다.

(나) 고려가 끝내 발해사를 편찬하지 않아 토문강 북쪽과 압록강 서쪽이 누구의 땅인지 알 수 없게 되었다. 여진을 책망하려 하여도 할 말이 없고, 거란을 책망하려 하여도 할 말이 없다. 고려가 약한 나라가 된 것은 발해의 땅을 차지하지 못하였기 때문이니, 탄식할 수밖에 없다. …… 내가 내규장각 관리로 있으면서 비밀스런 책[秘書]을 꽤 많이 읽었으므로 발해에 관한 일을 차례로 편찬하여, 군고(君考)·신고(臣考)·지리고(地理考)·직관고(職官考)·의장고(儀章考)·물산고(物産考)·국어고(國語考)·국서고(國書考)·속국고(屬國考) 등 9편으로 구성된 ㉡책을 만들었다.

(다) 역사란 무엇인가? 인류 사회의 아(我)와 비아(非我)의 투쟁이 시간부터 발전하며 공간부터 확대하는 정신적 활동 상태의 기록이니, 세계사라 하면 세계 인류가 그리되어 온 상태의 기록이며, 조선 역사라 하면 조선 민족이 그리되어 온 상태의 기록인 것이다. 무엇을 '아'라 하며 무엇을 '비아'라 하는가? …… 무릇 주체적 위치에 선 자를 '아'라 하고, 그 외에는 '비아'라 하는데, 이를테면 조선 사람은 조선을 '아'라 하고, 영국·미국·프랑스·러시아 등을 '비아'라 하지만, 그들은 각기 제 나라를 '아'라 하고 조선은 '비아'라 하며, …… 그러므로 역사는 '아'와 '비아'의 투쟁의 기록인 것이다.

30. (가)~(다)를 작성한 인물에 대해 탐구한 내용으로 가장 적절한 것은? [3점]

① (가) – 만권당에서 원의 학자들과 교유하였으며, 성리학의 보급에 기여하였다.

② (가) – 칠대실록의 편찬에 참여하였으며, 문헌공도를 만들어 사학을 진흥시켰다.

③ (나) – 금석학을 연구하여 북한산비가 진흥왕 순수비임을 고증하였다.

④ (다) – 한국통사를 저술하였고, 대한민국 임시 정부의 제2대 대통령을 역임하였다.

⑤ (다) – 대한매일신보의 주필로 활동하였으며, 폭력을 통한 민중의 직접 혁명을 주장하였다.

31. 밑줄 그은 ㉠, ㉡에 해당하는 역사서에 대한 설명으로 옳은 것은? [2점]

① ㉠ – 불교사를 중심으로 고대의 민간 설화를 수록하였다.

② ㉠ – 본기, 연표, 잡지, 열전 등으로 구성된 기전체 사서이다.

③ ㉡ – 사초와 시정기 등을 바탕으로 편찬하였다.

④ ㉡ – 고구려 건국 시조의 일대기를 서사시로 표현하였다.

⑤ ㉠, ㉡ – 우리 역사의 시작을 단군 조선으로 삼았다.

32. (가) 종교에 대한 설명으로 옳은 것은? [1점]

🔍 역사 돋보기 ☐(가)☐ 의 교세를 확장한 해월 최시형

해월 선생은 제자들에게 '최보따리'라고도 불렸다. 포교를 위해 잠행을 하면서 보따리를 자주 쌌기 때문에 붙여진 별명이다. 교조 최제우의 처형으로 위축되었던 ☐(가)☐ 의 교세는 2대 교주였던 그의 노력으로 크게 확장되었다. 그는 1897년 손병희에게 도통을 전수하였고 1898년 체포되어 재판을 받고 처형되었다. 그에게 사형을 신고한 판사 중에는 고부 학정의 원흉 조병갑이 있었다.

① 동경대전을 경전으로 삼았다.

② 항일 무장 단체인 중광단을 결성하였다.

③ 박중빈을 중심으로 새생활 운동을 펼쳤다.

④ 배재 학당을 세워 신학문 보급에 앞장섰다.

⑤ 프랑스와의 조약을 통해 포교가 허용되었다.

33. 다음 자료를 활용한 탐구 활동으로 가장 적절한 것은? [2점]

각국 공관에 보내는 호소문

지금 일본 공사가 우리 외부(外部)에 공문을 보내어 산림, 천택(川澤), 들판, 황무지에 대한 권리를 청구하였습니다. 우리나라 사람들을 이를 이용해 2~3년에 걸러 윤작을 해야만 먹고살 수 있습니다. 그런데 만일 이를 외국인에게 주어버린다면 전국의 강토를 모두 빼앗기게 되며 수많은 사람이 참혹한 빈곤에 빠져 구제할 수 없게 될 것입니다. 일본인들의 침략을 막고 우리 강토를 보전하도록 힘써 주십시오.

1904년 ○○월 ○○일

① 독립문의 건립 과정을 알아본다.

② 보안회의 활동 내용을 파악한다.

③ 조일 통상 장정의 조항을 검토한다.

④ 화폐 정리 사업이 끼친 영향을 살펴본다.

⑤ 황국 중앙 총상회가 조직된 목적을 분석한다.

34. 다음 상황의 배경으로 가장 적절한 것은? [2점]

> 근일에 의병을 일으킨 이들이 각처에 글을 보내어 말하기를, "정부에 변란이 자주 나고 각처에 도적이 일어나며 대군주 폐하께서 외국 공사관에 파천하여 환궁하실 기약이 없고 일본 사람들이 조선 인민을 어지럽게 하는 고로, 의병을 일으켜 서울에 올라와 궁궐을 지키고 대군주 폐하를 환궁하시게 한다."라고 하였다.

① 을미사변이 일어났다.
② 을사늑약이 체결되었다.
③ 용암포 사건이 발생하였다.
④ 헤이그에 특사가 파견되었다.
⑤ 대한 제국의 군대가 해산되었다.

35. 다음 관제가 반포된 이후의 사실로 옳은 것은? [2점]

> 〈원수부 관제〉
>
> 대황제 폐하는 대원수로서 군기(軍機)를 총람하고 육해군을 통령하며, 황태자 전하는 원수로서 육해군을 일률적으로 통솔한다. 이에 원수부를 설치한다.
>
> 제1조
> 원수부는 국방과 용병(用兵)과 군사에 관한 각 항의 명령을 관장하며 특별히 세운 권한을 가지고 군부와 경외(京外)의 각 부대를 지휘 감독한다.

① 지계아문이 설치되었다.
② 군국기무처가 창설되었다.
③ 5군영이 2영으로 통합되었다.
④ 한성 사범 학교가 설립되었다.
⑤ 건양이라는 연호가 제정되었다.

36. (가) 부대에 대한 설명으로 옳은 것은? [2점]

> 남대관, 권수정 등은 전 한족총연합회 간부였던 지청천, 신숙 등과 함께 아성현(阿城縣)에서 한국대독립당을 조직하고 지청천을 총사령, 남대관을 부사령으로 하는 (가) 을/를 편성하였다. …… (가) 은/는 딩차오(丁超)의 군으로부터 무기를 지급받고 대원을 모집하여 일본 측 기관의 파괴, 일본 요인의 암살 등을 기도하였다.

① 청산리에서 일본군을 크게 격파하였다.
② 미군과 연계하여 국내 진공 작전을 준비하였다.
③ 대전자령 전투에서 일본군을 상대로 승리를 거두었다.
④ 중국 관내(關內)에서 결성된 최초의 한인 무장 부대였다.
⑤ 대한 국민회군 등과 연합하여 봉오동 전투에서 승리하였다.

37. 밑줄 그은 '법령'이 시행된 시기 일제의 정책으로 옳은 것은? [1점]

> □□신문
>
> 제△△호 　　　　　　　○○○○년 ○○월 ○○일
>
> **어려움에 빠진 한인 회사**
>
> 회사를 설립할 때 조선 총독의 허가를 받도록 하는 법령이 제정되었다. 이후 한인의 회사는 큰 영향을 받아 손해가 적지 않기에 실업계의 원성이 자자하다. 전국에 있는 회사를 헤아려보니 한국에 본점을 두고 설립한 회사가 171개인데 자본 총액이 5,021만여 원이요, 외국에 본점을 두고 지점을 한국에 설립한 회사가 52개인데 자본 총액이 1억 1,230만여 원이다. 그중에 일본인의 회사가 3분의 2 이상이고, 몇 개 되지 않는 한인의 회사는 상업 경쟁에 밀리고 회사 세납에 몰려 도무지 유지하기가 어렵다고 한다.

① 신문지법을 제정하였다.
② 미쓰야 협정을 체결하였다.
③ 토지 조사 사업을 실시하였다.
④ 경성 제국 대학을 설립하였다.
⑤ 조선 사상범 예방 구금령을 시행하였다.

38. (가) 단체에 대한 설명으로 옳은 것은? [3점]

> **판결문**
>
> 피고인: 박상진, 김한종
>
> 주 문: 피고 박상진, 김한종을 사형에 처한다.
>
> 이 유
>
> 피고 박상진, 김한종은 한일 병합에 불평을 가지고 구한국의 국권 회복을 명분으로 [(가)]을/를 조직하고 국권 회복을 위한 자금 조달을 위해 조선 각도의 자산가에게 공갈로 돈을 받아내기로 하고 …… 채기중 등을 교사하여 장승원의 집에 침입하여 자금을 강취하고 살해하도록 한 죄가 인정되므로 위와 같이 판결한다.

① 중일 전쟁 발발 직후에 결성되었다.
② 군대식 조직을 갖춘 비밀 결사였다.
③ 파리 강화 회의에 대표를 파견하였다.
④ 일제가 꾸며낸 105인 사건으로 와해되었다.
⑤ 만민 공동회를 열어 열강의 이권 침탈을 비판하였다.

39. 밑줄 그은 '시위 운동'의 배경으로 가장 적절한 것은? [1점]

> 수신: 육군 대신
>
> 발신: 조선 헌병대 사령관
>
> 오늘 1일 새벽 경성에서 조선 독립에 관한 선언서를 발견함. 위 선언서에는 천도교, 기독교 신도들의 서명이 있었는데, 이면에는 일본 및 조선의 학생들과 비밀리에 연락했을 가능성이 있어 수사 중. 오후 2시에 이르러 중학(中學)정도의 학생 약 1,000명이 모이자, 민중이 이에 어울려 시내를 행진하고 시위 운동을 시작함. 지금 수배중. 위 집단은 각 장소에서 한국 독립 만세를 외치나 난폭한 행동으로 나오지는 않아 매우 불온한 형세는 없음. 주모자를 체포하고 해산시킬 예정이고 선언서에 서명한 사람 대부분은 즉시 체포함.

① 간도 참변으로 민간인이 학살되었다.
② 상하이에서 국민 대표 회의가 개최되었다.
③ 언론사의 주도로 브나로드 운동이 전개되었다.
④ 조선 노동 총동맹과 조선 농민 총동맹이 결성되었다.
⑤ 도쿄 유학생들을 중심으로 2·8 독립 선언서가 발표되었다.

40. (가) 인물에 대한 설명으로 옳은 것은? [3점]

> **문학으로 보는 한국사**
>
> 내 고장 칠월은
> 청포도가 익어가는 시절
>
> 이 마을 전설이 주저리주저리 열리고
> 먼 데 하늘이 꿈꾸며 알알이 들어와 박혀
>
> 하늘 밑 푸른 바다가 가슴을 열고
> 흰 돛단배가 곱게 밀려서 오면
>
> 내가 바라는 손님은 고달픈 몸으로
> 청포(靑袍)를 입고 찾아온다고 했으니
>
> 내 그를 맞아 이 포도를 따 먹으면
> 두 손은 함뿍 적셔도 좋으련
>
> 아이야, 우리 식탁엔 은쟁반에
> 하이얀 모시 수건을 마련해 두렴
>
> [해설]
>
> 이 시는 독립운동가이자 문학가인 [(가)]의 '청포도'이다. 그는 이 시를 비롯한 다양한 작품에서 식민지 현실에 맞서 꺼지지 않는 민족의식을 표현하였다.
>
> 그의 본명은 이원록으로 안동에서 태어났고, 1927년 장진홍의 조선은행 대구 지점 폭탄 의거에 연루되어 투옥되었다. 이후에도 그는 중국을 오가며 독립운동에 힘쓰다가 1943년 체포되어 이듬해 베이징의 일본 감옥에서 생을 마감하였다.

① 소설 상록수를 신문에 연재하였다.
② 광야, 절정 등의 저항시를 발표하였다.
③ 타이완에서 일본 육군 대장을 저격하였다.
④ 삼균주의를 바탕으로 한 건국 강령을 만들었다.
⑤ 여유당전서를 간행하고 조선학 운동을 전개하였다.

41. (가) 단체에 대한 설명으로 옳은 것은? [2점]

> **□□신문**
>
> 제△△호　　　　　　　　　　　　　1924년 ○○월 ○○일
>
> **이중교 폭탄 사건 주역은 [(가)]의 김지섭**
> 9월 1일 대지진 때 일어난 조선인 학살이 도화선
>
> 금년 1월 5일 오후 7시에 동경 궁성 이중교 앞에서 일어난 폭탄 투척 사건은 전일본을 경악하게 만든 대사건이었다. 당국은 이 사건에 대한 신문 게재 일체를 금지하였고, 동경 지방 재판소의 검사와 예심 판사가 수사를 진행하였다. 이번에 예심이 결정되고 당국의 보도 금지가 해제되었기에, 피고 김지섭 외 4명은 전부 유죄로 공판에 회부되었음을 보도한다. 김지섭은 조선 독립을 위해 [(가)]의 단장 김원봉과 함께 과격한 방법을 강구하였고, 이를 일본에서 실행하기로 하였다고 한다.

① 김구가 상하이에서 조직하였다.
② 비밀 행정 조직인 연통제를 운영하였다.
③ 조선 혁명 선언을 활동 지침으로 삼았다.
④ 신흥 무관 학교를 세워 무장 투쟁을 준비하였다.
⑤ 조선 총독부에 국권 반환 요구서를 제출하려 하였다.

42. 다음 자료에 나타난 민족 운동에 대한 설명으로 옳은 것은? [2점]

> **2천만 피압박 민중 제군이여!**
>
> 우리 2천만 생령(生靈)을 사랑하고 조국을 사랑하는 광주 학생 남녀 수십 명이 빈사(瀕死)의 중상을 입었다. 고뇌하는 청년 학생 2백 명이 불법으로 철창 속에 갇혀 있다. 그들은 정의를 위하여 거리로 나가 시위를 했다. 그러나 지배 계급의 미친개의 이빨에 물리고 말았다. 우리들은 광주 학생의 석방을 요구하는 동시에 참을 수 없는 피눈물로 시위 대열에 나가는 것이다.
>
> ―감금된 학생을 탈환하자
> ―총독 폭압 정치 절대 반대
> ―교육에 경찰 간섭 반대
> ―치안 유지법을 철폐하라

① 순종의 장례일을 맞아 가두시위를 벌였다.
② 대한민국 임시 정부 수립에 영향을 주었다.
③ 조선 사람 조선 것이라는 구호를 내세웠다.
④ 신간회의 지원을 받으며 전국적으로 확산되었다.
⑤ 일본, 프랑스 등의 노동 단체로부터 격려 전문을 받았다.

43. 교사의 질문에 대한 학생의 답변으로 가장 적절한 것은? [1점]

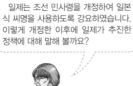

> **조선 민사령 중 개정의 건**
> **(제령 제19호)**
> 조선인 호주는 본령 시행 후 6개월 이내에 새로 씨(氏)를 정하고 이를 부윤 또는 읍면장에게 신고해야 한다. …… 신고를 하지 않을 때는 본령 시행 당시 호주의 성을 씨로 삼는다.

일제는 조선 민사령을 개정하여 일본식 씨명을 사용하도록 강요하였습니다. 이렇게 개정한 이후에 일제가 추진한 정책에 대해 말해 볼까요?

① 통감부를 설치하였습니다.
② 조선 태형령을 시행하였습니다.
③ 헌병 경찰제를 실시하였습니다.
④ 여자 정신 근로령을 공포하였습니다.
⑤ 동양 척식 주식회사를 설립하였습니다.

44. (가) 인물에 대한 설명으로 옳은 것은? [2점]

> 항복 전에 정무총감 엔도 등이 법과 질서를 유지하고 일본인들의 생명과 재산을 지키기 위하여 (가) 와/과 논의하였다. …… 일본인들은 그가 유혈 사태를 막아줄 수 있다고 믿었던 것 같다. …… 그런데 (가) 은/는 조선 총독부가 생각했던 바를 따르지 않았다. 일본이 원했던 것은 연합군이 올 때까지 질서를 유지하기 위한 평화 유지 위원회 정도였다. 그러나 그는 실질적인 정부로 여겨질 수 있는 조선 건국 준비 위원회를 만들었다.

① 샌프란시스코에서 흥사단을 결성하였다.
② 조선어 학회 사건으로 구속되어 옥고를 치렀다.
③ 김규식과 함께 좌우 합작 위원회를 조직하였다.
④ 반민족 행위 특별 조사 위원회에서 활동하였다.
⑤ 미국에서 귀국하여 독립 촉성 중앙 협의회를 이끌었다.

45. (가) 전쟁 중에 있었던 사실로 옳은 것을 〈보기〉에서 고른 것은? [2점]

> **사진으로 보는 (가)**
>
> 이 사진은 (가) 당시 끊어진 대동강 철교를 찍은 거란다. 유엔군은 중국군의 남하를 지연시키기 위해 철교를 파괴했다는구나.
>
> 한파가 몰아치는 한겨울에 끊어진 다리를 건너는 피난민의 모습을 보니 전쟁의 참혹함이 생생하게 느껴지는 것 같아요.

〈보기〉

ㄱ. 애치슨 라인이 발표되었다.
ㄴ. 인천 상륙 작전이 전개되었다.
ㄷ. 부산에서 발췌 개헌안이 통과되었다.
ㄹ. 모스크바 3국 외상 회의가 개최되었다.

① ㄱ, ㄴ   ② ㄱ, ㄷ   ③ ㄴ, ㄷ
④ ㄴ, ㄹ   ⑤ ㄷ, ㄹ

46. 다음 뉴스가 보도된 정부 시기의 경제 상황으로 옳은 것은? [2점]

> 서울–부산 간 고속 도로 준공식이 대구에서 열렸습니다. 대전–대구 구간을 마지막으로 경부 고속 도로가 완공되면서 서울에서 부산까지의 이동 시간이 4시간 30분 정도로 줄어들게 되었습니다. 하지만 2년 5개월여의 단기간에 고속 도로를 완공하면서 다수의 사상자가 발생하는 등 안타까운 일도 있었습니다.

① 제2차 경제 개발 5개년 계획이 추진되었다.
② 미국의 경제 원조로 삼백 산업이 발달하였다.
③ 귀속 재산 처리를 위한 신한 공사가 설립되었다.
④ 대통령 긴급 명령으로 금융 실명제가 실시되었다.
⑤ 최저 임금 결정을 위한 최저 임금 위원회가 설치되었다.

47. 다음 발표가 있었던 시기를 연표에서 옳게 고른 것은? [2점]

> 정부는 최근 겪고 있는 금융·외환 시장의 어려움을 극복하기 위해 국제 통화 기금(IMF)에 유동성 조절 자금을 지원해 줄 것을 요청하기로 결정하였습니다. …… 유동성 부족 상태가 조속한 시일 안에 해결될 것으로 기대합니다. 정부는 국제 통화 기금과 참여국의 지원과 함께 우리 스스로도 원활한 외화 조달을 위한 다각적인 대책을 함께 적극 추진해 나갈 계획입니다.

1949	1965	1977	1988	1998	2007
(가)	(나)	(다)	(라)	(마)	
농지 개혁법 제정	한일 기본 조약 체결	100억 달러 수출 달성	서울 올림픽 개최	노사정 위원회 구성	한미 자유 무역 협정(FTA) 체결

① (가) ② (나) ③ (다)
④ (라) ⑤ (마)

48. (가)에 들어갈 내용으로 가장 적절한 것은? [2점]

> 저는 지금 ○○시에 있는 경포대에 와 있습니다. 관동팔경 중 하나인 경포대 안에는 숙종이 직접 지은 시를 비롯하여 많은 명사의 글이 걸려있습니다. 이 지역에서 가 볼 만한 곳을 대화창에 올려 주세요.

① 율곡 이이가 태어난 오죽헌을 추천해요.
② 무령왕릉이 있는 송산리 고분군을 추천해요.
③ 어재연 부대가 항전했던 광성보에 가 보세요.
④ 팔만대장경판이 보관된 해인사를 방문해 보세요.
⑤ 삼별초가 활동한 항파두리 항몽 유적에 가 보세요.

49. 다음 민주화 운동에 대한 설명으로 옳은 것은? [1점]

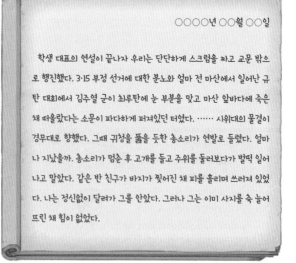

> ○○○○년 ○○월 ○○일
> 학생 대표의 연설이 끝나자 우리는 단단하게 스크럼을 짜고 교문 밖으로 행진했다. 3·15 부정 선거에 대한 분노와 얼마 전 마산에서 일어난 규탄 대회에서 김주열 군이 최루탄에 눈 부분을 맞고 마산 앞바다에 죽은 채 떠올랐다는 소문이 파다하게 퍼져있던 터였다. …… 시위대의 물결이 경무대로 향했다. 그때 귀청을 뚫을 듯한 총소리가 연발로 들렸다. 얼마나 지났을까. 총소리가 멈춘 후 고개를 들고 주위를 둘러보다가 벌떡 일어나고 말았다. 같은 반 친구가 바지가 찢어진 채 피를 흘리며 쓰러져 있었다. 나는 정신없이 달려가 그를 안았다. 그러나 그는 이미 사지를 축 늘어뜨린 채 힘이 없었다.

① 시민군이 조직되어 계엄군에 저항하였다.
② 당시 대통령이 하야하는 결과를 가져왔다.
③ 호헌 철폐, 독재 타도 등의 구호를 내세웠다.
④ 3선 개헌 반대 범국민 투쟁 위원회가 주도하였다.
⑤ 장기 독재를 비판하는 3·1 민주 구국 선언이 발표되었다.

50. (가), (나) 사이의 시기에 있었던 사실로 옳은 것은?

[3점]

(가)	남북 간의 제반 문제를 개선, 해결하며 나라의 통일 문제를 다루는 남북 조절 위원회가 정식으로 발족하였다. 남북 조절 위원회는 판문점에 공동 사무국을 두기로 하였으며, 회의는 서울과 평양에서 번갈아 진행하기로 하였다.
(나)	서울에서 열린 제5차 남북 고위급 회담에서 남북 사이의 화해와 불가침 및 교류·협력 등을 주요 내용으로 하는 남북 기본 합의서를 채택하였다. 특히 이번 합의서에서는 분단 이후 처음으로 남북 양측의 국호를 사용하였다.

① 금강산 육로 관광이 시작되었다.

② 6·15 남북 공동 선언이 발표되었다.

③ 평창 동계 올림픽에 남북 단일팀이 참가하였다.

④ 남북 경제 협력을 위한 개성 공업 지구가 조성되었다.

⑤ 남북 이산가족 고향 방문단의 교환 방문이 최초로 성사되었다.

1. 밑줄 그은 '이 시대'의 생활 모습으로 옳은 것은? [1점]

부여 송국리

축제에 초대합니다.

2023.○○.○○.~○○.○○.
부여 송국리 유적 일원

모시는 글

사유 재산과 계급이 출현한 이 시대의 대표적 유적지인 부여 송국리 유적에서 축제를 개최합니다. 다양한 행사에 참여하여 당시 생활을 체험해 보시기 바랍니다.

◆ 주요 프로그램 ◆
• 비파형 동검 모형 만들기
• 민무늬 토기 조각 맞추기
• 증강 현실로 환호와 목책 보기

① 소를 이용한 깊이갈이가 일반화되었다.
② 많은 인력을 동원하여 고인돌을 축조하였다.
③ 실을 뽑기 위해 가락바퀴를 처음 사용하였다.
④ 쟁기, 쇠스랑 등의 철제 농기구가 이용되었다.
⑤ 주로 동굴이나 강가에 막집을 짓고 거주하였다.

2. (가) 국가에 대한 설명으로 옳은 것은? [2점]

니계상 참이 사람을 시켜 ____(가)____ 의 왕 우거를 죽이고 와서 항복하였다. 그러나 왕검성은 끝내 함락되지 않았기에 우거왕의 대신(大臣) 성기가 한(漢)에 반기를 들고 공격하였다. 좌장군은 우거왕의 아들 장과 항복한 상 노인의 아들 최로 하여금 그 백성을 달래고 성기를 주살하도록 하였다. 드디어 ____(가)____ 을/를 평정하고 진번·임둔·낙랑·현도군을 설치하였다.

— 『한서』 —

① 동맹이라는 제천 행사를 열었다.
② 신성 지역인 소도가 존재하였다.
③ 읍락 간의 경계를 중시하는 책화가 있었다.
④ 여러 가(加)들이 별도로 사출도를 다스렸다.
⑤ 사회 질서를 유지하기 위해 범금 8조를 두었다.

3. (가) 지역에 대한 탐구 활동으로 가장 적절한 것은? [2점]

이달의 역사 인물

문주왕
미상~477

(가) 에 백제의 새로운 터전을 잡다

고구려 장수왕의 공격으로 백제의 수도 한성이 파괴되고 개로왕이 전사하였다. 그에 이어 즉위한 문주왕은 위기를 수습하고자 ____(가)____ (으)로 도읍을 옮겼다.

① 무왕이 미륵사를 창건한 곳을 살펴본다.
② 무령왕과 왕비의 무덤이 발굴된 곳을 답사한다.
③ 성왕이 신라와의 전투에서 전사한 곳을 검색한다.
④ 윤충이 의자왕의 명을 받아 함락시킨 곳을 지도에 표시한다.
⑤ 계백이 이끄는 결사대가 신라군에 맞서 싸운 곳을 조사한다.

4. (가)에 해당하는 문화유산으로 옳은 것은? [2점]

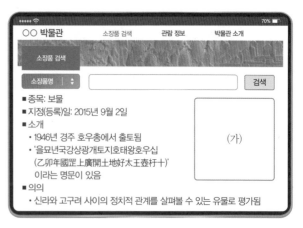

○○ 박물관　　소장품 검색　　관람 정보　　박물관 소개

소장품 검색

소장품명 ▾ 　　　　　　　　　　 검색

■ 종목: 보물
■ 지정(등록)일: 2015년 9월 2일
■ 소개
• 1946년 경주 호우총에서 출토됨
• '을묘년국강상광개토지호태왕호우십
　(乙卯年國罡上廣開土地好太王壺杅十)'
　이라는 명문이 있음
■ 의의
• 신라와 고구려 사이의 정치적 관계를 살펴볼 수 있는 유물로 평가됨

(가)

① 　 ② 　 ③ 　 ④ 　 ⑤

5. 다음 상황 이후에 있었던 사실로 옳은 것은? [2점]

> 10월에 백제왕이 병력 3만 명을 거느리고 평양성을 공격해 왔다. 왕이 군대를 출정시켜 백제군을 막다가 날아온 화살에 맞아 이달 23일에 세상을 떠났다.

① 유리왕이 졸본에서 국내성으로 천도하였다.
② 미천왕이 낙랑군을 축출하여 영토를 확장하였다.
③ 소수림왕이 불교를 공인하고 율령을 반포하였다.
④ 고국천왕이 을파소를 등용하고 진대법을 실시하였다.
⑤ 유주자사 관구검이 이끄는 군대가 환도성을 함락하였다.

6. (가), (나) 사이의 시기에 있었던 사실로 옳은 것은?
[2점]

> (가) 당의 손인사, 유인원과 신라왕 김법민은 육군을 거느려 나아가고, 유인궤 등은 수군과 군량을 실은 배를 거느리고 백강으로 가서 육군과 합세하여 주류성으로 갔다. 백강 어귀에서 왜의 군사를 만나 …… 그들의 배 4백 척을 불살랐다.
>
> (나) 이근행이 군사 20만 명을 이끌고 매소성에 머물렀다. 신라군이 공격하여 달아나게 하고 말 3만여 필을 얻었는데, 노획한 병장기의 수도 그 정도 되었다.

① 장문휴가 당의 등주를 공격하였다.
② 원광이 왕명으로 걸사표를 작성하였다.
③ 을지문덕이 살수에서 대승을 거두었다.
④ 김춘추가 당과의 군사 동맹을 성사시켰다.
⑤ 검모잠이 안승을 왕으로 세워 부흥 운동을 벌였다.

7. 밑줄 그은 '이 나라'에 대한 설명으로 옳은 것은? [1점]

> ○ 조영이 죽으니, 이 나라에서는 고왕이라 하였다. 아들 무예가 왕위에 올라 영토를 크게 개척하니, 동북의 모든 오랑캐들이 겁을 먹고 그를 섬겼다.
>
> ○ 처음에 이 나라의 왕이 자주 학생들을 경사의 태학에 보내어 고금의 제도를 배우고 익혀 가더니, 드디어 해동성국이 되었다. 그 땅에는 5경 15부 62주가 있다.
>
> － 『신당서』 －

① 정사암 회의를 개최하였다.
② 9서당 10정의 군사 조직을 갖추었다.
③ 욕살, 처려근지 등의 지방관을 두었다.
④ 인안, 대흥 등 독자적인 연호를 사용하였다.
⑤ 광평성을 비롯한 각종 정치 기구를 마련하였다.

8. 밑줄 그은 '이 인물'에 대한 설명으로 옳은 것은? [3점]

> 이곳은 이 인물을 제사하는 경주의 서악 서원. 그는 한자의 음과 훈을 빌려 우리말을 표기하는 이두를 체계적으로 정리함. 우리말로 유학 경전을 풀이하여 후학들을 가르침. 원효의 아들임.

① 향가 모음집인 삼대목을 편찬하였다.
② 진성 여왕에게 시무책 10여 조를 올렸다.
③ 화랑도의 규범으로 세속 5계를 제시하였다.
④ 외교 문서 작성에 능하여 청방인문표를 지었다.
⑤ 국왕에게 조언하는 내용인 화왕계를 집필하였다.

9. 밑줄 그은 '시기'에 볼 수 있는 모습으로 적절한 것은?

[2점]

> 이 유물에는 민애왕을 추모하는 명문이 있습니다. 그는 혜공왕 피살 이후 왕위 쟁탈전이 치열했던 시기에 희강왕을 축출하고 왕이 되었으나, 다른 진골 세력에 의해 1년 만에 제거되었습니다.

전(傳) 대구 동화사 비로암 삼층 석탑
납석사리호

① 의창에서 곡식을 빌리는 백성
② 만권당에서 대담을 나누는 학자
③ 혜민국에서 약을 받아 가는 환자
④ 화엄일승법계도를 저술하는 승려
⑤ 청해진을 거점으로 해적을 소탕하는 병사

10. (가) 왕의 재위 시기에 있었던 사실로 옳은 것은?

[2점]

〈탐구 활동 보고서〉

○학년 ○반 이름: △△△

1. **주제:** (가) , 안정과 통합을 꾀하다
2. **방법:** 『고려사』 사료 검색 및 분석
3. **사료 내용과 분석**

사료 내용	분석
명주의 순식이 투항하자 왕씨 성을 내리다.	지방 호족 포섭
『정계』와 『계백료서』를 지어 반포하다.	관리의 규범 제시
흑창을 두어 가난한 백성에게 곡식을 빌려주다.	민생 안정

① 개국 공신에게 역분전을 지급하였다.
② 외침에 대비하여 광군을 조직하였다.
③ 광덕, 준풍 등의 독자적 연호를 사용하였다.
④ 관학 진흥을 목적으로 양현고를 운영하였다.
⑤ 주전도감을 설치하여 해동통보를 발행하였다.

11. 다음 상황이 나타난 시기를 연표에서 옳게 고른 것은?

[3점]

> 처음으로 12목을 설치하고 조서를 내려 말하기를, "부지런히 정사를 돌보면서 매번 신하들의 충고를 구하고 있다. 낮은 곳의 이야기를 듣고 멀리 보고자 어질고 현명한 이들의 힘을 빌리려고 한다. 이에 수령들의 공로에 의지해 백성들의 바람에 부합하고자 한다. 『우서(虞書)』의 12목 제도를 본받아 시행하니, 주나라가 8백 년간 지속하였듯이 우리의 국운도 길이 이어질 것이다."라고 하였다.

(가)	(나)	(다)	(라)	(마)
918 고려 건국	945 왕규의 난	1009 강조의 정변	1196 최충헌의 집권	1270 개경 환도	1351 공민왕 즉위

① (가) ② (나) ③ (다)
④ (라) ⑤ (마)

12. (가) 국가에 대한 고려의 대응으로 옳은 것은? [2점]

> 이곳은 전라남도 나주시에 있는 심향사입니다. (가) 의 침입으로 나주로 피난한 고려 현종이 나라의 평안을 위해 이곳에서 기도를 올렸다고 전해집니다. 이 왕 때 부처의 힘으로 국난을 극복하고자 초조대장경의 조성이 시작되었습니다.

① 박위를 보내 근거지를 토벌하였다.
② 조총 부대를 나선 정벌에 파견하였다.
③ 개경을 방어하기 위해 나성을 축조하였다.
④ 압록강 상류 지역을 개척하여 4군을 설치하였다.
⑤ 국방 문제를 논의하기 위해 비변사를 신설하였다.

13. (가)에 들어갈 내용으로 옳은 것은? [2점]

왕후(王煦), 왕자로 태어나 승려가 되다

문종의 아들로 불법(佛法)을 구하러 송에 유학하였다. 귀국 후 흥왕사에서 『신편제종교장총록』을 간행하였다. 이 책은 송·거란·일본 등 동아시아 각지의 불교 서적을 수집하여 정리한 것이다. 이후 (가)

① 국청사의 주지가 되어 해동 천태종을 개창하였다.
② 불교 개혁을 주장하며 수선사 결사를 조직하였다.
③ 선문염송집을 편찬하고 유불 일치설을 주장하였다.
④ 불교 관련 자료를 중심으로 삼국유사를 집필하였다.
⑤ 인도와 중앙아시아를 순례하고 왕오천축국전을 남겼다.

14. (가)~(다)를 일어난 순서대로 옳게 나열한 것은? [3점]

(가) 왕이 보현원 문에 들어서자 …… 이고 등이 왕을 모시던 문관 및 대소 신료, 환관들을 모두 살해하였다. …… 정중부 등이 왕을 모시고 환궁하였다.

(나) 이자겸과 척준경이 왕을 위협하여 남궁(南宮)으로 거처를 옮기게 하고 안보린, 최탁 등 17인을 죽였다. 이 외에도 죽인 군사가 헤아릴 수 없을 정도였다.

(다) 묘청이 서경을 근거지로 삼고 반란을 일으켰다. …… 국호를 대위, 연호를 천개, 그 군대를 천견충의군이라 불렀다.

① (가) - (나) - (다) ② (가) - (다) - (나)
③ (나) - (가) - (다) ④ (나) - (다) - (가)
⑤ (다) - (가) - (나)

15. 다음 상황이 나타난 시기에 볼 수 있는 모습으로 적절한 것은? [2점]

기철의 친척 기삼만이 권세를 믿고 불법으로 남의 토지를 빼앗기에 정치도감에서 그를 잡아 장(杖)을 치고 하옥하였는데 20여 일 만에 죽었다. …… 그러자 정동행성 이문소에서 정치도감 관리들을 잡아 가두었다.

① 농사직설을 편찬하는 학자
② 초량 왜관에서 교역하는 상인
③ 도평의사사에서 회의하는 관리
④ 규장각 검서관으로 근무하는 서얼
⑤ 빈공과 응시를 준비하는 6두품 유학생

16. (가) 국가의 경제 상황으로 옳은 것은? [1점]

명주의 정해현에서 순풍을 만나 3일이면 큰 바다 가운데로 들어가고, 다시 5일이면 흑산도에 도달하여 그 경계에 들어간다. 흑산도에서 섬들을 지나 7일이면 예성강에 이른다. …… 거기서 3일이면 연안에 닿는데, 벽란정(碧瀾亭)이라는 객관이 있다. 사신은 여기에서부터 육지에 올라 험한 산길을 40여 리쯤 가면 (가) 의 수도에 도달한다.
— 『송사』 —

① 집집마다 부경이라는 창고가 있었다.
② 활구라고 불리는 은병이 주조되었다.
③ 동시전이 설치되어 시장을 감독하였다.
④ 계해약조가 체결되어 일본과 교역하였다.
⑤ 광산을 전문적으로 경영하는 덕대가 등장하였다.

17. (가)에 해당하는 문화유산으로 옳은 것은? [2점]

충청남도 예산군에 있는 이 건물은 맞배지붕에 주심포 양식입니다. 건물 보수 중 묵서명이 발견되어 충렬왕 34년이라는 정확한 건립 연도를 알게 되었습니다.

국보로 지정된 불교 건축물

(가)

① 수덕사 대웅전

② 화엄사 각황전

③ 부석사 무량수전

④ 봉정사 극락전

⑤ 법주사 팔상전

18. 다음 대화 이후에 전개된 사실로 옳은 것은? [2점]

이번에 왕이 최영에게 명하여 요동을 정벌한다고 하네.

명 황제가 철령 이북을 일방적으로 명의 영토로 귀속시키려 한 것이 원인이라더군.

① 윤관이 별무반을 이끌고 동북 9성을 축조하였다.
② 서희가 외교 담판을 벌여 강동 6주를 획득하였다.
③ 이성계가 위화도에서 회군하여 정권을 장악하였다.
④ 배중손이 이끄는 삼별초가 용장산성에서 항전하였다.
⑤ 최우가 강화도로 도읍을 옮겨 장기 항전을 준비하였다.

19. 밑줄 그은 '이 왕'의 재위 시기에 있었던 사실로 옳은 것은? [2점]

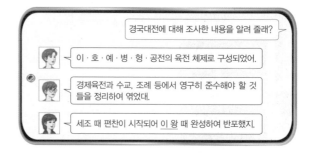

경국대전에 대해 조사한 내용을 알려 줄래?

이·호·예·병·형·공전의 육전 체제로 구성되었어.

경제육전과 수교, 조례 등에서 영구히 준수해야 할 것들을 정리하여 엮었대.

세조 때 편찬이 시작되어 이 왕 때 완성하여 반포했지.

① 독립된 간쟁 기관으로 사간원이 설치되었다.
② 함길도 토착 세력인 이시애가 난을 일으켰다.
③ 직제가 개편된 홍문관에서 경연을 주관하였다.
④ 집현전 관리를 대상으로 사가독서제가 시행되었다.
⑤ 붕당의 폐해를 경계하기 위한 탕평비가 건립되었다.

20. ㉠~㉤에 대한 탐구 활동으로 가장 적절한 것은? [3점]

㉠왕이 어려서 즉위하여 모후(母后)가 수렴청정을 하고, 사림 간에 큰 옥사가 연달아 일어난 데다가 ㉡요승(妖僧)을 높이고 사랑하여 불교를 숭상했으나 모두 왕의 뜻은 아니었다. …… ㉢부세는 무겁고 부역은 번거로웠으며 흉년으로 백성들이 고달프고 도적이 성행하여 국내의 재력이 고갈되었다. 그래서 왕이 비록 성덕(盛德)을 품었어도 끝내 하나도 펴지 못했으니 참으로 애석하다. 그러다가 ㉣문정 왕후가 돌아가신 후에 국정을 주관하게 되자 …… ㉤을사사화 때 화를 당한 사람들을 풀어 주고 먼 곳으로 쫓겨난 사람들을 모두 내지로 옮겼다.

① ㉠ - 1차 왕자의 난이 일어난 이유를 찾아본다.
② ㉡ - 황사영 백서 사건이 가져온 결과를 살펴본다.
③ ㉢ - 예송 논쟁의 발생 배경을 파악한다.
④ ㉣ - 갑술환국의 전개 양상을 정리한다.
⑤ ㉤ - 윤임 일파가 축출되는 과정을 조사한다.

21. 다음 상황이 전개된 배경으로 옳은 것은? [1점]

> 교지를 내려 이르기를, "전날 성삼문 등이 상왕(上王)도 그 모의에 참여하였다고 인정하자, 백관들이 상왕도 종사(宗社)에 죄를 지었으니 편안히 도성에 거주하는 것은 마땅치 않다고 하였다. …… 상왕을 노산군(魯山君)으로 낮추고, 궁에서 내보내 영월에 거주시키도록 하라."라고 하였다.

① 인조반정으로 북인 세력이 몰락하였다.
② 인현왕후가 폐위되고 남인이 권력을 차지하였다.
③ 계유정난을 통해 수양 대군이 정권을 장악하였다.
④ 이인좌를 중심으로 한 소론 세력이 난을 일으켰다.
⑤ 폐비 윤씨 사사 사건으로 인해 김굉필 등이 처형되었다.

22. (가)에 해당하는 작품으로 옳은 것은? [1점]

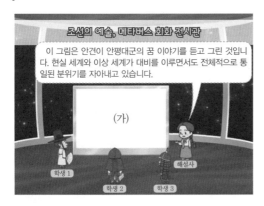

① 　②

③ 　④

⑤

23. 밑줄 그은 '이 전쟁' 중에 있었던 사실로 옳은 것은? [2점]

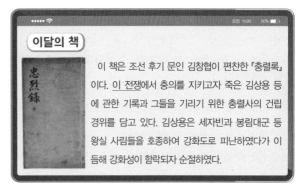

> **이달의 책**
>
> 이 책은 조선 후기 문인 김창협이 편찬한 『충렬록』이다. 이 전쟁에서 충의를 지키고자 죽은 김상용 등에 관한 기록과 그들을 기리기 위한 충렬사의 건립 경위를 담고 있다. 김상용은 세자빈과 봉림대군 등 왕실 사람들을 호종하여 강화도로 피난하였다가 이 듬해 강화성이 함락되자 순절하였다.

① 조명 연합군이 평양성을 탈환하였다.
② 강홍립이 사르후 전투에 참전하였다.
③ 김준룡이 광교산 전투에서 승리하였다.
④ 김종서가 두만강 일대에 6진을 개척하였다.
⑤ 곽재우, 김천일 등이 의병장으로 활약하였다.

24. (가) 왕에 대한 설명으로 옳은 것은? [2점]

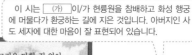

> 이 시는 　(가)　이/가 현륭원을 참배하고 화성 행궁에 머물다가 환궁하는 길에 지은 것입니다. 아버지인 사도 세자에 대한 마음이 잘 표현되어 있습니다.

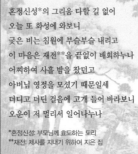

> 혼정신성*의 그리움 다할 길 없어
> 오늘 또 화성에 와보니
> 굳은 비는 침원에 부슬부슬 내리고
> 이 마음은 재전**을 끝없이 배회하누나
> 어찌하여 사흘 밤을 잤던고
> 아버님 영정을 모셨기 때문일세
> 더디고 더딘 걸음에 고개 들어 바라보니
> 오운이 저 멀리서 일어나누나
>
> *혼정신성: 부모님께 효도하는 도리
> **재전: 제사를 지내기 위하여 지은 집

① 청과 국경을 정하는 백두산정계비를 세웠다.
② 통치 체제를 정비하고자 속대전을 편찬하였다.
③ 왕실의 위엄을 높이기 위해 경복궁을 중건하였다.
④ 삼정의 문란을 시정하려고 삼정이정청을 설치하였다.
⑤ 시전 상인의 특권을 축소하는 신해통공을 단행하였다.

25. (가) 제도에 대한 설명으로 옳은 것은? [2점]

광해군 때 이원익이 방납의 폐단을 혁파하고자 선혜청을 두고 (가) 을/를 실시할 것을 청하였다. …… 맨 먼저 경기도 내에 시범적으로 실시하니 백성들은 대부분 편리하게 여겼다. 다만 권세가와 부호들은 방납의 이익을 잃기 때문에 온갖 방법으로 반대하였다.

－『국조보감』－

① 양반에게도 군포를 부과하였다.
② 수신전과 휼양전을 폐지하였다.
③ 양전 사업을 실시하여 지계를 발급하였다.
④ 전세를 풍흉에 따라 9등급으로 차등 과세하였다.
⑤ 관청에 물품을 조달하는 공인이 등장하는 배경이 되었다.

26. (가)~(라)를 일어난 순서대로 옳게 나열한 것은? [3점]

(가) 좌의정 박은이 상왕(上王)에게 아뢰기를, "이제 왜구가 중국에 들어가 도적질하고 본도로 돌아오는 것이 곧 이때이므로 마땅히 이종무 등으로 대마도에 나가 적이 섬에 돌아오기를 기다렸다가 맞아서 치게 되면 적을 파함에 틀림없을 것이니, 진멸(殄滅)시킬 기회를 잃지 마소서."라고 하니, 상왕이 옳게 여겼다.

(나) 김방경이 중군을 거느리게 하고 홀돈과 홍다구와 더불어 일본을 정벌하게 하였다. 일기도(一岐島)에 이르러 천여 명을 죽이고 길을 나누어 진격하였다. 왜인들이 달아나는데 쓰러진 시체가 마치 삼대와 같았다. 날이 저물어 이내 공격을 늦추었는데 마침 밤에 태풍이 크게 불어서 전함들이 많이 부서졌다.

(다) 왜구가 배 5백 척을 이끌고 진포 입구에 들어와서는 큰 밧줄로 배를 서로 잡아매고 병사를 나누어 지키다가, 해안에 상륙하여 여러 고을로 흩어져 들어가 불을 지르고 노략질을 자행하였다. …… 나세, 심덕부, 최무선 등이 진포에 이르러, 최무선이 만든 화포를 처음으로 사용하여 그 배들을 불태웠다.

(라) 왜장이 군사 수만 명을 모두 동원하여 진주성을 포위하였는데 성 안의 군사는 3천여 명이었다. 진주 목사 김시민이 여러 성첩을 나누어 지키게 하였다. …… 10여 일 동안 4~5차례 큰 전투를 벌이면서 안팎에서 힘껏 싸웠으므로 적이 먼저 도망하였다.

① (가) － (나) － (다) － (라)
② (가) － (다) － (나) － (라)
③ (나) － (가) － (라) － (다)
④ (나) － (다) － (가) － (라)
⑤ (다) － (라) － (나) － (가)

27. 다음 가상 인터뷰의 주인공에 대한 설명으로 옳은 것은? [2점]

성호사설에서 6가지 좀의 하나로 과업을 말씀하셨는데요, 어떤 점이 문제인가요?

요즘은 과거를 준비하는 유생들은 부모 형제와 생업도 팽개치고 종일토록 글공부만 하고 있으니, 이는 인간의 본성을 망치는 재주일 뿐입니다. 다행히 급제라도 하면 교만하고 사치스러워져, 끝없이 백성의 것을 빼앗아 그 욕심을 채웁니다. 때문에 나라를 좀먹는 존재로 표현했습니다.

① 마과회통에서 홍역에 대한 지식을 정리하였다.
② 의산문답에서 중국 중심의 세계관을 비판하였다.
③ 발해고에서 남북국이라는 용어를 처음 사용하였다.
④ 곽우록에서 토지 매매를 제한하는 한전론을 제시하였다.
⑤ 금석과안록에서 북한산비가 진흥왕 순수비임을 고증하였다.

28. 밑줄 그은 '이 시기'에 볼 수 있는 모습으로 적절하지 않은 것은? [1점]

범 나려온다 ♪ 범이 나려온다 ♪ 송림 깊은 골로 한김생이 내려온다 ♪♫

내가 준비한 것은 판소리 수궁가에서 호랑이가 내려오는 장면이야.

판소리는 신재효에 의해서 체계적으로 정리되었어.

한글 소설과 함께 판소리는 이 시기에 유행했지.

① 주자소에서 계미자를 만드는 장인
② 송파장에서 산대놀이를 공연하는 광대
③ 대규모 자본으로 물품을 구매하는 도고
④ 시사를 조직하여 작품 활동을 하는 중인
⑤ 인삼, 담배 등을 상품 작물로 재배하는 농민

29. (가), (나) 사이의 시기에 있었던 사실로 옳은 것은? [2점]

(가) 대왕대비전이 전교하기를, "익성군이 이제 입궁하였으니, 흥선 대원군과 부대부인의 봉작을 내리는 것을 오늘 중으로 거행하도록 하라."라고 하였다.

(나) 종로에 비석을 세웠다. 그 비에서 이르기를, '서양 오랑캐가 침범하는데 싸우지 않으면 즉 화친하는 것이요, 화친을 주장함은 나라를 팔아먹는 것이다.'고 하였다.

① 영국이 거문도를 불법으로 점령하였다.
② 일본의 운요호가 영종도를 공격하였다.
③ 러시아가 용암포에 대한 조차를 요구하였다.
④ 독일 상인 오페르트가 남연군 묘 도굴을 시도하였다.
⑤ 미국이 조미 수호 통상 조약 체결 후 푸트 공사를 파견하였다.

30. (가)에 대한 설명으로 옳은 것은? [2점]

동대문 일대 재개발 당시 발견된 하도감 터 사진이군요. 이곳은 어떤 용도로 사용된 장소인가요?

여기는 훈련도감에 속한 하도감이 있었던 장소로 군사를 훈련시키고 무기를 제작했던 곳입니다. 1881년부터 이듬해 구식 군인들에 대한 차별 대우로 발생한 (가) 때까지 교련병대의 훈련 장소로 사용되었습니다.

TV 교양 한국사
하도감 터

① 입헌 군주제 수립을 목표로 하였다.
② 조선 총독부의 방해와 탄압으로 실패하였다.
③ 우정총국 개국 축하연을 이용하여 일어났다.
④ 홍범 14조를 기본 개혁 방향으로 제시하였다.
⑤ 일본 공사관에 경비병이 주둔하는 계기가 되었다.

31. (가), (나) 사이의 시기에 있었던 사실로 옳은 것은?
[2점]

> (가) 복합 상소 이후에도 "물러나면 원하는 바를 시행할 것이다" 라던 국왕의 약속과 달리 관리들의 침학이 날로 심해졌다. …… 최시형은 도탄에 빠진 교도들을 구하고 최제우의 억울함을 씻기 위해 보은 집회를 개최하였다.
>
> (나) 동학 농민군은 거짓으로 패한 것처럼 꾸며 황토현에 진을 쳤다. 관군은 밀고 들어가 그 아래에 진을 쳤다. …… 농민군이 삼면을 포위한 채 한쪽 모퉁이만 빼고 크게 함성을 지르며 압박하자 관군은 일시에 무너졌다.

① 논산으로 남접과 북접이 집결하였다.
② 개혁을 추진하기 위해 교정청이 설치되었다.
③ 일본이 군대를 동원하여 경복궁을 점령하였다.
④ 고부 농민들이 조병갑의 탐학에 맞서 만석보를 파괴하였다.
⑤ 공주 우금치에서 농민군이 관군과 일본군에게 패배하였다.

32. 다음 글이 작성된 시기를 연표에서 옳게 고른 것은?
[2점]

> 전보 제○○○호
>
> 발신인: 외무대신 하야시
> 수신인: 통감 이토
>
> 네덜란드에 파견된 전권 대사 쓰즈키가 보낸 전보 내용임. 한국인 3명이 이곳에 머물면서 평화 회의의 위원 대우를 받고자 진력하고 있다고 함. 그들은 오늘 아침 러시아 수석 위원 넬리도프를 방문하려 했는데, 넬리도프는 네덜란드 정부로부터 평화 회의 위원으로 확인되지 않는 자는 만나지 않겠다고 함. 이들은 일본이 한국에 시행한 정책에 대해 항의서를 인쇄하여 각국 수석 위원(단, 영국 위원은 제외한 것으로 보임)에게도 보냈다고 함.

```
1866        1884         1904
병인양요     한성 조약     러일 전쟁
    │    (가)  │   (나)  │   (다)  │   (라)  │   (마)  │   ▶
         │              │                   │
       1876           1894                1910
     강화도 조약      청일 전쟁            국권 피탈
```

① (가)   ② (나)   ③ (다)   ④ (라)   ⑤ (마)

33. 다음 의병 부대에 대한 설명으로 옳은 것은?   [2점]

> 이인영을 총대장으로 추대하고, 허위를 군사장으로 삼아 …… 각 도에 격문을 전하니 전국에서 불철주야 달려온 지원자들이 만여 명이더라. 이에 서울로 진군하여 국권을 회복하고자 …… 먼저 이인영은 심복을 보내 각국 영사에게 진군의 이유를 상세히 알리며 도움을 요청하고, 각 도의 의병으로 하여금 일제히 진군하게 하였다.

① 조선 혁명 선언을 지침으로 삼았다.
② 이만손이 주도하여 영남 만인소를 올렸다.
③ 상덕태상회를 통하여 군자금을 모집하였다.
④ 일본에 국권 반환 요구서를 제출하고자 하였다.
⑤ 고종의 강제 퇴위와 군대 해산에 반발하여 결성되었다.

34. 다음 상소가 작성된 이후의 사실로 옳은 것은? [1점]

> 러시아 공사관으로 거처를 옮기시고 해가 바뀌었습니다. 그곳 유리창과 분칠한 담장은 화려하지만 그을음 나는 석탄을 때는 전돌(甎堗)은 옥체를 보호하기에 적합하지 않은 듯합니다. …… 온 나라 신하들의 심정을 염두에 두시어 간하는 말을 따라 바로 환궁하여 끓어오르는 여론에 부응하시고 영원히 누릴 태평의 터전을 공고히 만드소서.

① 영선사가 파견되었다.
② 군국기무처가 설치되었다.
③ 대한국 국제가 반포되었다.
④ 제너럴셔먼호 사건이 일어났다.
⑤ 조청 상민 수륙 무역 장정이 체결되었다.

35. (가)~(다)를 일어난 순서대로 옳게 나열한 것은? [3점]

주제: 일본의 경제 침탈에 대한 저항

상권을 수호하기 위해 황국 중앙 총상회가 창립되었어요.

일본의 황무지 개간권 요구를 저지하기 위해 보안회가 조직되었어요.

대구에서 서상돈을 중심으로 금주, 금연 등을 통한 국채 보상 운동이 시작되었어요.

(가)   (나)   (다)

① (가) – (나) – (다)   ② (가) – (다) – (나)
③ (나) – (가) – (다)   ④ (나) – (다) – (가)
⑤ (다) – (가) – (나)

36. (가) 단체에 대한 설명으로 옳은 것은? [2점]

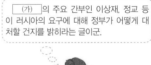

(가) 의 주요 간부인 이상재, 정교 등이 러시아의 요구에 대해 정부가 어떻게 대처할 건지를 밝히라는 글이군.

듣기에 절영도에 러시아 사람이 석탄고를 건축하려고 땅을 청구한다고 하니 …… 러시아 사람의 요청대로 빌려줄 건지, 잠깐만 빌려줄 건지, 영영 줄 건지, 빌려줄 때에는 정부 회의를 거치는지, 홀로 결정하여 도장을 찍는지……

① 정우회 선언의 영향으로 결성되었다.
② 만세보를 발행하여 민족의식을 고취하였다.
③ 중추원 개편을 통해 의회 설립을 추진하였다.
④ 어린이날을 제정하고 소년 운동을 전개하였다.
⑤ 태극 서관을 운영하여 계몽 서적 등을 보급하였다.

37. (가)~(마)에 대한 설명으로 옳은 것은? [3점]

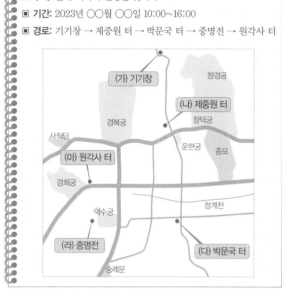

답사 계획서

■ **주제**: 근대 역사의 현장을 찾아서
■ **기간**: 2023년 ○○월 ○○일 10:00~16:00
■ **경로**: 기기창 → 제중원 터 → 박문국 터 → 중명전 → 원각사 터

(가) 기기창   창경궁
(나) 제중원 터   창덕궁
경복궁   사직단   운현궁   종묘
(마) 원각사 터   경희궁
청계천
덕수궁   (라) 중명전   (다) 박문국 터
숭례문

① (가) – 우리나라 최초의 근대 신문이 간행되었다.
② (나) – 고종의 황제 즉위식이 거행된 장소이다.
③ (다) – 백동화가 주조되었다.
④ (라) – 을사늑약이 체결되었다.
⑤ (마) – 나운규의 아리랑이 처음 상영된 곳이다.

38. 다음 판결이 내려진 시기에 있었던 사실로 옳은 것은? [1점]

판결문

피고인: 박○○

주   문: 피고인을 태 90에 처한다.

이   유
피고 박○○은 이○○가 '구한국의 국권 회복을 도모한다.'고 각지를 돌아다니며 유세한 것에 찬동하였다. …… 법률에 비추어 보니 피고의 소행은 …… 태형에 처함이 타당하다고 인정하여 조선 태형령 제1조, 제4조에 준하여 처단해야 한다. 따라서 주문과 같이 판결한다.

① 원수부가 설치되었다.
② 신간회가 창립되었다.
③ 치안 유지법이 적용되었다.
④ 헌병 경찰제가 실시되었다.
⑤ 동양 척식 주식회사가 설립되었다.

39. ㉠~㉤에 대한 탐구 활동으로 적절하지 <u>않은</u> 것은? [2점]

> 🔍 역사 돋보기 **한국 교육의 역사**
>
> 삼국 시대에는 ㉠국가가 운영하는 기관을 통해 제도적인 교육이 이루어졌다. 이때 교재는 유학 경전과 역사서가 중심이었다.
>
> 고려 시대에 와서 과거제가 실시되었다. 조상의 음덕을 입은 관직 진출도 있었지만, 과거에 합격하는 것을 영예롭게 여기기도 하였다. 이 과정에서 관학인 국자감 못지 않게 ㉡사학 역시 중요한 역할을 하였다.
>
> 조선 시대의 교육 기관은 ㉢관학으로 성균관·향교 등이 있었고, 사학으로 서원 등이 있었다. 국가는 교육을 통해 성리학의 이념을 확산시키고, 통치 질서를 유지하려고 하였다.
>
> 19세기 말 서구 문물을 접하면서 교육에도 상당한 변화가 일어났다. ㉣정부는 새로운 변화에 대처하고 행정의 실무를 담당할 필요에서 학교를 설치하였다.
>
> 갑오개혁 때 ㉤교육 입국 조서가 반포된 이후에는 각종 관립 학교가 세워져 교육을 담당하였다. 한편, 선교사들은 기독교를 전파하고 서양 문화를 보급하려고 학교 설립에 앞장섰다.

① ㉠ - 태학의 설립 취지를 찾아본다.
② ㉡ - 9재 학당의 수업 내용을 조사한다.
③ ㉢ - 명륜당과 대성전의 기능을 알아본다.
④ ㉣ - 동문학과 육영 공원의 운영 목적을 분석한다.
⑤ ㉤ - 배재 학당, 이화 학당의 설립 시기를 파악한다.

40. 다음 법령이 발표된 이후에 있었던 사실로 옳은 것은? [3점]

> 제1조 조선에서의 교육은 본령에 의한다.
> 제2조 국어[일본어]를 상용(常用)하는 자의 보통 교육은 소학교령, 중학교령 및 고등 여학교령에 의한다.
> 제3조 국어[일본어]를 상용하지 않는 자에게 보통 교육을 하는 학교는 보통학교, 고등 보통학교 및 여자 고등 보통학교로 한다.
> 제5조 보통학교의 수업 연한은 6년으로 한다. …… 보통학교에 입학할 수 있는 자는 연령 6세 이상으로 한다.

① 서당 규칙이 제정되었다.
② 2·8 독립 선언이 발표되었다.
③ 조선어 연구회가 결성되었다.
④ 조선 여자 교육회가 조직되었다.
⑤ 조선 민립 대학 설립 기성회가 창립되었다.

41. (가) 정부의 활동에 대한 설명으로 옳은 것은? [2점]

> 도내 관공서의 조선인 관리·기타 조선인 부호 등에게 빈번하게 불온 문서를 배부하는 자가 있어서 수사한 결과 이○○의 소행으로 판명되어 그의 체포에 노력하고 있다. …… 그는 (가) 의 교통부 차장과 재무부 총장 등으로부터 여러 가지 명령을 받았다. 조선에 돌아가서 인쇄물을 뿌리는 등 인심을 교란하는 동시에 (가) 이/가 발행한 독립 공채를 판매하는 한편, 조선 내부와의 연락 및 기타 기관을 충분히 갖추게 하는 것 등이었다.
> - 『고등 경찰 요사』-

① 무장 부쟁을 위해 중광단을 결성하였다.
② 민족 교육을 위해 서전서숙을 설립하였다.
③ 독립군 양성을 위해 신흥 강습소를 세웠다.
④ 외교 활동을 위해 구미 위원부를 설치하였다.
⑤ 농촌 계몽을 위해 브나로드 운동을 전개하였다.

42. 밑줄 그은 '시기'에 있었던 사실로 옳은 것은? [2점]

이곳 사할린에 있는 탄광으로 강제 동원되기 전 고향 생활 중 기억나는 것이 있으신가요?

그때는 중일 전쟁이 시작된 뒤여서 황국 신민 서사를 외우지 못하면 기차표 사기도 어렵던 시기였어요. 기차표를 사려고 하면 일본 사람들이 나보고 황국 신민 서사를 외워 보라고 시켰었지요.

① 원산 총파업이 발생하였다.
② 미쓰야 협정이 체결되었다.
③ 조선 형평사가 결성되었다.
④ 국가 총동원법이 시행되었다.
⑤ 임시 토지 조사국이 설립되었다.

43. (가)에 대한 설명으로 옳은 것은? [2점]

자료는 ___(가)___ 의 창립 1주년을 기념하며 계림에서 촬영된 사진이다. 중국 국민당 정부의 지원을 받아 김원봉 등을 중심으로 창설된 ___(가)___ 은/는 중국 관내(關內)에서 만들어진 최초의 한인 무장 부대이다.

① 자유시 참변으로 시련을 겪었다.
② 대원 일부가 한국 광복군에 합류하였다.
③ 쌍성보 전투에서 한중 연합 작전을 전개하였다.
④ 독립군 양성 기관인 한인 소년병 학교를 설립하였다.
⑤ 홍범도 부대와 연합하여 청산리에서 일본군과 교전하였다.

44. (가)에 들어갈 내용으로 적절한 것은? [2점]

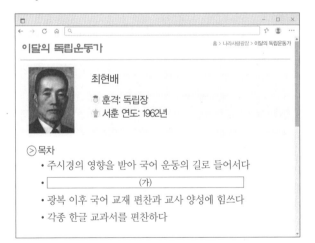

① 조선어 학회 사건으로 옥고를 치르다
② 파리 강화 회의에서 독립 청원서를 제출하다
③ 복벽주의를 내세우며 독립 의군부를 조직하다
④ 국권 피탈 과정을 정리한 한국통사를 저술하다
⑤ 일제에 의해 조작된 105인 사건으로 재판을 받다

45. 다음 총선거에 대한 설명으로 옳은 것을 〈보기〉에서 고른 것은? [3점]

〈보기〉
ㄱ. 좌우 합작 위원회가 주도하였다.
ㄴ. 장면 정부가 수립되는 계기가 되었다.
ㄷ. 제주도에서 무효 처리된 선거구가 있었다.
ㄹ. 제헌 국회의원을 선출하기 위해 실시되었다.

① ㄱ, ㄴ ② ㄱ, ㄷ ③ ㄴ, ㄷ ④ ㄴ, ㄹ ⑤ ㄷ, ㄹ

46. 밑줄 그은 '이 전쟁' 중에 있었던 사실로 옳은 것은? [1점]

사료로 보는 한국사

피하는 것은 죽는 것이요, 다 같이 일어나는 것은 사는 길이니 비록 중국군 2백만 명이 들어오기로서니 우리 2천만 명이 일어나면 한 놈도 살아갈 수 없이 만들 수 있을 것이다. …… 각 도시나 촌락에서 모든 인민들은 쌀을 타다가 밥을 지어 주먹밥이라도 만들면 싣어다가 전선에서 싸우는 사람들을 먹여야 하며, 또 장년들은 참호라도 파며 한편으로 결사대를 조직하여 적의 진지를 뚫고 적군 속에 들어가 백방으로 싸워야만 될 것이다.

[해설] 중국군의 개입으로 이 전쟁의 전세가 불리해진 상황에서 국민의 항전 의지를 독려하는 대통령의 담화문이다.

① 애치슨 라인이 발표되었다.
② 부산이 임시 수도로 정해졌다.
③ 한미 상호 방위 조약이 맺어졌다.
④ 푸에블로호 나포 사건이 발생하였다.
⑤ 국가 보위 비상 대책 위원회가 설치되었다.

47. 다음 상황이 나타난 시기를 연표에서 옳게 고른 것은?
[3점]

□□ 신문

제△△호 　　　　　　　　　　○○○○년 ○○월 ○○일

희망에 찬 전진을

　제1차 경제 개발 5개년 계획을 성공적으로 매듭지은 현 시점에서 우리에게는 진실로 기뻐하고 자랑스럽게 생각해야 할 일이 있다. 우리나라가 새롭고 희망에 찬 생활을 향하여 전진을 거듭하고 있다는 사실에 대한 자각이 더욱 높아가고 미래에 대한 자신이 날로 굳어져 가고 있다는 사실이다. …… 여러분이 아시다시피 올해는 제2차 경제 개발 5개년 계획에 착수하여 이미 도약 단계에 들어선 조국의 발전에 일대 박차를 가해야 할 중대한 새 출발의 해인 것이다. 앞으로 4~5년 후에는 아시아에 빛나는 공업 국가를 건설해 보자는 것이 이 계획의 목표인 것이다.

	(가)	(나)	(다)	(라)	(마)	
1949		1965	1977	1988	1996	2007
농지		한일	100억	서울	경제 협력	한미
개혁법		협정	달러 수출	올림픽	개발 기구	자유 무역
제정		체결	달성	개최	(OECD)	협정(FTA)
					가입	체결

① (가)　　② (나)　　③ (다)　　④ (라)　　⑤ (마)

48. 밑줄 그은 '정부' 시기에 있었던 사실로 옳은 것은?
[2점]

이것은 부천 경찰서에서 자행된 여성 노동자에 대한 성 고문 사건을 축소, 은폐하기 위해 내린 정부의 보도 지침 내용입니다. 당시 정부는 언론의 보도 방향을 통제하고, 민주화 운동을 탄압하였습니다. 이후 박종철 고문치사 사건도 단순 쇼크사로 날조하였습니다.

부천서 성 고문 사건 지침
· 검찰 발표 결과만 보도할 것
· 사건 명칭을 성추행이 아닌 '성 모욕 행위'로 할 것
· 독자적 취재 보도 불가

① 야당 총재가 국회의원직에서 제명되었다.
② 5년 단임의 대통령 직선제 개헌이 이루어졌다.
③ 국가 재건 최고 회의를 기반으로 군정이 실시되었다.
④ 평화 통일론을 내세우던 진보당의 조봉암이 처형되었다.
⑤ 긴급 조치 철폐 등을 포함한 3·1 민주 구국 선언이 발표되었다.

49. 다음 지역에 대한 탐구 활동으로 적절한 것은? [1점]

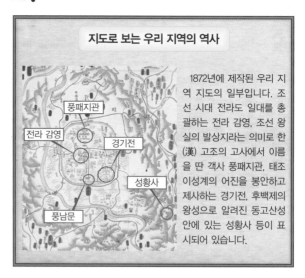

지도로 보는 우리 지역의 역사

풍패지관
전라 감영
경기전
성황사
풍남문

1872년에 제작된 우리 지역 지도의 일부입니다. 조선 시대 전라도 일대를 총괄하는 전라 감영, 조선 왕실의 발상지라는 의미로 한(漢) 고조의 고사에서 이름을 딴 객사 풍패지관, 태조 이성계의 어진을 봉안하고 제사하는 경기전, 후백제의 왕성으로 알려진 동고산성 안에 있는 성황사 등이 표시되어 있습니다.

① 유형원이 반계수록을 저술한 장소를 답사한다.
② 견훤이 아들 신검에 의해 유폐된 장소를 알아본다.
③ 동학 농민군이 정부와 화약을 맺은 장소를 조사한다.
④ 기묘사화로 유배된 조광조가 사사된 장소를 검색한다.
⑤ 임병찬이 의병을 일으킨 무성 서원이 있는 장소를 찾아본다.

50. 다음 뉴스가 보도된 정부 시기의 통일 정책으로 옳은 것은? [2점]

대통령은 오늘 도쿄에서 오부치 일본 총리와 21세기 새로운 한일 파트너십 공동 선언에 합의하였습니다. 이 공동 선언문에는 일본이 과거 한때 식민지 지배로 인하여 한국 국민에게 다대한 손해와 고통을 안겨주었다는 역사적 사실을 겸허히 받아들이면서, 이에 대한 통절한 반성과 마음으로부터 사죄라는 표현이 명문화되어 있습니다.

대통령, 일본 국회 연설에서 일본 대중문화 단계적 개방 약속

① 남북 조절 위원회를 구성하였다.
② 6 · 15 남북 공동 선언을 채택하였다.
③ 한반도 비핵화 공동 선언에 합의하였다.
④ 판문점에서 남북 정상 회담을 개최하였다.
⑤ 남북 이산가족 고향 방문을 최초로 실현하였다.

1. 밑줄 그은 '이 시대'의 생활 모습으로 옳은 것은? [1점]

화면 속 갈돌과 갈판, 빗살무늬 토기는 이 시대의 대표적인 유물로 알려져 있습니다.

농경과 정착 생활이 시작된 이 시대의 사람들은 토기를 만들어 곡식을 저장하고 음식을 조리하기도 하였습니다.

① 소를 이용하여 깊이갈이를 하였다.
② 반량전, 명도전 등의 화폐를 사용하였다.
③ 청동 방울 등을 의례 도구로 이용하였다.
④ 거푸집을 이용하여 세형 동검을 제작하였다.
⑤ 가락바퀴와 뼈바늘을 이용하여 옷을 만들었다.

2. (가) 나라에 대한 설명으로 옳은 것은? [2점]

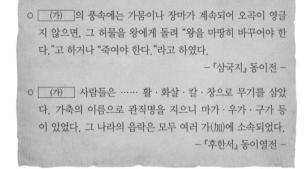

○ [(가)]의 풍속에는 가뭄이나 장마가 계속되어 오곡이 영글지 않으면, 그 허물을 왕에게 돌려 "왕을 마땅히 바꾸어야 한다."고 하거나 "죽여야 한다."라고 하였다.
        – 『삼국지』 동이전 –

○ [(가)] 사람들은 …… 활·화살·칼·창으로 무기를 삼았다. 가축의 이름으로 관직명을 지으니 마가·우가·구가 등이 있었다. 그 나라의 읍락은 모두 여러 가(加)에 소속되었다.
        – 『후한서』 동이열전 –

① 영고라는 제천 행사를 열었다.
② 한 무제의 공격으로 멸망하였다.
③ 정사암에 모여 재상을 선출하였다.
④ 읍락 간의 경계를 중시하는 책화가 있었다.
⑤ 제사장인 천군과 신성 지역인 소도가 존재하였다.

3. (가)에 들어갈 내용으로 가장 적절한 것은? [2점]

지금 보시는 자료는 안악 3호분 벽화 중 일부로, 무덤 주인공과 호위 군사 등의 행렬 모습을 자세히 보여줍니다. 이 벽화를 남긴 나라에 대하여 알고 있는 내용을 대화창에 올려 주세요.

대화창

책놀 읽고 활쏘기를 익히는 경당을 설치하였어요.

제가 회의에서 국가 중대사를 결정하였어요.

(가)

① 연의 장수 진개의 공격을 받았어요.
② 골품에 따른 신분 차별이 엄격하였어요.
③ 빈민을 구제하기 위해 진대법을 실시하였어요.
④ 사회 질서를 유지하기 위한 범금 8조가 있었어요.
⑤ 왕족인 부여씨와 8성의 귀족이 지배층을 이루었어요.

4. (가)에 해당하는 문화유산으로 옳은 것은? [1점]

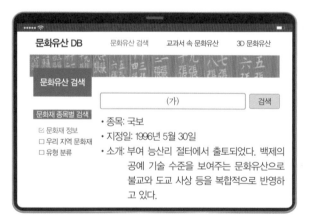

문화유산 DB   문화유산 검색   교과서 속 문화유산   3D 문화유산

문화유산 검색

(가)   검색

문화재 종목별 검색
☑ 문화재 정보
☐ 우리 지역 문화재
☐ 유형 분류

• 종목: 국보
• 지정일: 1996년 5월 30일
• 소개: 부여 능산리 절터에서 출토되었다. 백제의 공예 기술 수준을 보여주는 문화유산으로 불교와 도교 사상 등을 복합적으로 반영하고 있다.

① ② ③ ④ ⑤

5. (가) 인물에 대한 설명으로 옳은 것은? [3점]

대한민국 방방곡곡 - 충북 진천

ⓢ 한국사 채널　　　　　조회 수 230,213

이 전경은 [(가)]의 탄생지로 알려진 곳의 모습입니다. 금관가야 마지막 왕의 후손인 그는 진평왕부터 문무왕까지 다섯 임금을 섬기며 신라의 삼국 통일에 크게 기여하였습니다. 그는 사후에 '흥무 대왕'에 봉해지며 신라의 왕이 아니면서도 대왕의 칭호를 갖게 된 인물로 기억되고 있습니다.

① 안승을 왕으로 추대하였다.
② 당의 등주를 선제 공격하였다.
③ 비담과 염종의 난을 진압하였다.
④ 기벌포 전투를 승리로 이끌었다.
⑤ 일리천에서 신검의 군대를 물리쳤다.

6. 밑줄 그은 '이 왕'에 대한 설명으로 옳은 것은? [2점]

무령왕의 뒤를 이어 즉위한 이 왕은 국호를 고치고 중앙 관청을 22부로 정비하였어.

신라와 연합하여 한강 유역을 되찾았지만, 신라에 다시 빼앗겼지.

결국 신라와 전쟁을 벌이다가 관산성 전투에서 전사하였어.

① 금마저에 미륵사를 창건하였다.
② 수도를 웅진에서 사비로 옮겼다.
③ 윤충을 보내 대야성을 함락하였다.
④ 고흥으로 하여금 서기를 편찬하게 하였다.
⑤ 북위에 사신을 보내 고구려 공격을 요청하였다.

7. (가) 시기에 있었던 사실로 옳은 것은? [3점]

며칠 전 우리 고구려군이 안시성 전투에서 당군을 격퇴했다는 소식을 들었는가?

요동성, 백암성이 함락되는 위기를 맞았지만 안시성에서 끝내 물리쳤다네.

고구려 집권층 내부에 분열이 생겨 연남건이 자신의 형 연남생을 몰아냈다고 하네.

결국 연남생은 고구려의 여러 성을 당에 바치며 투항했다더군.

① 소수림왕이 율령을 반포하였다.
② 진흥왕이 대가야를 병합하였다.
③ 을지문덕이 살수에서 대승을 거두었다.
④ 김춘추가 당과의 군사 동맹을 성사시켰다.
⑤ 근초고왕이 평양성을 공격하여 고국원왕을 전사시켰다.

8. (가) 국가의 경제 상황으로 옳은 것은? [2점]

이 지도는 [(가)]의 전성기 영역을 나타낸 것입니다. 이 국가에서는 각지에서 말이 사육되었는데, 그중에서도 솔빈부의 말은 당에 수출될 정도로 유명하였습니다. 특히, 고구려 유민 출신으로 산동 반도 지역을 장악하였던 이 정기 세력에게 많은 말을 수출하였습니다.

① 벽란도를 통해 아라비아 상인과 무역하였다.
② 구황 작물로 감자, 고구마를 널리 재배하였다.
③ 해동통보를 발행하여 화폐 유통을 추진하였다.
④ 시장을 관리하는 관청인 동시전을 설치하였다.
⑤ 거란도, 영주도 등을 통해 주변국과 교역하였다.

9. 다음 상황 이후에 전개된 사실로 옳은 것은? [2점]

> 청해진의 궁복은 왕이 딸을 [왕비로] 받아들이지 않은 것에 원한을 품고 반란을 일으켰다. 조정에서는 장차 그를 토벌하자니 예측하지 못할 환난이 생길까 두렵고, 그대로 두자니 그 죄를 용서할 수 없어서, 우려하면서도 어떻게 해야 할지를 몰랐다. 무주 사람 염장이란 자는 용맹하고 씩씩하기로 당시에 소문이 났는데, 와서 아뢰기를 "조정에서 다행히 신의 말을 들어주신다면 신은 한 명의 병졸도 번거롭게 하지 않고 맨주먹으로 궁복의 목을 베어 바치겠습니다."라고 하였다. 왕이 그의 말을 따랐다.
>
> - 『삼국사기』 -

① 혜공왕이 귀족 세력에게 피살되었다.
② 최치원이 시무책 10여 조를 건의하였다.
③ 왕의 장인인 김흠돌이 반란을 도모하였다.
④ 자장의 건의로 황룡사 구층 목탑이 건립되었다.
⑤ 원광이 화랑도의 규범으로 세속 5계를 제시하였다.

10. 다음 검색창에 들어갈 인물에 대한 설명으로 옳은 것은? [2점]

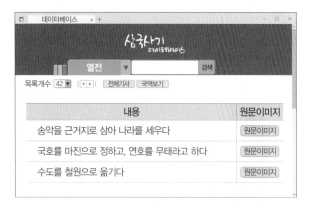

① 후당, 오월에 사신을 파견하였다.
② 이사부를 보내 우산국을 복속하였다.
③ 폐정 개혁을 목표로 정치도감을 설치하였다.
④ 광평성을 비롯한 각종 정치 기구를 마련하였다.
⑤ 정계와 계백료서를 지어 관리가 지켜야 할 규범을 제시하였다.

11. (가), (나) 사이의 시기에 있었던 사실로 옳은 것은? [3점]

> (가) 거란에서 사신을 파견하여 낙타 50필을 보냈다. 왕은 거란이 일찍이 발해와 지속적으로 화목하다가 갑자기 의심하여 맹약을 어기고 멸망시켰으니, 이는 매우 무도하여 친선 관계를 맺어 이웃으로 삼을 수 없다고 생각하였다. 드디어 교빙을 끊고 사신 30인을 섬으로 유배 보냈으며, 낙타는 만부교 아래에 매어두니 모두 굶어 죽었다.
>
> (나) 양규가 흥화진으로부터 군사 7백여 명을 이끌고 통주까지 와서 군사 1천여 명을 수습하였다. 밤중에 곽주로 들어가서 지키고 있던 적들을 급습하여 모조리 죽인 후 성안에 있던 남녀 7천여 명을 통주로 옮겼다.

① 외침에 대비하여 광군이 조직되었다.
② 강감찬이 귀주에서 대승을 거두었다.
③ 화통도감이 설치되어 화포를 제작하였다.
④ 김윤후가 처인성에서 살리타를 사살하였다.
⑤ 철령위 설치에 반발하여 요동 정벌이 추진되었다.

12. 밑줄 그은 '반란'이 일어난 시기를 연표에서 옳게 고른 것은? [1점]

> 이것은 경원 이씨 가문의 이자연 묘지명으로, 딸 셋을 모두 문종의 왕비로 보냈다는 내용이 기록되어 있습니다. 훗날 이자연의 손자 또한 딸들을 왕비로 보내 최고 권력을 누렸는데, 이에 위협을 느낀 인종이 그를 제거하려 하자 척준경과 함께 반란을 일으켰습니다.

1104		1135		1170		1196		1270		1351
	(가)		(나)		(다)		(라)		(마)	
별무반 조직		묘청의 난		무신 정변		최충헌의 집권		개경 환도		공민왕 즉위

① (가)   ② (나)   ③ (다)   ④ (라)   ⑤ (마)

13. 교사의 질문에 대한 학생의 답변으로 가장 적절한 것은? [2점]

① 집집마다 부경이라는 창고가 있었어요.
② 관료전이 폐지되고 녹읍이 지급되었어요.
③ 상평통보가 발행되어 법화로 사용되었어요.
④ 당항성, 영암이 국제 무역항으로 번성하였어요.
⑤ 경시서의 관리들이 시전의 상행위를 감독하였어요.

14. (가) 인물의 활동으로 옳은 것은? [2점]

① 인사 행정 담당 기구로 정방을 설치하였다.
② 봉사 10조를 올려 시정 개혁을 건의하였다.
③ 삼별초를 이끌고 진도 용장성에서 항전하였다.
④ 군사를 일으켜 정중부 등의 제거를 도모하였다.
⑤ 전민변정도감의 책임자로 임명되어 권문세족을 견제하였다.

15. 다음 대화 이후에 전개된 사실로 옳은 것은? [2점]

① 빈민 구제를 위한 흑창이 처음 설치되었다.
② 망이 · 망소이가 공주 명학소에서 봉기하였다.
③ 김부식 등이 왕명으로 삼국사기를 편찬하였다.
④ 김보당이 의종 복위를 주장하며 난을 일으켰다.
⑤ 유인우, 이자춘 등이 쌍성총관부를 수복하였다.

16. (가)에 들어갈 문화유산으로 적절하지 않은 것은? [1점]

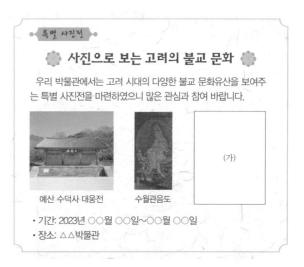

① 평창 월정사 팔각 구층 석탑

② 논산 관촉사 석조 미륵보살 입상

③ 원주 법천사지 지광국사 탑비

④ 보은 법주사 팔상전

⑤ 영주 부석사 무량수전

17. 밑줄 그은 '왕'의 재위 시기에 있었던 사실로 옳은 것은?
[2점]

이달의 책

동국정운

이 책의 제목은 우리나라의 바른 음이라는 뜻
으로, 집현전 학사인 신숙주, 최항, 박팽년 등이
왕의 명을 받아 편찬하였습니다. 우리나라 한자
음을 바로잡아 통일된 표준음을 정하려는 목적
으로 만들어진 이 책은 국어 연구 자료로서 높
이 평가되고 있습니다.

① 금속 활자인 갑인자가 제작되었다.
② 수도 방어를 위해 금위영이 설치되었다.
③ 훈련 교범인 무예도보통지가 편찬되었다.
④ 국가의 기본 법전인 경국대전이 완성되었다.
⑤ 신진 인사를 등용하기 위해 현량과가 시행되었다.

18. (가) 궁궐에 대한 설명으로 옳은 것은?
[3점]

2023
달빛기행

유네스코 세계유산에 등재된 조선의 궁궐
(가) 에 여러분을 초대합니다.
달빛과 별이 어우러진 밤하늘 아래
자연과 어우러진 고궁의 아름다움을
느껴 보시기 바랍니다.

◆ 관람 동선 ◆
돈화문 → 금천교 → 인정전 → 낙선재
부용지 → 연경당 → 후원 숲길 → 돈화문

■ 일시: 2023년 ○○월 ○○일 19:00~21:00
■ 주관: △△ 문화재단

① 일제에 의해 동물원 등이 설치되었다.
② 도성 내 서쪽에 있어 서궐이라고 불렸다.
③ 인목 대비가 광해군에 의해 유폐된 장소이다.
④ 정도전이 궁궐과 주요 전각의 명칭을 정하였다.
⑤ 태종이 도읍을 한양으로 다시 옮기며 건립하였다.

19. (가)에 대한 설명으로 옳은 것은?
[2점]

1. 처음 [(가)]을/를 정할 때 약문(約文)을 동지에게 두루 보이
고 그 마음을 바로잡고, 몸가짐을 단속하고, 착하게 살고, 허물
을 고치기 위해 약계(約契)에 참례하기를 원하는 자 몇 사람을
가려 서원에 모아 놓고 약법(約法)을 의논하여 정한 다음 도약정
(都約正), 부약정 및 직월(直月)·사화(司貨)를 선출한다. ……
1. 물건으로 부조할 때는 약원이 사망하였다면 초상 치를 때 사화가
약정에게 고하여 삼베 세 필을 보내고, 같은 약원들은 각각 쌀
다섯되와 빈 거적때기 세 닢씩 내어서 상을 치르는 것을 돕는다.
— 『율곡전서』 —

① 7재라는 전문 강좌를 두었다.
② 옥당이라고 불리며 경연을 담당하였다.
③ 중앙에서 파견된 교수나 훈도가 지도하였다.
④ 풍속 교화와 향촌 자치 등의 역할을 하였다.
⑤ 매향(埋香) 활동 등 각종 불교 행사를 주관하였다.

20. 다음 자료에 나타난 시기에 볼 수 있는 모습으로 적
절한 것은?
[2점]

비변사에서 아뢰기를 "…… 우리나라는 물력(物力)이 부족하여 요역
이 매우 무겁습니다. 매번 나라의 힘으로 채굴한다면, 노동과 비용이
많이 들어갑니다. 채은관(採銀官)에게 명해 광산을 개발한 이후 백성
을 모집하여 [채굴할 것을] 허락하고 그로 하여금 세를 거두도록 하되
그 세금의 많고 적음은 [채은관이] 적당히 헤아려 정하게 한다면 관에
서 힘을 들이지 않아도 세입이 저절로 많아질 것입니다. ……"라고 하
니, 왕이 아뢴 대로 하라고 답하였다.

① 주자감에서 공부하는 학생
② 초조대장경 조판을 지켜보는 승려
③ 빈공과를 준비하는 6두품 출신 유학생
④ 과전법에 따라 수조권을 지급받는 관리
⑤ 고추, 담배 등을 상품 작물로 재배하는 농민

21. 다음 상황이 전개된 배경으로 옳은 것은? [2점]

① 이만손 등이 영남 만인소를 올렸다.
② 운요호가 강화도와 영종도를 공격하였다.
③ 동학교도가 교조 신원을 주장하며 삼례 집회를 개최하였다.
④ 황사영이 외국 군대의 출병을 요청하는 백서를 작성하였다.
⑤ 백낙신의 탐학이 발단이 되어 진주에서 농민들이 봉기하였다.

22. 밑줄 그은 '전하'가 재위한 시기의 사실로 옳은 것은? [3점]

> 무술년 봄에 양성지가 팔도지리지를 바치고, 서거정 등이 동문선을 바쳤더니, 전하께서 드디어 노사신, 양성지, 서거정 등에게 명하여 시문을 팔도지리지에 넣게 하셨습니다. …… 연혁을 앞에 둔 것은 한 고을의 흥함과 망함을 먼저 알아야 하기 때문이며 …… 경도(京都)의 첫머리에 팔도총도를 기록하고, 각 도의 앞에 도별 지도를 붙여서 양경(兩京) 8도로 50권을 편찬하여 바치나이다.

① 예학을 정리한 가례집람이 저술되었다.
② 외교 문서를 집대성한 동문휘고가 편찬되었다.
③ 국가의 의례를 정비한 국조오례의가 완성되었다.
④ 전통 한의학을 정리한 동의보감이 간행되었다.
⑤ 역대 문물제도를 정리한 동국문헌비고가 만들어졌다.

23. (가)에 들어갈 내용으로 가장 적절한 것은? [2점]

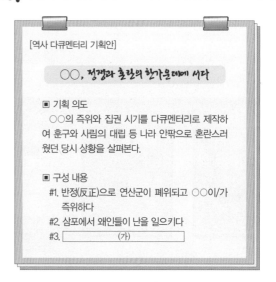

① 이괄이 난을 일으켜 도성을 점령하다
② 허적과 윤휴 등 남인이 대거 축출되다
③ 정여립 모반 사건으로 기축옥사가 일어나다
④ 위훈 삭제를 주장한 조광조 일파가 제거되다
⑤ 조의제문이 발단이 되어 김일손 등이 화를 입다

24. (가) 전쟁 중에 있었던 사실로 옳은 것은? [2점]

① 이종무가 대마도를 정벌하였다.
② 송상현이 동래성에서 항전하였다.
③ 김상용이 강화도에서 순절하였다.
④ 최영이 홍산 전투에서 크게 승리하였다.
⑤ 강홍립 부대가 사르후 전투에 참전하였다.

25. 밑줄 그은 '시기'의 문화에 대한 설명으로 옳지 않은 것은? [1점]

> 이 그림은 조영석과 김홍도의 풍속화입니다. 인부들이 말발굽에 징을 박는 모습과 기와를 이어나가는 모습을 묘사하고 있습니다. 이를 통해 이 그림이 그려진 시기 서민들의 일상생활을 생생하게 살펴볼 수 있습니다.

① 금강전도 등 진경산수화가 그려졌다.
② 새로운 역법으로 수시력이 도입되었다.
③ 양반 사회를 풍자한 탈춤이 성행하였다.
④ 춘향가, 흥보가 등의 판소리가 유행하였다.
⑤ 홍길동전, 박씨전 등의 한글 소설이 널리 읽혔다.

26. 밑줄 그은 '왕'의 재위 시기에 있었던 사실로 옳은 것은? [2점]

> 대전통편이 완성되었는데, 나라의 제도 및 법식에 관한 책이다. …… 왕이 말하기를, "속전(續典)은 갑자년에 이루어졌는데, 선왕의 명령으로서 갑자년 이후에 이루어진 것도 많으니 어찌 감히 지금과 가까운 것만을 내세우고 먼 것은 소홀히 할 수 있겠는가?"라고 하였다. 이에 김치인 등에게 명하여 원전(原典)과 속전 및 지금까지의 왕명을 모아 한 책으로 편찬한 것이었다.

① 인재 양성을 위해 초계문신제를 시행하였다.
② 홍경래 등이 봉기하여 정주성을 점령하였다.
③ 자의 대비의 복상 문제로 예송이 전개되었다.
④ 이인좌를 중심으로 소론 세력 등이 난을 일으켰다.
⑤ 신류가 조총 부대를 이끌고 흑룡강에서 전투를 벌였다.

27. (가) 인물에 대한 설명으로 옳은 것은? [1점]

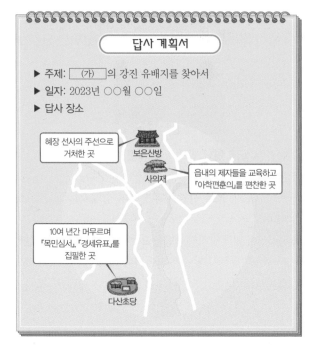

① 일본에 다녀와 해동제국기를 편찬하였다.
② 최초의 서원인 백운동 서원을 건립하였다.
③ 북한산비가 진흥왕 순수비임을 고증하였다.
④ 양명학을 연구하여 강화학파를 형성하였다.
⑤ 기기도설을 참고하여 거중기를 설계하였다.

28. 밑줄 그은 '이 사건'에 대한 설명으로 옳은 것은? [2점]

사료로 보는 한국사

온 성의 군민이 모두 울분을 품고, …… 총환과 화살을 어지러이 발사하였으며 사생을 잊고 위험을 무릅쓰지 않는 자가 없었으니, 반드시 오랑캐를 도륙하고야 말 태세였습니다. 강 아래 위의 요해처에서 막고, 마침내 화선(火船)으로 불길이 옮겨붙게 함으로써 모조리 죽여 살아남은 종자가 없게 된 것은 모두 이들이 …… 용감하게 싸운 것에 기인한 것이었습니다.

[해설] 자료는 『환재집』의 일부로, 평양 군민들이 대동강에서 이양선을 격침한 이 사건의 전말을 서술한 것이다. 평안 감사가 여러 차례 조정에 올린 장계를 통해 당시의 생생한 상황을 파악할 수 있다.

① 신유박해가 원인이 되어 발생하였다.
② 신미양요가 일어나는 계기가 되었다.
③ 전개 과정에서 전주 화약이 체결되었다.
④ 외규장각 도서가 국외로 약탈되는 결과를 가져왔다.
⑤ 오페르트의 남연군 묘 도굴 사건을 배경으로 일어났다.

29. (가) 인물에 대한 설명으로 옳은 것은? [2점]

월간 역사
2023년 4월호

특집 (가) 의 상소, 조선의 정치를 뒤흔들다!
■ 흥선 대원군의 하야를 요구하는 상소를 올리다
■ 지부복궐척화의소를 올려 왜양일체론을 주장하다
■ 단발령에 반대하는 상소를 올리다

① 대한 광복회를 조직하여 친일파를 처단하였다.
② 국권 피탈 과정을 정리한 한국통사를 집필하였다.
③ 을사늑약 체결에 반대하여 태인에서 의병을 일으켰다.
④ 13도 창의군을 지휘하여 서울 진공 작전을 전개하였다.
⑤ 보국안민을 기치로 우금치에서 일본군 및 관군에 맞서 싸웠다.

30. 다음 사건이 일어난 시기를 연표에서 옳게 고른 것은? [3점]

심히 급박한 상황 중에 나는 적의 활동과 청국 군대의 내습을 우려하여 주상을 모시고 지키기 편리한 경우궁으로 옮기시게 한 후 일본 병사로 하여금 호위할 방침을 세웠다. 곧이어 주상께 일본군의 지원을 구하도록 요청하니, 주상은 곧 영숙문 앞 노상에서 연필로 "일본 공사는 와서 나를 보호하라."라는 글을 친히 쓰시어 주시는지라. …… 졸지에 변란을 만난 사대당의 거두들은 주상께서 경우궁에 계심을 듣고 입궐하다가 …… 민영목, 민태호 등은 용감한 우리 집행원의 손에 비참한 최후를 당하였다.

1866	1873	1882	1885	1894	1899
(가)	(나)	(다)	(라)	(마)	
병인박해	고종 친정	임오군란	텐진 조약	청일 전쟁 발발	대한국 국제 반포

① (가)　② (나)　③ (다)　④ (라)　⑤ (마)

31. 밑줄 그은 '개혁안'의 내용으로 옳은 것을 〈보기〉에서 고른 것은? [2점]

> 파리의 외무부 장관 아노토 각하께
>
> 전임 일본 공사는 국왕에게서 사실상 거의 모든 권력을 빼앗고, 개혁 위원회[군국기무처]가 내린 결정을 확인하는 권한만 남겨 놓았습니다. …… 이후 개혁 위원회[군국기무처]는 매우 혁신적인 개혁안을 발표했습니다. 그런데 일부 위원들이 몇몇 조치에 대해 시의적절하지 않다고 판단하더니 이에 대해 동의하기를 거부했습니다. …… 게다가 조선인들은 이 기구가 왕권을 빼앗고 일본에 매수되었다고 비난하면서, …… 어떤 지방에서는 왕권 수호를 위해 봉기했다고 합니다.
>
> 주 조선 공사 르페르브 올림

〈보기〉

ㄱ. 건양이라는 연호를 제정하였다.

ㄴ. 탁지아문으로 재정을 일원화하였다.

ㄷ. 양전 사업을 실시하여 지계를 발급하였다.

ㄹ. 조혼을 금지하고 과부의 재가를 허용하였다.

① ㄱ, ㄴ ② ㄱ, ㄷ ③ ㄴ, ㄷ ④ ㄴ, ㄹ ⑤ ㄷ, ㄹ

32. (가) 단체에 대한 설명으로 옳은 것은? [2점]

> (가) 은/는 독립관에서 경축 모임을 열었다. 회장은 모임을 여는 큰 뜻을 설명하였다. "오늘은 황제 폐하께서 대황제라는 존귀한 칭호를 갖게 되신 계천(繼天) 경축일이니, 대한의 신민은 이를 크게 경축드립니다. 우리는 관민 공동회에서 황실을 공고히 하고 인민을 문명 개화시키며 영토를 보존하고자 여섯 개 조항의 의견안을 바쳤습니다."라고 말하였다. …… 이어 회원들은 조칙 5조와 헌의 6조 10만 장을 인쇄하여 온 나라에 널리 배포하고 학생들에게 그것을 배우고 익히도록 하였다. 경축연을 마친 회원들은 울긋불긋한 종이꽃을 머리에 꽃은 채 국기와 (가) 의 깃발을 세우고 경축가를 부르며 인화문 앞으로 가서 만세를 외치고 종로의 만민 공동회로 갔다.

① 일제의 황무지 개간권 요구를 저지시켰다.

② 러시아의 절영도 조차 요구에 반대하였다.

③ 태극 서관을 설립하여 계몽 서적을 보급하였다.

④ 민립 대학 설립을 위한 모금 운동을 전개하였다.

⑤ 조소앙의 삼균주의를 기초로 건국 강령을 발표하였다.

33. 다음 규칙이 발표된 이후의 사실로 옳은 것은? [3점]

> ### 한성 사범 학교 규칙
>
> 제1조 한성 사범 학교는 칙령 제79호에 의해 교원에 활용할 학생을 양성함
>
> 제2조 한성 사범 학교의 졸업생은 소학교 교원이 되는 자격이 있음
>
> 제3조 한성 사범 학교의 본과 학생이 수학할 학과목은 수신·교육·국문·한문·역사·지리·수학·물리·화학·박물·습자·작문·체조로 함
>
> ⋮

① 길모어 등이 육영 공원 교사로 초빙되었다.

② 정부가 동문학을 세워 통역관을 양성하였다.

③ 이승훈이 인재 양성을 위해 오산 학교를 세웠다.

④ 함경도 덕원 지방의 관민들이 원산 학사를 설립하였다.

⑤ 교육의 기본 방향을 제시한 교육 입국 조서가 반포되었다.

34. (가) 신문에 대한 설명으로 옳은 것은? [1점]

> 경천사지 십층 석탑에 대한 일본인의 약탈 행위에 관해 보도한 (가) 기사를 읽어 보았는가? 보도 내용을 접한 헐버트가 사건 현장을 방문하여 사진을 촬영하고 목격자 의견을 청취했다더군.

> 일본인의 이런 행위가 알려진 것은 양기탁과 베델이 창간한 (가) 의 노력 덕분이라고 하네.

① 상업 광고를 처음으로 실었다.

② 천도교의 기관지로 발행되었다.

③ 국채 보상 운동의 확산에 기여하였다.

④ 일장기를 삭제한 손기정 사진을 게재하였다.

⑤ 순 한문 신문으로 열흘마다 발행하는 것이 원칙이었다.

35. 밑줄 그은 '전쟁' 중에 있었던 사실로 옳지 <u>않은</u> 것은? [3점]

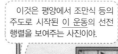

당신은 무슨 이유로 이토 히로부미를 살해했는가?

일본은 **전쟁** 당시 우리나라의 독립을 보장해 주겠다고 약속했다. 그러나 포츠머스 조약으로 **전쟁**이 종결되자, 이토는 우리 군신을 위협해 주권을 뺏으려 하였다.

① 일본이 독도를 불법적으로 편입하였다.
② 일본과 미국이 가쓰라 · 태프트 밀약을 맺었다.
③ 일본인 메가타가 대한 제국의 재정 고문으로 초빙되었다.
④ 대한 제국이 기유각서를 통해 일제에 사법권을 박탈당하였다.
⑤ 군사 전략상 필요한 지역을 일본에 제공하는 한일 의정서가 강요되었다.

36. 다음 규정이 시행된 시기에 있었던 사실로 옳은 것은? [1점]

임시 토지 조사국 조사 규정

제1장 면과 동의 명칭 및 강계(疆界) 조사와 토지 신고서의 접수
제2장 지주 지목(地目) 및 강계 조사
제3장 분쟁지와 소유권에 부의(付疑)* 있는 토지 및 신고하지 않은 토지에 대한 재조사
제4장 지위(地位) 등급 조사
       ⋮
　　　　　　　　　　　　　 － 조선 총독부 관보 －

*부의(付疑): 이의를 제기함

① 회사령이 실시되었다.
② 원산 총파업이 일어났다.
③ 국가 총동원법이 제정되었다.
④ 조선 노동 공제회가 조직되었다.
⑤ 조선 사상범 예방 구금령이 공포되었다.

37. (가) 단체에 대한 설명으로 옳은 것은? [2점]

역사 신문

제△△호　　　　　　　　○○○○년 ○○월 ○○일

민중 대회 개최 모의로 지도부 대거 체포

허헌, 홍명희 등 [(가)]의 지도부는 광주 학생 항일 운동을 전국적 시위 운동으로 확산시키기 위한 민중 대회 개최를 추진하다가 경찰에 체포되었다. 이 단체는 사건 진상 보고를 위한 유인물 배포 및 연설회 개최를 계획하고, 각 지회에 행동 지침을 내리는 등 시위 확산을 도모하였다.

① 암태도 소작 쟁의를 지원하였다.
② 민족 협동 전선으로 결성되었다.
③ 부민관 폭파 사건을 주도하였다.
④ 조선 혁명 선언을 활동 지침으로 하였다.
⑤ 어린이날을 제정하고 잡지 어린이를 간행하였다.

38. 밑줄 그은 '이 운동'에 대한 설명으로 옳은 것은? [2점]

이것은 평양에서 조만식 등의 주도로 시작된 **이 운동**의 선전 행렬을 보여주는 사진이야.

이 운동은 '조선 사람 조선 것' 등의 구호를 내세웠지만, 자본가의 이익만을 추구하는 이기적인 운동이라고 비판받기도 했어.

① 통감부의 탄압과 방해로 중단되었다.
② 조선 관세령 폐지를 계기로 확산되었다.
③ 황국 중앙 총상회가 설립되는 결과를 가져왔다.
④ 한성 은행, 대한 천일 은행 설립에 영향을 끼쳤다.
⑤ 일본, 프랑스 등의 노동 단체로부터 격려 전문을 받았다.

39. 밑줄 그은 '시기'에 볼 수 있는 모습으로 적절한 것은?

[2점]

이 자료는 태평양 전쟁 발발 후 일제의 전시 동원 체제가 강화된 시기의 판결문이다. 판결문에는 피고인 임○○이 이웃 주민과의 잡담에서 "자식이 징용되거나 근로 보국대에 가지 않도록 취직시킨다."

등의 발언을 하여 민심을 어지럽혔다는 이유로 징역형을 선고한다는 내용이 담겨 있다.

① 국가 보안법 철폐를 요구하는 학생
② 몸뻬 착용을 권장하는 애국반 반장
③ 경부선 철도 개통식을 구경하는 청년
④ 형평사 창립 대회 개최를 취재하는 기자
⑤ 헌병 경찰에게 끌려가 태형을 당하는 농민

40. 다음 인물의 활동으로 옳은 것은?

[2점]

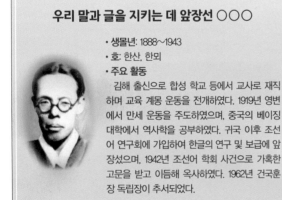

이달의 독립운동가

우리 말과 글을 지키는 데 앞장선 ○○○

· 생몰년: 1888~1943
· 호: 한산, 한뫼
· 주요 활동

김해 출신으로 합성 학교 등에서 교사로 재직하며 교육 계몽 운동을 전개하였다. 1919년 영변에서 만세 운동을 주도하였으며, 중국의 베이징 대학에서 역사학을 공부하였다. 귀국 이후 조선어 연구회에 가입하여 한글의 연구 및 보급에 앞장섰으며, 1942년 조선어 학회 사건으로 가혹한 고문을 받고 이듬해 옥사하였다. 1962년 건국훈장 독립장이 추서되었다.

① 한글 맞춤법 통일안 제정에 참여하였다.
② 미국과 유럽을 여행한 뒤 서유견문을 집필하였다.
③ 국문 연구소를 설립하고 연구위원으로 활동하였다.
④ 세계지리 교과서인 사민필지를 한글로 저술하였다.
⑤ 민족을 역사 서술의 중심에 둔 독사신론을 발표하였다.

41. (가) 부대에 대한 설명으로 옳은 것은?

[1점]

이것은 (가) 편련 계획 대강의 일부로 병력 모집에 대한 구체적인 계획이 담겨 있습니다. 이를 바탕으로 대한민국 임시 정부는 충칭에서 지청천을 총사령으로 하는 (가) 총사령부를 창설하였습니다.

1. 연내에 동북 방면에서 중국 관내로 들어와 화북 각지에 분포되어 있는 독립군 중에서 모집한다.
   ⋮
3. 한국 국내와 동북 지방 각지에 있는 장정들에게 비밀리에 군령을 전하여 그들로 하여금 응모하게 한다.
   ⋮
5. 포로로 잡힌 한인을 거두어 편성한다.

① 미국과 연계하여 국내 진공 작전을 계획하였다.
② 쌍성보, 대전자령 전투에서 일본군을 격파하였다.
③ 조선 민족 전선 연맹의 무장 조직으로 결성되었다.
④ 중국 의용군과 연합하여 영릉가 전투에서 승리하였다.
⑤ 간도 참변 이후 조직을 정비하고 자유시로 이동하였다.

42. (가) 시기에 있었던 사실로 옳은 것은?

[2점]

① 여수 · 순천 10 · 19 사건이 발생하였다.
② 유엔 한국 임시 위원단이 서울에 도착하였다.
③ 송진우, 김성수 등이 한국 민주당을 창당하였다.
④ 여운형 등의 주도로 좌우 합작 위원회가 발족되었다.
⑤ 조선 건국 준비 위원회에서 조선 인민 공화국을 선포하였다.

43. (가)~(라) 지방 통치 체제에 대한 설명으로 옳은 것을 <보기>에서 고른 것은? [3점]

(가) 완산주를 다시 설치하고 용원을 총관으로 삼았다. 거열주를 빼서 청주(菁州)를 두니 처음으로 9주가 되었다. 대아찬 복세를 총관으로 삼았다.

(나) 현종 초에 절도사를 폐지하고, 5도호와 75도 안무사를 두었으나, 얼마 후 안무사를 폐지하고, 4도호와 8목을 두었다. 그 이후로 5도·양계를 정하니, 양광·경상·전라·교주·서해·동계·북계가 그것이다.

(다) 각 도 각 고을의 이름을 고쳤다. …… 드디어 완산을 다시 '전주'라고 칭하고, 계림을 다시 '경주'라고 칭하고, 서북면을 '평안도'로 하고, 동북면을 '영길도'로 하였으니, 평양·안주·영흥·길주가 계수관이기 때문이다.

(라) 전국을 23부의 행정 구역으로 나누어 아래에 열거하는 각 부를 둔다. …… 앞 조항 외에는 종래의 목, 부, 군, 현의 명칭과 부윤, 목사, 부사, 군수, 서윤, 판관, 현령, 현감의 관명을 다 없애고 읍의 명칭을 군이라고 하며 읍 장관의 관명을 군수라고 한다.

─────〈보기〉─────
ㄱ. (가) - 신문왕 재위 시기에 정비되었다.
ㄴ. (나) - 지방 장관으로 욕살, 처려근지 등이 있었다.
ㄷ. (다) - 도에는 관찰사가 임명되어 수령을 감독하였다.
ㄹ. (라) - 광무개혁의 일환으로 실시되었다.

① ㄱ, ㄴ ② ㄱ, ㄷ ③ ㄴ, ㄷ ④ ㄴ, ㄹ ⑤ ㄷ, ㄹ

44. 다음 상황 이후에 일어난 사실로 옳은 것은? [2점]

유엔군과 국군은 서울에서 퇴각하고 한강 이북의 부대를 철수시키기로 결정하였다. 이들은 한강에 설치된 임시 교량을 이용해 철수하였고, 오후 1시경에 마지막 부대가 통과한 후 임시 교량을 폭파시켰다. 이에 앞서 정부는 서울 시민들에게 피란을 지시하였고, 많은 서울 시민들이 보따리를 싸서 피란길에 나섰다.

① 한미 상호 방위 조약이 체결되었다.
② 장진호 전투에서 중국군이 유엔군을 포위하였다.
③ 경찰이 반민족 행위 특별 조사 위원회를 습격하였다.
④ 미국의 극동 방위선이 조정된 애치슨 라인이 발표되었다.
⑤ 우리나라 최초의 보통 선거인 5·10 총선거가 실시되었다.

45. 다음 뉴스의 사건이 일어난 정부 시기의 경제 상황으로 옳은 것은? [2점]

경기도 광주 대단지에서 주민들이 차량을 탈취하는 등 대규모 시위를 벌였습니다. 서울시가 도심 정비를 명목으로 10만여 명의 주민들을 광주로 이주시키는 과정에서 약속한 이주 조건을 지키지 않자 주민들이 대지 가격 인하 등을 요구하며 집단으로 반발하였습니다.

① 경부 고속 도로가 개통되었다.
② 경제 협력 개발 기구(OECD)에 가입하였다.
③ 원조 물자를 가공한 삼백 산업이 발달하였다.
④ 저유가, 저금리, 저달러의 3저 호황이 있었다.
⑤ 대통령 직속 자문 기구인 노사정 위원회가 구성되었다.

46. (가), (나) 민주화 운동에 대한 설명으로 옳은 것은?
[1점]

① (가) - 굴욕적인 한일 국교 정상화에 반대하였다.
② (가) - 군부 독재를 타도하려 한 민주화 운동이었다.
③ (나) - 대통령 직선제 개헌을 이끌어냈다.
④ (나) - 전개 과정에서 시민군이 자발적으로 조직되었다.
⑤ (가), (나) - 대통령이 하야하는 결과를 가져왔다.

47. 다음 조치를 시행한 정부 시기에 있었던 사실로 옳은 것은?
[2점]

> **대통령 긴급 조치 제9호**
>
> ### 국가안전과 공공질서의 수호를 위한 대통령 긴급 조치
>
> 1. 다음 각 호의 행위를 금한다.
>   가. 유언비어를 날조, 유포하거나 사실을 왜곡하여 전파하는 행위.
>   나. 집회 · 시위 또는 신문 · 방송 · 통신 등 공중 전파 수단이나 문서 · 도서 · 음반 등 표현물에 의하여 대한민국 헌법을 부정 · 반대 · 왜곡 또는 비방하거나 그 개정 또는 폐지를 주장 · 청원 · 선동 또는 선전하는 행위.
>   ⋮
> 8. 이 조치 또는 이에 의한 주무부 장관의 조치에 위반한 자는 법관의 영장 없이 체포 · 구금 · 압수 또는 수색할 수 있다.
>   ⋮
> 13. 이 조치에 의한 주무부 장관의 명령이나 조치는 사법적 심사의 대상이 되지 아니한다.

① 국민 방위군 설치법이 공포되었다.
② 내각 책임제를 골자로 하는 개헌이 이루어졌다.
③ 귀속 재산 처리를 위해 신한 공사가 설립되었다.
④ 평화 통일론을 주장한 진보당의 조봉암이 구속되었다.
⑤ 장기 독재에 저항하는 3 · 1 민주 구국 선언이 발표되었다.

48. 다음 연설문을 발표한 정부의 통일 노력으로 옳은 것은?
[2점]

> 저는 김정일 국방위원장과 분단 55년 만에 처음 정상 회담을 가졌습니다. 세 차례에 걸친 회담을 통해 우리 두 사람은 민족의 장래와 통일을 생각하는 마음과 열정에 큰 차이가 없으며, 이를 추진하는 방법에 공통점이 많다는 것을 확인했습니다. …… 남북이 열과 성을 모아, 이번의 정상 회담을 성공적으로 마쳐 온 세계를 깜짝 놀라게 했습니다. 남과 북의 화해와 협력을 향한 새 출발에 온 세계가 축복해 주고 있습니다. 불가능해 보였던 남북 정상 회담을 이뤄냈듯이 남과 북이 마음과 정성을 다한다면 통일의 날도 반드시 오리라 저는 확신합니다.

① 남북 교류 협력을 위한 개성 공업 지구 조성에 합의하였다.
② 평화 통일 외교 정책에 관한 6 · 23 특별 성명을 발표하였다.
③ 남북 사이의 화해와 불가침 및 교류 · 협력에 관한 합의서를 채택하였다.
④ 남북 관계 발전과 평화 번영을 위한 10 · 4 남북 정상 선언에 서명하였다.
⑤ 7 · 4 남북 공동 성명을 실천하기 위해 남북 조절 위원회를 구성하였다.

49. (가)~(마)에 들어갈 내용으로 옳지 않은 것은? [3점]

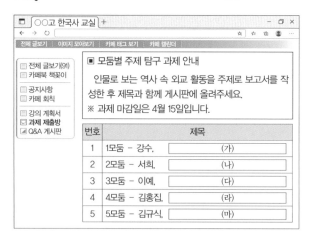

① (가) - 외교 문서 작성에 능하여 청방인문표를 짓다
② (나) - 외교 담판을 통해 강동 6주를 확보하다
③ (다) - 일본에 파견되어 계해약조 체결에 기여하다
④ (라) - 보빙사의 전권대신으로 미국에 파견되다
⑤ (마) - 파리 강화 회의에 독립 청원서를 제출하다

50. (가) 지역에 대한 탐구 활동으로 가장 적절한 것은?

[2점]

① 김헌창이 반란을 일으킨 근거지를 파악한다.
② 강주룡이 고공 시위를 전개한 장소를 알아본다.
③ 공민왕이 홍건적의 침입 때 피란한 지역을 찾아본다.
④ 신립이 배수의 진을 치고 전투를 벌인 위치를 검색한다.
⑤ 김사미가 가혹한 수탈에 저항하여 봉기한 곳을 조사한다.

1. 밑줄 그은 '이 시대'의 생활 모습으로 옳은 것은? [1점]

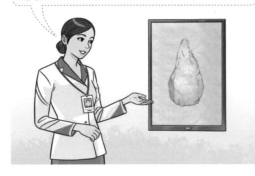

이 그림은 한 미군 병사가 경기도 연천군 전곡리에서 이 시대의 대표적인 유물인 주먹도끼 등을 발견하고 그린 것입니다. 그가 발견한 아슐리안형 주먹도끼는 이 시대 동아시아에는 찍개 문화만 존재하고 주먹도끼 문화는 없었다는 모비우스(H. Movius)의 학설을 뒤집는 증거가 되었습니다.

① 소를 이용하여 깊이갈이를 하였다.
② 빗살무늬 토기에 식량을 저장하였다.
③ 지배층의 무덤으로 고인돌을 만들었다.
④ 거푸집을 사용하여 세형동검을 제작하였다.
⑤ 주로 동굴이나 강가의 막집에서 거주하였다.

2. 밑줄 그은 '이 나라'에 대한 탐구 활동으로 가장 적절한 것은? [2점]

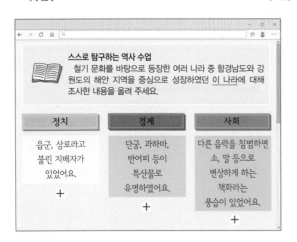

스스로 탐구하는 역사 수업
철기 문화를 바탕으로 등장한 여러 나라 중 함경남도와 강원도의 해안 지역을 중심으로 성장하였던 이 나라에 대해 조사한 내용을 올려 주세요.

정치	경제	사회
읍군, 삼로라고 불린 지배자가 있었어요.	단궁, 과하마, 반어피 등이 특산물로 유명하였어요.	다른 읍락을 침범하면 소, 말 등으로 변상하게 하는 책화라는 풍습이 있었어요.
+	+	+

① 신성 지역인 소도의 역할을 알아본다.
② 포상 8국의 난 진압 과정을 찾아본다.
③ 삼국유사에 실린 김알지 신화를 분석한다.
④ 무천이라는 제천 행사를 개최한 이유를 파악한다.
⑤ 마가, 우가, 저가, 구가 등이 다스렸던 지역을 조사한다.

3. (가), (나) 국가의 사회 모습에 대한 설명으로 옳은 것은? [2점]

(가) 왕의 성은 부여씨이고, [왕을] '어라하'라고 하며 백성들은 '건길지'라고 부른다. 모두 중국 말로 왕이라는 뜻이다. …… 도성에는 1만 가(家)가 거주하며 5부로 나뉘는데 상부·전부·중부·하부·후부라고 하며, 각각 5백 명의 군사를 거느린다. [지방의] 5방에는 각기 방령 1인을 두는데 달솔로 임명하고, 군에는 군장(郡將) 3인이 있으니 덕솔로 임명한다.
– 『주서』 –

(나) 60개의 주현이 있으며, 큰 성에는 녹살 1인을 두는데 도독과 비슷하다. 나머지 성에는 처려근지를 두는데 도사라고도 하며, 자사와 비슷하다. …… [수도는] 5부로 나뉘어 있다.
– 『신당서』 –

① (가) – 사회 질서를 유지하기 위해 범금 8조를 두었다.
② (가) – 거란도, 일본도 등을 통해 주변 국가와 교류하였다.
③ (나) – 태학과 경당을 두어 인재를 양성하였다.
④ (나) – 정사암 회의에서 국가 중대사를 논의하였다.
⑤ (가), (나) – 골품에 따라 관등 승진에 제한이 있었다.

4. 다음 상황이 나타난 시기를 연표에서 옳게 고른 것은? [2점]

[당의] 고종이 소정방을 신구도대총관(神丘道大摠管)으로 삼아 군사를 이끌고 바다를 건너 신라와 함께 백제를 정벌하도록 하였다. 계백은 장군이 되어 죽음을 각오한 군사 5천 명을 뽑아 이들을 막고자 하였다. …… 황산의 벌판에 이르러 세 개의 군영을 설치하였다. 신라군을 만나 전투를 시작하려고 하자, [계백은] 여러 사람 앞에서 맹세하며 "지난날 구천(句踐)은 5천 명으로 오(吳)의 70만 무리를 격파하였다. 오늘 마땅히 힘써 싸워 승리함으로써 나라의 은혜에 보답하자."라고 하였다. 드디어 격렬히 싸우니, 일당천(一當千)이 아닌 자가 없었다.
– 『삼국사기』 –

612		642		660		668		676		698
	(가)		(나)		(다)		(라)		(마)	
살수대첩		대야성전투		사비성함락		안동도호부설치		기벌포전투		발해건국

① (가) ② (나) ③ (다) ④ (라) ⑤ (마)

5. (가) 국가의 경제 상황으로 옳은 것은? [1점]

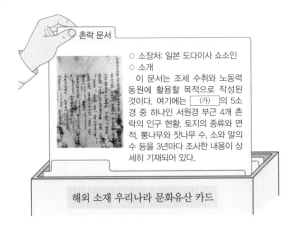

① 낙랑군과 왜에 철을 수출하였다.
② 집집마다 부경이라는 창고가 있었다.
③ 활구라고 불리는 은병이 유통되었다.
④ 특산품으로 솔빈부의 말이 유명하였다.
⑤ 울산항, 당항성이 무역항으로 번성하였다.

6. (가)에 들어갈 내용으로 가장 적절한 것은? [2점]

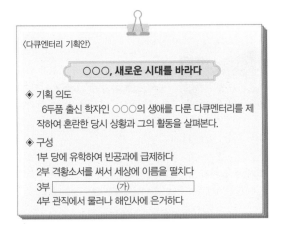

① 화왕계를 지어 국왕에게 조언하다
② 외교 문서인 청방인문표를 작성하다
③ 진성 여왕에게 시무책 10여 조를 올리다
④ 청해진을 중심으로 해상 무역을 전개하다
⑤ 인도와 중앙아시아를 순례하고 왕오천축국전을 남기다

7. 밑줄 그은 '왕'의 업적으로 옳은 것은? [2점]

> ○ 담당 관청에 명하여 월성의 동쪽에 새 궁궐을 짓게 하였는데, 그곳에서 황룡이 나타났다. 왕이 이것을 기이하게 여기고는 [계획을] 바꾸어 사찰을 짓고, '황룡'이라는 이름을 내려 주었다.
>
> ○ [거칠부가] 왕의 명령을 받들어 여러 문사(文士)를 모아 국사를 편찬하였다.
>
> – 『삼국사기』 –

① 이사부를 보내 우산국을 복속시켰다.
② 예성강 이북에 패강진을 설치하였다.
③ 관료전을 지급하고 녹읍을 폐지하였다.
④ 국가적인 조직으로 화랑도를 개편하였다.
⑤ 이차돈의 순교를 계기로 불교를 공인하였다.

8. (가) 왕에 대한 설명으로 옳은 것은? [3점]

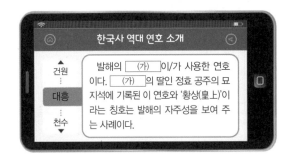

① 북연의 왕을 신하로 봉하였다.
② 지린성 동모산에서 나라를 세웠다.
③ 신라에 군대를 파견하여 왜를 격퇴하였다.
④ 수도를 상경 용천부로 옮겨 체제를 정비하였다.
⑤ 5경 15부 62주의 지방 행정 조직을 확립하였다.

9. 다음 상황 이후에 있었던 사실로 옳은 것은? [2점]

> 청교역(靑郊驛) 서리 3인이 최충헌 부자를 죽일 것을 모의하면서, 거짓 공첩(公牒)을 만들어 여러 사원의 승려들을 불러 모았다. 공첩을 받은 귀법사 승려들은 그 공첩을 가져온 사람을 잡아서 최충헌에게 고해바쳤다. [최충헌은] 즉시 영은관에 교정별감을 둔 후 성문을 폐쇄하고 대대적으로 그 무리를 색출하였다.

① 김부식이 묘청의 난을 진압하였다.
② 원종과 애노가 사벌주에서 봉기하였다.
③ 이자겸이 금의 사대 요구를 수용하였다.
④ 정중부 등이 정변을 일으켜 권력을 차지하였다.
⑤ 최우가 인사 행정 담당 기구로 정방을 설치하였다.

10. 밑줄 그은 '이 탑'으로 옳은 것은? [2점]

유물로 보는 한국사

[해설]
경주 불국사에 있는 <u>이 탑</u>의 해체 보수 과정에서 발견된 금동제 사리외함이다. 2층 탑신부에 봉안되어 있던 이 유물 안에는 은제 사리 내·외합과 무구정광대다라니경 등이 함께 놓여 있었다. 이를 통해 당시의 뛰어난 공예 기술 및 사리장엄 방식과 특징을 알 수 있다.

①
②
③
④
⑤

11. (가) 인물에 대한 설명으로 옳은 것은? [2점]

완산주를 도읍으로 삼아 나라를 세운 (가) 에 대해 말해 볼까요?

신라의 금성을 습격하여 경애왕을 죽게 하였어요.

금산사에 유폐되었다가 탈출하여 고려에 귀부하였어요.

① 공산 전투에서 전사하였다.
② 금마저에 미륵사를 창건하였다.
③ 후당과 오월에 사신을 파견하였다.
④ 김흠돌 등 진골 세력을 숙청하였다.
⑤ 국호를 마진으로 바꾸고 철원으로 천도하였다.

12. (가) 왕의 재위 시기에 있었던 사실로 옳은 것은? [2점]

❖ 우리 고장의 유적 ❖

충주 숭선사지

유적 발굴 현장

숭선사는 (가) 이/가 어머니인 신명 순성 왕후의 명복을 빌기 위하여 세운 절로, 현재 그 터만 남아 있다. 이곳에서는 '숭선사(崇善寺)'라는 명문이 새겨진 기와 등 다양한 고려 시대 유물이 출토되었다.
(가) 은/는 치열한 왕위 쟁탈전 속에서 외가인 충주 유씨 세력 등 여러 호족의 도움으로 왕위에 올랐다. 하지만 즉위 이후 노비안검법 등 호족을 견제하는 정책을 펼쳤다.

① 최승로가 시무 28조를 건의하였다.
② 광덕, 준풍 등의 연호가 사용되었다.
③ 관리의 규범을 제시한 계백료서가 반포되었다.
④ 쌍성총관부를 공격하여 철령 이북을 수복하였다.
⑤ 지방 세력 견제를 목적으로 한 상수리 제도가 실시되었다.

13. (가)에 들어갈 내용으로 옳은 것은? [1점]

한국사 교실

최충의 9재 학당을 비롯한 사학이 융성하였던 시기에 위축된 관학을 진흥하기 위해 정부가 추진한 정책을 대화창에 올려 주세요.

ON 대화창

서적포를 두어 출판을 담당하게 하였어요.

국자감에 전문 강좌인 7재를 개설하였어요.

(가)

보내기

① 독서삼품과를 통해 인재를 등용하였어요.
② 사액 서원에 서적과 노비를 지급하였어요.
③ 중등 교육 기관으로 4부 학당을 설립하였어요.
④ 양현고를 설치하여 장학 기금을 마련하였어요.
⑤ 초계문신제를 시행하여 문신을 재교육하였어요.

14. (가) 국가에 대한 고려의 대응으로 옳은 것은? [2점]

○ ___(가)___ 의 임금이 개경으로 침입하여 궁궐을 불사르고 퇴각하였다. …… 양규는 ___(가)___ 의 군대를 무로대에서 습격하여 2,000여 급을 베고, 포로가 되었던 남녀 3,000여 명을 되찾았다. 다시 이수에서 전투를 벌이고 추격하여 석령까지 가서 2,500여 급을 베고, 포로가 되었던 1,000여 명을 되찾았다.

○ ___(가)___ 의 병사들이 귀주를 지나가자 강감찬 등이 동쪽 교외에서 전투를 벌였다. …… 적병이 북쪽으로 달아나자 아군이 그 뒤를 쫓아가서 공격하였는데, 석천을 건너 반령에 이르기까지 시신이 들에 가득하였다.

① 강화도로 도읍을 옮겨 항전하였다.
② 광군을 조직하여 침입에 대비하였다.
③ 박위를 파견하여 근거지를 토벌하였다.
④ 압록강 상류 지역을 개척하여 4군을 설치하였다.
⑤ 신기군, 신보군, 항마군으로 구성된 별무반을 편성하였다.

15. (가)에 들어갈 문화유산으로 옳은 것은? [1점]

△△ 시대 문화유산 사진전

우리 학교 역사 동아리에서 △△ 시대의 대표적인 문화유산을 소개하는 사진전을 개최합니다. 학생 여러분의 많은 관람 바랍니다.

직지심체요절   (가)   천산대렵도

■일자: 2023년 ○○월 ○○일 ■장소: 본관 2층 동아리실

① 금동 대향로
② 호우총 청동 그릇
③ 청자 상감 모란문 표주박모양 주전자
④ 이불 병좌상
⑤ 인왕제색도

16. (가) 인물에 대한 설명으로 옳은 것은? [2점]

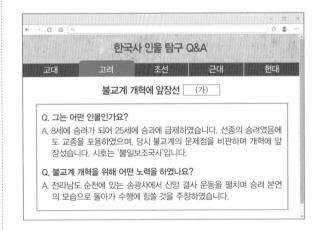

한국사 인물 탐구 Q&A

고대 | 고려 | 조선 | 근대 | 현대

불교계 개혁에 앞장선 ___(가)___

Q. 그는 어떤 인물인가요?
A. 8세에 승려가 되어 25세에 승과에 급제하였습니다. 선종의 승려였음에도 교종을 포용하였으며, 당시 불교계의 문제점을 비판하며 개혁에 앞장섰습니다. 시호는 '불일보조국사'입니다.

Q. 불교계 개혁을 위해 어떤 노력을 하였나요?
A. 전라남도 순천에 있는 송광사에서 신앙 결사 운동을 펼치며 승려 본연의 모습으로 돌아가 수행에 힘쓸 것을 주장하였습니다.

① 참선을 강조하고 돈오점수를 주장하였다.
② 불교 교단 통합을 위해 해동 천태종을 개창하였다.
③ 선문염송집을 편찬하고 유불 일치설을 제창하였다.
④ 승려들의 전기를 정리하여 해동고승전을 편찬하였다.
⑤ 보현십원가를 지어 불교 교리를 대중에게 전파하였다.

17. (가)~(다)를 일어난 순서대로 옳게 나열한 것은? [2점]

> (가) 우왕이 요동을 공격하는 일을 최영과 은밀하게 의논하였다. …… 마침내 8도의 군사를 징발하고 최영이 동교에서 군사를 사열하였다.
>
> (나) 대군이 압록강을 건너서 위화도에 머물렀다. …… 이성계가 회군한다는 소식을 듣고 앞다투어 모여든 사람이 천여 명이나 되었다.
>
> (다) 도평의사사에서 글을 올려 과전을 지급하는 법을 정할 것을 청하니, ㄴ 의견을 따랐다. …… 경기는 사방의 근본이므로 마땅히 과전을 설치하여 사대부를 우대하여야 한다. 무릇 수도에 거주하며 왕실을 지키는 자는 현직, 산직(散職)을 불문하고 각각 과(科)에 따라 받게 한다.

① (가) - (나) - (다)
② (가) - (다) - (나)
③ (나) - (가) - (다)
④ (나) - (다) - (가)
⑤ (다) - (나) - (가)

18. 다음 상황이 나타난 시기의 경제 모습으로 옳은 것은? [2점]

> 도병마사가 아뢰기를, "안서도호부에서 바친 철은 예전에는 무기 용으로 충당하였습니다. 근래에 흥왕사를 창건하면서 또다시 철을 더 바치라고 명령하셨으니 백성들이 고통을 감당하지 못하고 있습니다. 청컨대 염주, 해주, 안주 세 곳에서 2년 동안 바치는 철을 흥왕사 창건에 쓰게 하여 수고로운 폐단을 풀어 주십시오." 라고 하니, 이를 따랐다.

① 관리에게 전지와 시지를 지급하였다.
② 시장을 감독하기 위해 동시전을 설치하였다.
③ 허적의 제안에 따라 상평통보를 발행하였다.
④ 일본과의 교역 규모를 규정한 계해약조를 체결하였다.
⑤ 상권 수호를 목적으로 황국 중앙 총상회를 조직하였다.

19. (가) 왕에 대한 설명으로 옳은 것은? [2점]

> 이것은 『어전준천제명첩』에 담긴 어제사언시(御製四言詩)로, (가) 이/가 홍봉한 등 청계천 준설 공사에 공이 있는 신하들의 노고를 치하하며 지은 것이다.
>
> 청계천 준설을 추진한 (가) 은/는 탕평, 균역 등도 자신의 치적으로 거론한 글을 남겼다.

① 나선 정벌에 조총 부대를 파견하였다.
② 경기도에 한해서 대동법을 실시하였다.
③ 삼수병으로 구성된 훈련도감을 창설하였다.
④ 통치 제도를 정비하고자 속대전을 편찬하였다.
⑤ 한양을 기준으로 한 역산서인 칠정산을 만들었다.

20. 다음 상황이 나타난 시기를 연표에서 옳게 고른 것은? [2점]

> 왕이 전지하기를, "김종직은 보잘것없는 시골의 미천한 선비였는데, 선왕께서 발탁하여 경연에 두었으니 은혜와 총애가 더없이 컸다고 하겠다. 그런데 지금 그의 제자 김일손이 사초에 부도덕한 말로써 선왕 대의 일을 거짓으로 기록하고, 또 스승인 김종직의 조의제문을 싣고서 그 글을 찬양하였으니, 형명(刑名)을 의논하여 아뢰어라."라고 하였다.

1468	1494	1506	1518	1545	1589
(가)	(나)	(다)	(라)	(마)	
남이의 옥사	연산군 즉위	중종 반정	소격서 폐지	명종 즉위	기축 옥사

① (가)　② (나)　③ (다)　④ (라)　⑤ (마)

21. (가) 왕의 재위 시기에 있었던 사실로 옳은 것은?

[2점]

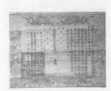

□□ 신문

제△△호   ○○○○년 ○○월 ○○일

원각사 창건 당시 작성된 계문(契文) 공개

원각사의 낙성을 축하하는 경찬회 때 (가) 이/가 조정 신하와 백성에게 수륙재 참여를 권하는 내용이 담긴 원각사 계문이 공개되었다. 조선의 임금과 왕실이 불교 행사를 직접 후원하였다는 기록이 희소하기에 의미가 있다.

한명회, 권람 등의 조력으로 김종서, 황보인 등을 제거하고 왕위에 오른 (가) 은/는 간경도감을 설치하여 불경을 한글로 번역, 간행하고 원각사를 창건하는 등 불교를 후원하였다.

① 주자소에서 계미자를 주조하였다.
② 국가의 의례를 정비한 국조오례의를 완성하였다.
③ 삼남 지방의 농법을 소개한 농사직설을 편찬하였다.
④ 현직 관리에게만 수조지를 지급하는 직전법을 시행하였다.
⑤ 우리나라와 중국의 의서를 망라한 동의보감을 간행하였다.

22. 밑줄 그은 '이 인물'에 대한 설명으로 옳은 것은?

[3점]

해주 향약을 시행하여 향촌 교화에 힘썼던 이 인물에 대해 말해 보자.

동호문답에서 수취 제도 개편 등 다양한 개혁 방안을 제시하였어.

격몽요결을 저술하여 체계적인 성리학 교육에 힘썼어.

① 명에 대한 의리를 내세운 기축봉사를 올렸다.
② 청으로부터 시헌력을 도입하자고 건의하였다.
③ 양반의 허례와 무능을 풍자한 양반전을 저술하였다.
④ 예학을 조선의 현실에 맞게 정리한 가례집람을 지었다.
⑤ 군주가 수양해야 할 덕목과 지식을 담은 성학집요를 집필하였다.

23. (가), (나) 사이의 시기에 있었던 사실로 옳은 것은?

[3점]

(가) 처음에 심의겸이 외척으로 권세를 부리니 당시 명망 있는 사람들이 섬겨 따랐다. 그런데 김효원이 전랑(銓郞)이 되어 그들을 배척하자 심의겸의 무리가 그를 미워하니, 점차 사림이 나뉘어 동인과 서인이라는 말이 나오게 되었다.

(나) 기해년에 왕이 승하하자 재신 송시열이 사종(四種)의 설을 인용하여 "대행 대왕은 왕대비에게 서자가 된다. 왕통을 이었으나 장자가 아닌 경우이니 기년복(朞年服)*을 입어야 마땅하다."라고 하였다. 이에 대해 허목 등 신하들은 전거를 들어 다투기를, "대행 대왕은 왕대비에게 서자가 아니라 장자가 된 둘째이니, 삼년복을 입어야 한다."라고 하였다.

*기년복(朞年服): 1년 동안 입는 상복

① 인조반정으로 북인 세력이 몰락하였다.
② 목호룡의 고변으로 옥사가 발생하였다.
③ 양재역 벽서 사건으로 이언적 등이 화를 입었다.
④ 인현 왕후가 폐위되고 남인이 권력을 차지하였다.
⑤ 이인좌를 중심으로 소론 세력 등이 난을 일으켰다.

24. (가) 국가에 대한 조선의 정책으로 옳은 것은? [2점]

〈답사 보고서〉

◈ **주제**: 남한산성에서 삼학사의 충절을 만나다

◈ **날짜**: 2023년 ○○월 ○○일

◈ **내용**: 현절사(顯節祠)는 삼학사(홍익한, 윤집, 오달제)의 충절을 기려 남한산성에 세운 사당이다. 그들은 (가) 의 침입으로 발생한 전쟁에서 화의를 반대하며 결사 항전을 주장하였다. 항복 이후 그들은 (가) (으)로 압송되어 처형되었다. 그들과 함께 척화를 주장하였던 김상헌, 정온도 추가로 이곳에 모셔졌다.

◈ **사진**

① 만권당을 세워 학문 교류를 장려하였다.
② 어영청을 강화하는 등 북벌을 추진하였다.
③ 화통도감을 설치하여 군사력을 증강하였다.
④ 사신 접대를 위해 한성에 동평관을 설치하였다.
⑤ 포로 송환을 목적으로 유정을 회답 겸 쇄환사로 파견하였다.

25. 밑줄 그은 '이 시기'의 경제 상황으로 옳은 것은?
[1점]

> ### 시(詩)로 만나는 한국사
>
> 이현과 종루 그리고 칠패는
> 도성의 3대 시장이라네
> 온갖 장인들이 살고 일하니
> 사람들이 많아서 어깨를 부딪네
> 온갖 재화가 이익을 좇아
> 수레가 끊임없네
> 봉성의 털모자, 연경의 비단실
> 함경도의 삼베, 한산의 모시
> 쌀, 콩, 벼, 기장, 조, 피, 보리
> ......
>
> [해설] 이것은 한양의 모습을 그린 「성시전도」를 보고 박제가가 지은 시의 일부이다. 시의 내용을 통해 이 시기 생동감 있는 시장의 모습을 엿볼 수 있다.

① 백성에게 정전이 지급되었다.
② 서경에 관영 상점이 설치되었다.
③ 금속 화폐인 건원중보가 주조되었다.
④ 벽란도가 국제 무역항으로 번성하였다.
⑤ 인삼, 담배 등이 상품 작물로 재배되었다.

26. (가) 기구에 대한 설명으로 옳은 것은?
[1점]

> 오늘에 와서는 큰일이건 작은 일이건 중요한 것으로 취급되지 않는 것이 없어, 의정부는 한갓 헛이름만 지니고 6조는 모두 그 직임을 상실하였습니다. 명칭은 '변방의 방비를 담당하는 것'이라고 하면서 과거 시험에 대한 판하(判下)*나 비빈 간택 등의 일까지도 모두 (가) 을/를 경유하여 나옵니다. 명분이 바르지 못하고 말이 이치에 맞지 않음이 이보다 심할 수가 없습니다. 신의 어리석은 소견으로는 (가) 을/를 고쳐 정당(政堂)으로 칭하는 것이 상책이라 생각합니다.
>
> *판하(判下): 안건을 임금이 허가하는 것

① 사헌부, 사간원과 함께 3사로 불렸다.
② 서얼 출신 학자들이 검서관에 등용되었다.
③ 흥선 대원군이 집권한 시기에 혁파되었다.
④ 서울과 수원에 설치되어 국왕의 호위를 맡았다.
⑤ 대사성을 수장으로 좨주, 직강 등의 관직을 두었다.

27. (가) 인물에 대한 설명으로 옳은 것은?
[2점]

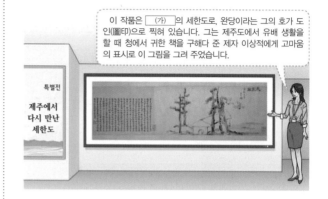

> 이 작품은 (가) 의 세한도로, 완당이라는 그의 호가 도인(圖印)으로 찍혀 있습니다. 그는 제주도에서 유배 생활을 할 때 청에서 귀한 책을 구해다 준 제자 이상적에게 고마움의 표시로 이 그림을 그려 주었습니다.

① 남북국이라는 용어를 처음 사용하였다.
② 기기도설을 참고하여 거중기를 설계하였다.
③ 북한산비가 진흥왕 순수비임을 고증하였다.
④ 양명학을 연구하여 강화 학파를 형성하였다.
⑤ 안평 대군의 꿈을 소재로 몽유도원도를 그렸다.

28. (가), (나) 사이의 시기에 있었던 사실로 옳은 것은?
[3점]

> (가) 전라도 관찰사 정민시가 [진산의] 죄인 윤지충과 권상연에 대한 조사 결과를 아뢰었다. "…… 근래에 그들은 평소 살아 계신 부모나 조부모처럼 섬겨야 할 신주를 태워 없애면서도 이마에 진땀 하나 흘리지 않았으니 정말 흉악한 일입니다. 제사를 폐지한 일은 오히려 부차적입니다."
>
> (나) 의금부에서 아뢰었다. "얼마 전 죄인 남종삼은 명백한 근거도 없이 러시아에 변란이 있을 것이고, 프랑스와 조약을 맺을 계책이 있다는 요망한 말로 여러 사람을 현혹하였습니다. 감히 나라를 팔아먹고자 몰래 외적을 끌어들일 음모를 꾸몄으니, 즉시 참형에 처해야 합니다. …… [베르뇌를 비롯한] 서양인 4명을 군영에 넘겨 효수하여 본보기로 삼도록 하였습니다."

① 대종교 계열의 중광단이 결성되었다.
② 한용운이 조선불교유신론을 저술하였다.
③ 보은에서 교조 신원을 요구하는 집회가 열렸다.
④ 이수광이 지봉유설에서 천주실의를 소개하였다.
⑤ 황사영이 외국 군대의 출병을 요청하는 백서를 작성하였다.

29. (가) 인물에 대한 설명으로 옳은 것은? [2점]

개화사상의 선구자

박지원의 손자이며, 진주에서 농민 봉기가 일어나자 안핵사로 파견되었다. 자신의 사랑방에서 양반 자제들에게 세계 정세를 전하였으며, 청에 다녀온 경험을 바탕으로 문호 개방을 주장하는 등 개화 사상 형성에 선구적인 역할을 하였다.

(가)

① 조선 중립화론을 건의하였다.
② 베델과 함께 대한매일신보를 창간하였다.
③ 대동강에 침입한 제너럴셔먼호를 격침하였다.
④ 서양의 과학 기술을 정리한 지구전요를 저술하였다.
⑤ 강화도 조약 체결의 전말을 기록한 심행일기를 남겼다.

30. 밑줄 그은 '이 사건'에 대한 설명으로 옳은 것은? [2점]

이번 시간에는 근대 국가 수립을 위해 김옥균 등이 일으켰던 이 사건에 대한 의견을 들어 보고자 합니다.

그들이 개혁안에서 내세운 인민 평등권 확립 등은 이후의 근대적 개혁에 영향을 주었습니다.

하지만 일부 급진 개화파를 중심으로 개혁을 추진하였고, 청과의 사대 관계 청산을 주장하면서도 일본의 힘에 의존하였다는 한계가 있습니다.

① 보국안민, 제폭구민을 기치로 내걸었다.
② 한성 조약이 체결되는 결과를 가져왔다.
③ 개혁 추진을 위해 교정청을 설치하였다.
④ 구식 군인에 대한 차별 대우가 발단이 되었다.
⑤ 민영익 등이 보빙사로 파견되는 계기가 되었다.

31. (가) 운동에 대한 설명으로 옳은 것은? [1점]

국가보훈처는 광복 73주년을 맞아 독립 유공자를 발굴하여 포상하기로 하였습니다. 이번 포상에는 (가) 의 1주년에 만세 운동을 전개하다가 체포되어 옥고를 치른 배화 여학교 학생 여섯 명이 포함되었습니다. 이들은 일제 강점기 최대 민족 운동인 (가) 의 영향을 받아 수립된 대한민국 임시 정부의 활동 소식을 접하면서 민족의식을 키웠다고 합니다.

김경화 등 6명의 독립운동가, 독립운동 유공 인정

① 김광제 등의 발의로 본격화되었다.
② 순종의 인산일을 기회로 삼아 추진되었다.
③ 제암리 학살 등 일제의 가혹한 탄압을 받았다.
④ 신간회에서 진상 조사단을 파견하여 지원하였다.
⑤ 성진회와 각 학교 독서회에 의해 전국적으로 확산하였다.

32. 밑줄 그은 '개혁'의 내용으로 옳은 것은? [3점]

이 그림은 군국기무처에서 회의하는 모습입니다. 그림의 아래쪽에는 총재 김홍집과 회의에 참여한 관리들의 이름이 적혀 있습니다. 군국기무처는 개혁을 추진하면서 수개월 동안 200여 건의 안건을 의결하였습니다.

① 원수부를 두었다.
② 재판소를 설치하였다.
③ 은본위제를 도입하였다.
④ 태양력을 공식 채택하였다.
⑤ 5군영을 2영으로 통합하였다.

33. (가)에 들어갈 내용으로 가장 적절한 것은? [2점]

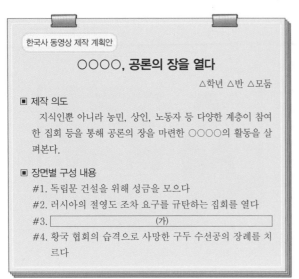

① 평양에 대성 학교를 설립하다.
② 고종 강제 퇴위 반대 운동을 주도하다.
③ 집강소를 중심으로 폐정 개혁안을 실천하다.
④ 관민 공동회를 개최하여 헌의 6조를 결의하다.
⑤ 개혁의 기본 방향을 제시한 홍범 14조를 반포하다.

34. 다음 기사를 활용한 탐구 활동으로 가장 적절한 것은? [3점]

① 제1차 한일 협약의 내용을 알아본다.
② 삼국 간섭이 발생한 원인을 분석한다.
③ 일제가 조작한 105인 사건의 영향을 파악한다.
④ 영국이 거문도를 불법 점령한 과정을 조사한다.
⑤ 고종이 러시아 공사관으로 피신한 이유를 찾아본다.

35. (가) 인물의 활동으로 옳은 것은? [2점]

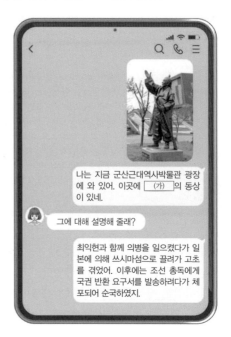

① 명동 성당 앞에서 이완용을 습격하였다.
② 고종의 밀지를 받아 독립 의군부를 조직하였다.
③ 국권 침탈 과정을 정리한 한국통사를 저술하였다.
④ 13도 창의군의 총대장으로 서울 진공 작전을 지휘하였다.
⑤ 논설 단연보국채를 써서 국채 보상 운동에 적극 참여하였다.

36. (가) 부대에 대한 설명으로 옳은 것은? [2점]

① 간도 참변 이후 자유시로 이동하였다.
② 영릉가 전투에서 일본군과 싸워 크게 승리하였다.
③ 조선 독립 동맹 산하의 군사 조직으로 개편되었다.
④ 영국군의 요청으로 인도·미얀마 전선에 투입되었다.
⑤ 중국 국민당 정부의 지원을 받아 우한에서 창설되었다.

37. (가) 운동에 대한 설명으로 옳은 것은? [1점]

이것은 (가) 을/를 주도한 단체의 제7회 전국 대회 포스터입니다. '모히라! 자유평등의 기치하에로'라는 문구가 있으며, '경성 천도교 기념관'에서 개최된다고 알리고 있습니다. 진주에서 시작된 (가) 은/는 '공평은 사회의 근본이요, 애정은 인류의 본량(本良)'이라는 구호 아래 전개되었습니다.

① 통감부의 탄압으로 중단되었다.
② 중국의 5 · 4 운동에 영향을 주었다.
③ 대한 자강회가 결성되는 배경이 되었다.
④ 백정에 대한 사회적 차별 철폐를 주장하였다.
⑤ 여성 교육의 중요성을 강조한 여권통문을 발표하였다.

38. 밑줄 그은 '이 시기'에 볼 수 있는 모습으로 적절한 것은? [1점]

이 사진은 조선 물산 공진회가 열렸던 당시 일장기가 내걸린 근정전의 모습을 보여 줍니다. 조선 총독부는 토지 조사 사업이 진행되던 이 시기에 식민 통치를 미화하고, 그 성과를 선전하기 위해 이 행사를 개최하였습니다. 공진회장 조성 과정에서 경복궁의 많은 건물이 헐렸습니다.

① 황국 신민 서사를 암송하는 학생
② 경성 제국 대학에서 강의하는 교수
③ 조선인에게 태형을 집행하는 헌병 경찰
④ 원산 총파업에 연대 지원금을 보내는 외국 노동자
⑤ 나운규가 감독한 아리랑의 첫 상영을 준비하는 단성사 직원

39. 다음 검색창에 들어갈 단체에 대한 설명으로 옳은 것은? [2점]

한국사 강의

단체 [검색]

우리말을 힘써 모으다
– 학생들을 통해 시골말, 놀이말, 속담 등 수집

최현배, 이극로 등 다수의 회원이 검거되다
– 사전 편찬 활동 등을 치안 유지법으로 탄압

'조선말 큰사전' 편찬 작업을 재개하다
– 서울역 창고에서 일제에 압수되었던 원고 발견

① 한글 신문인 제국신문을 간행하였다.
② 태극 서관을 설립하여 서적을 보급하였다.
③ 파리 강화 회의에 독립 청원서를 제출하였다.
④ 한글 맞춤법 통일안과 표준어 사정안을 제정하였다.
⑤ 국문 연구소를 두어 한글을 체계적으로 연구하였다.

40. (가), (나) 인물에 대한 설명으로 옳은 것을 <보기>에서 고른 것은? [2점]

독립과 통일 정부 수립을 열망한 인물

(가)
· 생몰: 1876년~1949년
· 호: 백범
· 대한민국 임시 정부 주석 역임
· 남북 협상 참여
· 서울 경교장에서 피살

(나)
· 생몰: 1886년~1947년
· 호: 몽양
· 신한 청년당 결성
· 좌우 합작 위원회 조직
· 서울 혜화동에서 피살

〈보기〉
ㄱ. (가) – 상하이에서 한인 애국단을 조직하였다.
ㄴ. (가) – 조선 혁명 간부 학교를 세워 독립군을 양성하였다.
ㄷ. (나) – 조선 건국 준비 위원회의 활동을 주도하였다.
ㄹ. (나) – 미국에서 귀국하여 독립 촉성 중앙 협의회를 이끌었다.

① ㄱ, ㄴ ② ㄱ, ㄷ ③ ㄴ, ㄷ ④ ㄴ, ㄹ ⑤ ㄷ, ㄹ

41. 밑줄 그은 '국회'에 대한 설명으로 옳지 않은 것은?

[3점]

이 우표는 우리나라 최초로 실시된 총선거를 기념하기 위해 발행되었습니다. 보통·직접·평등·비밀 선거 원칙에 따라 치른 이 선거를 통해 구성된 국회에서 활동한 의원의 임기는 2년이었습니다.

① 반민족 행위 처벌법을 제정하였다.
② 의원들의 선거로 대통령을 선출하였다.
③ 민의원과 참의원의 양원제로 운영되었다.
④ 일부 지역의 국회의원이 선출되지 못한 채 출범하였다.
⑤ 일제가 남긴 재산 처리를 위한 귀속 재산 처리법을 만들었다.

42. (가) 전쟁 중에 볼 수 있는 모습으로 적절하지 않은 것은?

[2점]

역사 뮤지컬

기적의 항해

MEREDITH VICTORY

한 척의 배로 가장 많은 인명을 대피시킨 메러디스 빅토리호! (가) 전쟁 중의 흥남 철수 당시 배에 실린 군수 물자를 내리고 14,000여 명의 피난민을 구출한 감동적인 이야기가 펼쳐집니다.

◆ 일시: 2023년 ○○월 ○○일 19:00
◆ 장소: △△ 문화회관 대극장

① 국민 방위군에 소집되는 청년
② 원조 물자 배급을 기다리는 시민
③ 지가 증권을 싼값에 매각하는 지주
④ 거제도 포로수용소에서 석방되는 반공 포로
⑤ 제2차 미소 공동 위원회 개최 소식을 보도하는 기자

43. (가) 정부 시기에 있었던 사실로 옳은 것은? [2점]

[국가 기념일에 담긴 역사 이야기]

2·28 민주 운동 기념일
- 학생들, 불의에 저항하여 일어서다 -

경북도청으로 향하는 학생 시위대의 모습

2월 28일 일요일은 민주당 부통령 후보 장면의 대구 유세가 있는 날이었다. (가) 정부는 이 유세장에 학생들이 가지 못하도록 2월 28일에도 등교할 것을 대구 시내 고등학교에 지시하였다. 각 학교가 내세운 등교의 명분은 시험, 단체 영화 관람, 토끼 사냥 등이었다. 이에 분노한 학생들은 "학원의 자유를 보장하라!" 등의 구호를 외치며 시위에 나섰다. 이날의 시위는 3·15 의거 등 이후 전개된 민주화 운동에 영향을 주었다. 이 시위의 역사적 의의가 인정되어 2018년에 국가 기념일로 지정되었다.

① 프로 야구가 6개 구단으로 출범하였다.
② YH 무역 노동자들이 야당 당사에서 농성하였다.
③ 사회 정화를 명분으로 삼청 교육대가 설치되었다.
④ 인민 혁명당 재건위 사건으로 관련자가 탄압받았다.
⑤ 평화 통일론을 주장한 진보당의 조봉암이 구속되었다.

44. (가), (나) 헌법이 제정된 시기 사이에 있었던 사실로 옳은 것은? [3점]

(가)	(나)
제1조 ① 대한민국은 민주 공화국이다. ② 대한민국의 주권은 국민에게 있고, 모든 권력은 국민으로부터 나온다. 제64조 ① 대통령은 국민의 보통·평등·직접·비밀 선거에 의하여 선출한다. 제69조 ① 대통령의 임기는 4년으로 한다. ③ 대통령의 계속 재임은 3기에 한한다.	제1조 ① 대한민국은 민주 공화국이다. ② 대한민국의 주권은 국민에게 있고, 국민은 그 대표자나 국민 투표에 의하여 주권을 행사한다. 제39조 ① 대통령은 통일 주체 국민 회의에서 토론 없이 무기명 투표로 선거한다. 제47조 대통령의 임기는 6년으로 한다. 제59조 ① 대통령은 국회를 해산할 수 있다.

① 지방 자치제가 전면 시행되었다.
② 여수·순천 10·19 사건이 일어났다.
③ 일부 군인들이 5·16 군사 정변을 일으켰다.
④ 서울과 평양에서 7·4 남북 공동 성명이 발표되었다.
⑤ 한일 국교 정상화에 반대하는 6·3 시위가 전개되었다.

45. 다음 뉴스의 사건이 있었던 정부 시기의 사실로 옳은 것은? [3점]

오늘 오후 2시경 서울 평화시장에서 있었던 노동자들의 시위 도중 재단사 전태일 씨가 분신하는 사건이 발생하였습니다. 전 씨는 "근로 기준법을 지켜라!", "우리는 기계가 아니다!"라고 절규하며 열악한 노동 환경 개선을 요구하였습니다.

① 함평 고구마 피해 보상 운동이 전개되었다.
② 저유가·저금리·저달러의 3저 호황이 있었다.
③ 미국과의 자유 무역 협정(FTA)이 체결되었다.
④ 경제 협력 개발 기구(OECD)의 회원국이 되었다.
⑤ 최저 임금 결정을 위한 최저 임금 위원회가 설치되었다.

46. (가)에 해당하는 문화유산으로 옳은 것은? [2점]

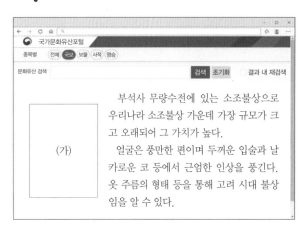

국가문화유산포털
종목별 전체 국보 보물 사적 명승
문화유산 검색   검색 초기화 결과 내 재검색

(가)

부석사 무량수전에 있는 소조불상으로 우리나라 소조불상 가운데 가장 규모가 크고 오래되어 그 가치가 높다.
얼굴은 풍만한 편이며 두꺼운 입술과 날카로운 코 등에서 근엄한 인상을 풍긴다. 옷 주름의 형태 등을 통해 고려 시대 불상임을 알 수 있다.

①  ②   ③

④  ⑤

[47~48] 다음 자료를 읽고 물음에 답하시오.

(가) 살리타이가 처인성을 공격하였다. 적을 피해 성에 와 있던 한 승려가 살리타이를 쏘아 죽였다. 국가에서 그 전공을 칭찬하여 상장군 벼슬을 주었다. 승려가 전공을 다른 사람에게 돌리며 말하기를, "전투할 때 나는 활과 화살이 없었으니, 어찌 감히 공 없이 무거운 상을 받겠습니까."라고 하고, 굳게 사양하며 받지 않았다.

(나) [우리 부대가] 대군(大軍)과 연합하여 평양을 포위하였다. 보장왕이 먼저 연남산 등을 보내 영공에게 항복을 청하였다. 이에 영공은 보장왕과 왕자 복남·덕남 및 대신 등 20여만 명을 끌고 본국으로 돌아갔다. 각간 김인문과 대아찬 조주는 영공을 따라 돌아갔다.

(다) 비국(備局)에서 아뢰기를, "적병이 두 차례나 용골산성을 공격해 왔지만 정봉수는 홀로 고립된 성을 지키면서 충성과 용맹을 더욱 떨쳤습니다. …… 죽음을 두려워하지 않는 용사를 더 모집하여 육로로 혹은 배편으로 달려가서 기세(氣勢)를 돕게 하소서. 용골산성이 비록 포위에서 풀렸으나 이 일은 그만둘 수 없을 듯합니다."라고 하니, 왕이 따랐다.

(라) 부사 송상현은 왜적이 바다를 건넜다는 소식을 듣고 지역 주민과 군사 그리고 이웃 고을의 군사를 모두 불러 모아 성에 들어가 지켰다. …… 성이 포위당하자 상현이 성의 남문에 올라가 전투를 독려하였으나 한나절 만에 성이 함락되었다. 상현은 갑옷 위에 조복(朝服)*을 입고 의자에 앉아 움직이지 않았다. …… 적이 모여들어 생포하려고 하자 상현이 발로 걷어차면서 항거하다가 마침내 해를 입었다.

*조복(朝服): 관원이 조정에 나아가 하례할 때 입던 예복

47. (가)~(라) 전투를 일어난 순서대로 옳게 나열한 것은?

[2점]

① (가) – (나) – (다) – (라)
② (가) – (나) – (라) – (다)
③ (나) – (가) – (라) – (다)
④ (나) – (다) – (가) – (라)
⑤ (다) – (라) – (나) – (가)

48. (라) 전투가 벌어진 지역에서 있었던 사실로 옳은 것은?

[2점]

① 내상이 무역 활동을 전개하였다.
② 안승이 왕으로 봉해진 보덕국이 세워졌다.
③ 지역 차별에 반발하여 홍경래가 봉기하였다.
④ 만적을 비롯한 노비들이 신분 해방을 도모하였다.
⑤ 지주 문재철의 횡포에 맞서 소작 쟁의가 일어났다.

49. (가) 민주화 운동에 대한 설명으로 옳은 것은? [1점]

박종철 군 고문살인 은폐조작과 호헌 조치를 규탄하는 국민 대회 당시의 모습이야. 정부의 원천 봉쇄 방침에도 각 지역에서 열렸어.

이 대회를 주최한 민주 헌법 쟁취 국민 운동 본부는 4·13 호헌 조치가 무효라고 선언하였지. 이후 민주화를 요구하는 시민들의 시위가 전국 각지에서 더욱 거세졌어.

(가) 사진전

① 허정 과도 정부가 구성되는 계기가 되었다.
② 5년 단임의 대통령 직선제 개헌을 이끌어냈다.
③ 야당 총재의 국회의원직 제명으로 촉발되었다.
④ 관련 기록물이 세계 기록 유산으로 등재되었다.
⑤ 이승만이 대통령에서 물러나는 결과를 가져왔다.

50. 다음 선언을 발표한 정부의 통일 노력으로 옳은 것은?

[3점]

나는 오늘 온 겨레의 염원인 조국의 평화적 통일을 실현해 나가기 위한 새 공화국의 정책을 밝히려 합니다. 우리 민족이 남북 분단의 고통을 겪어온 지 반세기가 가까워 옵니다. …… 민족자존과 통일 번영의 새 시대를 열어나갈 것임을 약속하면서 다음과 같은 정책을 추진해 나갈 것을 내외에 선언합니다.

……

셋째, 남북 간 교역의 문호를 개방하고 남북 간 교역을 민족 내부 교역으로 간주한다.

……

여섯째, 한반도의 평화를 정착시킬 여건을 조성하기 위하여 북한이 미국, 일본 등 우리 우방과의 관계를 개선하는 데 협조할 용의가 있으며 또한 우리는 소련, 중국을 비롯한 사회주의 국가들과의 관계 개선을 추구한다.

① 남북 조절 위원회를 구성하였다.
② 개성 공업 지구 건설에 합의하였다.
③ 10 · 4 남북 정상 선언을 발표하였다.
④ 남북한이 국제 연합(UN)에 동시 가입하였다.
⑤ 남북 이산가족 고향 방문을 최초로 실현하였다.

기출 풀이 이후에는 해품사 한능검 저격 모의고사로 완벽한 마무리!

해품사 한능검 저격 모의고사

시험 시작 전 문제지를 넘기면 부정행위로 간주됩니다.

○ 자신이 선택한 종류의 문제지인지 확인하십시오.

○ 답안지에 성명과 수험번호를 쓰고, 수험번호와 답은 컴퓨터용
   사인펜으로 표시란에 정확히 표시하십시오

○ 시험 시간은 10시 20분부터 11시 40분까지 80분입니다.

※ 응시자 유의사항을 수험표에서 다시 한 번 확인하시기 바랍니다.

1. (가) 시대의 생활 모습으로 옳은 것은? [1점]

> 최근 연세대 박물관에서는 작년부터 공주 석장리 유적 발굴 60주년을 기념하는 전시회를 개최하였습니다. 공주 석장리 유적은 우리나라 최초의 (가) 시대 유적지라는 의의가 있으며, 연세대 박물관은 약 10년에 걸친 발굴 과정에서 남긴 다양한 기록과 주먹도끼 등 여러 유물을 한 자리에 선보일 것입니다.

① 소를 이용하여 깊이갈이를 하였다.
② 반량전, 명도전 등의 화폐를 사용하였다.
③ 청동 방울 등을 의례 도구로 이용하였다.
④ 가락바퀴와 뼈바늘을 이용하여 옷을 만들었다.
⑤ 주로 동굴이나 강가에 막집을 짓고 거주하였다.

2. 밑줄 그은 '이 나라'에 대한 설명으로 가장 적절한 것은? [2점]

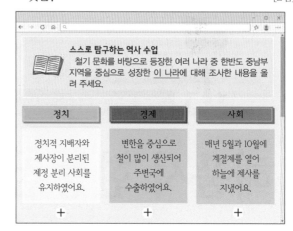

① 무천이라는 제천 행사를 열었다.
② 신성 지역인 소도가 존재하였다.
③ 혼인 풍습으로 민며느리제가 있었다.
④ 여러 가(加)들이 각각 사출도를 주관하였다.
⑤ 사회 질서를 유지하기 위해 범금 8조를 두었다.

3. 다음 검색창에 들어갈 왕에 대한 설명으로 옳은 것은? [2점]

① 국호를 남부여로 개칭하였다.
② 중국 남조의 양과 교류하였다.
③ 금마저에 미륵사를 창건하였다.
④ 고흥에게 서기를 편찬하게 하였다.
⑤ 윤충을 보내 대야성을 함락하였다.

4. 밑줄 그은 '왕'에 대한 설명으로 옳은 것은? [2점]

최근 왕께서 이사부에게 대가야를 공격할 것을 명하셨다는 소식을 들었는가?

나도 들었네. 이사부는 이전에도 왕에게 역사서의 편찬을 건의한 적이 있지 않은가? 이로 인해 국사가 편찬되었지.

① 화랑도를 국가적인 조직으로 개편하였다.
② 이차돈의 순교를 계기로 불교를 공인하였다.
③ 시장을 감독하는 관청인 동시전을 설치하였다.
④ 지방관을 감찰하기 위해 외사정을 파견하였다.
⑤ 자장의 건의로 황룡사 9층 목탑이 건립되었다.

5. 다음 상황이 나타난 시기를 연표에서 옳게 고른 것은? [3점]

소정방은 왕 의자와 태자 융, 왕자 태, 왕자 연 및 대신과 장사 88명과 백성 1만 2천 8백 70인을 당의 수도로 보냈다. 백제에는 원래 5부 37군 200성 76만호가 있었는데 이때 이르러 웅진·마한·동명·금련·덕안 등 5도독부를 나누어 설치하고 우두머리를 뽑아 도독과 자사로 삼아 다스리게 하였다. 낭장 유인원에게 도성을 지키도록 명하고 또 좌위랑장 왕문도를 웅진 도독으로 삼아 백제의 남은 백성을 다스리게 하였다. 소정방이 포로들을 이끌고 당의 황제를 알현하니 의자왕을 꾸짖기만 하고 용서해 주었다.

– 『삼국사기』 –

612	642	648	660	668	675
	(가)	(나)	(다)	(라)	(마)
살수대첩	대야성 전투	나당 동맹	황산벌 전투	평양성 함락	매소성 전투

① (가)
② (나)
③ (다)
④ (라)
⑤ (마)

6. (가) 왕의 재위 시기에 있었던 사실로 옳은 것은? [2점]

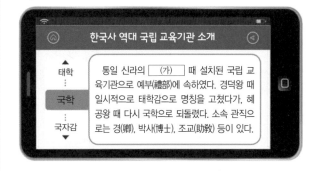

한국사 역대 국립 교육기관 소개

태학
⋮
국학
⋮
국자감

통일 신라의 [(가)] 때 설치된 국립 교육기관으로 예부(禮部)에 속하였다. 경덕왕 때 일시적으로 태학감으로 명칭을 고쳤다가, 혜공왕 때 다시 국학으로 되돌렸다. 소속 관직으로는 경(卿), 박사(博士), 조교(助敎) 등이 있다.

① 병부와 상대등을 설치하였다.
② 관료전을 지급하고 녹읍을 폐지하였다.
③ 백성들에게 최초로 정전을 지급하였다.
④ 마립간이라는 칭호를 처음 사용하였다.
⑤ 관리 선발을 위해 독서삼품과를 실시하였다.

7. (가)에 들어갈 문화유산으로 옳은 것은? [2점]

고대 국가의 탑을 맞히는 문제. 정답이 공개됩니다.

한국사 퀴즈

1단계 힌트 ▶ 통일 신라의 탑이다.

2단계 힌트 ▶ 경주에 위치해 있다.

3단계 힌트 ▶ 무구정광대다라니경이 발견되었다.

정답 ▶ (가)

① ② ③

④ ⑤

8. (가) 인물에 대한 설명으로 옳은 것은? [2점]

 한국사 교양 강좌

우리 학회는 통일 신라의 인물을 주제로 교양 강좌를 운영하고 있습니다. 이번 달에는 통일 신라 하대에 활동한 6두품 출신의 인물인 (가) 에 대한 강좌를 준비하였습니다.

제1강 – 당에 유학하여 빈공과에 합격하다
제2강 – 황소의 난이 발생하자 격황소서를 저술하다
제3강 – 해인사에 은거하며 묘길상탑기를 짓다

■ 주최: □□학회
■ 일시: 2025년 2월 매주 토요일 20:00~21:00
■ 장소: ○○대학교 인문대학 대강의실

① 화왕계를 지어 국왕에게 조언하였다.
② 향가 모음집인 삼대목을 편찬하였다.
③ 진성 여왕에게 시무책 10여 조를 올렸다.
④ 외교 문서 작성에 능하여 청방인문표를 지었다.
⑤ 완도에 청해진을 설치하여 해상 무역을 주도하였다.

9. (가) 국가에 대한 설명으로 옳은 것은? [1점]

> (가) 은/는 본래 속말말갈로서 그 추장 조영에 이르러 나라를 창건하고 자칭 진단(震旦)이라 부르더니 선천(先天)연간에 비로소 말갈이라는 이름을 버리고 오로지 (가) (이)라 불렀다. …… 조영이 죽으니 시호를 고왕(高王)이라 하였다. 세자가 이어서 왕위에 오르니 명황(明皇)이 왕위 계승의 책문을 내리고 왕위를 계승하게 하였던 바, 사사로이 연호를 고치고 마침내 해동성국이 되어 이 지역에 5경 15부 62주를 두었다.

① 9서당 10정의 군사 조직을 갖추었다.
② 욕살, 처려근지 등의 지방관을 두었다.
③ 골품제라는 엄격한 신분제를 마련하였다.
④ 정사암에 모여 국가 중대사를 논의하였다.
⑤ 인안, 대흥 등 독자적인 연호를 사용하였다.

10. (가) 인물에 대한 설명으로 옳은 것은? [3점]

대한민국 방방곡곡 – 원주 석남사지

한국사 채널   조회 수 220,212

이번에 소개할 곳은 원주 석남사지입니다. 이곳은 신라 왕족 출신으로 양길의 휘하에서 성장하였던 (가) 이/가 강원도 지역의 새로운 세력으로 성장한 과정을 간접적으로 알 수 있는 장소로서 의의가 있습니다. 특히 석남사는 당시 (가) 와/과 관련된 사찰로 여겨집니다.

① 공산 전투에서 전사하였다.
② 후당과 오월에 사신을 파견하였다.
③ 김흠돌 등 진골 세력을 숙청하였다.
④ 광평성을 비롯한 정치 기구를 마련하였다.
⑤ 정계와 계백료서를 지어 관리의 규범을 제시하였다.

11. (가), (나) 사이의 시기에 있었던 사실로 옳은 것은?
[2점]

> (가) 거란이 사신을 보내 낙타 50필을 선사하였다. 왕은 거란이 일찍이 발해와 화친을 이어 오다가 돌연히 발해를 의심하고는 맹약을 어기고 멸망시켰으므로, 매우 무도하여 화친하여 국교를 맺을 바가 되지 못한다고 생각하고는 외교 관계를 끊고, 사신 30명을 섬으로 유배 보내고 낙타를 만부교 아래에 매어 놓아 모두 굶어 죽게 하였다.
>
> (나) 왕이 교서를 내려 말하기를 "경전에 통하고 전적(典籍)을 널리 읽은 자들을 선발하여 경학박사와 의학박사로 삼아, 12목에 각각 1명씩 파견하여 돈독하게 가르치고 깨우치게 하라."라고 하였다.

① 과거제를 처음 도입하였다.
② 경기에 한하여 과전법이 실시되었다.
③ 왕명에 의해 삼국사기가 편찬되었다.
④ 관학을 진흥하고자 양현고를 설치하였다.
⑤ 주전도감을 설치하여 해동통보를 발행하였다.

12. 다음 상황 이후에 있었던 사실로 옳은 것은?
[2점]

> 경주의 별초군(別抄軍)은 영주의 별초군과 본래 사이가 좋지 않았다. 이 달에 운문사의 반적과 부인사 · 동화사 두 사찰의 승려를 끌어들여 영주를 공격하였다. …… 최충헌이 이 소식을 듣고 재상과 여러 장군을 대관전에 모아놓고 의논하기를, "경주 사람들이 함부로 옳지 않은 일을 하더니 지금 다시 패거리를 모아서 인근 고을을 공격하고 있으니, 마땅히 군사를 동원하여 토벌해야 합니다."라고 하였다.

① 김부식이 묘청의 난을 진압하였다.
② 강조가 정변을 일으켜 왕을 폐위하였다.
③ 김사미가 가혹한 수탈에 저항하여 봉기하였다.
④ 정중부 등이 정변을 일으켜 권력을 차지하였다.
⑤ 최우가 인사 행정 담당 기구로 정방을 설치하였다.

13. (가)에 들어갈 내용으로 적절한 것은?
[1점]

① 참선을 강조하고 돈오점수를 주장하였습니다.
② 선문염송집을 편찬하고 유불 일치설을 제창하였습니다.
③ 불교 경전에 대한 주석서를 모아 교장을 편찬하였습니다.
④ 승려들의 전기를 정리하여 해동고승전을 편찬하였습니다.
⑤ 보현십원가를 지어 불교 교리를 대중에게 전파하였습니다.

14. 다음 상황이 나타난 시기의 사회 모습으로 옳은 것은?
[2점]

> 중찬 김방경과 직사관 문연을 원(元)에 파견하여 황제의 생일을 축하하였다. 왕이 중서성에 상서하기를, "하나는 다루가치인 경력 장국강은 총명하고 민첩하며 청렴하고 공평하여 백성들이 그의 덕을 입었습니다. 임기가 이미 찼지만 유임시켜 주시옵소서. 다른 하나는, 우리나라의 저울 제도는 상국과 다릅니다. 지난번에 내려주신 16근(斤)짜리 저울 한 대, 10근 반짜리 저울추 한 벌, 3근 2냥(兩)짜리 저울추 한 개를 받아서 전국에서 사용하고 있습니다만, 아직 두루 사용하지 못하니 저울대와 저울추를 각각 500개씩 다시 내려주시기 바랍니다."라고 하였다.

① 최충이 9재 학당을 설립하였다.
② 원종과 애노가 사벌주에서 봉기하였다.
③ 지배층을 중심으로 변발과 호복이 유행하였다.
④ 기근에 대비하기 위해 구황촬요가 간행되었다.
⑤ 김보당이 의종 복위를 주장하며 난을 일으켰다.

15. (가) 왕에 대한 설명으로 옳은 것은? [3점]

이 장소는 경상북도 봉화군에 있는 청량산으로 낙동강 인근에 위치한 우리나라의 대표적인 명산입니다. 이곳은 (가) 이/가 홍건적의 난을 피해 안동에 피란할 당시 축조하였다는 산성의 흔적이 남아 있으며 더불어 마을 주민들이 (가) 을/를 추모하기 위해 만든 사당도 있었다고 합니다.

① 국정 총괄 기구로 교정도감을 설치하였다.
② 만권당을 두어 원의 학자들과 교류하였다.
③ 빈민 구제를 위해 흑창을 처음 설치하였다.
④ 신돈을 등용하여 전민변정도감을 운영하였다.
⑤ 최승로의 시무 28조를 받아들여 통치 체제를 정비하였다.

16. (가)에 대한 고려의 대응으로 옳은 것은? [2점]

정부가 (가) 의 침입에 대비하기 위해 강화도로 천도를 단행한지 벌써 몇 년이나 흘렀네.

최근에는 대장경이 (가) 에 의해 불타 버려서 대장도감을 설치하고 새 불교 경전을 다시 간행한다고 하는군!

① 광군을 창설하여 침입에 대비하였다.
② 김윤후가 처인성에서 살리타를 사살하였다.
③ 강감찬이 개경에 나성을 축조할 것을 건의하였다.
④ 철령위 설치에 반발하여 요동 정벌을 추진하였다.
⑤ 신기군, 신보군, 항마군으로 구성된 별무반을 창설하였다.

17. 다음 자료에 나타난 시기의 경제 상황으로 옳은 것은? [1점]

송(宋)에서 국신사로 형부상서 양응성과 제주방어사 한연 등이 왔다. 처음에 양응성이 강정에 도착하여 접반소로 첩을 보내 말하기를, "황제의 칙명을 받들고 이제 곧 벽란정(碧瀾亭)에 도착하게 됩니다. 귀국은 예로써 존경을 나타내는 데 극진하여 만약 우리가 미리 말씀을 드리지 않는다면 반드시 번거롭고 헛된 수고만 하게 될 것입니다. …… 지금 구례(舊例)에 의거하여 황제의 조서를 받고 표문을 올리는 날에는 음악을 사용하시고, 이외에 만약 연회가 있다면 참여는 하겠지만 음악은 없도록 하여 주십시오." 라고 하였다.

① 활구라고 불리는 은병이 주조되었다.
② 특산품으로 솔빈부의 말이 유명하였다.
③ 송상이 전국 각지에 송방을 설치하였다.
④ 일본과 교역을 위해 부산포, 염포, 제포를 개항하였다.
⑤ 설점수세제의 시행으로 민간의 광산 개발이 허용되었다.

18. (가) 왕의 재위 시기에 있었던 사실로 옳은 것은? [2점]

역사 신문

제△△호 　　　　　　　○○○○년 ○○월 ○○일

(가) 왕 탄신일, 국가 기념일 지정 예고

문화 체육 관광부는 (가) 의 애민사상·자주정신·실용정신의 계승 및 발전을 위해 5월 15일을 '(가) 나신 날'로 지정하였다. 이에 따라 내년부터 문화 체육 관광부와 국가유산청은 이 날에 다양한 기념행사를 개최할 예정이라고 밝혔다. (가) 은/는 재위 당시 앙부일구, 자격루 등 다양한 과학 기구의 제작을 통해 과학의 발전에 이바지하였으며, 집현전 설치를 통해 학문 발전에도 크게 기여한 점에서 그 업적을 높게 평가할 수 있다.

① 주자소를 설치하여 계미자를 주조하였다.
② 조선의 기본 법전인 경국대전이 반포되었다.
③ 한양을 기준으로 한 역법서인 칠정산을 만들었다.
④ 왕권 강화를 위해 6조 직계제를 처음 실시하였다.
⑤ 역대 문물제도를 정리한 동국문헌비고가 간행되었다.

19. 밑줄 그은 '이 왕'이 추진한 정책으로 옳은 것은? [2점]

> 한명회, 권람 등과 주도한 정변을 통해 즉위한 이 왕에 대해 이야기해보자.

> 간경도감을 설치하는 등 독특하게 불교 장려 정책을 시행하였지.

> 이시애의 난을 계기로 유향소를 폐지한 것은 안타깝다고 생각해.

① 현직 관리를 대상으로 직전법을 실시하였다.
② 전란의 피해를 복구하고 동의보감을 완성하였다.
③ 신하를 재교육하기 위한 초계문신제를 실시하였다.
④ 삼남 지방의 농법을 소개한 농사직설을 편찬하였다.
⑤ 시전 상인의 특권을 축소하는 신해통공을 단행하였다.

20. (가), (나) 사이의 시기에 있었던 사실로 옳은 것은? [3점]

> (가) 폐비(廢妃)는 선왕(先王)에게 죄를 지었기 때문에 선왕께서 대의로써 결단하여 상제를 갖추지 못하게 하였으나, 상(上)에게 있어서는 모자의 사이이므로 임시 방편에 따라 효도를 펴는 것을 하지 않을 수 없습니다. 대체로 어머니가 비록 도리를 잃었더라도 자식이 어버이를 섬기는 데는 마땅히 정성을 다해야 할 것입니다.
>
> (나) 근래 선비들의 습속이 아름답지 못하여 다만 자기 일신만 있는 줄 알고 국사는 돌아보지 않아 선왕(先王)께서도 일찍이 이것을 우려하셨다. 하물며 지금은 임금이 어리고 나라는 위태하여 국사를 오직 대신만을 믿고 있는데 윤임의 흉모를 누가 모를 것인가. 나라의 형세가 매우 위태로우니 통곡할 일이다. 대신 역시 진정시키려는 것이었는데 어찌 대죄할 것까지 있겠는가.

① 성삼문 등이 단종의 복위를 꾀하였다.
② 정여립 모반 사건으로 기축옥사가 일어났다.
③ 자의 대비의 복상 문제로 예송이 전개되었다.
④ 위훈 삭제를 주장한 조광조 일파가 축출되었다.
⑤ 조의제문이 발단이 되어 김일손 등이 화를 입었다.

21. (가)에 들어갈 내용으로 옳은 것은? [2점]

> 한국사 교실
>
> 조선 시대에 국왕의 비서 기관의 역할을 담당하였던 중앙 정치 기구와 관련하여 아는 것을 대화창에 올려 주세요.
>
> ON 대화창
>
> 승지라는 정3품의 관직이 소속되었어요.
>
> 관련 업무를 기록한 일기가 세계 기록 유산으로 등재되었어요.
>
> (가)
>
> 보내기

① 은대(銀臺)라고도 불렸어요.
② 수도의 행정과 치안을 맡았어요.
③ 흥선 대원군이 집권한 시기에 혁파되었어요.
④ 반역죄, 강상죄를 범한 중죄인을 다스렸어요.
⑤ 5품 이하의 관리 임명에 대한 서경권을 행사하였어요.

22. 밑줄 그은 '전쟁' 중에 있었던 사실로 옳은 것은? [2점]

> 이곳은 충주에 위치한 임경업 장군의 묘소입니다. 그는 청북방어사로서 백마산성과 의주성을 수축하였으며, 청의 침입으로 발생한 전쟁 당시에는 적군의 진로를 차단하고 전투를 기다렸으나, 끝내 싸우지 못하였다고 합니다.

① 김상용이 강화도에서 순절하였다.
② 강홍립 부대가 사르후 전투에 참전하였다.
③ 삼수병으로 구성된 훈련도감이 설치되었다.
④ 김시민이 진주성에서 적군을 크게 물리쳤다.
⑤ 최윤덕이 올라산성에서 이만주 부대를 정벌하였다.

23. (가)~(다)를 일어난 순서대로 옳게 나열한 것은?

[3점]

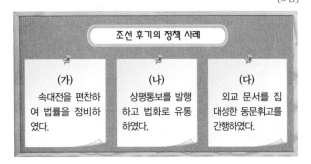

조선 후기의 정책 사례

(가)
속대전을 편찬하여 법률을 정비하였다.

(나)
상평통보를 발행하고 법화로 유통하였다.

(다)
외교 문서를 집대성한 동문휘고를 간행하였다.

① (가) – (나) – (다)
② (가) – (다) – (나)
③ (나) – (가) – (다)
④ (나) – (다) – (가)
⑤ (다) – (나) – (가)

24. 다음 상황이 나타난 시기에 볼 수 있는 모습으로 적절하지 않은 것은?

[1점]

신이 이번 길에서 연안의 군과 여러 섬들을 많이 돌아다녔는데 이러한 곳에 반드시 고구마를 많이 심었을 것이라고 생각했었습니다. 그러나 흉년에 곡식이 없는 것을 목견하고는 구제할 방도가 없어 시험삼아 고구마의 유무를 찾아보다가 그 사실을 갖추어 알았습니다. …… 세상에 이와 같이 좋은 물건이 있어 다행히 종자를 가져오게 되었으니, 국가로서는 마땅히 백성들에게 주어 심기를 권장하고 풍속을 이루게끔 해서 온 나라 사람들이 모두 좋은 혜택을 받기를 문익점(文益漸)이 가져온 목화씨처럼 하여야 할 것입니다.

① 담배 농사를 짓는 농민
② 한글 소설을 읽어 주는 전기수
③ 시사(詩社)에서 시를 낭송하는 중인
④ 시전의 상행위를 감독하는 경시서의 관리
⑤ 송파장에서 산대놀이 공연을 벌이는 광대

25. 밑줄 그은 '폐단'에 대한 정부의 대책 사례로 옳은 것을 〈보기〉에서 모두 고른 것은?

[2점]

신(臣)이 이 균역(均役)의 일로써 오랫동안 곤경을 치르며 몸으로써 과녁을 삼아 아침저녁으로 화살을 받고 있는데, 말하는 자들이 어찌 신에게 사사로운 감정이 있어서 그런 것이겠습니까? 가령 신이 양역(良役)의 폐단에 대해 애당초 무관심하게 보아넘겨 통양(痛痒)에 관계하지 않았다면 유유히 지나가고 아무런 일도 없었을 터인데, 30년 동안 끊임없이 왕래하며 망령되이 상량(商量)하기를, '이 폐단이 제거되지 않는다면 나라가 반드시 멸망할 것이다.'라고 한 것이 신의 죄입니다.

〈보기〉

ㄱ. 양반에게도 군포를 부과하였다.
ㄴ. 어장세, 선박세 등이 국가 재정으로 귀속되었다.
ㄷ. 전세를 풍흉에 따라 9등급으로 차등 과세하였다.
ㄹ. 재정을 보충하기 위해 지주에게 결작이 부과되었다.

① ㄱ, ㄴ
② ㄱ, ㄷ
③ ㄴ, ㄷ
④ ㄴ, ㄹ
⑤ ㄷ, ㄹ

26. (가) 인물에 대한 설명으로 옳은 것은?

[2점]

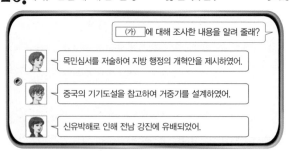

(가) 에 대해 조사한 내용을 알려 줄래?

목민심서를 저술하여 지방 행정의 개혁안을 제시하였어.

중국의 기기도설을 참고하여 거중기를 설계하였어.

신유박해로 인해 전남 강진에 유배되었어.

① 성호사설에서 한전론을 주장하였다.
② 의산문답에서 중국 중심의 세계관을 비판하였다.
③ 북학의에서 절약보다 적절한 소비를 권장하였다.
④ 양반전을 지어 양반의 허례와 무능을 풍자하였다.
⑤ 경세유표를 집필하여 국가 제도의 개혁 방향을 제시하였다.

27. (가) 인물의 업적으로 옳은 것은? [2점]

이 장소는 추사 (가) 선생의 고택 사랑채로, 그의 증조할아버지인 김한신이 지었다고 합니다. (가) 선생은 금석학을 연구하고 금석과안록을 통해 북한산에 위치한 비석이 진흥왕의 순수비임을 고증하였습니다.

① 양명학을 연구하여 강화 학파를 형성하였다.

② 역대 명필을 연구하여 추사체를 창안하였다.

③ 명에 대한 의리를 내세운 기축봉사를 올렸다.

④ 충청도 지역까지 대동법 확대 실시를 건의하였다.

⑤ 군주가 수양해야 할 덕목과 지식을 담은 성학집요를 집필하였다.

28. (가) 지역에서 있었던 사실로 옳은 것은? [3점]

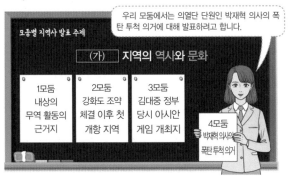

우리 모둠에서는 의열단 단원인 박재혁 의사의 폭탄 투척 의거에 대해 발표하려고 합니다.

모둠별 지역사 발표 주제

(가) 지역의 역사와 문화

1모둠
내상의 무역 활동의 근거지

2모둠
강화도 조약 체결 이후 첫 개항 지역

3모둠
김대중 정부 당시 아시안 게임 개최지

4모둠
박재혁 의사의 폭탄 투척 의거

① 초량 왜관을 통해 일본과 교역하였다.

② 이성계의 어진을 모신 경기전이 위치하였다.

③ 만적을 비롯한 노비들이 신분 해방을 도모하였다.

④ 강주룡이 을밀대 지붕 위에서 고공 농성을 하였다.

⑤ 신립이 탄금대에서 배수의 진을 치고 왜군과 맞서 싸웠다.

29. (가) 사건에 대한 설명으로 옳은 것은? [1점]

사료로 보는 한국사

그토록 작은 공간에 그리고 그토록 짧은 시간에, 그토록 많은 탄환과 포연이 집중되는 것은 남북 전쟁의 고참들도 일찍이 본 적이 없었다. 남북 전쟁 당시 자기가 이끌던 2척의 배가 남부군으로부터 포격을 당한 일이 있는 그 늙은 블레이크도 이때보다 더 날카로운 사격을 가한 적을 기억할 수 없노라고 말했다.

－W.E. 그리피스, 『은자의 나라 한국』

[해설] 제너럴셔먼호 사건을 계기로 발생한 (가) 당시에 있었던 윈필드 S. 슐레이 해군 소령의 손돌목 전투에 대한 회고이다.

① 운요호 사건을 빌미로 일어났다.

② 의궤를 비롯한 외규장각 도서가 약탈당하였다.

③ 홍경래 등이 난을 일으켜 정주성을 점령하였다.

④ 전개 과정에서 어재연 부대가 광성보에서 항전하였다.

⑤ 황사영이 외국 군대의 출병을 요청하는 백서를 작성하였다.

30. (가), (나) 사이의 시기에 있었던 사실로 옳은 것은? [2점]

(가)
최근 구식 군인들이 민겸호의 집을 습격하여 불태웠다는군.
구식 군인들에게 밀린 월급을 지급하는 과정에서 불만이 발생하여 폭동이 일어난 것 같네.

(나)
최근 영국의 함대가 거문도를 불법으로 점령하였다고 하더군.
영국이 러시아의 남진을 견제하기 위해 점령하였다고 하네.

① 통리기무아문과 12사가 설치되었다.

② 김기수가 수신사로 일본에 파견되었다.

③ 조선과 일본 간 한성 조약을 체결하였다.

④ 종로와 전국 각지에 척화비가 건립되었다.

⑤ 삼정의 문란을 시정하기 위한 삼정이정청이 설치되었다.

31. 다음 자료에 제시된 조약에 대한 설명으로 옳은 것은? [2점]

> 제14관 현재 양국이 논의하여 결정하고 난 이후 대조선국 군주가 어떠한 은혜로운 정사와 은혜로운 법 및 이익을 다른 나라 혹은 그 상인에게 베풀 경우, 배로 항해하여 통상 무역을 왕래하는 등의 일을 해당국과 그 상인이 종래 누리지 않았거나 이 조약에 없는 경우를 막론하고 미국 관원과 백성이 일체 균점(均霑)하는 것을 승인한다. 이러한 타국의 이익을 우대하는 문제에서, 이것과 전적으로 관련된 조항으로 상호 보답을 규정할 경우, 미국 관원과 백성도 반드시 상호 체결한 보답하는 해당 조항을 일체 준수해야 비로소 우대하는 이익을 동일하게 누리는 것을 승인한다.

① 천주교 포교 허용의 근거가 되었다.
② 거중 조정에 대한 내용을 포함하였다.
③ 방곡령 시행에 대한 규정을 명시하였다.
④ 재정 고문을 두도록 하는 조항을 담고 있다.
⑤ 외국 상인의 내지 통상권을 최초로 규정하였다.

32. 다음 가상 뉴스에서 보도하는 사건 이후에 전개된 사실로 옳은 것은? [3점]

> 최근 일본군이 한양으로 진격하여 경복궁을 점령한 뒤, 고종을 인질로 삼았습니다. 이후 일본은 김홍집을 중심으로 한 친일 내각을 구성하여 조선에 내정 개혁을 요구하고 있습니다.
>
> 속보 　일본군의 경복궁 불법 점령

① 고부 농민들이 만석보를 파괴하였다.
② 개혁을 추진하기 위해 교정청이 설치되었다.
③ 농민군이 황룡촌 전투에서 관군에 승리하였다.
④ 사태 수습을 위해 안핵사 이용태가 파견되었다.
⑤ 공주 우금치에서 농민군이 관군과 일본군에게 패배하였다.

33. 다음 자료에 나타난 사건이 발생한 배경으로 옳은 것은? [2점]

> 지난해 9월부터 반역 도배들이 집요하게 나를 압박해 오고 있다. 최근에는 단발령으로 일어난 전국적 시위의 혼란을 틈타 나와 내 아들을 살해할지 모른다는 두려움에 떨고 있다. 나는 내 아들과 함께 이러한 위급한 상황에서 벗어나 러시아 공사관에서 보호받기를 바란다. 나를 구출할 수 있는 다른 수단은 없다. 나는 두 공사가 나에게 피신처를 마련해 줄 것을 간곡히 당부한다.

① 을미사변이 일어났다.
② 용암포 사건이 발생하였다.
③ 이토 히로부미가 초대 통감으로 부임하였다.
④ 기유각서가 체결되어 사법권을 박탈당하였다.
⑤ 헤이그에서 열린 만국 평화 회의에 특사가 파견되었다.

34. (가)에 들어갈 내용으로 옳은 것은? [1점]

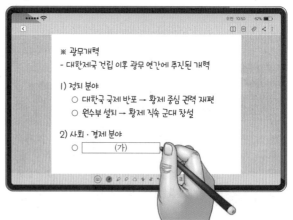

> ※ 광무개혁
> - 대한제국 건립 이후 광무 연간에 추진된 개혁
>
> 1) 정치 분야
> ○ 대한국 국제 반포 → 황제 중심 권력 재편
> ○ 원수부 설치 → 황제 직속 군대 창설
>
> 2) 사회·경제 분야
> ○ ____(가)____

① 지계 발급
② 태양력 사용
③ 한성주보 발행
④ 과부의 재가 허용
⑤ 교육 입국 조서 반포

35. (가) 의병에 대한 설명으로 옳은 것은? [2점]

이것은 경기도 양평 용문사에 위치한 은행나무로, 수령이 천 년이 넘어 천연기념물로 지정되었대.

대한 제국 군대 강제 해산에 반발하여 발생한 (가) 당시 일본군이 의병의 근거지인 용문사에 불을 질렀는데, 이 나무만 타지 않았다는 이야기도 전해지고 있어.

① 최익현이 태인에서 궐기하였다.
② 이만손이 주도하여 영남 만인소를 올렸다.
③ 고종의 해산 권고 조칙에 따라 해산하였다.
④ 민종식이 이끄는 부대가 홍주성을 점령하였다.
⑤ 의병 부대가 연합하여 서울 진공 작전을 전개하였다.

36. (가)에 들어갈 내용으로 가장 적절한 것은? [2점]

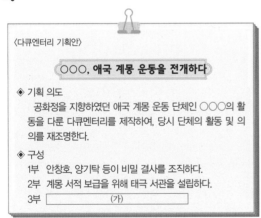

〈다큐멘터리 기획안〉

○○○, 애국 계몽 운동을 전개하다

◈ 기획 의도
공화정을 지향하였던 애국 계몽 운동 단체인 ○○○의 활동을 다룬 다큐멘터리를 제작하여, 당시 단체의 활동 및 의의를 재조명한다.

◈ 구성
1부 안창호, 양기탁 등이 비밀 결사를 조직하다.
2부 계몽 서적 보급을 위해 태극 서관을 설립하다.
3부 (가)

① 일제의 황무지 개간권 요구를 저지하였다.
② 러시아의 절영도 조차 요구를 저지하였다.
③ 근대 교육을 위해 배재 학당을 설립하였다.
④ 중추원 개편을 통해 의회 설립을 추진하였다.
⑤ 대성 학교와 오산 학교를 설립하여 민족 교육을 실시하였다.

37. (가)~(다)를 일어난 순서대로 옳게 나열한 것은? [3점]

주제: 일제 강점기 경제 침탈 사례

회사를 설립할 때 조선 총독의 허가를 받도록 하는 회사령이 시행되었어요.

전시 체제에 대비하기 위한 미곡 배급 통제법이 공포되었어요.

일제가 자국의 식량 문제를 해결하기 위해 산미 증식 계획을 추진하였어요.

(가)   (나)   (다)

① (가) – (나) – (다)
② (가) – (다) – (나)
③ (나) – (가) – (다)
④ (나) – (다) – (가)
⑤ (다) – (가) – (나)

38. 다음 가상 기사와 관련된 운동에 대한 설명으로 옳은 것은? [2점]

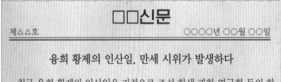

□□신문

제△△호   ○○○○년 ○○월 ○○일

융희 황제의 인산일, 만세 시위가 발생하다

최근 융희 황제의 인산일을 기점으로 조선 학생 과학 연구회 등의 학생 단체로 사회주의 계열에 의해 만세 시위를 계획하였으나, 권오설 등 사회주의 계열의 인사들이 사전에 체포되어 실패할 위기에 놓였다. 그러나 융희 황제의 인산일 당일에 상여가 종로를 통과할 때를 기점으로 학생들이 '타도 일제 제국주의, 8시간 노동제' 등을 주장한 전단을 배포하면서 대규모의 군중 시위 운동을 전개하였다. 이로 인해 당시 연희 전문 학교의 박하균, 이병립 등이 주모자로 체포되었으며, 공모자와 관련자를 포함하여 전국에서 약 1,000여 명이 체포, 투옥되었다.

① 치안 유지법이 제정되는 결과를 가져왔다.
② 한일 학생 간 충돌이 발단이 되어 일어났다.
③ 민족 유일당 운동이 추진되는 계기가 되었다.
④ 일제가 이른바 문화 통치를 실시하는 배경이 되었다.
⑤ 성진회와 각 학교 독서회에 의해 전국으로 확산되었다.

39. 다음 대화에 해당하는 지역에서 일어난 민족 운동으로 옳은 것은? [1점]

① 대종교 계열의 중광단이 결성되었다.
② 숭무 학교를 세워 독립군을 양성하였다.
③ 권업회가 조직되어 권업신문을 창간하였다.
④ 이봉창이 일왕의 행렬에 폭탄을 투척하였다.
⑤ 대조선 국민 군단이 조직되어 군사 훈련을 실시하였다.

40. 밑줄 그은 '이 운동'에 대한 설명으로 옳은 것은? [2점]

① 통감부의 탄압으로 중단되었다.
② 국채 보상 기성회를 중심으로 전개되었다.
③ 조선 노동 총동맹을 중심으로 전개되었다.
④ 자작회, 토산 애용 부인회 등이 활동하였다.
⑤ 일본, 프랑스 등지의 노동 단체로부터 격려 전문을 받았다.

41. (가) 단체의 활동으로 옳은 것은? [3점]

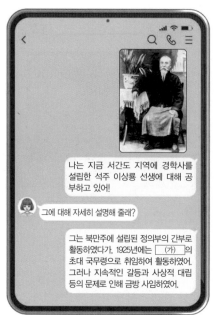

① 만세보를 발행하여 민중 계몽에 힘썼다.
② 민족 교육을 위해 서전서숙을 설립하였다.
③ 농촌 계몽을 위해 브나로드 운동을 전개하였다.
④ 구미 위원부를 조직하여 외교 활동을 전개하였다.
⑤ 진상 조사단을 파견하여 광주 학생 항일 운동을 지원하였다.

42. (가) 단체에 대한 설명으로 옳은 것은? [2점]

판결문

피고: 구여순 외 4인
주문: 피고 다섯 명을 각각 징역 8개월부터 4년까지 처한다.

이유

1. 피고 구여순은 보안법 2년에 처해져 복역 중 그 형이 1년으로 감하게 되어 형을 마쳤는데, 출소 이래 조선 독립(朝鮮獨立)을 열망하여 (가) 에 가입하여 단장 김원봉과 화합하고 조선 및 일본 내지에서 중요 관서를 파괴하고, 요로의 대관을 암살하기로 한 계획에 참여하였다.
2. 피고 오세덕은 상해 임시 정부와 조선 내와의 연락을 취하는 연통제에 관한 협의를 위해 상해로 건너가기로 하고 동 읍내 시장에서 박건병(朴健秉)과 협의한 후 그곳에 모인 다수의 사람과 함께 조선 독립의 시위 운동으로 조선 독립 만세 시위를 높이 부르고 중국 상해로 건너갔다가 …

① 조선 혁명 선언을 활동 지침으로 삼았다.
② 삼균주의를 기초로 한 건국 강령을 발표하였다.
③ 일제가 조작한 105인 사건으로 큰 타격을 입었다.
④ 조선 총독부에 국권 반환 요구서를 제출하려 하였다.
⑤ 이륭양행에 교통국을 설치하여 국내와 연락을 취하였다.

43. (가) 단체에 대한 설명으로 옳은 것은? [2점]

중앙 조직부 주 부장 보십시오. 김구의 보고는 잘 받아보았습니다. 본 안건을 총장에게 넘겨 심의한 결과 다음과 같이 간략하게 전합니다. 조선 의용대를 (가) 에 귀속 합병시키는 문제는 김원봉과 여러 차례 협의하였습니다. 그 결과 현재 김원봉은 자신이 (가) 의 부사령을 맡고 조선 의용대가 (가) 의 한 지대로 편입되는 조건하에 조선 의용대가 (가) 에 합병되는 것을 받아들이기로 하였습니다.

① 미군과 연계하여 국내 진공 작전을 계획하였다.
② 쌍성보, 대전자령 전투에서 일본군을 격파하였다.
③ 중국 의용군과 연합하여 영릉가 전투에서 승리하였다.
④ 중국 관내(關內)에서 결성된 최초의 한인 무장 부대이다.
⑤ 간도 참변 이후 밀산에서 집결하여 자유시로 이동하였다.

44. (가) 운동에 대한 설명으로 옳은 것은? [2점]

○○ 박물관

박물관 소개

관람 안내 >
전 시 >
소장품 >

□ 형평사 전국 대회 포스터

제6회 형평사 전국 정기 대회 포스터로 형평이라는 글자가 적혀있다. (가) 전개 당시 백정에 대한 사회적 차별에 반발하여 공평을 강조한 당시 운동의 의의를 담고 있다.

① 대한매일신보의 지원을 받았다.
② 중국의 5·4 운동에 영향을 주었다.
③ 천도교 소년회를 중심으로 추진되었다.
④ 진주 지역에서 시작하여 전국적으로 확산되었다.
⑤ 의민단을 조직하여 항일 무장 투쟁을 전개하였다.

45. (가) 단체에 대한 설명으로 옳은 것은? [1점]

이곳은 외솔 최현배 선생의 생가터입니다. 그는 국어학자로서 많은 연구 실적을 쌓았습니다. 특히 그는 이극로와 함께 [(가)]의 대표 회원으로서 한글 수호 활동을 전개하다가, 1942년에 일제의 탄압으로 발생한 사건으로 광복까지 약 4년 간의 옥고를 치렀습니다.

① 우리말 큰 사전 편찬을 시도하였다.
② 한글 신문인 제국신문을 간행하였다.
③ 한글로 된 교재인 사민필지를 집필하였다.
④ 우리말 음운 연구서인 언문지를 저술하였다.
⑤ 국문 연구소를 두어 한글을 체계적으로 연구하였다.

46. (가) 전쟁 중에 있었던 사실로 옳은 것은? [3점]

이 사진 속 장소는 [(가)] 당시에 사용되었던 임시 정부 청사입니다. [(가)]이/가 발생하자 북한군의 공격을 피해 부산을 임시 수도로 결정되었습니다. 최근에는 임시 정부 청사를 비롯한 부산에 남아 있는 9곳의 관련 장소가 유네스코 세계 유산 잠정 목록으로 등재되었습니다.

① 애치슨 선언이 발표되었다.
② 한미 상호 방위 조약이 체결되었다.
③ 여수 순천 10·19 사건이 일어났다.
④ 모스크바 3국 외상 회의가 개최되었다.
⑤ 비상 계엄이 선포된 가운데 발췌 개헌안이 통과되었다.

47. 밑줄 그은 '정부' 시기의 사회 모습으로 옳은 것은? [2점]

농지 개혁법을 시행하였던 정부 시절 기억나는가?

친일파 처벌을 위해 반민족 행위 처벌법을 제정하였지.

그러나 장기 독재 정치의 결과 4·19 혁명을 계기로 끝내 하야하였지.

① 전국 민주 노동 조합 총연맹이 창립되었다.
② 양성 평등 실현을 위해 호주제가 폐지되었다.
③ 평화 통일론을 내세우던 진보당이 해체되었다.
④ 외환 위기 극복을 위한 금 모으기 운동이 전개되었다.
⑤ 중학교 입시 제도가 폐지되고 무시험 추첨제가 실시되었다.

48. 다음 선언문이 발표된 정부 시기에 있었던 사실로 옳은 것은? [2점]

우리는 왜 3선 개헌에 반대하는가?

우리는 이제 3선 개헌을 강행하여 자유 민주에의 반역을 기도하는 어떤 명분이나 위장된 강변에도 현혹됨이 없이 헌정 20년간 모든 호헌 세력들의 공통된 신념과 공통된 결단 위에서 전 국민의 힘을 뭉쳐 단호히 이에 대처하려 한다. 집권자에 의해서 자유 민주에의 기대가 끝내 배신당할 때, 조국을 수호하려는 전 국민은 요원의 불길처럼 봉기할 것이다. 우리는 날로 그 맹방을 확장시키고 있고, 선악의 대결과 진부(眞否)의 결전에서 용솟음치는 결의를 가지고 있다.

① 야간 통행 금지가 해제되었다.
② 대통령 긴급 명령으로 금융 실명제를 실시하였다.
③ 농촌의 근대화를 표방한 새마을 운동이 전개되었다.
④ 진실·화해를 위한 과거사 정리 기본법이 제정되었다.
⑤ 대통령 직속 자문 기구인 노사정 위원회가 구성되었다.

49. (가) 민주화 운동에 대한 설명으로 옳은 것은? [1점]

노래로 읽는 한국사

5월의 노래

봄볕 내리는 날
뜨거운 바람 부는 날
붉은 꽃잎 저 흩어지고
꽃 향기 머무는 날
묘비 없는 죽음에
커다란 이름 드리오
여기 죽지 않은 목숨에
이 노래 드리오
사랑이여 내 사랑이여

[해설]

이 곡은 (가) 을/를 소재로 한 최초의 민중 가요이다. 서울대학교 출신의 작곡가 문승현이 작사·작곡한 노래로 기자 출신의 친척으로부터 전달받은 광주의 진실을 절제된 가사로 잘 표현하였다는 평가를 받는다. 이 곡은 계엄군에 의해 희생된 광주 시민들에 대한 애도의 마음도 담겨 있다.

---

① 3·1 민주 구국 선언을 발표하였다.

② 장면 내각이 출범하는 배경이 되었다.

③ 호헌 철폐, 독재 타도 등의 구호를 내세웠다.

④ 관련 기록물이 유네스코 세계 기록 유산으로 등재되었다.

⑤ 5년 단임의 대통령 직선제 개헌이 이루어지는 계기가 되었다.

50. 다음 연설이 있었던 정부 시기의 통일 노력으로 옳은 것은? [2점]

제24회 서울 올림픽은 12년 만에 동서양의 세계가 이념을 초월하여 우리 서울에 함께 모인 명실상부한 인류 화합의 대축제로서 인류가 바라던 올림픽 본래의 정신과 그 모습을 되찾게 된 가장 뜻깊은 대회였습니다.

① 남북 조절 위원회를 구성하였다.

② 남북한이 국제 연합(UN)에 동시 가입하였다.

③ 남북 교류 협력을 위한 개성 공업 지구 조성에 합의하였다.

④ 남북 이산가족 고향 방문단의 교환 방문이 최초로 성사되었다.

⑤ 남북 관계 발전과 평화 번영을 위한 10·4 남북 정상 선언에 서명하였다.

하고 싶은 게 많으면,
실패해도 절망할 시간이 없어요.

절망할 수 있지만,
거기 너무 오래 머무르지 말아요.

#나만의길 #다잘될거야

2025 최신간 기분좋은 해품사 한능검 심화
#기출은 해품사 회차별 기출 500제 + 분석해설

초 판 인 쇄	2025년 01월 07일
초 판 발 행	2025년 02월 09일
발 행 인	박영일
출 판 책 임	이해욱
저 자	해품사
개 발 편 집	김기임 · 김선아 · 변영은 · 신지호
표 지 디 자 인	박수영 · 하연주
본 문 디 자 인	하한우
마 케 팅	박호진
발 행 처	㈜시대고시기획시대교육
출 판 등 록	제 10-1521호
주 소	서울시 마포구 큰우물로 75 [도화동 성지빌딩]
전 화	1600-3600
홈 페 이 지	www.sdedu.co.kr

"기출 분석 좋은"
시대에듀# 자격증수험서

**2025 최신간 기분좋은
해품사 한능검 #기출은 해품사
회차별 기출 500제 + 분석해설 [심화]**

**2025 최신간 기분좋은
해품사 한능검 [심화]
#해품사 단기기본서 + 기특강의**

**최신간 기분좋은
오늘 NCS 완료 시즌1
#오N완 #NCS루틴 #100%새문항**

**2025 최신간 기분좋은
코레일 한국철도공사
#100% 새 문항 봉투모의고사**

**2025 최신간 기분좋은
KBS한국어능력시험
#반반끝 단기기본서 + 공식기출 3회**

**2025 최신간 기분좋은
스포츠지도사 2급 필기
#알잘딱깔센 단기기본서**

**2025 최신간 기분좋은
#초초초 지게차운전기능사
필기**

**2025 최신간 기분좋은
#초초초 굴착기(굴삭기)운전기능사
필기**

시대에듀# 블루스마일과 함께 빠르고 기분 좋게 합격하세요!

"기출 분석 좋은"

모든 시험은 기출이 가장 중요하다는
그 단순하고 중요한 진리에 집중합니다.

2025
최신간

Feel Good~!

"기출 분석 좋은"

해품사
한능검
#기출은 해품사

선지키워드 전부분석! 분석해설편

#역대기출모두분석한 #만점만19번_한능검찐전문가 #기출을뜯듯이파헤치다

#한능검은선지반드시재활용 #기출풀이=선지분석 #키워드와유형파악필수 #수험생추천_기출해설은해품사

한국사능력검정시험 기출≠양치기! 가장 효과적인 기출풀이법!

☑ 10회분(72회~63회) 문제 수록+학습효과 극대화 키워드 분석해설
☑ [특별제공] 고출제 주제만 총집합! 저격 예상 모의고사
☑ D-30부터 매주 수요일! 유튜브 해품사 한능검 수요스터디 진행
☑ 언제 어디서나 공부 가능한 HAI한국사 어플&실시간 오픈채팅

YouTube
저자 직강 무료강의
해품사 한능검

해품사 편저

시대에듀

# #
기존을 뛰어넘다, 본질을 끌어올리다
콘텐츠의 정확성과 견고함을 기반으로, 자격증수험서의 본질인 합격에 집중하는
시대에듀의 퀄리티 끌어올림# 브랜드입니다.

# #
수험생의 #니즈에 집중하다
수험생의 #말과 #마음이 자격증수험서의 본질임에 집중하여,
든든한 안심과 합격을 제공하고자 하는 시대에듀#의 아이덴티티를 담았습니다.

2025
최신간

Feel Good~!

"기출 분석 좋은"

해품사
한능검
#기출은 해품사

선지키워드 전부분석! 분석해설편

시대에듀 #

딱 필요한 만큼 제대로 푼다!
#기출문제편

10회분이면 충분하다!

한능검 기출은 양치기로 풀어 내는 게 아닙니다. 학습에 가장 적절한 회차를 '잘' 푸는 게 중요합니다! 이론학습 후 학습효과를 가장 극대화할 수 있는 분량인 10회분을 제대로 풀어보세요!

기출은 해품사!
기출특화 해설강의

문제를 다 푼 후에는 기출분석에 특화된 해설강의를 봐야죠! 해품사 유튜브 '해품사의 한방 한능검 연구소'에서 해품사의 기특 해설강의까지 수강하세요.

기특 해설강의 ▲

해품사 주전공! 저격 모의고사!

저자 해품사가 가장 잘하는 게 바로 '출제 예언'입니다. 26회분 기출을 총분석해서 나올 확률이 가장 높은 문제들로만 저격 예상 모의고사를 만들었습니다!
기출을 다 푼 후 저격 예상 모의고사까지 풀고 시험장에 가면 문제가 술술 풀리는 기적을 경험할 거예요!

심화

2024년도
제72회 한국사능력검정시험 문제지
⏱ 80분 ▶ 분석해설편 p.6

1. (가) 시대의 생활 모습으로 옳은 것은? [1점]

① 주로 동굴이나 강가의 막집에서 살았다.
② 지배층의 무덤으로 고인돌을 축조하였다.
③ 농경과 목축을 시작하여 식량을 생산하였다.
④ 호미, 쇠스랑 등의 철제 농기구를 제작하였다.
⑤ 주먹도끼, 찍개 등의 뗀석기를 처음 제작하였다.

2. 밑줄 그은 '이 나라'에 대한 탐구 활동으로 가장 적절한 것은? [2점]

① 임신서기석의 내용을 분석한다.
② 칠지도에 새겨진 명문을 해석한다.
③ 수도 왕검성의 위치에 대한 자료를 검색한다.
④ 10월에 지냈던 제천 행사인 동맹을 살펴본다.
⑤ 국가의 중대사를 논의한 화백 회의에 대해 조사한다.

3. (가), (나) 사이의 시기에 있었던 사실로 옳은 것은? [2점]

> (가) 겨울에 백제왕이 태자와 함께 정병 3만 명을 거느리고 고구려를 침입하여 평양성을 공격하였다. 고구려왕 사유가 힘껏 싸우며 막다가 날아온 화살을 맞고 죽었다.
>
> (나) 정월에 백제는 고구려의 도살성을 쳐서 빼앗았다. 3월에는 고구려가 백제의 금현성을 함락시켰다. 신라왕이 양국의 병사가 지친 틈을 타 이찬 이사부에게 명하여 병사를 내어서 두 성을 빼앗아 증축하고 갑사 1천 명을 두어 지키게 하였다.

① 신라가 기벌포에서 당군을 격파하였다.
② 고구려가 국내성에서 평양으로 천도하였다.
③ 계백이 이끈 결사대가 황산벌에서 패배하였다.
④ 연개소문이 정변을 일으켜 권력을 장악하였다.
⑤ 김춘추가 당으로 건너가 군사 동맹을 체결하였다.

26 해품사 한능검 · 회차별 기출문제집

분석해설 기출은 해품사!
해품사 한능검 저격 모의고사

심화

해품사 한능검 저격 모의고사

시험 시작 전 문제지를 넘기면 부정행위로 간주됩니다.

○ 자신이 선택한 종류의 문제지인지 확인하십시오.
○ 답안지에 성명과 수험번호를 쓰고 수험번호와 답은 컴퓨터용 사인펜으로 표시란에 정확히 표시하십시오.
○ 시험 시간은 10시 20분부터 11시 40분까지 80분입니다.

※ 응시자 유의사항을 수험표에서 다시 한 번 확인하시기 바랍니다.

312

키워드 추출이 기출풀이의 90% 이상!
#분석해설편

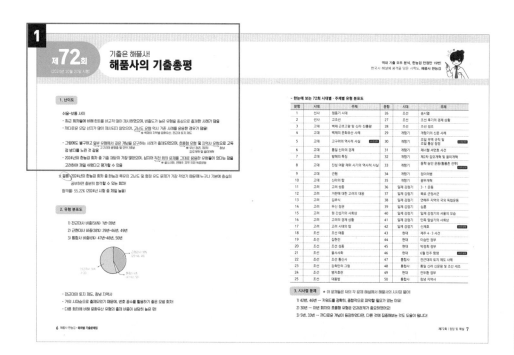

1
해품사라서 가능한 기출총평
해품사가 있는 그대로 알려주는 리얼한 회차별 기출총평을 읽어보며 회차별 난이도, 유형 등을 확인하세요!

2
오답률↑ 킬러문제
수험생이 많이 틀리는 오답률 높은 킬러문제에는 별도로 표시하였어요.

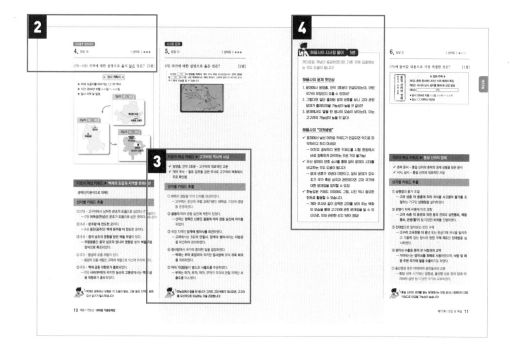

3
해품사의 키워드 추출
문제 지문에서 키워드를 추출하고, 선지별로 키워드 추출한 것을 분석하여 해설을 상세하게 분석합니다!

4
시사점 문제&시사점 풀이
총평에서 언급한 회차별 특이점이 있는 문제에는 해품사가 별도로 시사점 풀이를 해드려요.

#해품사 한능검 회차별 기출문제집 차례 & 학습플랜

기출문제편

제72회	심화편 기출문제	26
제71회	심화편 기출문제	40
제70회	심화편 기출문제	54
제69회	심화편 기출문제	68
제68회	심화편 기출문제	82
제67회	심화편 기출문제	96
제66회	심화편 기출문제	110
제65회	심화편 기출문제	124
제64회	심화편 기출문제	138
제63회	심화편 기출문제	152

완벽한 마무리! 해품사 저격 모의고사 ····················· 168

분석해설편

모든 문제를 다 이해하고
복습까지 끝냈을 때 체크!

제72회	심화편 분석해설	6	2월 4일	☑
제71회	심화편 분석해설	36		☐
제70회	심화편 분석해설	66		☐
제69회	심화편 분석해설	98		☐
제68회	심화편 분석해설	128		☐
제67회	심화편 분석해설	158		☐
제66회	심화편 분석해설	188		☐
제65회	심화편 분석해설	220		☐
제64회	심화편 분석해설	250		☐
제63회	심화편 분석해설	280		☐
	해품사 저격 모의고사 분석해설	312		☐

1. 난이도

쉬움~보통 사이

- 최근 회차들에 비해 힌트를 비교적 많이 제시하였으며, 빈출도가 높은 유형을 중심으로 출제한 사례가 많음

- 까다로운 오답 선지가 많이 제시되지 않았으며, 고난도 유형 역시 기존 사례를 응용한 경우가 많음!
  └→ ⓔ 백제의 지역별 문화유산, 전근대 토지 제도

- 그럼에도 불구하고 일부 유형에서 깊은 개념을 요구하는 사례가 출제되었으며, 흐름형 유형 및 지역사 유형으로 고득점 방지를 노린 것 같음 ┈ 고구려의 쌍영총 및 안악 3호분   └→ ⓔ 무신 정권, 제2차   └→ 창녕
                                                                                        갑오개혁 및 을미개혁

- 2024년의 한능검 회차 중 기출 재탕이 가장 많았으며, 심지어 직전 회차 문제를 그대로 응용한 유형들이 있다는 점을
  고려하여 제일 쉬웠다고 평가할 수 있음 └→ ⓔ 을사사화, 연해주 지역 국외 독립운동

☆결론: 2024년의 한능검 회차 중 한능검 특유의 고난도 및 함정 유도 문제가 가장 적었기 때문에 누구나 기본에 충실히
       공부하면 충분히 합격할 수 있는 회차!

합격률: 55.22% (2024년 시험 중 제일 높음)

2. 유형 분포도

1) 전근대사 비중(56%): 1번~28번
2) 근현대사 비중(38%): 29번~46번, 49번
3) 통합사 비중(6%): 47번~48번, 50번

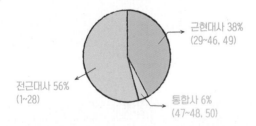

근현대사 38%
(29~46, 49)

전근대사 56%
(1~28)

통합사 6%
(47~48, 50)

- 전근대의 토지 제도, 창녕 지역사

- 거의 시대순으로 출제되었기 때문에, 번호 꼼수를 활용하기 좋은 모범 회차!

- 다른 회차에 비해 문화유산 유형의 출제 비중이 상당히 높은 편!

- 한눈에 보는 72회 시대별 · 주제별 유형 분포도

문항	시대	주제	문항	시대	주제
1	선사	청동기 시대	26	조선	송시열
2	선사	고조선	27	조선	조선 후기의 경제 상황
3	고대	백제 근초고왕 및 신라 진흥왕	28	조선	조선 정조
4	고대	백제의 문화유산 사례	29	개항기	개항기의 신문 사례
5	고대	고구려의 역사적 사실 〔시사점 문제〕	30	개항기	조일 무역 규칙 및 조일 통상 장정 〔시사점 문제〕
6	고대	통일 신라의 경제	31	개항기	제너럴셔먼호 사건
7	고대	발해의 특징	32	개항기	제2차 갑오개혁 및 을미개혁
8	고대	진성 여왕 재위 시기의 역사적 사실	33	개항기	동학 농민 운동 (황룡촌 전투) 〔시사점 문제〕
9	고대	견훤	34	개항기	정미의병
10	고대	신라의 탑	35	개항기	광무개혁
11	고려	고려 성종	36	일제 강점기	3 · 1 운동
12	고려	거란에 대한 고려의 대응	37	일제 강점기	북로 군정서군
13	고려	김부식	38	일제 강점기	연해주 지역의 국외 독립운동
14	고려	무신 정권	39	일제 강점기	심훈
15	고려	원 간섭기의 사회상	40	일제 강점기	일제 강점기의 서울의 모습
16	고려	고려의 경제 상황	41	일제 강점기	민족 말살기의 사회상
17	고려	고려 시대의 탑	42	일제 강점기	신채호 〔시사점 문제〕
18	조선	조선 태종	43	현대	제주 4 · 3 사건
19	조선	집현전	44	현대	이승만 정부
20	조선	조선 성종	45	현대	박정희 정부
21	조선	을사사화	46	현대	6월 민주 항쟁 〔시사점 문제〕
22	조선	조선 통신사	47	통합사	전근대의 토지 제도 사례
23	조선	강희안의 그림	48	통합사	통일 신라 신문왕 및 조선 세조
24	조선	병자호란	49	현대	전두환 정부
25	조선	대동법	50	통합사	창녕 지역사

3. 시사점 문제 ★ 이 문제들은 뒤의 각 문제 해설에서 해품사의 시사점 풀이!

1) 42번, 46번 → 키워드를 정확히, 종합적으로 파악할 필요가 있는 이유!

2) 30번 → 이번 회차의 흐름형 유형은 인과관계가 중요하였어요!

3) 5번, 33번 → 까다로운 개념이 등장하였다면, 다른 것에 집중해보는 것도 도움이 됩니다!

해설 보기 전 주목!

어제의 오답 선지 = 내일의 정답 선지

해품사 한능검 기특 무료강의

한능검은 역사적 사실이 아닌 것은 선지에 포함하지 않습니다. 즉, 모든 선지는 사실이죠!
기출에서 오답 선지는 이후 시험에서 언제든 정답이 될 수 있습니다.
결국 키워드를 추출하여 선지를 분석하는 것이 기출문제 공부의 핵심입니다.

1. 문제 지문의 핵심 키워드를 찾고   2. 선지별로 키워드를 추출한 후   3. 연관된 것을 찾으면 정답입니다.

이제 본격적으로 키워드 추출 훈련을 해볼까요?

제72회	정답 한눈에 보기								기출문제편 p.26
01 ②	02 ③	03 ②	04 ④	05 ①	06 ⑤	07 ②	08 ③	09 ④	10 ⑤
11 ⑤	12 ③	13 ②	14 ④	15 ①	16 ③	17 ③	18 ②	19 ④	20 ②
21 ④	22 ⑤	23 ④	24 ③	25 ①	26 ①	27 ①	28 ④	29 ①	30 ①
31 ④	32 ⑤	33 ③	34 ①	35 ⑤	36 ④	37 ⑤	38 ②	39 ⑤	40 ②
41 ①	42 ①	43 ⑤	44 ①	45 ⑤	46 ②	47 ①	48 ③	49 ②	50 ③

---

1. 정답 ②

| 난이도 | ● ○ ○

(가) 시대의 생활 모습으로 옳은 것은?   [1점]

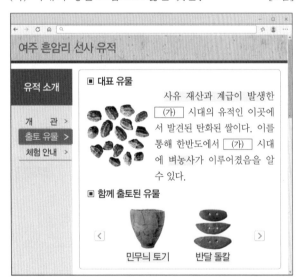

지문의 핵심 키워드 ▶ 청동기 시대

✓ 사유 재산과 계급이 발생 – 청동기 시대의 특징
✓ 벼농사 – 청동기 시대에 이르러 본격적으로 시작됨
✓ 민무늬 토기, 반달 돌칼 – 청동기 시대의 대표적인 유물

선지별 키워드 추출

① 주로 동굴이나 강가의 막집에서 살았다.
→ **구석기 시대**에는 동굴, 바위 그늘, 막집에 살았다.

② 지배층의 무덤으로 고인돌을 축조하였다.
→ **청동기 시대**에 지배층의 무덤인 고인돌이 축조되었다.

③ 농경과 목축을 시작하여 식량을 생산하였다.
→ **신석기 시대**에는 농경과 목축 등 새로운 방식을 통해 식량을 생산하기 시작하였다.

④ 호미, 쇠스랑 등의 철제 농기구를 제작하였다.
→ **철기 시대**에 이르러 철제 농기구를 제작하였다.

⑤ 주먹도끼, 찍개 등의 뗀석기를 처음 제작하였다.
→ **구석기 시대**에 돌을 깨뜨려 만드는 도구인 뗀석기가 처음 제작되었다.

선사 시대의 시기별 대표 유물 사진을 살펴보길 바랍니다!

2. 정답 ③
| 난이도 | ●○○

밑줄 그은 '이 나라'에 대한 탐구 활동으로 가장 적절한 것은? [2점]

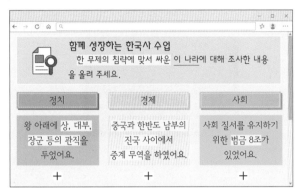

지문의 핵심 키워드 ▶ 고조선

✔ 한 무제의 침략에 맞서 싸움 – 고조선은 말기에 중국 한 무제가 이끈 군대의 침략을 받았음

✔ 상, 대부, 장군 등의 관직 – 고조선의 대표 관직

✔ 중국과 한반도 남부의 진국 사이 중계 무역 – 고조선은 한 과 진국 사이에서 중계 무역을 함

✔ 범금 8조 – 고조선의 사회 제도

선지별 키워드 추출

① 임신서기석의 내용을 분석한다.
→ 임신서기석은 신라 출신의 두 명의 화랑도가 유교 경전 의 학습에 대한 맹세를 담은 비석이다.

② 칠지도에 새겨진 명문을 해석한다.
→ 칠지도는 백제와 일본의 교류를 보여 주는 유물이다.

③ 수도 왕검성의 위치에 대한 자료를 검색한다.
→ 왕검성은 고조선의 대표적인 수도로, 이 장소에서 우거 왕은 한 무제의 군대에 맞서 항전하였다.

④ 10월에 지냈던 제천 행사인 동맹을 살펴본다.
→ 고구려는 매년 10월에 제천 행사인 동맹을 열었다.

⑤ 국가의 중대사를 논의한 화백 회의에 대해 조사한다.
→ 신라는 진골 귀족을 중심으로 화백 회의를 운영하였다.

 고조선의 관직은 초기 국가의 관직과 혼동하기 쉬우므로 주의할 필요가 있습니다!

3. 정답 ②
| 난이도 | ●●○

(가), (나) 사이의 시기에 있었던 사실로 옳은 것은? [2점]

(가) 겨울에 백제왕이 태자와 함께 정병 3만 명을 거느리고 고구려를 침입하여 평양성을 공격하였다. 고구려왕 사유가 힘껏 싸우며 막다가 날아오는 화살을 맞고 죽었다.

(나) 정월에 백제는 고구려의 도살성을 쳐서 빼앗았다. 3월에는 고구려가 백제의 금현성을 함락시켰다. 신라왕이 양국의 병사가 지친 틈을 타 이찬 이사부에게 명하여 병사를 내어 쳐서 두 성을 빼앗아 증축하고 갑사 1천 명을 두어 지키게 하였다.

지문의 핵심 키워드 ▶ 백제 근초고왕, 신라 진흥왕

✔ (가) 고구려를 침입하여 평양성을 공격, 고구려왕 사유가 죽음 – 백제 근초고왕(제13대)이 이끈 군대의 평양성 공 격(371)으로 고구려 고국원왕이 사망

✔ (나) 이사부, 두 성을 빼앗아 증축 – 신라 진흥왕(제24대) 때 도살성과 금현성을 공격하여 차지(550)

선지별 키워드 추출

① 신라가 기벌포에서 당군을 격파하였다.
→ 신라 문무왕 때 매소성 전투(675) 및 기벌포 전투(676) 를 통해 나·당 전쟁에서 승리하였다.

② 고구려가 국내성에서 평양으로 천도하였다.
→ 고구려 장수왕은 남진 정책을 추진하기 위해 427년에 수도를 평양으로 천도하였다.

③ 계백이 이끈 결사대가 황산벌에서 패배하였다.
→ 백제의 계백은 660년에 황산벌에서 나·당 연합군에 맞서 항전하다가 끝내 사망하였다.

④ 연개소문이 정변을 일으켜 권력을 장악하였다.
→ 연개소문은 642년에 정변을 일으켜 영류왕을 제거한 뒤 보장왕을 즉위시키고, 스스로 대막리지에 즉위하였다.

⑤ 김춘추가 당으로 건너가 군사 동맹을 체결하였다.
→ 신라 진덕여왕 시기인 648년에 김춘추가 당 태종과 군 사 동맹을 성사시켰다.

 정답 선지를 제외한 모든 오답 선지가 (나) 사건 이후인 7세기의 사례이므로, 선지 소거법을 통한 풀이도 가능합니다!

4. 정답 ④ | 난이도 | ●●●

(가)~(다) 지역에 대한 설명으로 옳지 <u>않은</u> 것은? [3점]

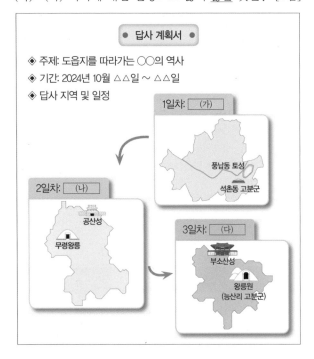

지문의 핵심 키워드 ▶ 백제의 도읍과 지역별 문화유산

생략(선지분석으로 대체!)

선지별 키워드 추출

헷갈리기
쉬운 선지!

① (가) - 고구려에서 남하한 **온조가 도읍**으로 삼았다.
→ (가) 위례성(한성)은 온조가 도읍으로 삼은 곳이다.

② (나) - **문주왕** 때 **천도**한 곳이다.
→ (나) 웅진(공주)은 백제 문주왕 때 천도한 곳이다.

③ (나) - 중국 남조의 영향을 받은 벽돌 무덤이 있다.
→ 무령왕릉은 중국 남조의 양나라 영향을 받아 벽돌무덤 양식으로 축조되었다.

④ (다) - **왕궁리 오층 석탑**이 있다.
→ 왕궁리 오층 석탑은 고려의 석탑으로 익산에 위치해 있다.

⑤ (다) - **백제 금동 대향로**가 출토되었다.
→ (다) 사비(부여)에 위치한 **능산리 고분군**에서는 백제 금동 대향로가 출토되었다.

백제의 문화유산 유형은 각 도읍의 왕성, 고분 등의 지역별 문화 유산 암기가 필수적입니다!

---

5. 정답 ① | 난이도 | ●●●

(가) 국가에 대한 설명으로 옳은 것은? [2점]

이것은 (가) 의 쌍영총 벽화의 개마 무사 부분 모사입니다. 안악 3호분 등 (가) 의 다른 고분 벽화에도 개마 무사가 그려져 있어 이 국가의 군사, 무기 등의 모습을 알 수 있습니다.

지문의 핵심 키워드 ▶ 고구려의 역사적 사실

✔ 쌍영총, 안악 3호분 - 고구려의 대표적인 고분
✔ 개마 무사 - 철로 갑옷을 감싼 무사로 고구려의 벽화에서 주로 확인됨

선지별 키워드 추출

① **태학**과 **경당**을 두어 인재를 양성하였다.
→ 고구려는 중앙에 국립 교육기관인 태학을, 지방에 경당을 운영하였다.

② **골품**에 따라 관등 승진에 제한이 있었다.
→ 신라는 정해진 신분인 골품에 따라 관등 승진에 차이를 두었다.

③ 국경 지역인 **양계에 병마사를 파견**하였다.
→ 고려에서는 5도에 안찰사, 양계에 병마사라는 지방관을 파견하여 관리하였다.

④ **정사암**에서 국가의 중대한 일을 결정하였다.
→ 백제는 부여 호암리에 위치한 정사암에 모여 귀족 회의를 개최하였다.

⑤ 여러 가(加)들이 별도로 **사출도**를 주관하였다.
→ 부여는 마가, 우가, 저가, 구가가 각각의 관할 지역인 사출도를 다스렸다.

한능검에서 말을 탄 병사가 그려진 고대 벽화가 제시되면, 고구려를 우선적으로 의심하는 것을 권장합니다!

해풀사의 시사점 풀이 `5번`

까다로운 개념이 등장하였다면, 다른 것에 집중해보는 것도 도움이 됩니다!

해풀사의 문제 첫인상

1. 문제에서 쌍영총, 안악 3호분이 언급되었는데, 어떤 국가의 무덤인지 모를 수 있겠네?
2. 그렇다면 일단 출제된 문제 번호를 보니 고대 관련 문제가 출제되었을 가능성이 높을 것 같네?!
3. 문제에서도 말을 탄 병사의 모습이 보이는데, 이는 고구려의 가능성이 높을 것 같다!

해풀사의 "대처방법"

✓ 문제에서 낯선 어려운 키워드가 언급되면 억지로 파악하려고 하지 마세요!
  → 어차피 공부하지 못한 키워드를 시험 현장에서 바로 정확하게 파악하는 것은 거의 불가능!
✓ 우선 문제의 번호 순서를 통해 앞뒤 문제의 시대를 비교하는 것도 도움이 됩니다!
  → 문제 번호가 10번대 미만이고, 앞뒤 문제가 모두 초기 국가 혹은 삼국과 관련있다면 고대 국가에 대한 문제일 가능성이 높습니다!
✓ 한능검은 키워드 이외에도 그림, 사진 역시 중요한 힌트로 활용할 수 있습니다.
  → 개마 무사와 같이 강력한 군대를 보여 주는 벽화의 모습을 통해 고구려에 관한 문제임을 알 수 있으므로, 이와 관련한 선지 1번이 정답!

---

6. 정답 ⑤

| 난이도 | ●○○

(가)에 들어갈 내용으로 가장 적절한 것은? [1점]

> 한국사 교양 강좌
> 통일 신라의 경제
>
> ◈ 강좌 주제 ◈
> 제1강: 촌락 문서에 나타난 수취 체제의 특징
> 제2강: 서시와 남시 설치를 통해 본 상업 발달
> 제3강: (가)
>
> ■일시: 2024년 10월 △△일 △△시 ~ △△시
> ■장소: ○○대학교 대강당

지문의 핵심 키워드 ▶ 통일 신라의 경제

✓ 촌락 문서 – 통일 신라의 촌락의 경제 상황을 담은 문서
✓ 서시, 남시 – 통일 신라의 대표적인 시장

선지별 키워드 추출

① 상평창과 물가 조절
  → 고려 성종 때 풍흉에 따라 곡식을 사고팔아 물가를 조절하는 기구인 **상평창**을 설치하였다.

② 은병이 화폐 유통에 미친 영향
  → 고려 숙종 때 윤관과 의천 등의 건의로 **삼한통보, 해동통보, 은병(활구)** 등 다양한 화폐를 간행하였다.

③ 진대법으로 알아보는 빈민 구제
  → 고구려 고국천왕 때 흉년 또는 춘궁기에 곡식을 빌려주고 가을에 갚는 방식의 **빈민 구제** 제도인 **진대법**을 실시하였다.

④ 덩이쇠 수출을 통해 본 낙랑과의 교역
  → 가야에서는 덩이쇠를 화폐로 사용하였으며, 낙랑 및 왜 등 주변 국가에 철을 수출하기도 하였다.

⑤ 울산항을 통한 아라비아 상인들과의 교류
  → 통일 신라 시기에는 당항성, 울산항 등을 통해 당과 아라비아 상인 등 다양한 국가와 교류하였다.

 통일 신라의 경제를 묻는 문제에서는 민정 문서나 청해진이 대표 키워드로 언급될 가능성이 높습니다!

밑줄 그은 '이 국가'에 대한 설명으로 옳은 것은? [2점]

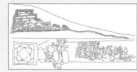

정혜 공주 무덤의 구조도　　　정혜 공주 묘지석

지린성 둔화에서 발견된 이 국가의 정혜 공주 무덤은 모줄임 천장 구조의 굴식 돌방 무덤으로 고구려 양식을 계승하고 있다. 또한, 내부에서 출토된 묘지석에 '황상'이라는 칭호가 사용된 점을 통해 이 국가의 자주성을 확인할 수 있다.

지문의 핵심 키워드 ▶ 발해

✓ 정혜 공주 무덤 – 발해 문왕의 둘째 딸의 무덤
✓ 고구려 양식 계승 – 발해는 고구려를 계승함

선지별 키워드 추출

① 서경을 북진 정책의 기지로 삼았다.
　→ 고려 왕건은 훈요 10조에서 **서경(평양)**을 중시할 것을 강조하며 북진 정책을 추진하였다.

② 정당성의 대내상이 국정을 총괄하였다.
　→ 발해는 정당성, 중대성, 선조성으로 구성된 3성 6부의 중앙 행정 제도를 운영하였으며, 특히 정당성의 대내상이라는 장관이 국정을 총괄하였다.

③ 영락이라는 독자적인 연호를 사용하였다.
　→ 고구려 광개토 대왕은 우리나라 역사상 최초로 독자적인 연호인 **영락**을 사용하였다.

④ 군사 조직으로 9서당 10정을 편성하였다.
　→ 통일 신라 신문왕 때 중앙군으로 9서당, 지방군으로 10정을 운영하였다.

⑤ 관리 선발을 위해 독서삼품과를 시행하였다.
　→ 통일 신라 원성왕 때 유교 경전의 독해 능력에 따라 3등급으로 나눠 관리를 선발하는 관리 선발 제도인 독서삼품과를 시행하였다.

 '고구려 문화의 계승'이 언급되면 발해에 관한 문제임을 알 수 있습니다.

교사의 질문에 대한 학생의 답변으로 옳은 것은? [2점]

화면에 표시된 부분은 진성 여왕 때 유포된 글로 당시 정치 상황을 비판하는 내용입니다. 삼국유사에 따르면 '찰니나제'는 여왕을, '소판니'와 '삼아간'은 위홍 등 간신들을 의미하는 것으로, 그들 때문에 나라가 망한다는 뜻입니다. 이 여왕의 재위 시기에 있었던 사실을 말해 볼까요?

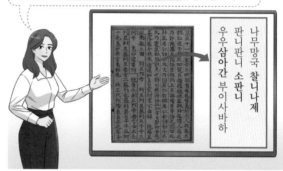

지문의 핵심 키워드 ▶ 진성 여왕

✓ 진성 여왕 – 통일 신라 제51대 왕

선지별 키워드 추출

① 김흠돌이 반란을 도모하였어요. ➦ 헷갈리기 쉬운 선지!
　→ 통일 신라 신문왕 때 장인이었던 김흠돌이 일으킨 반란을 진압하는 동시에 일부 귀족 세력을 숙청하였다.

② 김사미와 효심이 난을 일으켰어요.
　→ 고려 이의민 정권 때 운문(청도)에서 봉기한 김사미와 초전(울산)에서 봉기한 효심이 신라 부흥을 표방하며 반란을 일으켰다.

③ 원종과 애노가 사벌주에서 봉기하였어요.
　→ 통일 신라 진성 여왕 때 중앙 집권의 약화 및 조세 수탈의 심화 등의 이유로 원종과 애노의 난, 적고적의 난 등의 민란이 발생하였다.

④ 김유신이 비담과 염종의 난을 진압하였어요.
　→ 김유신은 선덕 여왕 때 여성이 왕이 된 것에 대한 불만을 명분으로 발생한 비담과 염종의 난을 진압하였다.

⑤ 복신과 도침이 주류성에서 군사를 일으켰어요.
　→ 백제 멸망 이후 복신과 도침은 주류성에서 백제 부흥 운동을 주도하였다.

 통일 신라 하대와 관련된 문제에서는 진성 여왕과 최치원이 대표적인 빈출 키워드입니다!

9. 정답 ④

(가) 인물에 대한 설명으로 옳은 것은? [2점]

나는 지금 경주 포석정지에 와 있어. 삼국사기에 의하면 이곳은 경애왕이 연회를 벌이다가 (가) 의 습격을 받은 곳이야.

(가) 에 대해 더 알려 줄래?

그는 공산 전투에서 고려군에 대승을 거두기도 했어.

지문의 핵심 키워드 ▶ 견훤

✓ 포석정 – 신라 경애왕이 견훤에게 피살당한 장소
✓ 공산 전투에서 고려군에 대승 – 견훤은 공산 전투에서 고려에 승리함

선지별 키워드 추출

① 훈요 10조를 남겼다.
→ 고려 왕건은 나라를 다스릴 때 필요한 10가지의 가르침을 정리한 훈요 10조를 남겼다.

② 경주의 사심관으로 임명되었다.
→ 신라의 마지막 왕 경순왕(김부)은 고려 왕건에게 항복후 경주 지역을 담당하는 지방관으로 임명되었다.

③ 금마저에 미륵사를 창건하였다.
→ 백제 무왕은 익산의 금마저에 미륵사를 창건하였다.

④ 완산주를 도읍으로 삼아 나라를 세웠다.
→ 견훤은 완산주에서 후백제를 건국하였다.

⑤ 광평성을 비롯한 정치 기구를 마련하였다.
→ 후고구려를 세운 궁예는 최고 중앙 관서로 광평성을 설치하였다.

 후삼국 시대 관련 문제에서는 후백제의 공산 전투와 고창 전투가 자주 언급됩니다!

10. 정답 ⑤

(가)~(다)에 대한 설명으로 옳은 것은? [3점]

사진으로 보는 신라의 탑

(가) 경주 분황사 모전 석탑 / (나) 경주 감은사지 동 삼층 석탑 / (다) 화순 쌍봉사 철감선사탑

지문의 핵심 키워드 ▶ 신라의 탑

생략(선지분석으로 대체!)

선지별 키워드 추출

① (가) - 내부에서 무구정광대다라니경이 발견되었다.
→ 무구정광대다라니경은 통일 신라 시대에 지어진 불국사 3층 석탑(석가탑)에서 발견된 것으로, 현존하는 가장 오래된 목판 인쇄물이다.

② (가) - 1층 탑신에 당의 장수 소정방의 명으로 새긴 글이 있다.
→ 나·당 연합군에 의해 백제가 함락된 뒤 당의 소정방의 명으로 글을 새긴 탑은 백제 부여 정림사지 5층 석탑이다.

③ (나) - 자장의 건의로 건립되었다.
→ 신라 선덕여왕 때 승려인 자장의 건의로 황룡사 9층 목탑이 건립되었다.

④ (나) - 돌을 벽돌 모양으로 다듬어 쌓았다.
→ 신라 경주 분황사 모전 석탑은 돌을 벽돌 모양으로 다듬어 쌓아 올리는 모전 석탑 양식으로 축조되었다.

⑤ (다) - 선종의 영향을 받아 만들어졌다.
→ 통일 신라 하대의 화순 쌍봉사 철감선사탑은 승려의 사리를 보관하기 위해 제작된 승탑으로, 전체 평면이 팔각을 이루는 팔각원당형 구조로 이루어졌다.

 쌍봉사 철감선사탑은 통일 신라 하대 사회상을 물어볼 때 키워드로 나올 수 있습니다!

11. 정답 ⑤ | 난이도 | ●○○

다음 검색창에 들어갈 왕의 재위 기간에 있었던 사실로 옳은 것은? [2점]

시기	내용	원문 이미지
2년	처음으로 12목을 설치하다	
5년	흑창을 의창으로 고치다	
6년	면천된 노비가 주인을 욕하면 환천하게 하다	
11년	개경에 국자감을 두다	

지문의 핵심 키워드 ▶ 고려 성종

✓ 12목 - 고려 성종 때 정비된 지방 행정 조직
✓ 의창 - 고려 성종 때 기존의 흑창을 개편한 기관
✓ 면천된 노비의 환천 - 고려 광종 때 면천된 노비를 성종 때 다시 천민으로 되돌림
✓ 국자감 - 고려 성종 때 정비된 국립 교육기관

선지별 키워드 추출

① 관학을 진흥하고자 양현고를 설치하였다.
→ 고려 예종 때 관학 진흥을 위해 국자감에 장학 재단인 양현고를 설치하였다.

② 광덕, 준풍 등의 독자적 연호를 사용하였다.
→ 고려 광종 때 왕권 강화를 위해 광덕, 준풍 등의 독자적인 연호를 사용하였다.

③ 주전도감을 설치하여 해동통보를 발행하였다.
→ 고려 숙종 때 화폐 주조 기구인 주전도감을 설치하여 삼한통보, 해동통보, 활구 등 다양한 화폐를 주조하였다.

④ 정계와 계백료서를 지어 관리의 규범을 제시하였다.
→ 고려 왕건은 관리의 규범을 제시할 목적으로 정계와 계백료서를 지었다.

⑤ 최승로의 시무 28조를 받아들여 통치 체제를 정비하였다.
→ 최승로는 고려 성종에게 불교를 비판하고 유교 정치의 실현을 건의한 상소문인 시무 28조를 올렸다.

 한능검에서 고려 성종 관련 문제가 출제되면 시무28조, 국자감, 상평창, 의창 등의 기구가 자주 제시됩니다.

12. 정답 ③ | 난이도 | ●○○

(가)에 대한 고려의 대응으로 옳은 것은? [2점]

 이 자료는 초조대장경의 일부입니다. (가) 의 침입으로 현종이 피란을 가고 개경이 함락되자 부처의 힘으로 나라를 지키려는 마음을 담아 조판하기 시작하였습니다.

지문의 핵심 키워드 ▶ 거란에 대한 고려의 대응

✓ 초조대장경 - 거란의 제2차 침입으로 현종이 피란을 가고 개경이 함락되자 부처의 힘으로 나라를 지키려는 마음을 담아 간행한 불교 경전

선지별 키워드 추출

① 윤관을 보내 동북 9성을 개척하였다.
→ 고려 예종 때 윤관은 별무반을 이끌고 여진을 정벌하고 동북 9성을 축조하였다.

② 화통도감을 두어 화포를 제작하였다.
→ 고려 우왕 때 최무선은 왜구 격퇴를 위한 화약과 화포의 개발을 위해 화통도감 설치를 건의하였다.

③ 광군을 조직하여 침입에 대비하였다.
→ 고려 정종 때 거란의 침략을 대비하기 위해 농민으로 구성된 예비 군사 조직인 광군을 조직하였다.

④ 박위를 파견하여 근거지를 토벌하였다.
→ 고려 창왕 때 박위를 파견하여 왜구의 근거지인 쓰시마 섬을 정벌하였다.

⑤ 철령위 설치에 반발해 요동 정벌을 추진하였다.
→ 고려 우왕 때 명의 철령위 설치에 반발하여 최영이 요동 정벌을 추진하였다.

 초조대장경은 거란, 팔만대장경은 몽골의 침입 때 제작된 것임을 혼동하지 않도록 주의할 필요가 있습니다!

13. 정답 ②
|난이도| ●●○

(가)에 들어갈 내용으로 적절한 것은? [2점]

한국사 대화형 인공지능

Q 그림 속 인물에 대해 알려 줘.

A 숙종 대 과거에 합격하여 의종 대까지 활동한 대표적인 고려 유학자입니다.

Q 그의 대표적인 활동에 대해 알려 줘.

A 유교 사관을 바탕으로 삼국의 역사를 기록한 삼국사기의 편찬을 총괄하였습니다.

Q 다른 행적에 대해서도 알려 줘.

A _____(가)_____

|_____>|

지문의 핵심 키워드 ▶ 김부식

✓ 삼국사기의 편찬 – 김부식이 고려 인종의 왕명을 받아 편찬한 역사서

선지별 키워드 추출

① 봉사 10조를 국왕에게 올렸습니다.
→ 최충헌은 이의민을 제거한 뒤 명종에게 일종의 시무책인 봉사 10조를 올렸다.

② 관군을 이끌고 묘청의 난을 진압하였습니다.
→ 묘청이 서경에서 난을 일으키자 김부식은 관군을 이끌고 묘청의 난을 진압하였다.

③ 만권당에서 원의 유학자들과 교류하였습니다.
→ 이제현은 원의 수도인 연경에 세워진 만권당에서 원의 학자들과 교류하였다.

④ 불씨잡변을 저술하여 불교를 비판하였습니다.
→ 정도전은 성리학자로서 불교에 대해 강력히 비판한 내용을 담은 불씨잡변을 저술하였다.

⑤ 9재 학당을 설립하여 유학 교육에 힘썼습니다.
→ 고려 문종 때 최충은 최초의 사립 교육기관인 문헌공도(9재 학당)를 설립하였다.

 김부식과 관련된 키워드로는 묘청의 난과 삼국사기가 있습니다!

---

14. 정답 ④
|난이도| ●●●

(가)~(다)를 일어난 순서대로 옳게 나열한 것은? [3점]

(가) 왕이 먼저 나라 안의 신하들을 권유하여 개경으로 환도하게 하였다. 여러 신하들이 말하기를 "임금의 명령인데, 감히 따르지 않을 수 있겠는가?"라고 하였으므로, 임유무가 화가 나서 어떻게 해야 할지를 알지 못하였다.

(나) 조위총이 군사를 일으키자, 이의방이 이의민을 정동 대장군 지병마사로 임명하였다. 이의민이 군사를 거느리고 전투에 나섰다가 날아오는 화살에 눈을 맞았으나, 철령으로 진군하여 사방에서 북을 치고 고함을 지르면서 급습하여 크게 격파하였다.

(다) 백관이 최우의 집에 나아가 정년도목(政年都目)을 올렸다. 최우가 청사에 앉아 그것을 받았다. 6품 이하는 당하(堂下)에서 두 번 절하고 땅에 엎드려 감히 고개를 들고 보지 못하였다. 이때부터 최우는 정방을 그의 집에 두고 백관의 인사 행정을 처리하였다.

지문의 핵심 키워드 ▶ 무신 정권

✓ (가) 개경으로 환도(원종, 1270) – 몽골의 침입으로 최씨 정권이 강화도로 천도(1232)하여 항쟁하였으나, 무신 정권의 마지막 집권자인 임유무가 피살되고 결국 무신 정권이 무너지며 개경으로 환도함

✓ (나) 조위총의 난(명종, 1174) – 이의방 정권 때 정중부, 이의방 타도를 주장하며 반란을 일으킴

✓ (다) 정방 설치(고종, 1225) – 최우 정권 때 인사 행정 담당 목적으로 설치한 기구

선지별 키워드 추출

④ (나) – (다) – (가)
→ 무신 정권 시기의 사건은 조위총의 난(나) → 정방 설치(다) → 개경 환도(가) 순으로 발생하였다.

 무신 정권은 개경 환도 이후 사실상 종결되었으며, 이후 개경 환도에 반발하며 삼별초의 항쟁이 발생하였습니다!

15. 정답 ①　　　　　　　　　　| 난이도 | ●○○

밑줄 그은 '시기'의 사실로 옳은 것은?　　　　　[2점]

이 그림은 공민왕과 그의 왕비인 노국 대장 공주의 초상화야. 고려에는 노국 대장 공주 외에도 제국 대장 공주, 계국 대장 공주 등 원 출신의 왕비들이 여럿 있었어.

맞아. 충렬왕부터 공민왕에 이르는 시기의 왕들은 원의 공주들과 결혼했어.

지문의 핵심 키워드 ▶ 원 간섭기

✓ 노국 대장 공주, 제국 대장 공주, 계국 대장 공주 – 고려의 왕과 혼인한 원의 공주
✓ 충렬왕부터 공민왕에 이르는 시기 – 원 간섭기

선지별 키워드 추출

① 권문세족이 도평의사사를 장악하였다.
　→ 원 간섭기에는 권문세족이 새로운 지배층으로 성장하였으며, 이들은 도평의사사를 장악하였다.

② 왕조 교체를 예언하는 **정감록**이 유포되었다.
　→ 세도 정치기에는 이씨 왕조가 멸망하고 정씨 왕조가 부흥한다는 **정감록**이 유포되었다.

③ 강조가 **정변**을 일으켜 김치양을 제거하였다.
　→ 강조는 정변을 일으켜 목종을 폐위하고 김치양을 제거하였으며, 현종을 즉위시켰다.

④ 김보당이 의종 복위를 주장하며 난을 일으켰다.
　→ 이의방 정권 때 동북면병마사 출신의 김보당이 의종 복위를 도모하며 반란을 일으켰다.

⑤ 국정을 총괄하는 기구로 **교정도감**이 설치되었다.
　→ 최충헌은 최고 정치 기구로 **교정도감**을 설치한 뒤 수장인 **교정별감**을 역임하며 국정을 총괄하였다.

원의 공주 또는 충○왕(예 충렬왕)이 언급되면 원 간섭기임을 알 수 있습니다.

---

16. 정답 ③　　　　　　　　　　| 난이도 | ●○○

(가) 국가의 경제 상황으로 옳은 것은?　　　　　[2점]

이달의 책

1123년 송 사절의 한 사람으로 　(가)　에 왔던 서긍이 지은 책입니다. 이 책은 서긍이 예성항을 통해 개경으로 들어와 한 달 남짓 머물며 보고 들은 　(가)　의 다양한 모습을 그림을 곁들여 설명한 것입니다. 현재 남아 있는 판본들은, 그림[圖]은 없어지고 글[經]만 남아 있습니다.

지문의 핵심 키워드 ▶ 고려의 경제 상황

✓ 예성항 – 고려 시대의 국제 무역항인 벽란도가 위치한 곳
✓ 개경 – 고려의 수도

선지별 키워드 추출

① 솔빈부의 말이 특산품으로 유명하였다.
　→ 발해에서는 다양한 특산품이 생산되었는데, 대표적으로 15부 중 하나인 솔빈부의 말이 유명하였다.

② 송상이 전국 각지에 송방을 설치하였다.
　→ 조선 후기에는 개성 출신의 상인인 송상이 전국 각지에 송방이라는 근거지를 두고 상품을 유통하였다.

③ 서적점, 다점 등의 관영 상점을 운영하였다.
　→ 고려 시대에는 국가가 서적점, 다점, 주점 등의 관영 상점을 운영하였다.

④ 집집마다 부경이라고 불리는 창고가 있었다.
　→ 고구려에서는 집집마다 부경이라는 창고를 두고 곡식을 저장하였다.

⑤ 광산을 전문적으로 경영하는 덕대가 나타났다.
　→ 조선 후기에는 광산 개발이 활성화되며 덕대가 광산 개발을 담당하였다.

예성항, 벽란도, 아라비아 등의 키워드가 제시되면 고려의 대외 교류와 관련한 문제임을 파악할 수 있습니다.

17. 정답 ③ | 난이도 | ●●○

(가) 국가의 탑으로 옳은 것은?   [1점]

이 탑은 원래 개성에 있었는데 지금은 국립 중앙 박물관에 옮겨져 새로운 영상 기법으로 전시되고 있습니다. (가) 시대에 만들어진 이 탑은 이후 원각사지 십층 석탑에 영향을 주기도 하였습니다.

지문의 핵심 키워드 ▶ 고려 시대의 탑

✔ 개성 – 경천사지 십층 석탑의 원래 위치
✔ 원각사지 십층 석탑에 영향 – 고려 시대에 만들어진 경천사지 십층 석탑은 이후 조선의 원각사지 십층 석탑에 영향을 줌

선지별 키워드 추출

① 통일 신라 경주 불국사 삼층 석탑(석가탑)

② 백제 부여 정림사지 오층 석탑

③ 고려 평창 월정사 팔각 구층 석탑

④ 통일 신라 구례 화엄사 사사자 삼층 석탑

⑤ 백제 익산 미륵사지 석탑

고려의 경천사지 십층 석탑과 조선의 원각사지 십층 석탑은 혼동하기 쉬우므로 시대를 구분하여 알아두어야 합니다.

---

18. 정답 ② | 난이도 | ●●○

밑줄 그은 '임금'에 대한 설명으로 옳은 것은?   [2점]

자네 들었는가? 임금께서 민무구, 민무질에게 자결을 명하셨다더군. 몇 해 전 어린 세자를 이용해 권세를 잡으려 했다는 죄로 귀양을 보내셨었지.

나도 들었네. 중전마마의 동생으로 임금께서 정도전을 숙청할 때 공을 세웠던 사람들이었지.

지문의 핵심 키워드 ▶ 조선 태종

✔ 임금께서 정도전을 숙청 – 태종(이방원)은 왕자 시절에 1차 왕자의 난(1398)을 일으켜 정도전 등을 숙청함

선지별 키워드 추출

① 공신들에게 **역분전**을 지급하였다.
　→ 고려 왕건 때 후삼국 통일에 기여한 공신들에게 공로 및 인품을 기준으로 토지를 지급하였다.

② 주자소를 두어 계미자를 주조하였다.
　→ 조선 태종 때 활자 주조 담당 관청인 주자소를 설치하여 조선 최초의 구리 활자인 계미자를 주조하였다.

③ 정치도감을 설치하여 개혁을 추진하였다.
　→ 고려 충목왕 때 불법 토지 등의 문제를 해결하기 위한 폐정 개혁 기관인 정치도감을 설치하였다.

④ 구황촬요를 간행하여 기근에 대비하였다.
　→ 조선 명종 때 기근을 대비하는 방법을 담은 서적인 구황촬요를 간행하였다.

⑤ 유자광의 고변을 계기로 남이를 처형하였다.
　→ 조선 예종 때 유자광의 고변으로 남이가 처형되는 남이의 옥이 발생하였다.

조선 태종 때 주조된 계미자와 조선 세종 때 주조된 갑인자를 혼동하지 않도록 주의할 필요가 있습니다!

(가) 기구에 대한 설명으로 옳은 것은?　　　　[3점]

도로명으로 보는 역사: 만리재로

이 도로명은 만리재에서 유래한 것이다. 만리재는 조선의 문신 최만리가 살았다고 하여 붙여진 지명이다. 세자의 스승이기도 하였던 최만리는 세종이 학문 연구, 편찬 사업 등을 수행하도록 설치한 　(가)　의 부제학으로 활약하였다. 그러나 훈민정음 창제를 반대하는 상소를 올려 세종과 갈등을 빚기도 하였다.

지문의 핵심 키워드 ▶ 집현전

✓ 세종이 학문 연구, 편찬 사업 등을 수행하도록 설치 – 집현전이 설치된 시기 및 목적

선지별 키워드 추출

① 은대(銀臺)라고도 불렸다.
　→ 조선의 승정원은 중국 송나라에서 황제에게 올리는 글과 각종 공문을 관리한 기구인 은대사에서 별칭이 유래하였다.

② 전문 강좌인 **7재**를 운영하였다.
　→ 고려 예종 때 관학 진흥을 목적으로 **국자감** 내에 전문 강좌인 **7재**를 설치하였다.

③ 고려의 삼사와 같은 기능을 수행하였다.
　→ 고려의 삼사는 곡식의 출납 회계를 담당한 기구로, 조선 시대에는 6조 중 호조에 병합되었다.

④ 단종 복위 운동을 계기로 세조에 의해 폐지되었다.
　→ 계유정난 이후 집현전 인사들을 중심으로 단종 복위 운동이 발생하자 세조 집권 이후 집현전은 폐지되었다.

⑤ 대사성을 수장으로 좨주, 직강 등의 관직을 두었다.
　→ 조선 최고의 관립 교육기관인 성균관은 대사성을 장(長)으로 하였으며, 산하에 좨주, 직강 등 관직을 두었다.

　집현전은 세종 때 설치되었으며, 세조 때 폐지되었습니다. 이후 집현전의 기능은 홍문관으로 계승되었습니다!

밑줄 그은 '전하'의 재위 기간에 있었던 사실로 옳은 것은?　　　　[2점]

전하께서 성군을 이으셨으니, 예악(禮樂)으로 태평 시절을 일으키실 때가 바로 지금이다. 장악원 소장의 의궤와 악보가 오랜 세월이 지나서 끊어지고 문드러졌다. 다행히 보존된 것 역시 모두 엉성하고 오류가 있으며 빠진 것이 많다. 이에 성현 등에게 명하여 다시 교정하게 하였다. 책이 완성되자 악학궤범이라고 이름 지었다.

지문의 핵심 키워드 ▶ 조선 성종

✓ 악학궤범 – 조선 성종 때 편찬된 음악 서적으로 궁중 음악을 비롯하여 음악 이론, 악기, 관련 제도 등 정보가 수록되어 있음

선지별 키워드 추출

① 예악을 정리한 **가례집람**이 저술되었다.
　→ 조선 숙종 때 주자의 가례에 대한 이해를 돕는 동시에 **가례의 문제점의 보완 및 수정**을 목적으로 **가례집람**이라는 예법서가 간행되었다.

② 국가의 기본 법전인 **경국대전**이 완성되었다.
　→ 조선 성종 때 육전 체제로 구성된 조선의 첫 공식 법전인 **경국대전**이 완성되었다.

③ 외교 문서를 집대성한 **동문휘고**가 편찬되었다.
　→ 조선 정조 때 청나라 및 일본에 대한 외교 문서를 집대성한 책인 **동문휘고**가 편찬되었다.

④ 붕당의 폐해를 경계하기 위한 **탕평비**가 건립되었다.
　→ 조선 영조 때 붕당의 조화와 화해를 도모하기 위해 시행한 **탕평책**의 의지를 담은 **탕평비**를 건립하였다.

⑤ 이조 전랑 임명을 둘러싸고 김효원과 심의겸이 대립하였다.
　→ 조선 선조 때 삼사의 관리를 임명하고 자신의 후임을 추천할 수 있는 권한을 가진 **이조 전랑 임명**에 대한 의견을 놓고 김효원과 심의겸이 대립하였다.

　조선 성종 시기에는 경국대전, 악학궤범 등 특정 분야를 집대성한 기록 관련 문제가 자주 출제됩니다.

21. 정답 ④ | 난이도 | ●○○

밑줄 그은 '이 사건'이 일어난 시기를 연표에서 옳게 고른 것은? [2점]

이곳은 최근에 개방된 효릉입니다. 조선 국왕 인종과 그의 왕비 인성왕후가 모셔져 있습니다. 인종은 즉위한 지 1년도 되지 않아 사망하였습니다. 인종의 죽음은 윤원형, 윤임 등 외척 간의 권력 다툼으로 사림이 피해를 입은 이 사건의 계기가 되었습니다.

(가)	(나)	(다)	(라)	(마)
이시애의 난	연산군 즉위	중종 반정	기묘 사화	선조 즉위	이괄의 난

지문의 핵심 키워드 ▶ 을사사화

✓ 윤원형, 윤임 등 외척 간의 권력 다툼으로 사림이 피해를 입은 사건 - 조선 명종 때 윤임(대윤)과 윤원형(소윤) 세력 간의 갈등의 결과 을사사화(1545)가 발생하며 윤임 세력이 탄압을 받음

선지별 키워드 추출

④ (라)
→ 을사사화는 조선 중종 때 발생한 기묘사화와 선조 즉위 사이에 발생하였다.

을사사화를 '우리끼리(을) 싸우자(사)'로 연상하면 쉽게 기억할 수 있습니다!

---

22. 정답 ⑤ | 난이도 | ●●●

(가) 사절단에 대한 설명으로 옳은 것은? [2점]

그림으로 보는 조선 사절단의 여정

『사로승구도』는 1748년 에도 막부의 요청으로 조선이 일본에 파견한 (가) 이/가 부산에서 에도에 이르는 여정을 담은 작품입니다. 일본의 명승지나 사행 중 겪은 인상적인 광경을 30장면으로 표현하였는데, 위 그림은 사절단이 에도로 들어갈 때 보았던 모습을 그린 것입니다.

지문의 핵심 키워드 ▶ 조선 통신사

✓ 에도 막부의 요청으로 조선이 일본에 파견 - 일본의 에도 막부의 요청으로 조선 통신사가 파견됨

선지별 키워드 추출

① 연행사라는 이름으로 보내졌다.
→ 연행사는 조선 후기 청에 파견된 사절단이다.

② 암행어사의 형태로 비밀리에 파견되었다.
→ 조사 시찰단은 개항기에 일본에 파견된 문물 시찰단으로 비밀리에 파견되었다.

③ 민영익, 홍영식, 서광범 등이 참여하였다.
→ 보빙사는 조미 수호 통상 조약 체결 이후 미국에 파견된 사절단으로 민영익, 홍영식, 서광범 등으로 구성되었다.

④ 사행을 다녀온 여정을 조천록으로 남겼다. ➠ 헷갈리기 쉬운 선지!
→ 조선 전기에 명에 파견된 조천사는 이후 사절단으로 다녀온 기록을 조천록으로 남겼다.

⑤ 관련 기록물이 세계 기록 유산에 등재되었다.
→ 조선 통신사 기록물은 2017년에 유네스코 세계 기록 유산으로 등재되었다.

조선 통신사 기록물의 세계 기록 유산 등재 내용이 어려웠지만 소거법을 활용하면 문제를 풀 수 있습니다!

23. 정답 ④　　　　　　| 난이도 | ●○○

(가)에 들어갈 작품으로 옳은 것은?　　　　　　[1점]

조선 전기 시·그림·글씨에 모두 뛰어난 것으로 유명하였던 강희안의 대표작으로 간결하고 과감한 필치가 돋보인다.

지문의 핵심 키워드 ▶ 강희안의 그림

생략(선지분석으로 대체!)

선지별 키워드 추출

① 조선 후기 전기의 「매화초옥도」

② 조선 후기 신윤복의 「월하정인」

③ 조선 후기 김홍도의 「송석원시사야연도」

④ 조선 전기 강희안의 「고사관수도」

⑤ 조선 후기 정선의 「금강전도」

조선 시대의 화가 관련 문제는 기본적으로 각 화가의 활동 시기 및 호가 중요한 힌트로 언급됩니다!

24. 정답 ③　　　　　　| 난이도 | ●○○

밑줄 그은 '전란' 중에 있었던 사실로 옳은 것은?　　[2점]

초대합니다

창작 뮤지컬
비운의 의순 공주, 애숙

삼전도에서의 굴욕적인 항복으로 전란은 끝났습니다. 이후 조선의 공주를 부인으로 삼겠다는 청 섭정왕의 요구로 조선 국왕의 양녀가 되어 원치 않은 결혼을 해야 했던 의순 공주 이애숙, 그녀의 굴곡진 삶을 한 편의 뮤지컬로 선보입니다.

• 일시: 2024년 ○○월 ○○일 ○○시
• 장소: 의정부 △△ 문화회관 대극장

지문의 핵심 키워드 ▶ 병자호란

✔ 삼전도에서의 굴욕적인 항복 – 병자호란의 결과 인조가 청의 황제에게 굴욕적인 항복을 한 사례

✔ 청 – 병자호란 당시 조선을 침략한 국가

선지별 키워드 추출

① 이종무가 대마도를 정벌하였다.
　→ 조선 세종 때 이종무를 대표로 하여 왜구의 근거지인 대마도를 정벌하였다.

② 강홍립이 사르후 전투에 참전하였다.
　→ 조선 광해군 때 조선은 명과 후금 사이의 전투인 사르후 전투에 강홍립 부대를 파견하였다.

③ 김준룡이 광교산 전투에서 승리하였다.
　→ 김준룡은 전라도의 근왕군이었으나, 병자호란이 발생하자 북상하여 경기도 용인의 광교산에서 청군과 맞서 싸웠다.

④ 조헌이 금산에서 의병을 이끌고 활약하였다.
　→ 조선 선조 때 발생한 임진왜란 당시 조헌과 영규대사는 충청남도 금산에서 왜군에게 항전하였다.

⑤ 신립이 탄금대에서 배수의 진을 치고 전투를 벌였다.
　→ 임진왜란 당시 신립은 충주 지역에 위치한 탄금대에서 배수의 진을 치고 왜군에 항전하였다.

삼전도, 청 등이 언급되면 병자호란과 관련된 문제일 가능성이 높습니다.

25. 정답 ⑤　　　　　　　　　　　　| 난이도 | ●○○

밑줄 그은 '이 법'에 대한 설명으로 옳은 것은?　　　[1점]

이원익은 방납의 폐단을 없애고자 선혜청을 두고 이 법을 실시할 것을 주장하였습니다.

지문의 핵심 키워드 ▶ 대동법

✓ 이원익 – 대동법의 시행 및 확대를 건의한 인물
✓ 방납의 폐단 – 대동법을 시행하게 된 원인
✓ 선혜청 – 대동법 시행 이후 조세 수취를 담당한 기구

선지별 키워드 추출

① 양반에게도 군포를 거두었다.
　→ 흥선 대원군 집권 시기에는 양반에게도 군포를 부과하는 **호포제**를 시행하였다.

② 토지 1결당 쌀 2두의 결작을 부과하였다.
　→ 조선 영조 때 시행한 **균역법**의 결과 지주에게 토지 1결당 2두의 결작세를 부과하였다.

③ 전세를 풍흉에 따라 9등급으로 차등 과세하였다.
　→ 조선 세종 때 시행한 **공법**은 토지의 비옥도(전분6등법) 및 풍흉(연분9등법)에 따라 **전세를 차등 과세**하였다.

④ 부족한 재정 보충을 위해 **선무군관포**를 징수하였다.
　→ 조선 영조 때 시행한 **균역법**의 결과 **선무군관**에 임명된 **양민에게 한 해당 한 필씩 군포**를 부과하였다.

⑤ 관청에 물품을 조달하는 **공인이 등장하는 배경**이 되었다.
　→ 조선 후기에 **대동법**이 시행되자 기존의 공납을 대신 담당하기 위한 어용 상인인 **공인**이 등장하였다.

 대동법이 출제될 경우 '공인'이 빈출 키워드로 언급될 가능성이 높습니다!

26. 정답 ①　　　　　　　　　　　　| 난이도 | ●●○

(가) 인물에 대한 설명으로 옳은 것은?　　　[2점]

메타버스로 만나는 조선의 인물

기축봉사를 올려 명에 대한 의리를 강조한 나는 희빈 장씨의 소생을 원자로 정한 데에 반대하다가 이곳 제주도로 유배되었습니다.

굴림 서원
학생 1
(가)
학생 2

지문의 핵심 키워드 ▶ 송시열

✓ 기축봉사 – 조선 효종 때 송시열이 명에 대한 의리를 내세우며 올린 상소로, 이후 북벌 추진의 계기가 됨
✓ 희빈 장씨 소생을 원자로 정한 데에 반대 – 조선 숙종 때 송시열은 기사환국으로 유배 후 사사됨

선지별 키워드 추출

① 기해 예송에서 기년설을 주장하였다.
　→ 송시열은 효종 사망 이후 자의대비의 복상 문제를 논의한 기해 예송 때 **기년복(1년 상복)**을 주장하였다.

② 지전설을 주장한 의산문답을 집필하였다.
　→ 홍대용은 의산문답을 통해 중국 중심의 천하관을 비판하였다.

③ 양명학을 연구하여 강화학파를 형성하였다.
　→ 정제두를 중심으로 한 **강화학파**에서 **양명학**을 연구하였다.

④ 역대 명필을 연구하여 추사체를 창안하였다.
　→ 김정희는 자신만의 독특한 필체인 **추사체**를 창안하였다.

⑤ 양반의 허례와 무능을 풍자한 양반전을 지었다.
　→ 박지원은 양반의 허례와 무능을 비판 및 풍자하였다.

 송시열은 효종~숙종 시기의 인물로, 특히 기사환국과 관련한 문제에서 가장 많이 언급됩니다!

27. 정답 ① | 난이도 | ●○○

다음 자료에 나타난 시기의 경제 상황으로 옳지 <u>않은</u> 것은? [1점]

> 비변사의 계사에, "현재 시전의 병폐로 서울과 지방의 백성이 원망하는 바는 오로지 도고(都庫)에 있습니다. 시중 시세를 조종하여 홀로 이익을 취하니 그 폐단은 한이 없습니다. 한성부에서 엄히 금하도록 하되 그 가운데 매우 심하게 폐단을 빚는 3강(한강·용산강·서강)의 시목전(柴木廛)·염해전(鹽醢廛)과 같은 무리는 그 주모자를 색출하여 형조로 송치해서 엄한 형벌로 다스려 후일을 징계하도록 분부하는 것이 어떻겠습니까?" 하니 윤허한다고 답하였다.

지문의 핵심 키워드 ▶ 조선 후기의 경제 상황

✔ 비변사 - 조선 후기 국정을 총괄하던 기구
✔ 도고 - 조선 후기에 상품의 매점매석(사재기)을 통해 이익을 노린 상인 또는 상인 조직

선지별 키워드 추출

① 금속 화폐인 **건원중보**가 주조되었다.
→ **고려 성종** 때 우리나라 최초의 화폐인 **건원중보**가 주조되었다.

② 담배와 면화 등의 **상품 작물**이 재배되었다.
→ **조선 후기**에는 농법이 발달하며 벼농사 이외에도 **담배**, **면화**, 인삼 등 다양한 **상품 작물** 재배를 시작하였다.

③ 보부상이 장시를 돌아다니며 상업 활동을 하였다.
→ **조선 후기**에는 **보부상**이 장시를 다니며 지방 상인으로 활동했다.

④ **모내기법의 확대**로 벼와 보리의 이모작이 성행하였다.
→ **조선 후기**에는 농업의 발전과 수리 시설의 발달로 인해 **전국적으로 모내기법이 성행**하였다.

⑤ **설점수세제**의 시행으로 민간의 광산 개발이 허용되었다.
→ **조선 후기**에는 광산 개발이 활성화되었으며, **설점수세제**를 시행하여 **민간의 광산 개발을 허용**하였다.

 비변사는 왜란과 호란을 거치며 그 권한이 확대되었으므로 조선 후기에 관한 문제임을 알 수 있습니다!

28. 정답 ④ | 난이도 | ●○○

(가) 왕에 대한 설명으로 옳은 것은? [2점]

> 가상 현실 버스에 오신 여러분 환영합니다. 지금 창문 스크린으로 보고 계신 것은 무예도보통지에 실린 무예 동작입니다. (가) 의 명으로 이덕무, 박제가, 백동수 등이 편찬한 무예도보통지에는 기존의 무예신보에 마상 무예가 추가되어 총 24개의 무예가 실려있습니다. 이 책은 장용영의 훈련 교재로 사용되었습니다.

지문의 핵심 키워드 ▶ 조선 정조

✔ 무예도보통지 - 조선 정조 때 편찬된 무예 훈련 교범
✔ 이덕무, 박제가 - 조선 정조 때 규장각 검서관에 기용된 서얼 출신의 인물들
✔ 장용영 - 조선 정조의 국왕 호위 전담 부대

선지별 키워드 추출

① **백두산정계비**를 세워 청과의 국경을 정하였다.
→ **조선 숙종** 때 조선과 청나라의 국경을 정하는 **백두산정계비**가 건립되었다.

② **삼군부**를 부활시켜 군사 업무를 담당하게 하였다.
→ **흥선 대원군**은 비변사를 폐지한 뒤 **삼군부를 부활**시켜 군사 업무를 전담시켰다.

③ 통치 체제를 정비하기 위해 **속대전**을 편찬하였다.
→ **조선 영조** 때 기존의 경국대전을 개정 및 증보한 법전인 **속대전**을 편찬하였다.

④ **규장각**에 검서관을 두어 서얼 출신 학자들을 기용하였다.
→ **조선 정조** 때 왕실 도서관인 **규장각**이 설치되며 **박제가, 유득공** 등 서얼 출신의 인물들이 등용되었다.

⑤ 한양을 기준으로 역법을 정리한 **칠정산 내편**을 제작하였다.
→ **조선 세종** 때 우리나라의 실정에 맞는 역법서인 **칠정산**을 간행하였다.

 조선 정조 때 설치된 규장각은 서얼 키워드와 연계되어 출제될 수 있습니다!

29. 정답 ① | 난이도 | ●●○

(가)~(라)에 들어갈 내용으로 옳은 것을 〈보기〉에서 고른 것은? [2점]

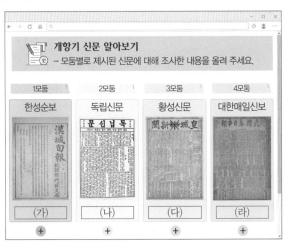

지문의 핵심 키워드 ▶ 개항기의 신문

생략(선지분석으로 대체!)

선지별 키워드 추출

ㄱ. (가) - 정부에서 발행한 순 한문 신문이었어요.
→ 한성순보는 박문국에서 발행된 **최초의 근대식 신문**으로, **순한문**으로 발행되었다.

ㄴ. (나) - 서재필의 주도로 창간되었어요.
→ 서재필이 1896년에 창간한 **독립신문**은 순한글과 영문판으로 발행하였다.

ㄷ. (다) - 일장기를 삭제한 손기정 사진이 실렸어요.
→ 조선중앙일보와 동아일보는 1936년에 개최된 **베를린 올림픽**의 마라톤 경기에서 금메달을 획득한 손기정 선수의 사진 속 일장기를 삭제하였다.

ㄹ. (라) - 상업 광고가 처음으로 게재되었어요.
→ 한성주보는 개항기에 발간된 **우리나라 최초의 주간신문**으로, **상업 광고**를 처음으로 게재하였다.

 개항기에 발행된 신문들은 창간 주체, 발간 언어, 게재 사례 및 특징을 구별할 필요가 있습니다!

시사점 문제

30. 정답 ① | 난이도 | ●●○

(가), (나) 체결 사이의 시기에 있었던 사실로 옳은 것은? [3점]

(가) 제 6칙 이후 조선국 항구에 거주하는 일본 인민은 양미(糧米)와 잡곡을 수출, 수입할 수 있다.
제 7칙 일본국 정부에 속한 모든 선박은 항세를 납부하지 않는다.

(나) 제 9관 입항하거나 출항하는 각 화물이 해관을 통과할 때는 응당 본 조약에 첨부된 세칙(稅則)에 따라 관세를 납부해야 한다.
제37관 조선국에서 가뭄과 홍수, 전쟁 등의 일로 인해 국내에 양식이 결핍할 것을 우려하여 일시 쌀 수출을 금지하려고 할 때에는 1개월 전에 지방관이 일본 영사관에게 통지하여 미리 그 기간을 항구에 있는 일본 상인들에게 전달하여 일률적으로 준수하는 데 편리하게 한다.

지문의 핵심 키워드 ▶ 조일 무역 규칙, 조일 통상 장정

✓ (가) 일본 인민은 양미와 잡곡을 수출, 수입할 수 있음, 항세를 납부하지 않음 - 조일 무역 규칙(1876)
✓ (나) 일시 쌀 수출을 금지하려 할 때에는 1개월 전에 지방관이 일본 영사관에게 통지 - 조일 통상 장정(1883)

선지별 키워드 추출

① 조미 수호 통상 조약이 체결되었다.
→ 조미 수호 통상 조약은 1882년에 서양(미국)과 맺은 최초의 근대적 조약이다.

② 러시아가 용암포 조차를 요구하였다.
→ 러시아는 1903년에 용암포 및 압록강 하구를 점령한 뒤 조선에 조차를 요구하였다.

③ 영국이 거문도를 불법적으로 점령하였다.
→ 영국은 1885년에 러시아의 남하 정책을 견제하기 위해 거문도를 약 3년 동안 불법으로 점령하였다.

④ 일본 군함 운요호가 영종도를 공격하였다.
→ 일본은 1875년에 해안 탐사를 명목으로 운요호라는 함대를 이끌고 강화도와 영종도를 침략하였다.

⑤ 청과 대등한 입장에서 한청 통상 조약이 맺어졌다.
→ 대한 제국과 청은 1899년에 대등한 관계에서 한청 통상 조약을 체결하였다.

 조미 수호 통상 조약과 조일 통상 장정에는 공통적으로 최혜국 대우 조항이 포함되어 있습니다!

이번 회차의 흐름형 유형은 인과관계가 중요하였어요!

해품사의 문제 첫인상

1. 개항기에 체결된 조약을 파악하는 문제가 출제되었군! 어떤 조약이 출제되었을까?
2. (가) 조약은 관세에 대한 내용이 없고, (나) 조약은 관세에 대한 내용이 있군!
3. 그렇다면 이 문제는 '어떤 계기'를 통해 관세 조항이 추가되었는지 이유를 파악하는 것이 핵심이겠군!

해품사의 "대처방법"

✓ 각 조약의 원문을 통해 핵심 조항을 파악하는 것이 중요합니다.
→ 조약의 원문 속 핵심 키워드를 파악할 필요가 있습니다.

✓ 두 시기 사이의 역사적 사실을 묻는 문제에서는 인과관계가 명확한 사례를 골라야 합니다.
→ 아무 관계 없는 사건 두 개를 연결하는 단순 연도형 암기 문제는 절대 출제되지 않습니다!

✓ 그러므로 이 문제는 관세를 규정하게 된 인과관계를 정답으로 연결 짓는 것이 중요합니다!
→ 미국과 조미 수호 통상 조약을 체결하며 조선이 일본에게도 관세를 규정할 것을 요구한 결과, 조일 통상 장정을 통해 관세권을 규정하게 되었으므로 1번이 정답!

---

31. 정답 ④

| 난이도 | ●○○

밑줄 그은 '사건' 이후에 전개된 사실로 옳은 것은? [2점]

> 조선왕 전하께
>
> …… 9월 말에 평양의 대동강에서 좌초한 미국 상선에 승선한 사람들이 살해당했고 배가 불살라졌다는 고통스럽고 놀랄 만한 사건이 있었다고 들었습니다. 본 총병은 본국 수사제독의 위임으로 파견되어 상세히 조사하라는 명을 받았습니다. 과연 이러한 일이 있었는지, 사실인지 아닌지, 생존자가 몇 사람인지 등을 귀국에서 신속히 조사해 분명히 답해 주시길 부탁드립니다.
>
> ─ 미국 군함 와추세트(Wachusett) 수사총병 슈펠트(Shufeldt) ─

지문의 핵심 키워드 ▶ 제너럴셔먼호 사건

✓ 평양의 대동강에서 좌초한 미국 상선에 승선한 사람들이 살해당했고 배가 불살라짐 - 신미양요의 원인이 된 제너럴셔먼호 사건(1866)

선지별 키워드 추출

① 홍경래가 난을 일으켰다.
→ 홍경래의 난은 1811년에 홍경래를 비롯한 우군칙, 이희저 등의 주도로 발생하였다.

② 임술 농민 봉기가 일어났다.
→ 임술 농민 봉기는 1862년에 탐관오리인 백낙신의 학정에 반발하여 진주 지역에서 유계춘을 중심으로 농민들이 일으킨 반란이다.

③ 황사영 백서 사건이 발생하였다.
→ 황사영은 신유박해가 발생한 직후인 1801년에 베이징 주재 프랑스 선교사에게 출병을 요청하는 백서를 작성하였다.

④ 어재연이 광성보 전투에서 전사하였다.
→ 제너럴셔먼호 사건을 계기로 1871년에 신미양요가 발생하였으며, 당시 어재연은 강화도의 광성보에서 미군에게 항전하였다.

⑤ 청의 요청으로 나선 정벌에 조총 부대를 파견하였다.
→ 조선 효종 때 1654년과 1658년의 청의 러시아 정벌에 각각 변급과 신류가 이끄는 조총 부대를 파견하였다.

 특정 시기 이후에 해당하는 사건을 찾는 경우 전체 선지에서 제시된 사건 중 마지막에 발생한 것을 찾으면 정답이 됩니다!

32. 정답 ⑤　　　　　　　　　　　　　| 난이도 | ● ● ●

(가) 시기에 있었던 사실로 옳은 것은?　　　[3점]

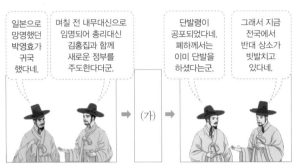

지문의 핵심 키워드 ▶ 제2차 갑오개혁, 을미개혁

✓ (가) 박영효, 김홍집과 함께 새로운 정부를 구성 – 김홍집, 박영효 연립 내각은 제2차 갑오개혁(1894. 12)을 담당함

✓ (나) 단발령이 공포 – 을미개혁(1895. 10)이 시행된 당시에 단발령이 공포됨

선지별 키워드 추출

① 과거제가 폐지되었다.
→ 1894년 7월에는 제1차 갑오개혁이 시행되며 기존의 과거제가 폐지되고 선거조례라는 새로운 관리 임용 제도가 시행되었다.

② 호포제가 실시되었다.
→ 흥선 대원군 집권 시기인 1871년에 양반에게도 군포를 부과하는 호포제가 시행되었다.

③ 교정청이 설치되었다.
→ 1894년 6월에 동학 농민군과 정부가 전주 화약을 체결한 이후 정부는 개혁 추진을 위한 교정청을 설치하였다.

④ 5군영이 2영으로 통합되었다.
→ 통리기무아문이 설치된 이후인 1881년에는 기존의 5군영을 무위영 및 장어영으로 개편하였다.

⑤ 교육 입국 조서가 반포되었다.
→ 제2차 갑오개혁 때 근대식 사범 학교에 대한 관제인 교육 입국 조서를 반포(1895. 2)하였다.

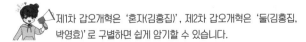
제1차 갑오개혁은 '혼자(김홍집)', 제2차 갑오개혁은 '둘(김홍집, 박영효)'로 구별하면 쉽게 암기할 수 있습니다.

33. 정답 ③　　　　　　　　　　　　　| 난이도 | ● ● ●

(가)에 들어갈 내용으로 옳은 것은?　　　[3점]

답사 계획서

• 주제: 동학 농민군의 발자취를 따라서
• 기간: 2024년 ○○월 ○○일~○○일
• 답사 장소

지역	장소	설명
부안	백산	호남 창의 대장소(大將所)를 설치하고 4대 강령을 발표하였다.
장성	황룡 전적	(가)
공주	우금치 전적	농민군이 관군과 일본군을 상대로 격전을 벌이다 패배하였다.

지문의 핵심 키워드 ▶ 동학 농민 운동

✓ 장성, 황룡 전적 – 동학 농민군은 전라남도 장성의 황룡촌 전투에서 관군에 승리함

선지별 키워드 추출

① 농민군이 정부와 화약을 맺었다.
→ 동학 농민군은 전주성 점령 이후 정부와 조약을 체결하며 폐정 개혁안의 실천을 합의하였다.

② 최제우가 혹세무민의 죄로 처형되었다.
→ 1864년에 동학의 초대 교주인 최제우가 처형되었다.

③ 홍계훈의 관군을 상대로 농민군이 승리하였다.
→ 황룡촌 전투에서 동학 농민군은 지리적 이점을 활용한 전투 방식을 통해 홍계훈의 관군에 승리하였다.

④ 피신해 있던 농민군의 지도자 전봉준이 체포되었다.
→ 전봉준은 피신하다가 순창에서 끝내 체포되었다.

⑤ 농민들이 조병갑의 탐학에 맞서 만석보를 파괴하였다.
→ 전봉준은 만석보를 파괴하며 고부 농민 봉기를 주도하였다.

특정 키워드를 통해 동학 농민 운동 흐름을 이해하고, 어색한 사례를 소거하는 전략이 필요합니다!

까다로운 개념이 등장하였다면, 다른 것에 집중해보는 것도 도움이 됩니다!

해품사의 문제 첫인상

1. 문제에서 대놓고 동학 농민군을 언급하였군!
2. 그런데 동학 농민 운동과 관련된 특정 지역 문제가 출제된 적이 있었던가?
3. 황룡이 언급된 것을 보니 황룡촌 전투를 언급하였군! 그렇다면 동학 농민 운동 전기에 관련된 문제다!

해품사의 "대처방법"

✔ 문제의 키워드를 파악하기 어려울 경우 선지를 통해서 이해하는 방법이 있습니다.
  → 우선 모든 선지에서 동학 농민 운동과 관련된 사례를 언급하였다는 것을 알 수 있습니다.
✔ 기존에 알고 있는 내용을 바탕으로 간접적으로 풀이하는 전략이 필요할 수 있습니다.
  → 동학 농민 운동의 전개 과정을 알고 있다면, 황룡촌 전투는 동학 농민 운동 전기에 발생한 사건임을 파악할 수 있습니다.
✔ 정답 키워드를 정확히 모르겠다면, 선지 소거를 통한 접근이 필요합니다!
  → 다른 선지는 시기 또는 지역이 맞지 않기 때문에 정답이 될 수 없으므로 홍계훈이라는 인물을 모르더라도 접근 가능!

---

34. 정답 ① | 난이도 | ●○○

밑줄 그은 '이 시기'의 의병 활동에 대한 설명으로 옳은 것은? [2점]

이곳 지리산 연곡사에는 의병장 고광순의 순절비가 있습니다. 그는 지리산을 중심으로 장기 항전을 계획하다가 일본군의 토벌 작전으로 순국하였습니다. 고종의 강제 퇴위와 군대의 강제 해산으로 의병 활동이 고조된 이 시기에는 고광순을 비롯하여 각계각층의 사람들이 국권 회복을 위해 활동하였습니다.

지문의 핵심 키워드 ▶ 정미의병

✔ 고종의 강제 퇴위와 군대의 강제 해산으로 의병 활동이 고조된 시기 – 정미의병의 발생 원인

선지별 키워드 추출

① 13도 창의군을 결성하였다.
  → 정미의병(1907) 당시 해산된 군인들은 13도 창의군을 결성하고 서울 진공 작전(1908)을 전개하였다.

② 한중 연합 전선을 형성하였다.
  → 일제는 1931년에 만주 사변을 일으킨 뒤 만주국을 수립하였다. 이는 중국 내 반일 감정을 고조하여 한국군과 중국군이 연합한 군사 조직이 형성되는 결과를 가져왔다.

③ 최익현이 태인에서 궐기하였다.
  → 최익현은 을사늑약(1905) 체결에 반발하여 전북 태인에서 을사의병을 주도하였다.

④ 고경명 등이 의병장으로 활약하였다.
  → 임진왜란 당시 고경명, 곽재우, 유정(사명대사), 조헌 및 영규 등 다양한 의병장들이 등장하여 왜군에 항전하였다.

⑤ 봉오동 전투에서 일본군을 격퇴하였다.
  → 일제 강점기에 홍범도가 이끈 대한 독립군은 봉오동에서 일본군에 승리를 거두었다(1920).

 한능검에서 정미의병이 출제될 경우 13도 창의군 결성과 서울 진공 작전 전개가 언급될 가능성이 높습니다!

35. 정답 ⑤ | 난이도 | ●○○

밑줄 그은 '개혁'의 내용으로 옳은 것은? [2점]

덕수궁 내에 있는 정관헌은 전통 건축 양식에 근대적 요소를 결합한 것으로 평가받고 있습니다. 고종이 황제로 즉위한 후 구본신참을 바탕으로 개혁을 추진할 때 건립되었습니다.

지문의 핵심 키워드 ▶ 광무개혁

✓ 고종이 황제로 즉위 – 고종은 대한 제국을 선포한 뒤 황제로 즉위함
✓ 구본신참 – 광무개혁의 방침으로, '옛 것을 근본으로 삼고, 새것을 참고'함을 의미함

선지별 키워드 추출

① 홍범 14조를 반포하였다.
→ 제2차 갑오개혁 때 고종이 종묘에서 홍범 14조 개혁안을 발표하여 청에 대한 사대 청산, 국정 사무 및 왕실 사무 분리 등을 규정하였다.

② 공사 노비법을 혁파하였다.
→ 제1차 갑오개혁 때 공사 노비법을 혁파하며 사실상 신분제가 폐지되었다.

③ 신식 군대인 별기군을 창설하였다.
→ 1881년에는 5군영 중 신체가 건강한 자를 선발하여 무위영에 소속시킨 뒤 별기군이라는 명칭을 부여하였다.

④ 근대 교육 기관인 육영 공원을 설립하였다.
→ 1886년에는 정부 주도로 최초의 근대식 공립 교육기관인 육영 공원이 설립되었다.

⑤ 지계아문을 설치하여 토지 소유자에게 지계를 발급하였다.
→ 대한 제국은 근대적인 토지 제도 확립을 위해 지계아문을 설치하고 토지 증명 문서인 지계를 발급하였다.

한능검에서 광무개혁이 출제될 경우 주로 '고종의 황제 즉위'가 함께 언급됩니다!

36. 정답 ④ | 난이도 | ●○○

(가) 운동에 대한 설명으로 옳은 것은? [1점]

언론 보도로 본 만세 기념일

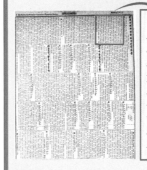

3월 1일에 배화 여학교 학생 일동은 학교 동산에 올라가서 우리 독립 선언 기념을 경축하기 위하여 만세를 부르고, 배재 학교 생도 일동은 3월 1일에 일제히 결석하고 3월 2일에 등교하여 갑자기 그 학교 마당에서 만세를 불렀으니 …… 저와 같은 불미한 행동을 허락한 까닭으로 그 학교 교장들은 파직하고 심하면 그 학교를 폐쇄할 지경에 이르겠다더라.

[해설] 이 자료는 신한민보 1920년 4월 20일자에 실린 기사이다. 민족 최대의 독립운동이었던 [(가)]의 1주년 무렵 배화 여학교와 배재 학교 학생들이 만세 운동을 전개하여 학교가 폐쇄될 위기에 처했다는 내용이 담겨 있다.

지문의 핵심 키워드 ▶ 3·1 운동

✓ 3월 1일 – 3·1 운동 발생 시기
✓ 민족 최대의 독립 운동 – 3·1 운동의 의의

선지별 키워드 추출

① 통감부의 방해와 탄압으로 중단되었다.
→ 3·1 운동은 조선 총독부의 방해와 탄압으로 중단되었다.

② 러시아의 절영도 조차 요구를 저지하였다.
→ 독립 협회는 러시아의 이권 침탈을 저지하기 위해 절영도 조차 요구를 저지시켰다.

③ 순종의 인산일을 기회로 삼아 추진되었다.
→ 6·10 만세 운동은 순종 황제 장례일에 추진된 항일 운동이다.

④ 대한민국 임시 정부 수립의 계기가 되었다.
→ 3·1 운동 이후 조직적인 독립운동의 필요성이 대두되며 상하이에 대한민국 임시 정부가 수립되었다.

⑤ 성진회와 각 학교 독서회에 의해 전국적으로 확산되었다.
→ 광주 학생 항일 운동은 항일 학생 운동 단체인 성진회와 독서회에 의해 전국적으로 확산되었다.

한능검에서 3·1 운동이 출제되면 문화 통치 및 대한민국 임시 정부 수립 계기가 빈출 정답으로 언급됩니다!

37. 정답 ⑤ | 난이도 | ●●○

(가) 부대에 대한 설명으로 옳은 것은? [3점]

이달의 독립운동가

노은(盧隱) 김규식

· 생몰년: 1882~1931

· 생애 및 활동

경기도 구리에서 태어났다. 대한 제국 군인 출신으로 의병 활동에 참여하다가 일본군에게 체포되어 복역하였다. 1920년 청산리 전투에서 김좌진, 이범석 등이 이끈 ___(가)___ 의 지도부로 활약하였다. 이후 러시아, 만주 일대에서 독립 운동을 계속하다가 1931년에 순국하였다. 1963년 건국훈장 독립장이 추서되었다.

지문의 핵심 키워드 ▶ 북로 군정서

✔ 1920년 청산리 전투에서 김좌진, 이범석 등이 이끈 (가) - 김좌진, 이범석 등이 이끈 북로 군정서는 청산리 전투에서 대승을 거둠

선지별 키워드 추출

① **영릉가**에서 일본군에 승리를 거두었다.
→ **조선 혁명군**은 남만주 지역에서 **조선 혁명당**의 산하 조직으로 결성된 군사 조직으로, **중국 의용군**과 연합하여 **영릉가 전투**, **흥경성 전투**에서 승리를 거두었다.

② **미국**과 연계하여 **국내 진공 작전**을 계획하였다.
→ **한국 광복군**은 **미국 전략 정보국(OSS)**과 연합하여 국내 정진군을 육성한 뒤 **국내 진공 작전**을 추진하였다.

③ **중국 팔로군**과 함께 **호가장 전투**에서 활약하였다.
→ **조선 의용대 화북지대**는 **중국 팔로군**과 연합하여 중국 타이항산에 위치한 호가장에서 일본군과 맞서 싸웠다.

④ **동북 항일 연군**으로 개편되어 유격전을 전개하였다.
→ 중국 공산당은 만주 지역의 항일 투쟁을 목적으로 **동북 인민 혁명군**을 조직하였으며, 이후 **항일 연합 전선**을 형성하기 위해 **동북 항일 연군**으로 개편되었다.

⑤ **중광단**을 중심으로 조직되어 항일 독립 전쟁에 참여하였다.
→ 북간도 지역에는 **중광단 계열**의 인물들이 **북로 군정서**를 조직하여 **청산리 전투**에서 일본군에게 승리하였다.

 최근 한능검에서는 중광단과 북로 군정서를 연계한 문제가 자주 출제되고 있습니다!

---

38. 정답 ② | 난이도 | ●●○

밑줄 그은 '이 지역'을 지도에서 옳게 찾은 것은? [1점]

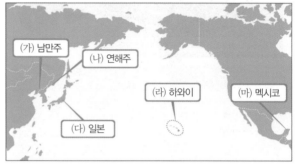

여기 눈에 띄는 주소 표지판이 하나 있습니다. '세울스카야 2A'. 그 뜻은 '서울 거리 2A번지'입니다. 왜 이런 주소가 있을까요? **1/3**

사실 이 지역에는 신한촌 등 한인 집단 거주지가 있었습니다. 그러나 이곳에 살던 한인들은 1937년에 중앙아시아로 강제 이주를 당하였습니다. **2/3**

세월이 흘러 현재는 신한촌의 역사를 기억하기 위한 조형물이 세워져 있습니다. 점차 잊히는 이들의 역사, 우리의 관심이 필요한 때입니다. **3/3**

(가) 남만주 · (나) 연해주 · (다) 일본 · (라) 하와이 · (마) 멕시코

지문의 핵심 키워드 ▶ 연해주 지역의 국외 독립운동

✔ 신한촌 - 연해주 지역의 블라디보스토크에 위치한 한인 집단 거주지
✔ 1937년에 중앙아시아로 강제 이주를 당함 - 소련의 스탈린이 제2차 세계 대전 발발 직전 한인들이 일본의 첩자가 되는 것을 우려하여 실시한 정책

선지별 키워드 추출

① 남만주

② 연해주

③ 일본

④ 하와이

⑤ 멕시코

 일제 강점기 국외 독립운동에서 지도를 활용한 문제가 출제될 수 있습니다!

---

39. 정답 ⑤　　　　　| 난이도 | ●●○

(가)에 들어갈 내용으로 적절한 것은?　　　　　[2점]

자료로 보는 한국 영화 🎥

이 자료는 일제 강점기에 발행된 극장 홍보지로, 심훈이 감독한 무성 영화 「먼동이 틀 때」를 소개한 것이다. 이 영화는 나운규의 「아리랑」에 이어 한국 영화 초기 명작으로 평가받기도 한다. 이외에도 심훈은 다수의 시나리오와 영화 평론을 집필하였으며,

(가)

지문의 핵심 키워드 ▶ 심훈

생략(선지분석으로 대체!)

선지별 키워드 추출

① 별 헤는 밤, 참회록 등의 시를 남겼다.
→ **윤동주**는 **별 헤는 밤**, 서시, **참회록** 등의 **저항시**를 남겼다.

② 국문 연구소의 연구위원으로 활동하였다.
→ **주시경**은 한글 수호 활동을 위해 1907년에 **한글 연구소**인 **국문 연구소**의 연구위원으로 활동하였다.

③ 근대극 형식을 도입한 토월회를 조직하였다.
→ **도쿄 청년 유학생**들은 1923년에 신극 운동 단체인 **토월회**를 조직하고, 민중의 각성을 도모하는 연극을 공연하였다.

④ 실천적인 유교 정신을 강조하는 유교구신론을 저술하였다.
→ **박은식**은 유교의 개량 및 혁신을 통한 **실천적인 유교 정신**을 강조한 **유교구신론**을 주장하였다.

⑤ 브나로드 운동을 소재로 한 소설 상록수를 신문에 연재하였다.
→ **심훈**은 브나로드 운동을 소재로 한 농촌 계몽 소설인 **상록수**를 연재하였다.

 일제 강점기에 활동한 문학가와 그들의 작품은 연결하여 암기할 필요가 있습니다!

---

40. 정답 ②　　　　　| 난이도 | ●○○

(가)에 들어갈 내용으로 가장 적절한 것은?　　　　　[1점]

탐구 활동 계획서

1. 주제: (가)
2. 조사 방법: 문헌 조사, 인터넷 검색 등
3. 참고 자료

• 자료 1

미쓰코시 백화점 경성 지점

경성 우편국을 끼고 돌아서면 요지경 같은 진고개다. …… 미쓰코시에 들어가니 아래층은 음식과 과자를 팔고, 2층으로 가니 거기는 일본 옷감뿐이더라.
－ 「별건곤」 －

• 자료 2

토막집과 토막민

경성부 내의 토막민 수가 1,583호이고 인구가 5,000여 명에 달한다고 한다. …… 토막민 자체에 대한 사회적 책임으로 보아 중대한 사회 문제라고 아니할 수 없는 것이다.
－ 「동아일보」 －

지문의 핵심 키워드 ▶ 일제 강점기 서울의 모습

✓ 생략(선지분석으로 대체!)

선지별 키워드 추출

① 개화 정책의 추진과 한계
→ 개항기 조선에서는 **주로 근대 기술과 문물만 수용**하였다.

② 식민지 근대 도시의 이중성
→ 일제 강점기의 서울(경성)은 한국인이 거주하는 **북촌**과 일본인이 거주하는 **남촌**으로 나뉘어 발전하였다.

③ 형평 운동의 전개 과정과 반발
→ **백정**들은 신분 해방 이후 남아있는 사회적 차별에 맞서 **조선 형평사**를 조직하고 **형평 운동**을 주도하였다.

④ 경제 개발 5개년 계획의 시행 결과
→ **박정희 정부**는 5년 단위로 경제 개발 계획을 추진하여 산업 발전을 이루었다.

⑤ 상품 화폐 경제의 발달과 신분제의 동요
→ 조선 후기 상업과 화폐 유통의 발달로 부를 축적한 농민들이 생겨나며 **신분제가 동요**되었다.

 한능검에서는 아주 가끔 문제의 지문만 정확히 독해하더라도 답을 고를 수 있는 문제가 출제됩니다!

41. 정답 ①
| 난이도 | ●○○

밑줄 그은 '시기'에 볼 수 있는 사회 모습으로 가장 적절한 것은? [2점]

이것은 한 제과업체의 캐러멜 광고로 탱크와 전투기 그림을 활용하여 "캐러멜도 싸우고 있다!"라는 문구를 담고 있습니다. 중일 전쟁 이후 일제가 국가 총동원법을 시행한 시기에 제작된 이 광고는 당시 군국주의 문화가 일상에까지 스며들어 있었음을 잘 보여 줍니다.

지문의 핵심 키워드 ▶ 민족 말살 통치 시기 사회 모습

✓ 국가 총동원법 – 민족 말살 통치 시기에 전시 체제에 대비하여 조선인들을 인적, 물적으로 수탈하기 위해 제정한 법

선지별 키워드 추출

① 몸뻬 착용을 권장하는 애국반 반장
  → 민족 말살 통치 시기에는 조선인의 통제를 위해 애국반을 운영하고, 여성의 노동력 동원을 목적으로 몸뻬라는 바지를 강제로 보급하였다.

② 경성 제국 대학 설립을 추진하는 관리
  → 문화 통치기 일제는 민립 대학 설립 운동을 탄압하였다.

③ 헌병 경찰에게 끌려가 태형을 당하는 농민
  → 무단 통치기에는 헌병이 경찰 업무를 담당하였고, 조선인에게만 적용된 형벌인 태형이 적용되었다.

④ 원산 총파업에 연대 지원금을 보내는 외국 노동자
  → 문화 통치기에 조선인 노동자가 구타당한 것을 계기로 원산 총파업(1929)이 발생하였다.

⑤ 안창남의 고국 방문 비행을 환영하기 위해 상경하는 청년
  → 문화 통치기인 1922년에 이루어진 안창남의 고국 비행 방문은 한국인의 자긍심을 심어 주는 계기를 가져왔다.

한능검에서 민족 말살 통치기의 사회 모습을 묻는 문제가 출제되면, 전쟁 사례가 대표 키워드로 언급될 수 있습니다!

42. 정답 ①
| 난이도 | ●●○

㉠~㉤에 대한 설명으로 옳지 않은 것은? [2점]

단재 신채호 연보

1880년 충청도 회덕에서 출생
1898년 성균관에 입학
1907년 ㉠ 신민회 활동에 참여하고 대한매일신보 필진으로 근무
1919년 상하이로 가서 ㉡ 대한민국 임시 정부 수립에 참여
1923년 ㉢ 조선 혁명 선언 작성
1927년 무정부주의 동방 연맹 창립 대회에 참가
1928년 타이완 지룽에서 체포됨
1931년 ㉣ 『조선상고사』가 조선일보에 연재됨
1936년 ㉤ 뤼순 감옥에서 사망

지문의 핵심 키워드 ▶ 신채호

생략(선지분석으로 대체!)

선지별 키워드 추출

① ㉠ - 광주 학생 항일 운동에 진상 조사단을 파견하였다.
  → 신간회는 광주 학생 항일 운동에 진상 조사단을 파견하였다.

② ㉡ - 이륭양행에 교통국을 설치하여 국내와 연락을 취하였다.
  → 영국인 루이스 쇼는 중국에서 자신이 운영하는 무역 회사인 이륭양행에 대한민국 임시 정부가 교통국을 설치할 수 있도록 지원하였다.

③ ㉢ - 의열단이 활동 지침으로 삼았다.
  → 신채호는 직접적이고 폭력적인 혁명의 방향성을 제시한 조선 혁명 선언을 집필하였으며, 이는 의열단의 활동 지침이 되었다.

④ ㉣ - 역사를 아와 비아의 투쟁으로 정의하였다.
  → 신채호는 우리나라의 선사시대부터 삼국 시대까지의 역사를 정리한 조선 상고사의 서문에서 역사를 주체인 나(아)와 객체인 다른 국가(비아) 사이의 끊임없는 투쟁으로 표현하였다.

⑤ ㉤ - 안중근 의사가 순국한 곳이다.
  → 신채호와 안중근은 공통적으로 중국에 위치한 뤼순 감옥에서 순국하였다.

이름이 비슷한 신민회와 신간회를 혼동하지 않도록 주의할 필요가 있습니다!

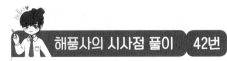
키워드를 정확히, 종합적으로 파악할 필요가 있는 이유!

해품사의 문제 첫인상

1. 오랜만에 신채호의 업적 유형이 등장하였군! 무난할 것 같은 문제다!

2. 그런데 문제를 읽어보니 단체, 책 등 다양한 곳에 밑줄이 쳐져 있네?

3. 이 문제는 신채호를 활용하여 일제 강점기의 다양한 역사적 사실을 묻는 것이 핵심이구나!!

해품사의 "대처방법"

✓ 이 문제는 신채호 자체보다 제시된 키워드를 보고 선지와 연결 짓는 것이 중요합니다.
　→ 각 문제 키워드에 대한 전반적인 사실을 정확하게 모르면 풀이가 불가능!

✓ 비교적 낯설게 느껴지는 키워드는 일단 제외하고, 익숙한 키워드에 주목합니다!
　→ 출제자도 너무 어려운 키워드는 최대한 정답으로 제시하지 않는 편입니다!

✓ 특히 이름이 유사한 단체들은 더욱 주의하여 살펴볼 필요가 있습니다!
　→ 개항기의 신민회와 일제 강점기의 신간회는 다른 단체이므로 1번이 정답!

---

43. 정답 ⑤

(가) 사건에 대한 설명으로 가장 적절한 것은?　　[3점]

이것은 냉전과 분단의 상징물인 독일 베를린 장벽의 일부로, (가) 을/를 기념하는 이 공원에 기증되었습니다. 이곳 제주도에서 일어난 (가) 은/는 남한만의 단독 선거에 반대하는 무장대와 이를 진압하는 토벌대 간의 무력 충돌, 그 뒤 토벌대의 진압 과정에서 수많은 제주도민이 희생된 사건으로, 6 · 25 전쟁이 끝나고 나서야 종결되었습니다.

지문의 핵심 키워드 ▶ 제주 4 · 3 사건

✓ 남한만의 단독 선거에 반대 - 제주 4 · 3 사건의 발생 원인
✓ 무장대와 토벌대 - 제주 4 · 3 사건을 주도한 세력과 진압 세력

선지별 키워드 추출

① 허정 과도 정부가 구성되는 결과를 가져왔다.
　→ 4 · 19 혁명으로 이승만이 하야하고 허정 과도 정부가 수립되었다.

② 국가 보위 비상 대책 위원회가 설치되는 배경이 되었다.
　→ 국가 보위 비상 대책 위원회는 전두환의 신군부가 5 · 18 광주 민주화 운동을 진압한 이후 통치권을 확보하기 위해 설치한 기구이다.

③ 장기 독재를 비판하는 3 · 1 민주 구국 선언을 발표하였다.
　→ 박정희 정부의 유신 헌법 체제에 반대하는 재야 인사들이 3 · 1 민주 구국 선언문을 발표하였다.

④ 민주화를 위한 개헌 청원 100만인 서명 운동을 전개하였다.
　→ 박정희 정부 때 장준하를 중심으로 전개된 개헌 청원 100만인 서명 운동에서 유신 헌법의 철폐를 주장하였다.

⑤ 정부 차원에서 진상 조사 보고서를 발간하고 공식 사과하였다.
　→ 노무현 정부 때인 2003년에 제주 4 · 3 사건 진상 조사 보고서를 발간하였으며, 최초로 정부 차원에서도 공식적으로 사과하였다.

정부의 제주 4·3 사건에 대한 진상 규명 과정은 정답 키워드로 자주 언급됩니다!

44. 정답 ①　　　| 난이도 | ●●○

교사의 질문에 대한 학생의 대답으로 적절하지 <u>않은</u> 것은? [2점]

> 이것은 그의 84세 생일을 위해 기획된 LP 음반의 재킷으로, '제84회 탄신 기념'이라고 적혀 있습니다. 음반에는 '애국가', '만수무강하시리', '우남 행진곡' 등이 수록되어 있습니다. 그러나 그는 다음 해에 일어난 4·19 혁명으로 하야하였습니다. 그가 대통령으로 재임하던 시기에 있었던 사실을 말해 볼까요?

지문의 핵심 키워드 ▶ 이승만 정부

✔ 다음 해에 일어난 4·19 혁명으로 하야 – 이승만 정부는 4·19 혁명을 계기로 막을 내림

선지별 키워드 추출

① 경부 고속 도로가 개통되었어요.
→ 박정희 정부 때 서울과 부산을 연결하는 경부 고속 도로를 개통하여 교통 환경을 개선하였다.

② 한미 상호 방위 조약이 체결되었어요.
→ 6·25 전쟁 이후 안보를 강화하기 위해 이승만 정부는 미군이 한국에 지속적으로 주둔하도록 규정하는 한미 상호 방위 조약을 체결하였다.

③ 진보당의 당수였던 조봉암이 처형되었어요.
→ 이승만 정부는 야당 후보인 진보당의 조봉암을 견제하기 위해 조봉암에게 간첩 혐의를 씌워 사형시킨 뒤 진보당을 해체하였다.

④ 반민족 행위 특별 조사 위원회가 해체되었어요.
→ 이승만 정부는 반민특위에서 활동하는 국회의원들에게 간첩 혐의를 씌워 검거한 뒤 반민특위를 해산시켰다.

⑤ 유상 매수, 유상 분배 원칙의 농지 개혁법이 제정되었어요.
→ 이승만 정부 때 출범한 제헌 국회는 자영농을 육성할 목적으로 유상 매수 및 유상 분배를 규정한 농지 개혁법을 제정하였다.

 최근 한능검에서 이승만 정부 관련 문제가 출제되면 4·19 혁명 관련 키워드를 힌트로 제시하는 경우가 많습니다!

45. 정답 ⑤　　　| 난이도 | ●○○

밑줄 그은 '당시 헌법'이 시행된 시기에 볼 수 있는 모습으로 가장 적절한 것은? [2점]

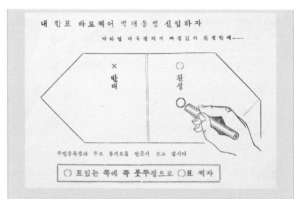

자료는 당시 헌법의 유지 여부를 묻는 국민 투표를 앞두고 찬성을 독려하는 홍보문의 일부이다. 이 투표의 실시 결과 당시 헌법을 유지하는 것으로 결정되었다. 3개월 뒤 이 헌법을 부정, 반대하는 주장이나 보도를 일체 금지하고 위반자는 영장 없이 체포한다는 내용을 핵심으로 한 대통령 긴급 조치 제9호가 선포되었다.

지문의 핵심 키워드 ▶ 박정희 정부

✔ 긴급 조치 제9호 – 박정희 정부 때 선포된 것으로 헌법에 대한 부정·반대·비방 등의 금지를 규정함

선지별 키워드 추출

① 국민 방위군에 소집되는 청년
→ 이승만 정부 때 6·25 전쟁이 발발하자 국민 방위군을 소집하였다.

② 개성 공단 착공식에 참석하는 기업인
→ 노무현 정부 때 개성 공단 건설을 본격적으로 시작하였다.

③ 미소 공동 위원회의 재개를 요구하는 시민
→ 미군정 때 제1차 미·소 공동 위원회가 결렬된 이후 미·소 공동 위원회의 재개 등을 요구하는 좌우 합작 7원칙이 발표되었다.

④ 남북 기본 합의서 채택 소식을 보도하는 기자
→ 노태우 정부 때 남북 기본 합의서를 체결하였다.

⑤ 통일 주체 국민 회의 대의원 명단을 점검하는 공무원
→ 박정희 정부 때 유신 헌법이 발표되며 국회의원 1/3 추천 및 대통령 선거를 담당하는 헌법 기관인 통일 주체 국민 회의가 설치되었다.

 박정희 정부와 관련된 문제에서는 긴급 조치, 유신 헌법, 통일 주체 국민 회의가 자주 제시됩니다.

46. 정답 ②

| 난이도 | ●●○

(가) 민주화 운동에 대한 설명으로 적절한 것은?

[2점]

> 그때 고등학생이었던 저는 호헌 철폐가 무슨 뜻인지 잘 몰랐어요. 다만 1980년 5월의 경험과 전두환 이라는 인물을 통해 당시 우리나 라가 독재 국가라고 인식하고 있 었습니다. 그래서 시위에 참여하였 어요.

> 당시 민주 헌법 쟁취 국민 운동 본부가 지정하였던 국민 평화 대행진 구호가 '동 장에서 대통령까지 내 손으로'였어요. 이 구호가 담긴 현수막을 만들면 감옥에 갈 수도 있었지만, 스프레이와 천을 사다가 밤에 건물 옥상에서 이 글귀를 현수막에 다가 적었어요.

지문의 핵심 키워드 ▶ 6월 민주 항쟁

✓ 호헌 철폐 – 6월 민주 항쟁의 대표 구호
✓ 동장에서 대통령까지 내 손으로 – 대통령 직선제 요구

선지별 키워드 추출

① 굴욕적인 한일 국교 정상화에 반대하였다.
→ 박정희 정부 때 굴욕적인 한·일 국교 정상화에 반대하는 6·3 시위가 전개되었다.

② 5년 단임의 대통령 직선제 개헌을 이끌어냈다.
→ 6월 민주 항쟁의 결과 전두환 정부는 6·29 선언을 발표하며 5년 단임의 대통령 직선제 개헌을 약속하였다.

③ 시위 과정에서 **시민군**이 자발적으로 조직되었다. ↗ 헷갈리기 쉬운 선지!
→ 5·18 광주 민주화 운동이 발생하자 광주 시민들은 자발적으로 **시민군**을 조직하여 **계엄군에 저항**하였다.

④ 3선 개헌 반대 범국민 투쟁 위원회를 결성하였다.
→ 박정희 정부 시기에 대통령의 3선 연임을 허용하는 3선 개헌이 시행되자 반대 운동이 전개되었다.

⑤ 대통령 중심제에서 의원 내각제로 바뀌는 계기가 되었다.
→ 4·19 혁명 이후 허정 과도 정부에서 발표한 3차 개헌의 결과 대통령 중심제에서 의원 내각제가 시행되었다.

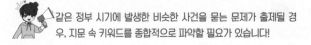

같은 정부 시기에 발생한 비슷한 사건을 묻는 문제가 출제될 경우, 지문 속 키워드를 종합적으로 파악할 필요가 있습니다!

해품사의 시사점 풀이 46번

키워드를 정확히, 종합적으로 파악할 필요가 있는 이유!

해품사의 문제 첫인상

1. 첫 줄부터 호헌 철폐가 언급되었으니 6월 민주 항쟁 관련 문제군!
2. 계속 읽어보니 1980년 5월의 경험, 전두환이 제시되었네? 5·18 광주 민주화 운동에 관한 문제인가?
3. 두 민주화 운동은 공통적으로 전두환 정부 때 발생한 것이니, 대놓고 함정을 유도한 것이구나!

해품사의 "대처방법"

✓ 같은 정부 시기에 발생한 비슷한 사건을 묻는 문제가 출제될 경우, 답을 고르기 어려워져요!
→ 이 경우 문제에 답을 명확히 고를 수 있는 결정적인 키워드가 존재합니다!
✓ 우선 혼동하기 쉬운 두 개의 사건을 따로 먼저 적어놓고 문제에 접근하는 것이 좋아요.
→ 이 문제는 실제로 5·18 광주 민주화 운동으로 답을 혼동한 수험생들이 일부 존재합니다!
✓ 결정적인 키워드를 찾았다면, 이를 바탕으로 정답을 고르면 됩니다!
→ '호헌철폐', '대통령까지 내 손으로' 등을 통해 대통령 직선제를 요구한 6월 항쟁에 관한 문제임을 알 수 있으므로 2번이 정답!

(가) ⊙ 왕은 5월에 교서를 내려 문무 관료들에게 토지를 차등 있게 주었다. …… 봄 정월에 중앙과 지방 관리들의 녹읍을 폐지하고 해마다 조를 차등 있게 주고 이를 일정한 법으로 삼았다.

(나) 처음으로 직관(職官)·산관(散官)의 각 품의 전시과를 제정하였는데, 관품의 높고 낮은 것은 논하지 않고 다만 인품만 가지고 전시과의 등급을 결정하였다.

(다) 도평의사사에서 글을 올려 과전을 지급하는 법을 정할 것을 청하니, 그 의견을 따랐다. 경기는 사방의 근본이므로 마땅히 과전을 설치하여 사대부를 우대하여야 한다. 무릇 수도에 거주하며 왕실을 지키는 자는 현직, 산직(散職)을 불문하고 각각 과(科)에 따라 받게 한다.

(라) 만약 그 자신이 죽고 그 아내에게 미치게 되면 수신전이라 일컬었고, 부부가 다 죽고 그 아들에게 전해지면 휼양전이라 일컬었으며, 만약 그 아들이 관직에 제수되더라도 그대로 그 전지를 주고는 과전이라 일컬었는데, …… ⓒ 왕께서 이를 없애고, 현직 관리에게 주어 직전(職田)이라 하였던 것입니다.

47. 정답 ①　　　　　　　| 난이도 | ●●○

(가)~(라)를 일어난 순서대로 옳게 나열한 것은?

[3점]

지문의 핵심 키워드 ▶ 전근대의 토지 제도

✓ (가) 관료전 지급, 녹읍 폐지(신라 신문왕, 687 · 689)
✓ (나) 시정 전시과(고려 경종, 976)
✓ (다) 과전법(고려 공양왕, 1391)
✓ (라) 직전법(조선 세조, 1466)

선지별 키워드 추출

① (가) - (나) - (다) - (라)
→ 제시된 전근대의 토지 제도는 녹읍 폐지(가-신라 신문왕) → 시정 전시과(나-고려 경종) → 과전법(다-고려 공양왕) → 직전법(라-조선 세조) 순으로 시행되었다.

토지 제도를 묻는 문제에서는 사료가 자주 제시되므로 관련 사료를 미리 알아두는 것이 필요합니다!

48. 정답 ③　　　　　　　| 난이도 | ●○○

⊙, ⓒ 왕에 대한 설명으로 옳은 것을 〈보기〉에서 고른 것은?　　　　[2점]

지문의 핵심 키워드 ▶ 통일 신라 신문왕, 조선 세조

생략(선지분석으로 대체!)

선지별 키워드 추출

ㄱ. ⊙ - 병부를 처음으로 설치하였다.
→ 신라 법흥왕 때 군사에 대한 사무를 관장하는 관청인 병부를 설치하였다.

ㄴ. ⊙ - 전국에 9주 5소경을 설치하였다.
→ 신문왕 때 지방 행정 제도인 9주 5소경이 정비되었다.

ㄷ. ⓒ - 6조 직계제를 시행하였다.
→ 조선 세조 때 6조의 의결 사항을 의정부를 거치지 않고 왕에게 곧바로 보고하는 6조 직계제가 부활하였다.

ㄹ. ⓒ - 초계문신제를 실시하였다.
→ 조선 정조 때 젊은 관리 중 재능이 뛰어난 자를 선발하여 규장각에서 재교육하는 초계문신제를 시행하였다.

전근대의 토지 제도와 각 제도를 시행한 왕의 업적을 종합적으로 파악하는 것이 중요합니다!

49. 정답 ②　　　　　　　　　　| 난이도 | ●●○

다음 뉴스가 보도된 정부 시기의 사실로 옳은 것은?

[2점]

> 문교부가 중고등학생의 교복과 두발을 자율화하겠다고 발표한 데 이어, 오늘부터 야간 통행 금지 해제가 본격 적용되었습니다. 시민들은 새벽 거리를 활보하며 37년 만에 되찾은 24시간의 자유를 만끽하게 되었습니다.

지문의 핵심 키워드 ▶ 전두환 정부

✓ 중고등학생의 교복과 두발을 자율화, 야간 통행 금지 해제
　– 전두환 정부 때 시행된 정책

선지별 키워드 추출

① 서울 올림픽 대회가 개최되었다.
　→ 노태우 정부 때인 1988년에 서울 올림픽 대회가 개최되었다.

② 보도 지침으로 언론이 통제되었다.
　→ 전두환 정부 때 언론 통제를 위해 언론 보도 지침을 발표하였다.

③ 삼풍 백화점 붕괴 사고가 일어났다.
　→ 김영삼 정부 때인 1995년 대규모 건축물 붕괴 사건인 삼풍 백화점 붕괴 사고가 일어나며 약 천여 명 이상의 시민들이 피해를 입었다.

④ 양성 평등의 실현을 위해 호주제가 폐지되었다.
　→ 노무현 정부 때 양성 평등의 실현을 위해 기존의 가족 관계등록 제도인 호주제를 가족 관계 등록부로 변경하였다.

⑤ 사회 통합을 위한 다문화 가족 지원법이 시행되었다.
　→ 이명박 정부 때 사회 구성원으로서의 역할 및 책임을 부여하고, 사회 통합에 이바지할 수 있도록 다문화 가족 지원법을 제정하였다.

 언론 보도 지침은 박정희 정부 시기로 혼동하기 쉬우므로 주의할 필요가 있습니다!

---

50. 정답 ③　　　　　　　　　　| 난이도 | ●●●

(가) 지역을 지도에서 옳게 찾은 것은?　　　　[1점]

(가) 의 명소　　　　구독
천연 보호구역 우포늪이 있는 (가) 의 자연과 역사를 소개하는 채널입니다.
홈　　동영상　　재생목록　　커뮤니티　　채널　　정보　>
업로드한 동영상 ∨　　　　정렬 기준
화왕산성 아래 교동과 송현동 고분군　조회수 1,209회
만옥정 공원으로 둘러본 신라 진흥왕 척경비　조회수 212회
술정리에서 바라본 동 삼층 석탑　조회수 721회

지문의 핵심 키워드 ▶ 창녕

✓ 우포늪 – 창녕 지역에 위치한 자연 늪지
✓ 신라 진흥왕 척경비 – 신라의 진흥왕이 창녕 지역으로 국경을 넓힌 것을 기념하기 위해 세운 비석

선지별 키워드 추출

① 충주

② 안동

③ 창녕

④ 전주

⑤ 강화

 지역사 문제는 핵심 키워드 하나만 제대로 파악하더라도 의외로 쉽게 풀이할 수 있습니다!

1. 난이도

매우 어려움

- 전반적으로 정답 키워드가 까다로운 유형이 다수 확인됨!

- 오답 선지에서 상당히 어려운 새로운 사례들이 다수 출제되었으며, 함정을 대놓고 유도한 오답 선지들이 다수 확인됨!

- 빈출도가 낮은 유형이 다수 출제되어, 꼼꼼히 공부하지 않았을 경우 어려울 수 있었음!
  └▶ ㉔ 원광, 조선 태조, 일제 강점기의 노동 운동, 부·마 민주 항쟁 등

- 지역사, 무형 문화유산 등 수험생의 입장에서 암기하기 어려운 문제도 출제됨!

- 사실상 교재에 없는 정도의 까다로운 문화 유형도 출제됨
                └▶ ㉔ 처용무

- 그나마 빈출도가 높은 인물이 여럿 출제되었음!
          └▶ ㉔ 김정희, 안중근

☆ 결론: 지난 회차들에 비해 통합사 유형의 비중이 상당히 증가하였고, 난도도 높아 소거법 등을 최대한 활용해야 했던 매
       우 까다로운 회차!

합격률: 46.8%

2. 유형 분포도

1) 전근대사 비중(52%): 1번~17번, 19번~27번

2) 근현대사 비중(42%): 28번~29번, 31~44번, 46번~50번

3) 통합사 비중(6%): 18번, 30번, 45번

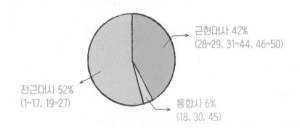

근현대사 42%
(28~29, 31~44, 46~50)

전근대사 52%
(1~17, 19~27)

통합사 6%
(18, 30, 45)

- 안동 지역사, 처용무, 공주 지역사

- 시대순으로 대부분 출제되었으나, 중간마다 통합사 유형이 배치됨!

- 다른 회차에 비해 경제 유형 및 단독 인물 유형의 비중도가 높은 편!

- 한눈에 보는 71회 시대별 · 주제별 유형 분포도

문항	시대	주제	문항	시대	주제
1	선사	구석기 시대	26	조선	조선 후기의 사회상
2	선사	부여	27	조선	세도 정치기 및 조선의 사회
3	고대	가야	28	개항기	신미양요
4	고대	원광	29	개항기	조일 수호 조규 부록 및 조영 수호 통상 조약 `시사점 문제`
5	고대	백제의 성장과 발전	30	통합사	처용무 `시사점 문제`
6	고대	신라 지증왕	31	개항기	을미개혁
7	고대	불국사 삼층 석탑	32	개항기	통리기무아문
8	고대	삼국의 통일 과정 (고구려 멸망) `시사점 문제`	33	개항기	대한매일신보
9	고대	장문휴의 등주 공격	34	개항기	독립협회
10	고려	고려의 경제 상황	35	개항기	화폐 정리 사업
11	고려	역분전 및 개정전시과	36	일제 강점기	연해주 지역의 국외 독립운동
12	고대	궁예	37	개항기	안중근
13	고려	고려의 관학 진흥책	38	일제 강점기	무단 통치기의 사회상
14	고려	무신 정권	39	일제 강점기	회사령 폐지 및 농촌 진흥 운동
15	고려	몽골에 대한 고려의 대응	40	일제 강점기	민립 대학 설립 운동
16	고려	고려의 문화유산 사례	41	일제 강점기	원산 총파업
17	고려	이제현	42	일제 강점기	일제 강점기의 사회 및 문화 `시사점 문제`
18	통합사	안동 지역사	43	일제 강점기	한국 광복군
19	조선	조선 태조(이성계)	44	일제 강점기	민족 말살기의 사회상
20	조선	비변사	45	통합사	공주 지역사 `시사점 문제`
21	조선	을사사화	46	현대	6 · 25 전쟁
22	조선	이괄의 난 및 병자호란 이후	47	현대	5 · 10 총선거
23	조선	신해통공	48	현대	노태우 정부
24	조선	조선 숙종	49	현대	부 · 마 민주 항쟁
25	조선	김정희	50	현대	김대중 정부의 통일 노력

3. 시사점 문제   ★ 이 문제들은 뒤의 각 문제 해설에서 해품사의 시사점 풀이!

1) 8번, 42번 → 때로는 전체적으로, 때로는 핵심만 파악하는 전략적 풀이를 해보자!

2) 29번, 45번 → 이번 회차의 흐름형, 지역사 유형은 중요한 기출 경향을 보여줍니다!

3) 30번 → 고난도 개념이 언급된 유형, 소거법을 최대한 활용해봅시다!

해설 보기 전 주목!

어제의 오답 선지 = 내일의 정답 선지

한능검은 역사적 사실이 아닌 것은 선지에 포함하지 않습니다. 즉, 모든 선지는 사실이죠!

기출에서 오답 선지는 이후 시험에서 언제든 정답이 될 수 있습니다.

결국 키워드를 추출하여 선지를 분석하는 것이 기출문제 공부의 핵심입니다.

1. 문제 지문의 핵심 키워드를 찾고   2. 선지별로 키워드를 추출한 후   3. 연관된 것을 찾으면 정답입니다.

이제 본격적으로 키워드 추출 훈련을 해볼까요?

제71회	정답 한눈에 보기								기출문제편 p.40
01 ①	02 ④	03 ①	04 ④	05 ⑤	06 ③	07 ⑤	08 ①	09 ②	10 ④
11 ②	12 ④	13 ①	14 ④	15 ①	16 ⑤	17 ⑤	18 ①	19 ④	20 ②
21 ③	22 ⑤	23 ③	24 ④	25 ②	26 ②	27 ⑤	28 ③	29 ④	30 ①
31 ③	32 ①	33 ④	34 ③	35 ⑤	36 ①	37 ②	38 ⑤	39 ②	40 ③
41 ②	42 ③	43 ④	44 ③	45 ②	46 ⑤	47 ②	48 ②	49 ①	50 ③

1. 정답 ①

| 난이도 | ●○○

(가) 시대의 생활 모습으로 옳은 것은?   [1점]

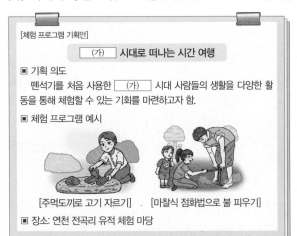

[체험 프로그램 기획안]

    (가) 시대로 떠나는 시간 여행

■ 기획 의도
  뗀석기를 처음 사용한   (가)   시대 사람들의 생활을 다양한 활동을 통해 체험할 수 있는 기회를 마련하고자 함.

■ 체험 프로그램 예시

[주먹도끼로 고기 자르기]   [마찰식 점화법으로 불 피우기]

■ 장소: 연천 전곡리 유적 체험 마당

지문의 핵심 키워드 ▶ 구석기 시대

✔ 주먹도끼 – 구석기 시대의 대표적인 뗀석기 도구

✔ 연천 전곡리 유적 – 구석기 시대의 대표적인 유적

선지별 키워드 추출

① 주로 동굴이나 바위 그늘에서 살았다.
  → 구석기 시대에는 동굴, 바위 그늘, 막집에 살았다.

② 청동 방울 등을 의례 도구로 사용하였다.
  → 청동기 시대에는 청동 거울, 청동 방울 등을 종교 의례에 필요한 도구로 사용하였다.

③ 따비와 괭이로 땅을 갈아 농사를 지었다.
  → 철기 시대에는 따비와 괭이 등을 이용해 땅을 갈았다.

④ 거푸집을 이용하여 세형 동검을 제작하였다.
  → 후기 청동기 시대와 철기 시대에는 거푸집을 이용하여 세형 동검을 제작하였다.

⑤ 빗살무늬 토기를 만들어 식량을 저장하였다.
  → 신석기 시대에는 빗살무늬 토기 등에 식량을 저장하기 시작하였다.

한능검에서는 선사 시대의 생활을 그림 자료를 활용해 질문하기도 합니다.

2. 정답 ④ | 난이도 | ●○○

다음 검색창에 들어갈 나라에 대한 설명으로 옳은 것은?
[2점]

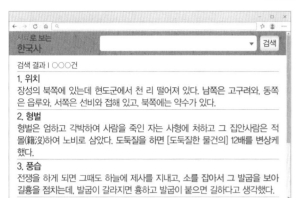

검색 결과 | ○○○건

1. 위치
장성의 북쪽에 있는데 현도군에서 천 리 떨어져 있다. 남쪽은 고구려와, 동쪽은 읍루와, 서쪽은 선비와 접해 있고, 북쪽에는 약수가 있다.

2. 형벌
형벌은 엄하고 각박하여 사람을 죽인 자는 사형에 처하고 그 집안사람은 적몰(籍沒)하여 노비로 삼았다. 도둑질을 하면 [도둑질한 물건의] 12배를 변상케 했다.

3. 풍습
전쟁을 하게 되면 그때도 하늘에 제사를 지내고, 소를 잡아서 그 발굽을 보아 길흉을 점치는데, 발굽이 갈라지면 흉하고 발굽이 붙으면 길하다고 생각했다.

지문의 핵심 키워드 ▶ 부여

✔ 남쪽은 고구려 – 부여의 위치
✔ 도둑질을 하면 12배를 변상 – 부여의 1책 12법
✔ 소를 잡아서 그 발굽을 보아 길흉을 점침 – 부여의 우제점법

선지별 키워드 추출

① 신성 지역인 **소도**가 있었다.
→ **삼한**에는 제사장인 **천군**이 다스리는 특수 행정 구역인 **소도**가 존재하였다.

② 혼인 풍습으로 **민며느리제**가 있었다.
→ **옥저**는 여자의 나이가 열 살이 되기 전 혼인을 약속한 뒤 신랑 집에서 기르다가, 여자가 장성하면 신랑 집에서 돈을 지불하고 아내로 삼는 **혼인 풍습**인 **민며느리제**가 유행하였다.

③ 읍락 간의 경계를 중시하는 **책화**가 있었다.
→ **동예**에는 다른 부족의 영역을 침범할 경우 소나 말로 **배상**하는 풍습인 **책화**가 존재하였다.

④ 여러 가(加)들이 각각 사출도를 주관하였다.
→ **부여**에서는 **마가, 우가, 저가, 구가**가 각각의 관할 구획인 **사출도**를 다스렸다.

⑤ 사회 질서를 유지하기 위해 **범금 8조**를 만들었다.
→ **고조선**에는 사회 질서의 유지를 위해 **다양한 범죄에 대한 형벌을 규정한 범금 8조**라는 제도가 존재하였다.

초기 국가 문제에서는 각 국가와 관련된 대표 사료를 먼저 파악하는 것이 중요합니다!

3. 정답 ① | 난이도 | ●○○

(가) 나라에 대한 설명으로 옳은 것은?
[1점]

특별 기획 **큐레이터와의 대화**

유물을 통해 본 ___(가)___의 대외 교류

우리 박물관에서는 수로왕이 건국했다고 전해지는 ___(가)___의 유물을 큐레이터가 직접 설명하는 행사를 마련하였습니다. 이번 행사를 통해 ___(가)___의 활발했던 대외 교류에 대해서 알아보는 뜻깊은 시간을 가져 보시기 바랍니다.

■ 주요 해설 유물

중국과 교류를 보여 주는 금동 허리띠	왜와 교류를 보여 주는 바람개비 모양 동기	북방과 교류를 보여 주는 청동 솥

■ 기간 : 2024년 ○○월 ○○일~○○월 ○○일
■ 장소 : △△ 박물관

지문의 핵심 키워드 ▶ 금관가야

✔ 수로왕 – 금관가야를 건국한 인물

선지별 키워드 추출

① 법흥왕 때 신라에 복속되었다.
→ 신라 법흥왕 때 금관가야의 마지막 왕인 김구해가 신라에 항복하며 금관가야가 멸망하였다.

② 서옥제라는 혼인 풍습이 있었다.
→ 고구려에는 여성의 집 앞에 서옥이라는 집을 지어 남성을 머무르게 한 뒤, 여성이 아이를 가지면 남성의 집으로 가서 가정을 이루는 혼인 풍습이 존재하였다.

③ 6좌평이 중요한 국사를 논의하였다.
→ 백제에서는 왕 아래 6좌평을 두었으며, 이들은 정사암 회의를 통해 국정의 주요 사항을 논의하였다.

④ 만장일치제로 운영된 화백 회의가 있었다.
→ 신라에서는 진골 귀족으로 구성된 귀족 회의인 화백 회의가 있었는데, 만장일치제로 운영되었다.

⑤ 지방에 22담로를 두어 왕족을 파견하였다.
→ 백제 무령왕은 각 지방을 관리하기 위해 22담로를 설치하고 왕족을 파견하였다.

가야 관련 문제에서는 '철' 또는 '신라에 의한 멸망' 키워드가 자주 제시됩니다!

4. 정답 ④　　　　　　　　　　　| 난이도 | ●●●

(가) 인물에 대한 설명으로 옳은 것은?　　　[3점]

> 왕이 고구려가 자주 국경을 침략하는 것을 걱정하여 수에 군사를 요청해 고구려를 치고자 하였다. 이에 ☐(가)☐ 에게 명하여 걸사표를 짓도록 하였다. ☐(가)☐ 이/가 말하기를, "자기가 살고자 남을 멸하는 것은 출가한 승려로서 적합한 행동은 아니지만, 제가 대왕의 땅에서 살고 대왕의 물과 풀을 먹고 있으니 어찌 감히 명을 따르지 않겠습니까."라고 하면서 글을 써서 올렸다.

지문의 핵심 키워드 ▶ 원광

✔ 수에 군사를 요청해 고구려를 치고자 함 - 신라 진평왕 때의 상황
✔ 걸사표 - 원광이 수에 군사를 요청하기 위해 작성한 글

선지별 키워드 추출

① 구법 순례기인 왕오천축국전을 남겼다.
→ 통일 신라의 혜초는 인도와 중앙아시아의 국가들을 답사한 이후 왕오천축국전이라는 기행문을 저술하였다.

② 황룡사 구층 목탑의 건립을 건의하였다.
→ 신라의 자장은 외적의 침입을 막고자 선덕 여왕에게 황룡사 9층 목탑의 건립을 건의하였다.

③ 무애가를 지어 불교 대중화에 기여하였다.
→ 신라의 원효는 불교 대중화를 위해 불교의 교리를 담은 노래인 무애가를 지었다.

④ 사군이충 등을 포함한 세속 5계를 제시하였다.
→ 신라의 원광은 사군이충, 사친이효, 교우이신, 임전무퇴, 살생유택의 내용을 담은 세속 5계라는 화랑의 규율을 제시하였다.

⑤ 풍수지리 사상이 반영된 송악명당기를 저술하였다.
→ 통일 신라의 승려인 도선은 풍수지리 사상을 바탕으로 한 지리도참서인 송악명당기를 저술하였다.

 신라의 원광은 '걸사표'와 '세속 5계'라는 키워드만 기억하면 쉽게 문제를 풀 수 있습니다!

5. 정답 ⑤　　　　　　　　　　　| 난이도 | ●●○

(가)~(다) 학생이 발표한 내용을 일어난 순서대로 옳게 나열한 것은?　　　[2점]

〈한국사 주제 발표〉
백제의 성장과 발전

- 도읍을 사비로 옮기고, 국호를 남부여라고 하였어요. (가)
- 동진에서 온 마라난타를 통해 불교를 수용하였어요. (나)
- 고구려의 평양성을 공격하고 황해도 일부 지역을 차지하였어요. (다)

지문의 핵심 키워드 ▶ 백제의 성장과 발전

✔ (가) 도읍을 사비로 옮기고, 국호를 남부여라고 함 - 백제 성왕 시기(538)
✔ (나) 동진에서 온 마라난타를 통해 불교를 수용 - 백제 침류왕 시기(384)
✔ (다) 고구려의 평양성을 공격 - 백제 근초고왕 시기(371)

선지별 키워드 추출

⑤ (다) - (나) - (가)
→ 백제의 성장과 발전은 평양성 공격(다-근초고왕) → 불교 수용(나-침류왕) → 사비 천도 및 남부여 국호 사용(가-성왕) 순으로 발생하였다.

 시간 순서대로 나열하는 문제의 경우 익숙한 사건을 먼저 파악하는 것이 유리합니다.

6. 정답 ③ | 난이도 | ●○○

밑줄 그은 '왕'에 대한 설명으로 옳은 것은? [2점]

여러 신하들이 국호를 신라로 확정하고 임금의 호칭을 신라 국왕으로 하자고 건의하니, 왕께서 이를 따르셨다고 하네.

나도 들었네. 작년에는 순장을 금지한다는 명을 내리셨지. 앞으로 우리나라의 발전이 기대되는구먼.

지문의 핵심 키워드 ▶ 신라 지증왕

✔ 국호를 신라로 확정하고 임금의 호칭을 신라 국왕으로 하자고 건의 – 신라의 지증왕 때 국호와 왕 호칭의 정비
✔ 순장을 금지 – 신라의 지증왕 때 악습의 폐지

선지별 키워드 추출

① 병부와 상대등을 설치하였다.
　→ 신라 법흥왕 때 군사에 대한 사무를 관장하는 관청인 병부 및 최고 관등인 상대등을 설치하였다.

② 백제 비유왕과 동맹을 체결하였다.
　→ 백제 비유왕과 신라 눌지왕은 고구려 장수왕의 남진 정책을 견제하기 위해 나·제 동맹을 체결(433)하였다.

③ 이사부를 보내 우산국을 복속시켰다.
　→ 신라 지증왕 때 이사부를 파견하여 현재의 울릉도인 우산국을 신라의 영토로 복속하였다.

④ 매소성 전투에서 당의 군대를 격파하였다.
　→ 신라 문무왕 때 매소성 전투(675)와 기벌포 전투(676)에서 당의 군대를 격파하였다.

⑤ 김흠돌의 난을 진압하고 귀족들을 숙청하였다.
　→ 통일 신라 신문왕은 김흠돌이 일으킨 반란을 진압하는 동시에 일부 귀족 세력을 숙청하였다.

 지증왕 때 우산국을 정벌한 이사부는 진흥왕 때에도 활동하였습니다!

---

7. 정답 ⑤ | 난이도 | ●●○

(가)에 해당하는 국가유산으로 옳은 것은? [2점]

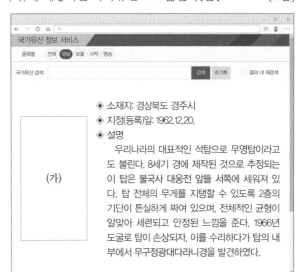

국가유산 정보 서비스
종목별 전체 국보 보물 사적 명승
국가유산 검색 [　　　　　] 검색 초기화 □ 결과 내 재검색

(가)

◈ 소재지: 경상북도 경주시
◈ 지정(등록)일: 1962.12.20.
◈ 설명
　우리나라의 대표적인 석탑으로 무영탑이라고도 불린다. 8세기 경에 제작된 것으로 추정되는 이 탑은 불국사 대웅전 앞뜰 서쪽에 세워져 있다. 탑 전체의 무게를 지탱할 수 있도록 2층의 기단이 튼실하게 짜여 있으며, 전체적인 균형이 알맞아 세련되고 안정된 느낌을 준다. 1966년 도굴로 탑이 손상되자, 이를 수리하다가 탑의 내부에서 무구정광대다라니경을 발견하였다.

지문의 핵심 키워드 ▶ 불국사 삼층 석탑(석가탑)

✔ 불국사 대웅전 앞뜰 서쪽 – 불국사 삼층 석탑의 위치
✔ 무구정광대다라니경 – 불국사 삼층 석탑에서 발견된 현존하는 가장 오래된 목판 인쇄물

선지별 키워드 추출

① 화엄사 사사자 삼층 석탑(통일 신라)

② 정림사지 오층 석탑(백제)

③ 분황사 모전 석탑(신라)

④ 영광탑(발해)

⑤ 불국사 삼층 석탑(석가탑, 통일 신라)

 무구정광대다라니경과 직지심체요절을 혼동하지 않도록 주의할 필요가 있습니다!

제71회

8. 정답 ①

| 난이도 | ●●○

다음 상황 이후에 전개된 사실로 옳은 것은?　　　[3점]

> 12월에 황제가 함원전에서 포로를 받아들였다. [황제가] 왕은 정사를 자기가 한 것이 아니라 하였기에 용서하여 사평태상백 원외동정으로 삼았다. 천남산은 사재소경으로, 승려 신성은 은청광록대부로, 천남생은 우위대장군으로 삼았다. …… 천남건은 검주(黔州)로 유배를 보냈다. 5부, 176성, 69만여 호를 나누어 9도독부, 42주, 100현으로 만들고, 평양에 안동도호부를 두어 이를 통치하게 하였다.
> 　　　　　　　　　　　　　　　　　　　　　－『삼국사기』－

지문의 핵심 키워드 ▶ 고구려 멸망 이후의 사건

✓ 평양에 안동도호부 – 고구려 멸망(668) 이후 당이 고구려 영토의 지배를 위해 설치

선지별 키워드 추출

① 안승이 보덕국왕으로 임명되었다.
　→ 신라는 고구려의 부흥 운동을 지원하기 위해 674년에 전라북도 익산에 보덕국을 건립한 뒤 안승을 왕으로 책봉하였다.

② 을지문덕이 살수에서 대승을 거두었다.
　→ 고구려의 을지문덕은 612년에 살수 대첩에서 수 양제가 파견한 군대를 격파하였다.

③ 김춘추가 당과의 군사 동맹을 성사시켰다.
　→ 신라 진덕 여왕 때 김춘추가 당 태종과 군사 동맹을 성사시켰다(648).

④ 의자왕이 윤충을 보내 대야성을 함락하였다.
　→ 백제 의자왕은 642년에 윤충을 파견하여 신라의 대야성을 함락시키고, 김춘추의 가족을 죽였다.

⑤ 연개소문이 정변을 일으켜 영류왕을 시해하였다.
　→ 642년에 연개소문이 정변을 일으켜 영류왕을 제거한 뒤 보장왕을 즉위시키고 스스로 대막리지에 즉위하였다.

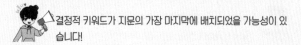
결정적 키워드가 지문의 가장 마지막에 배치되었을 가능성이 있습니다!

해품사의 시사점 풀이　8번

때로는 전체적으로, 때로는 핵심만 파악하는 전략적 풀이를 해보자!

해품사의 문제 첫인상

1. 사료의 키워드가 너무 어려운데? 사평태상백, 원외동정 모두 무슨 내용인지 전혀 모르겠어!
2. 끝까지 읽어 보니 평양에 안동도호부를 설치하였다는 내용이 제시되었네?
3. 고구려의 멸망과 관련된 '안동도호부 설치' 키워드가 맨 뒤에 배치되었구나!

해품사의 "대처 방법"

✓ 실전 사료에서 지나치게 어려운 키워드가 언급되면, 무시하는 것을 추천합니다!
　→ 시험장에서 처음 보는 전문적인 역사적 사실은 상당히 파악하기 어렵습니다!
✓ 문제에서 가장 중요한 키워드가 가장 마지막에 배치되었을 가능성이 있습니다!
　→ 앞에서 단서가 되는 키워드를 찾지 못하였다면, 마지막 문장을 잘 살펴보아야 합니다!
✓ 선지에도 함정이 있을 가능성이 있으므로 주의해야 합니다.
　→ 삼국 통일 과정 중 고구려 멸망 이후에 해당하는 사건인 1번이 정답!

9. 정답 ②

다음 사건이 일어난 시기를 연표에서 옳게 고른 것은?

[2점]

> 개원(開元) 20년에 발해가 천자의 조정을 원망하여 군사를 거느리고 등주(登州)를 습격하여 자사 위준을 살해하였습니다. 이에 황제께서 크게 노하여 하하성 등에게 군사를 징발하여 바다를 건너 공격해 토벌하도록 명하였습니다. 아울러 당에 숙위하고 있던 신라인 김사란을 귀국시켜 신라로 하여금 발해를 공격하도록 하였습니다. …… 겨울은 깊어 가고 눈이 많이 내려 신라와 당의 군대가 추위에 고생하므로 회군을 명령하였습니다.

(가)	(나)	(다)	(라)	(마)
발해 건국	무왕 즉위	문왕 상경 천도	선왕 즉위	고려 건국	발해 멸망

지문의 핵심 키워드 ▶ 장문휴의 등주 공격

✔ 발해, 등주(登州)를 습격 - 발해 무왕 때 당나라를 견제하기 위해 장문휴를 파견하여 산둥 반도를 습격한 사건(732)

선지별 키워드 추출

② (나)
  → 장문휴의 등주 공격은 발해의 무왕 때 발생하였다.

 발해의 무왕은 당에 적대적이었으나, 문왕은 당과 친선 관계를 유지하였음을 구분하는 것이 필요합니다!

10. 정답 ④

다음 자료에 나타난 시기의 경제 상황으로 옳은 것은?

[1점]

> 왕이 제서(制書)를 내리기를, "백성을 부유하게 하고 국가를 이롭게 하는 것으로 전화(錢貨)만큼 중요한 것이 없다. 서북의 양조(兩朝)에서는 이를 행한 지 이미 오래되었으나 우리나라는 홀로 아직 행하지 않고 있다. 이제 처음으로 화폐를 주조하는 법을 제정하고, 이에 따라 주조한 동전 15,000관(貫)을 재추(宰樞)와 문무 양반 및 군인에게 나누어 하사하여 화폐 사용의 시작점으로 삼고자 한다. 전문(錢文)은 해동통보라고 한다."라고 하였다.

지문의 핵심 키워드 ▶ 고려의 경제 상황

✔ 해동통보 - 고려 숙종 때 발행된 화폐

선지별 키워드 추출

① 송상이 전국 각지에 송방을 두었다.
  → 조선 후기에는 개성 출신 상인인 송상이 전국 각지에 송방을 두고 상품을 유통하였다.

② 감자, 고구마 등의 구황 작물이 재배되었다.
  → 조선 후기에는 외국으로부터 감자, 고구마 등의 구황 작물이 전래되었다.

③ 시장을 감독하는 관청인 동시전이 설치되었다.
  → 신라 지증왕 때 기존의 시장을 개편한 동시를 개설하고, 이를 감독하는 관청인 동시전을 설치하였다.

④ 예성강 하구의 벽란도가 국제 무역항으로 번성하였다.
  → 고려 시대에 예성강 하구의 벽란도가 국제 무역항으로 번성하였다.

⑤ 설점수세제의 시행으로 민간의 광산 개발이 허용되었다.
  → 조선 후기에는 광산 개발이 활성화되며 효종 때 설점수세제를 시행하고 민간의 광산 개발을 허용하였다.

 고대부터 조선 시대까지의 시대별 경제 상황을 구분하여 암기하는 것이 필요합니다.

11. 정답 ②

| 난이도 | ●●○

(가), (나) 사이의 시기에 있었던 사실로 옳은 것은?

[3점]

(가) 처음으로 역분전을 정하였다. 통일할 때 조정의 관리들과 군사들에게 관계(官階)는 논하지 않고, 그 사람의 성품과 행동이 착하고 악함과 공로가 크고 작음을 참작하여 차등 있게 주었다.

(나) 12월에 문무 양반 및 군인들의 전시과를 개정하였다. 제1과는 전지 100결, 시지 70결을 지급한다. …… 제18과는 전지 20결을 지급한다. 이 한(限)에 들지 못한 자에게는 모두 전지 17결을 주기로 하고 이것을 통상의 법식으로 한다.

지문의 핵심 키워드 ▶ 고려의 토지 제도

✓ (가) 역분전 – 고려 왕건 때 후삼국 통일에 기여한 공신들에게 공로와 인품을 기준으로 토지를 지급한 제도(940)
✓ (나) 문무 양반 및 군인들의 전시과를 개정 – 고려 목종 때 기존의 전시과를 개정하며 전·현직 관리에게 관품만을 기준으로 토지를 지급(개정 전시과, 998)

선지별 키워드 추출

① 경기에 한하여 **과전법**이 실시되었다.
→ 고려 공양왕 때인 1391년에 시행한 과전법은 **토지의 지급 범위를 경기도로 한정**하였다.

② 쌍기의 건의로 **과거제**가 시행되었다.
→ 고려 광종 때인 958년에 쌍기의 건의로 최초의 관리 임용 제도인 과거제가 시행되었다.

③ 신돈이 **전민변정도감**의 책임자가 되었다.
→ 고려 공민왕 때인 1366년에 신돈의 건의로 권문세족의 **토지 불법 소유** 문제 등을 해결하기 위한 **전민변정도감**이 설치되었다.

④ 만적이 개경에서 노비를 모아 반란을 모의하였다.
→ **최충헌** 집권기인 1198년에 만적을 비롯한 **노비**들이 신분 해방을 도모하며 반란을 모의하였다.

⑤ 최충헌이 봉사 10조를 올려 시정 개혁을 건의하였다.
→ 고려의 **최충헌**은 1196년에 이의민을 제거한 뒤 **명종**에게 일종의 시무책인 **봉사 10조**를 올렸다.

 제시된 시기와 멀리 떨어진 시기의 선지를 먼저 소거하는 전략적인 방법으로 풀이할수 있습니다!

---

12. 정답 ④

| 난이도 | ●●●

(가) 인물의 활동으로 옳은 것은?

[2점]

○ 북원의 도적 우두머리인 양길은 ☐(가)☐ 이/가 자신을 배신한 것을 미워하여 국원 등 10여 곳의 성주들과 그를 칠 것을 모의하고 비뇌성 아래로 진군하였다. 그러나 양길의 병사는 패배하여 흩어져 달아났다.

- 『삼국사기』 -

○ [태조가] 수군을 거느리고 서해로부터 광주(光州) 부근에 이르러 금성군을 쳐서 함락하고 10여 군현을 공격하여 차지하였다. 이에 금성군을 고쳐서 나주라 하고 군사를 나누어서 지키게 한 뒤 돌아왔다. …… ☐(가)☐ 이/가 변경의 일을 물었는데, 태조가 변방을 안정시키고 경계를 넓힐 전략을 보고하였다. 좌우의 신하가 모두 [태조를] 주목하게 되었다.

- 『고려사』 -

지문의 핵심 키워드 ▶ 궁예

✓ 양길 – 궁예가 후고구려 건국 이전에 호족인 양길의 휘하에서 성장함
✓ 태조가 금성군을 고쳐서 나주라 하고 군사를 나누어 지키게 함 – 왕건이 궁예의 휘하에 있을 때 나주를 점령함(903)

선지별 키워드 추출

① 일리천 전투에서 **신검의 군대를 물리쳤다.**
→ 고려 왕건은 일리천 전투를 통해 신검의 군대를 격파하고 후삼국을 통일하였다(936).

② 9산선문 중 하나인 **가지산문을 개창**하였다.
→ 통일 신라의 승려 체징은 선종 승려 집단인 9산선문 중 하나인 **가지산문을 개창**하였다.

③ **문무관료전을 지급**하고 녹읍을 폐지하였다.
→ 통일 신라의 신문왕은 귀족들에게 **관료전을 지급**하고 **녹읍을 폐지**하였다.

④ 광평성을 비롯한 각종 정치 기구를 마련하였다.
→ 후고구려의 궁예는 최고 중앙 관서로 **광평성**이라는 기구를 설치하였다.

⑤ 정계와 계백료서를 지어 관리의 규범을 제시하였다.
→ 고려 왕건은 관리의 규범을 제시한 **정계 및 계백료서**를 반포하였다.

 익숙한 인물에 대한 문제라도 제시된 내용에 따라 난이도가 높아질 수 있습니다!

13. 정답 ① | 난이도 | ●○○

(가)에 들어갈 내용으로 가장 적절한 것은? [2점]

문헌공도 등 사학의 발달로 관학이 위축된 시기에 관학 진흥을 위하여 시행한 정책에 대해 말해 보자.

서적포를 두어 출판을 담당하게 하였어.

(가)

지문의 핵심 키워드 ▶ 고려의 관학 진흥책

✔ 문헌공도 등 사학의 발달 – 고려 문종 때 최충의 문헌공도를 비롯한 사학 12도가 유행함
✔ 서적포 – 고려 숙종 때 국자감 내에 설치된 서적 간행 기관

선지별 키워드 추출

① 국자감에 전문 강좌인 7재를 개설하였어.
→ 고려 예종 때 관학 진흥을 위해 국자감 내에 전문 강좌인 7재를 마련하였다.

② 사액 서원에 서적과 노비 등을 지급하였어.
→ 조선 시대에 사림 세력은 지방에 사립 교육기관인 서원을 세웠고, 이 중 임금이 현판과 서적, 노비 등을 하사한 서원을 사액 서원이라 한다.

③ 독서삼품과를 실시하여 인재를 등용하였어.
→ 통일 신라 원성왕 때 유교 경전의 독해 능력에 따라 3등급으로 나눠 관리를 선발하는 독서삼품과를 시행하였다.

④ 초계문신제를 시행하여 문신을 재교육하였어.
→ 조선 정조 때 젊은 관리를 규장각에서 재교육하는 초계문신제를 시행하였다.

⑤ 흥왕사에 교장도감을 두고 속장경을 편찬하였어.
→ 고려의 의천은 흥왕사에 불교 경전인 속장경의 간행을 담당하는 관청인 교장도감을 설치하였다.

 고려의 관학 진흥책 관련 문제가 출제되면 '양현고', '7재' 등의 키워드를 찾으면 쉽게 정답을 찾을 수 있습니다!

---

14. 정답 ④ | 난이도 | ●○○

다음 서술형 평가의 답안에 들어갈 내용으로 가장 적절한 것은? [1점]

서술형 평가 ○학년 ○○반 이름: ○○○

◎ 다음 상황들이 나타난 시기의 사회 모습을 서술하시오.

○ 이의방은 평소 자기를 핍박하는 이고를 미워하였는데, 이고가 난을 모의한다는 말을 듣고 그를 살해하였다.
○ 서경유수 조위총이 반란을 일으켰는데, 두경승이 향산동 통로역에서 반란군을 패퇴시켰다.
○ 최우가 정방(政房)을 자기 집에 설치하고 문사를 선발하여 여기에 소속시켰다.

답안

지문의 핵심 키워드 ▶ 무신 집권기

✔ 이의방 – 고려 무신 집권기의 초대 집권자
✔ 조위총 – 이의방 집권기에 반란을 일으킨 인물
✔ 최우 – 무신 집권기의 제6대 집권자

선지별 키워드 추출

① 서얼이 통청 운동을 전개하였다.
→ 조선 후기의 서얼 및 중인 등은 상위 관직의 진출을 요구하는 통청 운동을 전개하였다.

② 청해진을 거점으로 국제 무역이 이루어졌다.
→ 통일 신라의 장보고는 완도에 청해진이라는 해상 무역 기지를 설치하여 동아시아의 해상 무역을 장악하였다.

③ 왕조 교체를 예언하는 정감록 등이 유포되었다.
→ 조선 후기 세도 정치기에 이씨 왕조가 멸망하고 정씨 왕조가 부흥한다는 정감록이 유행하였다.

④ 망이 · 망소이의 난 등 하층민의 봉기가 발생하였다.
→ 고려 무신 정권 시기 정중부 정권 때 특수 행정 구역에 대한 차별에 반발하여 망이 · 망소이가 반란을 일으켰다.

⑤ 역관들이 시사(詩社)에 참여해 위항 문학 활동을 하였다.
→ 조선 후기의 중인들은 시사를 조직하고 문학 활동을 하였다.

 무신 집권기의 집권자와 시기별 반란 사건을 암기하는 것이 중요합니다!

15. 정답 ① | 난이도 | ●●○

(가)에 대한 고려의 대응으로 옳은 것은? [2점]

> ○ 박서는 김중온의 군사로 성의 동서쪽을, 김경손의 군사로는 성의 남쪽을, 별초 250여 인은 나누어 3면을 지키게 하였다. ___(가)___ 의 군사들이 성을 여러 겹으로 포위하고 공격하자 성 안의 군사들이 갑자기 나가 싸워 그들을 패주시켰다.
>
> ○ 송문주는 귀주에서 종군하였던 사람인데 그 공으로 낭장(郎將)으로 초수(超授)되었다. 이후 죽주 방호별감이 되었을 때, ___(가)___ 이/가 죽주성에 이르러 보름 동안이나 다방면으로 공격하였으나 성을 빼앗지 못하고 물러갔다.

지문의 핵심 키워드 ▶ 몽골에 대한 고려의 대응

- ✓ 박서 – 몽골의 1차 침입 때 활약한 인물
- ✓ 송문주 – 몽골의 3차 침입 때 활약한 인물

선지별 키워드 추출

① 강화도로 도읍을 옮겨 항전하였다.
  → 고려 최씨 무신 정권 때 **최우**는 대몽 항쟁을 지속하기 위해 **강화도로 천도**를 단행하였다.

② 광군을 창설하여 침입에 대비하였다.
  → 고려 정종 때 **거란의 침략을 대비**하기 위해 농민으로 구성된 **예비 군사 조직인 광군**을 조직하였다.

③ 화통도감을 설치하여 군사력을 증강하였다.
  → 고려 우왕 때 **최무선**의 건의로 왜구 격퇴를 위한 화약 및 화포 개발을 위해 **화통도감**을 설치하였다.

④ 철령위 설치에 반발하여 요동 정벌을 추진하였다.
  → 고려 우왕 때 **최영**은 명의 철령위 설치에 반발하며 요동 정벌을 추진하였다.

⑤ 신기군, 신보군, 항마군으로 구성된 **별무반**을 창설하였다
  → 고려 숙종 때 윤관의 건의로 여진 정벌을 위한 **신기군, 신보군, 항마군**으로 구성된 **별무반**을 조직하였다.

최근에는 몽골의 침입에 대한 고려의 대응 관련 문제가 어렵게 출제되고 있습니다!

---

16. 정답 ⑤ | 난이도 | ●●○

(가) 국가의 국가유산으로 옳지 <u>않은</u> 것은? [1점]

> **□□신문**
> 제△△호   2024년 ○○월 ○○일
>
> **'국보 순회전: 모두의 곁으로', 강진군에서 열려**
>
>
> ▲ 청자 상감 모란무늬 항아리
>
> 국립중앙박물관이 지역 간의 문화 격차를 해소하기 위해 기획한 국보 순회전이 전남 강진군에서 '도자기에 핀 꽃, 상감 청자'를 주제로 개최된다. 이번 전시에서는 청자 상감 모란무늬 항아리, 청자 상감 물가풍경무늬 매병 등 ___(가)___ 의 대표적인 국가유산인 상감 청자가 공개된다. 특히 국보 '청자 상감 모란무늬 항아리'는 왕실 자기의 전형을 보여주는 유물로 모란을 정교하고 화려하면서도 사실적으로 묘사하였다는 평가를 받는다. 전시회 관계자는 "상감 청자의 생산지였던 강진군에서 개최되어 더 큰 의미가 있다."라고 밝혔다.

지문의 핵심 키워드 ▶ 고려의 문화유산

- ✓ 상감 청자 – 도자기 표면을 파고 다른 색의 흙을 메워 무늬를 만드는 방식으로 제작된 것으로, 고려의 독창적인 청자이다.

선지별 키워드 추출

① 논산 관촉사 석조 미륵보살 입상(고려)

② 나전 국화 넝쿨무늬 합(고려)

③ 수월관음도(고려)

④ 개성 경천사지 십층 석탑(고려)

⑤ 김득신의 파적도(조선 후기)

한능검에서는 종종 최근의 역사적 이슈를 문제에 활용하기도 합니다!

---

17. 정답 ⑤

다음 가상 인터뷰의 주인공에 대한 설명으로 옳은 것은? [3점]

최근에 역옹패설을 저술하셨는데 독자들이 관심 가질 만한 내용을 소개해 주세요.

고위 관리 유청신이 원의 사신과 몽골말로 직접 대화하자 홍자번이 역관을 심하게 꾸짖었고, 이에 유청신이 부끄러워 한 일화가 실려 있습니다.

지문의 핵심 키워드 ▶ 이제현

✓ 역옹패설 - 이제현이 저술한 책으로 특정 인물의 일화 또는 민간의 이야기 등을 수록한 기록유산

선지별 키워드 추출

① 불씨잡변을 지어 불교를 비판하였다.
→ 조선의 정도전은 불교에 대해 강력히 비판한 평론서인 불씨잡변을 저술하였다.

② 정혜결사를 통해 불교 개혁에 앞장섰다.
→ 고려의 지눌은 세속화된 불교의 현실을 비판하고, 승려 본연의 모습으로 돌아갈 것을 주장하는 신앙 결사 운동인 정혜결사를 주도하였다.

③ 청방인문표를 지어 인질의 석방을 요구하였다.
→ 신라의 강수는 당나라에 붙잡힌 김인문을 석방시킬 것을 요구하는 외교 문서인 청방인문표를 작성하였다.

④ 고구려 계승 의식을 강조한 동명왕편을 지었다.
→ 고려의 이규보는 고구려 시조의 일대기를 찬양하기 위해 동명왕편을 지었다.

⑤ 만권당에서 조맹부, 요수 등의 문인들과 교유하였다.
→ 고려의 이제현은 원의 연경에 세워진 만권당에서 원의 학자들과 교류하였다.

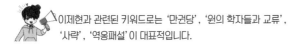
이제현과 관련된 키워드로는 '만권당', '원의 학자들과 교류', '사략', '역옹패설' 이 대표적입니다.

18. 정답 ①

(가) 지역에서 있었던 사실로 옳은 것은? [3점]

유네스코 세계 유산을 품은 도시 (가) 에 여러분을 초대합니다.

(가) 은/는 유네스코 세계 유산, 무형 문화 유산, 세계 기록 유산 등을 보유한 유서 깊은 고장입니다. 홍건적의 침입 당시 공민왕과 노국 공주가 피란했던 역사가 있는 곳이기도 합니다. 이곳에 오셔서 다양한 전통문화를 느껴 보시기 바랍니다.

추천 방문 장소

🎭 하회마을에서 하회별신굿탈놀이 관람하기

🏯 봉정사에서 우리나라에서 가장 오래된 목조 건물인 극락전 둘러보기

🏛 도산 서원에서 퇴계 이황의 학문과 일생 생각해 보기

지문의 핵심 키워드 ▶ 안동

✓ 하회마을, 봉정사, 도산서원 - 안동의 문화유산

선지별 키워드 추출

① 왕건이 고창 전투에서 견훤에게 승리하였다.
→ 고려의 왕건은 현재의 경상북도 안동에 위치한 고창에서 견훤의 군대에 승리하였다.

② 묘청이 반란을 일으키고 국호를 대위라 하였다.
→ 묘청은 서경(평양)에서 연호를 천개, 국호를 대위라 선포하며 반란을 주도하였다.

③ 흥덕사에서 금속 활자본인 직지심체요절이 간행되었다.
→ 청주 흥덕사에서는 현존하는 가장 오래된 금속 활자인 직지심체요절이 간행되었다.

④ 정중부를 비롯한 무신들이 보현원에서 정변을 일으켰다.
→ 개성 보현원에서 무신에 대한 문신들의 차별에 불만을 품은 이의방, 정중부 등이 정변을 일으켰다.

⑤ 이성계를 중심으로 한 고려군이 황산에서 왜구를 격퇴하였다.
→ 고려 우왕 때 이성계는 전라북도 남원의 황산에서 왜구의 침략을 격퇴하였다.

지역사 문제는 기출 키워드가 반복되는 경우가 상당히 많습니다!

19. 정답 ④ | 난이도 | ●●○

밑줄 그은 '임금'의 재위 시기에 있었던 사실로 옳은 것은? [2점]

> 임금이 무악에 이르러서 도읍을 정할 땅을 물색하였다. 좌시중 조준, 우시중 김사형에게 말하였다. "고려 말에 서운관에서 송도의 지덕이 이미 쇠했다는 이유로 여러 번 글을 올려 한양으로 도읍을 옮기자고 하였다. 근래에는 계룡이 도읍할 만한 곳이라 하기에 백성을 공사에 동원하여 힘들게 하였다. 이제 또 여기가 도읍할 만한 곳이라 하여 와서 보니, 유한우 등이 도리어 무악보다는 송도가 더 명당이라고 고집한다. 그대들은 도읍할 만한 곳을 서운관 관리에게 다시 보고받도록 하라."

지문의 핵심 키워드 ▶ 조선 태조(이성계)

✓ 한양으로 도읍을 옮기자고 함 - 조선 태조의 한양 천도 (1394)

선지별 키워드 추출

① 독창적 문자인 **훈민정음**이 반포되었다.
→ **조선 세종** 때 우리나라만의 고유 언어인 **훈민정음**을 반포하였다.

② 수도 방어를 위하여 **금위영**이 창설되었다.
→ **조선 숙종** 때 **국왕 호위와 도성 수비 강화**를 위해 **금위영**을 창설하여 5군영을 완성시켰다.

③ 조선의 기본 법전인 **경국대전**이 완성되었다.
→ **조선 성종** 때 육전 체제로 구성된 조선의 첫 공식 법전인 **경국대전**이 완성되었다.

④ 왕위 계승을 둘러싸고 **왕자의 난**이 발생하였다.
→ **조선 태조** 때 **이방원**(훗날 태종)이 1차 왕자의 난 (1398)을 일으켜 정도전, 이방석 등을 살해하였다.

⑤ 성삼문 등이 상왕의 복위를 꾀하다가 처형되었다.
→ 조선 세조 때 성삼문 등이 단종 복위 운동을 주도하였다.

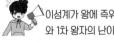
이성계가 왕에 즉위한 이후의 사건을 묻는 문제에서는 한양 천도와 1차 왕자의 난이 자주 제시됩니다.

---

20. 정답 ② | 난이도 | ●○○

(가) 기구에 대한 설명으로 옳은 것은? [2점]

이것은 비국 또는 주사라고 불린 ___(가)___ 관원들의 모임을 그린 계회도입니다. 이 그림은 ___(가)___ 이/가 상설 기관으로 자리잡기 이전, 변방의 국방 문제에 대해 논의하고 대비하기 위한 임시 기구이던 시기에 그려졌습니다. 그림의 오른쪽에는 관원들의 결의와 충절이 담긴 시가 쓰여 있습니다.

지문의 핵심 키워드 ▶ 비변사

✓ 비국 또는 주사 - 비변사를 다르게 부르는 명칭
✓ 변방의 국방 문제에 대해 논의하고 대비하기 위한 임시 기구 - 비변사의 설치 목적

선지별 키워드 추출

① 수도의 행정과 치안을 담당하였다.
→ 조선의 한성부는 수도의 행정과 치안을 담당하였다.

② 흥선 대원군이 집권한 시기에 혁파되었다.
→ 비변사는 세도 정치 시기 그 역할이 변질되었는데, 흥선 대원군 집권 이후 혁파되었다.

③ 국왕 직속 사법 기구로 반역죄 등을 다루었다.
→ 조선의 의금부는 국왕 직속의 사법 기구로서 반역죄 및 강상죄 등을 처결하였다.

④ 5품 이하의 관리 임명에 대한 서경권을 행사하였다.
→ 조선의 사헌부·사간원은 5품 이하의 관리 임명에 대한 동의 및 거부권 행사가 가능한 서경권을 행사하였다.

⑤ 도승지를 수장으로 좌승지, 우승지 등의 관직을 두었다.
→ 조선의 승정원은 정3품의 관직인 도승지, 좌승지, 우승지 등 6명의 승지가 왕명 출납을 담당하였다.

비변사는 조선 중종 때부터 흥선 대원군 집권기까지 이어져 온 기구로, 다양한 유형에서 언급될 수 있습니다!

21. 정답 ③

밑줄 그은 '이 사건'에 대한 설명으로 옳은 것은? [2점]

이곳은 이언적의 위패를 모신 경주 옥산 서원입니다. 이언적은 이른바 대윤과 소윤이라는 정치 세력 간의 갈등으로 윤임 등 대윤 세력이 탄압받은 이 사건 당시 관련자들의 처리를 두고 갈등이 생기자 스스로 관직에서 물러났습니다. 이후 양재역 벽서 사건에 연루되어 유배되었습니다.

지문의 핵심 키워드 ▶ 을사사화

✔ 대윤과 소윤이라는 정치 세력 간의 갈등으로 윤임 등 대윤 세력이 탄압받은 이 사건 – 을사사화(1545)

선지별 키워드 추출

① 김종직의 조의제문이 발단이 되었다.
→ 조선 연산군 때 김종직의 제자들이 조의제문을 사초에 실은 것이 발단이 되어 무오사화(1498)가 일어났다.

② 폐비 윤씨 사사 사건이 원인이 되었다.
→ 조선 연산군 때 성종의 계비이자 연산군의 어머니인 폐비 윤씨를 복위하는 과정에서 폐비 윤씨 사사 사건의 전말이 밝혀지며 훈구파와 사림파가 동시에 희생되는 갑자사화(1504)가 발생하였다.

③ 왕실 외척 간의 권력 다툼으로 일어났다.
→ 조선 명종 때 인종의 외척인 대윤(윤임)과 명종의 외척인 소윤(윤원형)의 대립 결과 대윤 세력이 제거되는 을사사화가 일어났다.

④ 진성 대군이 왕으로 즉위하는 결과를 가져왔다.
→ 성희안과 박원종 등은 중종반정(1506)을 일으켜 연산군을 몰아내고 진성 대군(이후 중종)을 왕으로 추대하였다.

⑤ 조광조 등이 반정 공신의 위훈 삭제를 주장하였다.
→ 조선 중종 때 조광조가 중종반정을 통해 책봉된 공신 중 일부 자격이 없는 인물들의 공신 자격을 박탈할 것을 주장하는 위훈 삭제를 건의하며 기묘사화(1519)가 발생하였다.

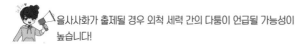
을사사화가 출제될 경우 외척 세력 간의 다툼이 언급될 가능성이 높습니다!

22. 정답 ⑤

(가), (나) 사이의 시기에 있었던 사실로 옳은 것은?

[2점]

(가) 임금이 여러 도(道)에 명을 내렸다. "나라의 운세가 매우 좋지 않아 역적 이괄이 군사를 일으켰는데, 여러 장수들이 좌시하여 수도가 함락되고 말았다. …… 예로부터 반역은 어느 시대에나 있었지만, 이처럼 극도로 흉악한 역적은 없었다. 종사와 자전*을 염려하여 남쪽으로 피란하기로 결정하였다."

(나) 정명수가 심양에 있는 소현 세자의 관소에 와서 용골대의 뜻을 전하기를, "세자가 이곳에 들어온 지가 이미 5년이 되었으니, 어찌 스스로 먹고살 길을 마련하지 않는가. 세자와 인질들에게 어찌 먹고살 식량을 늘 지급해 줄 수가 있겠는가. 경작할 땅을 주어 내년부터 각자 농사를 지어 먹도록 함이 마땅하다."라고 하였다.   *자전(慈殿): 임금의 어머니

지문의 핵심 키워드 ▶ 이괄의 난, 병자호란 이후

✔ (가) 역적 이괄이 군사를 일으킴 – 이괄이 인조반정 이후 공신 책봉에 불만을 품고 반란을 일으킨 사건(1624)

✔ (나) 심양에 있는 소현 세자, 용골대 – 소현 세자는 병자호란(1636) 직후 심양으로 끌려가 용골대의 감시를 받음

선지별 키워드 추출

① 정문부가 길주에서 의병을 이끌었다.
→ 조선 선조 때의 임진왜란(1592) 당시 정문부는 함경도 길주에서 왜군을 방어하는 북관 대첩을 주도하였다.

② 삼수병으로 구성된 훈련도감이 설치되었다.
→ 임진왜란 당시 일본의 조총 부대에 대비하기 위해 포수, 사수, 살수로 구성된 훈련도감을 창설하였다.

③ 영창 대군이 사사되고 인목 대비가 유폐되었다.
→ 조선 광해군 때 계축옥사(1613)로 이복동생인 영창 대군이 사사되고, 계모인 인목 대비를 유폐하였다.

④ 이덕형이 구원병 요청을 위해 명에 청원사로 파견되었다.
→ 임진왜란 당시 이덕형은 명에 군사 파병을 요청하는 청원사로 파견되었다.

⑤ 김상헌 등이 남한산성에서 화의에 반대하여 항전을 주장하였다.
→ 병자호란 당시 청과의 항전을 주장한 김상헌, 윤집 등과 청과의 화의를 주장하는 최명길 등이 대립하였다.

병자호란 직후 소현 세자와 봉림 대군, 백성들은 청나라에 인질로 끌려갔습니다!

23. 정답 ③
| 난이도 | ●●○

다음 자료를 활용한 탐구 활동으로 가장 적절한 것은?
[2점]

> 좌의정 채제공이 왕에게 아뢰었다. "빈둥거리는 무뢰배가 삼삼오오 떼를 지어 스스로 상점을 개설하고 일용품을 거래하는 일이 많아졌습니다. 그들은 큰 물건에서 작은 물건까지 싼값에 억지로 사들이기 일쑤입니다. 혹 물건 주인이 말을 듣지 않으면 난전(亂廛)으로 몰아서 결박하여 형조와 한성부로 끌고 가 혹독한 형벌을 당하도록 합니다. 이 때문에 물건 주인은 본전에서 밑지더라도 어쩔 수 없이 팔고 갑니다. 그리고 무뢰배들은 제각기 가게를 벌여놓고 배나 되는 값을 받습니다. 어쩔 수 없이 사야 하는 사람은 그 가게 외에서는 물건을 구할 수 없기 때문에, 물건 값이 날마다 치솟고 있습니다."

지문의 핵심 키워드 ▶ 신해통공

✓ 체제공 – 조선 정조 때 신해통공을 건의한 인물
✓ 큰 물건에서 작은 물건까지 싼값에 억지로 사들이기 일쑤
  – 조선 후기 일부 시전 상인들이 물건을 독점하는 모습
✓ 난전(亂廛)으로 몰아서 결박 – 시전 상인들이 금난전권을 활용하여 독점적 상업 특권을 유지하는 모습

선지별 키워드 추출

① 계해약조의 체결 과정을 확인한다.
  → 조선 세종 때 대마도주와 계해약조를 체결하여 제한된 규모의 무역을 허용하였다.

② 오가작통법의 실시 목적을 파악한다.
  → 오가작통법은 상호 감시를 통한 거주지 이탈 및 절도 방지, 효율적인 조세 수취를 위해 다섯 개의 집(戶)을 하나로 묶는 제도이다.

③ 신해통공을 단행하게 된 배경을 조사한다.
  → 조선 정조 때 채제공의 건의로 육의전을 제외한 시전 상인의 금난전권이 폐지되는 신해통공이 단행되었다.

④ 토지 소유자에게 결작을 부과한 이유를 살펴본다.
  → 조선 영조 때 균역법 시행으로 부족한 조세를 보충하고자 토지 소유자에게 1결당 2두의 결작세를 부과하였다.

⑤ 풍흉에 따라 전세를 차등 부과하는 기준을 알아본다.
  → 조선 세종 때 토지의 비옥도(6등급) 및 풍흉(9등급)을 기준으로 조세를 차등 징수하는 공법을 시행하였다.

조선 정조 때 시행한 신해통공은 빈출 키워드입니다!

24. 정답 ④
| 난이도 | ●○○

밑줄 그은 '이 왕'의 재위 시기에 있었던 사실로 옳은 것은?
[2점]

> 이것은 조선과 청 사이의 경계를 나타내고자 세운 비석의 탁본입니다. 비석에 대해 자세히 설명해 주시겠어요?

> 이 비석은 국경을 분명히 하기 위해 청에서 파견한 오라총관 목극등과 이 왕이 보낸 조선의 관리들이 현지를 답사하고 세웠습니다. 비석에는 서쪽은 압록강, 동쪽은 토문강을 경계로 한다는 내용이 새겨져 있습니다.

지문의 핵심 키워드 ▶ 조선 숙종

✓ 조선과 청 사이의 경계를 나타내고자 세운 비석 – 숙종 때 조선과 청 사이의 경계를 정하고자 세운 백두산정계비

선지별 키워드 추출

① 최제우가 혹세무민의 죄로 처형되었다.
  → 흥선 대원군 집권 시기인 1864년에 동학의 초대 교주인 최제우가 처형되었다.

② 변급, 신류 등이 나선 정벌에 참여하였다.
  → 조선 효종 때 청나라의 러시아 정벌에 조총 부대를 파견하여 지원하였다.

③ 국왕의 친위 부대인 장용영이 창설되었다.
  → 조선 정조 때 국왕 호위 부대인 장용영이 서울과 수원에 설치되었다.

④ 경신환국 등 여러 차례 환국이 발생하였다.
  → 조선 숙종 때 권력을 주도하던 붕당이 급격히 교체되는 사건인 환국이 세 차례 발생하였다.

⑤ 정여립 모반 사건을 빌미로 기축옥사가 일어났다.
  → 조선 선조 때 정철 등의 서인들은 정여립의 반란 혐의를 빌미로 동인 출신 인사들을 처형하는 기축옥사를 주도하였다.

조선 숙종 때 건립된 백두산정계비는 조선의 외교 관계를 파악하는 문제로도 출제될 수 있습니다!

25. 정답 ②　　　　　　　　　　| 난이도 | ●○○

밑줄 그은 '이 인물'에 대한 설명으로 옳은 것은? [2점]

이것은 이 인물이 제주도 유배지에서 부인에게 보낸 한글 편지입니다. 편지에는 유배 생활의 곤궁함과 함께 위독한 부인에 대한 걱정과 그리움이 담겨 있습니다. 독창적인 서체로 유명한 이 인물은 유배지에서 세한도를 그리기도 하였습니다.

지문의 핵심 키워드 ▶ 김정희

- ✓ 독창적인 서체로 유명 – 김정희는 추사체를 창안함
- ✓ 세한도 – 김정희가 제주도 유배 당시 자신의 제자가 책을 구해다 준 답례로 그려준 그림

선지별 키워드 추출

① 기대승과 사단칠정 논쟁을 전개하였다.
→ 이황은 기대승과 성리학의 해석을 놓고 8년 동안 학문적인 논쟁을 전개하였다.

② 북한산비가 진흥왕 순수비임을 고증하였다.
→ 김정희는 금석학에 대한 연구와 고대의 비문을 판독하여 북한산비가 진흥왕 순수비임을 고증하였다.

③ 양명학을 연구하여 강화학파를 형성하였다.
→ 정제두는 양명학을 연구하여 강화도에 강화학파를 형성하였다.

④ 청으로부터 시헌력을 도입하자고 건의하였다.
→ 김육은 태음력과 태양력의 원리를 적용하여 24절기와 하루의 시각을 정밀하게 계산한 역법인 시헌력의 도입을 건의하였다.

⑤ 열하일기에서 수레와 선박의 사용을 강조하였다.
→ 박지원은 청나라를 방문한 이후 열하일기를 저술하였다.

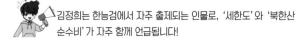

김정희는 한능검에서 자주 출제되는 인물로, '세한도'와 '북한산순수비'가 자주 함께 언급됩니다!

---

26. 정답 ②　　　　　　　　　　| 난이도 | ●○○

다음 가상 대화가 이루어진 시기에 볼 수 있는 모습으로 적절하지 <u>않은</u> 것은? [2점]

며칠 전 주상께서 각 궁방과 중앙 관청에 소속된 노비를 모두 양민으로 삼고, 노비 문서를 거두어 불태우라고 명하셨다는군.

나도 들었네. 선왕께서 노비 추쇄관을 혁파하셨는데, 그 뜻을 이어받으신 것 아니겠는가.

지문의 핵심 키워드 ▶ 조선 후기의 사회 모습

- ✓ 각 궁방과 중앙 관청에 소속된 노비를 모두 양민으로 삼고, 노비 문서를 거두워 불태우라고 명함 – 조선 순조 때 시행된 공노비 해방(1801)

선지별 키워드 추출

① 담배 농사를 짓는 농민
→ 조선 후기에는 벼농사 이외에도 담배, 면화, 인삼 등 다양한 상품 작물을 재배하였다.

② 염포 왜관에서 교역하는 상인
→ 조선 전기에는 일본에 염포, 제포, 부산포를 개항하였다.

③ 세책가에서 춘향전을 빌리는 부녀자
→ 조선 후기에는 춘향전, 흥부전 등의 한글 소설이 유행하였다.

④ 관청에 필요한 물품을 납품하는 공인
→ 조선 후기 대동법의 시행으로 기존의 공납을 대신 담당하는 어용 상인인 공인이 등장하였다.

⑤ 송파장에서 산대놀이 공연을 벌이는 광대
→ 조선 후기에는 탈춤, 판소리 등의 서민 문화가 확산되었다.

조선의 순조와 관련한 키워드로는 '공노비 해방', '신유박해', '홍경래의 난'이 대표적입니다!

밑줄 그은 '이 시기'에 있었던 사실로 옳은 것은?   [2점]

> 이 우표 속 그림은 국왕의 혼인을 축하하기 위해 거행된 진하례 모습을 그린 궁중 행사입니다. 그림에 보이는 왕실 행사의 화려함과는 달리 안동 김씨 등 외척 세력이 세 왕에 걸쳐 60여 년 동안 권력을 잡은 <u>이 시기</u>에는 국왕의 실권이 많이 위축되었습니다.

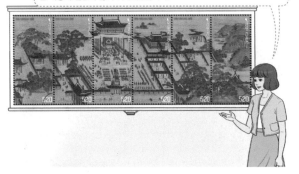

지문의 핵심 키워드 ▶ 세도 정치기의 사회 모습

✔ 안동 김씨 등 외척 세력이 세 왕에 걸쳐 60여 년 동안 권력을 잡은 이 시기 - 세도 정치기

선지별 키워드 추출

① 어영청을 중심으로 북벌이 추진되었다.
→ 효종 때 어영청을 개편하고 북벌을 추진하였으나 실현되지는 못하였다.

② 윤지충 등이 처형된 신해박해가 일어났다.
→ 정조 때 천주교 신자인 권상연, 윤지충 등이 조상의 신주를 불태우고 제사를 거부하였다는 이유로 처형되는 신해박해(1791)가 발생하였다.

③ 이필제가 영해 지역을 중심으로 난을 일으켰다.
→ 고종 때 동학교도인 이필제는 2대 교주인 최시형과 함께 동학 세력을 모아 영해 지역에서 봉기하였다.

④ 경복궁 중건 비용 마련을 위해 당백전이 발행되었다.
→ 흥선 대원군은 왕실의 권위 회복을 위해 경복궁을 중건하고자 당백전을 발행하고 원납전을 징수하였다.

⑤ 삼정의 문란을 해결하기 위해 삼정이정청이 설치되었다.
→ 철종 때 임술 농민 봉기가 발생하자 안핵사로 파견된 박규수는 삼정의 문란을 해결하기 위한 삼정이정청의 설치를 건의하였다.

 세도 정치기의 사회상을 묻는 문제를 풀기 위해서는 이 시기에 발생한 반란 사례부터 암기하는 것이 중요합니다!

(가) 사건 이후에 일어난 사실로 옳은 것은?   [1점]

> 3년 전 우리나라에서 전시한 어재연 장군의 수자기를 찍은 사진이야. 어재연 장군은 미군이 강화도를 침략한 (가) 당시 광성보에서 항전하였어.

> 맞아. 이 수자기는 그때 빼앗겼다가 많은 노력 끝에 대여 형식으로 들어와 실물을 볼 수 있었지. 안타깝게도 지금은 미국으로 다시 돌아가 언제 돌아올 수 있을지 모른다고 해.

지문의 핵심 키워드 ▶ 신미양요

✔ 어재연 장군 - 신미양요 당시 활약한 인물
✔ 미군이 강화도를 침략 - 신미양요(1871)

선지별 키워드 추출

① 의궤를 비롯한 외규장각 도서가 약탈당하였다.
→ 1866년에 발생한 병인양요 때 프랑스군은 강화도의 외규장각에서 의궤를 비롯한 여러 도서를 약탈하였다.

② 홍경래 등이 난을 일으켜 정주성을 점령하였다.
→ 조선 순조 때인 1811년에 발생한 홍경래의 난으로 청천강 이북의 정주성이 점령당하였다.

③ 종로를 비롯한 전국 각지에 척화비가 건립되었다.
→ 흥선 대원군은 1871년에 서양과의 통상 수교 반대 의지를 천명하는 척화비를 전국에 건립하였다.

④ 제너럴셔먼호가 대동강 유역에서 통상을 요구하였다.
→ 1866년에 미국 상선인 제너럴셔먼호가 대동강에서 통상 수교를 요구하며 난동을 부리자, 박규수와 평양의 백성들이 제너럴셔먼호를 격침시켰다.

⑤ 황사영이 외국 군대의 출병을 요청하는 백서를 작성하였다.
→ 신유박해 발생 직후인 1801년에 황사영은 베이징의 프랑스 선교사에게 출병을 요청하는 백서를 보내려 하였다.

 프랑스, 미국 등 여러 외세의 잦은 침입 이후 척화비가 건립되었음을 기억해야 합니다!

29. 정답 ④ | 난이도 | ●●●

(가), (나) 조약 사이의 시기에 볼 수 있는 모습으로 가장 적절한 것은?   [3점]

> (가) 부산항에서 일본국 인민이 통행할 수 있는 도로 이정(里程)은 부두로부터 기산하여 조선 이법(里法)으로 동서남북 직경 10리로 정한다. 동래부는 이정 밖에 있지만 특별히 왕래할 수 있다. 일본국 인민은 마음대로 통행하며 조선 토산물과 일본국 물품을 사고팔 수 있다.
>
> (나) 통상 지역에서 조선 이법 100리 이내, 혹은 장래 양국 관원이 서로 의논하여 정하는 경계 안에서 영국 인민은 여행증명서 없이 마음대로 돌아다닐 수 있다. 여행증명서를 지닌 영국 인민은 조선 각지를 돌아다니며 통상하거나, 각종 화물을 들여와 팔거나(단, 조선 정부가 불허한 서적·인쇄물 등은 제외), 일체 토산물을 구매할 수 있다.

지문의 핵심 키워드 ▶ 조일 수호 조규 부록, 조영 수호 통상 조약

✓ (가) 부산항에서 일본국 인민이 통행할 수 있는 도로, 동서 남북 직경 10리로 정함 – 조일 수호 조규 부록 규정(1876)

✓ (나) 영국 인민은 여행증명서 없이 마음대로 돌아다님 – 조영 수호 통상 조약 규정(1883)

선지별 키워드 추출

① 거문도를 불법으로 점거하는 영국 군인
→ 영국은 1885년에 러시아의 남하 정책 견제를 위해 거문도를 약 3년 동안 불법으로 점령하였다.

② 남연군 묘의 도굴을 시도하는 독일 상인
→ 독일 상인인 오페르트는 1868년에 흥선 대원군의 아버지인 남연군 묘를 도굴하려다 발각되었다.

③ 부산 절영도의 조차를 요구하는 러시아 공사
→ 러시아는 1897년에 대한 제국에게 절영도를 빌려줄 것을 요구하였다.

④ 조청 상민 수륙 무역 장정을 체결하는 청 관리
→ 조선은 임오군란 이후인 1882년에 청과 조청 상민 수륙 무역 장정을 체결하였다.

⑤ 톈진 조약에 따라 조선에서 철수하는 일본 군인
→ 갑신정변 이후인 1885년에 일본과 청은 톈진 조약을 체결하여 양국 군대의 조선 파견 및 철수를 상호 알릴 것을 규정하였다.

 조선은 대체로 동양 국가와 먼저 조약을 맺고 이후 서양 국가와 조약을 체결하였습니다!

해품사의 시사점 풀이   29번

이번 회차의 흐름형, 지역사 유형은 중요한 기출 경향을 보여줍니다!

해품사의 문제 첫인상

1. (가), (나) 모두 어려운 내용이 출제되었군!
2. (가)는 조일 수호 조규 부록인데, (나)는 공무원 시험에 나올 내용이 아닌가?
3. 그래도 (가)에서 일본, (나)에서는 영국(서양)이 언급되었으니, 이를 바탕으로 유추해야겠다!

해품사의 "대처 방법"

✓ 제시된 조약을 파악하기 어렵다면 최소한 체결 국가라도 알아내는 것이 중요합니다!
→ 제시된 내용을 통해 최소한 (가)는 일본, (나)는 영국과 체결한 사실을 알 수 있습니다!

✓ 제시된 내용을 정확히 파악하기 어렵다면, 유사한 사례를 떠올려 보는 것도 도움이 됩니다.
→ 영국과 체결한 조약은 정확히 모르겠으나, 미국과 체결한 조미 수호 통상 조약이 서양과 맺은 최초의 근대적 조약이므로 그 이후 시기임을 대략적으로 유추할 수 있습니다!

✓ 이렇게 정확한 연도를 모르더라도 대략적인 시기를 파악하면 문제 풀이가 가능합니다!
→ 조선은 대체로 우선 동양의 국가들과 먼저 조약을 체결한 이후 서양과 국교를 맺었으므로, 동양의 국가와 체결한 조청 상민 수륙 무역 장정을 다룬 4번이 정답!

30. 정답 ①

| 난이도 | ●●●

(가)에 대한 설명으로 옳은 것은?　　　　　[2점]

지문의 핵심 키워드 ▶ 처용무

✔ 궁중 무용 중 유일하게 사람 형상의 가면을 쓰고 추는 춤
　- 처용무의 특징

선지별 키워드 추출

① 처용 설화를 바탕으로 하였다.
　→ 처용무는 동해 용왕의 아들인 처용이 역신(천연두를 옮기는 신)으로부터 아내를 구했다는 설화에서 유래하였다.

② 종묘에서 행하는 제향 의식이다. ✎ 헷갈리기 쉬운 선지!
　→ 종묘 제례는 종묘에서 역대 왕과 왕비의 신주를 모시고 제사를 지내는 제향 의식이다.

③ 부처의 영취산 설법 모습을 재현하였다.
　→ 영산재는 석가모니가 영취산에서 불교의 진리를 가르치는 모습을 재현한 것이다.

④ 창과 아니리, 너름새 등으로 구성되었다.
　→ 판소리는 크게 창(노래), 아니리(말), 너름새(몸짓) 등으로 구성된다.

⑤ 양반, 파계승 등을 풍자하는 내용이 담겨 있다. ✎ 헷갈리기 쉬운 선지!
　→ 탈춤은 양반 및 파계승 등 특정 권력 계층이나 사회를 풍자하는 내용을 담고 있다.

 국가유산 문제의 경우 여러 국가유산의 성격과 특징, 의의를 구별하여 암기하는 것이 중요합니다!

해품사의 시사점 풀이　30번

고난도 개념이 언급된 유형, 소거법을 최대한 활용해 봅시다!

해품사의 문제 첫인상

1. 심화편이 개편된 이후 무형 문화유산에 대해 출제한 사례가 있었나?
2. 아무리 내용을 분석하더라도 처용무라는 키워드를 수험생이 직접 도출하는 것은 어려울 것 같다!
3. 그렇다면 최대한 어색하거나 아닐 것 같은 사례를 소거하여 접근해야겠다!

해품사의 "대처 방법"

✔ 국가유산에 관한 문제의 경우 제시된 국가유산의 특징을 우선적으로 파악하는 것이 중요합니다!
　→ 문제에서 '궁중 무용', '악귀를 물리치는' 등이 힌트로 제시되었습니다.

✔ 힌트를 보고 가장 어색한 선지부터 소거해 보세요!
　→ 2번 종묘 제례는 제사 의식이므로 악귀를 물리친다는 내용과 맞지 않고, 양반을 비판하는 내용이 담긴 탈춤은 궁중이 아닌 민간에서 이루어진 것이므로 맞지 않습니다!
　→ 문제에서 불교와 관련된 내용이 확인되지 않으므로 3번도 맞지 않고, 4번의 판소리와도 관계가 없으므로 유일하게 남은 선지인 1번이 정답!

31. 정답 ③

밑줄 그은 '개혁'의 내용으로 옳은 것은?　　　　[2점]

어제 발행된 관보를 보았는가? 지난 8월 국모 시해 사건 이후 김홍집 내각에서 추진한 개혁의 일환으로 태양력을 시행한다더니, 그에 맞추어 연호를 새로 정하라는 조칙이 내려졌군.

그래서 내일부터 양력 1월 1일이 시작되고, 새로운 연호는 건양으로 정해졌다고 하네.

지문의 핵심 키워드 ▶ 을미개혁

✔ 국모 시해 사건 이후 김홍집 내각에서 추진한 개혁 – 을미개혁(1895)

✔ 태양력 – 을미개혁 때 채택된 역법

✔ 건양 – 을미개혁 때 채택된 연호

선지별 키워드 추출

① 양전 사업을 실시하여 **지계를 발급**하였다.
　→ **대한 제국**은 광무개혁 때 근대적인 토지 조사를 위해 **양전 사업**을 실시하고 토지 증명 문서인 **지계를 발급**하였다.

② **지방 행정 구역을 8도에서 23부로 개편**하였다.
　→ **제2차 갑오개혁** 때 조선의 지방 행정 구역을 기존 8도에서 23부로 개편하였다

③ 군제를 개편하여 **친위대와 진위대를 설치**하였다.
　→ **을미개혁** 때 근대식 군제 개편을 단행하여 왕궁의 경비를 담당하는 **친위대**와 지방의 질서 유지 및 변방 수비를 담당하는 **진위대**를 설치하였다.

④ 공사 노비법을 혁파하고 과부의 재가를 허용하였다. ✎ 헷갈리기 쉬운 선지!
　→ **제1차 갑오개혁** 때 공사 노비법을 혁파하고 **과부의 재가**가 허용되었다.

⑤ 교육의 기본 방향을 제시한 **교육 입국 조서를 반포**하였다.
　→ **제2차 갑오개혁** 때 근대식 사범 학교에 대한 관제인 교육 입국 조서를 반포하였다.

 제시된 내용의 시기를 정확하게 파악하기 어려울 경우, 선지를 최대한 소거하여 풀이할 수 있습니다!

32. 정답 ①

(가) 기구를 통해 추진된 정책으로 옳은 것은?　　　　[2점]

이곳은 기기창 건물 중 하나인 번사창입니다. 강화도 조약 체결 이후 정부는 국내외 정세에 대응하고 개화 정책을 총괄하기 위한 기구로 　(가)　을/를 설치하였습니다. 이 기구의 건의로 청에 파견된 영선사 일행에 유학생을 포함시켜 근대 문물을 배워 오도록 하였습니다. 이러한 노력의 영향으로 설치된 근대적 무기 공장이 바로 기기창이었습니다.

지문의 핵심 키워드 ▶ 통리기무아문

✔ 국내의 정세에 대응하고 개화 정책을 총괄하기 위한 기구 – 통리기무아문

선지별 키워드 추출

① **별기군을 창설**하였다.
　→ **통리기무아문** 설치 이후 기존의 5군영을 2영으로 개편하였으며, 신식 군대인 **별기군**을 창설하였다.

② **원수부를 설치**하였다.
　→ **대한 제국**은 황제 직속의 군 통수 기구인 원수부를 설치하였다.

③ **대전통편을 편찬**하였다.
　→ **조선 정조** 때 기존의 **경국대전**, **속대전** 등을 통합하여 **대전통편**을 편찬하였다.

④ **신문지법을 공포**하였다.
　→ **일제**는 1907년에 **국내**에서 간행되는 신문의 관리와 탄압을 위해 **신문지법**을 제정하였다.

⑤ **서당 규칙을 제정**하였다.
　→ **일제**는 서당 탄압을 위해 1918년에 서당 교육을 통제하는 법인 서당 규칙을 제정하였다.

 통리기무아문 설치와 별기군 창설은 대표적인 짝꿍 키워드로 기억하세요!

33. 정답 ④ | 난이도 | ●●○

(가) 신문에 대한 설명으로 옳은 것은? [1점]

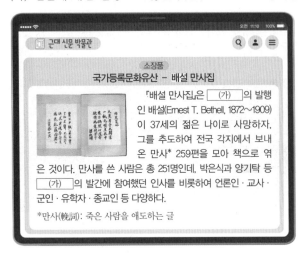

소장품
국가등록문화유산 – 배설 만사집

『배설 만사집』은 (가) 의 발행인 배설(Ernest T. Bethell, 1872~1909)이 37세의 젊은 나이로 사망하자, 그를 추도하여 전국 각지에서 보내온 만사* 259편을 모아 책으로 엮은 것이다. 만사를 쓴 사람은 총 251명인데, 박은식과 양기탁 등 (가) 의 발간에 참여했던 인사를 비롯하여 언론인·교사·군인·유학자·종교인 등 다양하다.

*만사(輓詞): 죽은 사람을 애도하는 글

지문의 핵심 키워드 ▶ 대한매일신보

✓ 배설 – 대한매일신보를 창간한 외국인 베델의 한국식 이름
✓ 양기탁 – 대한매일신보를 창간한 인물

선지별 키워드 추출

① 박문국에서 발행하였다.
→ 한성순보는 근대식 신문 발행 기구인 박문국에서 발행된 최초의 근대식 신문으로, 순한문으로 발행되었다.

② 브나로드 운동을 주도하였다.
→ 동아일보는 1930년대에 농촌 계몽을 목적으로 '배우자 가르치자, 다 함께 브나로드'를 구호로 내세운 브나로드 운동을 주도하였다.

③ 여권통문을 처음 게재하였다.
→ 여권통문은 우리나라 최초의 여성 인권 선언으로, 황성신문이 처음으로 게재하였다.

④ 국채 보상 운동을 지원하였다.
→ 대한매일신보는 서상돈, 김광제 등의 발의로 시작된 국채보상운동을 지원한 대표적인 신문이다.

⑤ 순한글판으로 발행된 최초의 신문이었다.
→ 서재필이 1896년에 창간한 독립신문은 우리나라 최초의 순한글 신문으로 외국인을 위한 영문판도 발행하였다.

 개항기의 신문 중 외국인이 창간자로 참여한 신문은 대한매일신보가 유일합니다!

34. 정답 ③ | 난이도 | ●○○

(가) 단체의 활동으로 옳은 것은? [2점]

독립문 주춧돌 놓는 예식을 독립 공원 부지에서 열었다. …… 회장 안경수 씨가 연설하기를, " (가) 이/가 처음에 시작할 때 단지 회원이 네다섯 명이더니 오늘날 회원은 수천 명이다. 조선 인민들이 나라가 독립되는 것을 좋아하기에 심지어 궁벽한 시골에 사는 인민 중에서 독립문 세우는 데 돈을 보조하는 사람들이 있으며, 외국 사람 중에서도 돈 낸 사람들이 많이 있었다. 이것을 보면 조선 사람들도 오늘부터 조선에서 모든 일을 (가) 하듯이 시작하여 모두 합심하기를 바란다."라고 하였다.

지문의 핵심 키워드 ▶ 독립 협회

✓ 독립문 – 독립 협회가 자주 독립을 표방하고 청에 대한 사대 관계 청산을 목적으로 세운 문

선지별 키워드 추출

① 고종 강제 퇴위 반대 운동을 전개하였다.
→ 대한 자강회는 고종의 강제 퇴위 및 순종의 황제 즉위를 반대하는 운동을 전개하였다.

② 일제의 황무지 개간권 요구를 저지시켰다.
→ 보안회는 일제의 황무지 개간권 요구를 저지시켰다.

③ 중추원 개편을 통한 의회 설립을 추진하였다.
→ 독립 협회가 발표한 헌의 6조에서는 중추원에 대한 개편을 통한 의회 설립 운동을 추진하였다.

④ 대성 학교를 설립하여 민족 교육을 실시하였다.
→ 신민회 출신 간부인 안창호는 대성 학교를 설립하여 민족 교육을 실시하였다.

⑤ 독립운동 자금 마련을 위해 독립 공채를 발행하였다.
→ 대한민국 임시 정부는 독립운동 자금을 마련하기 위해 독립 공채를 발행하였다.

 독립 협회와 관련한 문제에서는 '독립문', '독립신문' 등의 키워드가 자주 언급됩니다!

35. 정답 ⑤ | 난이도 | ●○○

밑줄 그은 '사업'에 대한 탐구 활동으로 가장 적절한 것은? [2점]

화폐로 보는 한국사

백동화(白銅貨)는 전환국에서 발행한 액면가 2전 5푼의 동전이다. 당시 재정 궁핍으로 본위 화폐인 은화는 거의 주조되지 않았고, 보조 화폐인 백동화가 주로 제조되어 사용되었다. 러일 전쟁 중에 재정 고문으로 임명된 메가타 다네타로의 주도하에 전환국을 폐지하고 백동화와 엽전을 일본 제일은행권으로 교환하는 사업을 추진하면서, 백동화의 발행이 중단되었다.

지문의 핵심 키워드 ▶ 화폐 정리 사업

✓ 백동화 - 화폐 정리 사업 때 교환의 대상이 된 화폐
✓ 재정 고문으로 임명된 메가타 - 화폐 정리 사업은 제1차 한일 협약 때 파견된 재정 고문인 메가타의 주도로 이루어짐

선지별 키워드 추출

① 군국기무처의 활동을 조사한다.
→ **군국기무처**는 청·일 전쟁 시기 관제 개혁을 위해 설치한 기구로, **제1차 갑오개혁**을 위한 여러 의결사항이 논의되었다.

② 당오전이 발행된 배경을 파악한다.
→ 당오전은 1883년부터 조선 정부에서 **재정난을 해결하기 위해 발행**한 화폐이다.

③ 삼국 간섭이 발생한 원인을 분석한다.
→ 청·일 전쟁 이후 일본은 청과, **시모노세키 조약을 체결**하며 랴오둥 반도를 할양받았는데, 일본의 영향력 확대를 우려한 **독일, 러시아, 프랑스가 일본에게 랴오둥 반도를 청에 반환**할 것을 요구하였다.

④ 대한 광복회가 결성된 목적을 살펴본다.
→ 대한 광복회는 1915년에 **박상진이 대구에서 결성**한 독립 운동 단체로, 군대식 조직을 갖춘 비밀 결사로서 무장 투쟁을 통한 독립 운동을 추구하였다.

⑤ 제1차 한일 협약 체결의 영향을 알아본다.
→ **화폐 정리 사업은 제1차 한일 협약**에 따라 국내에 파견된 재정 고문인 일본인 **메가타가 주도**하였다.

 화폐 정리 사업이 출제되면, '백동화' 와 '메가타' 가 언급될 가능성이 높습니다!

36. 정답 ① | 난이도 | ●●○

(가) 지역에서 일어난 민족 운동에 대한 설명으로 옳은 것은? [3점]

이 문서는 일제에 협력하는 것을 방지한다는 명분으로 (가) 의 한인들을 중앙아시아로 강제 이주시키라는 명령서이다.

1937년에 소련 공산당 서기장 스탈린이 승인한 이 명령의 시행으로 블라디보스토크를 포함한 (가) 의 한인 10만 명 이상이 우즈베키스탄, 카자흐스탄 등지로 강제 이주당하였다.

지문의 핵심 키워드 ▶ 연해주 지역의 국외 독립운동

✓ (가)의 한인들을 중앙아시아로 강제 이주 - 소련의 스탈린이 제2차 세계대전 발발 직전 연해주 지역의 한인들을 강제 이주시켰음

선지별 키워드 추출

① 권업회를 조직하고 신문을 발행하였다.
→ **연해주 지역의 신한촌**에서는 **최재형**이 항일 독립운동 단체인 **권업회를 조직**하고 **권업신문을 발행**하였다.

② 한인 자치 기구인 경학사를 설립하였다.
→ 이상룡 등은 **서간도 지역**에 독립 운동 단체이자 한인 자치 기구인 **경학사**를 설립하였다.

③ 유학생을 중심으로 2·8 독립 선언서를 발표하였다.
→ **도쿄의 유학생**들은 2·8 독립 선언서를 발표하여 독립 운동을 주도하였고, 이는 국내에서 발생한 3·1 운동에 영향을 주었다.

④ 독립군 양성을 위해 대조선 국민 군단을 결성하였다.
→ **미국 하와이**에서 **박용만**은 **대조선 국민군단**을 창설하고 군사를 양성하였다.

⑤ 서전서숙과 명동 학교를 설립하여 민족 교육을 실시하였다.
→ **북간도 지역**에서 이상설은 서전서숙, 김약연은 **명동 학교**를 설립하여 민족 교육을 실시하였다.

스탈린의 한인 강제 이주 정책은 대표적인 기출 키워드입니다!

37. 정답 ②　　　　　　　　　　| 난이도 | ●○○

(가) 인물의 활동으로 옳은 것은?　　　　　[1점]

신간 도서 소개

동양 평화론

"슬프도다! 천만 뜻밖에도 일본이 승리한 이후에 가장 가깝고 친하며 어질고 약한, 같은 인종인 한국을 억눌러 강제로 조약을 맺었다."

□(가)□ 은/는 뤼순 감옥에서 사형 집행을 눈앞에 두고 온 힘을 다해 동양 평화론을 집필하였다. 안타깝게도 그는 원고를 완성하지 못하고 형장의 이슬로 사라졌지만, 국가 간의 평등과 상호 협력으로 평화를 이룩하자는 그의 주장은 오늘날에도 시사점을 준다.

미완의 원고, 책으로 출간

지문의 핵심 키워드 ▶ 안중근

✓ 동양 평화론 - 안중근이 감옥에서 남긴 저서

선지별 키워드 추출

① 명동 성당 앞에서 **이완용을 습격**하였다.
→ **이재명**은 **명동 성당**에서 을사 5적의 대표 인물인 **이완용**에게 중상을 입혔다.

② 하얼빈에서 **이토 히로부미를 사살**하였다.
→ 안중근은 동양의 평화를 위협하는 주요 원인을 제공한 인물이 **이토 히로부미**라고 판단하여 하얼빈에서 이토 히로부미를 저격, 사살하였다.

③ 타이중에서 **일본 육군 대장을 저격**하였다.
→ **조명하**는 타이완에서 일본 육군 대장인 구니노미야를 저격하였다.

④ 샌프란시스코에서 **D.W.스티븐스를 처단**하였다.
→ **장인환과 전명운**은 샌프란시스코에서 친일 미국 인사인 스티븐스를 저격하였다.

⑤ 서울역에서 신임 총독의 **마차에 폭탄을 투척**하였다.
→ **강우규**는 서울역에서 사이토 마코토 총독에게 폭탄을 투척하였다.

안중근은 대표적인 빈출 인물로, 주로 '동양평화론'과 '하얼빈에서의 이토 히로부미 저격' 내용이 제시됩니다.

---

38. 정답 ⑤　　　　　　　　　　| 난이도 | ●●●

밑줄 그은 '시기'의 사회 모습으로 가장 적절한 것은?　　　　　[2점]

개성에서 청년 두 명이 웃통을 벗고 일하다가 순사에게 발견되어 태형에 처해졌다는 신문 기사입니다. 일제가 조선 태형령을 시행한 시기에는 기사의 내용처럼 사소한 사안에도 태형이라는 가혹한 형벌이 집행되었습니다.

지문의 핵심 키워드 ▶ 무단 통치기의 사회 모습

✓ 조선 태형령 - 1910년대 무단 통치기에 조선인에게만 적용된 형벌

선지별 키워드 추출

① **육영 공원**에서 외국인 교사를 초빙하였다.
→ 1886년에 정부 주도로 최초의 공립 교육기관인 **육영 공원**이 설립되었다.

② **애국반**이 편성되어 일상생활이 통제되었다.
→ 1930년대 **민족 말살 통치 시기**에 일제는 조선인을 통제하기 위해 **애국반**을 운영하였다.

③ **조선 형평사**가 창립되어 **형평 운동**을 전개하였다.
→ 백정들은 신분 해방 이후에도 남아 있는 사회적 차별에 맞서 1923년 **조선 형평사**를 조직하고 **형평 운동**을 전개하였다.

④ 나운규가 제작한 **아리랑**이 단성사에서 개봉되었다.
→ **나운규**는 1926년 단성사에서 민족의 아픔을 담은 **영화 아리랑**을 개봉하였다.

⑤ 경복궁에서 조선 물산 공진회가 최초로 개최되었다.
→ 1915년에 일제는 대규모 박람회인 조선 물산 공진회를 경복궁에서 개최하였다.

조선 물산 공진회 개최가 경복궁에서 진행되었음을 기억하세요!

39. 정답 ② | 난이도 | ●●○

(가), (나)가 공포된 시기의 사이에 있었던 사실로 옳은 것은? [2점]

> (가) 회사령 폐지에 관한 건
> 회사령은 폐지한다.
> - 부칙
> 1. 이 영은 공포일로부터 시행한다.
> 2. 구령에 의하여 설립한 회사로 이 영 시행 당시 존재하는 것은 조선 민사령에 의하여 설립한 것으로 본다.
>
> (나) 조선 총독부 농촌 진흥 위원회 규정
> 제1조 조선의 농산어촌 진흥에 관한 방침, 시설 및 통제에 관한 중요 사항을 심의하기 위하여 조선 총독부에 조선 총독부 농촌 진흥 위원회를 둔다.
> 제3조 위원장은 조선 총독부 정무총감으로 한다.

지문의 핵심 키워드 ▶ 회사령 폐지, 농촌 진흥 운동

✓ 회사령 폐지 - 일제는 자국의 자본 침투를 용이하게 하고자 1920년에 회사령을 폐지함
✓ 조선 총독부 농촌 진흥 위원회 - 일제는 농촌 위기를 극복하고자 1932년에 농촌 진흥 운동을 추진함

선지별 키워드 추출

① 함경도에서 방곡령이 선포되었다.
→ 함경도 관찰사인 조병식은 조일 통상 장정에 근거하여 쌀의 수출을 일시적으로 금지할 것을 통보하는 방곡령을 1889년에 선포하였다.

② 조선 물산 장려회가 평양에서 창립되었다.
→ 1920년에 조만식은 평양에서 조선 물산 장려회를 창립하였다.

③ 황국 중앙 총상회의 상권 수호 운동이 전개되었다.
→ 1898년에 시전 상인들은 외국 상인으로부터 국내 상인들을 보호하는 황국 중앙 총상회를 조직하였다.

④ 유상 매수, 유상 분배를 규정한 농지 개혁법이 제정되었다.
→ 제헌 국회는 자영농을 육성하고자 1949년에 유상 매수 및 유상 분배를 규정한 농지 개혁법을 제정하였다.

⑤ 국가 총동원법을 제정하여 인력과 물자를 강제 동원하였다.
→ 일제는 전시 체제에 대비하기 위해 1938년에 조선인을 물적·인적으로 수탈하는 국가 총동원법을 제정하였다.

 회사령 폐지와 조선 관세령 폐지는 물산 장려 운동의 발생 원인입니다!

40. 정답 ③ | 난이도 | ●○○

다음 자료가 발표된 시기를 연표에서 옳게 고른 것은? [2점]

> 대학을 세운다는 일은 극히 거창하여 여간 몇 사람의 힘으로는 도저히 성취할 바가 아니므로 금일까지 실지의 운동이 일어나지 못하였던 것이라. 그러나 일이 거창하고 어렵다고 시작을 아니하면 언제까지든지 조선 사람의 대학이라는 것은 생겨볼 수가 없다. 그러므로 이번에 조선 전도의 다수한 유지를 망라하여 민중적 운동으로 될 수 있는 대로 많은 사람의 힘을 합하여 민립 대학 한 곳을 세워 보고자 이상재, 이승훈 등의 주창으로 수일 전에 민립 대학 기성 준비회를 조직하고 집행위원을 선정하였는데, 장차 각 부·군에서 다수한 발기인의 참가를 구하여 경성에서 발기회를 열고 실행 방법을 결정할 터이다.

1895	1911	1919	1924	1938	1942
(가)	(나)	(다)	(라)	(마)	
한성 사범 학교 설립	제1차 조선 교육령	3·1 운동	경성 제국 대학 개교	제3차 조선 교육령	조선어 학회 사건

지문의 핵심 키워드 ▶ 민립 대학 설립 운동

✓ 이상재, 이승훈 - 민립 대학 설립 운동을 추진한 인물
✓ 민립 대학 기성 준비회 - 민립 대학 설립 운동을 추진한 단체

선지별 키워드 추출

③ (다)
→ 민립 대학 설립 운동이 발생하자 일제는 이를 탄압하기 위한 목적으로 경성 제국 대학을 설립하였기 때문에, 흐름상 3번이 적절하다.

 2차 조선 교육령 → 민립 대학 설립 운동 → 경성 제국 대학 설립의 흐름은 반드시 암기할 필요가 있습니다!

(가) 사건 이후에 전개된 사실로 옳은 것은? [3점]

＜탐구 활동 보고서＞

○학년 ○○반 이름: ○○○

◉ 주제: (가) 에 대한 국외 반응

◉ 탐구 목적

라이징 선 석유 주식회사의 문평 공장에서 일본인 감독이 조선인 노동자를 구타한 일이 발단이 되어 일어난 일제 강점기 최대 규모의 노동 운동에 대한 국외 반응을 당시 자료를 통해 살펴본다.

◉ 자료 및 해설

이것은 재일본노총에서 (가) 을/를 조사하기 위해 변호사를 파견한다는 당시 신문 기사이다. 기사에 보도된 일본의 조선인 노동 단체뿐 아니라 중국 지역의 여러 노동 단체도 격려와 후원을 하였다.

지문의 핵심 키워드 ▶ 원산 총파업

✓ 일제 강점기 최대 규모의 노동 운동 - 원산 총파업(1929)

선지별 키워드 추출

① 동양 척식 주식회사가 설립되었다.
→ 동양 척식 주식 회사는 일제가 국내의 자본 및 토지를 침탈할 목적으로 1908년에 세운 회사이다.

② 강주룡이 을밀대 지붕에서 고공 농성을 벌였다.
→ 강주룡은 1931년에 임금 삭감 반대, 노동 조건 개선 등을 주장하며 평양의 을밀대 지붕에서 고공 농성을 벌였다.

③ 황실의 지원을 받아 **대한 천일 은행이** 창립되었다.
→ 대한 천일 은행은 일본 금융업계의 국내 진출에 대항하여 민족 자본으로 1899년에 설립된 은행이다.

④ 전국 단위의 조직인 조선 노농 총동맹이 조직되었다.
→ 노동 운동을 위해 1924년에 조선 노농 총동맹이 조직되었다.

⑤ 고율의 소작료에 반발하여 **암태도 소작 쟁의가 발생**하였다.
→ 1923년에 전남 신안에서 **암태도 소작 쟁의가 발생**하였다.

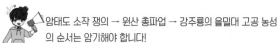

암태도 소작 쟁의 → 원산 총파업 → 강주룡의 을밀대 고공 농성의 순서는 암기해야 합니다!

(가)에 들어갈 내용으로 가장 적절한 것은? [1점]

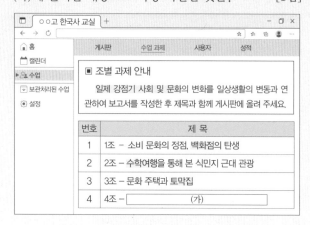

번호	제 목
1	1조 – 소비 문화의 정점, 백화점의 탄생
2	2조 – 수학여행을 통해 본 식민지 근대 관광
3	3조 – 문화 주택과 토막집
4	4조 – (가)

지문의 핵심 키워드 ▶ 일제 강점기의 사회와 문화

생략(선지분석으로 대체!)

선지별 키워드 추출

① 서양식 의료의 수용, 광혜원
→ 1885년에 미국인 선교사이자 의사 출신인 **알렌**의 건의로 최초의 근대식 병원인 광혜원이 설립되었다.

② 근대적 우편 제도의 시작, 우정총국
→ 1884년에 근대식 우편 업무를 담당하는 관청인 **우정총국**이 설치되었다.

③ 전시 통제 체제 속에서 강요된 여성복, 몸뻬
→ 1930년대 민족 말살 통치 시기에 일제는 **여성의 방공 활동 참여**와 노동력 동원을 위해 **몸뻬**라는 바지를 강제로 보급하였다.

④ 근면, 자조, 협동을 기치로 내세운 새마을 운동
→ 박정희 정부는 도시와 농촌 간의 빈부 격차를 해소하기 위해 농촌 근대화 운동인 **새마을 운동**을 추진하였다.

⑤ 상품 광고의 새로운 장을 연 컬러텔레비전 방송
→ 컬러텔레비전 방송은 전두환 정부에 이르러 처음으로 시작되었다.

문제에 제시된 키워드 중 하나만 정확히 파악해도 쉽게 풀이할 수 있는 문제입니다!

해품사의 시사점 풀이 **42번**

때로는 전체적으로, 때로는 핵심만 파악하는 전략적 풀이를 해보자!

해품사의 문제 첫인상

1. 일제 강점기의 사회와 문화라는 탐구형 문제가 출제 되었는데, 예시 사례가 매우 독특하네?
2. 전체적으로도 한능검에서 잘 다루지 않았던 내용이 제시되었군!
3. 하지만 선지를 모두 분석하니, 일제 강점기에 해당 되는 사례가 하나밖에 없구나!

해품사의 "대처 방법"

✓ 여러 주제가 동시에 제시될 경우, 우선 대주제 파악 이 제일 중요합니다!
  → 이 문제의 경우 '일제 강점기의 사회 및 문화'라 는 대주제가 대놓고 제시되었습니다!
✓ 제시된 내용을 정확히 모르더라도 핵심만 파악하면 풀이할 수 있습니다!
  → 정답에 직결되는 키워드만 파악해도 풀 수 있습 니다!
✓ 혹은 선지 분석만 제대로 한다면 정답을 쉽게 찾을 수 있습니다!
  → 3번을 제외하고는 모두 개항기 또는 현대의 사례 이므로, 유일한 일제 강점기의 사례인 3번이 정답!

43. 정답 ④ | 난이도 | ●●○

(가) 부대에 대한 설명으로 옳은 것은? [2점]

사진으로 보는 독립운동사

[해설] 이 사진은 충칭에서 열린 대한민국 임시 정부의 [(가)] 총사령부 성립 전례식 기념 사진 중 하나이 다. 사진에는 대한민국 임시 정부 주석 김구와 함께 이 부대의 총사령관인 지청천이 '광복 조국'이 쓰인 기를 들 고 있는 모습이 보인다. [(가)]은/는 영국군의 요청으 로 인도, 미얀마 전선에서 작전을 펼치는 등 활발한 활동 을 전개하였다.

지문의 핵심 키워드 ▶ 한국 광복군

✓ 인도, 미얀마 전선에서 작전 – 한국 광복군

선지별 키워드 추출

① 자유시 참변으로 세력이 약화되었다.
  → 서일의 대한 독립 군단은 연해주에서 **러시아군과 충돌** 하는 **자유시 참변**을 겪었다.

② 영릉가에서 일본군에 승리를 거두었다.
  → **조선 혁명군**은 **중국 의용군**과 연합하여 **영릉가 전투, 흥경성 전투**에서 승리를 거두었다.

③ 봉오동 전투에서 일본군을 크게 물리쳤다.
  → **대한 독립군**은 **봉오동**에서 일본군을 크게 물리쳤다.

④ 미군과 연계하여 국내 진공 작전을 준비하였다.
  → **한국 광복군**은 **미국 전략 정보국(OSS)**과 연합하여 국 내 진공 작전을 준비하였다.

⑤ 쌍성보 전투에서 한중 연합 작전을 전개하였다.
  → **한국 독립군**은 **중국 호로군**과 연합하여 **쌍성보, 대전자 령 전투**에서 승리를 거두었다.

지청천은 한국 독립군과 한국광복군의 총사령관을 모두 역임하였 습니다!

제71회 | 분석해설 **61**

44. 정답 ③　　　　　　　　　　| 난이도 | ●●○

밑줄 그은 '시기'에 볼 수 있는 모습으로 적절하지 <u>않은</u> 것은?　　　　　　　　　　　　　　　　　　[2점]

장행기
　장행기는 지원병 형식으로 끌려가는 청년을 환송하기 위해 국민 총력 조선 연맹 지부에서 만들어 준 깃발이다. 이 장행기의 주인공은 일제가 중일 전쟁을 일으키고 침략을 확대하던 <u>시기</u>에 지원병으로 끌려가 전사하였다. 장행기에는 창씨개명한 그의 일본식 이름이 적혀 있다.

지문의 핵심 키워드 ▶ 민족 말살 통치 시기

✓ 중일 전쟁 - 1937년 중국과 일본 사이에 발생한 전쟁
✓ 창씨개명 - 민족 말살 통치 시기에 일제가 한국인의 이름을 일본식으로 강제로 변경하도록 한 정책

선지별 키워드 추출

① **국방헌금** 모금에 적극 협력하는 부호
　→ 민족 말살 통치 시기 일제는 일제가 전시 체제에 대비하여 나라를 지키기 위해 개인이나 단체에게 **국방헌금**에 기여할 것을 요구하였다.

② 황국 신민 서사 암송을 강요받는 학생
　→ 민족 말살 통치 시기 일제는 **천황에 대한 충성심을 강조**한 서사의 암송을 강요하였다.

③ 원각사에서 연극 은세계를 공연하는 배우
　→ 원각사는 1908년에 건립된 **한국 최초의 서양식 사설 극장**으로, 은세계와 치악산 등의 신극을 공연하였다.

④ **내선일체**에 협력하자는 논설을 쓰는 언론인
　→ 민족 말살 통치 시기 일제는 식민 통치에 대한 미화, 전쟁 협력을 위해 **일본과 조선은 하나라는 사상(내선일체)**을 강요하였다

⑤ **국민 징용령**에 의해 강제로 동원되는 노동자
　→ 민족 말살 통치 시기 일제는 전시 체제에 대비하여 일제와 조선인들을 노동 현장에 강제로 동원하였다.

 민족 말살 통치 시기의 사회 모습과 관련된 문제가 출제되면, 주로 전쟁, 세뇌, 노역과 관련된 키워드가 언급됩니다!

---

45. 정답 ②　　　　　　　　　　| 난이도 | ●●●

다음 안내에 따라 학생이 발표한 내용으로 가장 적절한 것은?　　　　　　　　　　　　　　　　　　[3점]

　학생 여러분, 이번 시간에는 우리 고장의 유적과 기념물을 조사해서 발표하는 활동을 하겠습니다. 우리 고장은 금강 중류에 위치한 유서 깊은 도시입니다. 남한에서 최초로 발굴된 구석기 유적이 있어 선사 시대부터 우리 고장에 사람이 살았던 것을 알 수 있습니다. 또한, 삼국이 상호 경쟁하던 시기에는 백제의 수도로서 백제 중흥을 위한 노력이 전개되었던 곳으로 백제 고분을 통해 당시의 문화를 엿볼 수 있습니다. 고려 시대에는 최승로의 건의에 따라 설치된 12목 중의 하나였고, 이후 조선 시대에도 감영이 있어 지역의 중심지 역할을 하였습니다. 그리고 근대에는 동학 농민군이 관군과 일본군에 맞서 치열한 전투를 전개하는 등 외세를 물리치기 위한 민족 운동이 펼쳐지기도 하였습니다.
　그럼, 모둠별로 우리 고장의 다양한 유적과 기념물에 대해 조사한 후 알게 된 내용을 발표해 봅시다.

지문의 핵심 키워드 ▶ 충남 공주

✓ 남한에서 최초로 발굴된 구석기 유적 - 공주 석장리 유적
✓ 동학 농민군이 관군과 일본군에 맞서 치열한 전투를 전개 - 공주 우금치 전투

선지별 키워드 추출

① 갑 - 수양개 유적을 조사하여 우리 고장에 살던 **구석기인들**이 다양한 기법으로 석기를 제작했음을 알 수 있었습니다.
　→ 수양개 유적은 충청북도 단양의 **구석기 시대 유적**이다.

② 을 - 송산리 고분군의 벽돌무덤을 조사하여 **무령왕**이 중국 남조, 왜 등과 활발하게 교류했음을 알 수 있었습니다.
　→ 공주의 송산리 고분군에 위치한 **무령왕릉**은 중국 남조의 영향을 받아 **벽돌무덤**으로 축조되었다.

③ 병 - 만인의총을 조사하여 **정유재란** 당시 우리 고장의 백성들이 조명 연합군과 함께 결사 항전했음을 알 수 있었습니다.
　→ 전라북도 남원의 만인의총은 **정유재란** 당시 남원성을 지키다 전사한 **사람들을 묻은 장소**이다.

④ 정 - 만석보 유지비를 조사하여 우리 고장 농민들이 군수 조병갑의 수탈에 저항하여 봉기했음을 알 수 있었습니다.
　→ 전라북도 정읍에서 고부 농민 봉기가 발생하였다.

⑤ 무 - 아우내 3·1 운동 독립 사적지를 조사하여 유관순이 우리 고장에서 **만세 시위를 주도**했음을 알 수 있었습니다.
　→ 유관순은 3·1 운동 당시 천안의 아우내 장터에서 만세 시위를 주도했다.

 최근에는 지역명을 간접적으로 언급하는 문제가 증가하고 있습니다!

해품사의 시사점 풀이　45번

이번 회차의 흐름형, 지역사 유형은 중요한 기출 경향을 보여줍니다!

해품사의 문제 첫인상

1. 지역사 유형이 이런 식으로 장문이 출제된 적이 있었던가?
2. 기존 기출과 달리 지역을 간접적으로 언급해서 더욱 어렵군!
3. 모든 사실을 다 파악하는 것은 어렵기 때문에 핵심적인 내용만 파악해야 겠다!

해품사의 "대처 방법"

✔ 최근에는 지역명을 직접적으로 제시하지 않고 간접적으로 제시하는 경우가 있습니다!
 → 문제에 제시된 내용을 보고 바로 관련 지역을 짐작하기 어려울 수 있습니다.

✔ 지역을 특정할 수 있는 주요 키워드를 찾는 것이 중요합니다!
 → 이 문제에서는 공주 석장리, 백제 무덤, 우금치 전투가 주요 키워드라고 할 수 있습니다!

✔ 이후 선지를 보고 앞서 찾은 키워드와 연관되는 부분을 찾아봅니다!
 → 무령왕릉이 본문의 백제 무덤과 관련이 있으므로 2번이 정답!

---

46. 정답 ⑤　　　　　　　　　　| 난이도 | ●●○

(가) 전쟁 중에 있었던 사실로 옳은 것은?　　[2점]

저는 지금 부산의 재한 유엔 기념 공원 내에 있는 유엔군 전몰장병 추모명비 앞에 와 있습니다. ___(가)___ 에서 전사하거나 실종된 4만여 명의 이름을 새겨 넣어 추도와 기억의 공간으로 만든 이곳에서 평화의 가치를 생각해 보았으면 합니다.

지문의 핵심 키워드 ▶ 6·25 전쟁

✔ 유엔군 - 6·25 전쟁 당시 국군을 지원하기 위해 16개의 국가에서 파견된 군대

선지별 키워드 추출

① 애치슨 라인이 발표되었다.
 → 미 국무장관 애치슨은 1950년에 태평양 지역 방어선을 발표하였고 이때 한반도와 타이완이 제외되었다.

② 한일 기본 조약이 체결되었다.
 → 박정희 정부는 한국과 일본의 국교 회복, 유상 자금 및 무상 자금의 지원 등을 규정한 한일 기본 조약을 체결하였다.

③ 국가 보위 비상 대책 위원회가 설치되었다.
 → 전두환의 신군부는 5·18 광주 민주화 운동을 진압한 이후 통치권을 확보하기 위해 국가 보위 비상 대책 위원회를 설치하였다.

④ 김구, 김규식 등이 남북 협상에 참여하였다.
 → 김구와 김규식은 남한만의 단독 선거에 반대하며 통일 정부 수립을 위해 1948년에 평양에 방문하여 남북 협상을 추진하였다.

⑤ 비상계엄이 선포된 가운데 발췌 개헌안이 통과되었다.
 → 6·25 전쟁 중에 부산에서 발생한 정치 파동을 계기로 직선제를 규정한 개헌안이 통과되었다.

발췌 개헌은 6·25 전쟁과 함께 자주 출제됩니다!

밑줄 그은 '총선거'에 대한 설명으로 옳은 것은?　　[1점]

공보물로 본 우리나라 선거의 역사

[해설] 이것은 유엔 한국 임시 위원단의 감시하에 우리나라 최초로 실시된 총선거에 출마한 장면 후보자의 선거 공보이다. 후보자의 사진, 약력, 선거 구호 등이 보이고, 특히 자세한 투표 안내가 눈에 띈다.

지문의 핵심 키워드 ▶ 5·10 총선거

✔ 우리나라 최초로 실시된 총선거 - 5·10 총선거(1948)

선지별 키워드 추출

① 5·16 군사 정변 이후에 실시되었다.
→ 1961년 5·16 군사 정변 이후 제6대 총선이 진행되었다.

② 제헌 국회의원을 선출하기 위해 시행되었다.
→ 5·10 총선거는 국회의원을 선출하기 위해 시행된 선거이자 우리나라에서 진행된 첫 민주주의 투표이다.

③ 통일 주체 국민 회의 대의원이 투표에 참여하였다.
→ 통일 주체 국민 회의는 유신 헌법에 근거하여 1972년 설치된 헌법 기관이다.

④ 민의원, 참의원으로 구성된 양원제 국회가 탄생하였다.
→ 허정 과도 정부 때 시행된 3차 개헌에 따라 국회의원을 상원과 하원으로 나누는 양원제 국회가 탄생하였다.

⑤ 신한 민주당이 창당 한 달 만에 제1 야당이 되는 결과를 가져왔다.
→ 전두환 정부 때 진행된 제12대 총선의 결과 신한 민주당이 제1 야당으로 부상하여, 대통령 직선제를 요구하였다.

 5·10 총선거 이후 제헌 국회가 성립되었음을 알아두세요!

다음 기사가 보도된 정부 시기의 사실로 옳은 것은?
　　[3점]

□□신문

제△△호　　　　　　　　○○○○년 ○○월 ○○일

제24회 서울 올림픽 개회식이 열리다

제24회 서울 올림픽 개회식이 어제 잠실 올림픽 주경기장에서 성공적으로 열렸다. 개회식 마지막 행사에서는 주제곡 '손에 손잡고'가 울려 퍼지는 가운데 서울 올림픽 마스코트인 호돌이를 비롯하여 이전 올림픽의 마스코트들이 함께 춤추는 장면이 연출되어 동서 화합의 의미를 더했다.

12년 만에 동서 양 진영이 함께 모인 이번 대회에서는 160개국의 선수 8,000여 명이 참가하여 과거 어느 대회보다 수준 높은 경기가 펼쳐질 것으로 예상된다.

지문의 핵심 키워드 ▶ 노태우 정부

✔ 제24회 서울 올림픽 - 1988년 노태우 정부 때 개최

선지별 키워드 추출

① 국민 교육 헌장이 발표되었다.
→ 박정희 정부 때 국민의 교육 지표 방향을 제시한 국민 교육 헌장을 발표하였다.

② 3당 합당으로 민주 자유당이 창당되었다.
→ 노태우 정부는 여소야대 국회의 위기를 극복하기 위해 민주 정의당(노태우), 신민주 공화당(김종필), 통일 민주당(김영삼)을 합쳐 민주 자유당을 창당하였다.

③ 군 내부의 사조직인 하나회가 해체되었다.
→ 김영삼 정부는 12·12 사태 등을 주도한 하나회를 해체하였다.

④ 사회 정화를 명분으로 삼청 교육대가 설치되었다.
→ 전두환 정부는 사회 정화를 명분으로 군부대 내에 삼청 교육대를 설치하고 시민들을 강제로 연행하였다.

⑤ 외환 위기 극복을 위한 금 모으기 운동이 전개되었다.
→ 김대중 정부는 외환 위기를 극복하기 위해 금을 기부해 외환을 갚자는 금 모으기 운동을 전개하였다.

 '서울 올림픽'과 '3당 합당' 등의 키워드가 제시되면 노태우 정부에 관한 내용입니다!

---

49. 정답 ①

(가) 민주화 운동에 대한 설명으로 옳은 것은? [2점]

● 하계 답사 안내 ●

우리 문화원에서는 부산과 마산 지역의 시민과 학생들이 일으킨 [(가)]의 의미를 조명하는 답사를 준비하였습니다. YH 무역 사건, 야당 총재의 국회의원직 제명 등 일련의 사건으로 당시 정부에 대한 민심 이반이 가속화하는 가운데 일어난 [(가)]의 유적지를 둘러보면서 민주주의의 소중함을 되새기는 기회가 되길 바랍니다.

◈ 기간: 2024년 ○월 ○○일~○월 ○○일
◈ 답사 일정
 • 1일차: 부산대 10·16 기념관 – 국제 시장 – 부산 양서 협동조합 터
 • 2일차: 경남대 교내 기념석 – 서항 공원 – 창동 사거리
◈ 주요 답사지

| 10·16 기념관 | 서항 공원 내 기념물 |

◈ 주관: △△ 문화원

지문의 핵심 키워드 ▶ 부·마 민주 항쟁

✓ 부산과 마산 지역의 시민의 학생들이 일으킨 (가) - 부·마 민주 항쟁(1979)

선지별 키워드 추출

① 유신 체제 붕괴의 배경이 되었다.
 → 부·마 민주 항쟁으로 박정희 정권의 붕괴가 촉진되었다.

② 시민군을 조직하여 계엄군에 대항하였다.
 → 5·18 광주 민주화 운동 당시 광주 시민들은 시민군을 자발적으로 조직하여 계엄군에 저항하였다.

③ 시위 도중 김주열이 최루탄을 맞고 사망하였다.
 → 3·15 부정 선거 규탄 시위에서 김주열이 최루탄을 맞고 사망한 사건을 계기로 4·19 혁명이 발생하였다.

④ 직선제 개헌을 약속한 6·29 선언을 이끌어냈다.
 → 6월 민주 항쟁의 결과 전두환 정부는 5년 단임의 대통령 직선제 개헌을 약속하는 6·29 선언을 발표하였다.

⑤ 대통령이 하야하여 미국으로 망명하는 결과를 가져왔다.
 → 4·19 혁명의 결과 이승만이 대통령직에서 하야하였다.

 부·마 민주 항쟁은 YH 무역 사건을 계기로 신민당의 총재였던 김영삼이 제명되며 발생한 사건입니다!

50. 정답 ③

다음 연설이 있었던 정부의 통일 노력으로 옳은 것은? [2점]

노벨 위원회가 긍정적으로 평가해 준 최근의 남북 관계에 대해 몇 말씀 드리겠습니다. 저는 지난 6월에 북한의 김정일 국방위원장과 역사적인 남북 정상 회담을 가졌습니다. …… 우리의 일관되고 성의 있는 자세와 노르웨이를 비롯한 전 세계 모든 나라의 햇볕 정책에 대한 지지는 북한의 태도를 바꾸게 만들었습니다.

지문의 핵심 키워드 ▶ 김대중 정부의 통일 노력

✓ 북한의 김정일 국방위원장과 역사적인 남북 정상 회담 - 김대중 정부에서 추진된 최초의 남북 정상 회담

✓ 햇볕 정책 - 김대중 정부가 남북한의 긴장 관계 완화 및 북한의 개혁·개방을 유도하기 위해 추진한 정책

선지별 키워드 추출

① 남북 기본 합의서를 교환하였다.
 → 노태우 정부 때 상호 체제 인정 및 상호 불가침 합의 등을 규정한 남북 사이의 화해와 불가침 및 교류 협력에 관한 합의서를 채택하였다.

② 7·4 남북 공동 성명을 발표하였다.
 → 박정희 정부 때 자주·평화·민족적 대단결을 표방한 7·4 남북 공동 성명이 발표되었다.

③ 6·15 남북 공동 선언을 채택하였다.
 → 김대중 정부 때 최초의 남북 정상 회담이 개최되어 6·15 남북 공동 선언을 채택하였다.

④ 한반도 비핵화 공동 선언에 합의하였다.
 → 노태우 정부 때 핵 에너지의 평화적 이용 및 핵 재처리 시설과 우라늄 농축 시설 보유 금지 등을 규정한 한반도 비핵화 공동 선언을 발표하였다.

⑤ 남북 이산가족 고향 방문단의 교환을 최초로 실현하였다.
 → 전두환 정부 때 남북 교류 사업의 일환으로 남북 이산가족 고향 방문단의 교환을 최초로 실현하였다.

 우리나라에서 노벨 평화상을 수상한 인물은 김대중 대통령이 유일합니다!

1. 난이도

어려움

- 대부분 무난한 빈출 유형 가운데 까다로운 사료나 빈출도가 낮은 키워드를 활용한 유형들이 일부 확인됨!

- 이번 회차에서 어려웠던 유형들은 대체로 오답률이 높았던 기출 사례 또는 까다로운 키워드가 문제 또는 정답으로 제시되었음

  예) 개항기의 문물, 이승만 정부 ← 흐름 유형 등

  → 예) 김대중 정부, 노무현 정부 등

- 다른 회차에 비해 순서 나열 문제의 비중도가 높았으며, 동시에 사료도 어려운 편이었기 때문에 상당히 까다로웠다고 할 수 있음!

- 다행히 인물 관련 문제의 경우 기존 기출을 그대로 응용하여, 기출 패턴에 익숙한 수험생들은 쉽게 풀이할 수 있음!

☆ 결론: 지난 회차들과 나름 익숙한 유형을 최대한 많이 출제하려고 노력하였고, 문제 풀이를 위해 선지 소거법이 크게 중요하지 않았으나, 유형 자체보다 사료나 키워드를 어렵게 출제하여 난도를 높인 특징이 있는 회차!

합격률: 46.76%

2. 유형 분포도

1) 전근대사 비중(52%): 1번~4번, 6번~21번, 23번~27번, 31번
2) 근현대사 비중(40%): 28번~30번, 32번~47번, 49번
3) 통합사 비중(8%): 5번, 22번, 48번, 50번

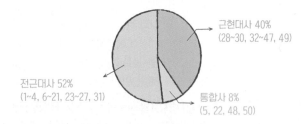

근현대사 40%
(28~30, 32~47, 49)

전근대사 52%
(1~4, 6~21, 23~27, 31)

통합사 8%
(5, 22, 48, 50)

- 도교, 우리나라의 사찰, 시대별 사회 보장 제도, 대구 및 광주 지역사

- 시대순으로 대부분 출제되었으나, 통합사 유형이 중간에 배치됨!

- 다른 회차에 비해 현대사의 비중이 매우 높은 편!

- 한눈에 보는 70회 시대별 · 주제별 유형 분포도

문항	시대	주제	문항	시대	주제
1	선사	청동기 시대	26	조선	박지원
2	선사	동예	27	조선	김홍도의 그림
3	고대	고구려 장수왕의 한성 함락 `시사점 문제`	28	개항기	병인양요 및 신미양요
4	고대	고구려 소수림왕	29	개항기	조미 수호 통상 조약
5	통합사	도교와 관련된 역사적 사실 `시사점 문제`	30	개항기	갑신정변
6	고대	원효	31	조선	덕수궁
7	고대	발해	32	개항기	정미의병
8	고대	최치원	33	개항기	경인선 개통
9	고대	원성왕 즉위 `시사점 문제`	34	일제 강점기	서간도 지역의 국외 독립운동
10	고대	후삼국의 통일 과정	35	일제 강점기	3 · 1 운동
11	고려	고려의 지방 행정	36	일제 강점기	무단 통치기의 사회상
12	고려	고려의 승려 사례	37	일제 강점기	대종교
13	고려	고려 숙종	38	일제 강점기	1920년대의 만주 지역의 독립운동
14	고려	무신 정변	39	일제 강점기	문화 통치기의 사회상
15	고려	강화 천도 및 삼별초의 항쟁	40	일제 강점기	민족 말살 통치기의 사회상
16	고려	원 간섭기의 사회상	41	일제 강점기	조소앙
17	조선	조선 태종	42	현대	남북 협상 `시사점 문제`
18	조선	김종서	43	현대	노태우 정부의 통일 노력
19	조선	조선 성종	44	현대	한 · 미 상호 방위 조약
20	조선	조광조의 주장	45	현대	7차 개헌(유신 헌법) 및 8차 개헌
21	조선	임진왜란	46	현대	김영삼 정부 `시사점 문제`
22	통합사	우리나라의 사찰 사례	47	현대	노무현 정부
23	조선	대동법	48	통합사	우리나라의 사회 보장 제도 사례
24	조선	조선 정조	49	현대	김대중 정부 `시사점 문제`
25	조선	조선 후기의 사회상	50	통합사	대구 지역사 및 광주 지역사

3. 시사점 문제 ★ 이 문제들은 뒤의 각 문제 해설에서 해품사의 시사점 풀이!

1) 3번, 42번 → 사료가 어려우면, 가장 중요한 내용부터 파악해봅시다!

2) 9번, 46번 → 이번 회차의 흐름형 유형은 까다로운 사고력을 유도하였다!

3) 5번, 49번 → 이 키워드도 문제의 핵심적인 힌트가 될 수 있다고 파악하셨나요?!

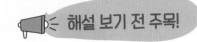

어제의 오답 선지 = 내일의 정답 선지

한능검은 역사적 사실이 아닌 것은 선지에 포함하지 않습니다. 즉, 모든 선지는 사실이죠!
기출에서 오답 선지는 이후 시험에서 언제든 정답이 될 수 있습니다.
결국 키워드를 추출하여 선지를 분석하는 것이 기출문제 공부의 핵심입니다.

1. 문제 지문의 핵심 키워드를 찾고   2. 선지별로 키워드를 추출한 후   3. 연관된 것을 찾으면 정답입니다.

이제 본격적으로 키워드 추출 훈련을 해볼까요?

제70회	정답 한눈에 보기							기출문제편 p.54	
01 ③	02 ③	03 ②	04 ①	05 ②	06 ③	07 ④	08 ③	09 ④	10 ③
11 ④	12 ③	13 ①	14 ④	15 ④	16 ③	17 ④	18 ①	19 ③	20 ③
21 ①	22 ⑤	23 ②	24 ②	25 ②	26 ④	27 ①	28 ②	29 ①	30 ③
31 ①	32 ⑤	33 ⑤	34 ①	35 ③	36 ③	37 ⑤	38 ①	39 ⑤	40 ⑤
41 ⑤	42 ⑤	43 ③	44 ②	45 ②	46 ④	47 ④	48 ⑤	49 ②	50 ②

---

1. 정답 ③ | 난이도 | ●○○

(가) 시대의 생활 모습으로 가장 적절한 것은?   [1점]

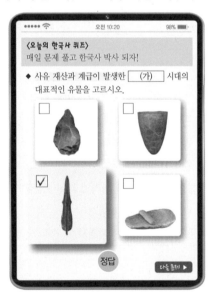

지문의 핵심 키워드 ▶ 청동기 시대

✓ 사유 재산과 계급이 발생 - 청동기 시대에 발생한 생활 방식의 변화

선지별 키워드 추출

① 철제 무기로 정복 활동을 벌였다.
 → 철기 시대 이후부터 철로 제작한 칼, 창, 화살촉 등을 활용하여 정복 활동이 이루어졌다.

② 오수전, 화천 등의 중국 화폐로 교역하였다.
 → 철기 시대에 다른 나라와 교역할 때 오수전, 화천 등의 중국 화폐를 사용하였다.

③ 많은 인력을 동원하여 고인돌을 축조하였다.
 → 청동기 시대에는 지배층의 무덤인 고인돌을 제작하였다.

④ 주로 동굴이나 강가에 막집을 짓고 거주하였다.
 → 구석기 시대에는 동굴, 바위 그늘, 막집에 살았다.

⑤ 가락바퀴와 뼈바늘을 사용하여 옷을 만들기 시작하였다.
 → 신석기 시대부터 가락바퀴와 뼈바늘을 사용해 옷을 만들어 입었다.

선사 시대의 시기별 대표 유물 사진은 구분하여 암기하여야 합니다!

2. 정답 ③ | 난이도 | ●○○

(가) 나라에 대한 설명으로 옳은 것은? [2점]

학습 내용 정리

<철기 문화를 바탕으로 성장한 여러 나라>

1. 경제 활동

나라	사료에 나타난 특징
부여	관직명에 가축 이름 사용, 명마 · 담비 가죽 생산
(가)	삼베 · 명주 생산, 특산물: 단궁 · 과하마 · 반어피
삼한	벼농사 발달, 철이 많아 낙랑 · 왜에 수출

지문의 핵심 키워드 ▶ 동예

✓ 단궁 · 과하마 · 반어피 – 동예의 대표적인 특산물

선지별 키워드 추출

① 신지, 읍차 등의 지배자가 있었다.
→ 삼한은 큰 읍락을 다스리는 군장에게는 **신지**, 작은 읍락을 다스리는 군장에게는 **읍차**라는 칭호를 부여하였다.

② 혼인 풍습으로 **민며느리제**가 있었다.
→ 옥저는 여자의 나이가 열 살이 되기 전 혼인을 약속한 뒤 신랑 집에서 기르다가, 여자가 장성하면 신랑 집에서 돈을 지불하고 아내로 삼는 **혼인 풍습**인 **민며느리제**가 유행하였다.

③ 10월에 무천이라는 제천 행사를 열었다.
→ 동예는 매년 10월에 제천 행사인 무천을 열었다.

④ 여러 가(加)들이 각각 사출도를 주관하였다.
→ 부여는 마가, 우가, 구가, 저가가 각각의 **지방 관할 구획**인 **사출도**를 다스렸다.

⑤ 제가 회의에서 나라의 중대사를 결정하였다.
→ 고구려에서는 국정의 주요 사항을 심의 및 의결하는 귀족 회의인 **제가 회의**를 개최하였다.

 동예 관련 문제에서는 특산물이 직접적인 힌트로 자주 제시됩니다.

---

3. 정답 ② | 난이도 | ●●●

다음 자료에 나타난 사건의 영향으로 가장 적절한 것은? [3점]

왕이 문주에게 일러 말하기를, "내가 어리석고 밝지 못하여 간사한 사람[도림]의 말을 믿어 이 지경이 되었다. …… 나는 마땅히 사직에서 죽겠지만, 네가 이곳에서 함께 죽는 것은 이로울 게 없다. 어찌 난을 피하여 나라의 계통을 잇지 않겠는가?"라고 하였다. …… 고구려의 대로 제우 · 재증걸루 · 고이만년 등이 북성을 공격하여 7일 만에 빼앗았다. 이동하여 남성을 공격하니 성 안 사람들이 두려워하였다. 왕이 성을 나와 도망하자, 고구려 장수 재증걸루 등이 왕을 보고 말에서 내려 절한 다음에 그 얼굴을 향해 세 번 침을 뱉고는 죄를 나열한 다음 포박하여 아차성 아래로 보내 죽였다.

지문의 핵심 키워드 ▶ 고구려 장수왕의 한성 함락

✓ 문주 – 백제 개로왕의 아들
✓ 왕을 포박하여 아차성 아래로 보내 죽임 – 고구려 장수왕의 공격(475)으로 백제 개로왕이 사망함

선지별 키워드 추출

① 고구려가 평양으로 천도하였다.
→ 고구려의 장수왕은 남진 정책을 위해 427년에 수도를 평양으로 천도하였다.

② 동성왕이 나제 동맹을 강화하였다.
→ 475년 한성을 빼앗겼던 백제는 고구려를 견제하기 위해 493년 동성왕 때 신라와 결혼 동맹을 강화하였다.

③ 고국원왕이 근초고왕의 공격을 받아 전사하였다.
→ 백제 근초고왕은 371년에 고구려의 평양성 공격을 공격하여 고구려 고국원왕을 전사시켰다.

④ 백제가 고구려를 견제하고자 북위에 국서를 보냈다.
→ 백제 개로왕은 472년에 북위에 국서를 파견하여 고구려를 견제하였다.

⑤ 신라가 왜를 격퇴하기 위해 고구려에 군사를 청하였다.
→ 신라 내물왕은 왜의 침입이 발생하자, 이를 격퇴하고자 399년에 고구려 광개토 대왕에게 군사를 요청하였다.

 장수왕의 남진 정책 → 나 · 제 동맹 체결 → 백제 한성 함락 → 나 · 제 동맹 강화의 순서를 암기하세요!

해품사의 시사점 풀이 　3번

사료가 어려우면, 가장 중요한 내용부터 파악해봅시다!

해품사의 문제 첫인상

1. 문주, 도림 등을 보니 키워드가 파악하기 쉽지 않을 것 같은데?
2. 고구려 장수에 의해 왕이 죽었다는 내용으로 유추해 볼까?
3. 고구려 군사에 의해 사망한 왕은 백제의 개로왕이므로 고구려의 한성 함락과 관련된 문제구나!

해품사의 "대처 방법"

✓ 배경지식이 많이 요구되는 내용은 건너뛰는 것을 권장합니다!
   → 사료의 모든 내용을 알기는 어렵습니다!
✓ 그렇다면 사료에서 힌트가 되는 내용을 찾아볼 필요가 있습니다!
   → 사료를 완벽히 이해할 수 없어도 고구려 군사에 의해 어떤 왕이 사망한 내용을 찾을 수 있습니다.
✓ 힌트를 바탕으로 문제를 풀어 봅시다!
   → 백제의 개로왕이 고구려 장수왕에 의해 사망했으므로, 이를 계기로 나 · 제 동맹이 강화된 내용이 담긴 2번이 정답!

4. 정답 ①　　　　　　　　　　　　| 난이도 | ●○○

(가) 왕의 재위 시기에 있었던 사실로 옳은 것은? [2점]

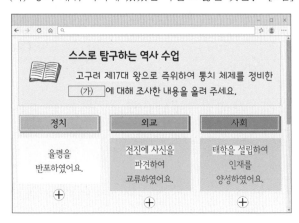

지문의 핵심 키워드 ▶ 고구려 소수림왕

✓ 고구려 제17대 왕 - 소수림왕의 재위 순서
✓ 율령을 반포, 전진에 사신 파견, 태학을 설립 - 소수림왕의 업적

선지별 키워드 추출

① 승려 순도를 통해 불교를 수용하였다.
   → 소수림왕 때 중국의 5호 16국 중 하나인 전진에서 사신과 승려 순도를 파견하여 불상과 경전을 전달하였다.

② 낙랑군을 축출하여 영토를 확장하였다.
   → 고구려 미천왕 때 요동 지역에 위치한 서안평을 점령하고, 한사군 중 하나인 낙랑군을 축출하였다.

③ 영락이라는 독자적인 연호를 사용하였다.
   → 광개토 대왕은 우리나라 역사상 최초로 독자적인 연호인 '영락'을 사용하였다.

④ 을지문덕이 살수에서 수의 군대를 물리쳤다.
   → 고구려 영양왕 때 을지문덕은 살수에서 중국의 수 양제가 파견한 군대를 격파하였다.

⑤ 이문진이 유기를 간추린 신집 5권을 편찬하였다.
   → 고구려 영양왕 때 이문진이 고구려의 역사서를 다섯 권으로 요약한 신집 5권을 편찬하였다.

 '고구려 소수림왕은 국가 부흥을 위해 몸을 불태움(불교, 태학, 율령)'으로 암기하면 쉽게 기억할 수 있습니다!

5. 정답 ②

| 난이도 | ● ● ●

강연자의 질문에 대한 청중의 답변으로 가장 적절한 것은? [2점]

화면에 보이는 고구려의 사신도와 백제 산수무늬 벽돌은 신선 사상을 기반으로 불로장생을 추구하는 이 종교의 내용이 잘 표현된 문화유산입니다. 이 종교와 관련된 역사적 사실은 무엇이 있을까요?

강서대묘 사신도 중 현무도　　산수무늬 벽돌

지문의 핵심 키워드 ▶ 도교

✓ 고구려의 사신도, 백제 산수무늬 벽돌 – 도교와 관련된 문화유산
✓ 신선 사상, 불로장생 – 도교의 사상

선지별 키워드 추출

① **간경도감**에서 경전이 간행되었습니다.
　→ 조선 세조는 불교에 대한 정책을 장려하며, 불교 경전 간행을 담당하는 기구인 **간경도감**을 설치하였다.

② 연개소문이 당에 도사 파견을 요청하였습니다.
　→ 고구려의 연개소문은 집권 이후 당에 사신을 보내 숙달 등 약 8명의 도사를 국내로 맞아들여 도교를 육성하였다.

③ 과거 시험의 교재로 **사서집주**가 채택되었습니다.
　→ **사서집주**는 유교의 기본 경전에 주석을 단 책이다.

④ 범일이 9산 선문 중 하나인 **사굴산문**을 개창하였습니다.
　→ 통일 신라 하대에는 참선과 수행을 중시하는 불교 종파인 **선종**이 국내에 전래되었으며, 이후 선종 집단인 9산 선문이 유행하며 **다양한 불교 교단이 형성**되었다.

⑤ 주요 경전의 이름이 새겨진 **임신서기석**이 만들어졌습니다.
　→ **임신서기석**은 신라 출신의 두 명의 화랑도가 유교 경전의 학습에 대한 맹세를 담은 비석이다.

 문제 및 선지의 모든 내용을 이해하지 못하더라도 '도교'와 '도사' 핵심 키워드만 파악하면 정답을 쉽게 도출할 수 있습니다!

해품사의 시사점 풀이　5번

이 키워드도 문제의 핵심적인 힌트가 될 수 있다고 파악하셨나요?!

해품사의 문제 첫인상

1. 문제에서 사신도와 산수무늬 벽돌이 제시된 것을 보니 도교와 관련된 내용이겠구나!
2. 그런데 선지를 보니 간경도감, 사서집주, 사굴산문 등 너무 어렵다!
3. 그러면 도교 관련된 사례를 찾아보자!

해품사의 "대처 방법"

✓ 문제를 풀 때 반드시 모든 내용을 알아야 할 필요는 없습니다.
　→ 사신도가 도교와 관련이 있다는 사실만 알면 됩니다!

✓ 선지에서 낯선 단어가 언급되면 건너뛰고 익숙한 내용을 찾아보세요!
　→ 어차피 모르는 내용을 잡고 있기 보다는 정답을 유추할 수 있는 다른 선지를 찾는 것이 좋습니다.

✓ 정답을 찾을 때에는 선지 속 핵심 키워드에 주목할 필요가 있습니다!
　→ 한능검은 반드시 역사적 사실만 언급하기 때문에, 연개소문이 당에 도사 파견한 사실은 전혀 모르더라도 '도교'와 '도사'만 연결하면 2번이 정답인 것을 쉽게 유추할 수 있습니다!

6. 정답 ③　　　　　　　　　　| 난이도 | ●●○

(가) 승려에 대한 설명으로 옳은 것은?　　　　[2점]

> **일체유심조**
> **모든 것은 마음먹기에 달려 있다!**
> 　우리 역사상 불교 발전에 가장 크게 이바지한 승려를 가리키는 이번 투표에서 여러분들의 현명한 선택을 기다립니다.
>
> ■ 주요 활동
> ・『금강삼매경론』, 『대승기신론소』 등 저술
> ・일심 사상과 화쟁 사상 주장
>
> 기호 ○번　　(가)

지문의 핵심 키워드 ▶ 원효

✓ 금강삼매경론, 대승기신론소 - 원효의 대표 저서
✓ 일심 사상과 화쟁 사상 - 원효의 대표 사상

선지별 키워드 추출

① 구법 순례기인 **왕오천축국전**을 남겼다.
　→ 통일 신라의 **혜초**는 인도와 중앙아시아의 국가들을 답사한 뒤 기행문인 **왕오천축국전**을 저술하였다.

② **황룡사 구층 목탑**의 건립을 건의하였다.
　→ 신라의 **자장**은 외적으로부터 나라를 지키기 위해 선덕여왕에게 황룡사 9층 목탑의 건립을 건의하였다.

③ **무애가**를 지어 불교 대중화에 기여하였다.
　→ 신라의 **원효**는 불교 대중화를 위해 불교 교리를 담은 향가인 **무애가**를 지었다.

④ **화랑도**의 규범으로 세속 5계를 제시하였다.
　→ 신라의 **원광**은 사군이충, 사친이효, 교우이신, 임전무퇴, 살생유택으로 구성된 세속 5계라는 화랑의 규율을 제시하였다.

⑤ **화엄일승법계도**를 지어 화엄 사상을 정리하였다.
　→ 신라의 **의상**은 당에서 화엄학을 공부한 뒤, **화엄일승법계도**를 지어 화엄 사상을 정리하였다.

 원효가 제시되면 '불교 대중화'라는 키워드가 함께 언급될 가능성이 높습니다!

7. 정답 ④　　　　　　　　　　| 난이도 | ●○○

(가) 국가에 대한 설명으로 옳은 것은?　　　　[1점]

> 『신라고기(新羅古記)』에 이르기를 "고(구)려의 옛 장수 조영의 성은 대씨(大氏)니 남은 군사를 모아 태백산 남쪽에서 나라를 세우고 나라 이름을 [(가)](이)라고 하였다." …… 『지장도(指掌圖)』에 보면 "[(가)]은/는 만리장성 동북쪽 모서리 밖에 있다."라고 하였다.

지문의 핵심 키워드 ▶ 발해

✓ 고(구)려의 옛 장수 조영의 성은 대씨 - 발해를 건국한 고구려 유민인 대조영에 대한 설명

선지별 키워드 추출

① 군사 조직으로 **9서당 10정**을 편성하였다.
　→ **통일 신라 신문왕** 때 군사 조직으로 중앙에 9서당, 지방에 10정을 운영하였다.

② **정사암**에 모여 국가 중대사를 논의하였다.
　→ **백제**는 부여에 위치한 **정사암**에 모여 국가의 중대사를 논하는 귀족 회의를 진행하였다.

③ **광평성**을 비롯한 각종 정치 기구를 갖추었다.
　→ **궁예**는 후고구려의 최고 중앙 관서로 **광평성**이라는 기구를 설치하였다.

④ **5경 15부 62주**의 지방 행정 제도를 마련하였다.
　→ **발해 선왕**은 중심 행정 구역인 5경, 지방 통치의 중심지인 15부, 하부 행정 구역인 62주를 나누어 **지방 통치 제도**를 마련하였다.

⑤ **상수리 제도**를 시행하여 지방 세력을 견제하였다.
　→ **통일 신라**에서는 지방 세력을 견제하기 위해 각 지방의 자제를 일정 기간 수도인 경주에 머물게 하는 **상수리 제도**를 운영하였다.

 발해의 5경 15부 62주와 통일 신라의 9주 5소경을 혼동하지 않도록 주의할 필요가 있습니다!

8. 정답 ③ | 난이도 | ●○○

(가) 인물에 대한 설명으로 옳은 것은? [2점]

> **[역사 다큐멘터리 기획안]**
>
> ### 도당 유학생, 서로 다른 길을 걷다
>
> ■ **기획 의도**
>
> 　당에 건너가 유학했던 6두품들이 신라로 돌아온 이후의 행보를 알아본다.
>
> ■ **구성 내용**
>
> 1. ___(가)___, 진성 여왕에게 시무책 10여 조를 올리다
> 2. 최승우, 견훤의 신하로 왕건에게 보내는 격문을 짓다
> 3. 최언위, 고려에 투항하여 문한관으로 문명을 떨치다

지문의 핵심 키워드 ▶ 최치원

✔ 진성 여왕에게 시무책 10여 조를 올림 - 6두품 출신 최치원은 진성 여왕에게 정치 개혁안인 시무 10조를 건의함

선지별 키워드 추출

① 향가 모음집인 **삼대목**을 편찬하였다.
→ 통일 신라 진성 여왕 때 왕족 출신 위홍과 승려 출신 대구화상이 **삼대목**을 편찬하였다.

② 외교 문서인 **청방인문표**를 작성하였다.
→ 신라의 강수는 당에 붙잡힌 김인문을 석방할 것을 요구하는 외교 문서인 **청방인문표**를 작성하였다.

③ **격황소서**를 지어 문장가로서 이름을 떨쳤다.
→ 통일 신라의 **최치원**은 유학 중 당에서 황소의 난이 발생하자 이를 진압하기 위해 **격황소서(토황소격문)**를 저술하였다.

④ 유식의 교의를 담은 **해심밀경소**를 저술하였다.
→ 신라의 원측은 불교의 유식 사상 교리를 담은 불교 경전인 해심밀경에 대한 주석서를 저술하였다.

⑤ 국왕에게 조언하는 내용의 **화왕계**를 저술하였다.
→ 신라의 설총은 충신과 간신을 꽃에 비유한 설화인 화왕계를 지어 신문왕에게 충신을 곁에 둘 것을 건의하였다.

 한능검에서 최치원은 통일 신라 하대에 활동한 대표적인 6두품 출신의 인물로 출제될 가능성이 높습니다!

---

9. 정답 ④ | 난이도 | ●●●

다음 상황이 나타난 시기를 연표에서 옳게 고른 것은? [3점]

> 　각간 김경신이 해몽을 청하자 아찬 여삼은 "복두를 벗은 것은 위에 다른 사람이 없다는 뜻이요, 소립을 쓴 것은 면류관을 쓸 징조이며, 12현금(絃琴)을 든 것은 12대손까지 왕위를 전한다는 조짐이며, 천관사 우물로 들어간 것은 궁궐로 들어갈 상서로운 조짐입니다."라고 하였다. "위에 주원이 있는데 어찌 내가 왕위에 오를 수 있겠소?"라고 경신이 묻자, 아찬이 대답하기를 "청컨대 은밀히 북천신에게 제사 지내면 될 것입니다."라고 하여 이에 따랐다. 얼마 지나지 않아 선덕왕이 죽자, 나라 사람들이 김주원을 왕으로 받들어 궁중으로 맞아들이려 했다. 주원의 집은 북천 북쪽에 있었는데 홀연히 냇물이 불어나 건널 수가 없었다. 이에 경신이 먼저 궁궐로 들어가 왕위에 올랐다.

654	681	722	780	828	889
(가)	(나)	(다)	(라)	(마)	
무열왕 즉위	김흠돌의 난	정전 지급	혜공왕 피살	청해진 설치	원종과 애노의 난

지문의 핵심 키워드 ▶ 원성왕의 즉위

✔ 김경신 - 원성왕의 이름
✔ 선덕왕이 죽자, 경신이 먼저 궁궐로 들어가 왕위에 올랐다 - 원성왕의 즉위(785)

선지별 키워드 추출

④ (라)
→ 혜공왕이 피살당한 이후 선덕왕이 즉위하였으므로, 원성왕의 즉위는 혜공왕 피살 이후 시기인 (라)에 해당한다.

 김주원은 김헌창의 아버지로, 선덕왕 사후 김주원과 김경신이 경쟁하였으나 결국 김경신이 왕위에 올랐고, 이는 훗날 김헌창의 난이 일어나는 계기가 됩니다!

이번 회차의 흐름형 유형은 까다로운 사고력을 유도하였다!

해풍사의 문제 첫인상

1. 김경신, 김주원 등 낯선 이름이 많구나!
2. 하지만 문제에 '선덕왕'이 제시되었네?
3. 김지정의 난으로 혜공왕이 피살당하고 선덕왕이 즉위한 시기부터 통일 신라 하대이므로, 이에 해당하는 시기를 찾으면 되겠군!

해풍사의 "대처 방법"

✓ 낯설고 어려운 이름이 나오면 힌트가 될만한 키워드가 숨어 있을 가능성이 있습니다!
 → 김경신, 김주원 등은 낯설지만, 선덕왕은 비교적 익숙한 이름입니다!
✓ 선덕왕 이후의 왕을 모르더라도, 선덕왕이 어느 시기에 해당하는 왕인지만 알면 됩니다!
 → 선덕왕부터 통일 신라 하대가 시작됩니다!
✓ 제시된 연표에서 관련된 시기를 찾으면 정답입니다!
 → 혜공왕의 피살 이후부터 통일 신라 하대가 시작되므로, 4번 (라) 시기가 정답!

---

10. 정답 ③　　　　　　　　　| 난이도 | ●●○

(가)에 들어갈 내용으로 적절한 것은?　　　　[2점]

> **한국사 동영상 제작 계획안**
>
> ### 다시 하나로, 민족의 재통일을 이루다
> ○학년 ○반 ○모둠
>
> ■ 제작 의도
> 　고려의 후삼국 통일 과정과 역사적 의의를 주요 인물과 관련된 사건의 발생 순서에 따라 살펴본다.
>
> ■ 장면별 구성 내용
> #1. 신숭겸, 공산 전투에서 전사하다
> #2. 왕건, 고창 전투에서 후백제군을 물리치다
> #3. 견훤, 금산사에서 탈출하여 고려에 귀순하다
> #4. 　　　　　　(가)　　　　　　
> #5. 왕건, 일리천에서 신검의 군대에 승리하다

지문의 핵심 키워드 ▶ 후삼국의 통일

✓ 견훤, 금산사에서 탈출하여 고려에 귀순 – 견훤은 금산사에 유폐되었다가 탈출하여 고려에 귀순함(935)
✓ 왕건, 일리천에서 신검의 군대에 승리 – 고려 왕건은 일리천에서 후백제의 신검에 승리하며 후삼국을 통일함(936)

선지별 키워드 추출

① 안승, 보덕국왕으로 책봉되다
 → 신라 문무왕은 674년 익산에 보덕국을 건립하고 안승을 왕으로 책봉하였다.

② 궁예, 국호를 태봉으로 바꾸다
 → 궁예는 911년에 후고구려의 국호를 태봉으로 바꿨다.

③ 경순왕 김부, 경주의 사심관이 되다
 → 신라의 마지막 왕인 경순왕은 935년에 고려에 항복하였고, 이후 경주의 사심관으로 임명되었다.

④ 윤충, 대야성을 공격하여 함락시키다
 → 백제 의자왕은 642년에 윤충을 보내 대야성을 함락시켰다.

⑤ 흑치상지, 임존성에서 부흥군을 이끌다
 → 백제가 멸망한 직후인 660년에 흑치상지는 임존성에서 백제의 부흥 운동을 주도하였다.

 후백제의 견훤이 왕건에 귀순한 직후 통일 신라가 멸망한 사실과 사건의 순서를 기억하세요!

(가) 국가의 경제 상황으로 옳은 것은? [1점]

이것은 <u>(가)</u> 시대에 다인철소에서 생산된 유물들입니다. 특수 행정 구역이었던 소에 대해 검색한 것을 말해 볼까요?

<u>(가)</u> 시대에는 가혹한 수탈에 맞서 공주 명학소에서 봉기가 일어나기도 하였어요.

국가가 지정한 특정 물품을 생산하여 공급하였던 소의 주민들은 일반 군현민에 비해 차별을 받았어요.

지문의 핵심 키워드 ▶ 고려의 지방 행정 제도

✓ 다인철소 – 고려 시대의 특수 행정 구역인 소
✓ 공주 명학소에서 봉기 – 고려 시대 무신 정권 시기 발생한 망이 · 망소이의 난

선지별 키워드 추출

① 특산품으로 **솔빈부의 말**이 유명하였다.
  → **발해**에서는 다양한 특산품이 생산되었는데, 대표적으로 15부 중 하나인 **솔빈부의 말**이 유명하였다.

② 풍흉에 따라 9등급으로 전세를 거두었다.
  → **조선 세종** 때 토지의 비옥도(6등급)와 풍흉(9등급)을 기준으로 조세를 차등 징수하는 **공법**을 시행하였다.

③ 감자, 고구마 등의 작물이 널리 재배되었다.
  → **조선 후기**에는 외국으로부터 **감자, 고구마** 등의 **구황 작물**이 전래되었다.

④ **경시서**의 관리들이 시전의 상행위를 감독하였다.
  → **고려 시대**에는 **시전**을 감독하고 관리하기 위한 관청인 **경시서**가 설치되었다.

⑤ **설점수세제**를 시행하여 **민간의 광산 개발**을 허용하였다.
  → **조선 후기**에는 광산 개발의 활성화로 **설점수세제**를 시행하여 **민간의 광산 개발**을 허용하였다.

 향 · 소 · 부곡은 고려 시대의 특수 행정 구역입니다!

(가)~(마)에 들어갈 내용으로 적절한 것은? [3점]

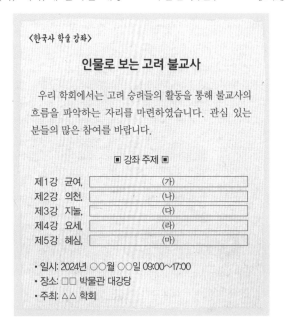

〈한국사 학술 강좌〉

인물로 보는 고려 불교사

우리 학회에서는 고려 승려들의 활동을 통해 불교사의 흐름을 파악하는 자리를 마련하였습니다. 관심 있는 분들의 많은 참여를 바랍니다.

■ 강좌 주제 ■

제1강 균여, (가)
제2강 의천, (나)
제3강 지눌, (다)
제4강 요세, (라)
제5강 혜심, (마)

• 일시: 2024년 ○○월 ○○일 09:00~17:00
• 장소: □□ 박물관 대강당
• 주최: △△ 학회

지문의 핵심 키워드 ▶ 고려의 승려

생략(선지분석으로 대체!)

선지별 키워드 추출

① (가) – 법화 신앙에 중점을 둔 백련 결사를 제창하다
  → 고려의 요세는 불교계가 세속화된 것을 반성하고 법화 신앙에 중점을 둔 백련 결사를 제창하였다.

② (나) – 심성의 도야를 강조한 유불 일치설을 주장하다
  → 고려의 혜심은 유교와 불교 사상의 뜻이 일치한다는 이론인 유불일치설을 주장하였다.

③ (다) – 권수정혜결사문을 작성하여 정혜쌍수를 강조하다
  → 고려의 지눌은 타락한 불교의 현실을 비판하며 불교 개혁 운동인 수선사 결사 운동을 주도하였다.

④ (라) – 이론과 수행을 함께 강조하는 교관겸수를 제시하다
  → 고려의 의천은 불교의 교리에 대한 연마와 실천 수행을 함께 실천할 것을 강조하는 교관겸수를 제시하였다.

⑤ (마) – 보현십원가를 지어 불교 교리를 대중에게 전파하다
  → 고려의 균여는 불교의 교리를 전파하고자 따라 부르기 쉬운 11수의 향가를 지었다.

 고려 시대의 승려로 자주 출제되는 의천과 지눌은 관련 내용을 암기해두어야 합니다!

(가) 왕에 대한 설명으로 옳은 것은?   [2점]

이것은 조카 헌종을 몰아내고 즉위한 　(가)　의 넷째 딸인 복령 궁주 왕씨 묘지명입니다. 여기에서는 복령 궁주를 '천자의 딸'이라고 표현하여 국왕의 권위를 드러내고자 하였습니다. 　(가)　은/는 개경 세력을 견제하고자 남경에 궁궐을 짓고, 재정을 확보하기 위해 주전도감을 설치하여 해동통보를 발행하는 등 왕권 강화를 꾀하였습니다.

지문의 핵심 키워드 ▶ 고려 숙종

✓ 주전도감 – 고려 숙종 때 화폐 주조를 위해 설치한 기구
✓ 해동통보 – 고려 숙종 때 발행된 화폐

선지별 키워드 추출

① 여진 정벌을 위해 **별무반을 창설**하였다.
  → 고려 숙종 때 여진의 침입에 대응하기 위해 신기군, 신보군, 항마군으로 편성된 별무반을 조직하였다.

② 전국에 **12목을 설치**하고 관리를 파견하였다.
  → 고려 성종은 지방 행정 제도를 정비하고자 지방 행정 조직인 12목을 설치하였다.

③ 광덕, 준풍 등의 독자적 연호를 사용하였다.
  → 고려 광종 때 왕권 강화를 위해 광덕, 준풍 등의 독자적인 연호를 사용하였다.

④ 거란의 침입에 대비하여 **개경에 나성**을 축조하였다.
  → 고려 현종 때 강감찬의 건의로 거란의 침략에 대비하고자 수도 인근을 둘러쌓은 나성을 축조하였다.

⑤ **정계**와 **계백료서**를 지어 관리의 규범을 제시하였다.
  → 고려 왕건은 관리의 규범을 제시한 정계와 개백료서를 지었다.

 고려의 관학 진흥책 문제가 출제되면 선지에서 '양현고'나 '7재'를 찾으면 쉽게 답을 찾을 수 있습니다!

(가) 사건에 대한 탐구 활동으로 가장 적절한 것은?   [2점]

대한민국 방방곡곡 – 거제 둔덕기성 전경
한국사 채널   조회 수 140,525

거제의 둔덕기성은 신라 시대에 축조되었고, 고려 시대에 성벽이 개축되어 축성법의 변화를 연구하는 데 학술적 가치가 큰 사적입니다. 정중부 등이 일으킨 　(가)　(으)로 폐위된 의종이 이곳에서 머물렀다고 전해지고 있습니다. 이후 김보당은 의종을 경주로 피신시켜 복위를 시도하였습니다.

지문의 핵심 키워드 ▶ 무신 정변

✓ 정중부 등 – 무신 정변을 일으킨 세력

선지별 키워드 추출

① **정동행성**이 설치되는 배경을 살펴본다.
  → 원 간섭기에 일본 원정을 위해 정동행성을 설치하였다.

② **철령위 설치**에 대한 **최영**의 대응을 검색한다.
  → 고려 우왕 때 최영은 명의 철령위 설치에 반발하여 요동 정벌을 추진하였다.

③ **칭제 건원**과 **금국 정벌**을 주장한 인물을 찾아본다.
  → 고려의 묘청은 서경 천도 운동을 추진하며 칭제 건원과 금국 정벌을 주장하였다.

④ **서경유수 조위총**이 반란을 일으킨 이유를 알아본다.
  → 서경유수 조위총은 무신정권 수립 직후 정중부 타도를 주장하며 평양에서 반란을 주도하였다.

⑤ **이성계** 등 신흥 무인 세력이 성장하는 과정을 조사한다.
  → 고려 우왕 때 최영, 이성계 등은 왜구 토벌 과정에서 신흥 무인 세력으로 성장하였다.

 김보당의 난과 조위총의 난은 무신정권 수립 직후 발생한 반란입니다!

15. 정답 ④　　　　　　　　　　| 난이도 | ●●○

(가), (나) 사이의 시기에 있었던 사실로 옳은 것은?
[2점]

> (가) 최우가 녹전거(祿轉車) 100여 대를 빼앗아 집안의 재물을 강화도로 옮기니, 수도가 흉흉하였다. …… 또 사자(使者)를 여러 도에 나누어 보내어, 백성을 산성과 섬으로 옮겼다.
>
> (나) 김방경과 흔도(忻都), 홍차구, 왕희, 왕웅 등이 3군을 거느리고 진도를 토벌하여 크게 격파하고, 승화후 왕온을 죽였다. 김통정이 남은 무리를 이끌고 탐라로 도망하여 들어갔다.

지문의 핵심 키워드 ▶ 강화 천도, 삼별초의 항쟁

- ✔ (가) 최우가 집안의 재물을 강화도로 옮김 - 강화 천도 (1232)
- ✔ (나) 김방경, 진도를 토벌 - 김방경 등 정부군의 삼별초 진압(1271)
- ✔ (나) 김통정, 탐라로 도망 - 김통정이 남은 삼별초 세력을 이끌고 제주도로 근거지를 옮김

선지별 키워드 추출

① 양규가 곽주성을 급습하여 탈환하였다.
　→ 양규는 1010년 거란의 2차 침입 당시 무로대, 흥화진 등에서 거란군을 격퇴시켰다.

② 최무선이 진포에서 왜구를 격퇴하였다.
　→ 고려의 최무선은 1380년에 나세, 심덕부와 함께 진포에 침입한 왜구의 침입을 격퇴하였다.

③ 강조가 정변을 일으켜 국왕을 폐위하였다.
　→ 고려의 강조는 1009년에 정변을 일으켜 목종을 폐위한 뒤 현종을 즉위시켰다.

④ 김윤후가 처인성에서 살리타를 사살하였다.
　→ 김윤후는 1232년 몽골의 2차 침입 당시 처인성에서 적장 살리타를 사살하였다.

⑤ 이자겸과 척준경이 반란을 일으켜 궁궐을 불태웠다.
　→ 고려 인종 때인 1126년에 이자겸이 척준경과 함께 반란을 일으켜 일시적으로 권력을 찬탈하였다.

 삼별초의 항쟁은 무신 정권이 무너지고 몽골과 강화를 맺은 이후에 발생하였습니다!

16. 정답 ③　　　　　　　　　　| 난이도 | ●●○

다음 자료에 나타난 시기의 사회 모습으로 적절한 것은?
[1점]

> ○ 당시 응방·겁령구 및 내수(內竪) 등의 천한 자들이 모두 사전(賜田)을 받았는데, 많은 경우는 수백 결에 이르렀다. 일반 백성을 유인하여 전호로 삼고, 가까운 곳에 있는 민전에서는 모두 수조하였으므로 주와 현에서는 부세가 들어올 바가 없게 되었다.
>
> ○ 공주가 장차 입조(入朝)할 예정이었으므로, 인후와 염승익에게 명하여 양가의 자녀로서 나이가 14~15세인 자들을 선발하였고, 순군(巡軍)과 홀적(忽赤) 등으로 하여금 인가를 수색하게 하였다. 혹 밤중에 침실에 돌입하거나 노비를 포박하여 심문하기도 하였으니, 비록 자녀가 없는 자라 할지라도 깜짝 놀라 동요하게 되었다. 원망하며 우는 소리가 온 거리에 가득하였다.

지문의 핵심 키워드 ▶ 원 간섭기

- ✔ 응방 - 원 간섭기 때 매 징발을 위해 설치한 기구
- ✔ 겁령구 - 원 간섭기 때 원의 공주를 따르는 시종
- ✔ 순군과 홀적 - 원 간섭기 수도 치안과 숙위(국왕 호위)를 위해 편성된 직책

선지별 키워드 추출

① 최충이 9재 학당을 설립하였다.
　→ 고려 문종 때 최충은 최초의 사립 교육기관인 문헌공도(9재 학당)를 설립하였다.

② 만적이 개경에서 반란을 모의하였다.
　→ 최충헌 정권 때 만적 등 노비들이 신분 해방을 도모하며 반란을 모의하다 발각되었다.

③ 지배층을 중심으로 변발과 호복이 유행하였다.
　→ 원 간섭기에 지배층을 중심으로 원의 풍습인 변발과 원의 복장인 호복이 유행하였다.

④ 국난 극복을 기원하며 초조대장경이 조판되었다.
　→ 고려 현종 때 거란의 침략을 방어하기 위한 염원을 담아 제작된 불교 경전인 초조대장경이 조판되었다.

⑤ 기근에 대비하기 위하여 구황촬요가 간행되었다.
　→ 조선 명종 때 기근과 흉년에 대비하는 방법을 정리한 구황촬요가 간행되었다.

 원 간섭기 때 설치된 기구와 관련 직책 용어는 반드시 암기해야 합니다!

17. 정답 ④ | 난이도 | ●○○

(가) 왕에 대한 설명으로 옳은 것은? [2점]

> 오늘 말씀해 주실 삼공신회맹문에는 어떤 내용이 담겨 있나요?

> 이 문서에는 두 차례에 걸친 왕자의 난으로 즉위한 (가) 이/가 삼공신들과 함께 종묘사직 및 산천에 제를 올려 충의와 신의를 맹세한 내용이 기록되어 있습니다. 삼공신은 개국공신, 제1차 왕자의 난에서 공을 세운 정사공신, 제2차 왕자의 난을 평정하는 데 도움을 준 좌명공신을 말합니다.

개국정사좌명삼공신회맹문

지문의 핵심 키워드 ▶ 조선 태종

✔ 두 차례에 걸친 왕자의 난 – 조선 태종의 즉위 과정

선지별 키워드 추출

① 경국대전을 완성하여 통치 체제를 정비하였다.
→ 조선 성종 때 육전 체제로 구성된 **조선의 첫 공식 법전**인 **경국대전**이 완성되었다.

② 초계문신제를 시행하여 문신들을 재교육하였다.
→ 조선 정조 때 젊은 관리 중 재능이 뛰어난 자를 선발하여 **규장각에서 재교육**하는 **초계문신제**를 시행하였다.

③ 길주를 근거지로 일어난 **이시애의 난**을 진압하였다.
→ 조선 세조 때 **중앙 통제 강화 및 함경도 지역에 대한 차별**에 반발하여 함길도에서 **이시애**를 중심으로 반란이 발생하였다.

④ 문하부를 폐지하고 낭사를 사간원으로 독립시켰다.
→ 조선 태종 때 기존 감찰 역할을 담당하던 **낭사**를 사간원으로 독립시켜 언론 기구의 역할을 담당시켰다.

⑤ 붕당의 폐해를 경계하기 위한 **탕평비**를 건립하였다.
→ 조선 영조는 붕당의 조화와 화해를 도모하기 위해 **탕평책**을 실시하고 **탕평비**를 건립하였다.

 최근 한능검에서 조선 태종이 왕이 되기 전 일으킨 왕자의 난이 자주 출제되고 있습니다!

---

18. 정답 ① | 난이도 | ●●○

(가) 인물에 대한 설명으로 옳은 것은? [2점]

> 이것은 (가) 이/가 함길도에 있을 때 화살이 날아왔는데도 놀라지 않고 태연히 연회를 계속 즐겼다는 고사를 담은 야연사준도입니다. 세종 대 함길도 병마도절제사로 활약했던 그는 문종 대 고려사절요 편찬을 총괄하였고, 단종 대 좌의정의 자리에 올랐으나 계유정난 때 살해되었습니다.

북관유적도첩 특별전 / 야연사준도 / 화면을 넘기면 다른 작품을 볼 수 있습니다.

지문의 핵심 키워드 ▶ 김종서

✔ 세종 대 함길도 병마도절제사로 활약 – 김종서는 병마도절제사로서 함경도 인근의 영토 확장을 위한 정벌에 참여함
✔ 고려사절요 – 조선 문종 때 김종서, 정인지 등이 고려의 역사를 정리한 역사서
✔ 계유정난 때 살해 – 조선 세조(수양대군)는 한명회, 권람 등과 함께 권력을 찬탈하는 과정에서 김종서를 살해함

선지별 키워드 추출

① 두만강 일대에 6진을 개척하였다.
→ 조선 세종 때 김종서는 여진족을 몰아내고 두만강 일대에 6진을 설치하였다.

② 탄금대에서 배수의 진을 치고 싸웠다.
→ 임진왜란 발생 당시 **신립**은 충주 탄금대에서 배수의 진을 치고 왜군에 항전하였다.

③ 조총 부대를 이끌고 나선 정벌에 나섰다
→ 조선 효종 때 변급과 신류는 조총 부대를 이끌고 청의 **러시아 정벌**을 지원하였다.

④ 왜구의 근거지인 쓰시마섬을 정벌하였다.
→ 조선 세종 때 **이종무**는 왜구의 근거지인 대마도를 정벌하였다.

⑤ 외교 담판을 통해 강동 6주를 획득하였다.
→ 고려의 **서희**는 거란의 1차 침입 당시 거란 장수 소손녕과의 외교 담판을 벌여 강동 6주를 획득하였다.

 '김종서'와 조선 세종 때의 '4군 6진 개척' 키워드는 함께 언급될 가능성이 높습니다!

19. 정답 ③ | 난이도 | ●●○

밑줄 그은 '전하'의 재위 시기에 있었던 사실로 옳은 것은? [2점]

며칠 전 전하께서 예문관에서 옛 집현전의 직제를 분리하여 홍문관으로 이관하는 것을 명하셨다고 하네. 이제 홍문관이 옛 집현전의 기능을 대신한다는 것이지.

홍문관원들이 경연관을 겸한다고 하니 앞으로 경연이 더욱 활성화되겠군.

지문의 핵심 키워드 ▶ 조선 성종

✓ 전하께서 예문관에서 옛 집현전의 직제를 분리하여 홍문관으로 이관 – 조선 성종 때 집현전의 기능을 계승한 홍문관이 설치됨

선지별 키워드 추출

① 국왕의 친위 부대인 **장용영**이 설치되었다.
→ 조선 정조 때 **국왕 호위**를 위한 전담 부대인 **장용영**이 설치되었다.

② 백운동 서원이 사액을 받아 **소수 서원**이 되었다.
→ 조선 **명종** 때 이황의 건의로 백운동 서원이 사액을 받아 **소수 서원**이 되었다.

③ 국가의 의례를 정비한 **국조오례의**가 완성되었다.
→ 조선 성종 때 가례 · 빈례 · 흉례 등 조선의 기본적인 예법과 절차 등을 다섯 가지로 나누어 규정한 **국조오례의**가 완성되었다.

④ 통치 체제를 정비하기 위해 **속대전**이 편찬되었다.
→ 조선 영조 때 기존의 경국대전을 개정 및 증보한 법전인 **속대전**이 편찬되었다.

⑤ 수조권이 세습되던 **수신전과 휼양전**이 폐지되었다.
→ 조선 세조 때 현직 관리에게만 토지를 지급하는 **직전법**을 실시하며 **수신전 및 휼양전**을 폐지하였다.

세종 때 설치된 집현전과 성종 때 설치된 홍문관을 혼동하지 않도록 주의해야 합니다!

20. 정답 ③ | 난이도 | ●○○

다음 자료에 대한 탐구 활동으로 가장 적절한 것은? [2점]

○ 조광조 등이 아뢰기를, "소격서가 요사하고 허탄함은 이미 경연에서 다 아뢰었고 전하께서도 그것이 허탄함을 환히 아시니 지금 다시 말할 것이 없습니다.……"라고 하였다.

○ 신광한이 아뢰기를, "지난번에 조광조가 아뢰었던 천거로 인재를 뽑는 일은 여럿이 의논한 일입니다. 각별히 천거하는 것은 한(漢)에서 시행한 현량과와 효렴과를 따르는 것이 가합니다. 이것은 자주 할 수는 없으나 지금은 이를 시행할 만한 기회입니다.……"라고 하였다.

지문의 핵심 키워드 ▶ 조광조의 주장

✓ 조광조 – 조선 중종 때 등용된 신진 사림 세력 인물
✓ 소격서 – 조선 시대에 도교 행사를 주관하던 기구로, 조광조는 소격서의 폐지를 건의함
✓ 현량과 – 조광조가 건의한 일종의 인재 추천 제도

선지별 키워드 추출

① 호포제를 실시한 배경을 조사한다.
→ 흥선 대원군은 양반에게도 군포를 부과하는 호포제를 시행하였다.

② 기해 예송의 전개 과정과 결과를 파악한다.
→ 효종 사망 이후 자의 대비의 복상 문제를 논의한 기해 예송 때 서인과 남인은 각자 **기년복(1년 상복)**과 **참최복(3년 상복)**을 주장하였다.

③ 중종 때 사림파 언관들이 제기한 주장을 검색한다.
→ 조광조는 조선 중종 때 등용된 사림파 출신의 인물로, 기묘사화로 인하여 사망하였다.

④ 정여립 모반 사건을 계기로 동인이 입은 피해를 찾아본다.
→ 조선 선조 때 서인은 **정여립 모반 사건**을 이유로 동인 출신 인사들을 처형하는 **기축옥사**를 주도하였다.

⑤ 인현 왕후가 폐위되고 남인이 권력을 차지한 사건을 알아본다.
→ 조선 숙종 때 발생한 **기사환국**의 결과 **인현 왕후가 폐위되고 남인이 권력을 차지**하였다.

중종과 조광조는 자주 함께 출제되므로 꼭 같이 암기해야 합니다!

(가) 전쟁 중에 있었던 사실로 옳은 것은?   [2점]

> **문학으로 만나는 한국사**
>
> 홍계남이 당초 의병을 일으켜 흉적을 쳐서 활을 쏘아 맞히고 벤 수급이 매우 많았고 가는 곳마다 공을 세우니, 적들이 홍장군이라고 부르며 감히 침범하지 못했다. 호서(충청도) 내지가 편안할 수 있었던 것은 모두 홍계남의 공이라고 한다. 가상한 일이다. 의병이 곳곳에서 봉기하였지만, …… 고경명과 조헌은 모두 나랏일에 몸을 바쳐 죽을 자리에서 죽었으니 가히 그 명성에 걸맞는다고 말할 수 있다.
>
> - 『쇄미록』 -
>
> [해설] 이 작품은 오희문이 [(가)] 중에 있었던 일을 적은 일기이다. 적군의 침입과 약탈, 의병장의 활동, 피란민의 참혹한 생활 등이 생생하게 담겨 있다.

지문의 핵심 키워드 ▶ 임진왜란

✔ 의병 – 임진왜란 당시 백성들이 자발적으로 조직한 군대
✔ 고경명과 조헌 – 임진왜란 때 활약한 의병장

선지별 키워드 추출

① 삼수병으로 구성된 **훈련도감**이 설치되었다.
  → 임진왜란 당시 일본의 조총 부대에 대비하기 위해 포수, 사수, 살수로 구성된 **훈련도감**이 창설되었다.

② 왕이 도성을 떠나 **남한산성**으로 피란하였다.
  → **병자호란**이 일어나자 인조는 **남한산성**으로 피란하였다.

③ 송시열, 이완 등을 중심으로 **북벌**이 추진되었다.
  → **조선 효종** 때 어영청을 개편하고 북벌을 추진하였으나 실현되지는 못하였다.

④ 국방 문제를 논의하기 위해 **비변사가 신설**되었다.
  → 조선 중종 때 **삼포왜란**을 계기로 변방의 방비 문제를 담당하기 위한 임시 기구인 **비변사**가 설치되었다.

⑤ 제한된 범위의 무역을 허용한 **계해약조**가 체결되었다.
  → 조선 세종 때 대마도주와 세견선 등 무역에 관한 조약인 **계해약조**를 체결하였다.

 20번대 문제에서 의병이 언급되면 임진왜란을 의심해야 합니다.

(가)~(마)에 대한 설명으로 적절하지 않은 것은?   [3점]

> **답사 계획서**
> ● 주제: 불교 문화유산이 숨 쉬는 곳, 산사(山寺)를 찾아서
>   – 유네스코가 주목한 사찰을 중심으로
> ● 기간: 2024년 ○○월 ○○일~○○일
> ● 경로: 보은 법주사 → 영주 부석사 → 안동 봉정사 → 합천 해인사 → 순천 선암사
>
> (가) 보은 법주사
> (나) 영주 부석사
> (다) 안동 봉정사
> (라) 합천 해인사
> (마) 순천 선암사

지문의 핵심 키워드 ▶ 우리나라의 사찰

생략(선지분석으로 대체!)

선지별 키워드 추출

① (가) – 오층 목조탑 내부에 부처의 일생을 그린 **팔상도**가 있다.
  → 법주사 팔상전 내부에 부처의 생애를 여덟 장면으로 표현한 **팔상도**가 있다.

② (나) – 배흘림기둥에 주심포 양식으로 축조된 **무량수전**이 있다.
  → 부석사에는 배흘림기둥에 주심포 양식으로 축조된 건축물인 **무량수전**이 있다.

③ (다) – 현존하는 우리나라 최고(最古)의 목조 건물인 **극락전**이 있다.
  → 봉정사 극락전은 고려 공민왕 때의 기록을 바탕으로 1200년대 전기에 지어졌을 것으로 추정하며, 우리나라에서 가장 오래된 목조 건축물이다.

④ (라) – 팔만대장경판을 보관하고 있는 **장경판전**이 있다.
  → 합천 해인사 장경판전에는 **팔만대장경**이 보관되어 있다.

⑤ (마) – 무구정광대다라니경이 발견된 **삼층 석탑**이 있다.
  → 불국사 3층 석탑(석가탑) 내부에서 현존하는 가장 오래된 목판 인쇄물인 무구정광대다라니경이 발견되었다.

 문화유산 관련 문제에서는 기존에 출제되지 않은 문화유산이 정답이 될 확률이 낮은 편입니다!

23. 정답 ②

밑줄 그은 '제도'에 대한 설명으로 옳은 것을 〈보기〉에서 고른 것은?　[2점]

이원익의 건의로 경기도에서 시행되는 수취 제도에 대해 설명해 주세요.

이번에 시행되는 제도는 지방의 특산물을 징수하면서 나타난 방납의 폐단을 막아 백성들의 부담을 줄여주기 위한 것입니다. 공물을 현물 대신 토지의 결 수에 따라 쌀로 납부합니다.

지문의 핵심 키워드 ▶ 대동법

✓ 이원익 - 대동법을 건의한 인물

선지별 키워드 추출

ㄱ. 선혜청에서 관련 업무를 담당하였다.
→ 대동법이 시행된 이후 **선혜청**이 설치되어 조세 수취를 담당하였다.

ㄴ. 재정을 보충하기 위해 지주에게 결작을 부과하였다.
→ 조선 영조 때 **균역법** 시행으로 부족한 조세를 보충하고자 **토지 소유자에게 1결당 2두의 결작**을 부과하였다.

ㄷ. 관청에 물품을 조달하는 공인이 등장하는 배경이 되었다.
→ 대동법 시행으로 기존의 공납을 대신 담당하기 위한 어용 상인인 **공인**이 등장하였다.

ㄹ. 어장세, 선박세 등이 국가 재정으로 귀속되는 결과를 가져왔다.
→ **균역법** 시행 이후 선박세, 어장세, 염세 등 여러 잡세를 국가 재정으로 귀속시켰다.

대동법 시행 이후 등장한 공인은 조선 후기의 경제 상황을 묻는 문제에서도 종종 제시됩니다!

24. 정답 ②

다음 시나리오에 등장하는 왕의 재위 시기에 있었던 사실로 옳은 것은?　[2점]

> #5. 궁궐 안
>
> 왕과 신하들이 대화하는 장면
>
> **신하1:** 전하, 우리나라의 습속은 예로부터 신분에 따라 등용하는 것이 원칙이었습니다. 서얼들을 적자와 똑같이 대우한다면, 서얼이 적자를 능멸하는 폐단이 열리게 될 것입니다.
>
> **왕:** 수많은 서얼들도 나의 신하인데 그들이 제자리를 얻지 못하고 포부도 펴지 못한다면 이 또한 과인의 허물일 것이오. 규장각에 검서관을 두어 이덕무, 박제가, 유득공, 서이수를 등용하려는 내 결심은 변함이 없을 것이니 그리 알고 물러들 가시오.
>
> ⋮

지문의 핵심 키워드 ▶ 조선 정조

✓ 이덕무, 박제가, 유득공, 서이수 - 조선 정조 때 규장각 검서관으로 등용된 서얼 출신의 인물들

선지별 키워드 추출

① 왕권 강화를 위해 6조 직계제가 시행되었다.
→ 조선 태종과 세조 때 6조의 의결 사항을 의정부를 거치지 않고 왕에게 직계하는 **6조 직계제**가 시행되었다.

② 거중기 등을 활용하여 수원 화성이 축조되었다.
→ 조선 정조 때 거중기를 활용하여 수원 화성을 축조하였다.

③ 청과 국경을 정하는 백두산정계비가 건립되었다.
→ 조선 숙종 때 조선과 청의 국경을 정하는 **백두산정계비**가 건립되었다.

④ 통치 체제를 정비하기 위해 대전회통이 편찬되었다.
→ 흥선 대원군 집권기에 기존의 법전을 기반으로 각종 조례를 보완하여 정리한 **대전회통**이 편찬되었다.

⑤ 삼정의 문란을 시정하기 위한 삼정이정청이 설치되었다.
→ 조선 철종 때 임술 농민 봉기가 발생하자 안핵사로 파견된 박규수는 삼정의 문란을 해결하고자 **삼정이정청**의 설치를 건의하였다.

박제가는 실학 관련 문제에서도 자주 출제됩니다!

다음 상황이 나타난 시기에 볼 수 있는 모습으로 적절하지 않은 것은? [1점]

> 김화진 등이 아뢰기를, "…… 만상과 송상이 함께 수많은 가죽을 마음대로 밀무역을 합니다. 수달 가죽은 금지 품목 가운데 하나인데 변경을 지키는 관리들이 대수롭지 않게 여겨 1년, 2년이 되면 곧 일상적인 물건과 같아지니 …… 이후로는 한결같이 법전에 의거하여 금지 조항을 거듭 자세히 밝혀서 송상과 만상에게 법을 범해서는 안 되며, 범하는 사람이 있으면 일일이 적발하여 법에 따라 엄격하게 처벌한다는 것을 분명히 알게 해야 합니다. 아울러 살피지 못한 변방의 관리들도 드러나는 대로 무겁게 다스린다는 뜻을 분명히 알게 해야 합니다. ……"라고 하니, 임금이 그리하라 하였다.

지문의 핵심 키워드 ▶ 조선 후기의 경제 상황

✔ 만상과 송상 - 조선 후기에 활동한 대표적인 사상(私商)

선지별 키워드 추출

① 채굴 노동자를 고용하는 **덕대**
→ 조선 후기에는 **광산 개발이 활성화**되며 덕대가 광산 개발을 담당하였다.

② **벽란도**에서 교역하는 송의 상인
→ **고려 시대**에는 예성강 하구에 위치한 **벽란도**가 국제 무역항으로 번성하였다.

③ **상평통보**로 물건을 거래하는 **보부상**
→ 조선 후기에는 **보부상**, 송상, 만상 등 **다양한 사상(私商)**이 무역 활동을 전개하였다.

④ 포구에서 물품의 매매를 중개하는 **여각**
→ 조선 후기에는 포구 인근 등에서 **물건의 중개 및 위탁 판매**와 더불어 **숙박을 제공하는 상인**인 **여각**이 존재하였다.

⑤ 담배, 인삼 등 **상품 작물**을 재배하는 농민
→ 조선 후기에는 농법이 발달하며 벼농사 이외에도 **담배**, **면화**, 인삼 등 다양한 **상품 작물**을 활발하게 재배하였다.

 문제에서 다양한 상인이 언급되면 대부분 조선 후기 경제 상황에 대한 문제입니다!

(가) 인물에 대한 설명으로 옳은 것은? [2점]

지문의 핵심 키워드 ▶ 박지원

✔ 열하일기 - 박지원이 청나라를 방문한 이후 저술한 기행문

선지별 키워드 추출

① **북한산비**가 진흥왕 순수비임을 고증하였다.
→ 조선의 김정희는 금석학에 관한 연구를 통해 **북한산비**가 진흥왕 순수비임을 고증하였다.

② 청으로부터 **시헌력**을 도입하자고 건의하였다.
→ 조선의 김육은 태음력과 태양력의 원리를 적용한 역법인 **시헌력의 도입을 건의**하였다

③ 우서에서 **사농공상의 직업적 평등**을 주장하였다.
→ 조선의 유수원은 사회 개혁안을 담은 **우서**를 저술하고, **사농공상(선비·농부·공장·상인)의 직업적 평등**을 주장하였다.

④ 양반전을 지어 양반의 허례와 무능을 풍자하였다.
→ 조선의 박지원은 양반전, 허생전, 호질 등을 저술하여 양반의 허례와 무능을 비판, 풍자하였다.

⑤ 10리마다 눈금을 표시한 **대동여지도**를 완성하였다.
→ 조선의 김정호는 접어 가지고 다닐 수 있도록 22장으로 나뉘어진 **대동여지도**를 제작하였는데, 보다 상세한 지리를 표현하기 위해 **10리마다 눈금**을 표시하였다.

 조선 시대 중상학파들은 대부분 기행문을 저술하였으므로 각 인물이 저술한 기행문을 구별하여 암기하는 것이 필수입니다!

27. 정답 ①

(가) 인물의 작품으로 옳은 것은? [1점]

이 작품은 조선 후기 대표적 풍속 화가인 단원 [(가)] 이/가 나귀를 타고 유람하는 나그네의 시점으로 그린 행려풍속도병입니다. 8폭 병풍에는 계절에 따라 변해가는 산수와 대장간, 나루터 등 다양한 세상살이의 모습이 생동감 있게 표현되어 있습니다. 각 폭의 그림 위쪽에는 그의 스승인 강세황의 그림 평이 적혀 있습니다.

지문의 핵심 키워드 ▶ 김홍도

✓ 조선 후기 대표적인 풍속 화가, 단원 – 김홍도
✓ 강세황 – 김홍도의 스승

선지별 키워드 추출

① 조선 후기 김홍도의 「씨름도」

② 조선 후기 정선의 「금강전도」

③ 조선 후기 김득신의 「파적도」

④ 조선 후기 신윤복의 「월하정인」

⑤ 조선 후기 강세황의 「영통동구도」

 화가의 '호'가 정답을 찾는 핵심 키워드입니다!

---

28. 정답 ②

(가), (나) 사이의 시기에 있었던 사실로 옳은 것은?

[3점]

(가) 순무영에서 정족산성 수성장 양헌수가 보내온 보고에 의하면, " …… 우리 군사가 잠입한 사실을 적들이 알지 못하였습니다. 오늘 저들은 우리가 지키고 있는 성을 점령할 계책으로 그 우두머리가 말을 타고 나귀를 끌고 짐바리와 술과 음식을 가지고 동문과 남문으로 나누어 들어왔습니다. 이때 우리 군사들이 좌우에 매복하였다가 일제히 총탄을 퍼부었습니다. ……"라고 하였습니다.

(나) 4월 24일에 계속해서 올린 강화 진무사 정기원의 치계에, "미국 배가 다시 항구로 들어와서 광성진을 습격하여 함락하였는데, 중군 어재연이 힘껏 싸우다가 목숨을 바쳤고, 사망한 군사가 매우 많습니다. 적병은 초지포 부근에 주둔하였습니다. 장수 이렴이 밤을 이용하여 습격해서야 그들을 퇴각시켰습니다."라고 하였습니다.

지문의 핵심 키워드 ▶ 병인양요, 신미양요

✓ (가) 정족산성, 양헌수 – 병인양요(1866) 관련 장소와 인물
✓ (나) 광성진, 어재연 – 신미양요(1871) 관련 장소와 주요 인물

선지별 키워드 추출

① 일본 군함 운요호가 영종도를 공격하였다.
→ 1875년 일본의 군함 운요호가 강화도와 영종도를 침략하여 인적·물적 피해를 줬으며, 이 사건은 조선과 일본이 강화도 조약을 체결하는 계기가 되었다.

② 오페르트가 남연군 묘의 도굴을 시도하였다.
→ 독일 상인인 오페르트는 1868년에 흥선 대원군의 아버지의 묘인 남연군 묘를 도굴하려다 발각되어 실패하였다.

③ 마젠창과 묄렌도르프가 고문으로 파견되었다.
→ 임오군란 이후 1882년에 청은 조선에 재정 고문 마젠창과 외교 고문 묄렌도르프를 파견하였다.

④ 영국이 러시아를 견제하기 위해 거문도를 점령하였다.
→ 영국은 1885년에 러시아의 남하 정책을 견제하기 위해 거문도를 약 3년 동안 불법으로 점령하였다.

⑤ 황사영이 외국 군대의 출병을 요청하는 백서를 작성하였다.
→ 1801년에 신유박해가 발생하자 황사영은 베이징 주재 프랑스 선교사에게 출병을 요청하는 백서를 작성하였다.

 오페르트 도굴 사건은 병인양요와 신미양요 사이에 발생한 사건입니다.

29. 정답 ①　　　　　　　　　　　　　| 난이도 | ●●○

(가) 조약에 대한 설명으로 옳은 것은? [2점]

설명: 미국에서 발행된 'Frank Leslies Illustrated Newspaper' 1883년 9월 29일자에 실린 보빙사의 사진이다. 전권 대신 민영익과 부대신 홍영식 등으로 구성된 보빙사는 (가) 체결로 미국 공사가 부임하자 그에 대한 답례로 파견되었다. 미국에서 아서 대통령을 만나고 우체국, 신문사, 병원 등 각종 근대 시설을 시찰하고 돌아왔다.

지문의 핵심 키워드 ▶ 조미 수호 통상 조약

✔ 보빙사 – 조미 수호 통상 조약의 체결로 미국 공사가 부임하자 그에 대한 답례 목적으로 파견한 사절단

선지별 키워드 추출

① 최혜국 대우를 최초로 규정하였다.
→ 조미 수호 통상 조약은 특정 국가에 부여한 가장 유리한 대우를 상대국에도 부여하는 **최혜국 대우를 최초로 규정**하였다.

② 통감부가 설치되는 계기가 되었다.
→ 을사늑약의 체결로 일제는 대한 제국의 외교권을 박탈하고 **통감부를 설치**하였다.

③ 천주교 포교 허용의 근거가 되었다.
→ 조불 수호 통상 조약의 체결로 **천주교 포교**가 허용되었다.

④ 재정 고문을 두도록 하는 조항을 담고 있다.
→ 제1차 한일 협약 체결에 따라 외교 고문 스티븐스와 **재정 고문 메가타**가 파견되었다.

⑤ 부산, 원산, 인천이 개항되는 결과를 가져왔다.
→ 강화도 조약의 체결로 조선은 일본에 **부산, 원산, 인천**의 항구를 차례대로 개항하였다.

 개항기의 조약은 조약을 체결한 국가만 파악하더라도 비교적 쉽게 풀이할 수 있습니다!

30. 정답 ③　　　　　　　　　　　　　| 난이도 | ●○○

(가)에 대한 설명으로 옳은 것은? [2점]

우정총국 개국 축하연에서 일부 급진 개화파가 (가) 을/를 일으켰습니다. 1/3

권력을 장악한 그들은 청과의 사대 관계 청산 등을 담은 개혁 정강을 발표하였습니다. 2/3

청군의 개입으로 3일 만에 실패하여 김옥균 등 주요 인물은 일본으로 망명하였습니다. 3/3

지문의 핵심 키워드 ▶ 갑신정변

✔ 우정총국 개국 축하연 – 갑신정변의 발생 시기
✔ 급진 개화파, 김옥균 – 갑신정변의 주도 세력
✔ 청군의 개입으로 3일 만에 실패 – 갑신정변의 실패 원인

선지별 키워드 추출

① 전개 과정에서 **집강소**가 설치되었다.
→ 동학 농민 운동 당시 동학 농민군은 정부와 전주 화약을 체결한 이후 자신들의 요구 사항을 실현하기 위해 **집강소**를 설치하였다.

② 수신사가 파견되는 데 영향을 주었다.
→ 수신사는 강화도 조약 체결 이후 일본 공사 부임의 답례 목적으로 파견된 사절단이다.

③ 한성 조약이 체결되는 결과를 가져왔다.
→ 갑신정변 이후 조선은 일본에게 배상금 및 공사관 신축비를 지불하는 내용을 규정한 **한성 조약**을 체결하였다.

④ 사태 수습을 위해 **박규수가 안핵사**로 파견되었다.
→ 조선 철종 때 임술 농민 봉기가 발생하자 안핵사로 파견된 박규수는 삼정의 문란을 해결하고자 **삼정이정청**의 설치를 건의하였다.

⑤ 구식 군인에 대한 차별 대우가 발단이 되어 일어났다.
→ 신식 군대인 별기군 창설 이후 **구식 군인**에 대한 **차별 대우가 발단**이 되어 **임오군란**이 일어났다.

 갑신정변이 일어난 시기와 주도 세력, 정변 후 체결된 조약을 모두 암기하는 것이 좋습니다.

31. 정답 ①　　　　　　　　　　| 난이도 | ●●●

(가) 궁궐에 대한 설명으로 옳은 것은?　　　[3점]

돈덕전으로의 초대

돈덕전이 재건되어 전시관으로 개관합니다. 많은 관람 부탁드립니다.

■ 주소: 서울특별시 중구 세종대로 99
■ 개관일: 2023년 ○○월 ○○일

⊙ 소개

돈덕전은 　(가)　 안에 지어진 유럽풍 외관의 건물로, 고종 즉위 40주년 기념행사를 열기 위해 건립되었다. 1층에는 폐하를 알현하는 폐현실, 2층에는 침실이 자리하여 각국 외교 사절의 폐현 및 연회장, 국빈급 외국인의 숙소로 사용되었다.
러시아 공사관에서 　(가)　으로 거처를 옮긴 뒤부터 고종은 중명전을 비롯한 서구식 건축물을 지어 근대 국가로서의 면모를 보여주고자 하였다. 돈덕전 역시 이러한 의도가 투영된 건축물이다.

지문의 핵심 키워드 ▶ 덕수궁

✓ 러시아 공사관에서 (가)으로 거처를 옮김 – 고종은 아관 파천 이후 러시아 공사관에서 경운궁(덕수궁)으로 환궁함

선지별 키워드 추출

① 제1차 미소 공동 위원회가 개최되었다.
→ 덕수궁 석조전에서 미국과 소련은 한국의 민주주의 임시 정부 수립을 논의하는 회의를 개최하였다.

② 도성 내 서쪽에 있어 **서궐**이라고 불렸다.
→ 도성 내 위치에 따라 **경희궁**은 **서궐**, 창덕궁과 창경궁은 동궐로 불렸다.

③ 일제에 의해 창경원으로 격하되기도 하였다.
→ 창경궁은 일제에 의해 동물원과 식물원이 설치되고 '동산'을 의미하는 창경원으로 격하되었다.

④ 정도전이 궁궐과 주요 전각의 명칭을 정하였다.
→ **경복궁**은 1395년에 창건되었으며, **정도전이 궁궐과 주요 전각의 명칭을** 정하였다.

⑤ 태종이 도읍을 한양으로 다시 옮기며 건립하였다.
→ **창덕궁**은 경복궁 건립 이후 **태종이 도읍을 다시 옮기며 건립한** 대표적인 이궁이다.

덕수궁 관련 문제에서는 석조전과 중명전이 제시될 가능성이 매우 높습니다!

---

32. 정답 ⑤　　　　　　　　　　| 난이도 | ●●○

(가) 의병에 대한 설명으로 옳은 것은?　　　[2점]

이달의 독립운동가

최초의 여성 의병 지도자 윤희순(尹熙順)

• 생몰년: 1860~1935
• 생애 및 활동

경기도 구리 출신으로 명성 황후 시해 사건이 일어나자 '안사람 의병가'를 창작하여 여성의 의병 참여를 독려하는 데 앞장섰다. 고종의 강제 퇴위와 군대 해산에 반발하여 일어난 　(가)　 당시 30여 명의 여성으로 의병대를 조직하여 최초의 여성 의병장으로 활약하였다. 일제에 나라를 뺏긴 이후에는 만주로 망명하여 항일 인재 양성과 무장 투쟁을 이어 나갔다. 1990년 건국훈장 애족장이 추서되었다.

지문의 핵심 키워드 ▶ 정미의병

✓ 고종의 강제 퇴위와 군대 해산에 반발 – 정미의병의 발생 원인

선지별 키워드 추출

① 최익현이 태인에서 궐기하였다.
→ **최익현**은 을사늑약 체결에 반발하여 전북 **태인에서 을사의병을** 주도하였다.

② 고종의 해산 권고 조칙에 따라 해산하였다.
→ **을미의병**은 아관 파천으로 단발령이 철회되고, **고종의 해산 권고 조칙에 따라 해산**하였다.

③ 민종식이 이끄는 부대가 홍주성을 점령하였다.
→ **민종식**은 을사늑약 체결에 반발하며 충남 홍성에서 을사의병을 일으키고 **홍주성을 점령**하였다.

④ 일본에 국권 반환 요구서를 제출하고자 하였다.
→ **독립 의군부**는 조선 총독부에 **국권 반환 요구서 제출**을 시도하였다.

⑤ 의병 부대가 연합하여 서울 진공 작전을 전개하였다.
→ **정미의병** 당시 의병 및 해산된 군인이 일부 합류하여 **13도 창의군을** 결성하고 **서울 진공 작전을 전개**하며 일본군에 대항하였다.

정미 7조약에 따라 해산된 군인들이 정미의병에 참여한 사실을 기억해야 합니다!

⊙ 시기에 볼 수 있는 모습으로 가장 적절한 것은? [2점]

이것은 경인선 철도의 노선 계획도입니다. 경인선은 미국인 모스로부터 부설권을 사들인 일본에 의해 서울에서 인천을 잇는 철도로 개통되었습니다. 완공 후 ⊙ 서대문 정거장에서 철도 개통식이 열렸습니다. 이후, 경부선, 경의선 철도가 차례로 개통되었습니다. 그 과정에서 많은 토지가 철도 부지로 수용되고 농민들이 공사에 강제로 동원되면서 많은 저항이 있었습니다.

지문의 핵심 키워드 ▶ 경인선 개통

✔ 서대문 정거장에서 철도 개통식이 열림 – 서울과 인천을 잇는 우리나라 최초의 철도인 경인선의 개통(1899)

선지별 키워드 추출

① 학도 지원병을 독려하는 지식인
→ 민족 말살 통치 시기인 1943년에는 학도 지원병제가 실시되어 학생들도 징집 대상이 되었다.

② 금난전권 폐지에 반대하는 시전 상인
→ 조선 정조 때인 1791년에 채제공의 건의로 육의전을 제외한 시전 상인의 금난전권이 폐지되는 신해통공이 단행되었다.

③ 근우회가 주최하는 강연에 참여하는 여성
→ 신간회의 자매 단체로 1927년에 결성된 근우회는 민족주의 계열과 사회주의 계열의 여성들이 연합하여 여성들의 신분 해방 운동을 주도하였다.

④ 두모포에서 무력시위를 벌이는 일본 군인
→ 일본 상인과 거래하는 조선 상인에게 세금을 징수한다는 조선 정부의 정책에 반발하여 1878년에 부산에서 무력시위가 발생하였다.

⑤ 근대 학문을 가르치는 한성 사범 학교 교사
→ 제2차 갑오개혁 때 근대식 사범 학교에 대한 관제인 교육 입국 조서가 반포(1895)되었다. 이후 한성 사범 학교가 설립되어 1911년 개편 전까지 운영되었다.

 개항기 근대 문물의 수용과 관련된 문제는 첫 운영 시점부터 종료 시점까지 고루 암기해 두어야 합니다!

밑줄 그은 '이 지역'에서 있었던 민족 운동으로 옳은 것은? [3점]

□□신문

제△△호 ○○○○년 ○○월 ○○일

『원병상 회고록』으로 본 국외 민족 운동

한국 독립운동사의 일면을 살펴볼 수 있는 책이 발간되었다. 이 책은 신흥 무관 학교 졸업생이자 교관으로 독립군 양성에 헌신한 원병상의 회고록이다. 책에는 이 지역에 세워진 신흥 무관 학교의 변화 과정과 학생들의 생활상이 구체적으로 담겨 있을 뿐만 아니라, 국권 피탈 이후 망명해 온 독립지사들이 힘겹게 정착해 나가는 과정이 생생하게 기록되어 있어 독립운동사와 생활사 자료로서 가치가 크다.

지문의 핵심 키워드 ▶ 서간도 지역의 국외 독립운동

✔ 신흥 무관 학교 – 신민회의 간부인 이회영, 이동녕, 이상룡 등이 서간도에 설립한 독립군 양성 학교

선지별 키워드 추출

① 한인 자치 기구인 경학사를 설립하였다.
→ 이상룡 등은 서간도 지역에 독립 운동 단체이자 한인 자치 기구인 경학사를 설립하였다.

② 권업회가 조직되어 기관지를 발행하였다.
→ 연해주 지역에 위치한 한인 집단 거주지인 신한촌에서는 최재형이 항일 독립운동 단체인 권업회를 조직하고 권업신문을 발행하였다.

③ 유학생들을 중심으로 2·8 독립 선언서가 발표되었다.
→ 도쿄 지역의 청년 유학생들은 2·8 독립 선언서를 발표하며 독립운동을 주도하였다.

④ 대조선 국민 군단이 결성되어 군사 훈련을 실시하였다.
→ 미국 하와이에서 박용만은 대조선 국민 군단을 창설하여 독립운동을 위한 군사를 양성하였다.

⑤ 흥사단이 창립되어 교민들에게 민족의식을 심어주고자 하였다.
→ 미국 샌프란시스코에서 안창호 등은 독립 운동 단체인 흥사단을 창립하였다.

 서간도, 러시아, 연해주, 미국 하와이와 샌프란시스코에서 설립된 독립운동 단체와 설립자를 기억해 두어야 합니다.

35. 정답 ③ | 난이도 | ●○○

밑줄 그은 '운동'에 대한 설명으로 옳은 것은? [1점]

이 자료는 고종의 인산일을 계기로 시작된 만세 운동에서 불렀던 독립가 전단입니다. 당시에 우리 민족은 독립 선언서를 발표하고 대한 독립 만세를 외치며 전국 각지와 해외 곳곳에서 시위를 이어 나갔습니다.

터졌구나 터졌구나
조선독립성
십 년을 참고 참아
이제 터졌네
삼천리의 금수강산
이천만 민족
살았구나 살았구나
이 한 소리에

지문의 핵심 키워드 ▶ 3·1 운동

✓ 고종의 인산일을 계기로 시작 – 3·1 운동의 발발 계기
✓ 독립 선언서를 발표 – 3·1 운동 때 발표된 기미 독립 선언서

선지별 키워드 추출

① 통감부의 방해와 탄압으로 중단되었다.
→ 3·1 운동은 조선 총독부의 방해와 탄압으로 중단되었다.

② 천도교 소년회가 창립된 후 본격화되었다.
→ 방정환은 천도교 소년회 출신의 색동회를 조직하는 등 어린이의 권익을 보호하는 소년 운동을 추진하였다.

③ 일제가 이른바 문화 통치를 실시하는 배경이 되었다.
→ 3·1 운동은 일제가 조선인에 대한 통치 방식을 무단 통치에서 문화 통치로 변화하는 계기를 가져왔다.

④ 성진회와 각 학교 독서회에 의해 전국적으로 확산되었다.
→ 광주 학생 항일 운동은 항일 학생 운동 단체인 독서회와 성진회에 의해 전국적으로 확산되었다.

⑤ 시위를 준비하는 과정에서 사회주의자들이 대거 검거되었다.
→ 6·10 만세 운동은 사회주의 세력과 학생들이 중심이 되어 준비하였는데, 이 과정에서 사회주의자들이 대거 검거되었다.

3·1 운동이 출제되면, 대한민국 임시 정부 수립과 문화 통치로의 전환이 정답이 될 가능성이 높습니다!

36. 정답 ③ | 난이도 | ●○○

밑줄 그은 '시기'에 시행된 일제의 정책으로 옳은 것은? [1점]

오늘 소개해 주실 자료는 무엇인가요?

이 자료는 토지 조사 사업이 실시되던 시기에 조선 총독부 임시 토지 조사국이 작성한 문서입니다. 여기에는 경상북도 상주, 칠곡, 울릉도 등 총 6개 지역에서 토지 소유자와 그 경계를 조사하여 확정하였다고 기록되어 있습니다.

지문의 핵심 키워드 ▶ 무단 통치기

✓ 토지 조사 사업 – 일제가 근대적 토지 소유 관계 확립을 명분으로 시행한 경제 침탈 사업(1910~1918)

선지별 키워드 추출

① 애국반을 조직하였다.
→ 민족 말살 통치 시기 일제는 조선인들을 통제하기 위해 애국반을 운영하였다.

② 신문지법을 제정하였다.
→ 일제는 국내에서 간행되는 신문에 대한 관리와 탄압을 위해 1907년에 신문지법을 제정하였다.

③ 조선 태형령을 시행하였다.
→ 무단 통치기인 1912년에 일제는 조선인에게만 적용되는 조선 태형령을 시행하였다.

④ 산미 증식 계획을 실시하였다
→ 문화 통치기 일제는 자국의 식량 부족 문제를 해결하기 위해 한국의 쌀 생산량과 반출량을 늘리는 산미 증식 계획을 실시하였다.

⑤ 황국 신민 서사의 암송을 강요하였다.
→ 민족 말살 통치 시기에 일제는 천황에 대한 충성심을 강조한 황국 신민 서사의 암송을 강요하였다.

무단 통치기에 일제는 경제 침탈을 위해 토지 조사 사업과 회사령을 시행하였습니다.

37. 정답 ⑤ | 난이도 | ●○○

(가) 종교에 대한 설명으로 옳은 것은? [2점]

지난 개천절을 기회로 하여 독립운동을 계획했다는 이유로 (가) 간부 7명이 동대문 경찰서에 체포되었다는 기사가 실렸구나.

(가) 은/는 나철이 만주에서 단군 신앙을 기반으로 창시한 종교인데, 민족의식을 고취할 뿐만 아니라 독립운동도 전개하고 있네요.

지문의 핵심 키워드 ▶ 대종교

✓ 나철 – 대종교의 창시자
✓ 단군 – 대종교의 신앙 대상

선지별 키워드 추출

① 개벽, 신여성 등의 잡지를 발간하였다.
→ 천도교는 민중 계몽을 위해 개벽, 신여성 등의 잡지를 발간하였다.

② 한용운 등이 사찰령 폐지를 주장하였다.
→ 한용운은 일제가 한국의 불교를 억압하기 위해 시행한 사찰령에 대한 폐지 운동을 주도하였다.

③ 박중빈을 중심으로 새생활 운동을 펼쳤다.
→ 박중빈은 원불교를 창시하고 근검저축·금주·단연 등 전반적인 생활의 개선을 실천하는 새생활 운동을 추진하였다.

④ 김창숙의 주도로 파리 장서 운동을 전개하였다.
→ 김창숙을 중심으로 한 유림단의 인물들은 3·1 운동 이후 파리 강화 회의에 독립 청원서를 보내 조선의 독립을 요구하였다.

⑤ 무장 투쟁을 전개하기 위해 중광단을 조직하였다.
→ 대종교는 무장 투쟁을 위해 북간도에 군사 조직인 중광단을 결성하였다.

 대종교의 군사 조직인 중광단은 북간도 지역의 국외 독립운동 관련 문제에서도 종종 제시됩니다!

38. 정답 ① | 난이도 | ●●○

(가)~(다)를 일어난 순서대로 옳게 나열한 것은? [2점]

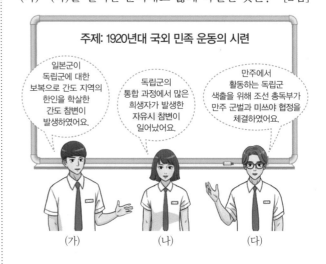

주제: 1920년대 국외 민족 운동의 시련

일본군이 독립군에 대한 보복으로 간도 지역의 한인을 학살한 간도 참변이 발생하였어요.

독립군의 통합 과정에서 많은 희생자가 발생한 자유시 참변이 일어났어요.

만주에서 활동하는 독립군 색출을 위해 조선 총독부가 만주 군벌과 미쓰야 협정을 체결하였어요.

(가)   (나)   (다)

지문의 핵심 키워드 ▶ 1920년대 만주 지역의 국외 독립운동

✓ (가) 간도 참변 – 일제가 독립군에 대한 보복의 일환으로 간도 지역의 민간인들을 학살한 사건(1920)
✓ (나) 자유시 참변 – 연해주 지역에서 독립군을 통합하는 과정에서 러시아군과 충돌하며 우리나라의 독립군이 희생된 사건(1921)
✓ (다) 미쓰야 협정 – 일본 경무국장인 미쓰야가 만주 지역의 독립운동을 탄압하기 위해 중국 군벌과 체결한 협정(1925)

선지별 키워드 추출

① (가) - (나) - (다)
→ 1920년대의 만주 지역에서 일어난 독립운동은 간도 참변(가-1920) → 자유시 참변(나-1921) → 미쓰야 협정(다-1925) 순으로 발생하였다.

 독립운동과 관련된 순서 나열 문제는 빈출 유형입니다!

39. 정답 ⑤ | 난이도 | ●●○

밑줄 그은 '시기'에 볼 수 있는 모습으로 가장 적절한 것은? [3점]

지문의 핵심 키워드 ▶ 문화 통치기

✓ 아리랑 - 문화 통치기에 극장 단성사에서 개봉된 영화
✓ 나운규 - 영화 아리랑의 감독

선지별 키워드 추출

① 관민 공동회에서 연설하는 백정
→ 1898년에 독립협회는 대중 집회인 **관민 공동회**를 개최하였다.

② 교육 입국 조서를 발표하는 관리
→ 제2차 갑오개혁 때인 1895년에 **교육 입국 조서**가 반포되었다.

③ 원각사에서 은세계 공연을 보는 관객
→ **원각사**는 1908년에 건립된 한국 최초의 서양식 사설 극장으로 은세계와 치악산 등의 신극을 공연하였다.

④ 전차 개통식에 참여하는 한성 전기 회사 직원
→ 1899년에 서대문과 청량리를 연결하는 우리나라 최초의 **전차**가 개통되었다.

⑤ 카프(KAPF)를 형성하여 활동하는 신경향파 작가
→ 이른바 **문화 통치기**부터 신경향파 작가들이 등장하여 사회주의의 영향을 받은 **카프(KAPF)**가 결성되었다.

 이른바 문화 통치기에 나운규가 단성사에서 아리랑을 상영한 사실은 자주 출제됩니다!

40. 정답 ⑤ | 난이도 | ●○○

밑줄 그은 '이 시기'에 시행된 일제의 정책으로 옳은 것은? [1점]

지문의 핵심 키워드 ▶ 민족 말살 통치 시기

✓ 국민학교 - 민족 말살 통치 시기 일제가 기존의 소학교의 명칭을 개편한 사례
✓ 중일 전쟁 - 1937년 일제가 일으킨 전쟁

선지별 키워드 추출

① 회사령을 공포하였다.
→ 무단 통치기에 회사를 설립할 때 조선 총독의 허가를 받도록 하는 법령이 제정되었다.

② 치안 유지법을 제정하였다.
→ 문화 통치기에 식민 지배에 반대하는 사람들을 탄압할 목적으로 **치안 유지법**이 제정되었다.

③ 헌병 경찰제를 실시하였다.
→ 무단 통치기에는 헌병이 경찰 업무를 담당하였다.

④ 경성 제국 대학을 설립하였다.
→ 문화 통치기에 일제는 민립 대학 설립 운동을 무산시키고자 경성 제국 대학을 설립하였다.

⑤ 조선 사상범 예방 구금령을 시행하였다.
→ 민족 말살 통치 시기에 일제는 독립운동을 보다 강하게 탄압하고자 조선 사상범 예방 구금령을 제정하였다.

 '중일 전쟁'과 '태평양 전쟁'은 민족 말살 통치 시기의 대표적인 빈출 키워드입니다!

41. 정답 ⑤ | 난이도 | ●●○

밑줄 그은 '나'에 대한 설명으로 옳은 것은? [3점]

> 나는 1913년 상하이 망명 후 동제사에 참여하였소. 1917년에는 대동 단결 선언을 작성했다오. 여기에서 나는 주권이 국민에게 있음을 밝혔는데, 이것이 공화정을 지향하는 정치사상으로 평가받고 있다오. 1930년에는 안창호 등과 함께 한국 독립당을 창당하였소. 이후 대한 민국 임시 정부 건국 강령 초안도 작성하였다오.

대동단결의 선언

지문의 핵심 키워드 ▶ 조소앙

✓ 대동단결 선언 – 조소앙이 상하이에서 작성한 주권재민을 표방한 선언문
✓ 한국 독립당 – 조소앙이 상하이에서 조직한 민족주의 정당
✓ 대한민국 임시 정부 건국 강령 초안 – 조소앙이 삼균주의 를 바탕으로 작성한 해방 이후의 건국 계획

선지별 키워드 추출

① 조선 혁명 선언을 작성하였다.
→ 신채호는 1923년 의열단의 활동 강령인 **조선 혁명 선언** 을 작성하였다.

② 한국독립운동지혈사를 저술하였다.
→ 박은식은 갑신정변부터 3·1 운동이 발생한 다음 해까지의 역사를 정리한 **한국독립운동지혈사**를 저술하였다.

③ 극동 인민 대표 대회에서 의장단으로 선출되었다.
→ 김규식은 1922년에 모스크바에서 **개최된 극동 인민 대 표 대회**에서 의장단으로 참여하였다.

④ 헤이그에서 열린 만국 평화 회의에 특사로 파견되었다.
→ 고종은 1907년에 **이준, 이위종, 이상설**을 네덜란드 만 국 평화 회의에 파견하여 을사늑약의 부당함을 알렸다.

⑤ 새로운 국가 건설을 위한 이념으로 삼균주의를 주장하였다.
→ 조소앙은 정치·경제·교육 세 가지의 균형(삼균주의) 을 바탕으로 해방 이후의 건국 계획을 발표하였다.

 조소앙의 대한민국 건국 강령과 삼균주의는 자주 함께 출제됩니다!

---

42. 정답 ⑤ | 난이도 | ●●●

다음 편지가 작성된 시기를 연표에서 옳게 고른 것은? [2점]

> 친애하는 메논 박사
>
> 남북 지도자 회담에 관하여 귀하와 귀 위원단에게 우리의 의 견과 각서를 이미 제출한 바이어니와 우리는 가급적 우리 양인 의 명의로 남에서 이에 찬동하는 제 정당의 대표 회담을 소집하 여 이미 제출한 바에 제1차 보조를 하겠습니다. 이 회의에서 남 쪽이 대표를 선출하면 북쪽에 연락할 인원과 방법에 대한 것을 결정하겠습니다. 귀 위원단이 이에 대하여 원만하고 적극적인 협조를 직접 간접으로 하여 주시면 대단히 감사하겠으며 우리 양방의 노력으로 하여금 우리가 공동으로 목적하는 바를 이루 어지기를 믿습니다. 끝으로 우리의 심각한 경의를 표합니다.
>
> 김구, 김규식

(가)	(나)	(다)	(라)	(마)
8·15 광복	모스크바 3국 외상 회의	이승만 정읍 발언	좌우 합작 7원칙 발표	유엔 총회 남북한 총선거 결정	제헌 국회 구성

지문의 핵심 키워드 ▶ 남북 협상

✓ 남북 지도자 회담, 제정당의 대표 회담을 소집 – 남한만의 단독 선거에 반대하여 추진된 남북 협상(1948. 4)
✓ 김구, 김규식 – 남북 협상을 추진한 남한측 인물들

선지별 키워드 추출

⑤ (마)
→ 남북 협상은 유엔에서 한반도의 정부 수립 문제가 의결 된 이후 진행되었기 때문에, 흐름상 5번이 적절하다.

 한능검에서 김구와 김규식이 함께 제시되면 남북 협상 관련 문제 일 가능성이 높습니다!

해품사의 시사점 풀이 42번

사료가 어려우면, 가장 중요한 내용부터 파악해봅시다!

해품사의 문제 첫인상

1. 메논 박사는 누구일까? 익숙한 사료가 아닌걸?
2. 계속 읽다보니 '남북 지도자 회담' 등이 언급되고 있네?
3. 마지막에는 '김구, 김규식'이 써 있는 것을 보니 남북 협상에 대한 사료이구나!

해품사의 "대처 방법"

✓ 처음에 모르는 인물이 나왔다고 하더라도 당황하지 않는 것이 중요합니다!
   → 일반적으로 외국인이 제시되면 익숙하지 않은 기출 사례가 많습니다!

✓ 계속해서 사료를 읽으면 익숙한 키워드를 찾을 수 있습니다!
   → 사료 끝에 '김구, 김규식'이라는 익숙한 인물의 이름을 찾을 수 있습니다!

✓ 찾아 낸 키워드를 통해 시기를 짐작하여 문제를 풀어 봅시다!
   → 김구와 김규식이 대표 회담을 소집한다는 내용을 본다면 남북 협상에 관한 내용임을 알 수 있으므로 유엔 총회 남북한 총선거 결정 이후인 5번이 정답!

---

43. 정답 ③

| 난이도 | ●●○○

다음 연설문을 발표한 정부의 통일 노력으로 옳은 것은?
[2점]

> 제5차 남북 고위급 회담에서 서명된 합의서는 남과 북이 오랜 단절과 대립을 청산하여 상호 신뢰를 바탕으로 이 땅에, 평화의 질서를 구축하고 교류 협력을 통해 민족의 화해와 공동 번영을 이루어가기 위해 필요한 조처들을 망라하고 있습니다. …… 석 달 전 남북한의 유엔 동시 가입과 이에 이은 이번 합의서의 서명은 한반도 문제 해결과 민족 통일을 향한 여정에 획기적인 이정표를 세운 것입니다. …… 나는 올해 안에 한반도의 비핵화를 실현하는 합의를 이루고 밝아오는 새해와 함께 남과 북이 평화와 협력, 평화와 공동 번영의 새로운 시대를 힘차게 열게 되기를 바랍니다.

지문의 핵심 키워드 ▶ 노태우 정부

✓ 남북 고위급 회담에서 서명된 합의서 - 노태우 정부 때 발표한 남북 기본 합의서
✓ 남북한의 유엔 동시 가입, 한반도 비핵화 공동 선언 합의 - 노태우 정부 때의 통일 노력 사례

선지별 키워드 추출

① 판문점에서 남북 정상 회담을 개최하였다.
   → 문재인 정부는 판문점에서 남북 정상 회담을 개최하고 4·27 판문점 선언을 발표하였다.

② 남북 이산가족의 고향 방문을 최초로 성사시켰다.
   → 전두환 정부 때 남북 교류 사업의 일환으로 **남북 이산가족 고향 방문**이 이루어졌다.

③ 민족 자존과 통일 번영을 위한 7·7 선언을 발표하였다.
   → 노태우 정부 때 7·7 선언을 계기로 사회주의 국가와 국교를 수립하고 북한과도 교류하고자 하였다.

④ 7·4 남북 공동 성명을 실천하기 위해 **남북 조절 위원회**를 구성하였다.
   → 박정희 정부 때 7·4 남북 공동 성명에 따라 통일 교류 실천을 위한 **남북 조절 위원회**가 구성되었다.

⑤ 남북 관계 발전과 평화 번영을 위한 10·4 남북 정상 선언에 서명하였다.
   → 노무현 정부는 제2차 남북 정상 회담을 개최하고 10·4 남북 공동 선언을 채택하였다.

노태우 정부의 통일 문제는 'UN은 기본적으로 비핵화를 좋아한다'를 연상하며 풀어봅시다!

44. 정답 ②　　　　　　　　　| 난이도 | ●●●

다음 상황 이후에 일어난 사실로 옳은 것은?　　[2점]

오늘 미합중국 존 포스터 덜레스 국무 장관과 우리나라 변영태 외무 장관 사이에 상호 방위 조약이 체결되었습니다. 이로써 양국은 우호 관계를 바탕으로 한국에 대한 공산주의자들의 침공에 맞서 나란히 싸울 수 있도록 상호 이해와 공동의 이상을 나누게 되었습니다.

지문의 핵심 키워드 ▶ 한·미 상호 방위 조약

미합중국와 우리나라 사이에 상호 방위 조약이 체결 – 한·미 상호 방위 조약 체결(이승만 정부, 1953)

선지별 키워드 추출

① 반민족 행위 특별 조사 위원회가 설치되었다.
→ 제헌 국회는 1948년에 친일파 처벌을 목적으로 반민족 행위 처벌법을 제정하였다.

② 평화 통일론을 주장한 진보당의 조봉암이 처형되었다.
→ 이승만 정부는 1959년에 야당 후보인 진보당의 조봉암을 견제하기 위해 조봉암에게 간첩 혐의를 씌워 사형시킨 뒤 진보당을 해체하였다.

③ 비상계엄이 선포된 가운데 발췌 개헌안이 통과되었다.
→ 6·25 전쟁 당시인 1952년 부산에서 발생한 정치 파동을 계기로 대통령 직선제에 내각책임제 요소를 일부 추가한 발췌 개헌안이 통과되었다.

④ 미국의 극동 방위선을 규정한 애치슨 라인이 발표되었다.
→ 미 국무장관 애치슨은 1950년에 태평양 지역 방어선을 발표하였고 이때 한반도와 타이완이 제외되었다.

⑤ 유상 매수, 유상 분배를 규정한 농지 개혁법이 제정되었다.
→ 제헌 국회는 1949년에 자영농 육성을 위해 유상 매수 및 유상 분배를 규정한 농지 개혁법을 제정하였다.

 진보당 사건(1958)의 연도를 암기하는 것을 권장합니다!

---

45. 정답 ②　　　　　　　　　| 난이도 | ●●●

(가), (나) 헌법에 대한 설명으로 옳은 것은?　　[2점]

(가)
제39조 ① 대통령은 통일 주체 국민 회의에서 토론 없이 무기명 투표로 선거한다.
제47조 ① 대통령의 임기는 6년으로 한다.
제59조 ① 대통령은 국회를 해산할 수 있다.

(나)
제39조 ① 대통령은 대통령 선거인단에서 무기명 투표로 선거한다.
③ 대통령 선거인단에서 재적 대통령 선거인 과반수의 찬성을 얻은 자를 대통령 당선자로 한다.
제45조 대통령의 임기는 7년으로 하며, 중임할 수 없다.

지문의 핵심 키워드 ▶ 제7차 개헌(유신 헌법), 제8차 개헌

✓ (가) 통일 주체 국민 회의 – 유신 헌법 당시 설치된 헌법 기관으로 대통령 선거 및 국회의원 1/3 추천 권한을 보유(박정희 정부, 1972)
✓ (나) 대통령 선거인단 – 8차 개헌 당시 선거권을 위임받아 비밀 투표로 대통령을 선출한 선거인 단체(전두환 정부, 1980)

선지별 키워드 추출

① (가) – 6·25 전쟁 중 부산에서 공포되었다.
→ 6·25 전쟁 당시 부산에서 발췌 개헌안이 통과되었다.

② (가) – 대통령의 국회의원 1/3 추천 조항을 담고 있다.
→ 박정희 정부 때 시행된 제7차 개헌(유신 헌법)으로 국회의원의 1/3을 대통령이 추천할 수 있었다.

③ (나) – 호헌 동지회 결성의 배경이 되었다.
→ 이승만 정부 때 사사오입 개헌이 통과되자 개헌에 반대하는 범야당 조합인 호헌 동지회가 결성되었다.

④ (나) – 3·1 민주 구국 선언에 영향을 주었다.
→ 박정희 정부 때 유신 헌법 체제에 반대하는 정치인, 종교인 등은 3·1 민주 구국 선언을 발표하였다.

⑤ (가), (나) – 6월 민주 항쟁 이후에 제정되었다.
→ 6월 민주 항쟁의 결과 전두환 정부는 직선제 개헌을 약속하는 6·29 선언을 발표하며 5년 단임의 대통령 직선제를 규정한 제9차 개헌이 시행되었다.

 9번의 개헌 중 제7차 개헌(유신 헌법)의 빈출도가 가장 높습니다!

46. 정답 ④

| 난이도 | ●○○

(가) 시기에 있었던 사실로 옳은 것은?   [1점]

오늘 내린 긴급 재정 경제 명령은 명실상부한 금융 실명제에 대한 국민의 열망을 반영하고 있습니다.

(가)

정부는 금융 외환 시장의 어려움을 극복하기 위해 국제 통화 기금에 유동성 조절 자금 지원을 요청하였습니다.

지문의 핵심 키워드 ▶ 김영삼 정부

✓ (가) 금융 실명제 – 김영삼 정부 때 금융 거래 시 실명으로 거래하도록 실시한 정책(1993)
✓ (나) 국제 통화 기금에 유동성 조절 자금 지원을 요청 – 김영삼 정부 때 발생한 외화 위기(1997)

선지별 키워드 추출

① 처음으로 수출액 100억 달러를 달성하였다.
→ 박정희 정부 때인 1977년에 지속적인 경제 성장을 통한 무역 흑자를 달성하여 수출액 100억 달러를 달성하는 경제적 성과를 얻었다.

② 미국과 자유 무역 협정(FTA)을 체결하였다.
→ 노무현 정부 때인 2007년에 한국과 미국 간 상품 및 서비스 무역에 대한 관세 철폐를 규정한 협정을 체결하였다.

③ 저유가 · 저금리 · 저달러의 3저 호황이 있었다.
→ 전두환 정부는 1986년부터 저유가 · 저금리 · 저달러의 3저 호황을 통해 경제적 호황을 누렸다.

④ 경제 협력 개발 기구(OECD) 회원국이 되었다.
→ 김영삼 정부 때인 1996년에 우리나라가 경제 협력 개발 기구(OECD)의 29번째 회원국이 되었다.

⑤ 원조 물자를 가공하는 삼백 산업이 발달하였다.
→ 이승만 정부 때 제분(밀가루) · 제당(설탕) · 면직물 등 미국으로부터 받은 원조 물자를 가공하는 삼백 산업이 발달하였다.

각 정부의 경제 정책과 관련 사건도 암기하는 것이 좋습니다!

해품사의 시사점 풀이   46번

이번 회차의 흐름형 유형은 까다로운 사고력을 유도하였다!

해품사의 문제 첫인상

1. 문제를 보니 (가) 앞뒤의 상황 모두 김영삼 정부 시기이군!
2. 자세히 보니 금융 실명제 실시는 김영삼 정부 초기, 국제 통화 기금 지원 요청은 말기에 해당하는구나!
3. 그렇다면 김영삼 정부 시기에 해당하는 선지를 찾으면 되겠군!

해품사의 "대처 방법"

✓ 제시된 사건의 정확한 연도를 모르더라도 괜찮습니다!
→ 연도를 암기해야만 풀 수 있는 문제는 출제되지 않습니다!
✓ 제시된 사건의 대략적인 시기를 짐작하는 것은 중요합니다!
→ (가) 사건 앞뒤 모두 김영삼 정부 시기에 일어난 것임을 알 수 있습니다!
✓ 선지도 함께 분석하여 정답을 찾아봅니다!
→ 1번은 박정희, 2번은 노무현, 3번은 전두환, 5번은 이승만 정부 시기에 해당하므로 김영삼 정부 시기에 해당하는 4번이 정답!

밑줄 그은 '정부' 시기에 있었던 사실로 옳은 것은? [3점]

지문의 핵심 키워드 ▶ 노무현 정부

✓ 호주제 폐지 - 노무현 정부 때 기존의 호주제를 가족 관계
  등록부로 변경함
✓ 여성 가족부 - 노무현 정부 때 기존의 여성부를 개편함

선지별 키워드 추출

① 평창 동계 올림픽이 개최되었다.
  → 문재인 정부 때 평창 동계 올림픽이 개최되었으며, 여
    자 아이스하키 종목에서 남북 단일팀이 참가하였다.

② 전국 민주 노동조합 총연맹이 창립되었다.
  → 김영삼 정부 때 노동자의 권익을 주장하기 위한 사회
    단체인 전국 민주 노동조합 총연맹이 창립되었다.

③ 헝가리와 상주 대표부 설치 협정을 체결하였다.
  → 노태우 정부 때 중국, 소련, 헝가리 등 사회주의 국가와
    국교를 수립하였다.

④ 진실ㆍ화해를 위한 과거사 정리 기본법이 제정되었다.
  → 노무현 정부 때 반인권적 인권 유린과 친일 반민족 행
    위 진상 규명을 위해 관련 기구를 설치하고 제도를 제
    정하였다.

⑤ 중학교 입시 제도가 폐지되고 무시험 추첨제가 실시되었다.
  → 박정희 정부 때 과도한 입시 제도의 폐해를 개선하기
    위해 중학교 입시 제도를 폐지하고 추첨 제도를 실시하
    였다.

호주제 폐지, 과거사 정리, FTA 체결 등은 노무현 정부와 관련된
키워드입니다.

㉠~㉤에 대한 설명으로 적절하지 않은 것은?   [2점]

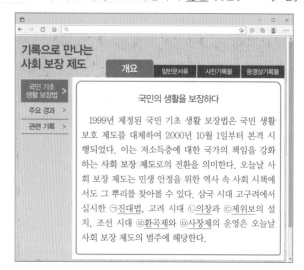

지문의 핵심 키워드 ▶ 시대별 사회 보장 제도

생략(선지분석으로 대체!)

선지별 키워드 추출

① ㉠ - 고국천왕이 시행하였다.
  → 고구려 고국천왕은 춘대추납 형식(봄에 빌리고 가을에
    갚음)의 빈민 구제 제도인 진대법을 실시하였다.

② ㉡ - 성종이 흑창을 확대 개편하여 설치하였다.
  → 고려 성종은 왕건이 설치한 기존의 흑창을 확대 및 개
    편하여 의창을 설치하였다.

③ ㉢ - 기금을 모아 그 이자로 빈민을 구휼하였다.
  → 고려 광종 때 빈민의 구호 및 질병 치료를 담당하는 제
    위보를 설치하였다.

④ ㉣ - 세도 정치기에 농민을 수탈하는 수단으로 변질되었다.
  → 환곡은 봄에 곡식을 빌려주고 추수기에 갚는 제도였으
    나, 세도 정치기에 이르러 전세, 군역과 더불어 삼정의
    문란의 대표적인 원인이 되었다.

⑤ ㉤ - 구제도감을 두어 백성을 구휼하였다.
  → 구제도감은 고려 예종 때 병자의 치료와 빈민 구제를
    위해 임시로 설치한 기구이다.

고려 시대의 사회 제도와 관련된 문제는 출제 빈도가 높은 편입니
다!

---

49. 정답 ② | 난이도 | ●●●

다음 기사가 보도된 정부 시기의 사실로 옳은 것은?

[2점]

□□신문

제△△호   ○○○○년 ○○월 ○○일

제17회 FIFA 한일 월드컵 개막식이 열리다

제17회 FIFA 한일 월드컵 개막식이 어제 저녁 서울 월드컵 경기장에서 성공적으로 열렸다. 오후 7시 25분부터 취타대 등을 앞세운 32개 참가국 입장이 끝난 뒤 진행된 개막 행사는 환영·소통·어울림·나눔으로 구성되었다. 이후 세계 평화와 인류 화합의 새 시대가 열리고 한일 양국 간 우호 친선의 21세기가 열리기를 기원하는 대통령의 개막 선언으로 화려하게 마무리되었다.

지문의 핵심 키워드 ▶ 김대중 정부

✔ 한일 월드컵 – 김대중 정부 때인 2002년에 개최

선지별 키워드 추출

① 중앙정보부가 창설되었다.
→ 박정희 정부 때 국가 안보와 관련된 정보 수집 및 범죄 수사를 담당하는 정보기관인 **중앙정보부**가 창설되다.

② 국가 인권 위원회가 출범하였다.
→ 김대중 정부 때 인권의 보호·증진과 더불어 인간으로서의 존엄 및 가치 구현을 위한 기구인 국가 인권 위원회가 설치되었다.

③ 세계 무역 기구(WTO)에 가입하였다.
→ 김영삼 정부 때 경제적 개방을 위해 **우루과이 라운드**에 참여하고 세계 무역 기구(WTO)에 가입하였다.

④ G20 정상 회의를 서울에서 개최하였다.
→ 이명박 정부 때 선진 7개국(G7)과 유럽 연합(EU)의 의장국, 신흥 12개국 등 세계 주요 20개국을 회원으로 하는 국제 기구인 G20의 정상 회의가 서울에서 개최되었다.

⑤ 37년 만에 야간 통행 금지가 해제되었다.
→ 전두환 정부 때 유화 정책의 일환으로 대한민국 정부 출범 이후부터 지속된 **야간 통행 금지**를 해제하였다.

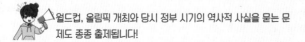
월드컵, 올림픽 개최와 당시 정부 시기의 역사적 사실을 묻는 문제도 종종 출제됩니다!

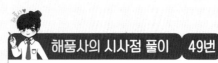

해품사의 시사점 풀이 49번

이 키워드도 문제의 핵심적인 힌트가 될 수 있다고 파악하셨나요?!

해품사의 문제 첫인상

1. 사료는 익숙한 것 같은 한일 월드컵이 제시되었는데, 선지는 중앙정보부처럼 어렵고 낯선 키워드가 많구나!
2. 우선 한일 월드컵이 김대중 정부 시기 개최되었다는 사실을 기억해야겠다!
3. 만약 한일 월드컵이 어느 정부 때 개최되었는지 모른다면, '21세기' 키워드를 통해 시기를 짐작할 수 있겠다!

해품사의 "대처 방법"

✔ 문제의 키워드를 정확히 파악할 수 없으면, 우선 나중에 고민하는 것을 권장합니다!
→ 이 문제는 한일 월드컵이 실질적인 유일한 키워드이므로, 만약 모른다면 풀이가 사실상 어렵습니다!

✔ 한일 월드컵 개최 시기를 통해 당시 정부를 알아 내는 것이 중요합니다!
→ 사료에 제시된 '21세기'도 힌트가 될 수는 있으나, 21세기에 해당하는 선지가 두 개 이상이므로 정확한 시기를 아는 것이 중요합니다!

✔ 선지들의 대략적인 시기를 짐작하는 것도 중요합니다!
→ 선지에 제시된 사건들의 연도를 모두 알지 못하더라도 대략적인 시기를 파악하여 어느 정부 때 일어난 일인지 구분해야 합니다!

✔ 사료와 선지의 시기를 비교하여 정답을 찾아봅시다!
→ 1번은 박정희, 3번은 김영삼, 4번은 이명박, 5번은 전두환 정부 시기에 해당하므로 김대중 정부 시기인 2번이 정답!

50. 정답 ②

| 난이도 | ●●○

(가), (나) 지역에서 있었던 사실로 옳은 것을 〈보기〉에서 고른 것은? [2점]

달구벌 (가) 의 2·28 민주 운동을 기념하는 의미를 담은 228번 버스가 5·18 민주화 운동이 일어난 빛고을 (나) 에서 5월 18일부터 운행됩니다. 대한민국 민주주의의 역사를 공유하는 달구벌과 빛고을 두 도시가 열어갈 화합과 협력의 새로운 장이 주목됩니다.

달빛동맹의 두 도시, 화합과 협력의 새 장을 열다

지문의 핵심 키워드 ▶ 대구, 광주

✓ 2·28 민주 운동 - 이승만 정부 때 야당의 유세 현장에 가지 못하도록 일요일에도 강제 등교 조치한 것에 반발하여 (가) 대구 지역에서 발생한 민주화 운동

✓ 5·18 민주화 운동 - 전두환 정부 때 신군부의 계엄령 및 무력 진압에 저항하여 (나) 광주 지역에서 발생한 민주화 운동

선지별 키워드 추출

ㄱ. (가) - 김광제 등을 중심으로 국채 보상 운동이 시작되었다.
→ 국채 보상 운동은 국채 1,300만원을 갚기 위해 1907년 대구 지역에서 시작된 경제 구국 운동이다.

ㄴ. (가) - YH 무역 노동자들이 폐업에 항의하며 농성을 벌였다.
→ 박정희 정부 때 서울에 위치한 YH 무역 회사에서 부당한 해고를 당한 여성 노동자들이 농성을 주도하였다.

ㄷ. (나) - 한일 학생 간의 충돌을 계기로 민족 운동이 일어났다.
→ 1929년에 광주의 열차에서 한일 학생들 사이에 충돌이 일어났는데, 경찰이 한국 학생만을 탄압하자 이에 반발하며 광주 학생 항일 운동이 일어났다.

ㄹ. (나) - 3·15 부정 선거를 규탄한 김주열의 시신이 발견되었다.
→ 이승만 정부 때 최루탄을 맞고 사망한 김주열의 시신이 마산 지역에서 발견되며 4·19 혁명의 도화선이 되었다.

광주와 대구에서는 다양한 독립운동과 민주화 운동이 발생하였습니다!

나는 내가 더 노력할수록
운이 좋아진다는 걸 발견했다.

– 미국 제3대 대통령 토머스 제퍼슨

#빛나는노력 #파이팅

1. 난이도

쉬움(대부분 무난)

- 전형적으로 빈출도가 높은 유형이 많이 출제된 기출 연계 체감율이 높은 회차!

- 즉, 전형적인 기출 재탕 회차의 사례!

- 단, 익숙한 유형이더라도 매우 꼼꼼하게 공부한 것이 아닐 경우 반드시 소거법을 활용하여 풀이할 필요가 있는 사례가

  일부 확인됨   예) 통일 신라의 경제, 발해 ←

- 난이도를 높이기 위해 낯선 인물을 제시하는 등의 사례가 거의 확인되지 않음

- 후반부의 통합사 문제를 제외하면 사료도 전체적으로 까다롭지 않았으며, 혼동하기 쉬운 선지도 많지 않았음

☆결론: 지난 회차들에 비해 통합사의 비중이 확실히 감소하였고, 소거법을 쉽게 활용 수 있도록 선지도 까다롭지 않게 배

  치되었기 때문에 자주 출제된 유형만 잘 맞혔더라도 충분히 합격 가능한 회차!

합격률: 54.59%

2. 유형 분포도

1) 전근대사 비중(54%): 1번~10번, 12번~24번, 26~28번, 48번

2) 근현대사 비중(40%): 29번~46번, 49번~50번

3) 통합사 비중(6%): 11번, 25번, 47번

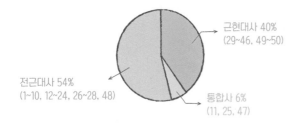

근현대사 40%
(29~46, 49~50)

전근대사 54%
(1~10, 12~24, 26~28, 48)

통합사 6%
(11, 25, 47)

- 충주 지역사, 시대별 군사 제도

- 거의 시대순으로 출제되었기 때문에, 선지 소거법을 활용하기 매우 좋은 회차!

- 다른 회차에 비해 통합사의 비중도가 매우 낮음!

– 한눈에 보는 69회 시대별·주제별 유형 분포도

문항	시대	주제	문항	시대	주제
1	선사	신석기 시대	26	조선	기사환국 및 갑술환국
2	고대	신라 진흥왕	27	조선	박제가
3	선사	동예 및 삼한	28	조선	세도 정치기 및 조선의 사회
4	고대	무령왕	29	개항기	병인양요
5	고대	살수 대첩 및 안시성 전투	30	개항기	임오군란
6	고대	금동 연가 7년명 여래입상	31	개항기	제1차 갑오개혁
7	고대	삼국의 통일 과정	32	개항기	독립 협회
8	고대	통일 신라의 경제 상황 [시사점 문제]	33	개항기	국채 보상 운동
9	고대	발해 [시사점 문제]	34	개항기	고종의 강제 퇴위
10	고려	고려 왕건	35	일제 강점기	물산 장려 운동
11	통합사	평양 지역사	36	일제 강점기	의열단
12	고려	고려의 경제 상황	37	일제 강점기	일제 강점기의 항일 운동 및 단체
13	고려	여진에 대한 고려의 대응	38	일제 강점기	민족 말살기의 사회상
14	고려	무신 정권	39	현대	신한공사 및 농지 개혁법
15	고려	고려 공민왕 [시사점 문제]	40	일제 강점기	백남운
16	고려	고려의 문화유산 사례	41	일제 강점기	한국 광복군
17	고려	저고여 피살 사건 및 원 간섭기	42	현대	6·25 전쟁
18	고려	최영	43	현대	장면 내각
19	조선	균역법	44	현대	사사오입 개헌
20	조선	사헌부	45	현대	박정희 정부(정치)
21	조선	조광조	46	현대	박정희 정부(경제)
22	조선	조선 광해군	47	통합사	우리나라의 군사 제도 사례 [시사점 문제]
23	조선	병자호란	48	고대	통일 신라 신문왕
24	조선	조선 세조	49	현대	5·18 광주 민주화 운동
25	통합사	충주 지역사	50	현대	김영삼 정부 [시사점 문제]

3. 시사점 문제 ★ 이 문제들은 뒤의 각 문제 해설에서 해품사의 시사점 풀이!

1) 8번, 9번 → 새로운 선지가 정답으로 언급되었으면, 반드시 소거법을 활용합시다!

2) 15번, 47번 → 문제를 풀이할 수 있는 가장 결정적인 키워드를 찾는 것이 중요합니다!

3) 50번 → 익숙한 유형이라도 고난도 키워드가 언급되면 자연스럽게 어려워집니다!

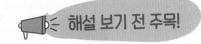

어제의 오답 선지 = 내일의 정답 선지

한능검은 역사적 사실이 아닌 것은 선지에 포함하지 않습니다. 즉, 모든 선지는 사실이죠!

기출에서 오답 선지는 이후 시험에서 언제든 정답이 될 수 있습니다.

결국 키워드를 추출하여 선지를 분석하는 것이 기출문제 공부의 핵심입니다.

1. 문제 지문의 핵심 키워드를 찾고   2. 선지별로 키워드를 추출한 후   3. 연관된 것을 찾으면 정답입니다.

이제 본격적으로 키워드 추출 훈련을 해볼까요?

제69회	정답 한눈에 보기							기출문제편 p.68	
01 ③	02 ⑤	03 ③	04 ⑤	05 ③	06 ②	07 ④	08 ②	09 ④	10 ⑤
11 ②	12 ②	13 ⑤	14 ⑤	15 ⑤	16 ①	17 ③	18 ①	19 ③	20 ⑤
21 ④	22 ③	23 ①	24 ①	25 ④	26 ②	27 ④	28 ⑤	29 ③	30 ④
31 ①	32 ④	33 ②	34 ④	35 ②	36 ①	37 ①	38 ③	39 ④	40 ③
41 ④	42 ④	43 ⑤	44 ②	45 ④	46 ①	47 ②	48 ①	49 ⑤	50 ⑤

---

1. 정답 ③ | 난이도 | ●○○

(가) 시대의 생활 모습으로 가장 적절한 것은?   [1점]

초대합니다

수장고에서 찾아낸 유물 이야기

우리 박물관은 수장고의 유물을 선정하여 분기별로 특별 전시회를 개최하고 있습니다. 이번 전시회에서는 (가) 시대를 주제로 한 유물들이 전시될 예정입니다.

■ 대표 전시 유물

동삼동 패총 유적에서 출토된 빗살무늬 토기로 짧은 사선 무늬, 생선뼈무늬 등이 잘 드러납니다. 농경과 목축이 시작된 (가) 시대에 식량의 저장과 조리를 위해 이와 같은 토기가 제작되었습니다.

■ 기간: 2024. ○○. ○○.~○○. ○○.
■ 장소: △△ 박물관 특별 전시실

지문의 핵심 키워드 ▶ 신석기 시대

✓ 동삼동 패총 유적 – 신석기 시대의 대표적인 유적지
✓ 빗살무늬 토기 – 신석기 시대의 대표적인 유물

선지별 키워드 추출

① 반달 돌칼을 이용하여 벼를 수확하였다.
→ **청동기 시대**에는 **반달 돌칼**을 이용해 벼를 수확하였다.

② 주로 동굴이나 강가의 막집에 거주하였다.
→ **구석기 시대**에는 **동굴, 바위 그늘, 막집**에 살았다.

③ 가락바퀴와 뼈바늘로 옷을 만들어 입었다.
→ **신석기 시대**부터 **가락바퀴와 뼈바늘**로 옷을 만들어 입었다.

④ 많은 인력을 동원하여 고인돌을 축조하였다.
→ **청동기 시대**의 지배층은 많은 사람을 동원하여 **고인돌**을 축조하였다.

⑤ 주먹도끼, 찍개 등의 뗀석기를 처음 제작하였다.
→ **구석기 시대**에는 **주먹도끼, 찍개** 등 돌을 깨서 제작한 도구인 **뗀석기**를 처음 제작하였다.

선사 시대의 생활상을 묻는 문제는 전시회, 신문 기사 등의 형식으로 자주 출제됩니다.

2. 정답 ⑤

밑줄 그은 '이 왕'의 업적으로 옳은 것은? [2점]

이 비석은 원래 도선국사비, 무학대사비 등으로 알려져 있었지.

맞아. 그런데 조선 후기에 김정희가 금석과안록에서 이 왕이 건립한 순수비임을 고증하였어.

지문의 핵심 키워드 ▶ 신라 진흥왕

✓ 김정희가 금석과안록에서 이 왕이 건립한 순수비임을 고증
 - 신라 진흥왕 북한산 순수비에 대한 설명

선지별 키워드 추출

① 관료전을 지급하고 녹읍을 폐지하였다.
 → 통일 신라 신문왕 때 귀족들에게 관료전을 지급하고 노동력 징발권이 포함된 녹읍을 폐지하였다.

② 인재 등용을 위해 독서삼품과를 실시하였다.
 → 통일 신라 원성왕 때 유교 경전의 독해 능력에 따라 3등급으로 나눠 관리를 선발하는 제도인 독서삼품과를 시행하였다.

③ 이차돈의 순교를 계기로 불교를 공인하였다.
 → 신라 법흥왕 때 이차돈의 순교로 신라에도 불교가 공인되었다.

④ 지방관을 감찰하기 위해 외사정을 파견하였다.
 → 신라 문무왕은 지방에 대한 감찰 및 행정 통제를 목적으로 지방에 일종의 외관직인 외사정을 파견하였다.

⑤ 대아찬 거칠부에게 명하여 국사를 편찬하였다.
 → 신라 진흥왕은 거칠부에게 명하여 역사서인 국사를 편찬하였다.

북한산 순수비는 조선 후기의 김정희의 업적을 묻는 문제로도 출제될 수 있습니다.

3. 정답 ③

(가), (나) 나라에 대한 설명으로 옳은 것을 〈보기〉에서 고른 것은? [3점]

(가) 대군장이 없고, 그 관직으로는 후(侯)와 읍군과 삼로가 있다. …… 해마다 10월이면 하늘에 제사를 지내는데, 밤낮으로 술 마시며 노래 부르고 춤추니, 이를 무천이라 한다. 또 호랑이를 신으로 여겨 제사 지낸다.
 – 『후한서』 동이열전 –

(나) 해마다 5월이면 씨뿌리기를 마치고 귀신에게 제사를 지낸다. 떼를 지어 모여서 노래와 춤을 즐기며 술 마시고 노는데 밤낮으로 쉬지 않는다. …… 국읍에 각각 한 사람씩 세워서 천신의 제사를 주관하게 하는데, 이를 천군이라 부른다.
 – 『삼국지』 위서 동이전 –

지문의 핵심 키워드 ▶ 동예, 삼한

✓ (가) 무천 - 동예의 제천 행사
✓ (나) 해마다 5월이면 씨뿌리기를 마치고 귀신에게 제사를 지냄 - 삼한의 계절제
✓ (나) 천군 - 삼한의 제사장

선지별 키워드 추출

ㄱ. 혼인 풍습으로 민며느리제가 있었다.
 → 옥저에서는 혼인 풍습인 민며느리제가 유행하였다.

ㄴ. 읍락 간의 경계를 중시하는 책화가 있었다.
 → 동예에는 다른 부족의 영역을 침범할 경우 소나 말로 배상하는 풍습인 책화가 존재하였다.

ㄷ. 신지, 읍차 등의 지배자가 있었다.
 → 삼한에서는 큰 읍락을 다스리는 군장에게는 신지, 작은 읍락을 다스리는 군장에게는 읍차라는 칭호를 부여하였다.

ㄹ. 여러 가(加)들이 각각 사출도를 주관하였다.
 → 부여는 마가, 우가, 구가, 저가가 각각 사출도를 다스렸다.

최근 한능검에서 초기 국가와 관련된 기존 기출의 사료를 응용하는 사례가 늘어났습니다!

4. 정답 ⑤ 　　　　　　　　　　　　| 난이도 | ●○○

(가)에 들어갈 내용으로 적절한 것은?　　　　　[2점]

 한국사 교양 강좌

우리 학회는 백제 웅진기의 역사를 주제로 교양 강좌를 운영하고 있습니다. 이번 달에는 백제 중흥의 기틀을 마련한 왕에 대한 강좌를 준비하였습니다.

제1강 - 동성왕을 시해한 백가를 처단하다
제2강 - 지방의 22담로에 왕족을 파견하다
제3강 - 　　　　　(가)　　　　　
제4강 - 공주 왕릉원에 안장되다

■ 주최: □□학회
■ 일시: 2024년 2월 매주 수요일 19:00~21:00
■ 장소: ○○대학교 인문대학 대강의실

지문의 핵심 키워드 ▶ 백제 웅진기

✓ 백제 웅진기 - 문주왕이 웅주로 천도한 475년부터 성왕이 사비로 천도한 538년 사이의 시기
✓ 지방의 22담로 - 백제 무령왕 때 설치된 지방 행정 구역

선지별 키워드 추출

① 금마저에 미륵사를 창건하다
　→ 백제 무왕(사비 시기)은 639년 금마저(지금의 익산)에 미륵사를 창건하였다.

② 윤충을 보내 대야성을 함락하다
　→ 백제 의자왕(사비 시기)은 642년에 윤충을 보내 신라의 대야성을 함락시켰다.

③ 평양성을 공격하여 고국원왕을 전사시키다
　→ 백제 근초고왕(한성 시기)은 371년에 고구려의 평양성 공격을 공격하고 고구려 고국원왕을 전사시켰다.

④ 진흥왕과 연합하여 한강 하류 지역을 수복하다
　→ 백제 성왕은 551년에 신라의 진흥왕과 연합하여 한강 유역을 일시적으로 회복하였으나, 이후 진흥왕의 배신으로 한강 하류 지역을 다시 빼앗겼다.

⑤ 사신을 보내 중국 남조의 양과 외교 관계를 강화하다
　→ 백제 무령왕(웅진 시기)의 무덤인 무령왕릉은 중국 남조의 영향을 받아 벽돌무덤 양식으로 축조되었다.

 한능검에서 백제의 무령왕을 연계하기 위해 '중국 남조의 양과의 교류'를 언급할 수 있습니다!

---

5. 정답 ③ 　　　　　　　　　　　　| 난이도 | ●○○

(가), (나) 사이의 시기에 있었던 사실로 옳은 것은?
　　　　　　　　　　　　　　　　　　　[2점]

(가) 을지문덕이 우중문에게 시를 보내 이르기를, "신묘한 계책은 천문을 다 헤아렸고 기묘한 계획은 지리를 모두 통달하였도다. 싸움에 이겨 이미 공로가 드높으니 만족할 줄 알고 그치기를 바라노라."라고 하였다.

(나) 안시성 사람들이 황제의 깃발과 일산을 멀리서 바라보고, 곧장 성에 올라가 북을 치고 소리를 질렀다. 황제가 화를 내자, 이세적은 성을 함락한 날에 남자를 모두 구덩이에 묻어 죽이자고 청하였다. 안시성 사람들이 이를 듣고 더욱 굳게 지키니, 오래도록 공격하여도 함락되지 않았다.

지문의 핵심 키워드 ▶ 살수 대첩, 안시성 전투

✓ (가) 을지문덕 - 수의 고구려 침략에 맞서 살수 대첩(612)에서 활약한 인물
✓ (나) 안시성 - 당의 고구려 침략 당시 전투가 벌어진 장소 (안시성 전투, 645)

선지별 키워드 추출

① 관구검이 환도성을 공격하여 함락하였다.
　→ 3세기 고구려 동천왕 때 중국 위 장수 관구검의 공격으로 환도산성이 함락되었다.

② 계백이 이끄는 군대가 황산벌에서 항전하였다.
　→ 백제의 계백은 660년에 황산벌에서 나·당 연합군에 맞서 항전하다가 끝내 사망하였다.

③ 연개소문이 정변을 일으켜 권력을 장악하였다.
　→ 연개소문은 642년에 정변을 일으켜 영류왕을 제거, 보장왕을 즉위시키고 스스로 대막리지로 즉위하였다.

④ 광개토 대왕이 신라에 침입한 왜를 격퇴하였다.
　→ 고구려 광개토 대왕은 400년에 신라에 군사를 파견하여 왜의 침입을 격퇴하였다.

⑤ 미천왕이 낙랑군을 축출하여 영토를 확장하였다.
　→ 고구려 미천왕은 311년에 요동 지역의 서안평을 점령하고, 313년에 한사군 중 하나인 낙랑군을 축출하였다.

 살수 대첩 → 천리장성 축조 시작 → 연개소문의 정변 → 안시성 전투의 흐름은 꼭 암기해야 합니다!

다음 설명에 해당하는 문화유산으로 옳은 것은? [2점]

문화유산 발표 대회

경상남도 의령군에서 출토되어 1964년에 국보로 지정되었어.

고구려 승려들이 만든 천불(千佛) 중 하나야.

광배 뒷면에 고구려의 연호로 추정되는 연가(延嘉)라는 글자가 새겨져 있어.

지문의 핵심 키워드 ▶ 금동 연가 7년명 여래 입상

✔ 경상남도 의령군에서 출토, 고구려 승려들이 만든 천불(千佛), 고구려의 연호로 추정되는 연가(延嘉) - 금동 연가 7년명 여래 입상에 대한 설명

선지별 키워드 추출

① 고려 부석사 소조여래좌상

② 고구려 금동 연가 7년명 여래 입상

③ 통일 신라 경주 구황동 금제 여래 좌상

④ 고려 익산 왕궁리 오층석탑 사리장엄구 내 청동 여래 입상

⑤ 발해 이불병좌상

 금동 연가 7년명 여래 입상은 한능검에서 자주 언급되는 고구려의 대표적인 불상입니다!

(가)~(다)를 일어난 순서대로 옳게 나열한 것은? [3점]

(가) 사찬 시득이 수군을 거느리고 소부리주 기벌포에서 설인귀와 싸웠으나 패배하였다. 다시 나아가 크고 작은 22번의 싸움에서 승리하고, 4천여 명의 목을 베었다.

(나) 흑치상지가 도망하여 흩어진 무리들을 모으니, 열흘 사이에 따르는 자가 3만여 명이었다. …… 흑치상지가 별부장 사타상여를 데리고 험준한 곳에 웅거하여 복신과 호응하였다.

(다) 검모잠이 국가를 다시 일으키기 위하여 당을 배반하고 보장왕의 외손 안승을 세워 임금으로 삼았다. 당 고종이 대장군 고간을 보내 행군총관으로 삼고 병력을 내어 그들을 토벌하니, 안승이 검모잠을 죽이고 신라로 달아났다.

지문의 핵심 키워드 ▶ 삼국 통일 과정

✔ (가) 기벌포 - 나·당 전쟁 당시 전투 지역(기벌포 전투, 676)

✔ (나) 흑치상지 - 백제 멸망 이후 임존성에서 백제의 부흥 운동(660~663)을 주도한 인물

✔ (다) 검모잠, 안승 - 고구려 멸망 이후 고구려의 부흥 운동(668~674)을 주도한 인물

선지별 키워드 추출

④ (나) - (다) - (가)
→ 삼국 통일 과정은 백제의 멸망(660) → **백제의 부흥 운동(나-흑치상지)** → 고구려의 멸망(668) → **고구려의 부흥 운동(다-검모잠, 안승)** → 나·당 전쟁(가-기벌포 전투) 순으로 발생하였다.

 백제의 멸망 이후에 고구려가 멸망하였습니다!

8. 정답 ②

| 난이도 | ●●○

새로운 선지가 정답으로 언급되었으면, 반드시 소거법을 활용합시다!

(가) 국가의 경제 상황으로 옳은 것은? [2점]

이 문서는 일본의 도다이사 쇼소인에서 발견된 것으로, (가) 의 5소경 중 하나인 서원경 주변 촌락을 포함한 4개 촌락의 인구 현황, 토지의 종류와 면적 등이 상세히 기록되어 있습니다.

해품사의 문제 첫인상

1. 통일 신라 경제 관련 문제의 빈출 키워드인 민정 문서가 언급되었군!
2. 그런데 선지를 보니 익숙한 정답 사례가 아닌 서시, 남시와 같이 어려운 키워드가 제시되었네?
3. 소거법을 통해 접근할 필요가 있겠다!

해품사의 "대처 방법"

✓ 한능검에서는 종종 출제된 적 없는 새로운 선지를 제시할 때가 있습니다!
　→ 질문은 쉬우나 낯설고 어려운 선지가 종종 제시됩니다!
✓ 그렇다면 우선 문제의 시점을 파악해 보는 것이 중요합니다!
　→ 내용이 낯설더라도 시대를 구분할 수 있어야 합니다.
✓ 시대 구분과 선지 소거법을 활용하면 답을 찾을 수 있습니다!
　→ 1, 4, 5번은 공통적으로 조선 시대, 3번은 고려 시대의 사례이므로, 남는 선지인 2번이 정답!

지문의 핵심 키워드 ▶ 통일 신라의 경제

✓ 일본의 도다이사 쇼소인에서 발견 – 통일 신라의 민정 문서 발견 장소
✓ 5소경, 서원경 – 통일 신라의 지방 행정 제도

선지별 키워드 추출

① 경성과 경원에 **무역소**를 두었다.
　→ 조선 전기에 여진을 회유하기 위해 경성과 경원에 **무역소**를 설치하였으며, **북평관**에서는 사신을 접대하였다.

② 수도에 **서시와 남시**를 설치하였다.
　→ 통일 신라 효소왕 때 경주에 서시와 남시를 설치하며 시장을 확대하였다.

③ **주전도감**에서 **해동통보**를 발행하였다.
　→ 고려 숙종 때 윤관과 의천 등의 건의로 **삼한통보, 해동통보, 활구** 등 다양한 화폐를 간행하였다.

④ 독점적 도매상인인 **도고**가 출현하였다.
　→ 조선 후기에는 **매점매석**을 통해 이익을 얻은 **도고**가 출현하였다.

⑤ 감자, 고구마 등을 **구황** 작물로 재배하였다.
　→ 조선 후기에는 외국으로부터 **감자, 고구마** 등의 **구황** 작물이 전래되었다.

 동시, 서시, 남시는 통일 신라에 존재하였던 시장입니다!

9. 정답 ④

| 난이도 | ●●○

(가) 국가에 대한 설명으로 옳은 것은? [2점]

명문(名文)으로 만나는 한국사

······ 신이 삼가 [(가)] 의 원류를 살펴보건대, 고구려가 멸망하기 이전에는 본디 이름도 없는 조그마한 부락에 불과하였는데, ······ 걸사[비]우와 대조영 등이 측천무후가 임조(臨朝)할 즈음에 이르러, 영주에서 반란이 일어나자 그곳에서 도주하여 황구(荒丘)를 차지하고 비로소 진국(振國)이라고 칭하였습니다. ······

[해설] 이 글은 최치원이 작성한 사불허북국거상표(謝不許北國居上表)의 일부입니다. 이를 통해 북국으로 표현된 [(가)] 의 건국 과정 등을 파악할 수 있습니다.

지문의 핵심 키워드 ▶ 발해

✓ 대조영 - 고구려 유민 출신으로 발해를 건국한 인물
✓ 북국 - 남북국 시대의 발해를 일컫는 말

선지별 키워드 추출

① 정사암 회의에서 나라의 중대사를 결정하였다.
　→ 백제의 귀족들은 정사암에 모여 귀족 회의를 개최하였다.

② 지방의 여러 성에 욕살, 처려근지 등을 두었다.
　→ 고구려는 큰 성에 욕살, 작은 성에 처려근지라는 지방관을 파견하여 관리하였다.

③ 도병마사에서 변경의 군사 문제 등을 논의하였다.
　→ 고려 시대에는 국방 및 군사 문제 등을 논의하는 도병마사가 있었다.

④ 서적 관리, 주요 문서 작성 등을 위해 문적원을 두었다.
　→ 발해에는 책·문서 관리와 비문·묘지·외교 문서 작성 등의 업무를 담당하는 기구로 문적원을 두었다.

⑤ 골품에 따라 관등 승진, 일상생활 등을 엄격히 제한하였다.
　→ 신라의 골품제는 정해진 신분에 따라 부여되는 혜택에 차이를 둔 제도이다.

 발해의 대표적인 기구로는 주자감(교육), 중정대(감찰), 문적원(문서 작성 및 관리)이 있습니다!

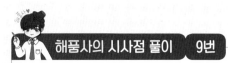 해품사의 시사점 풀이　9번

새로운 선지가 정답으로 언급되었으면, 반드시 소거법을 활용합시다!

해품사의 문제 첫인상

1. 대조영, 북국 등 이번에 출제된 발해 문제 역시 빈출 키워드가 제시되었군!
2. 그러나 문적원과 같은 낯선 키워드가 선지로 제시되었네?
3. 8번 문제와 똑같은 전략으로 풀이해야겠다!

해품사의 "대처 방법"

✓ 한능검에서는 난이도를 높이기 위해 어려운 유형을 연속으로 출제하기도 합니다.
　→ 최대한 당황하지 않고 평소처럼 풀이해야 실수하지 않습니다!
✓ 만약 모든 선지를 정확히 해석할 수 없다면, 그나마 명확하게 정답이 아닌 사례를 먼저 소거해봅시다!
　→ 정사암 회의, 골품제는 빈출 키워드이므로 소거가 쉬운 편입니다!
✓ 나머지 선지도 시대와 나라를 파악하고 소거법을 통해 정답을 찾을 수 있습니다!
　→ 1번은 백제, 2번은 고구려, 3번은 고려, 5번은 신라의 사례이므로, 남는 선지인 4번이 정답!

10. 정답 ⑤ | 난이도 | ●○○

(가) 왕에 대한 설명으로 옳은 것은?   [1점]

이 불상은 충청남도 논산시에 있는 개태사지 석조 여래 삼존 입상으로, 큼직한 손과 신체의 굴곡이 거의 드러나지 않는 원통형의 형태가 특징입니다. 개태사는 후삼국을 통일한 ___(가)___ 이/가 이를 기념하여 세운 사찰입니다.

지문의 핵심 키워드 ▶ 고려 왕건

✓ 후삼국을 통일 – 왕건은 고려 건국 이후 후백제와 통일 신라를 병합함

선지별 키워드 추출

① 관학 진흥을 위해 **양현고**를 설치하였다.
→ 고려 예종 때 관학 진흥을 위해 **국자감** 내에 장학 재단인 양현고를 설치하였다.

② **쌍기**의 건의를 받아들여 **과거제**를 시행하였다.
→ 고려 광종은 쌍기의 건의를 받아 관리 임용 제도인 **과거제**를 시행하였다.

③ 전국에 **12목**을 설치하고 지방관을 파견하였다.
→ 고려 성종은 지방 행정 제도를 정비하기 위해 **지방 행정 조직인 12목**을 설치하였다.

④ **전시과 제도**를 처음 마련하여 관리에게 토지를 지급하였다.
→ 고려 경종은 **전시과 제도를 처음 시행**하여 관리에게 수조권을 부여하는 **전지**와 땔감을 거둘 수 있는 **시지**를 지급하였다.

⑤ 후대 왕들이 지켜야 할 정책 방향을 담은 **훈요 10조**를 남겼다.
→ 고려 왕건은 후대의 왕에 대한 조언을 담은 훈요 10조를 남겼다.

 왕건은 후삼국 시대부터 고려 초 사이의 역사적 사실을 묻는 문제에서 자주 출제됩니다!

---

11. 정답 ② | 난이도 | ●●●

다음 검색창에 들어갈 지역에서 있었던 사실로 옳은 것은?   [3점]

시 기	내 용	원문이미지
광종 11년	서도라 고쳐 부르다	원문이미지
목종 원년	호경으로 개칭하다	원문이미지
명종 4년	유수 조위총이 반란을 일으키다	원문이미지
원종 11년	동녕부가 설치되다	원문이미지

지문의 핵심 키워드 ▶ 평양 지역사

✓ 서도 – 고려 시대 평양의 옛 지명
✓ 유수 조위총 – 이의방 집권기 때 평양에서 정중부 타도를 주장하며 반란을 일으킨 인물
✓ 동녕부 – 원 간섭기 때 원이 평양에 설치한 통치 기관

선지별 키워드 추출

① **정몽주**가 이방원 세력에게 피살되었다.
→ 정몽주는 새 왕조의 건국을 끝까지 반대하였는데, 이에 개성의 선죽교에서 이방원의 부하에게 **피살**되었다.

② **묘청**이 반란을 일으키고 국호를 대위라 하였다.
→ 묘청은 서경 천도 운동이 실패하자, 평양에서 연호를 천개로 하는 대위국을 선포하고 반란을 일으켰다.

③ 몽골의 침략으로 **황룡사 구층 목탑**이 소실되었다.
→ 몽골의 3차 침략으로 경주의 황룡사 구층 목탑이 소실되었다.

④ 흥덕사에서 금속 활자로 **직지심체요절**이 간행되었다.
→ 청주 흥덕사에서 현존하는 가장 오래된 금속 활자인 **직지심체요절**이 간행되었다.

⑤ 정서가 유배 중에 **정과정**이라는 고려 가요를 지었다.
→ 고려 시대의 문신 정서는, **부산(동래)**에서 유배 당시 임금에 대한 그리움을 담은 고려 가요인 정과정을 지었다.

여러 왕조에서 일어난 반란 사건을 통해 관련 지역의 역사를 묻는 문제도 자주 출제됩니다!

12. 정답 ②

다음 자료에 나타난 국가의 경제 상황으로 옳은 것은? [2점]

○ 이때에 은병을 화폐로 쓰기 시작하였다. 그 제도는 은 한 근으로 만들며 본국의 지형을 본뜨도록 하였다. 속칭 활구라 하였다.

○ 도평의사사에서 방을 붙여 알리기를, "지금부터 은병 하나를 쌀로 환산하여 개경에서는 15~16석, 지방에서는 18~19석의 비율로 하되, 경시서에서 그 해의 풍흉을 살펴 그 값을 정할 것이다."라고 하였다.

지문의 핵심 키워드 ▶ 고려의 경제 상황

✓ 은병, 활구 - 고려 숙종 때 주전도감에서 제작된 화폐
✓ 경시서 - 고려 시대의 시장 감독 기구

선지별 키워드 추출

① 솔빈부의 말을 특산물로 수출하였다.
→ 발해에서는 다양한 특산품이 생산되었는데, 대표적으로 15부 중 하나인 솔빈부의 말이 유명하였다.

② 서적점, 다점 등의 관영 상점을 운영하였다.
→ 고려 시대에는 서적점, 다점, 주점 등의 관영 상점을 운영하였다.

③ 청해진을 중심으로 국제 무역을 전개하였다.
→ 통일 신라의 장보고는 완도에 청해진이라는 해상 무역 기지를 설치하여 동아시아의 해상 무역을 장악하였다.

④ 광산을 전문적으로 경영하는 덕대가 활동하였다.
→ 조선 후기에는 광산 개발이 활성화되며 덕대가 광산 개발을 담당하였다.

⑤ 기유약조를 체결하여 일본과의 교역을 재개하였다.
→ 조선 광해군 때 일본과 기유약조를 체결하며 단절된 국교를 재개하였다.

 고려 시대에서 전시과 등 토지 제도와 관영 상점이 언급되는 문제가 출제될 경우 고난도일 가능성이 높습니다.

13. 정답 ⑤

(가)에 대한 고려의 대응으로 옳은 것은? [2점]

변방의 장수가 보고하기를, "[(가)]이/가 매우 사나워 변방의 성을 침입하고 있습니다."라고 하였다. …… 드디어 출병하기로 의논을 정하여 윤관을 원수로 삼고 지추밀원사 오연총을 부원수로 삼았다. 윤관이 아뢰기를, "신이 일찍이 선왕의 밀지를 받들었고 지금 또 엄명을 받았으니, 어찌 감히 삼군을 통솔하여 [(가)]의 보루를 깨뜨리고 우리의 강토를 개척하여 나라의 수치를 씻지 않겠습니까."라고 하였다.

지문의 핵심 키워드 ▶ 여진에 대한 고려의 대응

✓ 윤관 - 고려 시대에 여진 정벌을 담당한 인물

선지별 키워드 추출

① 광군을 창설하여 침입에 대비하였다.
→ 고려 정종 때 거란의 침략을 대비하기 위해 농민으로 구성된 예비 군사 조직인 광군을 조직하였다.

② 박위를 파견하여 근거지를 토벌하였다.
→ 고려 창왕 때 박위를 파견하여 왜구의 근거지인 쓰시마 섬을 정벌하였다.

③ 강화도로 도읍을 옮겨 장기 항전을 준비하였다.
→ 최우 정권은 대몽 항쟁을 위해 강화 천도를 단행하였다.

④ 선물 받은 낙타를 만부교에서 굶어 죽게 하였다.
→ 고려 왕건 때 거란이 선물한 낙타를 만부교 다리 아래에 묶어 굶어 죽이는 만부교 사건이 일어났다.

⑤ 동북 9성을 설치하고 경계를 알리는 비석을 세웠다.
→ 고려 예종 때 윤관은 별무반을 이끌고 여진을 정벌한 뒤, 동북 9성을 축조하고 고려의 영토 경계를 알리는 비석을 세웠다.

 여진에 대한 고려의 대응이 출제되면 대부분 윤관이 가장 많이 제시됩니다!

14. 정답 ⑤ | 난이도 | ●●○

다음 자료를 활용한 탐구 활동으로 가장 적절한 것은?

[1점]

> ○ 남쪽에서 도적들이 봉기하였다. 가장 심한 자들은 운문을 거점으로 한 김사미와 초전을 거점으로 한 효심이었다. 이들은 유랑민을 불러 모아 주현을 습격하여 노략질하였다.
>
> ○ 원율 사람인 이연년이 백적도원수라 자칭하며 많은 사람을 불러 모아 여러 주군을 공격하여 노략질하니 최린이 지휘사 김경손과 함께 그들을 격파하였다.

지문의 핵심 키워드 ▶ 무신 정권

✓ 김사미, 효심 - 이의민 집권기에 신라 부흥을 표방하며 반란을 일으킨 인물들
✓ 이연년 - 최우 집권기에 백제 부흥을 표방하며 반란을 일으킨 인물

선지별 키워드 추출

① 노비안검법이 실시된 목적을 알아본다.
→ 고려 광종은 호족의 경제적 기반을 약화하고 국가의 재정을 확보하고자 억울하게 노비가 된 자들을 양인으로 해방시키는 노비안검법을 실시하였다.

② 삼정이정청이 설치된 과정을 살펴본다.
→ 조선 철종 때 임술 농민 봉기가 발생하자 안핵사로 파견된 박규수는 삼정의 문란을 해결하고자 삼정이정청의 설치를 건의하였다.

③ 사심관 제도가 시행된 사례를 조사한다.
→ 고려 왕건은 지방의 호족들을 포섭하기 위해 호족들에게 자신의 고향을 다스릴 수 있도록 특수 관직을 임명한 사심관 제도를 실시하였다.

④ 집강소에서 추진한 개혁의 내용을 분석한다.
→ 동학 농민 운동 당시 동학 농민군은 정부와 전주 화약을 체결하고 자신들의 요구사항을 실현하기 위한 자치 기구인 집강소를 설치하였다.

⑤ 무신 집권기 하층민의 반란이 발생한 배경을 파악한다.
→ 무신정권에 저항하는 하층민을 중심으로 김사미와 효심의 난, 이연년 형제의 난이 발생하였다.

 무신 정권 시기에 발생한 반란을 발생 순서대로 나열하는 문제도 출제될 수 있습니다!

---

15. 정답 ⑤ | 난이도 | ●●○

다음 사건이 일어난 시기를 연표에서 옳게 고른 것은?

[2점]

> 조일신이 전 찬성사 정천기 등과 함께 기철 · 기륜 · 기원 · 고용보 등을 제거할 것을 모의하고 그들을 체포하게 하였는데, 기원은 잡아서 목을 베고 나머지는 모두 도망갔다. 조일신이 그 무리를 거느리고 나아가서 왕이 있던 궁궐을 포위하고, 숙직하고 있던 판밀직사사 최덕림, 상호군 정환 등 여러 사람을 죽였다.

918	1009	1126	1198	1270	1392
(가)	(나)	(다)	(라)	(마)	
고려 건국	강조의 정변	이자겸의 난	만적의 난	개경 환도	고려 멸망

지문의 핵심 키워드 ▶ 고려 공민왕

✓ 조일신 - 공민왕이 세자일 때 원에서 호위를 담당한 인물로 이후 반란을 일으킴(조일신의 난, 1352)
✓ 기철 - 원 간섭기에 활동한 권문세족으로 공민왕 때 숙청됨

선지별 키워드 추출

⑤ (마)
→ 조일신과 기철은 원 간섭기 이후부터 주로 활동하였기 때문에 흐름상 원 간섭기가 시작된 개경 환도 이후인 5번이 적절하다.

 문제의 모든 내용을 정확하게 파악할 수 없더라도 시기를 짐작할 수 있는 키워드를 찾는 것이 중요합니다.

문제를 풀이할 수 있는 가장 결정적인 키워드를 찾는 것이 중요합니다!

해풍사의 문제 첫인상

1. 사료에서 조일신, 정천기 등 새로운 인물이 언급되었는데, 너무 어려운 제시어인걸?

2. 그래도 사료 첫 줄에 기철이라는 익숙한 인물이 제시되었네!

3. 기철은 원 간섭기부터 공민왕 때까지 활동한 인물이므로 대략적인 시기를 유추할 수 있겠다!

해풍사의 "대처 방법"

✔ 한능검에서는 종종 특정 키워드 하나만 가지고 시기를 유추할 수 있는 사료가 제시됩니다.
　→ 사료에 제시된 내용의 전체적 맥락보다, 특정 키워드 하나가 풀이에 더욱 중요할 수 있습니다!

✔ 그러므로 시기를 대략적으로 유추할 수 있는 핵심 키워드를 먼저 파악할 필요가 있습니다.
　→ 이 문제는 기철이 원 간섭기 때 활동한 대표적인 권문세족이라는 것을 파악하는 것이 핵심입니다!

✔ 이를 바탕으로 완벽한 풀이는 아니더라도 대략적인 시기를 유추하는 것이 필요합니다!
　→ 기철은 원 간섭기에 주로 활동하였으므로, 원 간섭기가 본격적으로 시작되는 개경 환도 이후 시기인 5번이 정답!

---

16. 정답 ①　　　　　　　　　| 난이도 | ●●○

밑줄 그은 '국가'의 문화유산으로 옳지 않은 것은? [2점]

이것은 왕실의 종친인 신안공 왕전이 몽골의 침략을 받던 시기에 국가의 태평을 기원하며 발원한 법화경서탑도(法華經書塔圖)입니다. 감색 종이에 금가루 등으로 법화경 수만 자를 한 자씩 써서 칠층 보탑을 형상화한 것이 특징입니다.

지문의 핵심 키워드 ▶ 고려의 문화유산

✔ 몽골의 침략을 받던 시기 – 고려의 대몽 항쟁 시기

선지별 키워드 추출

① 백제 금동 대향로

② 고려 논산 관촉사 석조 미륵보살 입상

③ 고려 청자 투각 칠보무늬 향로

④ 고려 월정사 팔각구층 석탑

⑤ 고려 청동 은입사 포류수금문 정병

몽골이 언급되면 고려 시대를 묻는 문제일 가능성이 높습니다!

(가), (나) 사이의 시기에 있었던 사실로 옳은 것은? [3점]

(가) 살리타가 이첩(移牒)하기를, "황제께서 고려가 사신 저고여를 죽인 이유 등 몇 가지 일을 묻게 하셨다."라고 하면서 말 2만 필, 어린 남녀 수천 명, 자주색 비단 1만 필, 수달피 1만 장과 군사의 의복을 요구하였다.

(나) 첨의부에서 아뢰기를, "제국 대장 공주의 겁령구*와 내료(內僚)들이 좋은 땅을 많이 차지하여 산천으로 경계를 정하고 사패(賜牌)**를 받아 조세를 납입하지 않으니, 청컨대 사패를 도로 거두소서."라고 하였다.

*겁령구: 시종인
**사패: 토지 등에 대한 권리를 인정해 주는 증서

지문의 핵심 키워드 ▶ 저고여 피살 사건, 원 간섭기

✔ (가) 고려가 사신 저고여를 죽인 이유 - 몽골의 고려 침략의 원인이 된 저고여 피살 사건(1225)
✔ (나) 제국 대장 공주 - 원 간섭기(1259~1356) 충렬왕의 아내

선지별 키워드 추출

① 신숭겸이 공산 전투에서 전사하였다.
　→ 고려 왕건은 927년에 발생한 공산 전투에서 후백제 견훤의 군대에게 패배하였으나 신숭겸의 희생으로 겨우 죽음을 면하였다.

② 최승로가 왕에게 시무 28조를 올렸다.
　→ 10세기 후반 고려 성종 때 최승로가 유교적 정치 이념을 담은 시무 28조를 올렸다.

③ 김방경의 군대가 탐라에서 삼별초를 진압하였다.
　→ 삼별초는 개경 환도에 반발하여 진도, 제주도 등으로 근거지를 옮기며 대몽 항쟁(1270~1273)을 이어 갔으나 결국 고려 정부군과 몽골군에게 진압되었다.

④ 강감찬이 개경에 나성을 축조할 것을 건의하였다.
　→ 1009년 고려 현종 때 강감찬은 거란의 침략에 대응하기 위해 수도 인근을 둘러쌓은 나성을 축조를 건의하였다.

⑤ 경대승이 정중부 등을 제거하고 권력을 장악하였다.
　→ 1179년 정중부를 제거하고 무신 정권을 장악한 경대승은 사병 집단인 도방을 설치하고 문관과 무관을 고루 등용하려고 하였다.

 삼별초는 무신 정권이 무너지고 개경으로 환도한 이후에도 몽골에 끝까지 항전하였습니다!

(가) 인물의 활동으로 옳은 것은? [2점]

이것은 명의 철령위 설치에 반발하여 팔도도통사로서 요동 정벌을 추진하였던 　(가)　의 초상입니다. 그는 요동 정벌에 반대한 이성계가 위화도 회군으로 정권을 장악하면서 죽임을 당하였습니다.

지문의 핵심 키워드 ▶ 최영

✔ 명의 철령위 설치에 반발하여 요동 정벌을 추진 - 최영은 고려 우왕 때 명나라에 대항하여 요동 정벌을 추진함

선지별 키워드 추출

① 홍산 전투에서 왜구를 물리쳤다.
　→ 고려의 최영은 충청남도 부여 지역에 위치한 홍산 지역에 침입한 왜구를 격퇴하였다.

② 화통도감의 설치를 건의하였다.
　→ 고려 우왕 때 최무선은 왜구 격퇴를 위해 화약과 화포를 개발하고자 화통도감의 설치를 건의하였다.

③ 정변을 일으켜 목종을 폐위하였다.
　→ 고려 목종 때 강조는 정변을 일으켜 김치양을 살해하고 목종을 폐위한 뒤 현종을 왕으로 즉위시켰다. 이는 이후 거란의 2차 침입 명분이 되었다.

④ 의종 복위를 도모하여 군사를 일으켰다.
　→ 이의방 정권 때 동북면병마사 출신의 김보당이 의종 복위를 도모하며 반란을 일으켰다.

⑤ 교정별감이 되어 국정 전반을 장악하였다.
　→ 최충헌은 최고 정치 기구로 교정도감을 설치한 뒤 수장인 교정별감을 역임하며 국정을 총괄하였다.

 최영의 홍산 전투와 이성계의 황산 전투를 혼동하지 않도록 주의해야 합니다!

19. 정답 ③

밑줄 그은 '대책'에 대한 탐구 활동으로 가장 적절한 것은? [2점]

> 양역(良役)의 편중됨이 실로 양민의 뼈를 깎아 지탱하지 못하는 폐단이 됩니다. 전하께서 이를 불쌍하게 여겨 2필의 역을 특별히 1필로 감하였으니, 이는 천지와 같은 큰 은덕이요 죽은 사람을 살려 주는 은혜입니다. …… 그러나 이미 포를 감하였으니 마땅히 그 대신할 것을 보충해야 하나 나라의 재원은 한정이 있습니다. …… 이에 신들은 감히 눈앞의 한때 일을 다행으로 여기지 않고 좋은 <u>대책</u>을 찾아 반드시 오래도록 이어지게 하겠습니다.

지문의 핵심 키워드 ▶ 균역법

- ✓ 양역(良役)의 편중됨 – 균역법의 시행 원인
- ✓ 2필의 역을 특별히 1필로 감함 – 균역법의 시행 방식

선지별 키워드 추출

① 공인이 등장하게 된 배경을 살펴본다.
→ **대동법** 시행 이후 기존의 공납을 대신 담당하기 위한 어용 상인인 **공인**이 등장하였다.

② 당백전 발행이 끼친 영향을 파악한다.
→ 흥선 대원군은 경복궁 중건을 위해 **당백전**을 발행하고 **원납전**을 징수하였다.

③ 선무군관포를 징수한 목적을 찾아본다.
→ 조선 영조 때 시행한 균역법의 결과 선무군관에 임명된 양민에게 한 해당 한 필씩 군포를 부과하였다.

④ 토산물을 쌀, 동전 등으로 납부하게 한 원인을 조사한다.
→ 조선 광해군 때 시행된 **대동법**의 결과 토산물로 납부하던 공납을 쌀, 동전 등으로 납부할 수 있게 되었다.

⑤ 전세를 풍흉에 따라 9등급으로 차등 부과한 이유를 알아본다.
→ 조선 세종 때 시행한 **공법**은 토지의 비옥도(전분6등법)와 **풍흉(연분9등법)**에 따라 전세를 차등 과세하였다.

 균역법이 출제되면 균역법의 특징보다는 주로 조세 보충 방안이 정답 키워드로 제시됩니다!

---

20. 정답 ⑤

(가) 기구에 대한 설명으로 옳은 것은? [2점]

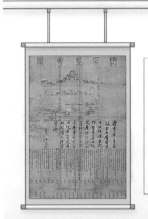

총마계회도(驄馬契會圖)
총마들의 모임을 기념하기 위해 그린 그림으로, 총마는 감찰의 별칭이다. 감찰은 대사헌을 수장으로 하는 (가) 의 관원으로, 관리의 위법 사항을 규찰하였다. 그림에는 계회 장소의 모습과 함께 왕이 내린 시문, 참석자 명단 등이 담겨 있다.

지문의 핵심 키워드 ▶ 사헌부

- ✓ 감찰 – 사헌부의 역할
- ✓ 대사헌 – 사헌부의 수장

선지별 키워드 추출

① 수도의 행정과 치안을 담당하였다.
→ 조선의 한성부는 수도의 행정과 치안을 담당하였다.

② 왕명 출납을 맡은 왕의 비서 기관이었다.
→ 조선의 승정원은 일종의 왕의 비서 기관으로서 왕의 명령을 신하들에게 전달하는 역할을 담당하였다.

③ 왕에게 경서 등을 강론하는 경연을 주관하였다.
→ 조선의 홍문관은 왕에게 경서 등을 강론하는 경연을 주관하는 동시에 궁중 서적에 대한 관리를 담당하였다.

④ 역사서를 편찬하고 사고에 보관하는 일을 맡았다.
→ 조선의 춘추관은 당대의 정치를 기록하는 동시에 조선왕조실록 등의 역사서를 편찬하고 사고에 보관하는 일을 담당하였다.

⑤ 5품 이하의 관리 임명 과정에서 서경권을 행사하였다.
→ 조선의 사헌부는 5품 이하의 관리 임명에 대한 동의 및 거부권 행사가 가능한 서경권을 행사하였다.

 고려의 어사대와 조선의 사헌부는 공통적으로 관리 임명에 대한 동의 및 거부권을 행사하였습니다!

21. 정답 ④

(가)에 들어갈 내용으로 가장 적절한 것은?　[2점]

이곳은 경기도 용인시에 있는 심곡 서원입니다. 반정 공신의 위훈 삭제 등 개혁을 추진하다가 사사된 인물의 학문과 덕행을 추모하기 위해 세워졌습니다. 이 인물에 대해 알고 있는 내용을 대화창에 올려주세요.

조선 시대 인물을 찾아서

ON 대화창

호는 정암으로, 소격서 폐지에 앞장섰어요.

(가)

글쓰기

지문의 핵심 키워드 ▶ 조광조

✓ 반정 공신의 위훈 삭제 – 조광조는 중종반정으로 책봉된 정국공신 중 일부 인물들의 공신 자격을 박탈할 것을 주장함

✓ 소격서 – 도교 의식을 주관하던 기관으로 조광조의 건의에 의해 폐지됨

선지별 키워드 추출

① 성학집요를 지어서 임금에게 바쳤어요.
→ 조선의 **이이**는 제왕의 학문을 정리하여 **군주가 수행해야 할 덕목과 지식을 총망라**한 **성학집요**를 집필하였다.

② 김종직의 조의제문을 사초에 포함시켰어요.
→ 조선 연산군 때 김일손 등이 김종직의 조의제문을 사초에 실으려는 것이 발단이 되어 **무오사화가 발생**하였다.

③ 최초의 서원인 **백운동 서원을 건립**하였어요.
→ 조선 중종 때 주세붕은 **사립 교육 기관인 서원을 처음 설립**하였다.

④ 소학의 보급과 현량과 실시를 주장하였어요.
→ 조선의 조광조는 유학 교육의 근본이 되는 교재인 소학의 보급과 인재 추천 제도인 현량과 실시를 주장하였다.

⑤ 재상 중심의 정치를 강조한 **조선경국전**을 저술하였어요.
→ 조선의 **정도전**은 **조선경국전**을 저술하여 통치 제도 정비에 기여하였다.

 한능검에서 조광조는 중종과 연계하여 출제될 수 있습니다!

22. 정답 ③

밑줄 그은 '이 왕'이 추진한 정책으로 옳은 것은?　[2점]

역사적 평가가 엇갈리는 이 왕에 대한 생각을 말해보자.

동생 영창 대군을 죽이고 어머니 인목 대비를 폐위한 것은 비난받을 행동이었어.

후금과의 관계 악화를 피하려 한 외교 정책은 국가의 안정을 도모한 적절한 선택이었다고 생각해.

지문의 핵심 키워드 ▶ 조선 광해군

✓ 영창 대군을 죽이고 어머니 인목 대비를 폐위 – 광해군 때 발생한 폐모살제 사건(1613)

✓ 후금과의 관계 악화를 피하려 한 외교 정책 – 광해군의 중립 외교

선지별 키워드 추출

① 6조 직계제를 처음으로 실시하였다.
→ 조선 태종 때 6조의 의결 사항을 왕에게 직접 보고하는 **6조 직계제가 처음 시행**되었다.

② 학문 연구 기관으로 집현전을 두었다.
→ 조선 세종 때 학문 연구 기관인 **집현전**이 설치되며, 도서의 수집 및 보관, 학문 활동 등의 역할을 수행하였다.

③ 전란의 피해를 복구하고 동의보감을 간행하였다.
→ 조선 광해군 때 허준이 동양의 의학을 집대성한 의학서인 동의보감을 완성하였다.

④ 역대 문물 제도를 정리한 동국문헌비고를 편찬하였다.
→ 조선 영조 때 조선의 역대 문물 제도를 분류, 정리한 백과사전인 **동국문헌비고**를 편찬하였다.

⑤ 시전 상인의 특권을 축소하는 신해통공을 단행하였다.
→ 조선 정조 때 채제공의 건의로 육의전을 제외한 시전상인의 금난전권이 폐지되는 **신해통공**이 단행되었다.

 광해군과 관련된 대표적인 빈출 키워드로는 '강홍립을 통한 중립 외교 실시', '동의보감', '인조반정'이 있습니다!

23. 정답 ①

밑줄 그은 '이 전쟁'의 영향으로 가장 적절한 것은? [2점]

사료로 만나는 한국사

신풍부원군 장유가 예조에 단자를 올리기를 "외아들이 있는데 강도(江都)의 변 때 그의 처가 잡혀갔다가 속환되어 지금은 친정 부모집에 가 있습니다. 그대로 배필로 삼아 함께 조상의 제사를 받들 수 없으니, 새로 장가들도록 허락해 주십시오."라고 하였다.

위 사료는 이 전쟁 중 강화도가 함락되면서 적국으로 끌려 갔다 돌아온 며느리를 아들과 이혼하게 해달라는 내용의 글이다. 국왕이 삼전도에서 항복하며 종결된 이 전쟁으로 많은 사람들이 포로로 끌려갔다. 여성들은 살아 돌아오더라도 절개를 잃었다는 이유로 억울하게 이혼을 당하기도 하였다.

◀ ❙❙ ▶

지문의 핵심 키워드 ▶ 병자호란

✔ 국왕이 삼전도에서 항복하며 종결 - 병자호란 당시 삼전 도의 굴욕(1637)

선지별 키워드 추출

① 이완 등을 중심으로 **북벌이** 추진되었다.
→ 조선 효종 때 **어영청을** 개편하고 북벌을 추진하였으나 실현되지는 못하였다.

② 김종서가 두만강 일대에 6진을 개척하였다.
→ 조선 세종 때 **김종서는** 두만강 유역 개척을 위한 정벌 에 참여하여 6진을 개척하였다.

③ 이종무가 적의 근거지인 **쓰시마섬을** 정벌하였다.
→ 조선 세종 때 **이종무는** 왜구의 근거지인 **대마도를** 정벌 하였다.

④ 강홍립이 이끄는 부대가 **사르후 전투에** 참전하였다.
→ 조선 광해군은 명과 후금 사이에서 **중립 외교를** 하였으 며, 명과 후금 사이에 일어난 **사르후 전투에** 강홍립 부 **대를** 파견하기도하였다.

⑤ 국방 문제를 논의하기 위해 **비변사가 처음으로** 설치되었다.
→ 조선 중종 때 **삼포왜란을** 계기로 변방의 방비 문제를 담당하기 위한 임시 기구인 비변사가 설치되었다.

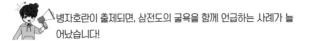 병자호란이 출제되면, 삼전도의 굴욕을 함께 언급하는 사례가 늘 어났습니다!

24. 정답 ①

(가) 왕의 재위 시기에 있었던 사실로 옳은 것은? [2점]

만약 그 자신이 죽고 아내에게 전지가 전해지면 수신전이라 하였고, 부부가 모두 죽고 아들에게 전해지면 휼양전이라 일컬었으며, 만약 그 아들이 관직에 제수된다면 그대로 그 전지를 주고 과전이라 하였다. …… [(가)]이/가 이 제도를 폐지하고 현직 관리에게 전지를 주고 직전이라 하였다.

지문의 핵심 키워드 ▶ 조선 세조

✔ 수신전, 휼양전 - 과부와 고아에게 지급된 토지로 직전법 실시 이후 폐지됨
✔ 현직 관리에게 전지를 주고 직전이라 함 - 조선 세조 때 시행된 토지 제도인 직전법

선지별 키워드 추출

① 불교 경전을 간행하는 **간경도감이** 설치되었다.
→ 조선 세조는 불교에 대한 정책을 장려하며, 불교 경전 간행을 담당하는 기구인 **간경도감을** 설치하였다.

② 음악 이론 등을 집대성한 **악학궤범이** 완성되었다.
→ 조선 성종 때 궁중 음악을 비롯하여 **음악 이론, 악기, 관 련 제도** 등 정보를 수록한 음악 서적인 악학궤범이 간 행되었다.

③ 세계 지도인 **혼일강리역대국도지도가** 제작되었다.
→ 조선 태종 때 **중국 중심의 세계관이** 반영된 세계 지도 혼일강리역대국도지도가 제작되었다.

④ 신하를 재교육하기 위한 **초계문신제가** 실시되었다.
→ 조선 정조는 젊은 관리 중 재능이 뛰어난 자를 선발하 여 **규장각에서** 재교육하는 초계문신제를 시행하였다.

⑤ 삼남 지방의 농법을 소개한 **농사직설이** 편찬되었다.
→ 조선 세종은 정초, 변효문 등에게 명하여 **우리나라 실 정에 맞는 농법을** 정리한 농사직설을 편찬하였다.

 조선 시대에서 불교를 장려한 왕으로는 세조를 기억하면 됩니다!

25. 정답 ④

(가) 지역에서 있었던 사실로 옳은 것은? [2점]

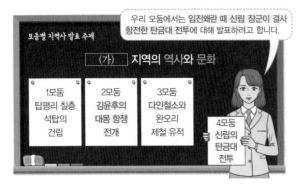

지문의 핵심 키워드 ▶ 충주

✔ 김윤후의 대몽 항쟁, 다인철소, 신립의 탄금대 전투 – 충주와 관련있는 사건

선지별 키워드 추출

① 제1차 미소 공동 위원회가 개최되었다.
→ 미국과 소련은 서울의 덕수궁 석조전에서 한국의 민주주의 임시 정부 수립을 논의하기 위해 회의를 개최하였다.

② 명 신종을 기리는 만동묘가 건립되었다.
→ 임진왜란 때 조선을 지원한 명의 만력제(신종)를 위한 사당인 만동묘가 충청북도 괴산에 건립되었다.

③ 강주룡이 을밀대 지붕에서 고공 농성을 벌였다.
→ 일제 강점기 여성 노동자인 강주룡이 임금 삭감 반대 및 노동 조건 개선 등을 주장하며 평양 을밀대 지붕 위에서 농성을 벌였다.

④ 고구려비가 남한 지역에서 유일하게 발견되었다.
→ 충주에서 한반도 내의 유일한 고구려 비석인 중원 고구려비가 발견되었다.

⑤ 박재혁이 경찰서에서 폭탄을 터뜨리는 의거를 일으켰다.
→ 일제 강점기 부산에서 의열단 출신의 박재혁이 부산 경찰에서 폭탄을 투척하는 의거를 단행하였다.

 충주에서 일어난 사건으로는 김윤후의 대몽 항쟁, 신립의 탄금대 전투가 있습니다!

26. 정답 ②

(가) 시기에 있었던 사실로 옳은 것은? [3점]

지문의 핵심 키워드 ▶ 기사환국, 갑술환국

✔ (가) 희빈 장씨가 낳은 왕자를 원자로 삼음 – 숙종 때 일어난 기사환국(1689)의 배경
✔ (나) 장씨에게 내렸던 왕후의 지위를 거두고 옛 작호인 희빈을 내려줌 – 숙종 때 일어난 갑술환국(1694)의 결과

선지별 키워드 추출

① 무신 이징옥이 반란을 일으켰다.
→ 조선 단종 때인 1453년에 수양대군은 계유정난을 일으키고 이징옥을 김종서의 일당으로 몰아 파면시키려고 하였는데, 이징옥은 이에 저항하여 반란을 모의하다 죽임을 당하였다.

② 송시열이 유배된 후 사사되었다.
→ 조선 숙종 때인 1689년에 송시열은 희빈 장씨 소생의 원자 책봉이 이르다고 상소하였다가 제주도로 유배되어 사사되었으며, 서인이 몰락하고 남인이 권력을 차지하는 기사환국이 발생하였다.

③ 자의 대비의 복상 문제로 예송이 일어났다.
→ 조선 현종 때 자의대비의 복상 문제를 계기로 기해예송과 갑인예송이 발생하였다.

④ 정여립 모반 사건을 빌미로 기축옥사가 발생하였다.
→ 조선 선조 때인 1589년에 동인 출신 정여립이 반란을 일으킨다는 혐의를 받아, 서인이 동인을 처형하는 기축옥사가 벌어졌다.

⑤ 붕당 정치의 폐해를 막기 위해 탕평비가 건립되었다.
→ 조선 영조는 1742년에 붕당의 조화와 화해를 도모하기 위해 탕평책을 실시하고 탕평비를 건립하였다.

 기사환국은 장희빈 소생의 원자 책봉 문제를 두고 발생하였으며, 송시열은 원자 책봉에 반대하였다가 유배되었습니다!

(가) 인물에 대한 설명으로 옳은 것은? [2점]

이것은 청의 화가 나빙이 그린 (가) 의 초상으로, 이별의 아쉬움을 표현한 시가 함께 있습니다. (가) 은/는 연행사의 일원으로 여러 차례 청에 가서 그곳의 문인들과 폭넓게 교유하였습니다. 이 과정에서 북학의를 저술하여 청의 문물을 적극적으로 수용할 것을 주장하였습니다.

특별전
국경을
넘어선
우정

지문의 핵심 키워드 ▶ 박제가

✓ 연행사 – 청에 파견된 사절단
✓ 북학의 – 박제가가 청을 방문한 뒤 저술한 기행문

선지별 키워드 추출

① 세계 지리서인 **지구전요**를 저술하였다.
　→ 조선의 최한기는 우주의 형상 및 전세계의 인문 지리에 대해 서술한 지구전요를 저술하였다.

② **의산문답**에서 **무한 우주론**을 주장하였다.
　→ 조선의 홍대용은 의산문답을 통해 중국 중심의 천하관을 비판하는 동시에 천체마다 각자의 중심이 있다고 하는 상대주의를 주장하였다.

③ 기기도설을 참고하여 **거중기**를 설계하였다.
　→ 조선의 정약용은 수원 화성을 보다 쉽게 축조하기 위해 거중기를 발명하였다.

④ 서자 출신으로 규장각 검서관에 기용되었다.
　→ 조선 정조는 왕실 도서관인 규장각을 설치하고 박제가, 유득공 등 서얼 출신의 인물들을 등용하였다.

⑤ **양반전**을 지어 **양반의 허례와 무능**을 풍자하였다.
　→ 조선의 박지원은 양반전, 허생전, 호질 등을 저술하여 양반의 허례와 무능을 비판, 풍자하였다.

박제가는 서얼 출신의 실학자임을 기억해야 합니다!

다음 가상 대화가 이루어진 시기의 사회 모습으로 가장 적절한 것은? [1점]

자네 소식 들었나? 지난달 진주에서 백성들이 난을 일으켜 관아를 습격하고 아전의 집을 불태웠다더군.

나도 들었네. 경상 우병사 백낙신의 탐학과 향리들의 횡포에 맞서 유계춘이 주도하였다고 하더군.

지문의 핵심 키워드 ▶ 세도 정치 시기의 사회상

✓ 진주에서 백성들이 난을 일으킴 – 임술 농민 봉기의 발생 지역
✓ 백낙신, 유계춘 – 임술 농민 봉기의 원인을 제공한 탐관오리 및 주도 인물

선지별 키워드 추출

① 빈민 구제를 위해 흑창이 설치되었다.
　→ 고려 왕건은 봄에 곡식을 빌려주고 가을에 갚는 진휼 기관인 흑창을 설치하였다.

② 원종과 애노가 사벌주에서 봉기하였다.
　→ 통일 신라 진성여왕 때 중앙 집권이 약화되고 조세 수탈이 심화되며 원종과 애노의 난, 적고적의 난 등의 민란이 발생하였다.

③ 홍건적의 침입으로 개경이 함락되었다.
　→ 고려 공민왕 때 두 차례의 홍건적의 침입이 발생하였으며, 2차 침입 당시에는 공민왕과 노국 대장 공주가 복주 (안동)로 피란하였다.

④ 지배층을 중심으로 변발과 호복이 유행하였다.
　→ 원 간섭기에는 지배층을 중심으로 원의 변발과 호복이 유행하였다.

⑤ 안동 김씨 등의 세도 정치로 매관매직이 성행하였다.
　→ 세도 정치기에는 안동 김씨 등 외척을 비롯한 소수의 특정 가문이 비변사를 중심으로 권력을 독점하였다.

세도 정치 시기에 발생한 대표적인 민란으로는 홍경래의 난과 임술 농민 봉기가 있습니다!

(가) 사건에 대한 설명으로 옳은 것은? [1점]

대한민국 방방곡곡 – 전등사
한국사 채널 조회수 82,461

전등사는 강화도 정족산성 안에 위치한 사찰로 대웅전, 약사전 등 많은 문화유산을 보유하고 있다. 사찰 내에는 조선왕조실록을 보관하였던 정족 산사고가 복원되어 있다. 뿐만 아니라 (가) 때 프랑스군을 물리친 양헌수 장군의 승전비도 있다.

지문의 핵심 키워드 ▶ 병인양요

✔ 강화도 정족산성, 프랑스군, 양헌수 장군 – 병인양요

선지별 키워드 추출

① 운요호 사건을 빌미로 일어났다.
  → 일본은 운요호를 이끌고 **강화도**와 **영종도**를 **침략**하였으며, 이는 **강화도 조약 체결의 계기**가 되었다.

② 왕이 공산성으로 피란하는 계기가 되었다.
  → 조선 인조 때 인조반정 후 공신 책봉에 불만을 품은 **이괄**이 **반란**을 일으켜 **인조**가 **공산성**으로 피란하였다.

③ 전개 과정에서 외규장각 도서가 약탈당하였다.
  → **병인양요** 때 프랑스군은 강화도의 **외규장각**에서 **의궤**를 비롯한 여러 **도서를 약탈**하였다.

④ 사태 수습을 위해 이용태가 안핵사로 파견되었다.
  → **고부 농민 봉기** 발생 직후이다.

⑤ 황사영이 외국 군대의 출병을 요청하는 원인이 되었다.
  → **신유박해**가 발생하자 **황사영**은 베이징 주재 프랑스 선교사에게 **출병을 요청**하는 백서를 작성하였다.

 병인양요는 프랑스군, 신미양요는 미군이 침입하며 발생하였습니다!

다음 자료에 나타난 사건의 영향으로 가장 적절한 것은? [2점]

> 이때 세금을 부과하는 직책의 신하들이 재물을 거두어들여 자기 배만 채우면서 각영(各營)에 소속된 군인들의 봉급은 몇 달 동안 나누어 주지 않았다. 그리하여 훈국(訓局)의 군사가 맨 먼저 난을 일으키고, 각영의 군사가 잇달아 일어났다. 이들은 이최응, 민겸호, 김보현, 민창식을 죽였고 또 중전을 시해하려 하였다. 중전은 장호원으로 피하였다.

지문의 핵심 키워드 ▶ 임오군란

✔ 각영(各營)에 소속된 군인들의 봉급은 몇 달 동안 나누어 주지 않음 – 임오군란의 발생 원인
✔ 중전은 장호원으로 피함 – 임오군란 발생 이후 명성황후는 친척 집으로 피신하였음

선지별 키워드 추출

① 강화도 조약이 체결되었다.
  → **강화도 조약**은 **운요호 사건**을 계기로 체결되었다(1876).

② 김기수가 수신사로 일본에 파견되었다.
  → **강화도 조약** 체결 이후 조선 정부는 두 나라의 관계 회복과 일본의 문물을 탐색하기 위해 **김기수**를 1차 **수신사로 파견**하였다.

③ 종로와 전국 각지에 척화비가 세워졌다.
  → **흥선 대원군**은 **병인양요, 오페르트 도굴 사건, 신미양요** 등을 계기로 전국에 **척화비**를 세워 서양과의 통상 수교 반대 의지를 표방하였다.

④ 일본 공사관 경비 명목으로 일본군이 주둔하였다.
  → **임오군란**으로 구식 군인들에게 일본 공사관이 습격을 받자 이에 대한 조치로서 일본 공사관에 군대 주둔을 허용하는 **제물포 조약**이 체결되었다.

⑤ 통리기무아문을 설치하고 그 아래에 12사를 두었다.
  → **통리기무아문**은 1880년에 변화하는 국내외 정세에 대응하고자 설치되었으며, **개화 정책**을 총괄하였다. 그 아래에는 다양한 업무를 분담하는 **12사**를 설치하였다.

 임오군란 이후 일본과 체결한 제물포 조약의 영향을 정답 키워드로 제시한 사례가 많습니다!

31. 정답 ①

(가)에 들어갈 내용으로 적절한 것은? [2점]

> ●●●● 📶 오전 10:40 73% 🔋
>
> 🤖 한국사 챗봇
>
> **Q** 군국기무처에 대해 알려줘.
>
> **A** 군국기무처는 국정 전반에 걸친 개혁을 담당한 기구입니다. 총재는 김홍집이었으며, 유길준 등 개화파와 박준양 등 흥선 대원군 계열의 인사로 구성되었습니다. 개혁을 추진하면서 수개월 동안 200여 건의 안건을 의결하였습니다.
>
> **Q** 이 기구에서 의결한 주요 개혁 내용을 알려줘.
>
> **A** _____(가)_____

지문의 핵심 키워드 ▶ 제1차 갑오개혁

✓ 군국기무처 – 제1차 갑오개혁 주관 기구
✓ 총재는 김홍집 – 제1차 갑오개혁 담당 내각

선지별 키워드 추출

① 공사 노비법을 혁파하였습니다.
　→ 제1차 갑오개혁 때 공사 노비법을 혁파하며 신분제가 폐지되었다.

② 5군영을 2영으로 통합였습니다.
　→ 개항 직후 고종은 통리기무아문을 설치하고 기존의 5군영을 2영으로 개편하는 등의 개혁을 단행하였다.

③ 건양이라는 연호를 제정하였습니다.
　→ 을미개혁 때 태양력을 채택하고 건양이라는 독자적인 연호를 제정하였다.

④ 한성 사범 학교 관제를 반포하였습니다.
　→ 제2차 갑오개혁 때 근대식 사범 학교에 대한 관제인 교육 입국 조서를 반포하고 한성 사범 학교가 설립되었다.

⑤ 지계아문을 설치하여 지계를 발급하였습니다.
　→ 대한 제국은 근대적인 토지 제도 확립을 위해 지계아문을 설치하고 토지 증명 문서인 지계를 발급하였다.

 군국기무처가 언급되면 제1차 갑오개혁에 관한 문제입니다!

---

32. 정답 ④

(가) 단체에 대한 설명으로 옳은 것은? [2점]

> 신들은 나라가 나라일 수 있는 조건은 두 가지가 있다고 생각합니다. 첫째는 자립하여 다른 나라에 의지하지 않는 것이며, 둘째는 자수(自修)하여 나라 안에 정법(政法)을 행하는 것입니다. 이 두 가지는 하늘이 우리 폐하께 부여해 준 하나의 큰 권한으로서, 이 권한이 없으면 나라가 없는 것입니다. 그래서 신 등은 ___(가)___ 을/를 설립하여 독립문을 세우고 위로는 황상의 지위를 높이며, 아래로는 인민의 뜻을 확고히 함으로써 억만년 무궁한 기초를 확립하고자 하였던 것입니다.

지문의 핵심 키워드 ▶ 독립 협회

✓ 독립문 – 독립 협회가 자주 독립을 표방하고 청에 대한 사대 관계 청산을 목적으로 새롭게 세운 문

선지별 키워드 추출

① 만세보를 발행하여 민중 계몽에 힘썼다.
　→ 천도교는 기관지로 만세보를 발행하여 민중 계몽에 힘썼다.

② 일제의 황무지 개간권 요구를 저지하였다.
　→ 보안회는 일제의 황무지 개간권 요구를 저지시켰다.

③ 일제가 조작한 105인 사건으로 와해되었다.
　→ 일제는 신민회가 데라우치 총독 암살을 기도하였다는 혐의로 여러 인사를 체포하는 105인 사건을 일으켜 신민회를 와해시켰다.

④ 중추원 개편을 통해 의회 설립을 추진하였다.
　→ 독립 협회는 헌의 6조를 발표하고, 중추원 개편을 통한 의회 설립 운동을 추진하였다.

⑤ 독립운동 자금 마련을 위해 독립 공채를 발행하였다.
　→ 대한민국 임시 정부는 독립운동 자금을 마련하기 위해 독립 공채를 발행하였다.

 '독립 협회는 이름에 걸맞게 독립문을 건립하였다.' 고 연상하면 쉽게 암기할 수 있습니다!

33. 정답 ② | 난이도 | ●○○

다음 자료에 나타난 민족 운동에 대한 설명으로 옳은 것은? [1점]

> 거액의 외채 1,300만 원을 해마다 미루다가 갚지 못할 지경에 이른다면 나라를 보존하기 어려울 것이니, 나라를 보존하지 못하면, 아! 우리 동포는 장차 무엇에 의지하겠습니까? …… 근래에 신문을 접하니, 영남에서 시작하여 서울에 이르기까지 담배를 끊어 나라의 빚을 갚자는 논의가 시작되었고, 발기한 지 며칠이 되지 않아 의연금을 내는 자들이 날마다 이른다 하니, 우리 백성들이 임금에게 충성하고 나라를 사랑하는 마음을 통쾌하게 볼 수 있습니다.

지문의 핵심 키워드 ▶ 국채 보상 운동

✓ 거액의 외채 1,300만 원 - 일본에서 들여온 차관으로, 이를 갚기 위해 국채 보상 운동이 일어남
✓ 담배를 끊어 나라의 빚을 갚음 - 국채 보상 운동의 전개 방식

선지별 키워드 추출

① 조선 총독부의 탄압과 방해로 실패하였다.
→ 국채 보상 운동은 통감부의 탄압과 방해로 실패하였다.

② 대한매일신보 등의 지원을 받아 확산되었다.
→ 대한매일신보는 서상돈, 김광제 등의 발의로 시작된 국채 보상 운동을 지원하였다.

③ 대한민국 임시 정부가 수립되는 계기가 되었다.
→ 3·1 운동 이후 조직적인 독립운동의 필요성이 대두되며 상하이에 대한민국 임시 정부가 수립되었다.

④ 백정에 대한 사회적 차별 철폐를 목적으로 하였다.
→ 백정들은 신분 해방 이후에도 남아 있는 사회적 차별에 맞서 조선 형평사를 조직하고 형평 운동을 주도하였다.

⑤ 조선 민립 대학 기성회에서 모금 활동을 전개하였다.
→ 이상재, 이승훈 등을 중심으로 한 민립 대학 기성회는 일제의 식민지 교육에 저항하여 우리나라만의 고등 교육기관을 설립하기 위한 운동을 주도하였다.

 국채 보상 운동과 대한매일신보는 대표적인 짝꿍 키워드로 자주 함께 출제됩니다!

34. 정답 ④ | 난이도 | ●●○

다음 대화에 나타난 사건 이후의 사실로 옳은 것은? [3점]

며칠 전 황제 폐하께서 황태자 전하께 대리를 명하는 조칙을 내리셨다는 소식을 들었는가?

들었네. 그 다음날 일본 군대의 삼엄한 경계 속에서 양위식이 거행되어 대리가 아니라 사실상 황제께서 퇴위당하신 셈이지.

지문의 핵심 키워드 ▶ 고종의 강제 퇴위

✓ 황제 폐하께서 황태자 전하께 대리를 명하는 조칙을 내림, 황제께서 퇴위 - 일제는 헤이그 특사 파견(1907)을 이유로 고종을 강제로 퇴위시키고 순종을 즉위시킴

선지별 키워드 추출

① 신식 군대인 별기군이 창설되었다.
→ 1880년에 통리기무아문이 설치된 이후 1881년에는 기존의 5군영을 2영으로 개편하고 신식 군대인 별기군을 창설하였다.

② 묄렌도르프가 외교 고문으로 파견되었다.
→ 청의 군대가 1882년에 일어난 임오군란을 진압한 이후 청은 조선에 재정 고문 마젠창과 외교 고문 묄렌도르프를 파견하였다.

③ 초대 통감으로 이토 히로부미가 부임하였다.
→ 1905년에 일제의 강압으로 을사늑약이 체결되어 외교권을 박탈당하고 통감부가 설치되었다. 초대 통감으로는 이토 히로부미가 부임하였다.

④ 기유각서가 체결되어 사법권을 박탈당하였다.
→ 1909년에는 일제에 의해 기유각서가 체결되어 사법권과 감옥 사무의 처리권을 일본 정부에 빼앗겼다.

⑤ 관민 공동회가 개최되어 헌의 6조를 결의하였다.
→ 독립 협회는 1898년에 대중 집회인 관민 공동회를 개최하고 헌의 6조를 결의하여 관민 협력 등을 요구하였다.

 기유각서는 국권 피탈 과정에서 일제와 체결한 여러 조약 중 하나입니다!

35. 정답 ②

밑줄 그은 '이 운동'에 대한 설명으로 옳은 것을 〈보기〉 에서 고른 것은? [2점]

광고로 보는 역사

[해설] 이것은 경성 방직·주식회사의 광목 광고이다. 조선인 기업이 만든 상품의 사용을 장려하고자 전개된 <u>이 운동</u> 당시의 상황을 반영하여 '조선 사람의 자본과 기술로 된 광목'이라는 문구가 광고에 사용되었다.

지문의 핵심 키워드 ▶ 물산 장려 운동

✔ 조선인 기업이 만든 상품을 장려 - 물산 장려 운동

선지별 키워드 추출

ㄱ. 회사령 폐지 등이 배경이 되었다.
→ 회사령의 폐지 등으로 일본 기업의 국내 진출이 확산되자 이를 막기 위해 **물산 장려 운동**이 시작되었다.

ㄴ. **황국 중앙 총상회**의 주도하에 전개되었다.
→ **황국 중앙 총상회**는 상권 수호 운동을 전개하였다.

ㄷ. 평양에서 시작되어 전국적으로 확산되었다.
→ 조만식의 주도로 평양에서 물산 장려 운동이 시작되었다.

ㄹ. 대동 상회 등 근대적 상회사가 설립되는 계기가 되었다.
→ 외국 상인들의 상권 침입에 맞서 **우리나라의 상권 보호**를 위한 대동 상회가 설립되었다.

 대구에서 시작된 국채 보상 운동과 평양에서 시작된 물산 장려 운동을 혼동하지 않도록 주의해야 합니다.

36. 정답 ①

(가) 단체에 대한 설명으로 옳은 것은? [2점]

이달의 독립운동가

황상규

경상남도 밀양 출생이다. 1918년 만주로 망명하였으며 김동삼, 김좌진, 안창호 등과 대한 독립 선언서를 발표하였다. 1919년 11월 김원봉 등과 ___(가)___ 을/를 조직하여 일제 기관의 파괴와 조선 총독 이하의 관리 및 매국노의 암살 등을 꾀하였다. 1920년에 국내로 폭탄을 들여와 의거를 준비하던 중 발각되어 7년의 징역형을 선고받았다. 1963년 건국 훈장 독립장이 추서되었다.

지문의 핵심 키워드 ▶ 의열단

✔ 1919년 11월 김원봉 등과 (가)을/를 조직 - 의열단에 관한 내용

선지별 키워드 추출

① 조선 혁명 선언을 활동 지침으로 삼았다.
→ 신채호는 직접적이고 폭력적인 혁명의 방향성을 제시한 조선 혁명 선언을 집필하였으며, 이는 의열단의 활동 지침이 되었다.

② 삼균주의를 기초로 한 **건국 강령을 발표**하였다.
→ 충칭 시기의 대한민국 임시 정부 때 조소앙은 정치·경제·교육 세 가지의 균형(삼균주의)을 바탕으로 한 해방 이후의 건국 계획을 발표하였다.

③ 잡지 개벽 등을 발행하여 민족 의식을 고취하였다.
→ 천도교는 민중 계몽을 위해 개벽, 신여성 등의 잡지를 발간하였다.

④ 홍커우 공원에서 일어난 윤봉길 의거를 계획하였다.
→ 한인 애국단의 단원인 윤봉길은 홍커우 공원에서 폭탄 투척 의거를 통해 일본 장성들을 처단하였다.

⑤ 조선 총독부에 국권 반환 요구서를 제출하려 하였다.
→ 독립 의군부는 조선 총독부에 국권 반환 요구서를 제출하려고 시도하였다.

 한능검에서 의열단이 출제되면 '단장 김원봉'과 '1919년'이 자주 함께 언급됩니다!

(가)~(다)를 발표된 순서대로 옳게 나열한 것은? [3점]

> (가) 우리들 민중의 통곡과 복상이 결코 이척[순종]의 죽음에 있지 않다는 것을 민중 각자의 마음속에 그것을 명백히 말해주고 있다. 우리들의 비애와 통렬한 애도는 경술년 8월 29일 이래 쌓이고 쌓인 슬픔이다. …… 금일의 통곡 · 복상의 충성과 의분을 돌려 우리들의 해방 투쟁에 바치자!
>
> (나) 조선 민족의 정치적 의식이 발달함에 따라 민족적 중심 단결을 요구하는 시기를 맞이하여 민족주의를 표방한 신간회가 발기인의 연명으로 3개 조의 강령을 발표하였다. ……
> 1. 우리는 정치적 · 경제적 각성을 촉진함
> 1. 우리는 단결을 공고히 함
> 1. 우리는 기회주의를 일체 부인함
>
> (다) 우리 2천만 생령(生靈)을 사랑하고 조국을 사랑하는 광주 학생 남녀 수십 명이 중상을 입었다. 고뇌하는 청년 학생 2백 명이 불법으로 철창 속에 갇혀 있다. …… 우리들은 광주 학생의 석방을 요구하는 동시에 참을 수 없는 피눈물로 시위 대열에 나가는 것이다.

지문의 핵심 키워드 ▶ 1920년대 국내 항일 운동

✔ (가) 우리들 민중의 통곡과 복상이 결코 이척[순종]의 죽음에 있지 않다 – 순종의 인산일에 발생한 6 · 10 만세 운동(1926)
✔ (나) 신간회 – 6 · 10 만세 운동을 계기로 비타협적 민족주의 계열과 사회주의 계열이 연합하여 결성한 단체(1927)
✔ (다) 광주 학생 남녀 수십 명이 중상을 입음 – 광주 학생 항일 운동(1929)의 발발 원인

선지별 키워드 추출

① (가) - (나) - (다)
→ 1920년대 국내 항일 운동은 6 · 10 만세 운동(가-1926) - 신간회 창립(나-1927) - 광주 학생 항일 운동(다-1929) 순으로 발생하였다.

 6 · 10 만세 운동을 계기로 창설된 신간회는 이후 광주 학생 항일 운동을 지원하였습니다!

밑줄 그은 '시기'에 볼 수 있는 모습으로 가장 적절한 것은? [1점]

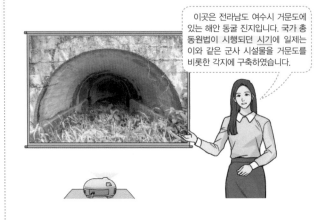

> 이곳은 전라남도 여수시 거문도에 있는 해안 동굴 진지입니다. 국가 총동원법이 시행되던 시기에 일제는 이와 같은 군사 시설물을 거문도를 비롯한 각지에 구축하였습니다.

지문의 핵심 키워드 ▶ 민족 말살 통치 시기

✔ 국가 총동원법이 시행되었던 시기 – 국가 총동원법은 일제가 전시 체제에 대비하고자 조선인을 물적 · 인적으로 수탈하는 내용이 규정된 법으로 민족 말살 통치 시기인 1938년에 제정됨

선지별 키워드 추출

① 태형을 집행하는 헌병 경찰
→ 무단 통치기에는 헌병이 경찰 업무를 담당하였고, 조선인에게만 태형이 적용되었다.

② 원산 총파업에 참여하는 노동자
→ 문화 통치기에 문평 라이징 선 석유 회사의 조선인 노동자가 구타당한 것을 계기로 원산 총파업이 발생하였다.

③ 황국 신민 서사를 암송하는 학생
→ 민족 말살 통치 시기 일제는 천황에 대한 충성심을 강조한 황국 신민 서사의 암송을 강요하였다.

④ 경성 제국 대학 설립을 추진하는 관리
→ 이른바 문화 통치 시기 일제는 민립 대학 설립 운동을 저지하기 위해 경성 제국 대학을 설립하였다.

⑤ 서울 진공 작전에 참여하는 13도 창의군 의병
→ 정미의병 당시 정미 7조약으로 해산된 군인 등이 13도 창의군을 결성하고 서울 진공 작전을 전개하였다.

 국가 총동원법, 조선 사상범 예방 구금령은 민족 말살 통치 시기에 일제가 제정한 법입니다!

39. 정답 ④
| 난이도 | ●●○

(가), (나) 법령이 발표된 사이의 시기에 있었던 사실로 옳은 것은? [3점]

> (가) 제1조 신한 공사를 조선 정부에서 독립한 기관으로써 창립함. 공사는 군정 장관 또는 그의 수임자가 후임자를 임명할 때까지 10명의 직무를 집행하는 취체역이 관리함.
> 제4조 …… 동양 척식 주식회사가 소유하던 조선 내 법인의 일본인 재산은 전부 신한 공사에 귀속됨.
>
> (나) 제4조 본법 시행에 관한 사무는 농림부 장관이 관장한다.
> 제12조 농지의 분배는 농지의 종목, 등급 및 농가의 능력 등에 기준한 점수제에 의거하되 1가당 총경영 면적 3정보를 초과하지 못한다.
> 제13조 분배받은 농지에 대한 상환액 및 상환 방법은 다음에 의한다.
> 1. 상환액은 해당 농지의 주생산물 생산량의 12할 5푼을 5년간 납입케 한다.

지문의 핵심 키워드 ▶ 신한 공사, 농지 개혁법

- ✓ (가) 신한 공사 – 미군정 시기에 설립(1946)되어 일제의 재산을 관리하던 회사
- ✓ (나) 농지의 분배는 1가당 총경영 면적 3정보를 초과하지 못함 – 농지 개혁법(1949)에 규정된 토지의 분배 상한선

선지별 키워드 추출

① 조선 건국 동맹이 결성되었다.
→ 여운형은 1944년에 일제의 패망에 대비하여 조선 건국 동맹을 창설하였다.

② 한미 상호 방위 조약이 체결되었다.
→ 이승만 정부는 1953년에 미군의 한국 주둔을 규정하는 한미 상호 방위 조약을 체결하였다.

③ 조선 사상범 예방 구금령이 공포되었다.
→ 민족 말살 통치 시기인 1941년에 일제는 독립운동을 강하게 탄압하고자 조선 사상범 예방 구금령을 제정하였다.

④ 5·10 총선거로 제헌 국회가 구성되었다.
→ 1948년에 실시된 5·10 총선거의 결과 제헌 국회가 구성되었다.

⑤ 정부에 비판적인 경향신문이 폐간되었다.
→ 이승만 정부는 정부에 비판적인 논설을 다수 게재한 경향신문을 1959년에 폐간시켰다.

 제헌 국회에서 제정된 법으로는 농지 개혁법과 반민족 행위 처벌법이 있습니다!

40. 정답 ③
| 난이도 | ●●○

다음 가상 인터뷰의 주인공에 대한 설명으로 옳은 것은? [2점]

> 며칠 전 경성에서 조선사회경제사 출판 축하회가 있었습니다. 저자로서 책에 대한 소개를 부탁드립니다.

> 저는 우리 역사의 전개 과정을 세계사의 보편적인 발전 법칙에 따라 네 단계로 나누어 파악하였습니다. 이 책에서는 그중 원시 씨족 사회와 삼국 정립기의 노예제 사회에 대해 서술하였습니다.

지문의 핵심 키워드 ▶ 백남운

- ✓ 조선사회경제사 – 백남운이 한국의 경제사를 연구하여 저술한 책
- ✓ 우리 역사의 전개 과정을 세계사의 보편적인 발전 법칙에 따라 네 단계로 나누어 파악 – 백남운은 유물사관에 근거하여 우리나라가 원시 공산 사회, 고대 노예 사회, 중세 봉건 사회, 자본주의 사회의 변화를 거쳤다고 주장함

선지별 키워드 추출

① 진단 학회를 조직하였다.
→ 이병도와 손진태는 실증주의 사학을 기반으로 한 진단 학회를 조직하였다.

② 한국독립운동지혈사를 저술하였다.
→ 박은식은 갑신정변부터 3·1 운동 발생 다음 해까지의 역사를 정리한 한국독립운동지혈사를 저술하였다.

③ 식민 사학의 정체성론을 반박하였다.
→ 백남운은 조선사회경제사를 통해 식민사학의 정체성론을 반박하였다.

④ 우리말 큰사전 편찬 사업을 추진하였다.
→ 조선어 학회는 국어사전인 우리말(조선말) 큰사전의 편찬을 추진하였다.

⑤ 민족의 얼을 강조하고 조선학 운동을 주도하였다.
→ 정인보는 정약용의 저술을 모아 여유당전서를 간행하고 민족의 얼을 강조하는 조선학 운동을 주도하였다.

 백남운은 일제 강점기의 대표적인 사회 경제학자입니다!

41. 정답 ④ | 난이도 | ●●○

(가) 부대에 대한 설명으로 옳은 것은? [2점]

한국 독립운동을 촉진하고 한국 혁명 역량을 집중하기 위해 이번 달 15일 중국 국민당 군사 위원회는 조선 의용대를 개편하여 (가) 에 편입할 것을 특별히 명령하였다. 제1지대는 총사령에게 직속되어 이(지)청천 장군이 통할한다. …… (가) 의 총사령부는 충칭에 설치하기로 결정하였다.

지문의 핵심 키워드 ▶ 한국광복군

✓ 조선 의용대를 개편하여 (가)에 편입 – 조선 의용대의 대원 일부는 한국광복군에 합류함
✓ 이(지)청천 장군이 통할 – 한국광복군의 총사령관인 지청천
✓ (가)의 총사령부는 충칭에 설치 – 한국광복군은 충칭 시기의 대한민국 임시 정부의 산하 부대로 창설됨

선지별 키워드 추출

① 자유시 참변으로 세력이 약화되었다.
→ 서일을 총재로 한 대한 독립 군단은 연해주로 이동해 독립군을 통합하는 과정에서 러시아군과 충돌하는 자유시 참변을 겪었다.

② 영릉가 전투에서 일본군에 승리하였다.
→ 조선 혁명군은 남만주 지역의 조선 혁명당 산하 조직으로 결성된 군사 조직으로 중국 의용군과 연합하여 영릉가 전투, 흥경성 전투에서 승리를 거두었다.

③ 쌍성보 전투에서 한중 연합 작전을 전개하였다. → 헷갈리기 쉬운 선지!
→ 한국 독립군은 북만주 지역의 한국 독립당 산하 조직으로 중국 호로군과 연합하여 쌍성보, 대전자령 전투에서 승리를 거두었다.

④ 국내 정진군을 편성하여 국내 진공 작전을 추진하였다.
→ 한국광복군은 미국 전략 정보국(OSS)과 연합하여 국내 정진군을 육성하고 국내 진공 작전을 추진하였다.

⑤ 홍범도 부대와 연합하여 청산리에서 일본군을 격파하였다.
→ 청산리 전투는 김좌진의 북로 군정서군과 홍범도의 대한 독립군 등이 연합하여 일본군에 승리한 전투이다.

 김원봉이 이끈 조선 의용대의 일부 부대는 한국광복군에 합류하였습니다!

42. 정답 ④ | 난이도 | ●○○

밑줄 그은 '전쟁' 중에 있었던 사실로 옳은 것은? [1점]

이 비석은 북한군의 남침으로 시작된 전쟁 중 벌어진 장진호 전투를 기념하기 위해 미국 버지니아주에 세워진 것입니다. 장진호 전투는 북한을 돕기 위해 참전한 중국군을 상대로 유엔군 등이 벌인 주요 전투 중 하나였습니다.

지문의 핵심 키워드 ▶ 6 · 25 전쟁

✓ 북한군의 남침으로 시작 – 6 · 25 전쟁의 시작
✓ 장진호 전투 – 6 · 25 전쟁 당시 함경남도 장진호에서 유엔군과 중국군 사이에 벌어진 전투

선지별 키워드 추출

① 애치슨 라인이 발표되었다. → 헷갈리기 쉬운 선지!
→ 미 국무장관 애치슨은 1950년에 태평양 지역 방어선을 발표하였고 이때 한반도와 타이완이 제외되었다.

② 가쓰라 · 태프트 밀약이 체결되었다.
→ 러 · 일 전쟁 중에 미국은 필리핀, 일본은 조선을 지배하는 것을 인정하는 가쓰라 · 태프트 밀약이 체결되었다.

③ 모스크바 3국 외상 회의가 개최되었다.
→ 광복 직후 미국, 영국, 소련 3국의 외무장관은 모스크바에 모여 한국 문제를 비롯하여 제2차 세계대전 이후의 여러 지역 문제를 협의하기 위한 회의를 개최하였다.

④ 흥남에서 대규모 철수 작전이 전개되었다.
→ 6 · 25 전쟁이 진행되던 1950년 12월에 중국군의 개입으로 국군과 유엔군이 함경남도 흥남에서 철수 작전을 전개하였다.

⑤ 김구, 김규식 등이 남북 협상에 참여하였다.
→ 김구, 김규식은 1948년에 남한만의 단독 선거에 반대하며 남북 협상을 추진하였다.

 '유엔군'이 제시되면 6 · 25 전쟁 관련 문제입니다!

43. 정답 ⑤　　　　　　　　　　　　　| 난이도 | ●●○

다음 성명을 발표한 정부 시기에 볼 수 있는 모습으로
적절한 것은?　　　　　　　　　　　　　　　[2점]

> 내각 책임제 속에서 행정부에 맡겨진 책무를 유감없이
> 수행하기 위해 무엇보다 먼저 행정부 내의 기강 확립에
> 주안점을 두지 않아서는 안 될 것입니다. …… 부정 선거
> 원흉의 처단은 이미 공소 제기와 구형을 한 터이므로 법
> 원의 엄정한 판결이 있을 것을 기대하는 바입니다.

지문의 핵심 키워드 ▶ 장면 내각

- ✓ 내각 책임제 - 장면 내각 당시의 정치 체제
- ✓ 부정 선거의 원흉의 처단 - 장면 내각 때 3 · 15 부정 선거
  관련자를 처벌함

선지별 키워드 추출

① 국민 교육 헌장을 읽고 있는 학생
- → 박정희 정부는 국민의 교육 지표 방향을 제시한 국민
  교육 헌장을 발표하였다.

② 서울 올림픽 대회에 참가하는 선수
- → 노태우 정부 때인 1988년에 서울 올림픽 대회가 개최
  되었다.

③ 개성 공단 착공식을 취재하는 기자
- → 김대중 정부 때 개성 공단 건설을 합의하고, 노무현 정
  부 때 개성 공단 건설을 본격적으로 시작하였다.

④ 함평 고구마 피해 보상 투쟁에 참여하는 농민
- → 박정희 정부 때 함평군 농협이 고구마의 전량 매수를
  하지 않아 막대한 피해가 발생하자 함평군 농민들과 가
  톨릭 농민회가 연대하여 대규모의 농민 운동을 벌여 정
  부로부터 보상금을 받아냈다.

⑤ 민의원에서 통과된 법안을 심의하는 참의원 의원
- → 허정 과도 정부 때 시행된 3차 개헌의 결과에 따라 장면
  내각은 국회의원을 참의원과 민의원으로 나누는 양원
  제로 운영하였다.

 장면 내각 관련 문제가 출제되면 주로 '내각 책임제(의원 내각제)'
와 '양원제(민의원, 참의원)'가 언급됩니다!

44. 정답 ②　　　　　　　　　　　　　| 난이도 | ●●●

밑줄 그은 '개헌' 이후에 있었던 사실로 옳은 것은? [2점]

> **대한 변호사 협회장의 성명**
>
> 이번 개헌 안건의 의결에 있어서 찬성표 수가 135이고 재적
> 의원 수가 203인 것은 변하지 않는 수이다. 그러면 재적인 수
> 의 3분의 2는 135.333이나 이 선에 도달하려면 동일한 표수
> 가 있어야 될 것이다. …… 찬성표가 재적인 수에 도달하거나
> 또는 정족수 이상 되어야 하거늘 0.333에 도달하지 못하니 그
> 것을 사사오입이라는 구실로 떼어 버리고 정족수인 3분의 2와
> 동일한 수라고 하는 것은 헌법 위반이 되는 것이므로 법조인으
> 로서 이를 이해하기 곤란하다.

지문의 핵심 키워드 ▶ 사사오입 개헌

- ✓ 재적인 수의 3분의 2는 135.333, 사사오입 - 사사오입
  개헌(1954)에 관한 내용

선지별 키워드 추출

① 여수 · 순천 10 · 19 사건이 일어났다.
- → 여수 · 순천 10 · 19 사건은 1948년 여수에 주둔하던
  국방 경비대 제14연대 소속의 일부 군인들이 제주
  4 · 3 사건의 진압을 거부하며 일으킨 사건이다.

② 진보당의 당수였던 조봉암이 처형되었다.
- → 이승만 정부는 1958년에 야당 후보인 진보당의 조봉암
  을 견제하기 위해 조봉암에게 간첩 혐의를 씌워 사형시
  킨 뒤 진보당을 해체하였다.

③ 반민족 행위 특별 조사 위원회가 설치되었다.
- → 제헌 국회는 1948년에 친일파 처벌을 위해 반민족 행위
  처벌법을 제정하였다.

④ 국회 프락치 사건으로 일부 국회의원이 체포되었다.
- → 이승만 정부는 1949년에 반민특위 국회의원들에게 남
  조선 노동당 프락치 혐의를 씌워 검거한 뒤 반민특위를
  해산시켰다.

⑤ 여운형 등의 주도로 좌우 합작 위원회가 구성되었다.
- → 여운형, 김규식은 1946년 좌우 합작 위원회를 결성하
  고 미 · 소 공동 위원회의 재개 등을 요구하는 좌우 합
  작 7원칙을 발표하였다.

 발췌 개헌과 사사오입 개헌은 모두 이승만 정부 때 시행되었
습니다!

45. 정답 ③

(가) 헌법이 시행된 시기의 사실로 옳은 것은? [2점]

> 사진은 인민 혁명당 재건위 사건 재판 당시의 모습입니다. 이 사건은 (가) 헌법에 의거하여 발동한 긴급 조치 제4호 등으로 정부에 비판적인 인물들을 반국가 세력으로 몰아 처벌한 것입니다. 당시 사형을 당한 8명은 2007년에 열린 재심 공판에서 무죄를 선고 받았습니다.

지문의 핵심 키워드 ▶ 박정희 정부의 정치 상황

✓ 인민 혁명당 재건위 사건 – 박정희 정부 때 발생한 인권 탄압 사건
✓ 긴급 조치 – 유신 헌법에서 대통령이 내리던 특별 조치

선지별 키워드 추출

① 김주열이 최루탄을 맞고 사망하였다.
→ 이승만 정부 때 최루탄을 맞고 사망한 김주열의 시신이 마산 앞바다에서 발견되었다.

② 부천 경찰서 성 고문 사건이 발생하였다.
→ 전두환 정부 때 노동 현장에 위장 취업한 권인숙을 공문서변조 혐의로 부천 경찰서로 연행 후 성 고문이 자행되는 사건이 발생하였다.

③ 개헌 청원 백만인 서명 운동이 전개되었다.
→ 박정희 정부 때 장준하는 개헌 청원 100만인 서명 운동을 전개하며 유신 헌법의 철폐를 주장하였다.

④ 국민 보도 연맹원에 대한 학살이 자행되었다.
→ 6·25 전쟁이 발발하자 국민 보도 연맹에 가입하였다는 이유만으로 학살하는 사건이 발생하였다.

⑤ 민주화 시위 도중 대학생 강경대가 희생되었다.
→ 노태우 정부 때 민주화 시위 도중 명지대 학생 강경대가 경찰에게 구타를 당해 사망하는 사건이 발생하였다.

유신 헌법, 통일 주체 국민 회의는 박정희 정부의 빈출 키워드입니다!

---

46. 정답 ①

(가) 정부 시기의 경제 상황으로 옳은 것은? [1점]

사진으로 보는 (가) 정부

| 경부 고속 도로 개통 | 포항 제철소 1기 준공 |

지문의 핵심 키워드 ▶ 박정희 정부의 경제 상황

✓ 경부 고속 도로 개통 – 박정희 정부 때 개통
✓ 포항 제철소 1기 준공 – 박정희 정부 때 제3차 경제 개발 5개년 계획의 결과 준공됨

선지별 키워드 추출

① 제3차 경제 개발 5개년 계획을 추진하였다.
→ 박정희 정부는 5년 단위로 경제 개발 계획을 추진하였으며, 제3차 경제 개발 5개년 계획(1972~1976) 당시에는 포항 제철을 비롯한 중공업을 육성하였다.

② 미국과 자유 무역 협정(FTA)을 체결하였다.
→ 노무현 정부는 한국과 미국 간 상품 및 서비스 무역에 대한 관세 철폐를 규정한 자유 무역 협정을 체결하였다.

③ 대통령 긴급 명령으로 금융 실명제를 실시하였다.
→ 김영삼 정부 때 금융 거래 시 반드시 본인의 실명으로 거래하는 금융 실명제를 실시하였다.

④ 국제 통화 기금(IMF)의 구제 금융 지원금을 조기 상환하였다.
→ 김대중 정부는 외환 위기를 극복하기 위한 다양한 노력을 전개하였으며, 그 결과 국제 통화 기금(IMF)의 구제 금융 지원금을 조기 상환하는 성과를 얻어냈다.

⑤ 저임금 노동자의 생활 안정을 위해 최저 임금법을 제정하였다.
→ 전두환 정부 때 노동자의 생활 안정 및 노동력의 질적 향상을 목적으로 최저 임금법을 제정하였다.

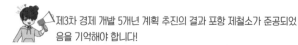

제3차 경제 개발 5개년 계획 추진의 결과 포항 제철소가 준공되었음을 기억해야 합니다!

[47~48] 다음을 읽고 물음에 답하시오.

(가) 여덟째는 적금서당이다. 왕 6년에 보덕국 사람들로 당을 만들었다. 금장의 색은 적흑이다. 아홉째는 청금서당이다. …… 금장의 색은 청백이다.

(나) 응양군, 1령(領)으로 군에는 정3품의 상장군 1인과 종3품의 대장군 1인을 두었으며, …… 정8품의 산원 3인, 정9품의 위 20인, 대정은 40인을 두었다.

(다) 무위영, 절목계하본(節目啓下本)에 의하여 낭청 1명을 훈련도감의 예에 따라 문신으로 추천하여 군색종사관으로 칭하고 …… 중군은 포장·장어영 중군을 거친 자로 추천하여 금군별장이라 칭한다.

(라) 별대와 정초군의 군병을 합하여 한 영(營)의 제도를 만들어 본영은 금위영이라 칭하고, 군병은 금위별대라 칭한다.

오답률↑ 킬러문제 **시사점 문제**

47. 정답 ②　　　　　　　　　| 난이도 | ●●●

(가)~(라) 군사 조직을 만들어진 순서대로 옳게 나열한 것은?　　　　　　　　　　　　　　　　[3점]

지문의 핵심 키워드 ▶ 시대별 군사 제도

✔ (가) 적금서당, 청금서당 – 통일 신라 신문왕 때 정비된 중앙군인 9서당

✔ (나) 응양군 – 고려의 중앙군인 2군 중 하나

✔ (다) 무위영, 장어영 – 조선 고종 때 5군영을 개편한 2영

✔ (라) 금위영 – 조선 숙종 때 국왕 호위 및 수도 방비를 담당한 조직

선지별 키워드 추출

② (가) – (나) – (라) – (다)
→ 우리나라의 군사 제도는 9서당 10정(가-통일 신라 신문왕) – 2군 6위(나-고려) – 금위영(라-조선 숙종) – 2영(라-조선 고종) 순으로 발생하였다.

 조선 시대의 5군영은 개항기에 무위영, 장어영의 2영으로 개편되었습니다!

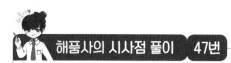
문제를 풀이할 수 있는 가장 결정적인 키워드를 찾는 것이 중요합니다!

해품사의 문제 첫인상

1. 수험생들이 제일 어려워하는 다중 흐름형 문제가 출제되었지만, 천천히 분석해보자!

2. (가), (나), (라)는 그나마 키워드가 명확한데, (다)는 조금 복잡하네?

3. 그래도 무위영, 장어영을 보니 2영에 관한 내용임을 알 수 있겠군!

해품사의 "대처 방법"

✔ 문제를 풀 때 종종 특정 키워드 하나만 단편적으로 집중하면 오답을 고를 수 있습니다!
　→ (다)에서 단편적으로 '훈련도감'만 보았다면 1번을 고를 가능성이 높습니다!

✔ 명확하게 파악 가능한 것을 먼저 순서대로 배치하고, 헷갈리는 것을 천천히 고민해 봅니다!
　→ (가)와 (나)는 비교적 시대 파악이 쉬우니 먼저 차례대로 배치하고, 조선 시대의 내용인 (다)와 (라)를 좀 더 고민해 봅니다!

✔ 제시된 사료의 키워드를 바탕으로 명확한 시기를 구분하는 것이 중요합니다!
　→ (다)의 무위영, 장어영은 고종 때 개편한 2영이므로 흐름상 2번이 정답!

48. 정답 ①

밑줄 그은 '왕'의 업적으로 옳은 것은?　　　　[2점]

지문의 핵심 키워드 ▶ 통일 신라 신문왕

생략(선지분석으로 대체!)

선지별 키워드 추출

① 김흠돌의 난을 진압하였다.
→ 통일 신라 신문왕은 김흠돌이 난을 일으키자 이를 진압하고 일부 귀족 세력을 숙청하였다.

② 병부와 상대등을 설치하였다.
→ 신라 법흥왕은 군사에 대한 사무를 관장하는 관청인 병부와 최고 관등인 상대등을 설치하였다.

③ 나선 정벌에 조총 부대를 파견하였다.
→ 조선 효종은 청의 러시아 정벌에 변급과 신류가 이끄는 조총 부대를 파견하였다.

④ 정계와 계백료서를 지어 관리의 규범을 제시하였다.
→ 고려 왕건은 관리의 규범을 제시한 정계와 개백료서를 지었다.

⑤ 쌍성총관부를 공격하여 철령 이북의 땅을 수복하였다.
→ 고려 공민왕은 반원 정책의 일환으로 원이 함경 이북 지역을 통치하던 기구인 쌍성총관부를 공격하여 철령 이북의 땅을 수복하였다.

 신문왕과 김흠돌의 난은 자주 함께 출제되는 짝꿍 키워드입니다!

---

49. 정답 ⑤

(가) 민주화 운동에 대한 설명으로 옳은 것은?　　[1점]

> 이곳은 옛 전남도청 본관으로 (가) 당시 시민군이 계엄군에 항쟁한 장소입니다. 정부는 본관을 포함한 옛 전남도청을 복원하여 (가) 의 의미를 기억하고 추모하는 공간으로 되살리겠다고 하였습니다. 건물 내부에는 당시 상황을 알 수 있는 실물 또는 가상 콘텐츠 공간 등이 조성될 예정입니다.

지문의 핵심 키워드 ▶ 5·18 광주 민주화 운동

✓ 전남도청, 시민군, 계엄군 – 5·18 광주 민주화 운동과 관련된 내용

선지별 키워드 추출

① 3·1 민주 구국 선언을 발표하였다.
→ 박정희 정부 때 유신 헌법 체제에 반대하는 정치인, 종교인 등은 3·1 민주 구국 선언을 발표하였다.

② 시위 도중 대학생 이한열이 희생되었다.
→ 전두환 정부 때 박종철 고문치사 사건과 이한열의 최루탄 피격을 계기로 6월 민주 항쟁이 전국적으로 확산되었다.

③ 호헌 철폐, 독재 타도 등의 구호를 외쳤다.
→ 전두환 정부의 4·13 호헌 조치에 반발하여 호헌 철폐, 독재 타도를 내세운 6월 민주 항쟁이 발생하였다.

④ 허정 과도 정부가 출범하는 계기가 되었다.
→ 3·15 부정 선거에 반발하여 발생한 4·19 혁명의 결과 이승만이 대통령직에서 하야하고, 허정 과도 정부가 출범하였다.

⑤ 관련 기록물이 유네스코 세계 기록 유산으로 등재되었다.
→ 5·18 광주 민주화 운동은 동아시아 다른 국가의 민주화 운동에 영향을 주었으며, 진상 규명 및 피해자 보상에 대한 좋은 선례를 제시하여 관련 기록물이 세계 기록 유산으로 등재되었다.

 5·18 민주화 운동 관련 기록물은 우리나라의 대표적인 세계 기록 유산 사례입니다!

50. 정답 ⑤
| 난이도 | ●●●

다음 뉴스가 보도된 정부 시기에 있었던 사실로 옳은 것은? [3점]

> 오늘 수방사령관과 특전사령관이 해임되었습니다. 지난달 육군참모총장과 기무사령관이 교체된 지금 불과 한 달여 만에 단행된 인사 조치입니다. 군 내부의 사조직을 해체하려는 문민정부의 의지가 반영된 것으로 보입니다.

지문의 핵심 키워드 ▶ 김영삼 정부

✓ 군 내부의 사조직을 해체 – 김영삼 정부 때 단행된 하나회 해체
✓ 문민정부 – 김영삼 정부를 지칭하는 말

선지별 키워드 추출

① 굴욕적인 대일 외교에 반대하는 6 · 3 시위가 일어났다.
→ 박정희 정부 때 굴욕적인 한 · 일 국교 정상화에 반대하는 6 · 3 시위가 전개되었다.

② 북방 외교를 추진하여 사회주의 국가인 소련과 수교하였다.
→ 노태우 정부는 이른바 북방 외교를 추진하여 사회주의 국가인 중국, 소련, 헝가리 등과 국교를 수립하였다.

③ 통일 방안을 논의하기 위해 남북 조절 위원회를 설치하였다.
→ 박정희 정부 때 7 · 4 남북 공동 성명을 발표하고 남북 교류를 위한 남북 조절 위원회가 구성되었다.

④ 경제적 취약 계층을 위한 국민 기초 생활 보장법을 시행하였다.
→ 김대중 정부는 빈곤층을 대상으로 교육, 생계, 의료 등 기초 생활을 영위할 수 있도록 보장하는 복지 제도인 국민 기초 생활 보장법을 제정하였다.

⑤ 역사 바로 세우기를 내세우며 옛 조선 총독부 건물을 철거하였다.
→ 김영삼 정부는 과거사에 대한 명확한 청산을 주장하며, 옛 조선 총독부를 철거하고, 국민학교의 명칭을 초등학교로 변경하였다.

 김영삼 정부 관련 고난도 키워드로는 '삼풍 백화점 붕괴 사고', '하나회 해체'가 대표적입니다.

해품사의 시사점 풀이 50번

익숙한 유형이라도 고난도 키워드가 언급되면 자연스럽게 어려워집니다!

해품사의 문제 첫인상

1. 문제에서 '군 내부 사조직의 해체'라는 지금까지 출제되지 않은 키워드가 언급되었다!
2. 하나회 숙청은 수험생에게 낯설 수 있는 키워드인데, 그나마 문민정부라는 키워드도 제시하였군!
3. 각 정부에 일어난 모든 사건을 모르더라도 문민정부 키워드를 통해 풀이하는 전략이 필요하겠다!

해품사의 "대처 방법"

✓ 최근에는 현대사 파트에 낯선 키워드가 제시되어 난이도가 높아지는 경향이 있습니다!
→ 그러므로 기본적으로 모든 파트를 꼼꼼히 공부하는 것이 우선적으로 중요합니다!

✓ 현대사를 공부할 때 각 정부를 일컫는 명칭도 암기해야 합니다!
→ 김영삼 정부는 문민정부, 김대중 정부는 국민의 정부, 노무현 정부는 참여정부라고 일컫습니다!

✓ 이를 바탕으로 김영삼 정부에 해당하는 정답을 고를 수 있습니다!
→ 문민정부는 김영삼 정부를 지칭하는 용어이므로, 우리 역사 바로 세우기 운동이 언급된 5번이 정답!

제**68**회

(2023년 12월 2일 시행)

기출은 해품사!
해품사의 기출총평

1. 난이도

보통~어려움

- 익숙한 유형 사이에 특정 문제에서 사료나 출제 방식을 새롭게 하여 난이도를 높인 독특한 회차

- 까다로운 오답 선지 존재!

- 일부 문제에서 기존에 잘 출제되지 않은 사료를 활용하여 난이도를 높인 경향이 있음!
  - → ⓔ 국민 대표 회의, 시대별 토기

- 사료뿐만 아니라 기존 기출에서 거의 출제하지 않았던 사건을 출제하기도 함
  - → ⓔ 선의 역관, 두모포 수세 사건

- 독해력 & 센스가 요구되는 일부 유형

- 그러나 직관적인 힌트를 제시하거나 명확히 소거할 수 있는 선지를 제시하여 풀이가 충분히 가능하였음!

☆결론: 2023년의 회차 중 가장 독특한 출제 방식을 시도한 회차이기 때문에 처음 풀이할 때 체감상 낯선 느낌을 받을 수 있으나, 기본에 충실하거나 소거법을 잘 활용하였다면 충분히 풀이를 시도할 수 있는 회차!

합격률: 59.35%

2. 유형 분포도

1) 전근대사 비중(56%): 1번~13번, 15~28번, 48번

2) 근현대사 비중(38%): 30번~47번, 50번

3) 통합사 비중(6%): 14번, 29번, 49번

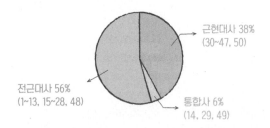

근현대사 38%
(30~47, 50)

전근대사 56%
(1~13, 15~28, 48)

통합사 6%
(14, 29, 49)

- 시대별 천문학, 개성 지역사, 시대별 도자기

- 일부 유형에서 시기를 변갈아가며 출제하거나, 아예 다른 시기가 갑자기 출제된 사례가 존재!

- 다른 회차에 비해 독특한 통합사 유형이 일부 출제됨!

– 한눈에 보는 68회 시대별 · 주제별 유형 분포도

문항	시대	주제	문항	시대	주제
1	선사	청동기 시대	26	조선	기해예송
2	선사	위만	27	조선	종묘
3	선사	부여	28	조선	조선의 역관
4	고대	백제의 문화유산 사례 〔시사점 문제〕	29	통합사	개성 지역사
5	고대	대야성 전투 및 나당 동맹 체결	30	개항기	강화도 조약
6	고대	통일 신라 하대의 사회상	31	개항기	동학 농민 운동
7	고대	가야	32	개항기	두모포 수세 사건 〔시사점 문제〕
8	고대	고구려 소수림왕	33	개항기	보빙사
9	고려	고려 성종	34	일제 강점기	민족 말살기의 사회상
10	고대	발해의 문화유산	35	일제 강점기	3 · 1 운동
11	고려	고려 광종	36	개항기	신민회
12	고려	고려의 지방 통치 체제	37	개항기	광무개혁
13	고려	여진(금)에 대한 고려의 대응 〔시사점 문제〕	38	일제 강점기	국민 대표 회의
14	통합사	우리나라의 천문학 사례 〔시사점 문제〕	39	일제 강점기	산미 증식 계획
15	고려	삼별초	40	일제 강점기	북로 군정서군
16	고려	원 간섭기의 사회상	41	일제 강점기	형평 운동
17	고려	직지심체요절	42	현대	6 · 25 전쟁(서울 수복)
18	조선	정도전	43	현대	김대중 정부
19	조선	조선 세조	44	현대	4 · 19 혁명
20	조선	임진왜란	45	현대	박정희 정부
21	조선	조식	46	현대	전두환 정부
22	조선	조선 세종	47	현대	여운형
23	조선	조선 후기의 사회상	48	고대	삼국 시대의 학습 활동 사례
24	조선	조선 영조	49	통합사	우리나라의 도자기 사례 〔시사점 문제〕
25	조선	승정원	50	현대	전태일 분신 자살 사건

3. 시사점 문제 ★ 이 문제들은 뒤의 각 문제 해설에서 해품사의 시사점 풀이!

1) 13번, 32번 → 핵심을 정확하게 이해하여, 응용하는 사고가 중요할 수 있습니다!

2) 14번, 49번 → 지문을 정확하게 읽으면, 종종 정답을 찾을 수 있는 힌트를 제공합니다!

3) 4번 → 어려운 개념이 언급되었다면, 우선 기본에 충실하게 접근할 필요가 있습니다!

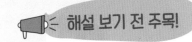

해품사 한능검 기특 무료강의

어제의 오답 선지 = 내일의 정답 선지

한능검은 역사적 사실이 아닌 것은 선지에 포함하지 않습니다. 즉, 모든 선지는 사실이죠!

기출에서 오답 선지는 이후 시험에서 언제든 정답이 될 수 있습니다.

결국 키워드를 추출하여 선지를 분석하는 것이 기출문제 공부의 핵심입니다.

1. 문제 지문의 핵심 키워드를 찾고   2. 선지별로 키워드를 추출한 후   3. 연관된 것을 찾으면 정답입니다.

이제 본격적으로 키워드 추출 훈련을 해볼까요?

제68회	정답 한눈에 보기							기출문제편 p.82	
01 ①	02 ④	03 ③	04 ③	05 ②	06 ③	07 ④	08 ①	09 ②	10 ①
11 ⑤	12 ③	13 ③	14 ④	15 ④	16 ③	17 ②	18 ④	19 ②	20 ③
21 ①	22 ②	23 ①	24 ⑤	25 ④	26 ④	27 ②	28 ⑤	29 ④	30 ③
31 ①	32 ②	33 ⑤	34 ⑤	35 ③	36 ⑤	37 ⑤	38 ①	39 ⑤	40 ④
41 ①	42 ④	43 ④	44 ②	45 ②	46 ④	47 ⑤	48 ③	49 ③	50 ⑤

---

1. 정답 ① | 난이도 | ●○○

(가) 시대의 생활 모습에 대한 설명으로 옳은 것은?

[1점]

사진으로 만나는 고창 고인돌 유적

우리 박물관에서는 2000년 유네스코 세계 유산으로 등재된 고창 고인돌 유적을 소개하는 특별전을 마련하였습니다. 고인돌은 계급이 발생한 (가) 시대를 대표하는 무덤입니다. 사진을 통해 다양한 고인돌의 형태를 살펴보시기 바랍니다.

■ 기간: 2023년 ○○월 ○○일~○○월 ○○일
■ 장소: ▲▲박물관 기획 전시실

지문의 핵심 키워드 ▶ 청동기 시대

✓ 고인돌 - 청동기 시대에 축조된 지배층의 무덤

선지별 키워드 추출

① 반달 돌칼을 이용하여 벼를 수확하였다.
→ 청동기 시대에는 반달 돌칼을 이용해 벼를 수확하였다.

② 소를 이용하여 깊이갈이를 하였다.
→ 소를 이용한 깊이갈이에 관한 최초의 기록은 신라 지증왕 때이다.

③ 주로 동굴이나 강가의 막집에서 살았다.
→ 구석기 시대에는 동굴, 바위 그늘, 막집에 살았다.

④ 오수전, 화천 등의 중국 화폐로 교역하였다.
→ 철기 시대에는 오수전, 화천 등 화폐를 통해 중국과 교역하였다.

⑤ 옷을 만들 때 가락바퀴와 뼈바늘을 이용하기 시작하였다.
→ 신석기 시대부터 가락바퀴와 뼈바늘을 이용해 옷을 만들어 입었다.

고인돌은 청동기 시대 지배층의 무덤으로 알려져 있습니다!

2. 정답 ④

(가)에 들어갈 내용으로 가장 적절한 것은? [2점]

#8. 궁궐 안
손자와 대화하며 과거를 회상하는 장면

손자: 할아버지, 어떻게 왕이 되셨나요?
왕: 이 땅에 들어와서 처음에는 국경 수비를 맡았다가 준왕을
몰아내고 왕이 되었지.
손자: 또 무슨 일을 하셨어요?
왕: 왕검성을 중심으로 기반을 정비하고 백성을 받아들여 나라
의 내실을 다졌단다. 그리고 ___(가)___

지문의 핵심 키워드 ▶ 위만 조선

✓ 준왕을 몰아내고 왕이 됨 - 위만은 준왕을 몰아내고 왕에
즉위함
✓ 왕검성 - 고조선 후기의 수도

선지별 키워드 추출

① 율령을 반포하여 체제를 정비하였단다.
→ 고구려, 백제, 신라 삼국은 건국 초기에 형벌(율)과 행정
(령)을 정리한 율령을 반포하여 통치 체제를 정비하였다.

② 화랑도를 국가적인 조직으로 개편하였단다.
→ 신라 진흥왕은 청소년 수양 단체인 화랑도를 국가 조직
으로 개편하였다.

③ 내신 좌평 등 여섯 명의 좌평을 거느렸단다.
→ 백제에서는 최고 관등인 좌평을 두어 국정의 주요 사항
을 논의하였다.

④ 진번과 임둔을 복속하여 영토를 확대하였단다.
→ 위만은 한반도 북부의 임둔국과 진번국을 복속하여 영
토를 확장시켰다.

⑤ 지방의 여러 성에 욕살, 처려근지 등을 두었단다.
→ 고구려는 큰 성에 욕살, 작은 성에 처려근지라는 지방
관을 파견하여 관리하였다.

'준왕', '왕검성' 등이 제시되면 위만 조선 시기를 묻는 문제입니다!

3. 정답 ③

다음 자료에 해당하는 나라에 대한 설명으로 옳은 것은?
[2점]

○ 산릉과 넓은 못[澤]이 많아서 동이 지역에서는 가장 넓고 평탄
한 곳이다. …… 사람들은 체격이 크고 성품은 굳세고 용감하
며, 근엄·후덕하여 다른 나라를 쳐들어가거나 노략질하지 않
는다.

○ 은력(殷曆) 정월에 지내는 제천 행사는 국중 대회로 날마다 마
시고 먹고 노래하고 춤추는데, 그 이름을 영고라 했다.
- 『삼국지』 위서 동이전 -

지문의 핵심 키워드 ▶ 부여

✓ 영고 - 부여의 제천 행사

선지별 키워드 추출

① 신성 지역인 소도가 존재하였다.
→ 삼한에는 제사장인 천군과 하늘의 신에게 제사를 지내
는 특수 행정 구역인 소도가 존재하였다.

② 혼인 풍습으로 민며느리제가 있었다.
→ 옥저는 여자의 나이가 열 살이 되기 전 혼인을 약속한
뒤 신랑 집에서 기르다가, 여자가 장성하면 아내로 삼
는 혼인 풍습인 민며느리제가 유행하였다.

③ 여러 가(加)들이 각각 사출도를 주관하였다.
→ 부여에서는 마가, 우가, 구가, 저가가 각각의 지방 관할
구획인 사출도를 다스렸다.

④ 특산물로 단궁, 과하마, 반어피가 유명하였다.
→ 동예의 특산물로는 단궁(짧은 활), 과하마(키가 작은 조
랑말), 반어피(바다표범의 가죽)가 유명하였다.

⑤ 왕 아래 상가, 대로, 패자 등의 관직이 있었다.
→ 고구려에는 상가, 사자, 대로, 조의, 선인, 패자 등의 관
직이 있었다.

철기 시대의 국가와 관련한 문제를 풀기 위해서는 관직명, 제천
행사, 혼인 풍습을 암기해야 합니다!

4. 정답 ③

| 난이도 | ●●●

(가)~(마) 문화유산에 대한 설명으로 적절하지 <u>않은</u> 것은?   [2점]

● 답사 계획서 ●

◈ 주제: 백제 왕들의 흔적을 찾아서
◈ 기간: 2023년 ○○월 ○○일~○○일
◈ 답사 지역 및 일정 안내

(가) 공산성
(나) 무령왕릉
1일차
(다) 부소산성
(라) 능산리 고분군
2일차
(마) 왕궁리 유적
3일차

지문의 핵심 키워드 ▶ 백제의 도읍과 지역별 문화유산

생략(선지분석으로 대체!)

선지별 키워드 추출

① (가) - **웅진성**이라 불리기도 하였다.
  → 웅진성은 고려 시대부터 **공산성**으로 불렸다.

② (나) - **중국 남조의 영향**을 받았다.
  → 무령왕릉은 중국 남조의 영향을 받아 **벽돌무덤** 양식으로 축조되었다.

③ (다) - **성왕이 전사**한 곳이다.
  → 백제 성왕은 관산성에서 싸우다 전사하였다.

④ (라) - **사신도 벽화**가 남아 있는 무덤이 발견되었다.
  → 능산리 고분군 1호분에는 사신도 벽화가 남아 있다.

⑤ (마) - **수부(首府)**라는 글자가 새겨진 기와가 출토되었다.
  → 익산 왕궁리 유적에는 왕의 거처와 중앙 행정 기구가 위치한 곳을 의미하는 **수부(首府)**가 새겨진 기와가 출토되었다.

 백제의 각 도읍별 주요 성(城) 이름을 암기해야 합니다!

해품사의 시사점 풀이 4번

어려운 개념이 언급되었다면, 우선 기본에 충실하게 접근할 필요가 있습니다!

해품사의 문제 첫인상

1. 백제의 문화유산을 종합적으로 파악하는 문제가 출제되었네?
2. 사신도 벽화, 수부라는 글자가 새겨진 기와는 수험생이 거의 모를 것 같은데?
3. 그래도 관산성 전투는 이미 많이 출제되었으므로 익숙하겠구나!

해품사의 "대처 방법"

✓ 한능검은 종종 낯선 내용을 선지로 제시하여 정답을 고르기 어렵도록 유도합니다.
  → 어차피 모르는 내용은 우선 제외해 두는 것이 좋습니다!
✓ 쉬운 선지부터 먼저 파악하는 것이 중요합니다!
  → 최소한 공산성과 무령왕릉은 자주 출제되었으므로 절대 헷갈리면 안됩니다!
✓ 마지막으로 비교적 명확하게 알 수 있는 내용을 바탕으로 먼저 정답을 고르는 접근이 필요합니다!
  → 부소산성은 관산성 전투와 관련이 없기 때문에 3번이 정답!

5. 정답 ②

(가), (나) 사이의 시기에 있었던 사실로 옳은 것은? [3점]

> (가) 겨울에 왕이 장차 백제를 쳐서 대야성에서의 싸움을 되갚으려고 이찬 김춘추를 고구려에 보내서 군사를 청하였다. 대야성 전투에서 패하였을 때 도독인 품석의 아내도 죽었는데, 바로 춘추의 딸이었다.
>
> (나) 춘추가 무릎을 꿇고 아뢰기를, "…… 만약 폐하께서 천조(天朝)의 군사를 빌려주시어 흉악한 무리를 없애주지 않으신다면 저희 백성은 모두 포로가 될 것이니, 그렇다면 산 넘고 바다 건너 행하는 술직(述職)*도 다시는 바랄 수 없을 것입니다."라고 하였다. 당 태종이 매우 옳다고 여겨서 군사의 출정을 허락하였다.
>
> *술직: 제후가 입조하여 천자에게 맡은 직무를 아뢰는 것
>
> ─ 『삼국사기』 ─

지문의 핵심 키워드 ▶ 김춘추의 고구려 군사 요청, 나당 동맹

✓ (가) 군사를 청함 – 신라 김춘추는 대야성 전투 이후 복수를 위해 고구려 보장왕에게 군사를 요청함(선덕 여왕, 642)
✓ (나) 춘추, 군사를 빌려줌, 당 태종 – 김춘추가 당으로 넘어가 당 태종과 군사 동맹을 성사시킴(진덕 여왕, 648)

선지별 키워드 추출

① 문무왕이 안승을 보덕국왕으로 봉하였다.
→ 신라 문무왕은 고구려의 부흥 운동을 지원하기 위해 674년에 보덕국을 건립한 뒤 안승을 왕으로 책봉하였다.

② 안시성의 군사와 백성들이 당군을 물리쳤다.
→ 645년 고구려 보장왕 때 안시성에서 양만춘 등이 당의 침략을 막아낸 이후 신라와 당은 나당 동맹을 체결하였다.

③ 복신과 도침이 부여풍을 왕으로 추대하였다.
→ 백제 멸망 이후 복신과 도침은 주류성에서 백제의 부흥 운동을 주도하였다.

④ 계백이 이끄는 군대가 황산벌에서 항전하였다.
→ 백제의 계백은 660년에 논산 지역의 황산벌에서 나·당 연합군에 맞서 항전하다가 끝내 사망하였다.

⑤ 진흥왕이 대가야를 정복하여 영토를 확장하였다.
→ 신라 진흥왕은 562년에 이사부와 사다함을 파견하여 대가야를 정복하였다.

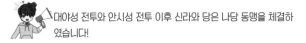
대야성 전투와 안시성 전투 이후 신라와 당은 나당 동맹을 체결하였습니다!

---

6. 정답 ③

밑줄 그은 '시기'에 있었던 사실로 옳은 것은? [2점]

> 최치원이 지은 해인사 묘길상탑기에는 진성 여왕이 다스리던 시기의 혼란스러운 사회상이 묘사되어 있습니다. '전란과 흉년으로 악 중의 악이 없는 곳이 없고 도처에 굶어 죽거나 싸우다 죽은 시신이 널려 있다.'고 한탄하는 내용이 적혀 있습니다.

합천 해인사 길상탑과
그 안에서 나온 묘길상탑기(탁본)

지문의 핵심 키워드 ▶ 통일 신라 하대의 사회상

✓ 최치원, 진성 여왕 – 통일 신라 하대의 대표적인 인물
✓ 해인사 묘길상탑기 – 최치원이 통일 신라 말의 상황을 탑에 적은 기록

선지별 키워드 추출

① 원광이 세속 5계를 제시하였다.
→ 신라 진평왕 때 원광은 사군이충, 사친이효, 교우이신, 임전무퇴, 살생유택으로 구성된 세속 5계라는 화랑의 규율을 제시하였다.

② 이차돈의 순교로 불교가 공인되었다.
→ 신라 법흥왕 때 이차돈의 순교를 계기로 귀족들의 반발을 물리치고 불교가 공인되었다.

③ 원종과 애노가 사벌주에서 봉기하였다.
→ 통일 신라 진성 여왕 때 중앙 집권이 약화되고 조세 수탈이 심화되며 원종과 애노의 난, 적고적의 난 등의 민란이 발생하였다.

④ 거칠부가 왕명에 의해 국사를 편찬하였다.
→ 신라 진흥왕 때 거칠부는 왕명을 받아 역사서인 국사를 편찬하였다.

⑤ 자장의 건의로 황룡사 구층 목탑이 건립되었다.
→ 신라의 자장은 선덕 여왕에게 황룡사 9층 목탑의 건립을 건의하였다.

장보고, 진성 여왕, 최치원은 통일 신라 하대의 빈출 인물입니다!

(가) 나라에 대한 설명으로 옳은 것은? [2점]

(가) 의 대표적 생활 유적지인 봉황대가 회현리 패총과 합쳐져 김해 봉황동 유적으로 확대 지정되었습니다. 이 유적은 김수로왕에 의해 건국되었다고 전해진 (가) 의 초기 모습을 추정해 볼 수 있는 귀중한 문화유산입니다.

김해 봉황동 유적, 사적으로 확대 지정

지문의 핵심 키워드 ▶ 금관가야

✔ 김해 봉황동 유적 - 금관가야의 유적지
✔ 김수로왕 - 금관가야를 건국한 왕

선지별 키워드 추출

① 집사부를 비롯한 14부를 두었다.
→ 통일 신라 신문왕 때 인사 기구인 **집사부**를 비롯한 중앙 행정 기구인 **14부**가 완성되었다.

② 집집마다 **부경**이라는 창고가 있었다.
→ **고구려**는 집집마다 **부경**이라는 창고를 두고 곡식을 저장하였다.

③ 대가들이 사자, 조의, 선인을 거느렸다.
→ **고구려**에는 **상가, 사자, 대로, 조의, 선인, 패자** 등의 관직이 있었다.

④ 철이 많이 생산되어 낙랑, 왜 등에 수출하였다.
→ **금관가야**는 **철**을 많이 생산하였으며, **낙랑, 왜** 등 주변 국가에 철을 수출하기도 하였다.

⑤ 왕족인 부여씨와 8성의 귀족이 지배층을 이루었다.
→ **백제**에서는 왕족인 **부여씨**와 함께 백씨, 해씨 등 **8성**의 귀족이 지배층을 구성하였다.

 김수로는 금관가야의 시조입니다!

밑줄 그은 '왕'의 업적으로 옳은 것은? [1점]

○ 왕은 이름이 구부이고, 고국원왕의 아들이다. 신체가 장대하고, 웅장한 지략이 있었다.

○ 진(秦) 왕 부견이 사신과 승려 순도를 보내 불상과 경문을 주었다. 왕이 사신을 보내 답례로 방물(方物)을 바쳤다.

– 『삼국사기』 –

지문의 핵심 키워드 ▶ 고구려 소수림왕

✔ 고국원왕의 아들 - 소수림왕
✔ 승려 순도 - 고구려 소수림왕 때 불교를 전파한 중국의 승려

선지별 키워드 추출

① 태학을 설립하여 인재를 양성하였다.
→ **고구려 소수림왕**은 국립 교육기관인 **태학**을 설립하여 인재를 양성하였다.

② 도읍을 국내성에서 평양으로 옮겼다.
→ **고구려 장수왕**은 427년에 수도를 **평양**으로 천도하였다.

③ 서안평을 점령하여 영토를 확장하였다.
→ **고구려 미천왕** 때 요동 지역에 위치한 **서안평**을 점령하고, 한사군 중 하나인 **낙랑군**을 축출하였다.

④ 영락이라는 독자적인 연호를 사용하였다.
→ **고구려 광개토 대왕**은 독자적인 연호인 **영락**을 사용하였다.

⑤ 을파소를 등용하고 진대법을 시행하였다.
→ **고구려 고국천왕**은 **을파소**를 등용하고, 을파소의 건의에 따라 **빈민 구제 제도**인 **진대법**을 실시하였다.

 '고국원왕의 아들', '승려 순도', '태학'은 고구려 소수림왕과 관련된 키워드입니다.

9. 정답 ②　　　　　　　　| 난이도 | ● ● ○

밑줄 그은 '교서'를 내린 왕의 재위 기간에 볼 수 있는 모습으로 가장 적절한 것은?　　　　　　　　[3점]

> 상평창을 양경(兩京)과 12목에 설치하고 교서를 내렸다. "『한서』 식화지에 '그해가 풍년인지 흉년인지에 따라 곡식을 풀거나 거두어들이는 것을 행한다.'라고 하였다. …… 경시서에 맡겨 곡식을 풀거나 거두어들이도록 하라."

지문의 핵심 키워드 ▶ 고려 성종

✔ 상평창 - 고려 성종 때 설치된 물가 조절 기구
✔ 12목 - 고려 성종 때 정비된 지방 행정 제도

선지별 키워드 추출

① 서적포에서 책을 인쇄하는 관리
　→ 고려 **숙종** 때 **관학 진흥**을 위해 **국자감** 내에 출판부인 **서적포**를 설치하였다.

② 국자감 학생들을 가르치는 박사
　→ 고려 **성종** 때 국립 교육기관인 **국자감**을 설립하였다.

③ 양현고에서 재정을 관리하는 관원
　→ 고려 **예종** 때 **관학 진흥**을 위해 **국자감** 내에 장학 재단인 **양현고**를 마련하였다.

④ 9재 학당에서 유교 경전을 읽는 학생
　→ 고려 **문종** 때 **최충**은 **최초의 사립 교육기관**인 **문헌공도(9재 학당)**를 설립하였다.

⑤ 청연각의 소장 도서를 분류하는 학사
　→ 고려 **예종** 때 **관학 진흥**을 위해 **경연 및 책 관리**를 담당하는 **청연각**을 설치하였다.

고려 성종 때 설립된 기구로는 국자감, 상평창, 의창 등이 있습니다!

10. 정답 ①　　　　　　　　| 난이도 | ● ○ ○

(가) 국가의 문화유산으로 옳은 것은?　　　　　　　　[2점]

> **○○ 신문**
> 제△△호　　　　　　○○○○년 ○○월 ○○일
>
> **[특집] 우리 역사를 찾아서 – 영광탑**
>
> 영광탑은 중국 지린성 창바이조선족자치현에 있으며, 벽돌을 쌓아 만든 누각 형태의 전탑이다. 지하에는 무덤으로 보이는 공간이 있는 것이 특징이다. 1980년대 중국 측의 조사에서 (가) 의 탑으로 확정하였다.

지문의 핵심 키워드 ▶ 발해의 문화유산

✔ 영광탑 - 중국의 만주 지린성에 건립된 발해의 유일한 전탑(벽돌을 쌓아 올린 탑)

선지별 키워드 추출

① 발해 이불병좌상

② 고려 부석사 소조 여래 좌상

③ 고구려 금동 연가 7년명 여래 입상

④ 통일 신라 경주 석굴암 본존불

⑤ 고려 말~조선 초 금동 관음보살 좌상

발해의 대표적인 문화유산으로는 영광탑과 이불병좌상이 있습니다!

(가) 왕의 재위 시기에 있었던 사실로 옳은 것은? [1점]

> 공은 대송(大宋) 강남 천주 출신이다. …… 예빈성 낭중에 임명하고 집 한 채를 내려 주었다.

> 이것은 고려에 귀화한 채인범의 묘지명으로 현존하는 고려 시대 묘지명 중 가장 오래된 것입니다. 노비안검법을 실시한 (가) 은/는 채인범, 쌍기 등의 귀화인들을 적극 등용하였습니다.

지문의 핵심 키워드 ▶ 고려 광종

✔ 노비안검법 – 고려 광종 때 왕권 강화와 호족 견제를 목적으로 노비를 양인으로 해방시킨 정책
✔ 쌍기 – 고려 광종 때 귀화한 후주 출신의 사신

선지별 키워드 추출

① 최승로가 시무 28조를 건의하였다.
→ 최승로는 고려 성종에게 불교를 비판하고 유교 정치의 실현을 건의하는 내용을 담은 시무 28조를 올렸다.

② 경기에 한하여 과전법이 실시되었다.
→ 고려 공양왕 때 시행한 과전법은 토지의 지급 범위를 경기도로 한정하였다.

③ 신돈이 전민변정도감의 판사가 되었다.
→ 고려 공민왕 때 신돈의 건의로 권문세족의 토지 불법 소유 문제 등을 해결하기 위한 전민변정도감을 설치하였다.

④ 빈민 구제 기관인 흑창이 처음 설치되었다.
→ 고려 왕건은 봄에 곡식을 빌려주고 가을에 갚도록 하는 진휼 기관인 흑창을 설치하였다.

⑤ 광덕, 준풍 등의 독자적 연호가 사용되었다.
→ 고려 광종 때 왕권 강화를 위해 광덕, 준풍 등의 독자적인 연호를 사용하였다.

 고려 시대의 왕 중 '광덕', '준풍' 등의 연호와 관련된 키워드가 언급되면 우선 광종을 의심해 보세요!

(가) 시대의 지방 통치 체제에 대한 설명으로 옳은 것은? [2점]

> 개경으로 가는 주요 길목인 혜음령에 세워졌던 혜음원에는 행인의 안전한 통행을 위한 숙소와 사원이 있었습니다. 혜음원지를 통해 개경 외에 남경, 동경 등이 설치되었던 (가) 시대 원(院)의 모습을 유추할 수 있습니다.

고지도와 항공 사진을 통해 본 혜음원지

개경 / 혜음령 / 남경 / 파주 혜음원지

지문의 핵심 키워드 ▶ 고려의 지방 행정 제도

✔ 개경 – 고려의 수도
✔ 남경, 동경 – 고려의 3경

선지별 키워드 추출

① 22담로에 왕족을 파견하였다.
→ 백제 무령왕은 주요 지방에 22담로를 설치한 뒤 왕족을 파견하여 관리하였다.

② 전국에 9주 5소경을 설치하였다.
→ 통일 신라 신문왕 때 지방 행정 제도인 9주 5소경이 정비되었다.

③ 특수 행정 구역으로 향, 부곡, 소가 있었다.
→ 고려의 특수 행정 구역인 향, 부곡, 소에 거주하는 백성들은 국가에 필요한 수공업품을 주로 생산하였다. 이들은 거주 이전의 자유가 없었으며, 다른 지역에 비해 세금을 많이 납부하였다.

④ 지방관을 감찰하기 위하여 외사정을 두었다.
→ 통일 신라 문무왕 때 지방에 대한 감찰 및 행정 통제를 목적으로 지방에 일종의 외관직인 외사정을 파견하였다.

⑤ 지방 행정 구역을 8도에서 23부로 개편하였다.
→ 제2차 갑오개혁 때 조선의 지방 행정 구역을 8도에서 23부로 개편하였다

 '개경'이라는 키워드가 언급되면, 고려 시대와 관련된 문제일 가능성이 있습니다!

---

13. 정답 ③ | 난이도 | ●●●

(가)~(다)를 일어난 순서대로 옳게 나열한 것은? [3점]

> (가) 금의 군주 아구다가 국서를 보내 이르기를, "형인 금 황제가 아우인 고려 국왕에게 문서를 보낸다. …… 이제는 거란을 섬멸하였으니, 고려는 우리와 형제의 관계를 맺어 대대로 무궁한 우호 관계를 이루기 바란다."라고 하였다.
>
> (나) 윤관이 여진인 포로 346명과 말, 소 등을 조정에 바치고 영주·복주·옹주·길주·함주 및 공험진에 성을 쌓았다. 공험진에 비(碑)를 세워 경계로 삼고 변경 남쪽의 백성을 옮겨와 살게 하였다.
>
> (다) 정지상 등이 왕에게 아뢰기를, "대동강에 상서로운 기운이 있으니 신령스러운 용이 침을 토하는 형국으로, 천 년에 한 번 만나기 어려운 일입니다. 천심에 응답하고 백성들의 뜻에 따르시어 금을 제압하소서."라고 하였다.

해품사의 시사점 풀이   13번

핵심을 정확하게 이해하여, 응용하는 사고가 중요할 수 있습니다!

해품사의 문제 첫인상

1. 한능검에서 여진과 관련된 사건을 순서대고 나열하는 문제는 처음이다!
2. 여진 때의 사건과 금 건국 이후의 사건을 구별할 필요가 있겠네!
3. 서경 천도 운동 사건도 어렵게 출제하였기 때문에 더욱 주의 깊게 읽어 볼 필요가 있겠다!

해품사의 "대처 방법"

✓ 여진이 국가를 건국한 전후 시기를 구별할 필요가 있습니다!
   → '여진 - 금 - 후금' 등의 시기를 구별할 필요가 있습니다!
✓ 이외에도 시기를 짐작할 수 있는 키워드를 찾는 것이 중요합니다!
   → 윤관의 여진 정벌, 정지상 등을 통해 대략적인 시기를 알 수 있습니다.
✓ 이를 바탕으로 문제에 제시된 사례를 정확히 분석할 필요가 있습니다!
   → 여진 정벌 - 금 건국 - 금 정벌 주장의 흐름을 제시한 3번이 정답!

지문의 핵심 키워드 ▶ 여진(금)에 대한 고려의 대응

✓ (가) 형인 금 황제가 아우인 고려 국왕에게 문서를 보냄 - 여진은 동북 9성을 돌려받은 뒤 강성해져 금을 건국함(예종, 금의 사신 파견, 1117)
✓ (나) 윤관, 공험진에 성을 쌓음 - 고려 예종 때 윤관이 별무반을 이끌고 여진을 정벌한 뒤 동북 9성을 축조함(예종, 동북 9성 축조, 1107)
✓ (다) 정지상, 대동강에 상서로운 기운이 있음, 금 제압 - 묘청과 정지상은 국가의 부흥을 위해 수도를 서경(평양)으로 옮길 것을 주장하였으며, 금국 정벌 함께 주장함(인종, 서경 천도 운동, 1128~1135)

선지별 키워드 추출

③ (나) - (가) - (다)
   → 여진(금)에 대한 고려의 대응은 동북 9성 축조(나-예종) → 금의 건국(가-예종) → 서경 천도 운동 주장(다-인종) 순으로 발생하였다.

 여진은 숙종~예종 시기에 고려와 자주 충돌하였으며, 예종 때 여진이 금을 건국한 이후에는 인종 때까지 대립하였습니다!

14. 정답 ④

| 난이도 | ●●●○

㉠에 대한 답으로 옳지 <u>않은</u> 것은? [2점]

지문을 정확하게 읽으면, 종종 정답을 찾을 수 있는 힌트를 제공합니다!

해품사의 문제 첫인상

1. 문제에서 대놓고 천문학과 관련된 사례를 묻는구나!
2. 그런데 무용총 별자리, 삼국사기의 기록, 서운관 모두 모르는 키워드인데?
3. 키워드의 정확한 이해보다 문제에 제시된 '천문학' 키워드에만 주목하여 풀어야겠다!

해품사의 "대처 방법"

✓ 한능검은 기본적으로 역사적 오류가 있는 선지를 제시하지 않습니다.
  → 즉 선지에서 제시되는 내용은 무조건 실제로 발생한 역사적 사실입니다.
✓ 그러므로 완벽한 이해보다는 문제에서 묻는 내용과 맞는 선지를 찾는 것이 중요합니다.
  → 별자리, 월식, 일식, 천체 운행 관측 등은 최소한 천문학과 연결 지어 이해할 수 있는 선지입니다!
✓ 이를 바탕으로 가장 어색한 사례를 소거하여 접근할 필요가 있습니다!
  → 날아가서 폭발하는 폭탄은 천문학과 연결하기 어려운 내용이므로 4번이 정답!

지문의 핵심 키워드 ▶ 시대별 천문학 사례

생략(선지분석으로 대체!)

선지별 키워드 추출

① 고구려 무용총에 별자리를 그린 벽화가 있어.
  → 고구려의 고분인 무용총에는 북두칠성을 비롯한 28수의 별자리를 그린 벽화가 존재한다.

② 삼국사기에 일식, 월식에 관한 많은 관측 기록이 있어.
  → 삼국사기에는 일식, 월식과 관련된 기록이 남아 있다.

③ 충선왕은 서운관에서 천체 운행을 관측하도록 했어.
  → 고려 말인 1308년에 충선왕이 기존의 천문 관측 기구들을 병합하여 서운관이라 칭하고 천체 운행을 관측하도록 하였으며, 이는 조선 전기까지 유지되었다.

④ 선조 때는 날아가서 폭발하는 비격진천뢰가 개발되었어.
  → 조선 선조 때 이장손이 군사 목적으로 제작한 일종의 폭탄인 비격진천뢰가 개발되었다.

⑤ 홍대용이 의산문답을 통해 지전설과 무한 우주론을 주장했어.
  → 조선의 홍대용은 의산문답을 통해 중국 중심의 천하관을 비판하는 동시에 천체마다 각자의 중심이 있다고 하는 상대주의를 주장하였다.

 문제에 제시된 모든 내용을 정확히 모르더라도 천문학과 관련된 내용과 군사 관련 내용만 구분한다면 쉽게 소거가 가능하였습니다!

15. 정답 ④

(가) 군사 조직에 대한 설명으로 옳은 것은? [2점]

이것은 태안 마도 3호선에서 발굴된 죽찰입니다. 적외선 촬영 기법을 통해 상어를 담은 상자를 우□□별초도령시랑 집에 보낸다는 문장이 확인되었습니다. 우□□별초는 우별초로 해석되는데, 우별초는 최씨 무신 정권이 조직한 (가) 의 하나로 시랑은 장군 격인 정 4품이었습니다.

| 앞면 | 앞면 적외선 | 앞면 | 앞면 적외선 |

지문의 핵심 키워드 ▶ 삼별초

✓ 우별초 – 삼별초의 구성 중 하나

선지별 키워드 추출

① **후금의 침입에 대비**하고자 창설되었다.
→ 조선 인조 때 후금의 침입에 대비하기 위해 5군영 중 하나인 **어영청**이 창설되었다.

② **원의 요청**으로 일본 원정에 참여하였다.
→ 원 간섭기에 원은 **일본 원정**을 위해 **정동행성**을 설치하고, 고려와 함께 일본 원정에 참여하였다.

③ **신기군, 신보군, 항마군**으로 편성되었다.
→ 고려 숙종 때 여진의 침입에 대응하기 위해 **신기군, 신보군, 항마군**으로 편성된 **별무반**을 조직하였다.

④ **진도에서 용장성**을 쌓고 몽골에 대항하였다.
→ 삼별초는 몽골과의 강화 이후 개경 환도 결정에 반발하여 **강화도, 진도(용장성-배중손), 제주도(항파두리성-김통정)**로 근거지를 옮기며 끝까지 항전하였다.

⑤ **응양군과 용호군**으로 구성된 국왕의 친위 부대였다.
→ 응양군과 용호군은 고려의 중앙군으로 국왕의 친위 부대이다.

삼별초가 출제되면, 주로 개경 환도에 반발한 사실이나, 최씨 무신 정권의 사병 조직 관련 내용이 언급됩니다!

---

16. 정답 ③

다음 서술형 평가의 답안에 들어갈 내용으로 가장 적절한 것은? [2점]

서술형 평가   ○학년 ○○반 이름: ○○○

◎ 아래의 인물들이 활동한 시기에 볼 수 있는 사회 모습에 대해 서술하시오.

○ 윤수는 응방을 관리하였는데 권력을 믿고 악행을 행하여 사람들로부터 비난받았다.

○ 유청신은 몽골어를 익혀 여러 차례 원에 사신으로 가서 공을 세우고 충렬왕의 총애를 받아 장군이 되었다.

○ 기철과 형제들은 누이동생이 원 순제의 황후가 된 후 국법을 무시하고 횡포를 부렸다.

| 답안 |

지문의 핵심 키워드 ▶ 원 간섭기

✓ 응방 – 원 간섭기 때 설치된 매 징발 기구
✓ 충렬왕, 기철 – 원 간섭기의 왕과 권문세족

선지별 키워드 추출

① 왕조 교체를 예언하는 **정감록** 등이 유포되었습니다.
→ 세도 정치기에 이씨 왕조가 멸망하고 정씨 왕조가 부흥한다는 **정감록**이 유행하였다.

② **대각국사 의천**이 해동 천태종을 개창하였습니다.
→ 고려 숙종 때 **의천**은 불교 교단 통합을 목적으로 **해동 천태종**이라는 새로운 불교 종파를 창시하였다.

③ 지배층을 중심으로 **변발과 호복**이 유행하였다.
→ 원 간섭기에는 지배층을 중심으로 원의 풍습인 **변발과 호복**이 유행하였다.

④ 가혹한 수탈에 저항하여 **망이 · 망소이**가 봉기하였습니다.
→ 정중부 정권 때 특수 행정 구역에 대한 **차별**에 반발하여 **망이 · 망소이**가 반란을 일으켰다.

⑤ 상민층이 **납속과 공명첩**을 활용하여 신분 상승을 꾀하였습니다.
→ 조선 후기에는 부유한 상민층이 **납속과 공명첩** 등을 통해 관직을 사거나 **면천 · 면역**을 통해 신분 상승을 꾀하였다.

원 간섭기에는 고려에서 몽골의 풍습이 유행하였으며, 반대로 원에도 고려의 풍습이 전해지기도 하였습니다!

17. 정답 ②

| 난이도 | ●○○

(가) 문화유산에 대한 설명으로 옳은 것은? [2점]

2023년 프랑스 국립 도서관에서 열린 '인쇄하다! 구텐베르크의 유럽'전에서 (가) 이/가 공개되었습니다. 1/3

1973년 '동양의 보물'전 이후 50년 만에 대중에게 전시되었다는 점에서 의미가 있습니다. 2/3

승려 백운이 편찬한 불서로 제자들이 1377년 청주 흥덕사에서 인쇄하였습니다. 현재 하권만 프랑스에 남아 있습니다. 3/3

지문의 핵심 키워드 ▶ 직지심체요절

✓ 프랑스 국립 도서관 – 현재 직지심체요절이 있는 곳
✓ 승려 백운이 편찬 – 직지심체요절을 편찬한 인물
✓ 청주 흥덕사에서 인쇄 – 직지심체요절을 편찬한 장소

선지별 키워드 추출

① 신미양요 때 미군이 탈취하였다.
→ 개항기인 1871년에 발생한 **신미양요** 당시 미군은 **어재연** 장군의 깃발인 수자기를 약탈하였다.

② 현존하는 최고(最古)의 금속 활자본이다.
→ 직지심체요절은 현존하는 가장 오래된 금속 활자본이다.

③ 거란의 침입을 물리치기 위해 제작하였다.
→ 고려 현종 때 **거란의 침략을 방어**하려는 염원을 담아 불교 경전인 **초조대장경**이 제작되었다.

④ 장영실, 이천 등이 제작한 활자로 인쇄하였다.
→ 조선 세종 때 장영실, 이천 등이 제작한 금속 활자는 **갑인자**이며, 이를 이용해 인쇄한 책으로는 **자치통감**이 대표적이다.

⑤ 불국사 삼층 석탑을 보수하는 과정에서 발견되었다.
→ 불국사 3층 석탑(석가탑) 내부에서 현존하는 가장 오래된 목판 인쇄물인 무구정광대다라니경이 발견되었다.

 무구정광대다라니경은 현존하는 가장 오래된 목판 인쇄물이며, 직지심체요절은 현존하는 가장 오래된 금속 활자 인쇄물입니다.

---

18. 정답 ④

| 난이도 | ●○○

밑줄 그은 '인물'에 대한 설명으로 옳은 것은? [2점]

지문의 핵심 키워드 ▶ 정도전

✓ 불씨잡변 – 불교를 강하게 비판하는 내용을 담은 정도전의 저서

선지별 키워드 추출

① 최초의 서원인 **백운동 서원**을 건립하였다.
→ 조선의 주세붕은 사립 교육기관인 백운동 서원을 설립하였다.

② 일본에 다녀와서 **해동제국기**를 편찬하였다.
→ 조선의 신숙주는 **일본을 기행**한 뒤 일본의 정치, 사회, 지리 등을 정리한 기행문인 **해동제국기**를 저술하였다.

③ 성학십도를 지어 군주의 도를 도식으로 설명하였다.
→ 조선의 이황은 성군이 되기 위한 철학을 그림으로 설명한 책인 **성학십도**를 저술하였다.

④ 조선경국전을 저술하여 통치 제도 정비에 기여하였다.
→ 조선의 정도전은 법전인 조선경국전을 저술하여 통치 제도 정비에 기여하였다.

⑤ 경세유표를 집필하여 국가 제도의 개혁 방향을 제시하였다.
→ 조선의 정약용은 국가의 전반적인 제도에 대한 개혁을 논의한 **경세유표**를 집필하였다.

 정도전은 조선의 통치 체제를 마련한 인물이며, 훗날 왕자의 난 때 이방원에게 죽임을 당하였음을 기억합시다!

19. 정답 ②　　　　| 난이도 | ●○○

(가) 왕에 대한 설명으로 옳은 것은?　　　　[3점]

작품명: 출기파적도(出奇破賊圖)

이 그림은 이시애가 일으킨 반란을 좌대장 어유소가 진압하는 상황을 표현한 것이다. 이시애는 ▢(가)▢의 호패법 재실시 등 중앙의 통제 강화에 반발하여 함길도에서 반란을 일으켰다.

지문의 핵심 키워드 ▶ 조선 세조

✓ 이시애 – 조선 세조 때 함경도 지역에서 반란을 주도한 인물

선지별 키워드 추출

① 주자소를 설치하여 계미자를 주조하였다.
→ 조선 태종 때 활자 주조 담당 관청인 주자소를 설치하여 조선 최초의 구리 활자인 계미자를 주조하였다.

② 현직 관리를 대상으로 직전법을 실시하였다.
→ 조선 세조 때 현직 관리에게만 토지를 지급하는 직전법을 실시하며 수신전과 휼양전을 폐지하였다.

③ 조선의 기본 법전인 경국대전을 완성하였다.
→ 조선 성종 때 육전 체제로 구성된 조선의 첫 공식 법전인 경국대전이 완성되었다.

④ 기유약조를 체결하여 일본과의 무역을 재개하였다.
→ 조선 광해군 때 일본과 기유약조를 체결하며 단절된 국교를 재개하였다.

⑤ 폐비 윤씨 사사 사건을 빌미로 갑자사화를 일으켰다.
→ 조선 연산군 때 성종의 계비이자 연산군의 어머니인 폐비 윤씨를 복위하는 과정에서, 훈구파와 사림파가 동시에 희생되는 갑자사화가 발생하였다.

조선시대의 반란 사례로는 이시애의 난(세조), 이괄의 난(인조), 이인좌의 난(영조)이 대표적입니다!

20. 정답 ③　　　　| 난이도 | ●●○

(가) 전쟁에 대한 탐구 활동으로 가장 적절한 것은?
　　　　[1점]

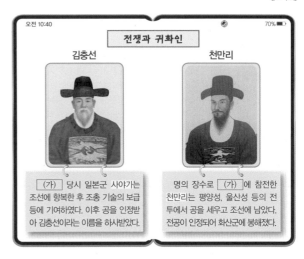

오전 10:40　　　　70%

전쟁과 귀화인

김충선　　　　천만리

▢(가)▢ 당시 일본군 사야가는 조선에 항복한 후 조총 기술의 보급 등에 기여하였다. 이후 공을 인정받아 김충선이라는 이름을 하사받았다.

명의 장수로 ▢(가)▢에 참전한 천만리는 평양성, 울산성 등의 전투에서 공을 세우고 조선에 남았다. 전공이 인정되어 화산군에 봉해졌다.

지문의 핵심 키워드 ▶ 임진왜란

✓ 사야가 – 임진왜란 당시 일본군
✓ 천만리 – 임진왜란 당시 조선을 지원한 명의 군인

선지별 키워드 추출

① 나선 정벌의 전적지를 검색한다.
→ 조선 효종은 청의 러시아 정벌에 변급과 신류가 이끄는 조총 부대를 파견하였다.

② 북학론이 끼친 영향을 파악한다.
→ 조선 후기에는 청나라를 기행한 중상학파를 중심으로 청의 문물을 수용하자는 북학론을 주장하였다.

③ 명량 해전의 승리 요인을 분석한다.
→ 임진왜란 때 이순신은 명량(울돌목)에서 일본의 수군을 크게 격파하는 성과를 얻었다.

④ 삼정이정청의 활동 내용을 찾아본다.
→ 조선 철종 때 임술 농민 봉기가 발생하자 박규수는 삼정의 문란을 해결하기 위해 삼정이정청의 설치를 건의하였다.

⑤ 4군과 6진을 개척한 과정을 알아본다.
→ 조선 세종은 최윤덕, 김종서를 파견하여 여진 세력을 소탕하고 4군 6진을 설치하였다.

일본과 명이 동시에 언급되는 전쟁은 임진왜란이 유일합니다!

21. 정답 ① | 난이도 | ●●●

(가)의 활동으로 옳은 것은? [3점]

문학으로 만나는 역사 인물

請看千石鐘
非大扣無聲
爭似頭流山
天鳴猶不鳴

천 석 들어가는 큰 종을 보소서
크게 치지 않으면 소리가 없다오
어떻게 해야만 두류산*처럼
하늘이 울어도 울지 않을까

*두류산: 지리산의 별칭

[해설]
__(가)__ 이/가 만년에 지리산 기슭 산천재에서 학문을 연구하고 제자들을 가르치며 지은 시이다. 지리산에 빗대어 자신의 높은 기상을 표현하였다. 그의 호는 남명으로, 조선 중기 경상우도의 대표적인 성리학자로 알려져 있다. 평소 경(敬)과 의(義)를 강조하며 학문의 실천성을 강조하였다.

지문의 핵심 키워드 ▶ 조식

✓ 남명 – 조선 중기의 성리학자인 조식의 호
✓ 경(敬)과 의(義)를 강조 – 조식의 주요 사상

선지별 키워드 추출

① 곽재우, 정인홍 등의 제자를 배출하였다.
→ 조선의 조식은 곽재우, 정인홍 등의 북인 출신 인사들을 제자로 배출하였다.

② 기기도설을 참고하여 **거중기**를 설계하였다.
→ 조선의 정약용은 수원 화성을 보다 쉽게 축조하기 위해 **거중기**를 발명하였다.

③ 위훈 삭제를 주장하여 훈구 세력의 반발을 샀다.
→ 조선의 조광조는 중종반정을 통해 책봉된 정국공신 중 일부 자격이 없는 인물들의 공신 자격을 박탈하는 위훈 삭제를 주장하였다.

④ 북학의를 저술하여 수레와 배의 이용을 권장하였다.
→ 조선의 박제가는 북학의에서 수레와 배의 이용을 권장하고 저축보다 소비의 촉진을 강조하였다.

⑤ 양명학을 체계적으로 연구하여 **강화 학파**를 형성하였다.
→ 정제두를 중심으로 한 **강화 학파**에서 양명학에 대한 독자적인 연구가 이루어졌다.

 제시된 인물을 정확히 알지 못할 경우라면 인물이 활동한 시기를 짐작하여 선지를 소거하는 전략도 필요합니다!

22. 정답 ② | 난이도 | ●○○

밑줄 그은 '왕'의 재위 기간에 있었던 사실로 옳은 것은? [2점]

〈역사 다큐멘터리 제작 기획안〉

조선, 전국적인 규모의 여론 조사를 실시하다!

■ **기획 의도**
여론 조사를 통해 정책을 추진하려는 왕의 모습에서 '민본'의 의미를 생각해 본다.

■ **장면별 주요 내용**
#1. 왕은 관리와 백성을 대상으로 공법 시행에 대한 전국적인 찬반 조사를 명하다.
#2. 호조에서 찬성 98,657명, 반대 74,149명이라는 결과를 보고하다.
#3. 여러 차례 보완을 거쳐 토지의 비옥도와 풍흉에 따라 조세를 차등 징수하는 내용의 공법을 확정하다.

지문의 핵심 키워드 ▶ 조선 세종

✓ 공법, 토지의 비옥도와 풍흉에 따라 조세를 차등 징수 – 조선 세종 때 시행된 전분 6등법과 연분 9등법

선지별 키워드 추출

① 세계 지도인 **혼일강리역대국도지도**가 제작되었다.
→ 조선 태종 때 중국 중심의 화이관이 반영된 세계 지도인 혼일강리역대국도지도가 제작되었다.

② 각지의 농법을 작물별로 정리한 **농사직설**이 간행되었다.
→ 조선 세종 때 정초, 변효문은 우리나라 실정에 맞는 농법을 정리한 농사직설을 편찬하였다.

③ 유능한 인재를 양성하기 위해 **초계문신제**가 시행되었다.
→ 조선 정조 때 젊은 관리를 규장각에서 재교육하는 초계문신제를 시행하였다.

④ 우리나라와 중국의 의서를 망라한 **동의보감**이 완성되었다.
→ 조선 광해군 때 허준이 동양의 의학을 집대성한 의학서인 동의보감을 완성하였다.

⑤ 전국의 지리, 풍속 등이 수록된 **동국여지승람**이 편찬되었다.
→ 조선 성종 때 각 지방의 산천, 인물, 풍속 등을 정리한 관찬 지리지인 동국여지승람이 편찬되었다.

 최근 한능검에서 조선 세종 때 시행된 전분 6등법과 연분 9등법의 출제 빈도가 늘어났습니다!

23. 정답 ① | 난이도 | ●○○

다음 상황이 나타난 시기에 볼 수 있는 모습으로 적절하지 <u>않은</u> 것은? [1점]

송파장에 왔으니 산대놀이 보고 가자.

송파장에 사람들도 많고 상평통보도 두둑이 챙겨서 좋네.

쌀 팔고 고추, 담배 사러 왔는데 이런 구경도 하게 되는군.

선지별 키워드 추출

① 벽란도에서 인삼을 사는 송의 상인
→ 고려 시대에는 예성강 하구에 위치한 **벽란도**가 국제 무역항으로 번성하였다.

② 호랑이를 소재로 **민화**를 그리는 화가
→ **조선 후기**에는 사람, 동물, 식물 등 **다양한 주제를 바탕**으로 민화를 그렸다.

③ 광산 노동자에게 품삯을 나눠주는 덕대
→ **조선 후기**에는 광산 개발이 활성화되며 덕대가 광산 개발을 담당하였다.

④ 여러 **장시**를 돌며 물품을 판매하는 **보부상**
→ 조선 후기에는 보부상, 송상, 만상 등 **다양한 사상(私商)이 무역 활동을 전개**하였다.

⑤ 저잣거리에서 영웅 소설을 읽어주는 **전기수**
→ 조선 후기에는 한글 소설이 유행하였으며, 소설을 읽어주는 직업인 전기수가 활동하였다.

조선 후기의 사회상을 묻는 문제가 출제되면 상민과 서민 문화가 자주 언급됩니다!

---

24. 정답 ⑤ | 난이도 | ●○○

다음 왕에 대한 설명으로 옳은 것은? [2점]

초상과 어진으로 만나는 조선의 왕

왼편은 연잉군 시절인 20대의 초상이며 오른편은 50대의 어진이다. 그는 즉위 후 탕평 교서를 반포하고 탕평비를 건립하였다. 준천사를 신설하여 홍수에 대비하였으며, 신문고를 다시 설치하여 백성들의 억울함을 듣고자 하였다.

선지별 키워드 추출

① 통치 체제를 정비하기 위해 **대전회통**이 편찬되었다.
→ **흥선 대원군 집권기** 때 기존의 법전을 기반으로 각종 조례를 보완하여 정리한 **대전회통**이 편찬되었다.

② 왕권 강화를 위해 친위 부대인 장용영이 설치되었다.
→ **조선 정조** 때 국왕의 호위 부대인 **장용영**이 편성되었다.

③ 각 궁방과 중앙 관서의 공노비 6만여 명을 해방하였다.
→ **조선 순조**는 각 궁방과 중앙 관서의 공노비 약 6만여 명을 해방하는 정책을 시행하였다.

④ **어영청**을 중심으로 국방력을 강화하고 북벌을 추진하였다.
→ **조선 효종**은 어영청을 개편하고 북벌을 추진하였으나 실현되지는 못하였다.

⑤ **균역법**을 시행하여 백성들의 군역 부담을 줄여주고자 하였다.
→ **조선 영조**는 군역의 부담을 줄여주기 위해 기존에 부과하던 군포 2필을 1필로 감소시켰다.

조선 영조가 출제되면 '균역법', '속대전', '탕평책' 등의 키워드가 제시될 가능성이 높습니다!

(가) 관서에 대한 설명으로 옳은 것은? [2점]

체험 활동 소감문

2023년 12월 2일 ○○○

지난 토요일에 '승경도' 놀이를 체험했다. 승경도는 조선 시대 관직 이름을 적은 놀이판이다. 윷을 던져 말을 옮기는데, 승진을 할 수도 있지만 자칫하면 파직이 되거나 사약까지 받을 수 있어 흥미진진했다.

놀이 규칙에 은대법이 있는데, ___(가)___ 을/를 총괄하는 도승지 자리에 도착한 사람이 당하관 자리에 있는 사람들이 던진 윷의 결괏값을 이용할 수 있는 규칙이다. 은대가 무엇인지 몰랐는데, ___(가)___ 을/를 뜻함을 알게 되었다.

지문의 핵심 키워드 ▶ 승정원

✔ 도승지- 승정원의 장으로 정3품에 해당함
✔ 은대 - 승정원의 별칭

선지별 키워드 추출

① 수도의 행정과 치안을 맡아보았다.
  → 조선의 한성부는 수도의 행정과 치안을 담당하였다.

② 재상들이 합의하여 국정을 총괄하였다.
  → 조선의 의정부는 영의정, 좌의정, 우의정 등이 합의하여 국정을 총괄하였다.

③ 반역죄, 강상죄를 범한 중죄인을 다스렸다.
  → 조선의 의금부는 국왕 직속의 사법 기구로서, 반역죄 및 강상죄 등을 처벌하였다.

④ 왕의 비서 기관으로 왕명의 출납을 담당하였다.
  → 조선의 승정원은 왕의 비서 기관으로서 왕의 명령을 신하들에게 전달하는 역할을 담당하였다.

⑤ 외적의 침입에 대비하기 위한 임시 기구로 설치되었다.
  → 조선 중종 때 삼포왜란을 계기로 변방의 방비 문제를 담당하기 위한 임시 기구인 비변사가 설치되었다.

승정원이 출제되면 '왕명 출납 담당', '은대', '승지'가 관련 키워드로 제시될 가능성이 높습니다!

다음 상황이 나타난 시기를 연표에서 옳게 고른 것은? [3점]

○ 송준길이 아뢰었다. "적처(嫡妻) 소생이라도 둘째부터는 서자입니다. …… 둘째 아들은 비록 왕통을 계승하였더라도 (그를 위해서는) 3년 복을 입어서는 안 됩니다."

○ 허목이 상소하였다. "장자를 위해 3년 복을 입는다는 것은 위로 쳐서 정체(正體)이기 때문입니다. …… 첫째 아들이 죽어서 적처 소생의 둘째를 세우는 것도 역시 장자라고 부릅니다."

(가)	(나)	(다)	(라)	(마)
계유정난	중종반정	을사사화	인조반정	경신환국	이인좌의 난

지문의 핵심 키워드 ▶ 기해예송

✔ 적처 소생이라도 둘째부터는 서자 - 기해예송(현종, 1659) 당시 서인 세력의 주장으로, 기년설(1년 상복)을 주장함
✔ 장자를 위해 3년 복을 입는다는 것은 위로 쳐서 정체(正體) - 기해예송 당시 남인 세력의 주장으로, 참최설(3년 상복)을 주장함

선지별 키워드 추출

④ (라)
  → 기해예송은 조선 현종 재위 당시인 1659년에 발생하였으므로 인조반정(광해군, 1623)과 경신환국(숙종, 1680) 사이인 4번이 적절하다.

상복 관련 논쟁이 제시되면 예송 논쟁에 관한 문제입니다.

(가) 문화유산에 대한 설명으로 옳은 것은?　　[1점]

이 건물은 　(가)　 의 정전입니다. 　(가)　 은/는 태조 이성계가 개경에 처음 세웠는데, 도읍을 한양으로 옮긴 후 지금의 위치에 건립하였습니다. 사직과 더불어 왕조 국가를 표현하는 상징이었습니다.

지문의 핵심 키워드 ▶ 종묘

✔ 태조 이성계 – 종묘의 건립 시기
✔ 사직과 더불어 왕조 국가를 표현하는 상징 – 종묘와 사직은 조선 왕실과 나라를 대표하는 상징임

선지별 키워드 추출

① 경내에 조선 총독부 청사가 세워졌다.
→ 일제는 경복궁에 조선 총독부 청사를 건립하였다.

② 역대 국왕과 왕비의 신주가 모셔져 있다.
→ 종묘는 이성계가 왕실의 정통성을 확립하기 위해 건립하였으며, 역대 국왕과 왕비의 신주를 모신 장소이다.

③ 대성전과 명륜당을 중심으로 구성되어 있다.
→ 성균관과 향교는 제사 공간인 대성전과 교육 공간인 명륜당을 중심으로 구성되어 있다.

④ 일제 강점기에 창경원으로 격하되기도 하였다.
→ 창경궁은 일제 강점기에 창경원으로 격하되고 동물원과 식물원 등이 설치되었다.

⑤ 토지와 곡식의 신에게 제사를 지내는 공간이다.
→ 사직단은 토지와 곡식의 신에게 제사를 지내던 곳이다.

 조선의 종묘는 유교와 관련된 대표적인 문화유산이며, 유네스코 세계 유산으로도 등재되었습니다!

(가)에 들어갈 대답으로 가장 적절한 것은?　　[2점]

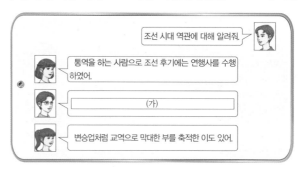

조선 시대 역관에 대해 알려줘.

통역을 하는 사람으로 조선 후기에는 연행사를 수행하였어.

　(가)

변승업처럼 교역으로 막대한 부를 축적한 이도 있어.

지문의 핵심 키워드 ▶ 조선의 역관

생략(선지분석으로 대체!)

선지별 키워드 추출

① 사간원에서 간쟁을 담당하였어.
→ 조선의 대간(간관)은 언론 기구인 사간원에서 임금에 대한 간쟁과 논박을 담당하였다.

② 매매, 상속, 증여의 대상이었어.
→ 조선의 노비는 일종의 재산으로서 매매, 상속, 증여의 대상이 되었다.

③ 수군, 봉수 등 천역에 종사하였어.
→ 조선의 신량역천은 신분상 양인이나 수군, 봉수 등 고된 잡무를 담당하였다.

④ 수령을 보좌하면서 향촌 실무를 담당하였어.
→ 조선의 향리는 고려 시대보다 지위가 격하되었으며, 수령을 보좌하는 동시에 향촌 실무를 담당하였다.

⑤ 사역원에서 노걸대언해 같은 교재로 교육받았어.
→ 조선의 역관은 외국어 교육기관인 사역원에서 노걸대언해와 같은 중국어 교재로 교육받았다.

 조선의 역관은 현재의 외교관과 유사한 역할을 담당하였습니다!

다음 특별전에서 볼 수 있는 도시의 역사에 대한 설명으로 적절하지 않은 것은? [2점]

다음 대화가 오갔던 회담 결과 체결된 조약에 대한 설명으로 옳은 것은? [2점]

지문의 핵심 키워드 ▶ 개성

✓ 송악 - 개성의 옛 지명

선지별 키워드 추출

① 고려 태조 왕건이 도읍으로 삼았다.
→ 고려 왕건은 개성을 고려의 도읍으로 삼았다.

② 원의 영향을 받은 경천사지 십층 석탑이 축조되었다.
→ 개성에는 원의 영향을 받아 대리석으로 축조된 경천사지 십층 석탑이 있었다. 현재에는 용산에 위치한 국립중앙 박물관에 전시되어 있다.

③ 조선 후기 송상이 근거지로 삼아 전국적으로 활동하였다.
→ 조선 후기 개성 지역에서 성장한 상인인 송상이 전국 각지에 송방을 설치하며 활동하였다.

④ 일제 강점기 강주룡이 을밀대 지붕 위에서 고공 농성을 하였다.
→ 강주룡은 평양 평원 고무 공장 출신의 여성 노동가로, 임금 삭감 반대 및 노동 조건 개선 등을 주장하며 평양의 을밀대 지붕 위에서 고공 농성을 전개하였다.

⑤ 북위 38도선 분할 이후 남한에 속했다가 정전 협정으로 북한 지역이 되었다.
→ 개성은 본래 광복 이후 남한에 속하였다가, 정전 협정 이후 북한 지역이 되었다.

지문의 핵심 키워드 ▶ 강화도 조약

✓ 운요호 - 1875년 강화도에 침입한 일본 함대로 이는 훗날 강화도 조약 체결의 원인이 됨
✓ 구로다 기요타카, 신헌 - 강화도 조약 체결 당시 협상을 담당한 일본과 한국 대표

선지별 키워드 추출

① 천주교 포교가 허용되었다.
→ 조불 수호 통상 조약이 체결된 결과 국내에서 천주교 포용이 허용되었다.

② 갑신정변의 영향으로 체결되었다.
→ 갑신정변의 결과 조선은 일본과 한성 조약을 체결하였으며, 일본과 청은 톈진 조약을 체결하였다.

③ 일본 측의 해안 측량권이 인정되었다.
→ 강화도 조약은 일본국의 항해자가 인근 해안에 대한 자유로운 측량을 허용할 것을 규정하였다.

④ 통신사가 처음 파견되는 계기가 되었다.
→ 조선 선조 때 일본에 사절단인 통신사가 처음 파견된 이후, 에도 막부의 요청에 따라 지속적으로 통신사를 파견하였다.

⑤ 외국 상인의 내지 통상권을 최초로 규정하였다.
→ 임오군란 이후 조선과 청 사이에 조청 상민 수륙 무역 장정이 체결되어 청 상인의 내지 통상권이 허용되었다.

 개성은 개경 또는 송악이라는 다른 이름으로 제시될 수 있습니다!

 강화도 조약 관련 문제에서는 조약 체결 당시의 관련 인물이 키워드로 제시될 수 있습니다!

31. 정답 ①

| 난이도 | ●●○

(가)~(다)를 일어난 순서대로 옳게 나열한 것은? [2점]

> (가) 고부에서 민란이 다시 일어났다는 소문이 자자합니다. …… 장흥 부사 이용태를 고부군 안핵사로 임명하여 밤새 달려가 엄격히 조사하여 등급을 나누고 구별하여 보고하게 하소서.
>
> (나) 전봉준은 무주 집강소에 다음과 같은 통문을 보냈다. "최근 일본이 경복궁을 침범하였다. 국왕이 욕을 당했으니, 우리들은 마땅히 달려가 목숨을 걸고 의로써 싸워야 한다."
>
> (다) 청국의 간섭을 끊어버리고 우리 대조선국의 고유한 독립 기초를 굳건히 하였는데, 이번에 마관(馬關, 시모노세키) 조약으로 말미암아 세계에 드러나는 빛이 더욱 빛나게 되었다.

지문의 핵심 키워드 ▶ 동학 농민 운동

- ✔ (가) 이용태를 고부군 안핵사로 임명 – 고부 농민 봉기 발생 이후 사태를 진압하기 위해 정부에서 안핵사를 파견함 (1894. 1)
- ✔ (나) 일본이 경복궁을 침범 – 제1차 동학 농민 운동이 벌어지던 시기에 일본이 군대를 동원하여 경복궁을 불법 점령함 (1894. 7)
- ✔ (다) 시모노세키 조약 – 청·일 전쟁 종결 이후 체결된 조약으로 배상금 지불 및 랴오둥 반도 할양 등을 규정함(1895. 4)

선지별 키워드 추출

① (가) - (나) - (다)
→ 동학 농민 운동은 안핵사 이용태 파견(가) → 일본의 경복궁 불법 점령(나) → 시모노세키 조약 체결(다) 순으로 발생하였다.

청·일 전쟁은 동학 농민군과 정부가 전주 화약을 맺은 이후에 발생하였습니다!

---

32. 정답 ②

| 난이도 | ●●●

해설사가 설명하는 사건이 발생한 시기를 연표에서 옳게 고른 것은? [3점]

> 조선 정부는 이곳에 해관을 설치하고 동래부 거류지의 일본 상인과 거래하는 조선 상인으로부터 세금을 징수하였습니다. 그러자 일본 상인이 조약 위반이라고 반발하였고, 결국 3개월 만에 수세가 중단되었습니다.

(가)	(나)	(다)	(라)	(마)
척화비 건립	제1차 수신사 파견	영국의 거문도 점령	함경도 방곡령 선포	청일 전쟁 발발	러일 전쟁 발발

지문의 핵심 키워드 ▶ 두모포 수세 사건

- ✔ 동래부 거류지의 일본 상인과 거래하는 조선 상인으로부터 세금을 징수 – 부산에서 일본인과 거래하는 조선 상인으로부터 세금을 징수하자 일본측이 조일 무역 규칙 조항에 의거하여 반발 및 무력 시위를 주도함(두모포 수세 사건, 1878)

선지별 키워드 추출

② (나)
→ 두모포 수세 사건은 조일 무역 규칙에 규정된 무관세, 무항세에 의거하여 발생한 사건으로 강화도 조약 및 부속 조약이 체결된 시점 이후인 2번이 적절하다.

두모포 수세 사건은 조일 무역 규칙에 의거한 관세 자주권이 계기가 되어 일어난 사건입니다!

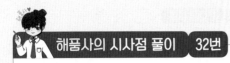
핵심을 정확하게 이해하여, 응용하는 사고가 중요할 수 있습니다!

해풍사의 문제 첫인상

1. 한능검 기출에서 두모포 수세 사건이 출제되다니 너무 어려운 내용인걸?
2. 동래부와 세금 문제로 인해 발생한 일본과의 대립이 핵심 내용인 것 같으니 이를 바탕으로 유추해 보자!
3. 정확한 사건을 모르더라고 일본과의 관세 문제를 규정한 조일 무역 규칙에 관한 것임을 알아낼 수 있다!

해풍사의 "대처 방법"

✓ 문제에 제시된 사건을 정확히 알 수 없다면, 유사한 사건을 먼저 생각할 필요가 있습니다!
  → 관세 문제로 발생한 사건이므로 관세 조항이 포함된 조약을 떠올려야 합니다.
✓ 이를 바탕으로 제시된 사건과 가장 관련있는 사건을 찾아봅니다!
  → 조선은 일본과 무관세 및 무항세를 규정한 조일 무역 규칙을 체결하였습니다!
✓ 마지막으로 관련 사건이 일어난 근접한 시기를 유추해야 합니다!
  → 조일 무역 규칙은 강화도 조약을 체결하고 1차 수신사가 파견된 이후 시기에 해당하므로 2번이 정답!

---

33. 정답 ⑤ | 난이도 | ●○○

(가) 사절단에 대한 설명으로 옳은 것은?   [2점]

> 미국 공사의 부임에 대한 답례로 ⟨(가)⟩이/가 파견되었습니다. 8명의 조신 관리로 구성된 이들은 40여 일 동안 미국에 체류하면서 뉴욕의 전등 시설과 우체국, 보스턴 박람회 등을 시찰하였습니다.

지문의 핵심 키워드 ▶ 보빙사

✓ 미국 공사 부임 답례 – 조미 수호 통상 조약 체결(1882) 이후 부임한 미국 공사에 대한 답례로 보빙사가 파견됨

선지별 키워드 추출

① 에도 막부의 요청으로 파견되었다.
  → 조선 통신사는 일본 에도 막부의 요청으로 파견되었다.

② 별기군(교련병대) 창설을 건의하였다.
  → 1881년에 군제를 개편하며 신식 군대인 별기군이 창설되어 일본 교관의 훈련을 받았다.

③ 조선책략을 들여와 국내에 소개하였다.
  → 2차 수신사로 일본에 파견되었던 김홍집은 황준헌의 조선책략을 국내에 들여와 소개하였다.

④ 기기국에서 무기 제조 기술을 습득하고 돌아왔다.
  → 영선사는 청에서 근대식 무기 제조 기술을 학습하고 돌아왔으며, 이후 기기창의 설립에 영향을 주었다.

⑤ 전권대신 민영익과 홍영식, 서광범 등으로 구성되었다.
  → 보빙사는 전권대신 민영익과 부전권대신 홍영식, 종사관 서광범 등으로 구성되었다.

개항기에 사절단이 파견된 국가와 인물을 암기하는 것이 필요합니다!

34. 정답 ⑤
| 난이도 | ●●○

(가)에 들어갈 내용으로 적절한 것은? [1점]

학술 발표회

우리 연구회에서는 중일 전쟁 발발 이후 실시된 일제의 식민 통치 정책에 대한 학술 발표회를 마련하였습니다. 관심 있는 분들의 많은 참석 바랍니다.

- ■ 주제: _____ (가) _____
- ■ 일시: 2023년 ○○월 ○○일 14:00~17:00
- ■ 장소: △△대학교 인문대학 소회의실
- ■ 주최: □□ 연구회

지문의 핵심 키워드 ▶ 민족 말살 통치 시기

✓ 중일 전쟁 – 1937년 중국과 일본 사이에 발생한 전쟁으로 전쟁 이후 민족 말살 통치 시기가 시작됨

선지별 키워드 추출

① **치안 유지법**의 제정 목적
  → **일제**는 식민 지배에 반대하고 사유 재산 제도를 부인하는 **사회주의자**들을 탄압할 목적으로 1925년에 **치안 유지법**을 제정하였다.

② **조선 태형령**의 적용 사례 분석
  → **무단 통치기**인 1912년에는 조선인에게만 적용된 형벌인 **조선 태형령**이 제정되었다.

③ 제1차 조선 교육령의 제정 목적
  → **무단 통치기**인 1911년에는 보통학교의 수업 연한을 4년으로 규정하고, **초등 교육 및 실무 교육**을 위주로 진행하는 **제1차 조선 교육령**이 반포되었다.

④ 경성 제국 대학 설립 의도와 과정
  → 문화 통치기에 발생한 **민립 대학 설립 운동**을 저지하기 위해 일제는 1924년에 **경성 제국 대학**을 설립하였다.

⑤ 국가 총동원법의 제정과 조선에서의 시행
  → **민족 말살 통치 시기**에 일제는 전시 체제에 대비하기 위해 조선인을 물적·인적으로 수탈하는 법인 **국가 총동원법**을 제정하였다.

 민족 말살 통치 시기 관련 문제가 출제되면 주로 '국가 총동원법', '조선 사상범 예방 구금령'이 언급됩니다!

35. 정답 ③
| 난이도 | ●●○

다음 자료에 나타난 민족 운동에 대한 설명으로 옳지 않은 것은? [2점]

한국인들이 독립 선언을 하다
– 집회에 참가한 수천 명 체포 –

일본 당국은 고종의 장례식을 계기로 문제가 발생할 것으로 예상하고 많은 헌병을 서울로 집결시켰다. …… 전국의 모든 도시와 마을에서 독립을 위한 행진과 시위가 일어났다. 일본 측은 당황했지만 곧 재정비하여 강력하고 신속한 진압에 나섰다. 그 결과 수천 명의 시위대가 체포되었지만 일본 측 보고서에는 수백 명으로 기록되어 있다.

지문의 핵심 키워드 ▶ 3·1 운동

✓ 고종의 장례식을 계기 – 3·1 운동의 발생 배경

선지별 키워드 추출

① 중국의 5·4 운동에 영향을 주었다.
  → **3·1 운동**은 중국의 5·4 운동과 인도의 독립 운동 등에 **영향**을 주었다.

② 대한민국 임시 정부 수립의 계기가 되었다.
  → **3·1 운동** 이후 조직적인 독립운동의 필요성이 대두되며 중국 상하이에 **대한민국 임시 정부**가 수립되었다.

③ 신간회에서 진상 조사단을 파견하여 지원하였다.
  → **신간회**는 광주 학생 항일 운동 발생 이후 진상 조사단을 파견하여 지원하였다.

④ 국외로도 확산되어 필라델피아에서 한인 자유 대회가 열렸다.
  → **3·1 운동** 이후 미주, 연해주 등 해외 지역에서도 독립운동이 확산되었다.

⑤ 평화적 만세 운동에서 무력 투쟁 사례가 늘어나기 시작하였다.
  → **3·1 운동**은 본래 **평화 시위**로 전개되었으나, 일제의 탄압이 심해지며 이후 **무력 투쟁 시위**로 발전하였다.

 일제 강점기의 항일 운동 중 해외에도 영향을 미친 사례는 3·1 운동이 유일합니다!

36. 정답 ⑤
| 난이도 | ●○○

(가) 단체에 대한 설명으로 옳은 것은? [2점]

이 자료는 [(가)] 의 활동 목적이 잘 드러나 있는 통용장정의 일부입니다. [(가)] 은/는 안창호와 양기탁 등이 중심이 된 비밀 결사로 태극 서관을 설립하여 회원들의 연락 장소로 사용하였습니다.

이 자료에 대해 말씀해 주시겠습니까?

본회의 목적은 ……
쇠퇴한 교육과 산업을 개량하고
사업을 유신시켜
유신된 국민이 통일 연합해서
유신 된 자유 문명국을 성립시킨다.

지문의 핵심 키워드 ▶ 신민회

✔ 안창호와 양기탁 - 신민회의 대표 간부
✔ 태극 서관 - 신민회가 민중 계몽을 위해 서적 및 출판물을 보급하고자 운영한 서점

선지별 키워드 추출

① 복벽주의를 표방하였다.
→ 독립 의군부는 왕정 체제를 회복하는 복벽주의를 지향하며 의병 전쟁을 준비하였다.

② 13도 창의군을 결성하였다.
→ 1907년 정미 7조약으로 해산된 군인이 일부 합류하여 13도 창의군을 결성한 뒤 서울 진공 작전을 전개하여 일본군에 대항하였다.

③ 일제의 황무지 개간권 요구를 저지하였다.
→ 보안회는 일제의 황무지 개간권 요구를 저지시켰다.

④ 근대 교육을 위해 배재 학당을 설립하였다.
→ 미국인 선교사 아펜젤러는 서울 정동에 근대식 중등 교육기관인 배재 학당을 설립하였다.

⑤ 일제가 조작한 105인 사건으로 해체되었다.
→ 신민회는 일제가 조작한 데라우치 총독 암살 사건의 혐의를 받아 간부들이 대거 체포당하는 105인 사건으로 와해되었다.

 신민회의 대표 인물로는 안창호, 양기탁, 이승훈이 있습니다!

37. 정답 ⑤
| 난이도 | ●○○

밑줄 그은 '개혁'에 해당하는 내용으로 옳은 것을 〈보기〉에서 고른 것은? [2점]

【건축으로 보는 한국사】 석조전

고종은 황제로서의 권위와 근대 국가를 향한 의지를 보여주기 위해 서양의 신고전주의 양식으로 설계된 석조전 착공을 명하였다. 그러나 황제권 강화를 표방하며 개혁을 추진하던 고종은 석조전이 완공되기 전에 강제로 퇴위당하였다.

지문의 핵심 키워드 ▶ 광무개혁

✔ 황제권 강화를 표방하며 개혁을 추진 - 광무개혁

선지별 키워드 추출

ㄱ. 박문국을 설치하여 한성순보를 발행하였다.
→ 한성순보는 1883년 박문국에서 발행된 신문이다.

ㄴ. 통리기무아문을 설치하여 개화 정책을 추진하였다.
→ 1880년 통리기무아문을 설치 후 개화 정책을 추진하였다.

ㄷ. 관립 상공 학교를 설립하여 실업 교육을 실시하였다.
→ 광무개혁 때 관립 상공 학교를 설립하였다.

ㄹ. 지계아문을 설치하여 토지 소유자에게 지계를 발급하였다.
→ 광무개혁 때 지계아문을 설치하고 지계를 발급하였다.

 대한제국 때 건립된 상공 학교와 이전 시기에 건립된 교육기관들을 혼동하지 않도록 주의할 필요가 있습니다!

38. 정답 ①

| 난이도 | ●●●

밑줄 그은 '회의'에 대한 설명으로 옳은 것은? [3점]

> 본 회의는 2천만 민중의 공의(公意)를 지키는 국민적 대회합으로서, 최고의 권위에 의해 국민의 완전한 통일을 견고하게 하며 광복 대업의 근본 방침을 수립하고, 이로써 우리 민족의 자유를 만회하고 독립을 완성하기를 기도하며 이에 선언하노라. 삼일 운동으로써 우리 민족의 정신적 통일은 이미 표명되었다. …… 본 대표들은 국민이 위탁한 사명을 받아 국민적 대단결을 힘써 도모하며, 독립 전도의 대방책을 확립하여 통일적 기관 하에서 대업을 기성(期成)하려 한다.

지문의 핵심 키워드 ▶ 국민 대표 회의

✔ 본 회의는 2천만 민중의 공의를 지키는 국민적 대회합 – 국민 대표 회의(1923)의 개최 목적

선지별 키워드 추출

① 창조파와 개조파가 대립하였다.
→ 국민 대표 회의 때 새로운 정부 수립을 주장하는 창조파(신채호 대표)와 기존의 임시 정부의 체제를 개편할 것을 주장하는 개조파(안창호 대표)가 대립하였다.

② 대일 선전 성명서를 공표하였다.
→ 충칭 시기의 대한민국 임시 정부는 연합군의 일원으로 일본에게 전쟁을 선포하였다.

③ 삼균주의를 기초로 하는 건국 강령을 발표하였다.
→ 조소앙은 1941년에 정치·경제·교육 세 가지의 균형(삼균주의)을 바탕으로 해방 이후의 건국 계획을 발표하였다.

④ 파리 강화 회의에 김규식을 파견할 것을 결정하였다.
→ 신한 청년당 출신의 김규식은 1919년 파리 강화 회의에 참석하여 독립 청원서를 제출하였다.

⑤ 지청천을 사령관으로 하는 한국 광복군을 조직하였다.
→ 한국 광복군은 1940년 설립된 대한민국 임시 정부 산하의 군사 조직으로, 지청천을 총사령관으로 하였다.

 국민 대표 회의는 대한민국 임시 정부가 상하이에 있을 때 일어난 사건입니다!

39. 정답 ⑤

| 난이도 | ●●○

밑줄 그은 '이 계획'에 대한 설명으로 옳은 것은? [1점]

이 계획 실시로 인하여 수리 조합비 부담이 커졌어. 가뜩이나 지세도 부담되는데 개량 종자 구입비로 돈이 더 들어가네. 이래서 살겠나.

우리 마을 박서방은 소작농으로 전락하였다지. 우리 집은 쌀이 없어 만주에서 들여온 잡곡만 먹고 있다네.

지문의 핵심 키워드 ▶ 산미 증식 계획

✔ 수리 조합비 부담 – 산미 증식 계획 실시 이후 일제는 수리 조합비 비용을 조선인에게 부담시킴

✔ 만주에서 들여온 잡곡 – 산미 증식 계획 실시 이후 국내에서는 식량 부족 문제가 발생하여 만주산 잡곡 수입이 증가하는 결과를 가져옴

선지별 키워드 추출

① 독립 협회 결성의 계기가 되었다.
→ 독립 협회는 1896년에 자주독립과 민중 계몽을 위해 서재필 등을 중심으로 설립된 단체이다.

② 국채 보상 운동의 배경이 되었다.
→ 국채 보상 운동은 1907년에 국채 1,300만원을 갚기 위해 대구에서 서상돈, 김광제 등의 발의로 시작되었다.

③ 재정 고문 메가타의 주도로 시행되었다.
→ 제1차 한일 협약으로 국내에 파견된 재정 고문 메가타의 주도로 화폐 정리 사업이 시행되었다.

④ 토지 조사 사업이 시행되는 배경이 되었다.
→ 무단 통치기에 일제는 식민지적 토지 소유 관계를 확립한다는 목적으로 토지 조사 사업을 실시하였다.

⑤ 일본의 쌀 부족 현상을 해결하기 위해 시행되었다.
→ 문화 통치기에 일제는 자국의 식량 부족 문제를 해결하기 위해 일본에 더욱 많은 쌀을 반출시키는 산미 증식 계획을 실시하였다.

 산미 증식 계획은 문화 통치기에 발생한 대표적인 경제 침탈 정책입니다.

(가) 부대에 대한 설명으로 옳은 것은? [2점]

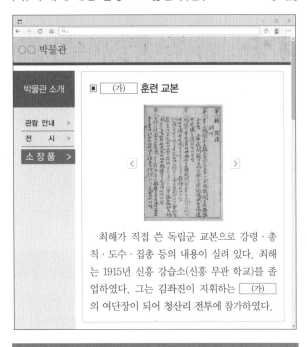

최해가 직접 쓴 독립군 교본으로 강령 · 총칙 · 도수 · 집총 등의 내용이 실려 있다. 최해는 1915년 신흥 강습소(신흥 무관 학교)를 졸업하였다. 그는 김좌진이 지휘하는 (가) 의 여단장이 되어 청산리 전투에 참가하였다.

지문의 핵심 키워드 ▶ 북로 군정서군

✓ 김좌진 - 북로 군정서군의 총사령관
✓ 청산리 전투 - 북로 군정서군이 일본군에 승리한 전투

선지별 키워드 추출

① 대전자령에서 일본군을 기습하였다.
→ 한국 독립군은 중국 호로군과 연합하여 쌍성보, 대전자령 전투에서 승리를 거두었다.

② 영릉가에서 일본군에 승리를 거두었다.
→ 조선 혁명군은 중국 의용군과 연합하여 영릉가 전투, 흥경성 전투에서 승리를 거두었다.

③ 동북 항일 연군으로 개편되어 유격전을 전개하였다.
→ 중국 공산당의 동북 인민 혁명군은 이후 항일 연합 전선을 형성하고자 동북 항일 연군으로 개편되었다.

④ 중광단을 중심으로 조직되어 항일 독립 전쟁에 참여하였다.
→ 중광단 계열의 인물들이 조직한 북로 군정서는 청산리 전투에서 일본군에 승리하였다.

⑤ 인도 · 미얀마 전선에 파견되어 영국군과 연합 작전을 펼쳤다.
→ 한국 광복군은 연합군과의 연합 작전을 펼쳤다.

 북로 군정서군과 중광단은 모두 북간도 지역과 관련된 단체임을 기억해 두는 것이 좋습니다.

다음 가상 일기의 밑줄 그은 '운동'에 대한 설명으로 옳은 것은? [1점]

> 1925년 ○○월 ○○일
>
> 우리 백정들은 신분제가 폐지되었음에도 끊임없이 차별받았다. 다 같은 조선 민족인데 왜 우리를 핍박하는 걸까? 우리는 저울처럼 평등한 세상을 만들기 위해 몇 해 전부터 운동을 벌이고 있지만 사람들의 인식을 바꾸기는 쉽지 않은 것 같다. 얼마 전 예천에서는 '백정을 핍박하는 것은 죄가 아니다.'라고 말하는 사람도 있다고 하니 우리는 언제쯤 평등한 대우를 받을 수 있을까?

지문의 핵심 키워드 ▶ 형평 운동

✓ 백정들은 신분제가 폐지되었음에도 끊임없이 차별 - 형평 운동의 발생 원인
✓ 저울처럼 평등한 세상을 만듦 - 형평 운동의 목적

선지별 키워드 추출

① 조선 형평사의 주도로 전개되었다.
→ 백정들은 신분 해방 이후 남아있는 사회적 차별에 맞서 조선 형평사를 조직하여 형평 운동을 주도하였다.

② 대한매일신보의 지원을 받아 확대되었다.
→ 대한매일신보는 서상돈, 김광제 등의 발의로 시작된 국채 보상 운동을 지원하였다.

③ 평양에서 시작하여 전국적으로 확산되었다.
→ 물산 장려 운동은 조만식의 주도로 평양에서 시작된 실력 양성 운동이다.

④ 순종의 인산일을 기한 대규모 시위를 계획하였다.
→ 6 · 10 만세 운동은 순종 황제의 장례일에 추진된 항일 운동이다.

⑤ 라이징 선 석유 회사의 한국인 구타 사건을 계기로 시작되었다.
→ 문평 라이징 선 석유 회사에 조선인 노동자가 구타당한 것을 계기로 일제 강점기 최대 규모의 노동 운동인 원산 총파업이 발생하였다.

 일제 강점기에 발생한 형평 운동은 백정과 관련된 대표적인 신분 해방 운동입니다!

42. 정답 ④　　　　　　　　| 난이도 | ●○○

교사의 질문에 대한 학생의 답변으로 적절하지 <u>않은</u> 것은?　　　　　　　　　　　　　　　　[2점]

이 우표는 6·25 전쟁이 발발하고 북한군에 점령당했던 서울을 되찾은 것을 기념해 만들어졌습니다. 9월 28일 서울 수복 이후에 벌어진 상황에 대해 말해 볼까요?

우표로 보는 현대사

지문의 핵심 키워드 ▶ 6·25 전쟁

✓ 9월 28일 서울 수복 - 6·25 전쟁 당시 국군과 유엔군이 북한군에게 역전하여 서울을 수복함(1950. 9)

선지별 키워드 추출

① 반공 포로가 석방되었어요.
→ 1953년 정전 협정 체결 직전에 이승만은 포로 수용소에 있는 반공 포로들을 일방적으로 석방시켰다.

② 한미 상호 방위 조약이 체결되었어요.
→ 이승만 정부는 6·25 전쟁 이후 안보를 강화하기 위해 미군이 한국에 지속적으로 주둔하도록 규정하는 한미 상호 방위 조약을 체결하였다.

③ 흥남에서 대규모 철수가 이루어졌어요.
→ 1950년에 중국군이 개입하자 미군과 국군은 함경남도 흥남에서 철수 작전을 전개하였다.

④ 유엔군이 인천 상륙 작전을 전개하였어요.
→ 유엔군 사령관인 맥아더의 지휘 아래 1950년 9월에 인천 상륙 작전이 전개되었으며, 그 결과 서울을 다시 수복할 수 있었다.

⑤ 비상계엄이 선포된 가운데 발췌 개헌안이 통과되었어요.
→ 1952년에 부산에서 발생한 정치 파동을 계기로 직선제를 규정한 개헌안이 통과되었다.

6·25 전쟁의 전개 과정을 순서대로 암기할 필요성이 있습니다!

43. 정답 ④　　　　　　　　| 난이도 | ●●○

(가) 정부의 통일 정책에 대한 설명으로 옳은 것은?　　　　　　　　　　　　　　　　[1점]

저희 모둠은 우리 학교 학생들을 대상으로 [(가)] 정부의 연관 검색어를 조사해 보았습니다.

국가 인권 위원회 설립
최초의 남북 정상 회담 성사
한일 문화 교류　　노벨 평화상 수상
2002 한일
월드컵 4강 진출　　기초 생활 보장 제도
인천 국제 공항 개항　　경의선 복원
　　　　　　　　　　사업 착공
대우 자동차 최종 부도 처리
중학교 의무 교육 전국 확대
의문사 진상 규명 위원회 출범

지문의 핵심 키워드 ▶ 김대중 정부

✓ 최초의 남북 정상 회담 성사 - 김대중 정부 때 실시된 남북 정상 회담

선지별 키워드 추출

① 남북 기본 합의서에 서명하였다.
→ 노태우 정부 때 상호 체제 인정 및 상호 불가침 합의 등을 규정한 남북 사이의 화해와 불가침 및 교류 협력에 관한 합의서를 채택하였다.

② 남북한이 유엔에 동시 가입하였다.
→ 노태우 정부 때 남북한이 각각 독립된 국가로 유엔에 동시 가입하였다.

③ 7·4 남북 공동 성명을 발표하였다.
→ 박정희 정부 때 자주·평화·민족 대단결을 표방한 최초의 남북 통일 관련 선언인 7·4 남북 공동 성명이 발표되었다.

④ 6·15 남북 공동 선언을 채택하였다.
→ 김대중 정부 때 최초의 남북 정상 회담이 개최되어 김정일 국방위원장과 회담한 뒤 최초의 남북 정상 합의문인 6·15 남북 공동 선언을 채택하였다.

⑤ 남북 이산가족 고향 방문을 최초로 실현하였다.
→ 전두환 정부 때에는 남북 교류 사업의 일환으로 남북 이산가족 고향 방문단의 교환을 최초로 실현하였다.

김대중 정부의 통일 노력 사례로는 남북 정상 회담, 6·15 남북 공동 선언 등이 대표적입니다!

44. 정답 ② | 난이도 | ●○○

(가) 민주화 운동에 대한 설명으로 옳은 것은?   [2점]

이것은 1959년 이승만의 84세 생일을 기념하는 '대통령 탄신 경축식' 사진입니다. 이러한 행사는 1949년부터 진행되었습니다. 이승만 대통령의 장기 독재는 3·15 부정 선거에 항거하며 일어난 [(가)] (으)로 결국 종말을 고했습니다.

지문의 핵심 키워드 ▶ 4·19 혁명

✓ 이승만 - 4·19 혁명 발생 당시 대통령
✓ 3·15 부정 선거에 항거 - 4·19 혁명의 발생 원인

선지별 키워드 추출

① 긴급 조치 철폐를 요구하였다.
  → 박정희 정부의 유신 헌법 체제에 반대하는 집단이 3·1 민주 구국 선언을 발표하고 긴급 조치 철폐를 요구하였다.

② 장면 내각이 출범하는 배경이 되었다.
  → 4·19 혁명으로 이승만이 하야한 이후 진행된 3차 개헌의 결과 의원 내각제를 중심으로 한 장면 내각이 출범하였다.

③ 전남 도청에서 시민군이 계엄군에 맞서 싸웠다.
  → 5·18 광주 민주화 운동 당시 광주 시민들은 자발적으로 시민군을 조직하여 계엄군에 저항하였다.

④ 민주화를 위한 개헌 청원 100만인 서명 운동이 전개되었다.
  → 박정희 정부 때 장준하를 중심으로 전개된 개헌 청원 100만인 서명 운동은 유신 헌법의 철폐를 주장하였다.

⑤ 5년 단임의 대통령 직선제 개헌이 이루어지는 계기가 되었다.
  → 6월 민주 항쟁으로 전두환 정부는 6·29 선언을 발표하며 5년 단임의 대통령 직선제 개헌을 약속하였다.

 3·15 부정 선거는 4·19 혁명의 발발 원인입니다!

---

45. 정답 ② | 난이도 | ●●○

다음 사건이 있었던 정부 시기의 경제 상황으로 옳은 것은?   [3점]

사진으로 보는 현대사

YH 무역 여성 노동자들은 일방적인 폐업에 항의하며 신민당 당사에서 농성 시위를 벌이다 경찰에 의해 강제 해산되었다. 그 과정에서 노동자 김경숙이 사망하였다. 이 사진은 현장에 남아 있던 머리띠와 신발들이다. 머리띠에는 '안되면 죽음이다'라는 글귀가 쓰여 있다.

지문의 핵심 키워드 ▶ 박정희 정부

✓ YH 무역 여성 노동자, 신민당 당사에서 농성 시위를 벌임
  - 박정희 정부 말기인 1979년에 발생한 노동 운동

선지별 키워드 추출

① 금융 실명제가 실시되었다.
  → 김영삼 정부는 금융 거래 시 반드시 본인의 실명으로 거래하도록 하는 금융 실명제를 실시하였다.

② 연간 수출액 100억 달러가 달성되었다.
  → 박정희 정부 때 지속적인 경제 성장으로 수출액 100억 달러를 달성하는 경제적 성과를 얻었다.

③ 개성 공단에서 의류 생산이 이루어졌다.
  → 노무현 정부 때 개성 공단 건설이 본격화되며, 개성 공단을 통한 남북 경제 교류 사업이 이루어졌다.

④ 칠레와 자유 무역 협정(FTA)을 체결하였다.
  → 노무현 정부 때인 2004년에 우리나라 최초로 외국과의 자유 무역 협정이 체결되었다.

⑤ 저유가, 저금리, 저달러의 3저 호황이 있었다.
  → 전두환 정부 때 저유가, 저금리, 저달러의 3저 호황으로 경제적 호황을 누렸다.

 YH 무역 회사 여공 농성 → 신민당 총재 김영삼 제명 → 부·마 민주 항쟁의 흐름을 암기해야 합니다!

밑줄 그은 '정부' 시기의 사회 모습으로 옳은 것은? [2점]

(가)에 들어갈 내용으로 옳은 것은?　　　　　[2점]

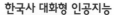

한국사 대화형 인공지능

Q 이 사진 속 인물에 대해 알려줘.

A 사진 속 인물의 호는 몽양이며, 독립 운동가입니다. 1918년 상하이에서 신한 청년당을 조직하였으며, 대한민국 임시 정부에 참여하였습니다. 1945년 8월 조선 건국 준비 위원회를 결성하였습니다.

Q 그 이후의 행적에 대해 알려줘.

A 　　　　　　(가)

지문의 핵심 키워드 ▶ 전두환 정부

✓ 야간 통행 금지 해제 – 전두환 정부 때 37년간 시행된 야간 통행 금지가 해제됨

✓ 프로 야구와 프로 축구가 출범 – 전두환 정부 때 시행된 3S 정책 사례

✓ 삼청 교육대 – 전두환 정부 때 사회 정화를 명분으로 설치된 반인륜적 기구

선지별 키워드 추출

① 금강산 관광이 시작되었다.
→ 김대중 정부 때 통일 교류 사업의 일환으로 금강산 해로 관광이 시작되었다.

② 서울 올림픽 대회가 개최되었다.
→ 노태우 정부 때 서울 올림픽이 개최되었다.

③ 삼풍 백화점 붕괴 사고가 발생하였다.
→ 김영삼 정부 때 삼풍 백화점 붕괴 사고가 일어나 약 천 명 이상의 시민들이 피해를 입었다.

④ 보도 지침을 통해 언론이 통제하였다.
→ 전두환 정부 때 언론 통제를 위해 언론 보도 지침을 발표하여 특정 사건 및 사태에 대한 보도 금지와 기사 검열을 단행하였다.

⑤ 양성평등 실현을 위해 호주제가 폐지되었다.
→ 노무현 정부 때 양성 평등의 실현을 위해 기존의 가족 관계 등록 제도인 호주제를 가족 관계 등록부로 변경하였다.

유화 정책과 독재 정책이 동시에 언급되는 시기는 전두환 정부에 해당합니다!

지문의 핵심 키워드 ▶ 여운형

✓ 신한 청년당 – 여운형, 김규식 등이 상하이에서 조직한 독립운동 단체

✓ 조선 건국 준비 위원회를 결성 – 여운형, 안재홍 등이 광복 직후 국가 재건을 위해 설립한 단체

선지별 키워드 추출

① 한국 민주당을 창당하였습니다.
→ 김성수와 송진우는 광복 후 한국 민주당을 창당하였다.

② 5 · 10 총선거에 출마하였습니다.
→ 여운형은 5 · 10 총선거 이전인 1947년에 사망하였다.

③ 단독 정부 수립을 주장하였습니다.
→ 제1차 미 · 소 공동 위원회가 결렬되자 이승만은 정읍 발언을 통해 남한만의 단독 정부 수립을 주장하였다.

④ 조선 혁명 선언을 작성하였습니다.
→ 신채호는 직접적이고 폭력적인 혁명의 방향성을 제시한 조선 혁명 선언을 집필하였다.

⑤ 좌우 합작 위원회를 조직하였습니다.
→ 여운형과 김규식 등은 좌우 합작 위원회를 조직하고 미 · 소 공동 위원회의 속개 등을 주장한 좌우 합작 7원칙을 발표하였다.

여운형은 조선 건국 준비 위원회 또는 좌우 합작 위원회와 관련된 인물로 자주 언급됩니다!

48. 정답 ③ | 난이도 | ●●○

교사의 질문에 대한 학생의 답으로 옳은 것은? [2점]

충남 부여 쌍북리에서 숫자들이 기록된 목간이 출토되었는데 놀랍게도 구구단이 쓰여 있었습니다. 삼국 시대에 살았던 사람들도 우리처럼 구구단을 공부했다는 것이 신기합니다. 삼국 시대 사람들의 학습 활동을 확인할 수 있는 또 다른 사례는 무엇이 있을까요?

지문의 핵심 키워드 ▶ 삼국 시대의 교육

생략(선지분석으로 대체!)

선지별 키워드 추출

① 울주 대곡리 반구대에 고래 사냥 모습을 새겼습니다.
→ 울주 대곡리 반구대 암각화는 고래 사냥 방법 등을 표현한 것으로 선사 시대의 유적이다.

② 이제현이 만권당에서 원의 학자들과 교류하였습니다.
→ 고려의 이제현은 원나라의 연경에 세워진 만권당에서 원의 학자들과 교류하였다.

③ 청소년들이 경당에서 책을 읽고 활쏘기를 배웠습니다.
→ 고구려는 지방의 교육기관으로 경당을 운영하였다.

④ 독특한 회계 정리 방식인 사개치부법을 사용했습니다.
→ 고려 시대부터 개성 상인들은 주로 자신만의 독특한 회계 정리 방식인 사개치부법을 사용하였다.

⑤ 정혜 공주 묘지석에는 유교 경전과 중국 역사서의 내용이 인용되어 있습니다.
→ 발해 문왕의 둘째 딸인 정혜공주의 묘지석에는 유교 경전과 중국 역사서의 내용을 두루 인용하고 있어 발해의 높은 문화 수준을 보여준다.

 단순하게 '삼국 시대'라는 핵심에만 집중하는 것이 문제 풀이에 도움이 됩니다!

---

49. 정답 ③ | 난이도 | ●●○

(가)~(마)의 설명과 사진을 연결한 것으로 옳지 않은 것은? [3점]

(가) 태토와 유약이 모두 백색이고 1,200도 이상에서 구워 만든 자기다. 영국 여왕 엘리자베스 2세가 이 자기 중 하나를 보면서 '세상에서 제일 아름다운 그릇'이라는 찬사를 보냈다.

(나) 철분이 약간 함유된 태토에 유약을 입혀 고온에서 구워낸 자기다. 송 사신 서긍은 "푸른 빛깔을 고려인은 비색(翡色)이라 하는데 근래에 들어 빛깔이 더욱 좋아졌다."고 하였다.

(다) 회색 태토 위에 백토로 표면을 분장한 뒤에 유약을 입혀 구운 자기다. 고유섭이 회청색을 띠는 사기라는 의미로 '분장회청사기(분청사기)'라 하였다.

(라) 초벌구이한 백자 위에 코발트로 그림 그린 후 유약을 발라 구운 자기다. 코발트는 수입산 안료였기에 예종은 관찰사를 통해 백성들이 회회청(코발트)을 구해오도록 독려할 정도였다.

(마) 표면에 무늬를 파고 백토와 자토를 그 자리에 넣어 초벌구이한 후 유약을 발라 구워낸 자기다. 최순우는 "고려 사람들은 비색의 자기에 영롱한 수를 놓은 방법을 궁리해 냈다."고 하였다.

지문의 핵심 키워드 ▶ 시대별 도자기

✓ (가) 도자기 - 조선 백자
✓ (나) 도자기 - 고려청자
✓ (다) 도자기 - 조선 분청사기
✓ (라) 도자기 - 조선 청화백자
✓ (마) 도자기 - 고려청자

선지별 키워드 추출

① 조선 백자 달항아리

② 고려 청자 오리 모양 연적

③ 청동기 시대 가지무늬 토기

④ 조선 백자 청화 매죽문 항아리

⑤ 고려 청자 상감 운학문 매병

 우리나라는 도자기의 제작 시기에 따라 도자기의 색이 달라지는 특징이 있습니다!

해품사의 시사점 풀이 49번

지문을 정확하게 읽으면, 종종 정답을 찾을 수 있는 힌트를 제공합니다!

해품사의 문제 첫인상

1. 사료가 동시에 5개나 제시되다니, 너무 어려워 보이는걸?
2. 그래도 사료를 잘 읽어보면 도자기의 색깔과 관련된 내용이 제시되었네?
3. 도자기는 시대에 따라 색이 달라지므로 색에 따라 시대를 구분할 수 있겠다!

해품사의 "대처 방법"

✓ 한능검은 종종 문제 자체에서 힌트를 제시할 때가 있습니다!
   → 이 문제의 경우 도자기의 색깔이 힌트입니다!
✓ 이를 바탕으로 가장 자연스러운 선지부터 소거하는 전략이 필요합니다!
   → 예로 2번과 5번은 공통적으로 푸른 색깔의 비색을 언급하였기 때문에 쉽게 소거할 수 있습니다!
✓ 이후 남는 선지 중에서 가장 어색한 것을 정답으로 골라 봅시다!
   → (다) 사료는 회청색을 제시하였으나, 선지에 제시된 문화유산의 색은 이와 다르므로 3번이 정답!

---

50. 정답 ⑤　　　| 난이도 | ●●●○

다음 사건의 영향을 받아 발생한 사실로 옳은 것은?

[2점]

근로 기준법을 준수하라!

나는 아주 작은 바늘 구멍이라도 내기 위해서 죽는 것입니다. 그 작은 구멍을 자꾸 키워 벽을 허물어야 합니다. 그래야 없는 사람도 살고 근로자도 살 수 있는 것입니다.

지문의 핵심 키워드 ▶ 전태일 분신 자살 사건

✓ 근로 기준법을 준수 – 전태일 분신 자살 사건 당시의 구호

선지별 키워드 추출

① 신한 공사가 설립되어 귀속 재산을 관리하였다.
   → 신한 공사는 미군정 때 일제의 귀속 재산을 관리한 회사이다

② 부산에서 조선 방직의 총파업 사건이 발생하였다.
   → 부산 지역의 조선 방직에서 가혹한 노동 시간에 비해 **열악한 노동 환경 및 낮은 임금 문제**를 계기로 1930년에 부산 조선 방직 총파업 사건이 발생하였다.

③ 경제 자립을 목표로 제1차 경제 개발 5개년 계획이 추진되었다.
   → **박정희 정부** 때 경제 자립을 목표로 **경공업 산업**을 육성하는 제1차 경제 개발 5개년 계획을 추진하였다.

④ 미국에서 들여온 원조 물자를 기반으로 **삼백 산업**이 발달하였다.
   → **이승만 정부** 때 밀가루 · 설탕 · 면직물 등 미국으로부터 받은 **원조 물자**를 가공하는 **삼백 산업**이 발달하였다.

⑤ 평화 시장 노동자들을 중심으로 한 **청계 피복 노동 조합**이 결성되었다.
   → **전태일 분신 자살 사건**을 계기로 평화 시장 노동자들은 노동 조건 개선 및 노동자의 경제적 · 사회적 지위 향상을 도모하기 위한 단체인 **청계 피복 노동 조합**을 조직하였다.

전태일과 관련된 대표적인 키워드로는 '서울 평화 시장', '근로 기준법 준수'가 있습니다!

1. 난이도

어려움

- 전반적으로 깊게 공부해야 풀 수 있는 까다로운 유형들이 각 시대마다 포진되었음

- 일부 문제에서 까다로운 사료를 활용하여 난이도를 높인 경향이 있음!
  예) 국자감, 유향소 ←

- 기존 기출에서 오답률이 높았던 유형을 재출제한 사례도 확인됨
  예) 천주교 박해 사건, 박정양 ←

- 익숙한 유형임에도 불구하고 문제 키워드가 매우 어렵기 때문에 풀이가 까다로운 유형도 존재하였음
  예) 도쿄 지역의 국외 독립운동, 박정희 정부 ←

☆ 결론: 까다로운 개념 또는 사료를 활용하여 고득점을 어렵게 만든 유형들이 존재하기 때문에, 꼼꼼히 공부하지 않았다면 쉽게 정답을 고르기 힘들었던 회차!

합격률: 49.16%

2. 유형 분포도

1) 전근대사 비중(56%): 1번~28번

2) 근현대사 비중(38%): 29번~45번, 49~50번

3) 통합사 비중(6%): 46번, 47~48번

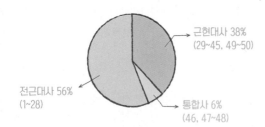

근현대사 38%
(29~45, 49~50)

전근대사 56%
(1~28)

통합사 6%
(46, 47~48)

- 우리나라의 화폐, 우리나라 노비의 역사 흐름(사례)

- 거의 시대순으로 출제되었기 때문에, 순서를 혼동하지 않고 접근하기 쉬움!

- 다른 회차에 비해 흐름형 유형의 출제 비중이 매우 높은 편!

– 한눈에 보는 67회 시대별 · 주제별 유형 분포도

문항	시대	주제	문항	시대	주제
1	선사	청동기 시대	26	조선	조선 시대의 5군영 〔시사점 문제〕
2	선사	고대 철기 국가의 제천 행사	27	조선	조선 정조
3	고대	백제 성왕	28	조선	황사영 백서 사건
4	고대	분황사 모전 석탑	29	개항기	신미양요
5	고대	삼국의 통일 과정	30	개항기	조청 상민 수륙 무역 장정 및 조일 통상 장정
6	고대	의상	31	개항기	한성순보
7	고대	통일 신라 신문왕	32	개항기	동학 농민 운동(전주 화약 체결)
8	고대	혜공왕 피살	33	개항기	육영 공원
9	고대	발해	34	개항기	박정양
10	고대	신검의 견훤 금산사 유폐	35	개항기	광무개혁
11	고려	고려 광종	36	개항기	제1차 한일 협약 및 대한 제국 군대 해산
12	고려	고려 현종	37	일제 강점기	의열단
13	고려	최충헌	38	일제 강점기	광주 학생 항일 운동
14	고려	동북 9성 축조 및 처인성 전투	39	일제 강점기	한국 독립군
15	고려	여몽 연합군의 일본 원정 〔시사점 문제〕	40	일제 강점기	민족 말살기의 사회상
16	고려	논산 관촉사 석조 미륵보살 입상	41	일제 강점기	천도교
17	고려	국자감 〔시사점 문제〕	42	일제 강점기	일제 강점기의 민족 문화 수호 활동
18	고려	고려의 중앙 행정 제도	43	일제 강점기	도쿄 지역의 국외 독립운동
19	고려	최영의 요동 정벌 추진	44	현대	여운형
20	조선	고려사 〔시사점 문제〕	45	현대	사사오입 개헌
21	조선	유향소 〔시사점 문제〕	46	통합사	우리나라의 화폐 사례
22	조선	김종서	47	통합사	우리나라 노비의 역사 흐름
23	조선	조선 후기의 사회상	48	통합사	우리나라 노비의 역사 사례
24	조선	임진왜란(평양성 전투)	49	현대	박정희 정부
25	조선	박제가 및 정약용	50	현대	노무현 정부

3. 시사점 문제 ★ 아래의 문제들은 각 문제 해설에서 해품사의 시사점 풀이!

1) 26번 → 흐름형 유형은 기본적인 풀이 전략을 바탕으로 접근을 시작해봅시다!

2) 15번, 20번 → 최근 기출 경향은 사료의 맥락을 정확히 이해하는 유추력이 요구됩니다!

3) 17번, 21번 → 문제의 맥락을 파악하기 어렵다면 종합적으로 키워드를 파악해봅시다!

해설 보기 전 주목!

어제의 오답 선지 = 내일의 정답 선지

한능검은 역사적 사실이 아닌 것은 선지에 포함하지 않습니다. 즉, 모든 선지는 사실이죠!
기출에서 오답 선지는 이후 시험에서 언제든 정답이 될 수 있습니다.
결국 키워드를 추출하여 선지를 분석하는 것이 기출문제 공부의 핵심입니다.

1. 문제 지문의 핵심 키워드를 찾고 　　2. 선지별로 키워드를 추출한 후 　　3. 연관된 것을 찾으면 정답입니다.

이제 본격적으로 키워드 추출 훈련을 해볼까요?

제67회	**정답 한눈에 보기**								기출문제편 p.96
01 ④	**02** ④	**03** ①	**04** ④	**05** ②	**06** ⑤	**07** ②	**08** ④	**09** ①	**10** ④
11 ①	**12** ②	**13** ②	**14** ④	**15** ②	**16** ③	**17** ④	**18** ①	**19** ③	**20** ⑤
21 ②	**22** ①	**23** ⑤	**24** ②	**25** ④	**26** ③	**27** ③	**28** ③	**29** ⑤	**30** ③
31 ⑤	**32** ①	**33** ⑤	**34** ⑤	**35** ④	**36** ⑤	**37** ③	**38** ②	**39** ⑤	**40** ④
41 ②	**42** ①	**43** ③	**44** ①	**45** ⑤	**46** ③	**47** ③	**48** ①	**49** ④	**50** ⑤

---

1. 정답 ④　　　　　　| 난이도 | ●○○

(가) 시대의 생활 모습으로 옳은 것은?　　[1점]

> 계급이 출현한 [(가)] 시대의 생활상을 엿볼 수 있는 환호, 고인돌, 민무늬 토기 등이 울주 검단리 유적에서 발굴되었습니다. 특히 마을의 방어시설로 보이는 환호는 우리나라의 [(가)] 시대 유적에서 처음 확인된 것으로, 둘레가 약 300미터에 달합니다.

지문의 핵심 키워드 ▶ 청동기 시대

✔ 계급이 출현 - 청동기 시대에는 사유 재산의 차이로 계급이 등장함

✔ 고인돌 - 청동기 시대에 축조된 지배층의 무덤

선지별 키워드 추출

① 철제 무기로 정복 활동을 벌였다.
　→ 철기 시대에는 철로 제작한 칼, 창, 화살촉 등을 활용하여 정복 활동이 이루어졌으며, 이는 삼국 시대까지 이어졌다.

② 주로 동굴이나 막집에서 거주하였다.
　→ 구석기 시대에는 주변의 동굴 또는 바위 그늘에 거주하거나 막집을 따로 지어 살았다.

③ 소를 이용한 깊이갈이가 일반화되었다.
　→ 소를 이용한 깊이갈이는 고려 시대에 이르러서야 일반화되었다.

④ 비파형 동검과 청동 거울 등을 제작하였다.
　→ 청동기 시대에는 청동을 활용하여 비파형 동검 등의 무기를 제작하거나, 청동 거울, 청동 방울 등을 종교 의례에 사용하였다.

⑤ 빗살무늬 토기에 음식을 저장하기 시작하였다.
　→ 신석기 시대에는 빗살무늬 토기, 이른 민무늬 토기 등을 이용하여 식량을 저장하였다.

선사 시대 중 청동기 시대부터 계급이라는 개념이 등장하기 시작하였습니다!!

2. 정답 ④ | 난이도 | ●○○

(가)~(라)에 들어갈 내용으로 옳은 것을 〈보기〉에서 고른 것은? [2점]

〈여러 나라의 제천 행사〉

나라	내용
부여	(가)
고구려	(나)
동예	(다)
삼한	(라)

지문의 핵심 키워드 ▶ 고대 철기 국가의 제천 행사

생략(선지분석으로 대체!)

선지별 키워드 추출

ㄱ. (가) - **무천**이라는 제천 행사에서 밤낮으로 음주가무를 즐겼다.
→ **동예**는 매년 10월에 밤낮없이 술을 마시고 노래를 부르는 **제천 행사**인 **무천**을 열었다.

ㄴ. (나) - 10월에 지내는 제천 행사는 국중대회로 **동맹**이라 하였다.
→ **고구려**는 매년 10월에 추수에 대한 감사를 지내기 위해 하늘에 제사를 지내고 음주가무를 즐기는 **제천 행사**인 **동맹**을 열었다.

ㄷ. (다) - **영고**라는 제천 행사를 열고 죄수를 풀어주기도 하였다.
→ **부여**는 매년 12월에 추수를 마치면 하늘에 제사를 지내고 음주가무를 즐기는 제천 행사인 **영고**를 열었다.

ㄹ. (라) - 씨뿌리기가 끝난 **5월**과 농사를 마친 **10월**에 제사를 지냈다.
→ **삼한**은 **매년 5월**에 풍년을 기원하기 위한 목적으로 제사를 지내고, **매년 10월**에는 한 해의 농사 결과에 감사하는 목적으로 제사를 지내는 **계절제**를 지냈다.

 최근 한능검에서 여러 고대 철기 국가를 동시에 출제하는 사례가 늘어났습니다!

3. 정답 ① | 난이도 | ●○○

다음 자료에 해당하는 왕에 대한 설명으로 옳은 것은? [1점]

백제 제26대 왕 명농. 지혜와 식견이 뛰어나고 결단력이 있었다.	웅진에서 사비로 도읍을 옮기고 백제의 중흥을 꾀했다.	구천(관산성 부근)에서 신라의 복병에게 목숨을 잃었다.
1/3	2/3	3/3

지문의 핵심 키워드 ▶ 백제 성왕

✔ 웅진에서 사비로 도읍을 옮김 - 백제 성왕의 사비 천도
✔ 구천군(관산성 부근)에서 신라의 복병에게 목숨을 잃음 - 백제 성왕의 사망 과정

선지별 키워드 추출

① 국호를 남부여로 개칭하였다.
→ 백제 성왕은 백제의 중흥을 위해 웅진에서 사비로 도읍을 옮기고 국호를 남부여로 개칭하였다.

② 금마저에 **미륵사**를 창건하였다.
→ 백제 무왕은 전라북도 익산에 **미륵사**를 창건하였다.

③ 고흥에게 서기를 편찬하게 하였다.
→ 백제 근초고왕은 고흥으로 하여금 역사서인 『서기』를 편찬하게 하였다.

④ 윤충을 보내 대야성을 함락하였다.
→ 백제 의자왕은 윤충을 보내어 신라의 **대야성**을 함락시켰으며, 이때 김춘추의 가족들이 살해되었다.

⑤ 동진에서 온 마라난타를 통해 불교를 수용하였다.
→ 백제 침류왕 때 중국의 동진에서 온 **마라난타**를 통해 **불교를 수용**하였다.

 백제에서 수도 천도를 단행한 왕은 문주왕(웅진 천도) 및 성왕(사비 천도)입니다!

4. 정답 ④

| 난이도 | ●●○

(가)에 해당하는 문화유산으로 옳은 것은? [3점]

> 국보로 지정된 [(가)]은 현존하는 신라 탑 중에 가장 오래된 것으로 평가받습니다. 이 탑은 돌을 벽돌 모양으로 다듬어 쌓았다는 특징이 있으며, 선덕 여왕 3년에 건립된 것으로 추정됩니다.

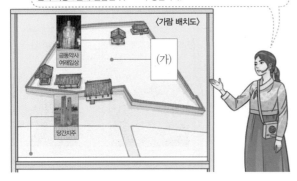

지문의 핵심 키워드 ▶ 분황사 모전 석탑

✓ 현존하는 신라 탑 중 가장 오래된 것 - 분황사 모전 석탑의 의의
✓ 벽돌 모양 - 분황사 모전 석탑의 구조
✓ 선덕 여왕 3년에 건립 - 분황사 모전 석탑의 건립 시기

선지별 키워드 추출

① 경주 불국사 삼층 석탑(통일 신라)

② 부여 정림사지 5층 석탑(백제)

③ 만주 영광탑(발해)

④ 경주 분황사 모전 석탑(신라)

⑤ 익산 미륵사지 석탑(백제)

한능검에서 분황사 모전 석탑을 출제하면 벽돌 모양 또는 신라에서 가장 오래된 석탑을 언급합니다!

5. 정답 ②

| 난이도 | ●●○

(가)에 들어갈 내용으로 가장 적절한 것은? [3점]

> 한국사 동영상 제작 계획안
>
> ### 삼국이 하나 되다
>
> ○학년 ○반 ○모둠
>
> ■ 제작 의도
> 삼국 통일 과정을 사건의 발생 순서대로 구성하여 그 의의와 한계를 살펴본다.
>
> ■ 장면별 구성 내용
> #1. 김춘추가 당과의 군사 동맹을 성사시키다
> #2. 백제의 결사대 5천 명이 황산벌에서 패하다
> #3. 연개소문이 죽고 내분이 일어나다
> #4.   (가)
> #5. 신라 수군이 기벌포에서 승리하다

지문의 핵심 키워드 ▶ 삼국의 통일 과정

✓ 연개소문이 죽고 내분이 일어남 - 연개소문 사망(665) 이후 아들끼리 지배권을 놓고 분쟁이 발생함
✓ 기벌포 전투(676) - 나당 전쟁 당시 신라가 당나라 군대에게 승리한 전투

선지별 키워드 추출

① 흑치상지가 당의 유인궤에게 항복하다.
→ 백제 멸망 후 흑치상지는 임존성에서 백제 부흥 운동을 주도하였고, 당나라 유인궤에게 항복하였다. - (가) 이전

② 문무왕이 안승을 보덕국왕으로 책봉하다.
→ 신라는 고구려 멸망 후 안승을 보덕국왕으로 책봉하였다.

③ 을지문덕이 살수에서 수의 군대를 물리치다.
→ 612년 을지문덕은 수 양제의 대군을 살수에서 격퇴하였다. - (가) 이전

④ 부여풍이 백강에서 왜군과 함께 당군에 맞서 싸우다.
→ 백제 멸망 후 부여풍이 왜군과 함께 당군에 맞서 싸웠다(백강 전투, 663). - (가) 이전

⑤ 개로왕이 북위에 사신을 보내 고구려 공격을 요청하였다.
→ 5세기 후반 백제 개로왕은 북위에 국서를 보내어 고구려 견제를 시도하였다. - (가) 이전

삼국의 통일 과정은 고대의 대표 빈출 주제이므로 반드시 공략할 필요가 있습니다!

6. 정답 ⑤ | 난이도 | ●○○

밑줄 그은 '이 승려'에 대한 설명으로 옳은 것은? [2점]

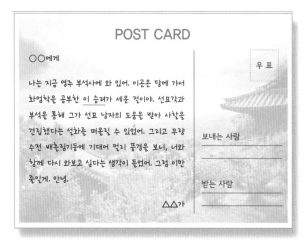

POST CARD

○○에게

나는 지금 영주 부석사에 와 있어. 이곳은 당에 가서 화엄학을 공부한 이 승려가 세운 절이야. 선묘각과 부석을 통해 그가 선묘 낭자의 도움을 받아 사찰을 건립했다는 설화를 떠올릴 수 있어. 그리고 무량 수전 배흘림기둥에 기대어 멀리 풍경을 보니, 너와 함께 다시 와보고 싶다는 생각이 들었어. 그럼 이만 줄일게. 안녕.

보내는 사람

받는 사람

△△가

우표

지문의 핵심 키워드 ▶ 의상

✓ 부석사 – 의상이 창건한 사찰

✓ 화엄학을 공부 – 의상은 당나라 유학을 통해 화엄 사상을 공부함

선지별 키워드 추출

① 황룡사 구층 목탑의 건립을 건의하였다.
→ 신라의 자장은 나라를 지키기 위한 목적으로 선덕 여왕에게 황룡사 9층 목탑의 건립을 건의하였다.

② 무애가를 지어 불교 대중화에 노력하였다.
→ 신라의 원효는 불교 대중화를 위하여 나무아미타불을 외치면 누구나 극락에 갈 수 있다고 강조하며 무애가를 지었다.

③ 유식의 교의를 담은 해심밀경소를 저술하였다.
→ 신라의 원측은 불교 유식 사상의 교리를 담은 불교 경전인 『해심밀경』에 대한 주석서를 저술하였다.

④ 승려들의 전기를 정리한 해동고승전을 편찬하였다.
→ 고려의 각훈은 삼국 시대부터 고려 시대까지의 승려들의 전기를 정리한 『해동고승전』을 저술하였다.

⑤ 현세의 고난에서 구제받고자 하는 관음 신앙을 강조하였다.
→ 신라의 의상이 강조한 관음 신앙은 현세의 고난에서 벗어나 중생들의 괴로움을 구제해준다고 전하는 관세보음살을 신봉하는 것이었다.

 한능검에서 의상을 출제하면, 부석사 · 낙산사 등의 사찰 키워드를 제시할 가능성이 높습니다!

7. 정답 ② | 난이도 | ●●○

(가) 왕의 업적으로 옳은 것은? [2점]

대왕암이 내려다 보이는 이곳은 경주 이견대입니다. 선왕을 기리며 감은사를 완공한 (가) 은/는 이곳에서 용을 만나는 신묘한 일을 겪었고, 이를 통해 검은 옥대와 만파식적의 재료가 된 대나무를 얻었다고 합니다.

지문의 핵심 키워드 ▶ 통일 신라 신문왕

✓ 감은사를 완공 – 신문왕이 아버지인 문무왕의 업적을 기리기 위해 건립한 사찰

✓ 만파식적 – 신문왕이 감은사로 행차하는 길에 얻은 피리

선지별 키워드 추출

① 향가 모음집인 삼대목을 편찬하였다.
→ 통일 신라 진성 여왕 때 왕족 출신의 위홍과 승려 출신인 대구화상이 향가 모음집인 『삼대목』을 편찬하였다.

② 관료전을 지급하고 녹읍을 폐지하였다.
→ 통일 신라 신문왕은 귀족들에게 관료전을 지급하고 기존 귀족들의 경제적 기반이었던 녹읍을 폐지하였다.

③ 인사를 담당하는 위화부를 창설하였다.
→ 신라 진평왕 때 인사 행정을 담당하는 기구인 위화부가 설치되었다.

④ 건원이라는 독자적인 연호를 사용하였다.
→ 신라 법흥왕은 건원이라는 독자적인 연호를 사용하였다.

⑤ 시장을 감독하기 위해 동시전을 설치하였다.
→ 신라 지증왕 때 시장인 동시를 개설한 뒤, 이를 감독하는 관청으로 동시전을 설치하였다.

 신문왕과 관련된 대표적인 키워드로는 감은사 건립 및 녹읍 폐지와 관료전 지급이 있습니다!

다음 상황 이후에 전개된 사실로 옳은 것은? 　　[2점]

> 이찬 김지정이 반역하여 무리를 모아 궁궐을 에워싸고 침범하였다. 여름 4월에 상대등 김양상이 이찬 경신과 함께 군사를 일으켜 김지정 등을 죽였으나, 왕과 왕비는 반란군에게 살해되었다. 양상 등이 왕의 시호를 혜공왕이라 하였다.
>
> – 『삼국사기』 –

지문의 핵심 키워드 ▶ 혜공왕 피살

문제에 제시된 사건(통일 신라 38대 혜공왕, 혜공왕 피살, 780)
- ✓ 김지정이 반역하여 무리를 모아 궁궐을 에워싸고 침범, 양상 등이 왕의 시호를 혜공왕이라 함 – 통일 신라 혜공왕 및 왕비는 김지정의 난 당시 살해됨

선지별 키워드 추출

① 김흠돌이 반란을 도모하였다.
→ 통일 신라 신문왕 때 왕의 장인인 **김흠돌**이 반란을 일으켰다. – 제시된 사건 이전

② 이사부가 우산국을 복속하였다.
→ **신라 지증왕**은 512년에 **이사부**를 파견하여 현재의 울릉도인 **우산국**을 우리나라의 영토로 복속하였다. – 제시된 사건 이전

③ 김대성이 불국사 조성을 주도하였다.
→ 통일 신라 경덕왕 때인 8세기 중반에 김대성이 불국사와 석굴암을 조성하였다. – 제시된 사건 이전

④ 장보고가 왕위 쟁탈전에 가담하였다.
→ 통일 신라 하대에 해상 무역을 장악한 **장보고**는 강력한 군사력을 바탕으로 **왕위 쟁탈전**에 가담하였다. – 제시된 사건 이후

⑤ 거칠부가 왕명에 의해 **국사**를 편찬하였다.
→ 6세기 중반 **신라 진흥왕** 때 왕명에 의해 **거칠부**가 역사서인 『**국사**』를 편찬하였다. – 제시된 사건 이전

 한능검에서 혜공왕 피살 이후라는 키워드가 언급되면 정답 키워드로 신라 하대의 사례를 고르면 됩니다!

(가) 국가에 대한 설명으로 옳은 것은? 　　[2점]

> 이 글은 양태사가 지은 '밤에 다듬이 소리를 듣고'라는 한시로, 정효 공주 묘지(墓誌) 등과 함께 (가) 의 한문학 수준을 보여주는 대표적인 사례입니다. 이 시에는 문왕 때 일본에 사신으로 파견된 그가 다듬이 소리를 듣고 고국을 그리워하는 마음이 잘 표현되어 있습니다.

> 서리 기운 가득한 하늘에 달빛 비치는 은하수도 밝은데
> 나그네 돌아갈 일 생각하니 감회가 새롭네
> 홀로 앉아 지내는 긴긴 밤 근심에 젖어 마음 아픈데
> 홀연히 들려누나 이웃집 아낙네 다듬이질 소리
> 바람결에 그 소리 끊기는 듯 이어지는 듯
> 밤 깊어 별빛 기우는데 잠시도 쉬지 않네
> 나라 떠나온 뒤로 아무 소리 듣지 못하더니
> 이제 타향에서 고향 소리 듣는구나
> ⋮

지문의 핵심 키워드 ▶ 발해

- ✓ 정효 공주 – 발해 문왕의 넷째 딸
- ✓ 문왕 – 발해 제3대 왕

선지별 키워드 추출

① 교육 기관으로 주자감을 설립하였다.
→ 발해는 국립 교육 기관으로 주자감을 설치하여 유학 교육을 실시하였다.

② 골품제라는 엄격한 신분제를 마련하였다.
→ 신라의 골품제는 정해진 신분에 따라 부여되는 혜택에 차이를 두었다.

③ 정사암에서 국가 중대사를 논의하였다.
→ 백제는 정사암에 모여 국가 중대사를 논의하였다.

④ 관리 선발을 위해 독서삼품과를 시행하였다.
→ 통일 신라 원성왕 때 유교 경전의 독해 능력에 따라 관리를 선발하는 독서삼품과를 시행하였다.

⑤ 청연각과 보문각을 설치하여 학문 연구를 장려하였다.
→ 고려 예종 때 관학 진흥을 위하여 궁중 도서관인 보문각과 경연 및 책 관리를 담당하는 청연각을 설치하였다.

 한능검에서 발해를 출제할 때 문왕의 딸인 정혜 공주 및 정효 공주 관련 키워드를 제시할 수 있습니다!

10. 정답 ④ | 난이도 | ●●○

다음 상황 이후에 있었던 사실로 옳은 것은? [3점]

> 파진찬 신덕, 영순 등이 신검에게 견훤을 금산사에 유폐하고 사람을 보내 금강을 죽이도록 권하였다. 신검이 대왕을 자칭하고 국내에 대사면령을 내렸다. 교서에서 이르기를, "…… 왕위를 어리석은 아이에게 줄 뻔하였다. 다행스러운 것은 상제께서 진정한 마음을 내리시니 군자들이 허물을 고쳤고 맏아들인 나에게 명하여 이 한 나라를 다스리게 하셨다는 점이다. ……"라고 하였다.

지문의 핵심 키워드 ▶ 견훤, 금산사 유폐

문제에 제시된 사건(후백제, 견훤, 금산사 유폐, 935)
✓ 신검에게 견훤을 금산사에 유폐 – 견훤의 첫째 아들인 신검은 왕위 계승에 불만을 품고 견훤을 금산사에 유폐시킴

선지별 키워드 추출

① 궁예가 광평성을 설치하였다.
   → 후고구려의 궁예는 904년에 최고 중앙 관서로 광평성을 설치하였다. – 제시된 사건 이전

② 장문휴가 당의 등주를 공격하였다.
   → 발해 무왕은 732년에 장문휴를 파견하여 중국의 산둥반도(등주)를 선제 공격하였다. – 제시된 사건 이전

③ 신숭겸이 공산 전투에서 전사하였다.
   → 927년 고려 왕건은 공산 전투에서 신숭겸이 전사하는 등 후백제의 견훤에게 크게 패하였다. – 제시된 사건 이전

④ 왕건이 일리천 전투에서 승리하였다.
   → 936년 고려의 왕건은 일리천 전투를 통해 후백제 신검에게 승리하며 후삼국 통일을 완성하였다. – 제시된 사건 이후

⑤ 김헌창이 웅천주에서 반란을 일으켰다.
   → 통일 신라 헌덕왕 때 김헌창은 아버지인 김주원이 왕이 되지 못한 것에 불만을 품고 반란을 일으켰다. – 제시된 사건 이전

 견훤이 왕건에게 귀순한 이후 왕건이 신검을 일리천 전투에서 제압함으로써 후삼국 통일이 완성되었습니다!

11. 정답 ① | 난이도 | ●○○

(가) 왕이 추진한 정책으로 옳은 것은? [1점]

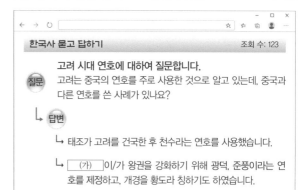

> **한국사 묻고 답하기** 조회 수: 123
>
> 질문 **고려 시대 연호에 대하여 질문합니다.**
> 고려는 중국의 연호를 주로 사용한 것으로 알고 있는데, 중국과 다른 연호를 쓴 사례가 있나요?
>
> ↳ 답변
> ↳ 태조가 고려를 건국한 후 천수라는 연호를 사용했습니다.
> ↳ (가) 이/가 왕권을 강화하기 위해 광덕, 준풍이라는 연호를 제정하고, 개경을 황도라 칭하기도 하였습니다.

지문의 핵심 키워드 ▶ 고려 광종

✓ 광덕, 준풍이라는 연호를 제정 – 고려 광종 때 제정

선지별 키워드 추출

① 과거제를 도입하였다.
   → 고려 광종 때 후주 출신 쌍기의 건의를 받아 관리 임용 제도인 과거제를 시행하였다.

② 흑창을 처음 설치하였다.
   → 고려 왕건은 봄에 곡식을 빌려 가을에 갚는 진휼 기관인 흑창을 설치하였다.

③ 전시과 제도를 시행하였다.
   → 고려 경종은 관직과 인품을 기준으로 전지와 시지를 지급하는 전시과(시정 전시과)를 시행하였다.

④ 삼국사기 편찬을 명하였다.
   → 고려 인종은 김부식에게 삼국사기 편찬을 명하였다.

⑤ 12목에 지방관을 파견하였다.
   → 고려 성종은 지방 행정 조직인 12목을 설치하고, 지방관과 경학박사·의학박사 등을 파견하였다.

 고려의 광종은 광덕 및 준풍이라는 연호 키워드를 가장 먼저 언급할 가능성이 높습니다!

(가) 왕의 재위 기간에 있었던 사실로 옳은 것은?　[3점]

> 〈역사 연극 시나리오 구상〉
>
> **제목:** [(가)]**의 험난한 피란길**
>
> ○학년 ○반 ○모둠
>
> 장면1: 강조의 정변을 구실로 침입한 거란군이 서경까지 이르자 강감찬이 왕에게 남쪽으로 피란할 것을 권유한다.
>
> 장면2: 왕이 개경을 떠나 전라도 삼례에 이르는 동안 호위군이 도망가는 등의 어려움을 겪는다.
>
> 장면3: 나주에 도착한 왕은 강화가 성립되어 거란군이 물러간다는 소식을 듣고 안도한다.

지문의 핵심 키워드 ▶ 고려 현종

✓ 강조의 정변을 구실로 침입한 거란군 – 고려 현종 때 거란의 제2차 침입 발생
✓ 나주에 도착한 왕 – 거란의 제2차 침입 때 고려 현종은 나주로 피란함

선지별 키워드 추출

① 만부교 사건이 일어났다.
→ 고려 왕건은 거란이 선물한 낙타를 만부교 다리 아래에서 굶어 죽게 하였다.

② 초조대장경 조판이 시작되었다.
→ 고려 현종 때 거란의 침략을 방어하기 위한 염원을 담아 『초조대장경』이 조판되었다.

③ 사신 저고여가 귀국길에 피살되었다.
→ 고려 고종 때 몽골의 사신인 저고여가 귀국하는 도중 암살되었으며, 이는 몽골이 고려를 침략하는 직접적인 원인이 되었다.

④ 공주 명학소에서 망이 · 망소이가 봉기하였다.
→ 정중부 정권 때 특수 행정 구역에 대한 차별에 반발하여 망이 · 망소이가 반란을 일으켰다.

⑤ 신돈을 중심으로 전민변정 사업이 추진되었다.
→ 고려 공민왕 때 신돈의 건의로 권문세족에게 억울하게 빼앗긴 토지를 원래의 주인에게 돌려주기 위하여 전민변정도감을 설치하였다.

 한능검에서 고려 현종을 출제하면, 거란의 제2차 침입 이후와 관련된 사실을 연계하여 출제할 수 있습니다!

(가) 인물의 활동으로 옳은 것은?　　　　[2점]

> 이것은 이의민을 제거하고 정권을 장악한 [(가)]의 묘지명 탁본입니다. 여기에는 그가 명종의 퇴위와 신종의 즉위에 관여한 사실 등이 기록되어 있습니다.

지문의 핵심 키워드 ▶ 최충헌

✓ 이의민을 제거하고 정권을 장악 – 최충헌의 집권 과정
✓ 명종의 퇴위와 신종의 즉위에 관여 – 최충헌 집권기의 왕

선지별 키워드 추출

① 인사 행정을 담당하던 정방을 폐지하였다.
→ 고려 공민왕 때 인사 행정을 담당한 정방과 더불어 정동행성의 대표 부속 관서인 이문소를 폐지하였다.

② 교정도감을 두어 국가의 중요한 사무를 처리하였다.
→ 최충헌은 최고 정치 기구로 교정도감을 설치한 뒤 수장인 교정별감을 역임하며 국정을 총괄하였다.

③ 삼별초를 이끌고 진도로 이동하여 대몽 항쟁을 펼쳤다.
→ 삼별초는 몽골과의 강화 이후 개경 환도 결정에 반발하여 강화도–진도(용장성-배중손)-제주도(항파두리성-김통정)로 근거지를 옮기며 끝까지 항전하였다.

④ 화약과 화포 제작을 위한 화통도감 설치를 건의하였다.
→ 고려 우왕 때 최무선은 왜구 격퇴를 위한 화약 및 화포 개발을 목적으로 화통도감의 설치를 건의하였다.

⑤ 후세의 정책 방향을 제시하기 위해 훈요 10조를 남겼다.
→ 고려 왕건은 후대의 왕에 대한 조언을 담은 훈요 10조를 남겼다.

 최충헌은 이의민을 제거한 뒤 명종에게 봉사 10조를 올렸습니다!

---

14. 정답 ④ | 난이도 | ●●○

(가), (나) 사이의 시기에 있었던 사실로 옳은 것은?

[2점]

(가) 윤관이 포로 346구와 말 96필, 소 300여 마리를 바쳤다. 의주와 통태진·평융진에 성을 쌓고, 함주·영주·웅주·길주·복주, 공험진과 함께 북계 9성이라 하였다.

(나) 그해 12월 16일에 처인부곡의 작은 성에서 적과 싸우던 중 화살로 적의 괴수인 살리타를 쏘아 죽였습니다. 사로잡은 자들이 많았으며 나머지 무리는 무너져 흩어졌습니다.

지문의 핵심 키워드 ▶ 윤관의 동북 9성 축조, 처인성 전투

(가) 사건(고려 16대 예종, 동북 9성 축조, 1107)
✓ 윤관, 북계 9성 – 고려 예종 때 윤관의 동북 9성 축조
(나) 사건(고려 23대 고종, 처인성 전투, 1232)
✓ 처인부곡, 살리타 사살 – 몽골의 제2차 침입

선지별 키워드 추출

① 외침에 대비하여 광군을 조직하였다.
→ 고려 정종 때(947) 거란의 침략에 대비하기 위하여 광군을 조직하였다. – (가) 이전

② 서희의 활약으로 강동 6주를 획득하였다.
→ 거란의 제1차 침입 당시 서희는 거란 장수 소손녕과의 외교 담판을 통해 강동 6주를 획득하였다. – (가) 이전

③ 이제현이 만권당에서 유학자들과 교류하였다.
→ 고려의 이제현은 원 간섭기 때 원나라 연경의 만권당에서 원의 학자들과 교류하였다. – (나) 이후

④ 묘청 등이 칭제 건원과 금 정벌을 주장하였다.
→ 고려 인종 때 묘청 등은 서경 천도 운동을 추진하며 칭제 건원과 금국 정벌을 주장하였다(1135).

⑤ 압록강에서 도련포까지 천리장성을 축조하였다.
→ 고려 덕종 때 거란의 침입에 대비하기 위하여 압록강~도련포 인근에 천리장성을 축조하였다. – (가) 이전

이자겸의 금의 사대 요구 수용 및 묘청의 금 정벌 주장은 공통적으로 고려 인종 때 발생하였습니다!

---

15. 정답 ② | 난이도 | ●●○

다음 자료를 활용한 탐구 활동으로 가장 적절한 것은?

[2점]

시중 김방경과 대장군 인공수를 [상국(上國)]에 파견하여 표문을 올렸다. "우리나라는 근래 역적을 소탕하는 대군에 군량을 공급하는 일로 이미 해마다 백성에게서 양식을 거두어들였습니다. 게다가 일본 정벌에 필요한 전함을 건조하는 데 장정들이 모두 징발되었고 노약자들만 겨우 밭 갈고 씨 뿌리는 일을 하고 있습니다."

지문의 핵심 키워드 ▶ 여몽 연합군의 일본 원정

✓ 김방경 – 여몽 연합군의 일본 원정 당시 고려 측 장수
✓ 일본 정벌 – 원 간섭기 때 일본 정벌 사례

선지별 키워드 추출

① 삼전도비가 건립된 계기를 찾아본다.
→ 조선 인조 때 발생한 병자호란의 결과, 청과의 군신 관계를 규정한 삼전도비가 건립되었다.

② 정동행성이 설치되는 배경을 살펴본다.
→ 원 간섭기에 원나라는 일본 원정을 위한 일종의 사령부로서 정동행성을 설치하였다.

③ 사심관 제도가 시행된 원인을 조사한다.
→ 고려 왕건은 지방 세력을 통제하기 위하여 지방에 연고가 있는 유력자에게 해당 지역을 다스리도록 하는 사심관 제도를 실시하였다.

④ 조위총의 난이 전개되는 과정을 알아본다.
→ 서경유수 출신의 조위총은 무신 정권이 수립된 직후 정중부 타도를 주장하며 평양에서 반란을 주도하였다.

⑤ 권수정혜결사문이 작성된 목적을 파악한다.
→ 고려의 지눌은 타락한 불교의 현실을 비판하며, 승려 본연의 모습으로 돌아갈 것을 강조하는 '권수정혜결사문'을 작성하였다.

정동행성은 원 간섭기와 관련된 대표적인 기구로, 일본 원정을 목적으로 설치되었다는 것이 특징입니다!

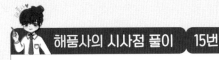

최근 기출 경향은 사료의 맥락을 정확히 이해하는 유추력이 요구됩니다!

해품사의 문제 첫인상

1. 문제에서 생각보다 핵심이 되는 키워드가 적은 편인데, 사료를 꼼꼼히 읽을 필요가 있겠군!
2. 김방경과 일본 원정은 공통적으로 원 간섭기의 사례와 연결해볼 수 있는 키워드인데?!
3. 이번 유형의 경우에는 정동행성과 관련된 개념 자체를 깊게 출제하였군!

해품사의 "대처 방법"

✓ 최근 한능검에서 특정 역사적 사실 자체에 대해 깊게 출제하는 유형이 늘어났습니다!
　→ 그만큼 단순 키워드 암기만을 넘어 각 키워드에 대한 이해력도 요구됩니다!
✓ 그러므로 문제에 제시된 사료 또는 키워드를 종합적으로 이해하는 사고력이 필요합니다!
　→ 이 유형은 김방경이 원 간섭기 때 일본 원정에 파견된 고려의 장수임을 이해할 필요가 있습니다!
✓ 이를 바탕으로 선지에서 연결할 수 있는 대주제를 파악하는 것이 중요합니다!
　→ 정동행성은 원 간섭기 때 일본 원정을 위해 설치한 기구라는 것을 기억할 필요가 있었습니다!

---

16. 정답 ③　　　　　　　　| 난이도 | ●○○

밑줄 그은 '불상'에 해당하는 문화유산으로 옳은 것은?
[2점]

이것은 이색의 목은집에 실린 시의 일부입니다. 그는 관촉사에서 열린 법회에 참여하고 그곳에서 보았던 불상을 떠올리며 이 시를 지었습니다.

> 한산의 동쪽으로 백여 리쯤 되는 곳에
> 은진현이라 그 안에 관족사*가 있다네
> 여기엔 크나큰 석상 미륵존이 있으니
> 내 나간다 나간다며 땅속에서 솟았다네
> ⋮
>
> *관족사: 현재의 관촉사

지문의 핵심 키워드 ▶ 논산 관촉사 석조 미륵보살 입상

✓ 관촉사, 은진현 – 논산 관촉사 석조 미륵보살 입상이 위치한 지역

선지별 키워드 추출

① 파주 용미리 마애이불 입상(고려)

② 경산 팔공산 관봉 석조 여래좌상(통일 신라)

③ 논산 관촉사 석조 미륵보살 입상(고려)

④ 서산 용현리 마애여래 삼존상(백제)

⑤ 안동 이천동 마애여래 입상(고려)

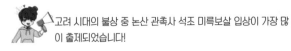
고려 시대의 불상 중 논산 관촉사 석조 미륵보살 입상이 가장 많이 출제되었습니다!

17. 정답 ④

| 난이도 | ●●●

(가) 교육 기관에 대한 설명으로 옳은 것은?　[2점]

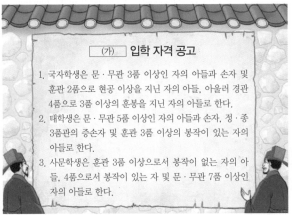

(가) 입학 자격 공고

1. 국자학생은 문 · 무관 3품 이상인 자의 아들과 손자 및 훈관 2품으로 현공 이상을 지닌 자의 아들, 아울러 경관 4품으로 3품 이상의 훈봉을 지닌 자의 아들로 한다.
2. 태학생은 문 · 무관 5품 이상인 자의 아들과 손자, 정 · 종 3품관의 증손자 및 훈관 3품 이상의 봉작이 있는 자의 아들로 한다.
3. 사문학생은 훈관 3품 이상으로서 봉작이 없는 자의 아들, 4품으로서 봉작이 있는 자 및 문 · 무관 7품 이상인 자의 아들로 한다.

지문의 핵심 키워드 ▶ 국자감

✓ 국자학생, 태학생, 사문학생 – 고려의 국자감의 학생

선지별 키워드 추출

① 문헌공도로 불리기도 하였다.
　→ 고려 문종 때 최충은 고려 최초의 사립 교육 기관인 문헌공도(9재 학당)를 설립하였다.

② 중앙에서 교수나 훈도가 파견되었다.
　→ 향교는 조선의 지방 관립 교육 기관으로, 중앙에서 교관인 교수와 훈도가 파견되었다.

③ 전국의 부 · 목 · 군 · 현에 하나씩 설치되었다.
　→ 향교는 전국의 부 · 목 · 군 · 현에 하나씩 설치되었다.

④ 장학 기금 마련을 위해 양현고가 설립되었다.
　→ 고려 예종 때 관학 진흥을 목적으로 국자감 내에 장학 재단인 양현고를 설치하였다.

⑤ 사가독서제를 시행하여 학문에 전념하게 하였다. ➴ 헷갈리기 쉬운 선지!
　→ 조선의 집현전은 젊은 문신들에게 휴가 기간을 부여하여 학문에 전념할 수 있도록 사가독서제를 운영하였다.

 문제의 내용이 너무 어려울 때면 종종 몇 번 문제인지를 보고 해당 시기를 대략 유추하여 접근하는 방법도 있습니다!

해품사의 시사점 풀이 [17번]

문제의 맥락을 파악하기 어렵다면 종합적으로 키워드를 파악해봅시다!

해품사의 문제 첫인상

1. 특정 교육 기관에 대한 유형을 출제하였는데, 사료가 매우 까다로운 편이다!
2. 우선 문제의 번호대를 보니 10번대에서 출제되었으므로, 고려 시대의 사례일 가능성이 높을 것 같다!
3. 특히 관리의 자손을 중심으로 임명되었다는 사실도 종합적으로 고려하면 좋을 것 같다!

해품사의 "대처 방법"

✓ 한능검은 시대순으로 출제되기 때문에, 문제 번호도 어느 정도 힌트가 될 수 있습니다!
　→ 무조건적인 것은 아니지만, 대체로 10~17번 사이는 고려 시대의 역사적 사실을 출제하였을 가능성이 높습니다!
✓ 또한 핵심 키워드 파악이 어렵다면, 간접 힌트를 주목해보는 것도 도움이 될 수 있습니다!
　→ 각 관리의 자손들이 입학하였다는 것을 고려하면, 비교적 공립 교육 기관일 가능성이 높습니다!
✓ 이를 통해 연결 짓기 좋은 사례를 접근할 필요가 있습니다!
　→ 고려 시대 공립 교육 기관의 사례로는 국자감이 대표적이므로, 이와 관련된 사례인 4번이 정답!

18. 정답 ① | 난이도 | ●●○

㉠~㉣ 기구에 대한 설명으로 옳은 것을 〈보기〉에서 고른 것은?   [2점]

> 🔍 **역사 돋보기**   **왕실과의 혼인을 통한 이자겸의 출세**
>
> 음서로 관직에 진출한 이자겸은 1108년 둘째 딸이 예종의 비가 되면서 빠른 속도로 출세하였다.
> 1109년 ㉠추밀원(중추원) 부사, 1111년 ㉡어사대의 대부가 된다. 1113년에는 ㉢상서성의 좌복야에 임명되었고, 1118년 재신으로서 판이부사를 맡았으며, 1122년 ㉣중서문하성 중서령에 오른다.

지문의 핵심 키워드 ▶ 고려의 중앙 행정 제도

생략(선지분석으로 대체!)

선지별 키워드 추출

ㄱ. ㉠ - 군사 기밀과 왕명 출납을 담당하였다.
→ 중추원은 고려의 대표적인 중앙 정치 기구로, 왕명 출납, 숙위, 군국 기무 등을 담당하였다.

ㄴ. ㉡ - 소속 관원이 낭사와 함께 서경권을 행사하였다.
→ 고려의 어사대는 중서문하성의 낭사와 함께 관리 임명에 대한 동의 및 거부권 행사가 가능한 서경권을 행사하였다.

ㄷ. ㉢ - 화폐 · 곡식의 출납과 회계를 담당하였다.
→ 고려의 삼사는 화폐 · 곡식의 출납과 회계를 담당한 재정 담당 기구이다.

ㄹ. ㉣ - 원 간섭기에 도평의사사로 개편되었다.
→ 원 간섭기에는 도병마사가 도평의사사로 개편되었다.

 통일 신라의 집사부, 고려의 중추원, 조선의 승정원은 모두 왕명 출납을 담당하였습니다!

19. 정답 ③ | 난이도 | ●●○

다음 상황이 나타난 시기를 연표에서 옳게 고른 것은?   [2점]

> 명 황제가 말하기를, "철령을 따라 이어진 북쪽과 동쪽과 서쪽은 원래 개원로(開元路)*가 관할하던 군민(軍民)이 속하던 곳이니, 한인 · 여진인 · 달달인 · 고려인을 그대로 요동에 소속시켜라."라고 하였다. …… 왕은 최영과 함께 요동을 공격하기로 계책을 결정하였으나, 감히 드러내어 말하지 못하고 사냥 간다는 핑계를 대고 서쪽으로 해주에 행차하였다.
>
> *개원로(開元路): 원이 설치한 행정 구역

(가)	(나)	(다)	(라)	(마)
1351 공민왕 즉위	1359 홍건적 침입	1380 황산 대첩	1391 과전법 실시	1394 한양 천도	1400 태종 즉위

지문의 핵심 키워드 ▶ 최영의 요동 정벌 추진

✓ 명 황제, 철령을 따라 이어진 북쪽, 동쪽, 서쪽 등을 요동에 소속 - 명나라는 철령위를 설치하여 요동을 명나라의 땅으로 귀속시킴
✓ 왕은 최영과 함께 요동을 공격 - 고려의 우왕은 최영과 요동 정벌을 추진함

선지별 키워드 추출

③ (다)
→ 요동 정벌 추진은 우왕 때 발생하였기 때문에, 우왕 재위 때 발생한 황산 대첩과 공양왕 때 실시된 과전법 사이인 3번이 적절하다.

 최영의 요동 정벌 추진 → 위화도 회군 → 과전법 실시 → 정몽주 피살 및 조선 건국 흐름을 암기합시다!

20. 정답 ⑤ | 난이도 | ●●●

밑줄 그은 '이 역사서'에 대한 설명으로 옳은 것은? [3점]

> 대개 이미 지나간 흥망은 장래의 교훈이 되기 때문에 <u>이 역사서</u>를 편찬하여 올리는 바입니다. …… 범례는 사마천의 『사기』를 따르고, 대의(大儀)는 모두 왕께 아뢰어 재가를 얻었습니다. 본기(本紀)라는 이름을 피하고 세가(世家)라고 한 것은 명분의 중요성을 나타내기 위함이며, 가짜 왕인 신씨들[신우, 신창]을 세가에 넣지 않고 열전으로 내린 것은 그들이 왕위를 도둑질한 사실을 엄히 논죄하려는 것입니다.

지문의 핵심 키워드 ▶ 고려사

- ✔ 범례는 사마천의 『사기』를 따름 - 기전체 형식
- ✔ 본기(本紀)라는 이름을 피하고 세가(世家)라고 한 것 - 『고려사』에는 본기가 포함되지 않음
- ✔ 신씨들을 세가에 넣지 않고 열전으로 내림 - 『고려사』는 조선 건국을 정당화하기 위해 고려 말의 왕들을 비판적으로 서술함

선지별 키워드 추출

① 발해사를 우리 역사로 체계화하였다.
  → 조선 후기에 유득공은 『발해고』에서 남북국이라는 용어를 최초로 사용하였으며, 『발해사』를 우리나라의 역사로 체계화하였다.

② 고구려 시조의 일대기를 서사시로 표현하였다.
  → 고려의 이규보는 『동명왕편』을 통해 고구려 시조의 일대기를 서사시 형식으로 표현하였다.

③ 불교사를 중심으로 고대의 민간 설화를 수록하였다.
  → 고려의 일연은 『삼국유사』를 저술하여 불교사를 비롯하여 민간의 다양한 설화를 수록하였다.

④ 고조선부터 고려 말까지의 역사를 연대순으로 기록하였다.
  → 조선 성종 때 편찬된 『동국통감』은 고조선부터 고려 말까지의 역사를 연대순으로 정리한 편년체 사서이다.

⑤ 조선 건국을 정당화하는 입장에서 고려의 역사를 정리하였다.
  → 『고려사』는 조선 건국의 명분과 정당성을 확보하기 위해 고려 말의 역사를 비판적으로 서술하였다.

 『고려사』는 세가, 지, 열전 등으로 구성된 기전체 사서이며, 고려 말기의 왕을 비판적으로 서술하였습니다!

해품사의 시사점 풀이 20번

최근 기출 경향은 사료의 맥락을 정확히 이해하는 유추력이 요구됩니다!

해품사의 문제 첫인상

1. 어떤 역사서에 대한 문제를 출제한 것 같은데, 사료 맥락 이해가 아주 중요할 것 같다!
2. 우선 본기, 세가, 열전 등은 기전체 역사서에서 볼 수 있는 특징이다!
3. 특히 후반부에 우왕, 창왕을 비판적으로 서술하였다는 것에 주목할 필요가 있겠군!

해품사의 "대처 방법"

- ✔ 한능검에서 출제되는 역사서 유형은 종종 역사서의 원문을 활용하여 출제합니다.
  - → 그러므로 역사서의 내용 및 서술 방식 등을 통해 어떤 역사서인지 유추할 필요가 있습니다!
- ✔ 우선 역사서 유형은 서술 방식만 파악하더라도 접근이 매우 쉬워집니다!
  - → 본기, 세가, 열전 등은 기전체 역사서의 서술 방식입니다!
- ✔ 이후 세부적인 역사서의 내용을 통해 유추하는 전략이 필요합니다!
  - → 우왕과 창왕을 낮게 서술한 것은 조선 건국의 정당성을 위해 고려 말기에 재위한 왕을 비판적으로 서술한 목적이 반영된 것이므로, 이와 관련된 맥락인 5번이 정답!

제67회

21. 정답 ②　　　　　　　　　　| 난이도 | ●●●

(가) 기구에 대한 설명으로 옳은 것은?　　　　　　[2점]

> 우부승지 김종직이 아뢰기를, "고려 태조는 여러 고을에 영을 내려 공변되고 청렴한 선비를 뽑아서 향리들의 불법을 규찰하게 하였으므로 간사한 향리가 저절로 없어져 5백 년간 풍화를 유지할 수 있었습니다. 우리 조정에서는 이시애의 난 이후 　(가)　이/가 혁파되자 간악한 향리들이 불의를 자행하여서 건국한 지 1백 년도 못 되어 풍속이 쇠퇴해졌습니다. …… 청컨대 　(가)　을/를 다시 설립하여 향풍(鄕風)을 규찰하게 하소서."라고 하였다.
>
> – 『성종실록』 –

지문의 핵심 키워드 ▶ 유향소

✓ 향리들의 불법을 규찰 – 유향소의 설립 목적
✓ 이시애의 난 이후 혁파 – 유향소는 세조 때 일시적으로 폐지됨
✓ 다시 설립, 『성종실록』 – 유향소는 성종 때 다시 설립됨

선지별 키워드 추출

① 조광조 일파의 건의로 폐지되었다.
　→ 소격서는 조선 시대에 도교 행사를 주관한 기구로, 조광조는 성리학자로서 소격서의 폐지를 건의함

② 좌수와 별감을 중심으로 운영되었다.
　→ 조선의 유향소는 주요 직책으로 좌수와 별감을 선발하여 운영하였다.

③ 풍기 군수 주세붕이 처음 설립하였다.
　→ 조선 중종 때 풍기 군수 주세붕이 최초의 서원인 백운동 서원을 설립하였다.

④ 대사성 이하 좨주, 직강 등의 관직을 두었다.
　→ 조선의 최고 관립 교육 기관인 성균관은 대사성을 수장으로 좨주, 직강 등의 관직을 두었다.

⑤ 매향(埋香) 활동 등 각종 불교 행사를 주관하였다.
　→ 고려의 향도는 향나무 등을 강가나 바닷가에 묻는 매향 활동 등 불교와 관련된 신앙 활동을 주도하였다.

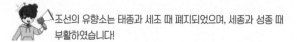 조선의 유향소는 태종과 세조 때 폐지되었으며, 세종과 성종 때 부활하였습니다!

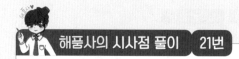

해품사의 시사점 풀이 　21번

문제의 맥락을 파악하기 어렵다면 종합적으로 키워드를 파악해봅시다!

해품사의 문제 첫인상

1. 기존의 유향소 유형에 비하면 사료가 체감상 어려울 수 있을 것 같다!
2. 향리들의 불법을 규찰한다는 맥락만으로 풀이할 필요가 있다!
3. 또한 '이시애의 난 이후 혁파', '성종 때 부활' 등의 내용도 중요한 힌트로 활용할 수 있겠군!

해품사의 "대처 방법"

✓ 전근대사의 경우 사료의 출처도 중요한 힌트로 활용할 수 있습니다!
　→ 이 문제의 경우 『성종실록』을 제시하였기 때문에, 성종 때 유향소의 부활을 건의하였다는 사실을 알 수 있습니다!
✓ 이를 바탕으로 다른 키워드와 함께 종합적으로 파악하는 사고가 필요합니다!
　→ 이시애의 난은 세조 때 발생하였기 때문에, 세조 때 폐지되었으며 성종 때 부활한 기구를 떠올려야 합니다!
✓ 이를 바탕으로 어울리는 사례를 선지와 연결할 필요가 있습니다!
　→ 5번은 고려 시대의 사례이므로 소거, 1번과 3번은 공통적으로 중종 때 사례이므로 소거, 4번은 특별히 폐지된 사례가 없기 때문에 소거하면 남는 선지인 2번이 정답!

22. 정답 ①

다음 검색창에 들어갈 인물의 활동으로 옳은 것은? [2점]

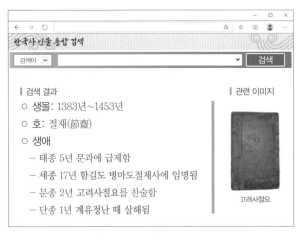

지문의 핵심 키워드 ▶ 김종서

✓ 절재 – 김종서의 호
✓ 세종 때 함길도 병마도절제사, 『고려사절요』 찬술 – 김종서의 활약상
✓ 계유정난 때 살해 – 김종서의 죽음

선지별 키워드 추출

① 여진을 정벌하고 6진을 개척하였다.
　→ 조선의 김종서는 세종 때 두만강 유역 개척을 위한 정벌에 참여하였다.

② 불씨잡변을 지어 불교를 비판하였다.
　→ 조선의 정도전은 성리학자로서 불교에 대해 강력히 비판한 『불씨잡변』을 저술하였다.

③ 반정 공신의 위훈 삭제를 주장하였다.
　→ 조선의 조광조는 중종반정을 통해 책봉된 정국공신 중 일부 자격이 없는 인물들의 공신 자격을 박탈할 것을 주장하는 위훈 삭제를 건의하였다.

④ 왜구의 근거지인 쓰시마섬을 정벌하였다.
　→ 조선의 이종무는 세종 때 왜구의 근거지인 대마도를 정벌하였다.

⑤ 충청도 지역까지 대동법의 확대 실시를 건의하였다.
　→ 조선의 김육은 효종 때 대동법을 충청도 지역까지 확대 실시할 것을 건의하였다.

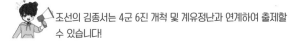
조선의 김종서는 4군 6진 개척 및 계유정난과 연계하여 출제할 수 있습니다!

23. 정답 ⑤

다음 가상 대화가 이루어진 시기에 볼 수 있는 모습으로 적절하지 않은 것은? [1점]

지문의 핵심 키워드 ▶ 조선 후기의 사회상

✓ 만상 – 조선 후기에 의주를 중심으로 활동한 상인
✓ 연행사 – 조선 후기에 청나라에 파견된 사절단

선지별 키워드 추출

① 담배 농사를 짓고 있는 농민
　→ 조선 후기에는 담배, 면화, 인삼 등 다양한 상품 작물 재배가 확산되었다.

② 관청에 종이를 납품하는 공인
　→ 대동법 시행 이후 관청에 필요한 물품을 납부하는 공인이 등장하였다.

③ 시사(詩社)에서 시를 낭송하는 중인
　→ 조선 후기에 중인은 시사(詩社)를 조직하여 문예 활동을 전개하였다.

④ 장시에서 판소리 공연을 하는 소리꾼
　→ 조선 후기에는 탈춤 및 판소리 등의 서민 문화가 발달하였다.

⑤ 솔빈부의 특산품인 말을 수입하는 상인
　→ 발해는 특산품으로 솔빈부의 말이 유명하였다.

연행사는 조선 후기에 파견된 사절단이므로, 조선 후기의 대외 관계 유형에서도 응용될 수 있습니다!

24. 정답 ②　　　　　　　　　| 난이도 | ●●○

다음 기사에 보도된 전투 이후의 사실로 옳은 것은?
[2점]

역사 신문

제△△호　　　　　　　　　　　○○○○년 ○○월 ○○일

조명 연합군, 평양성 탈환

평안도 도체찰사 류성룡, 도원수 김명원이 이끄는 관군이 명 제독 이여송 부대에 합세하여 평양성을 되찾았다. 이번 전투에서 아군은 불랑기포를 비롯한 화포가 위력을 발휘하여 일본군은 크게 패하고 남쪽으로 내려갔다. 이 전투의 승리는 향후 전쟁의 판도를 바꿀 것으로 기대된다.

지문의 핵심 키워드 ▶ 임진왜란(평양성 전투)

✓ 조·명 연합군, 평양성 탈환 – 조선과 명나라의 연합군은 일본군과의 치열한 접전 끝에 빼앗긴 평양성을 탈환하는 데 성공함

선지별 키워드 추출

① 송상현이 동래성에서 항전하였다.
→ 송상현은 임진왜란 초기에 부산의 동래성에서 왜군에게 항전하다가 순절하였다. – 제시된 전투 이전

② 권율이 행주산성에서 적군을 격퇴하였다.
→ 임진왜란 때 권율이 행주산성에서 왜군을 크게 격퇴하였다. – 제시된 전투 이후

③ 이순신이 한산도 앞바다에서 대승을 거두었다.
→ 임진왜란 초기에 이순신이 이끄는 조선 수군은 한산도 앞바다에서 일본 수군에게 크게 승리하였다. – 제시된 전투 이전

④ 신립이 탄금대 앞에서 배수의 진을 치고 싸웠다.
→ 신립은 임진왜란 초기 충주 지역의 탄금대에서 배수의 진을 치고 왜군에 항전하였다. – 제시된 전투 이전

⑤ 최윤덕이 올라산성에서 이만주 부대를 정벌하였다.
→ 조선 세종 때 최윤덕과 김종서를 파견하여 압록강 및 두만강 인근의 여진 세력을 소탕하고 4군 6진을 설치하였다. – 제시된 전투 이전

 한능검에서 임진왜란 흐름형 유형을 출제하면, 대표 사건의 앞글자인 부동탄선/옥한/진평행/명노를 연상합시다!

25. 정답 ④　　　　　　　　　| 난이도 | ●○○

(가), (나) 인물에 대한 설명으로 옳은 것은?　　　　　[2점]

북학의를 저술한 저는 청의 문물 도입과 소비 촉진을 통한 생산력 증대를 주장하였습니다.

오늘은 실학자 두 분을 모시고 어떤 활동을 하셨는지 들어 보겠습니다.

저는 경세유표를 저술하여 국가 제도의 개혁 방향을 제시하였습니다.

홀로그램으로 만나는 역사 인물

(가)　　　　　　(나)

지문의 핵심 키워드 ▶ 박제가 및 정약용

✓ (가) 『북학의』 – 박제가가 청나라를 방문한 뒤 저술한 기행문
✓ (나) 『경세유표』 – 정약용이 국가 개혁에 대한 방향을 제시한 책

선지별 키워드 추출

① (가) – 100리 척을 사용하여 동국지도를 제작하였다.
→ 정상기는 최초로 100리 척을 적용하여 『동국지도』를 제작하였다.

② (가) – 곽우록에서 토지 매매를 제한하는 한전론을 제시하였다.
→ 이익(중농학파)은 토지 매매의 하한선을 제시한 한전론을 주장하였다.

③ (나) – 의산문답에서 중국 중심의 세계관을 비판하였다.
→ 홍대용은 『의산문답』을 통해 중국 중심의 천하관을 비판하였다.

④ (나) – 여전론을 통해 마을 단위의 공동 경작을 주장하였다.
→ 정약용(중농학파)은 마을 단위의 공동 경작 및 공동 분배를 주장한 여전론을 제시하였다.

⑤ (가), (나) – 양명학을 연구하여 강화 학파를 형성하였다.
→ 양명학은 정제두를 대표로 강화도에 형성된 강화 학파를 통해 독자적인 연구가 이루어졌다.

 조선 시대의 실학파 유형 중 중농학파의 경우 각 인물의 토지 제도 개혁 내용을 구별하는 것이 중요합니다!

26. 정답 ③

| 난이도 | ●●○

(가)~(다)를 일어난 순서대로 옳게 나열한 것은? [2점]

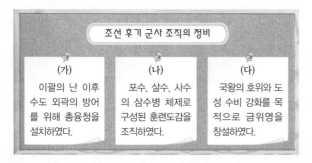

조선 후기 군사 조직의 정비

(가)
이괄의 난 이후 수도 외곽의 방어를 위해 총융청을 설치하였다.

(나)
포수, 살수, 사수의 삼수병 체제로 구성된 훈련도감을 조직하였다.

(다)
국왕의 호위와 도성 수비 강화를 목적으로 금위영을 창설하였다.

지문의 핵심 키워드 ▶ 조선 시대의 5군영

(가) 사건(조선 16대 인조, 총융청 설치, 1624)
✓ 총융청 - 북한산성 등 수도 외곽 방어를 목적으로 설치된 조선 시대의 5군영
(나) 사건(조선 14대 선조, 훈련도감 설치, 1593)
✓ 훈련도감 - 임진왜란 때 일본의 조총 부대에 대비하기 위하여 포수, 살수, 사수의 삼수병 체제로 편성된 조선 시대 최초의 5군영
(다) 사건(조선 19대 숙종, 금위영 설치, 1682)
✓ 금위영 - 국왕의 호위 및 도성 수비를 목적으로 설치된 조선 시대의 마지막 5군영

선지별 키워드 추출

③ (나) - (가) - (다)
→ 조선 시대 5군영의 정비는 훈련도감 설치(나-조선 선조) → 총융청 설치(가-조선 인조) → 금위영 설치(다-조선 숙종) 순으로 발생하였다.

흐름형 유형이 출제되면 특정 사례의 시작 또는 끝 지점부터 우선적으로 파악하는 것을 권장합니다!

해품사의 시사점 풀이 　26번

흐름형 유형은 기본적인 풀이 전략을 바탕으로 접근을 시작해봅시다!

해품사의 문제 첫인상

1. 한능검 기출에서 조선 시대 5군영의 흐름을 출제하였다고?! 너무 어려운 유형인 것 같은데..!
2. 문제를 잘 살펴보니 5군영의 시작(훈련도감)과 5군영의 마지막(금위영)을 동시에 언급했군!
3. 총융청을 정확히 모르더라도 이 두 개만 가지고 문제는 충분히 접근할 수 있다!

해품사의 "대처 방법"

✓ 3개 이상의 사례를 바탕으로 제시하는 흐름형 유형의 경우 최소 1개의 사례가 어렵게 출제됩니다!
　→ 수험생의 입장에서 체감상 어렵다고 파악되는 사례는 우선 후순위로 분석해봅시다!
✓ 대신 비교적 쉬운 사례를 바탕으로 특정 시기의 시작(또는 끝)을 먼저 찾는 것을 권장합니다!
　→ 최소한 훈련도감(시작) 또는 금위영(마지막)만 파악할 수 있더라도 정답율이 높아집니다!
✓ 이를 바탕으로 해당 흐름형 유형에 어울리는 답을 도출할 필요가 있습니다!
　→ 훈련도감과 금위영의 시기만 알아도 충분히 흐름 파악이 가능하므로, 정답은 3번!

(가) 왕의 재위 기간에 있었던 사실로 옳은 것은? [1점]

이 그림은 화성능행도 8폭 중 일부로, [(가)] 이/가 혜경궁 홍씨를 모시고 현륭원에 다녀오는 모습을 그린 것입니다. 위엄을 갖춘 행렬의 장대함과 구경꾼들의 생동감 넘치는 표정이 잘 드러나 있습니다.

지문의 핵심 키워드 ▶ 조선 정조

✓ 화성 - 조선 정조 때 당파 정치의 근절과 왕도 정치의 실현을 위해 수원에 설치한 성
✓ 혜경궁 홍씨 - 정조의 어머니

선지별 키워드 추출

① 자의 대비의 복상 문제로 예송이 전개되었다.
→ 조선 현종 때 자의 대비의 복상 문제를 계기로 두 차례의 예송이 발생하였다.

② 명의 신종을 제사 지내는 만동묘가 설치되었다.
→ 조선 숙종 때 임진왜란 당시 조선을 지원한 명나라의 만력제(신종)를 위하여 만동묘가 건립되었다.

③ 문신을 재교육하기 위한 초계문신제가 실시되었다.
→ 조선 정조 때 젊은 관리 중 재능이 뛰어난 자를 선발하여 규장각에서 재교육하는 초계문신제를 시행하였다.

④ 붕당의 폐해를 경계하는 탕평비가 성균관에 건립되었다.
→ 조선 영조는 탕평책의 의지를 담아 탕평비를 건립하였다.

⑤ 비변사의 혁파로 의정부와 삼군부의 기능이 정상화되었다.
→ 흥선 대원군 집권 때 비변사를 혁파하며 의정부(정치)와 삼군부(군사)에 기능을 이관하였다.

 조선의 정조를 출제할 때 배다리 · 화성 등 특정 문화유산 키워드를 언급할 가능성이 높습니다!

다음 상황이 나타난 시기를 연표에서 옳게 고른 것은? [3점]

사학(邪學) 죄인 황사영은 사족으로서 사술(邪術)에 미혹됨이 가장 심한 자였다. [그는] 의금부에서 체포하려는 것을 미리 알고 피신하였는데, 상복을 입고 성명을 바꾸거나 토굴에 숨어서 종적을 감춘 지 반년이 지났다. 포청에서 은밀히 염탐하여 지금에야 제천 땅에서 붙잡았다. 그의 문서를 수색하던 중 백서를 찾았는데, 장차 북경의 천주당에 전하려고 한 것이었다.

(가)	(나)	(다)	(라)	(마)
1728 이인좌의 난	1746 속대전 편찬	1791 신해 박해	1811 홍경래의 난	1834 헌종 즉위	1862 임술 농민 봉기

지문의 핵심 키워드 ▶ 황사영 백서 사건

문제에 제시된 사건(조선 23대 순조, 황사영 백서 사건, 1801)
✓ 사학(邪學) 죄인 황사영, 백서, 장차 북경의 천주당에 전하려고 한 것 - 천주교 신자인 황사영은 베이징에 주재하는 프랑스 선교사에게 백서를 보내려고 시도함

선지별 키워드 추출

③ (다)
→ 황사영 백서 사건은 조선 순조 때 발생한 신유박해 직후의 사건이기 때문에, 흐름상 정조 때 발생한 천주교 박해 사건인 신해박해 이후가 적절하다.

 한능검에서 황사영 백서 사건은 신유박해 직후에 발생한 대표적인 사건으로 종종 언급됩니다!

29. 정답 ⑤ | 난이도 | ●○○

(가) 사건에 대한 설명으로 옳은 것은? [1점]

이 척화비는 자연석에 비문을 새긴 것이 특징입니다. 척화비는 제너럴셔먼호 사건을 구실로 일어난 (가) 이후 전국 각지에 세워졌습니다. 이를 통해 서양 세력과의 통상 수교를 거부한 역사의 한 장면을 엿볼 수 있습니다.

지문의 핵심 키워드 ▶ 신미양요

✔ 제너럴셔먼호 사건 - 신미양요의 원인

선지별 키워드 추출

① 청군의 개입으로 종결되었다.
→ 임오군란 및 갑신정변은 공통적으로 청군의 개입으로 인해 종결되었다.

② 외규장각 도서가 약탈되는 결과를 가져왔다.
→ 병인양요 당시 프랑스군은 강화도에 위치한 외규장각에서 의궤를 비롯한 여러 도서를 약탈하였다.

③ 에도 막부에 통신사가 파견되는 계기가 되었다.
→ 조선 통신사는 선조 때부터 순조 때까지 일본 에도 막부의 요청으로 동아시아의 근대 문물을 전파하기 위하여 파견되었다.

④ 사태 수습을 위해 박규수가 안핵사로 파견되었다.
→ 조선 철종 때 발생한 임술 농민 봉기의 사태 수습을 위하여 박규수가 안핵사로 파견되었다.

⑤ 전개 과정에서 어재연 부대가 광성보에서 항전하였다.
→ 신미양요 당시 어재연은 로저스 제독이 이끄는 미군 부대를 광성보에서 방어하였다.

 병인양요는 병인박해를 계기로 발생하였으며, 신미양요는 제너럴셔먼호 사건을 계기로 발생하였습니다!

30. 정답 ③ | 난이도 | ●●○

(가), (나) 조약에 대한 설명으로 옳은 것은? [3점]

(가) 제4조 ……조선 상인이 북경에서 규정에 따라 교역하고, 중국 상인이 조선의 양화진과 서울에 들어가 영업소를 개설한 경우를 제외하고 각종 화물을 내지로 운반하여 상점을 차리고 파는 것을 허가하지 않는다. ……

(나) 제37관 조선국에서 가뭄과 홍수, 전쟁 등의 일로 국내에 양식이 부족할 것을 우려하여 일시 쌀 수출을 금지하려고 할 때에는 1개월 전에 지방관이 일본 영사관에 통지하고, 미리 그 기간을 항구에 있는 일본 상인들에게 전달하여 일률적으로 준수하는 데 편리하게 한다.

지문의 핵심 키워드 ▶ 조청 상민 수륙 무역 장정, 조일 통상 장정

✔ (가) 중국 상인이 조선의 양화진과 서울에 들어가 영업소를 개설 - 조청 상민 수륙 무역 장정에 규정된 내지 통상권
✔ (나) 일시 쌀 수출을 금지하려고 할 때에는 1개월 전에 지방관이 일본 영사관에 통지 - 조일 통상 장정에 규정된 방곡령

선지별 키워드 추출

① (가) - 통감부가 설치되는 계기가 되었다.
→ 대한 제국은 일제와 을사늑약을 체결하며 외교권을 박탈당하고, 국내에 통감부가 설치되어 간섭을 받았다.

② (가) - 조선의 관세 자주권을 최초로 인정하였다. ✎ 헷갈리기 쉬운 선지!
→ 조선은 미국과 조미 통상 조약을 체결하며, 조선의 관세 자주권을 최초로 인정하였다.

③ (나) - 최혜국 대우를 규정한 조항을 담고 있다.
→ 조일 통상 장정에는 특정 국가에 부여한 가장 유리한 대우를 상대국에도 부여하는 최혜국 대우를 규정하였다.

④ (나) - 일본 공사관의 경비병 주둔을 명시하였다.
→ 임오군란 당시 구식 군인들에 의해 일본 공사관이 습격받았기 때문에, 이에 대한 조치로서 일본 공사관에 군대 주둔을 허용하는 제물포 조약이 체결되었다.

⑤ (가), (나) - 갑신정변의 영향으로 체결되었다.
→ 갑신정변의 결과 조선은 일본과 한성 조약을 체결하였고, 일본과 청나라는 톈진 조약을 체결하였다.

 조미 수호 통상 조약과 조일 통상 장정에는 공통적으로 최혜국 대우를 규정하였습니다!

31. 정답 ⑤

다음 검색창에 들어갈 신문에 대한 설명으로 옳은 것은?
[2점]

지문의 핵심 키워드 ▶ 한성순보

✓ 박문국 – 한성순보를 발행한 기구
✓ 정부의 개화 정책을 홍보 – 한성순보의 발행 목적

선지별 키워드 추출

① 여권통문을 처음 보도하였다.
　→ 여권통문은 평등한 교육권, 정치 참여권, 경제 활동 참여권 등을 명시한 우리나라 최초의 여성 인권 선언으로, 황성신문이 처음으로 여권통문을 신문에 게재하였다.

② 국채 보상 운동의 확산에 기여하였다.
　→ 대한매일신보는 서상돈, 김광제 등의 발의로 시작된 국채 보상 운동을 지원한 대표적인 신문이다.

③ 의병 투쟁에 호의적인 기사를 게재하였다.
　→ 대한매일신보는 의병 투쟁에 호의적인 기사를 게재하는 등 항일 논설을 다수 게재하였다.

④ 외국인이 읽을 수 있도록 영문으로도 발행되었다.
　→ 독립신문은 외국에도 국내의 소식을 보도할 목적으로 영문판으로도 발행되었다.

⑤ 순 한문 신문으로 열흘마다 발행하는 것이 원칙이었다.
　→ 한성순보는 박문국에서 발행된 최초의 근대식 신문으로, 순한문으로 발행되었으며, 열흘마다 발행하는 것이 원칙이었다.

 한성순보의 순(旬)=열흘 이라는 의미를 기억하면, 키워드를 보다 쉽게 접근할 수 있습니다!

32. 정답 ①

다음 가상 뉴스에서 보도하는 사건 이후에 전개된 사실로 옳은 것은?
[1점]

지문의 핵심 키워드 ▶ 동학 농민 운동(전주 화약 체결)

✓ 전주 화약 체결(1894. 5) – 동학 농민군은 정부와 전주 화약을 체결한 뒤 집강소를 중심으로 개혁을 추진함

선지별 키워드 추출

① 남접과 북접이 논산에서 연합하였다.
　→ 일본이 경복궁을 불법 점령하자, 동학 농민군의 남접과 북접이 논산에서 집결하였다. – 제시된 사건 이후

② 농민군이 황룡촌 전투에서 관군에 승리하였다.
　→ 황룡촌 전투는 전라남도 장성에서 관군과 동학 농민군이 맞서 싸운 전투이다. – 제시된 사건 이전

③ 교조 신원을 요구하는 보은 집회가 개최되었다.
　→ 1893년 동학교도는 교조 신원을 요구하는 보은 집회를 개최하였다. – 제시된 사건 이전

④ 사태 수습을 위해 이용태가 안핵사로 파견되었다.
　→ 고부 농민 봉기 발생 직후 정부는 사태 수습을 위해 이용태를 안핵사로 파견하였다. – 제시된 사건 이전

⑤ 전봉준이 농민을 이끌고 고부 관아를 습격하였다.
　→ 전봉준은 탐관오리인 조병갑의 수탈 및 횡포에 저항하여 고부 농민 봉기를 주도하였다. – 제시된 사건 이전

 동학 농민 운동은 한능검에서 흐름형 유형으로 자주 출제되는 대표적인 유형입니다!

33. 정답 ⑤ | 난이도 | ●●○

다음 대화에 해당하는 교육 기관에 대한 설명으로 옳은 것은? [2점]

지문의 핵심 키워드 ▶ 육영 공원

✓ 신학문을 가르치는 관립 교육 기관 - 육영 공원의 의의
✓ 좌원, 우원 - 육영 공원의 구성
✓ 영어, 산학, 지리 등 - 육영 공원의 주요 과목

선지별 키워드 추출

① 7재라는 전문 강좌가 개설되었다.
→ 고려 예종 때 관학 진흥을 위해 **국자감** 내에 전문 강좌인 **7재**를 운영하였다.

② 조선 총독부의 탄압으로 폐교되었다.
→ 육영 공원은 1894년에 폐교되었기 때문에, 시기상 일치하지 않는다.

③ 교육 입국 조서에 근거하여 세워졌다.
→ 제2차 갑오개혁 때 **교육 입국 조서**를 반포한 결과 **한성 사범 학교**가 수립되었다.

④ 주요 건물로 대성전과 명륜당을 두었다.
→ 조선의 성균관 및 향교에는 제사 공간인 **대성전**과 교육 공간인 **명륜당**이 있었다.

⑤ 헐버트, 길모어 등이 교사로 초빙되었다.
→ 육영 공원은 외국어 교육을 위하여 **헐버트, 길모어** 등 외국인을 교사로 초빙하였다.

 한능검에서 육영 공원을 출제하면, 주로 '좌원 및 우원 구상' 또는 '외국어 교사 초빙'을 언급합니다!

---

34. 정답 ⑤ | 난이도 | ●●●

(가) 인물의 활동으로 옳은 것은? [3점]

초대 주미 공사인 (가) 은/는 미국 대통령에게 고종의 국서를 전달하는 등 외교 활동을 펼친 후 귀국하여 미속습유를 집필하였습니다. 그는 이 책에서 미국의 문물과 제도를 소개하였으며, 미국과의 외교 관계를 강조하였습니다.

지문의 핵심 키워드 ▶ 박정양

✓ 초대 주미 공사 - 박정양의 직책
✓ 『미속습유』 - 박정양이 귀국 이후 저술한 기행문

선지별 키워드 추출

① 샌프란시스코에서 **흥사단**을 창립하였다. 〰️ 헷갈리기 쉬운 선지!
→ 샌프란시스코에서 **안창호** 등의 주도로 독립 운동 단체인 **흥사단**이 창립되었다.

② 황준헌이 쓴 조선책략을 국내에 들여왔다.
→ 제2차 수신사인 **김홍집**은 황준헌의 『조선책략』을 국내에 들여와 소개하였다.

③ 인재 양성을 위해 오산 학교를 설립하였다.
→ **이승훈**은 인재 양성을 위해 민족 학교인 **오산 학교**를 설립하였다.

④ 국문 연구소를 설립하고 연구위원으로 활동하였다.
→ **주시경**은 학부 아래에 설립된 한글 연구소인 **국문 연구소**의 위원으로 활동하였다.

⑤ 독립 협회의 제안을 받아들여 중추원 관제 개편을 추진하였다.
→ 박정양은 독립 협회의 제안을 받아들여 의회식 정치의 개편을 추구하는 **중추원 관제 개편**을 추진하였다.

 한능검에서 박정양을 출제하면 주로 초대 주미 공사 및 중추원 관제 개편 추진 키워드를 언급합니다!

(가)에 들어갈 내용으로 가장 적절한 것은? [2점]

한국사 특강

우리 학회에서는 고종이 황제로 즉위한 이후 구본신참에 입각하여 추진한 정책을 주제로 강좌를 마련하였습니다. 많은 관심과 참여 바랍니다.

◩ 강좌 내용 ◪

제1강 　　　　(가)
제2강 대한국 국제 반포와 황제 중심 정치 구조
제3강 지계 발급과 근대적 토지 소유권

● 기간: 2023년 10월 ○○일~○○일
● 일시: 매주 토요일 14:00~16:00
● 장소: △△ 연구원

지문의 핵심 키워드 ▶ 광무개혁

✔ 고종이 황제로 즉위 – 대한 제국 때 고종은 황제로 즉위함
✔ 대한국 국제 – 대한 제국 때 반포된 헌법

선지별 키워드 추출

① 통역관 양성을 위한 **동문학** 설립
　→ 1883년에 관립 외국어 교육 기관인 **동문학**을 설립하였다.

② 개혁 방향을 제시한 **홍범 14조** 반포
　→ **제2차 갑오개혁** 때 고종이 종묘에서 **홍범 14조**를 반포하며 개혁의 방향성을 제시하였다.

③ **통리기무아문** 설치와 개화 정책 추진
　→ **통리기무아문**은 1880년에 변화하는 국내외 정세에 대응하기 위해 설치한 **개화 정책 총괄 기구**로, 다양한 업무를 분담하기 위해 산하에 12사를 설치하였다.

④ **원수부** 창설과 황제의 군 통수권 강화
　→ **광무개혁** 때 황제에게 권력을 집중하기 위하여 군 통수 기관으로 **원수부**를 창설하였다.

⑤ 23부로의 지방 제도 개편과 지방관 권한 축소
　→ **제2차 갑오개혁** 때 지방 행정 구역을 23부로 개편하고 지방관의 권한을 축소하였다.

 광무개혁과 관련된 사례들은 공통적으로 고종 황제에게 권력을 집중시킨 사례가 많습니다!

(가), (나) 사이의 시기에 있었던 사실로 옳은 것은? [2점]

지문의 핵심 키워드 ▶ 제1차 한일 협약 체결, 대한 제국 군대 강제 해산

✔ (가) 메가타, 재정 고문 – 제1차 한일 협약(1904)
✔ (나) 군대 해산, 일부는 의병 합류 – 대한 제국의 군대 강제로 해산, 일부 정미의병 합류(1907. 8)

선지별 키워드 추출

① **데라우치**가 **초대 총독**으로 부임하였다.
　→ 1910년에 **데라우치**가 **초대 총독**으로 부임하였다. – (나) 이후

② **13도 창의군**을 결성하였다.
　→ **정미의병** 때 **13도 창의군**을 결성한 뒤 1908년에 서울 진공 작전을 전개하여 일본군에 대항하였다. – (나) 이후

③ **기유각서**를 통해 일제에 사법권을 박탈당하였다.
　→ 1909년에 **기유각서**가 체결되었다. – (나) 이후

④ 상권 수호를 위해 황국 중앙 총상회가 조직되었다.
　→ 1898년에 시전 상인을 중심으로 외국 상인의 국내 침투에 저항하여 **황국 중앙 총상회**가 설립되었다. – (가) 이전

⑤ 헤이그에서 열린 만국 평화 회의에 특사가 파견되었다.
　→ **을사늑약**의 체결에 반발하여 1907년 6월에 이준, 이위종, 이상설을 네덜란드 **헤이그**에서 열리는 **만국 평화 회의**에 특사로 파견하였다.

 헤이그 특사의 파견 결과 일제는 고종을 강제로 퇴위시키고, 대한 제국의 군대를 강제로 해산시켰습니다!

37. 정답 ③　　　　　　　　　　　| 난이도 | ●○○

(가) 단체에 대한 설명으로 옳은 것은?　　　[2점]

판결문

피고: 오복영 외 1인
주문: 피고 두 명을 각 징역 7년에 처한다.
이유
제1. 피고 오복영은 이전부터 조선 독립을 희망하고 있었다.

1. 대정 11년(1922) 11월 중 김상옥, 안홍한 등이 조선 독립자금 강탈을 목적으로 권총, 불온문서 등을 가지고 조선에 오는 것을 알고 천진에서 여비 40원을 조달함으로써 동인 등으로 하여금 조선으로 들어오게 하고

2. 대정 12년(1923) 8월 초순 　(가)　 단원으로 활약할 목적으로 피고 이영주의 권유에 의해 동 단에 가입하고

3. 이어서 피고 이영주와 함께 　(가)　 단장 김원봉 및 단원 유우근의 지휘 하에 피고 두 명은 조선 내 관리를 암살하고 주요 관아, 공서를 폭파함으로 민심의 동요를 초래하고 ……

지문의 핵심 키워드 ▶ 의열단

- ✓ 김상옥 - 의열단원, 종로 경찰서에 폭탄 투척 의거를 단행함
- ✓ 단장 김원봉 - 의열단의 단장

선지별 키워드 추출

① 일제의 황무지 개간권 요구를 저지하였다.
　→ 보안회는 일제의 황무지 개간권 요구를 저지하였다.

② 일제가 조작한 105인 사건으로 큰 타격을 입었다.
　→ 신민회는 일제가 조작한 데라우치 총독 암살 혐의 사건인 105인 사건으로 와해되었다.

③ 단원인 나석주가 동양 척식 주식 회사에 폭탄을 던졌다.
　→ 의열단원인 나석주는 동양 척식 주식회사와 조선 식산 은행에 폭탄을 투척하고 자결하였다.

④ 조선 총독부에 국권 반환 요구서를 제출하고자 하였다.
　→ 독립 의군부는 조선 총독부에 국권 반환 요구서를 제출하려고 시도하였다.

⑤ 이륭양행에 교통국을 설치하여 국내와 연락을 취하였다.
　→ 영국인 조지 루이스 쇼는 무역 회사인 **이륭양행**을 운영하였으며, 이후 대한민국 임시 정부의 교통국을 지원하였다.

 한능검에서 의열단을 출제하면 단장 김원봉이라는 키워드를 제시할 가능성이 높습니다!

---

38. 정답 ②　　　　　　　　　　　| 난이도 | ●●○

밑줄 그은 '이 운동'에 대한 설명으로 옳은 것을 〈보기〉에서 고른 것은?　　　[1점]

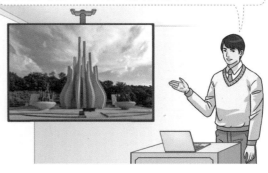

이것은 1929년 11월 한일 학생 간의 충돌을 계기로 시작된 이 운동을 기념하는 탑입니다. 당시 민족 차별에 분노한 광주 지역 학생들이 대규모 시위를 전개하였고, 전국의 많은 학교가 동맹 휴학으로 동참하였습니다. 이 기념탑은 학생들의 단결된 의지를 타오르는 햇불로 형상화한 것입니다.

지문의 핵심 키워드 ▶ 광주 학생 항일 운동

- ✓ 1929년 11월 한일 학생 간의 충돌을 계기로 시작 - 광주 학생 항일 운동의 원인
- ✓ 광주 지역 학생 - 광주 학생 항일 운동을 주도한 세력

선지별 키워드 추출

ㄱ. 조선인 본위의 교육 제도 확립 등을 요구하였다.
　→ 광주 학생 항일 운동 당시 학생들이 식민지 교육의 철폐를 요구하였다.

ㄴ. 대한매일신보의 후원 속에 전국으로 확산하였다.
　→ 대한매일신보는 서상돈, 김광제 등의 발의로 시작된 국채 보상 운동을 지원한 대표적인 신문이다.

ㄷ. 신간회에서 진상 조사단을 파견하여 지원하였다.
　→ 신간회는 광주 학생 항일 운동 발생 이후 진상 조사단을 파견하여 지원하였다.

ㄹ. 일제가 이른바 문화 통치를 실시하는 배경이 되었다.
　→ 3 · 1 운동은 일제가 조선인에 대한 통치 방식을 무단 통치에서 이른바 '문화 통치'로 변화하는 계기를 가져왔다.

 한능검에서 광주 학생 항일 운동을 출제하면 광주 학생 자체를 힌트로 제시할 가능성이 높습니다!

(가) 부대에 대한 설명으로 옳은 것은? [2점]

> 대전자령은 태평령이라고도 하는데, 일본군이 서남부의 왕청현 쪽으로 가려면 반드시 지나가야 하는 지점이었다. 대전자령의 양쪽은 험준한 절벽과 울창한 산림 지대로 되어 있어 적을 공격하기에 알맞은 곳이었다. 이 전투에 ____(가)____ 의 주력 부대 500여 명, 차이시잉(柴世榮)이 거느리는 중국 의용군인 길림구국군 2,000여 명이 참가하였다. …… 한중 연합군은 계곡 양편 산기슭에 구축되어 있는 참호 속에 미리 매복·대기하여 일본군 습격 준비를 마쳤다.
> – 『청천장군의 혁명투쟁사』 –

지문의 핵심 키워드 ▶ 한국 독립군

✔ 대전자령 – 한국 독립군이 일본군과의 전투에서 승리한 지역
✔ 청천장군 – 한국 독립군의 총사령관(지청천)

선지별 키워드 추출

① 영국군의 요청으로 인도·미얀마 전선에 투입되었다.
→ 한국광복군은 제2차 세계 대전 당시 연합군과 연합 작전을 전개하였다.

② 간도 참변 이후 조직을 정비하고 자유시로 이동하였다.
→ 간도 참변 이후 서일을 총재로 밀산부에 집결한 독립군은 대한 독립 군단을 결성하여 자유시로 이동하였다.

③ 중국 관내(關內)에서 결성된 최초의 한인 무장 부대였다.
→ 조선 의용대는 중국 국민당의 지원을 받아 중국 관내(關內)에서 결성된 최초의 군사 조직이다.

④ 홍범도 부대와 연합하여 청산리에서 일본군과 교전하였다.
→ 김좌진이 이끈 북로 군정서군은 대한 독립군, 대한 국민회군 등과 연합하여 청산리 전투에서 일본군에게 승리하였다.

⑤ 한국 독립당의 군사 조직으로 북만주 지역에서 활약하였다.
→ 북만주 지역에서 활약한 한국 독립군은 한국 독립당 군사 조직으로, 중국 호로군과 연합하여 쌍성보, 대전자령 전투에서 승리를 거두었다.

한국 독립군은 북만주에서 조직되었으며, 쌍성보 전투 및 대전자령 전투에서 일본군에게 승리하였습니다.

밑줄 그은 '이 시기'에 있었던 사실로 옳은 것은? [1점]

> #### 문학으로 만나는 한국사
>
> "이제 곧 창씨개명이 문제가 아닌 날이 닥칠 겁니다. 그 때는 사느냐 죽느냐, 이 문제가 턱에 걸려서 아무것도 뵈지 않을걸요. 아 왜 거년(去年) 칠월에 국가 총동원법 제4조라고 허면서, 국민 징용령이 안 떨어졌습니까? 일본 본토는 그렇다 치고, 조선, 대만, 사할린, 남양 군도에까지 그 징용령이 시행되고 있는 판에, 징병령인들 떨어지지 않겠습니까? 지금 지원병 제도는 장차 징병 문제를 결정하려는 시험을 해 보는 것이라고 허드구만요."
> 이기채는 가슴이 까닭 없이 덜컥, 내려앉는다.
> – 『혼불』 –
>
> [해설] 이 작품에는 일제가 국가 총동원법을 제정하고 노동력 수탈을 위해 국민 징용령 등을 시행하던 이 시기 우리 민족의 삶이 잘 표현되어 있다.

지문의 핵심 키워드 ▶ 일제의 민족 말살 정책

✔ 창씨개명, 국가 총동원법, 국민 징용령 – 민족 말살 정책

선지별 키워드 추출

① 조선 태형령이 공포되었다.
→ 무단 통치 시기에 조선인에게만 적용한 형벌이다.

② 헌병 경찰 제도가 실시되었다.
→ 무단 통치 시기에는 헌병이 경찰을 담당하였다.

③ 경성 제국 대학이 설립되었다.
→ 일제는 이른바 '문화 통치' 시기에 민립 대학 설립 운동을 탄압하기 위하여 경성 제국 대학을 설립하였다.

④ 조선 농민 총동맹이 조직되었다.
→ 이른바 '문화 통치' 시기에 조선 노농 총동맹이 분화하여 조선 노동 총동맹·조선 농민 총동맹이 조직되었다.

⑤ 황국 신민 서사의 암송이 강요되었다.
→ 일제는 민족 말살 통치 시기에 천황에 대한 충성심을 강조한 서사 암송을 강요하였다.

한능검에서 민족 말살 통치 시기의 사회상을 출제할 경우 징병제, 학도병제 등이 언급될 수 있습니다!

41. 정답 ②

| 난이도 | ● ○ ○

(가) 종교에 대한 설명으로 옳은 것은? [2점]

기획 전시

방정환이 꿈꾼 어린이를 위한 나라

우리 박물관에서는 『어린이』 창간 100주년을 기념하는 특별전을 준비하였습니다. 동학을 계승한 종교인 (가) 계열의 방정환 등이 어린이들에게 다양한 읽을거리를 제공하기 위해 발간한 잡지 『어린이』의 전시와 함께 여러 체험 행사를 준비하였으니 많은 관심 바랍니다.

- 기간: 2023. ○○. ○○.~○○. ○○.
- 장소: △△ 박물관 특별 전시실
- 전시 자료 소개

▲ 『어린이』 제7권 제3호   ▲ 『어린이』 제9권 제1호

지문의 핵심 키워드 ▶ 천도교

✓ 어린이 – 천도교 소년회가 발간한 잡지
✓ 방정환 – 천도교 소년회 출신으로, 어린이 운동을 주도함

선지별 키워드 추출

① 한용운 등이 **사찰령 폐지**를 주장하였다.
→ 한용운은 불교의 자주성을 되찾기 위하여 **사찰령 폐지**를 주장하였다.

② 만세보를 발행하여 민중 계몽에 앞장섰다.
→ 만세보는 **천도교의 기관지로 간행**된 신문이다.

③ 박중빈을 중심으로 **새생활 운동**을 펼쳤다.
→ 박중빈이 창시한 **원불교**는 금주·단연 등 **전반적인 생활의 개선**을 실천하는 **새생활 운동**을 추진하였다.

④ 배재 학당을 세워 신학문을 보급하고자 하였다.
→ 미국인 선교사 **아펜젤러**는 서울 정동에 **근대식 중등 교육 기관**인 배재 학당을 설립하였다.

⑤ 의민단을 조직하여 항일 무장 투쟁을 전개하였다.
→ **천주교**는 일제 강점기에 만주에서 **의민단**을 조직하여 항일 투쟁을 전개하였다.

 천도교와 어린이 운동은 대표적인 짝꿍 키워드로 기억합시다!

42. 정답 ①

| 난이도 | ● ● ○

(가)에 들어갈 내용으로 가장 적절한 것은? [3점]

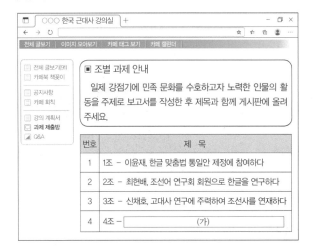

지문의 핵심 키워드 ▶ 민족 문화 수호 활동

생략(선지분석으로 대체!)

선지별 키워드 추출

① 정인보, 민족의 얼을 강조하고 조선학 운동을 전개하다
→ 정인보는 민족의 얼을 강조하였으며, 조선학 운동의 일환으로 정약용의 저술을 모은 『여유당전서』를 간행하였다.

② 장지연, 황성신문에 시일야방성대곡이라는 논설을 싣다
→ 장지연은 을사늑약의 부당성에 항거하며 **황성신문**에 '시일야방성대곡'을 게재하였다.

③ 유길준, 서유견문을 집필하여 서양 근대 문명을 소개하다
→ 유길준은 미국을 기행한 뒤 서양의 근대 문명을 소개한 『서유견문』을 집필하였다.

④ 최익현, 지부복궐척화의소를 올려 왜양일체론을 주장하다
→ 최익현은 강화도 조약 체결에 반대하며 **지부복궐척화의소**를 올려 **왜양일체론**을 주장하였다.

⑤ 신헌, 강화도 조약 체결의 전말을 기록한 심행일기를 남기다
→ 신헌은 강화도 조약 협상 당시 한국측 대표 인물로, 강화도 조약 체결의 전말을 기록한 『심행일기』를 저술하였다.

 일제 강점기라는 시기만 주목하였다면 인물의 생몰 연도를 바탕으로 충분히 접근이 가능한 유형이었습니다!

43. 정답 ③

| 난이도 | ●●○

밑줄 그은 '이 지역'에서 있었던 민족 운동으로 옳은 것은? [2점]

> 이것은 1923년 이 지역에서 발생한 지진 당시 희생된 조선인을 위로하기 위해 세운 추도비입니다. 지진이 일어나자 "조선인이 불을 질렀다.", "조선인이 공격해 온다." 등의 유언비어가 퍼졌고, 이에 현혹된 사람들이 조직한 자경단 등에 의해 수많은 조선인이 학살되었습니다.

지문의 핵심 키워드 ▶ 도쿄 지역의 국외 독립운동

✓ 1923년 이 지역에서 발생한 지진 - 도쿄 지역에서 발생한 대규모의 지진인 간토 대지진

선지별 키워드 추출

① 한인 자치 기구인 **경학사**를 설립하였다.
→ **서간도 지역**에서 **신민회의 간부**들이 독립 운동 단체이자 한인 자치 기구인 **경학사**를 설립하였다.

② 민족 교육을 위해 **서전서숙**을 건립하였다.
→ **이상설**은 **북간도 지역**에 **서전서숙**을 건립하였다.

③ 유학생을 중심으로 **2·8 독립 선언서**를 발표하였다.
→ **도쿄 지역**의 청년 유학생들은 **2·8 독립 선언서**를 발표하여 독립운동을 주도하였고, 이는 **3·1 운동**에 영향을 주었다.

④ 대조선 **국민 군단**을 결성하여 군사 훈련을 실시하였다.
→ **하와이**에서는 **박용만**의 주도로 **대조선 국민 군단**을 창설하여 독립운동을 위한 군사를 양성하였다.

⑤ 대한 **광복군 정부**를 세워 무장 독립 투쟁을 준비하였다.
→ **연해주 지역**에 일종의 망명 정부인 **대한 광복군 정부**를 세워 **이상설**을 정통령, **이동휘**를 부통령으로 선출하였다.

간토 대지진은 도쿄 지역에서 발생한 대규모의 자연 재난으로, 이로 인해 조선인 학살이 발생하였습니다!

44. 정답 ①

| 난이도 | ●○○

(가) 인물에 대한 설명으로 옳은 것은? [2점]

□□일보

제△△호　　　　　　　2023년 ○○월 ○○일

'몽양 (가) 장례식 만장' 117점 국가등록문화재 등록 예고

1918년 중국에서 신한 청년당을 조직하고 해방 후 좌우 합작 운동을 추진한 (가) 선생의 마지막 길에 내걸린 만장(輓章)이 국가등록문화재가 된다. 만장이란 망자를 추모하는 글을 비단이나 종이에 적어 만든 깃발로, 1947년 거행된 그의 장례식에는 각계각층이 애도하는 만장이 내걸렸다.

이 만장은 독립운동에 헌신하고 광복 후 좌우 대통합을 위해 노력했던 그에 대한 대중들의 인식과 평가를 담은 자료로서 중요한 역사적 가치가 있다.

지문의 핵심 키워드 ▶ 여운형

✓ 신한 청년당 - 여운형이 상하이에서 조직한 독립운동 단체
✓ 좌우 합작 운동을 추진 - 여운형 · 김규식이 함께 추진함

선지별 키워드 추출

① **조선 건국 동맹**을 결성하였다.
→ **여운형**은 일제의 패망과 광복에 대비하여 **조선 건국 동맹**을 결성하였다.

② **한국독립운동지혈사**를 저술하였다.
→ **박은식**은 갑신정변부터 3·1 운동이 발생한 다음 해까지의 역사를 정리한 『**한국독립운동지혈사**』를 저술하였다.

③ **권업회**의 초대 회장으로 선출되었다.
→ **연해주 지역**의 **신한촌**에서 **최재형**을 대표로 항일 독립운동 단체인 **권업회**를 조직하여 **권업신문**을 발행하였다.

④ **대한 광복회**를 조직하여 친일파를 처단하였다.
→ **대한 광복회**는 **박상진**이 대구에서 결성한 독립 운동 단체로, 무장 투쟁을 통한 독립 운동을 추구하였다.

⑤ **백산 상회**를 설립하여 독립운동 자금을 마련하였다.
→ **안희제**는 **부산 지역**에 **백산 상회**라는 회사를 설립하였으며, 이를 통해 **대한민국 임시 정부**의 독립운동 자금을 지원하였다.

여운형은 조선 건국 동맹 및 조선 건국 준비 위원회를 모두 조직하였습니다!

45. 정답 ⑤　　　　　　　| 난이도 | ●●○

밑줄 그은 '개헌안'의 시행 결과로 옳은 것은?　　[2점]

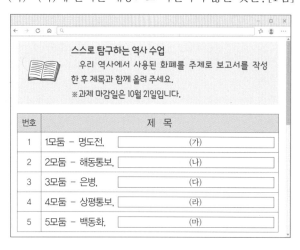

헌법 이야기

헌법 개정의 역사

제헌 헌법　제1차 개정　제2차 개정　제3차 개정　제4차 개정　제5차 개정　제6차 개정　제7차 개정　제8차 개정　제9차 개정

제2차 개정 배경

　1954년 실시된 의원 선거에서 압도적으로 승리한 여당인 자유당은 대통령의 장기 집권을 위해 헌법 개정안을 제출하였다. …… 국회 표결에서 재적 의원 203명 중 135명이 찬성하여 부결이 선언되었다. 그러나 이틀 뒤 자유당은 야당 의원들이 총퇴장한 상황에서 사사오입의 논리를 내세워 부결 선언을 취소하고 의사록을 수정하여 <u>개헌안</u> 가결을 선포하였다.

지문의 핵심 키워드 ▶ 사사오입 개헌

✓ 재적 의원 203명 중 135명이 찬성하여 부결이 선언 – 본래 2차 개헌이 부결된 원인
✓ 사사오입의 논리 – 반올림의 논리를 악용하여 135명 이상을 정족수로 변경하여 개헌을 통과시킴

선지별 키워드 추출

① 통일 주체 국민 회의에서 대통령이 선출되었다.
　→ 통일 주체 국민 회의는 유신 헌법(제7차 개헌)에 근거하여 설치된 헌법 기관이다.

② 5년 단임의 대통령이 직선제에 의해 선출되었다.
　→ 6월 민주 항쟁의 결과 5년 단임의 대통령 직선제를 규정한 제9차 개헌이 시행되었다.

③ 대통령이 국회의원의 3분의 1을 추천하게 되었다.
　→ 박정희 정부 때 시행된 제7차 개헌(유신 헌법)의 내용이다.

④ 국회에서 간접 선거 방식으로 대통령이 선출되었다.
　→ 제헌 헌법 및 제3차 개헌은 국회에서 간선제를 통해 대통령을 선출하도록 규정하였다.

⑤ 개헌 당시의 대통령에 한하여 중임 제한이 철폐되었다.
　→ 제2차 개헌(사사오입 개헌)에서는 초대 대통령(이승만)에 한해 중임 제한을 철폐하였다.

사사오입 개헌 유형을 출제하면 재적 의원 203명 중 135명이 찬성하였다는 내용이 언급될 가능성이 높습니다!

46. 정답 ③　　　　　　　| 난이도 | ●●○

(가)~(마)에 들어갈 내용으로 적절하지 않은 것은?[1점]

스스로 탐구하는 역사 수업

　우리 역사에서 사용된 화폐를 주제로 보고서를 작성한 후 제목과 함께 올려 주세요.
※과제 마감일은 10월 21일입니다.

번호	제　목
1	1모둠 – 명도전,　　　　　(가)
2	2모둠 – 해동통보,　　　　(나)
3	3모둠 – 은병,　　　　　　(다)
4	4모둠 – 상평통보,　　　　(라)
5	5모둠 – 백동화,　　　　　(마)

지문의 핵심 키워드 ▶ 우리나라의 화폐

생략(선지분석으로 대체!)

선지별 키워드 추출

① (가) – 중국 연과의 교류 관계를 보여주다
　→ 철기 시대에는 명도전, 반량전 등 중국 화폐를 통해 교역이 이루어졌다.

② (나) – 의천의 건의로 화폐가 주조되다
　→ 고려 숙종 때 의천의 건의로 화폐 주조 기구인 주전도감을 설치하여 삼한통보, 해동통보, 활구 등 다양한 화폐를 주조하였다.

③ (다) – 경복궁 중건을 위해 제작되다
　→ 흥선 대원군은 경복궁 중건을 위해 당백전을 발행하고 원납전을 징수하였다.

④ (라) – 법화로 발행되어 전국적으로 유통되다
　→ 조선 숙종 때 상평통보라는 법화를 발행하였으며, 상업의 발달에 힘입어 전국적으로 유통되었다.

⑤ (마) – 전환국에서 화폐가 발행되다
　→ 전환국은 개항기에 설치된 근대식 화폐 주조 기구로, 백동화를 주조하였다.

우리나라에서 제작된 화폐는 제작 목적보다는 제작 시기부터 암기하는 것을 권장합니다!

(가) 만적 등 6명이 북산에서 나무하다가 공사 노비를 불러 모아 모의하기를, "국가에서 경인년·계사년 이후로 높은 벼슬이 천한 노비에게서 많이 나왔으니, 장수와 재상이 어찌 종자가 있으랴. …… 그 주인을 죽이고 노비 문서를 불태워 삼한에서 천인을 없애면 모두 공경 장상이 될 수 있을 것이다."라고 하였다.

(나) 왕 7년, 노비를 안검하여 그 시비를 분별하도록 명하자, 노비로 주인을 배반한 자가 매우 많아지고 윗사람을 능멸하는 풍조가 크게 행해졌다. 사람들이 모두 탄식하고 원망하였다. 대목왕후가 이를 간절히 간언하였으나 왕은 받아들이지 않았다.

(다) 1. 문벌, 양반과 상인들의 등급을 없애고 귀천에 관계없이 인재를 선발하여 등용한다.
   1. 과부가 재가하는 것은 귀천을 막론하고 자신의 의사대로 하게 한다.
   1. 공노비와 사노비에 관한 법을 일체 혁파하고 사람을 사고파는 일을 금지한다.

(라) "임금이 백성을 대할 때는 귀천이 없고 내외 없이 고루 균등하게 적자(赤子)로 여겨야 하는데, 노(奴)와 비(婢)라고 하여 구분하는 것이 어찌 똑같이 동포로 여기는 뜻이겠는가. 내노비 36,974명과 시노비 29,093명을 모두 양민으로 삼도록 하라. 그리고 승정원으로 하여금 노비 문서를 거두어 돈화문 밖에서 불태우도록 하라."

47. 정답 ③ | 난이도 | ●●●

(가)~(라)를 일어난 순서대로 옳게 나열한 것은? [3점]

지문의 핵심 키워드 ▶ 우리나라 노비의 역사 흐름

(가) 사건(고려 20대 신종, 만적의 난, 1198)
✔ 만적, 주인을 죽이고 노비 문서를 불태움 - 최충헌 정권 때 발생한 노비들의 신분 해방 운동
(나) 사건(고려 4대 광종, 노비안검법 시행, 956)
✔ 노비를 안검하여 그 시비를 분별하도록 명함 - 고려 광종 때 억울하게 노비가 된 자를 양인으로 해방시킨 정책
(다) 사건(개항기, 제1차 갑오개혁, 1894)
✔ 공노비와 사노비에 관한 법을 일체 혁파 - 제1차 갑오개혁 때 공사 노비법을 혁파하여 사실상 신분제가 폐지됨
(라) 사건(조선 23대 순조, 공노비 해방, 1801)
✔ 내노비와 시노비를 모두 양민으로 삼음 - 조선 순조 때 시행된 공노비 해방

선지별 키워드 추출

③ (나) - (가) - (라) - (다)
→ 노비안검법(나-고려 광종) → 만적의 난(가-고려 신종) → 공노비 해방(라-조선 순조) → 공사 노비법 혁파(다-제1차 갑오개혁) 순으로 발생하였다.

48. 정답 ① | 난이도 | ●○○

(가)~(라)를 활용한 탐구 활동으로 적절한 것을 〈보기〉에서 고른 것은? [2점]

선지별 키워드 추출

ㄱ. (가) - 무신 집권기에 발생한 하층민의 봉기에 대해 알아본다.
→ 최충헌 정권 때 노비들이 신분 해방을 주장하며 만적을 중심으로 반란을 도모하였다.

ㄴ. (나) - 호족의 경제적 기반을 약화시킨 제도를 살펴본다.
→ 고려 광종 때 왕권 강화 및 호족 견제를 목적으로 노비안검법을 시행하였다.

ㄷ. (다) - 균역법이 시행되는 배경을 파악한다.
→ 조선 영조 때 군역의 부담을 줄여주기 위하여 기존에 부과하던 군포 2필을 1필로 감소시켰다.

ㄹ. (라) - 삼정이정청이 설치된 계기를 조사한다.
→ 조선 철종 때 임술 농민 봉기가 발생하자 조선 정부는 박규수를 안핵사로 파견하고, 삼정이정청을 설치하였다.

 노비와 관련된 또 다른 역사적 사실로는 몽골의 제5차 침입 당시 관노들의 대몽 항쟁 사례가 있습니다!

49. 정답 ④ | 난이도 | ●●●

(가) 정부 시기에 있었던 사실로 옳은 것은? [2점]

> (가) 정부의 민주화 운동 탄압 사례 중의 하나로 알려진 전국 민주 청년 학생 총연맹 사건의 관련 기록물이 세상에 나왔습니다. 국가기록원은 사건이 발생한 지 40여 년 만에 관련 인물 180명의 재판 기록과 수사 기록을 공개했습니다.

'민청학련 사건' 기록물, 세상 밖으로

지문의 핵심 키워드 ▶ 박정희 정부

✓ 전국 민주 청년 학생 총연맹 사건 – 민청학련 관련자들에게 국가 전복 혐의를 씌워 처벌한 사건으로 인민혁명당 재건위 사건의 배경이 됨

선지별 키워드 추출

① 정부에 비판적인 **경향신문이 폐간**되었다.
→ 이승만 정부는 정부에 비판적인 **경향신문**을 견제하기 위하여 미군정 법령을 적용하여 탄압하였다.

② 국민의 요구에 굴복하여 **대통령이 하야**하였다.
→ 3·15 부정 선거로 인해 촉발된 4·19 혁명의 결과 이승만이 대통령직에서 하야하였다.

③ 민주화 시위 도중 대학생 **강경대가 희생**되었다.
→ 노태우 정부 때 명지대 출신의 대학생 강경대가 민주화 시위 도중 백골단 소속의 경찰에게 구타를 당하여 병원 이송 중에 사망하였으며, 이는 대학생들의 시위가 더욱 확산되는 결과를 가져왔다.

④ 장기 독재에 저항한 **3·1 민주 구국 선언이 발표**되었다.
→ 박정희 정부 때 유신 헌법 체제에 반대하기 위하여 3·1 민주 구국 선언이 발표되었다.

⑤ 기존의 헌법을 유지하는 **4·13 호헌 조치가 선언**되었다.
→ 전두환 정부 때 발생한 6월 민주 항쟁은 기존의 헌법을 유지한다는 4·13 호헌 조치에 반발하여 발생한 민주화 운동이다.

민청학련 사건과 인민혁명당 재건위 사건은 박정희 정부와 관련된 대표적인 인권 탄압 사건으로 기억할 필요가 있습니다!

50. 정답 ⑤ | 난이도 | ●●○

다음 연설이 있었던 정부의 통일 노력으로 옳은 것은? [2점]

> 진작부터 꼭 한번 와 보고 싶었습니다. 참여 정부 와서 첫 삽을 떴기 때문에 …… 지금 개성 공단이 매출액의 증가 속도, 그리고 근로자의 증가 속도 같은 것이 눈부시지요. …… 경제적으로 공단이 성공하고, 그것이 남북 관계에서 평화에 대한 믿음을 우리가 가질 수 있게 만드는 것이거든요. 또 함께 번영해 갈 수 있는 가능성에 대해서 우리가 믿음을 갖게 되는 것이기 때문에, 이것이 선순환 되면 앞으로 정말 좋은 결과가 있을 것입니다.

환 개성 공단 영
방문

지문의 핵심 키워드 ▶ 노무현 정부의 통일 노력

✓ 참여 정부, 개성 공단 설치 – 노무현 정부

선지별 키워드 추출

① 남북한이 국제 연합(UN)에 동시 가입하였다.
→ 노태우 정부 때 남북한이 국제 연합(UN)에 동시 가입하였다.

② 민족 자존과 통일 번영을 위한 7·7 선언을 발표하였다.
→ 노태우 정부 때 7·7 선언을 계기로 사회주의 국가와의 국교 수립 및 북한과의 통일 교류가 모색되며 다양한 외교 교류 사업이 시행되었다.

③ 남북 이산가족 고향 방문단의 교환 방문을 최초로 성사시켰다.
→ 전두환 정부 때 남북 이산가족 고향 방문단의 교환을 최초로 실현하였다.

④ 7·4 남북 공동 성명 실천을 위해 남북 조절 위원회를 구성하였다.
→ 박정희 정부 때 7·4 남북 공동 성명을 계기로 통일 교류 실천을 위한 남북 조절 위원회가 구성되었다.

⑤ 남북 관계 발전과 평화 번영을 위한 10·4 남북 정상 선언을 발표하였다.
→ 노무현 정부는 제2차 남북 정상 회담 후 10·4 남북 공동 선언을 채택하였다.

김대중 정부 때 개성 공단 설치를 합의하였으며, 노무현 정부 때 개성 공단 설치 및 운영이 이뤄졌습니다!

제67회

기출은 해품사!
해품사의 기출총평

제**66**회

(2023년 8월 13일 시행)

1. 난이도

쉬움

- 대체로 익숙한 키워드 및 유형을 위주로 출제한 무난한 회차!

- 일부 까다로운 유형의 경우 시기를 정확히 파악해야 풀 수 있는 유형이 존재함!
  - 예 백제 무왕 재위 시기 삼국의 상황, 혜심 ←

- 또한 일부 문제에서 기존에 정답으로 활용된 적 없던 키워드를 정답으로 언급하여 소거법이 반드시 필요하였음!
  - 예 몽골에 대한 고려의 대응, 경복궁 ←

- 그럼에도, 기존의 기출 사료 또는 키워드를 대놓고 그대로 응용한 사례도 충분히 많았기 때문에 공략이 까다롭지 않았음!
  - 예 옥저, 이육사, 남북 조절 위원회 설치 및 남북 기본 합의서 채택 ←

- ☆ 결론: 일부 문제에서 흐름 파악을 통한 사고력을 요구하거나 소거법을 대놓고 유도하는 문제가 일부 확인되었으나, 대체로 기출 연계율이 매우 높았기 때문에 풀이 과정 자체가 크게 까다롭지는 않았던 회차!

합격률: 59.0%

2. 유형 분포도

1) 전근대사 비중(56%): 1번~27번, 32번

2) 근현대사 비중(38%): 28번~29번, 33번~47번, 49번~50번

3) 통합사 비중(6%): 30번~31번, 48번

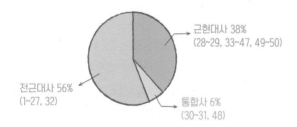

- 강릉 지역사

- 시대순으로 출제되었으나, 각 시기별로 흐름이 조금씩 섞여있는 편!

– 한눈에 보는 66회 시대별 · 주제별 유형 분포도

문항	시대	주제	문항	시대	주제
1	선사	구석기 시대	26	조선	조선 후기의 사회상
2	선사	옥저	27	조선	경복궁 <small>시사점 문제</small>
3	고대	신라의 문화유산	28	개항기	제너럴셔먼호 사건
4	고대	고구려 광개토 대왕	29	개항기	갑신정변
5	고대	백제 무왕 재위 시기 삼국의 상황 <small>시사점 문제</small>	30	통합사	김부식 및 유득공 및 신채호
6	고대	통일 신라의 경제 상황	31	통합사	삼국사기 및 발해고 <small>시사점 문제</small>
7	고대	원성왕 즉위 및 원종과 애노의 난	32	조선	동학
8	고대	발해의 문화유산 사례	33	개항기	보안회
9	고대	견훤	34	개항기	아관 파천
10	고려	고려의 경제 상황	35	개항기	광무개혁
11	고려	거란에 대한 고려의 대응	36	일제 강점기	한국 독립군
12	고려	어사대	37	일제 강점기	무단 통치기의 사회상
13	고려	몽골에 대한 고려의 대응	38	일제 강점기	대한 광복회
14	고려	경대승의 집권	39	일제 강점기	3 · 1 운동
15	고려	고려 공민왕	40	일제 강점기	이육사 <small>시사점 문제</small>
16	고려	혜심 <small>시사점 문제</small>	41	일제 강점기	의열단
17	고려	월정사 팔각 구층 석탑	42	일제 강점기	광주 학생 항일 운동
18	고려	정몽주 피살	43	일제 강점기	민족 말살기의 사회상
19	조선	조선 세종	44	현대	여운형
20	조선	무오사화 및 기묘사화	45	현대	6 · 25 전쟁
21	조선	광해군의 중립 외교 <small>시사점 문제</small>	46	현대	박정희 정부
22	조선	임진왜란	47	현대	김영삼 정부
23	조선	조선 영조	48	통합사	강릉 지역사
24	조선	홍대용	49	현대	4 · 19 혁명
25	조선	조선 효종	50	현대	남북 조절 위원회 및 남북 기본 합의서

3. 시사점 문제 ★ 아래의 문제들은 각 문제 해설에서 해품사의 시사점 풀이!

1) 5번, 27번 → 흐름을 종합적으로 파악하는 유형은 체감상 난이도가 높습니다!

2) 16번, 21번 → 답을 명확히 결정지을 수 있는 핵심 키워드를 정확히 찾아봅시다!

3) 31번, 40번 → 문제를 풀이할 때, 이 키워드도 힌트로 활용해보셨나요?!

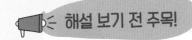
어제의 오답 선지 = 내일의 정답 선지

한능검은 역사적 사실이 아닌 것은 선지에 포함하지 않습니다. 즉, 모든 선지는 사실이죠!
기출에서 오답 선지는 이후 시험에서 언제든 정답이 될 수 있습니다.
결국 키워드를 추출하여 선지를 분석하는 것이 기출문제 공부의 핵심입니다.

해품사 한능검
기특 무료강의

1. 문제 지문의 핵심 키워드를 찾고   2. 선지별로 키워드를 추출한 후   3. 연관된 것을 찾으면 정답입니다.

이제 본격적으로 키워드 추출 훈련을 해볼까요?

제66회	정답 한눈에 보기								기출문제편 p.110
01 ②	02 ②	03 ③	04 ④	05 ①	06 ⑤	07 ⑤	08 ⑤	09 ③	10 ⑤
11 ②	12 ④	13 ③	14 ②	15 ④	16 ③	17 ①	18 ②	19 ③	20 ⑤
21 ③	22 ④	23 ③	24 ②	25 ①	26 ②	27 ④	28 ④	29 ①	30 ⑤
31 ②	32 ①	33 ②	34 ①	35 ①	36 ③	37 ③	38 ②	39 ⑤	40 ②
41 ③	42 ④	43 ④	44 ③	45 ③	46 ①	47 ④	48 ①	49 ②	50 ⑤

---

1. 정답 ②
| 난이도 | ●○○

(가) 시대의 생활 모습으로 옳은 것은?   [1점]

공주 석장리 [(가)] 축제

♥ 20개

내가 만든 주먹도끼 구경할 사람?
#공주_석장리_유적 #뗀석기_제작_체험

💬 댓글 2개

○○○: 주먹도끼가 뭐야?
└ △△△: (가) 시대의 대표적인 유물이야.
동물을 사냥하거나 가죽을 벗기는 등 다양한
용도로 사용했다.

지문의 핵심 키워드 ▶ 구석기 시대

✔ 주먹도끼, 뗀석기 – 구석기 시대의 대표적인 도구
✔ 공주 석장리 – 구석기 시대의 대표 유적지

선지별 키워드 추출

① 반달 돌칼로 벼를 수확하였다.
→ **청동기 시대**에는 **반달 돌칼**을 이용하여 곡식을 수확하였다.

② 주로 동굴이나 막집에서 살았다.
→ **구석기 시대**에는 주변의 **동굴** 또는 바위 그늘에 거주하거나 **막집**을 따로 지어 살았다.

③ 반량전, 명도전 등 화폐를 사용하였다.
→ **철기 시대**에는 **명도전, 반량전** 등을 사용하여 중국과 교류하였다.

④ 빗살무늬 토기를 만들어 식량을 저장하였다.
→ **신석기 시대**에는 **빗살무늬 토기**를 만들어 식량을 저장하였다.

⑤ 가락바퀴와 뼈바늘을 이용하여 옷을 만들었다.
→ **신석기 시대**에는 **가락바퀴와 뼈바늘**을 이용하여 원시적 수공업이 이루어졌다.

구석기 시대 문제는, 공주 석장리 및 연천 전곡리 유적을 언급할
가능성이 높습니다!

2. 정답 ②

다음 자료에 해당하는 나라에 대한 설명으로 옳은 것은?
[2점]

> 호의 수는 5천인데 대군왕은 없으며 읍락에는 각각 대를 잇는 우두머리가 있다. …… 여러 읍락의 거수(渠帥)들은 스스로를 삼로라 일컬었다. …… 장사를 지낼 때에는 큰 나무 곽을 만든다. 길이가 10여 장이나 되며 한쪽을 열어 놓아 문을 만든다. 사람이 죽으면 임시로 매장한다. 겨우 시체가 덮일 만큼 묻었다가 가죽과 살이 다 썩은 다음에 뼈만 추려 곽 속에 넣는다. 온 집 식구를 하나의 곽 속에 넣어 두는데, 죽은 사람의 숫자만큼 나무를 깎아 생전의 모습과 같이 만들었다.
>
> ─ 『삼국지』 동이전 ─

지문의 핵심 키워드 ▶ 옥저

✓ 삼로 – 옥저 및 동예의 대표적인 우두머리
✓ 온 집 식구를 하나의 곽 속에 넣어둠 – 옥저의 장례 풍습인 가족 공동묘

선지별 키워드 추출

① 신성 지역인 **소도**가 존재하였다.
→ **삼한**에는 제사장인 **천군**과 신성 지역인 **소도**가 존재하였다.

② 혼인 풍습으로 **민며느리제**가 있었다.
→ **옥저**는 **며느리가 될 여자 아이를** 신랑 집에서 기르다가, 여자가 장성하면 집으로 돌아간 뒤 신랑 집에서 돈을 지불하고 다시 데려와 아내로 삼는 **혼인 풍습인 민며느리제**가 유행하였다.

③ **범금 8조**를 통해 사회 질서를 유지하였다.
→ **고조선**에는 사회 질서의 유지를 위하여 **범금 8조(8조법)**가 있었다.

④ 여러 가(加)들이 각각 **사출도**를 주관하였다.
→ **부여**는 마가 · 우가 · 저가 · 구가 등 여러 가(加)들이 **사출도**를 다스렸다.

⑤ **정사암**에서 국가의 중대사를 논의하였다.
→ 백제는 **정사암**에 모여 **귀족 회의**를 개최하였다.

 고대 철기 국가 유형은 기본적으로 각 국가와 관련된 대표 사료 분석이 필수적입니다!

3. 정답 ③

(가) 국가의 문화유산으로 옳은 것은?
[2점]

> 천마총 발굴 50주년 특별전이 개최됩니다. 천마총은 [(가)]의 대표적인 돌무지덧널무덤 중 하나로 발굴 당시 많은 유물이 출토되어 주목을 받았습니다. 그중에서도 가장 유명한 천마도의 실물이 9년 만에 세상에 공개됩니다.

지문의 핵심 키워드 ▶ 신라의 문화유산

✓ 천마총 – 신라의 대표적인 돌무지덧널무덤
✓ 돌무지덧널무덤 – 신라의 무덤 양식

선지별 키워드 추출

① 청동 은입사 포류수금문 정병(고려)

② 금동 연가 7년명 여래 입상(고구려)

③ **천마총 금관(신라)**

④ 이불병좌상(발해)

⑤ 금동대향로(백제)

 신라의 금관은 대체로 크고 화려하다는 특징이 있습니다!

4. 정답 ④　　　　　　　　　　│ 난이도 │ ● ● ○

밑줄 그은 '왕'에 대한 설명으로 옳은 것은?　[2점]

> ○ 기해년에 백제가 맹세를 어기고 왜와 화통하였다. 왕이 순행하여 평양으로 내려갔는데, 신라에서 사신을 보내어 아뢰기를, "왜인이 국경에 가득 차 성지(城地)를 파괴하고 있습니다. …… 귀부하여 명을 받고자 합니다."라고 하였다.
> ○ 경자년에 왕이 보병과 기병 5만 명을 보내서 신라를 구원하게 하였다. 군대가 남거성을 거쳐 신라성에 이르니 왜적이 많았다. 군대가 도착하자 왜적이 퇴각하였다.

지문의 핵심 키워드 ▶ 고구려 광개토 대왕

✓ 왕이 보병과 기병 5만 명을 보내서 신라를 구원 – 고구려의 광개토 대왕은 신라 내물왕의 요청으로 군사를 파견하여 신라에 침입한 왜구를 격퇴함

선지별 키워드 추출

① 대가야를 병합하였다.
→ 신라 진흥왕 때 대가야를 병합하였다.

② 평양으로 도읍을 옮겼다.
→ 고구려 장수왕은 남진 정책을 본격화하기 위하여 수도를 평양으로 천도하였다.

③ 22담로에 왕족을 파견하였다.
→ 백제 무령왕은 지방에 22담로를 설치하고 왕족을 파견하여 관리하였다.

④ 영락이라는 연호를 사용하였다.
→ 광개토 대왕은 독자적인 연호인 영락을 사용하였다.

⑤ 낙랑군을 몰아내고 영토를 확장하였다.
→ 고구려 미천왕 때 요동 지역에 위치한 서안평을 점령하고, 한사군 중 하나인 낙랑군을 축출하였다.

한능검에서 출제하는 고구려 왕 중 연호를 사용한 왕은 사실상 광개토 대왕이 유일합니다!

오답률↑ 킬러문제　시사점 문제

5. 정답 ①　　　　　　　　　　│ 난이도 │ ● ● ●

(가) 왕의 재위 시기 삼국의 상황으로 옳은 것은?　[3점]

> 이 사진은 익산 미륵사지 서탑 출토 사리장엄구의 발견 당시 모습입니다. 삼국유사에는 (가) 이/가 왕후인 신라 선화 공주의 발원으로 미륵사를 창건했다고 되어 있지만, 금제 사리봉영기에는 왕후가 백제 귀족 사택적덕의 딸로 기록되어 있습니다. 이로 인해 미륵사 창건 배경과 (가) 의 아들인 의자왕의 친모가 누구인지에 대한 논란이 벌어지기도 하였습니다.

금제 사리봉영기

지문의 핵심 키워드 ▶ 백제 무왕 재위 시기 삼국의 상황(600~641)

✓ 미륵사를 창건 – 백제 무왕 때 익산에 건립(639)된 사찰

선지별 키워드 추출

① 고구려 – 을지문덕이 살수에서 수의 대군을 격파하였다.
→ 고구려의 을지문덕이 살수에서 수 양제의 대군을 물리친 것은 612년 무왕 재위 시기이다.

② 백제 – 고흥이 서기를 편찬하였다.
→ 백제 근초고왕은 4세기에 고흥으로 하여금 역사서인 『서기』를 편찬하게 하였다.

③ 계백이 황산벌에서 군대를 이끌고 결사 항전하였다.
→ 백제의 계백은 660년에 논산 지역의 황산벌에서 나·당 연합군에 맞서 항전하다가 끝내 사망하였다.

④ 신라 – 이사부가 우산국을 정복하였다.
→ 신라 지증왕 때 이사부를 파견하여 현재의 울릉도인 우산국을 우리나라의 영토로 복속하였다(512).

⑤ 신라 – 사찬 시득이 기벌포에서 당군에 승리하였다.
→ 기벌포 전투(676)는 신라 문무왕 때의 일이다.

고구려의 영양왕~보장왕, 백제의 무왕~의자왕, 신라의 선덕 여왕~문무왕은 공통적으로 7세기에 활동했습니다!

흐름을 종합적으로 파악하는 유형은 체감상 난이도가 높습니다!

해품사의 문제 첫인상

1. 문제 키워드는 쉬운 편인데, 삼국의 상황을 동시에 파악하는 유형은 거의 출제되지 않았었는데?!
2. 우선 무왕의 아들이 의자왕이라는 키워드를 통해 소거할 수 있는 것을 먼저 파악해보자!
3. 이후 시기가 어색한 왕들을 소거하면 정답을 쉽게 고를 수 있겠군!

해품사의 "대처 방법"

✓ 시대에 무관하게 각 왕이 재위한 시기를 대략적으로 파악하는 것은 필수적입니다!
   → 즉 각 왕이 대략적으로 몇 세기에 재위하였는지 정도는 기본적으로 알아둘 필요가 있습니다!
✓ 특히 문제의 간접적인 힌트 역시 소거법을 위해 중요한 단서로 활용할 수 있습니다!
   → 예로 의자왕의 아들이라는 키워드를 통해 3번 선지는 맥락상 어색하다는 것을 유추할 수 있습니다!
✓ 이를 바탕으로 가장 정답에 근접한 사례를 찾을 필요가 있습니다!
   → 2번과 4번은 시기상 어색하며, 5번도 백제 멸망 이후의 사실이므로, 남는 선지인 1번이 정답!

---

6. 정답 ⑤ | 난이도 | ●○○

교사의 질문에 대한 학생의 답변으로 가장 적절한 것은? [2점]

지도는 이 국가의 교역로를 표시한 것입니다. 청해진을 설치하여 해상 교역을 활발하게 전개하였던 이 국가의 경제 상황에 대해 말해 볼까요?

지문의 핵심 키워드 ▶ 통일 신라의 경제

✓ 청해진 - 통일 신라의 장보고가 완도에 설치한 해상 무역 기지

선지별 키워드 추출

① 삼한통보와 해동통보를 발행하였어요.
   → 고려 숙종 때 삼한통보, 해동통보, 활구 등 다양한 화폐를 주조하였다.
② 특산품으로 솔빈부의 말이 유명하였어요.
   → 발해에서는 솔빈부의 말이 유명하였다.
③ 고구마, 감자 등의 구황 작물을 재배하였어요.
   → 조선 후기에 외국으로부터 감자 및 고구마 등의 구황 작물이 전래되었다.
④ 특수 행정 구역인 소에서 여러 물품을 생산하였어요.
   → 고려의 특수 행정 구역인 향, 부곡, 소에 거주하는 주민들은 국가에 필요한 수공업품을 주로 생산하였다. 또한 거주 이전의 자유가 없었으며, 다른 지역에 비해 세금을 많이 부과하였다.
⑤ 조세 수취를 위해 3년마다 촌락 문서를 작성하였어요.
   → 통일 신라는 조세 수취와 노동력 동원에 활용할 목적으로 민정 문서(촌락 문서)를 작성하였다.

 장보고와 관련된 키워드인 법화원, 청해진은 공통적으로 통일 신라의 경제 유형 키워드로 활용할 수 있습니다!

(가), (나) 사이의 시기에 볼 수 있는 모습으로 가장 적절한 것은? [3점]

> (가) 선덕왕이 죽었는데 아들이 없자, 여러 신하들이 회의를 한 후에 왕의 조카인 김주원을 옹립하고자 하였다. 주원의 집은 왕경에서 북쪽으로 20리 떨어진 곳에 있었는데, 마침 큰비가 와서 알천의 물이 넘쳐 주원이 건너 오지 못하였다. …… 여러 사람들의 뜻이 모아져 김경신이 왕위를 계승하도록 하였다.
> – 『삼국사기』 –
>
> (나) 나라 안의 모든 주군에서 공물과 부세를 보내지 않아, 창고가 텅텅 비어 나라 재정이 궁핍해졌다. 왕이 사신을 보내 독촉하니 곳곳에서 도적이 벌떼처럼 일어났다. 이때 원종과 애노 등이 사벌주에 근거하여 반란을 일으켰다.
> – 『삼국사기』 –

지문의 핵심 키워드 ▶ 원성왕의 즉위, 원종과 애노의 난

- ✓ (가) 김주원을 옹립, 김경신이 왕위를 계승 - 선덕왕 사망 후 원성왕(김경신)이 즉위함(785)
- ✓ (나) 원종과 애노 등이 사벌주에 근거하여 반란 - 통일 신라의 진성 여왕 때 발생한 대표적인 반란(889)

선지별 키워드 추출

① 계백료서를 읽는 관리
  → 고려 태조 왕건 때 관리의 규범을 제시할 목적으로 정계 및 계백료서가 반포되었다.

② 녹읍 폐지를 명하는 국왕
  → 통일 신라 신문왕은 녹읍을 폐지하고 관료전을 지급하였다.

③ 성균관에서 공부하는 학생
  → 조선 시대에는 최고 관립 교육 기관으로 성균관이 운영되었다.

④ 초조대장경을 조판하는 장인
  → 고려 현종 때 거란의 침략을 방어하기 위한 염원을 담아 『초조대장경』이 조판되었다.

⑤ 김헌창의 난을 진압하는 군인
  → 통일 신라 헌덕왕 때인 822년에 김헌창은 아버지인 김주원이 왕이 되지 못한 것에 불만을 품고 반란을 주도하였다.

 신라 하대 일부 왕의 이름(예 김경신=원성왕)을 암기하는 것도 풀이에 도움이 됩니다!

(가)에 들어갈 내용으로 가장 적절한 것은? [1점]

한국사 모둠별 탐구 활동 안내

◈ 주제: (가)
◈ 방법: 문헌 조사, 인터넷 검색 등을 활용하여 아래에 제시된 문화유산을 탐구한다.
◈ 모둠별 탐구 자료

1모둠	2모둠
▲ 크라스키노 성 유적 출토 연꽃무늬 수막새	▲ 콕샤로프카 평지성 온돌 유적

지문의 핵심 키워드 ▶ 발해의 문화유산

- ✓ 연꽃무늬 수막새 - 발해의 대표적인 문화유산
- ✓ 콕샤로프카 평지성 온돌 유적 - 발해 유적(고구려 계승)

선지별 키워드 추출

① 백제 문화의 국제성
  → 백제의 무령왕릉은 중국 남조의 영향을 받은 벽돌무덤이고, 내부에 일본 규슈 지방 금송으로 만들어진 목관이 있다. 이를 통해 백제가 국제적으로 교류했음을 알 수 있다.

② 신라와 서역의 교류
  → 신라 원성왕릉에는 서역인 형상의 무인상이 있다.

③ 가야 문화의 일본 전파
  → 가야의 토기 문화는 일본의 스에키 토기 제작에 영향을 주었다.

④ 고려에서 유행한 몽골풍
  → 고려에서 유행한 몽골풍은 변발 및 호복이 있다.

⑤ 발해와 고구려의 문화적 연관성
  → 발해는 고구려의 문화유산 양식을 계승하였다.

 발해와 고구려의 문화적 연관성을 볼 수 있는 또 다른 문화유산으로는 이불병좌상이 있습니다!

9. 정답 ③

| 난이도 | ●○○

밑줄 그은 '인물'에 대한 설명으로 옳은 것은? [2점]

대한민국 방방곡곡 - 김제 금산사

史 한국사 채널 　　　　　　　　　　조회수 230,813

　금산사는 삼국 시대에 창건된 유서 깊은 사찰입니다. 완산주를 도읍으로 국가를 세운 <u>인물</u>이 아들 신검 등에 의해 유폐되었다가 탈출한 곳으로 잘 알려져 있습니다. 이 사찰은 국보인 미륵전을 비롯하여 여러 점의 국가 지정 문화재를 보유하고 있습니다.

지문의 핵심 키워드 ▶ 견훤

✓ 완산주를 도읍, 아들 신검에 의해 금산사 유폐 - 견훤의 유폐 과정 및 후백제의 도읍지

선지별 키워드 추출

① 독서삼품과를 실시하였다.
　→ 통일 신라 원성왕은 유교 경전의 독해 능력에 따라 관리를 선발하는 **독서삼품과**를 시행하였다.

② 동진으로부터 불교를 수용하였다.
　→ 백제 침류왕 때 **중국 동진**의 승려 **마라난타**로부터 불교를 수용하였다.

③ 후당과 오월에 사신을 파견하였다.
　→ **견훤**은 후당과 오월에 **사신을 파견**하였다.

④ 광평성 등의 정치 기구를 마련하였다.
　→ 궁예는 최고 중앙 관서로 **광평성**을 설치하였다.

⑤ 화랑도를 국가적인 조직으로 개편하였다.
　→ 신라 진흥왕은 **화랑도**를 국가적인 조직으로 개편하였다.

 한능검에서 견훤은 꽤 자주 출제됩니다!

10. 정답 ⑤

| 난이도 | ●○○

다음 제도를 시행한 국가의 경제 상황으로 옳지 않은 것은? [2점]

　문종 3년 5월 양반 공음전시법을 정하였다. 1품은 문하시랑평장사 이상으로 전지 25결, 시지 15결이다. 2품은 참정 이상으로 전지 22결, 시지 12결이다. 3품은 전지 20결, 시지 10결이다. 4품은 전지 17결, 시지 8결이다. 5품은 전지 15결, 시지 5결이다. 이를 모두 자손에게 전하여 주게 한다. …… 공음전을 받은 자의 자손이 사직을 위태롭게 할 것을 꾀하거나 모반이나 대역에 연좌되거나, 여러 공죄나 사죄를 범하여 제명된 것 이외에는 비록 그 아들에게 죄가 있더라도 그 손자에게 죄가 없다면 공음전시의 3분의 1을 지급한다.

지문의 핵심 키워드 ▶ 고려의 경제 상황

✓ 전지, 시지 - 고려 시대에 전시과를 시행하며 지급한 토지로, 전지는 수조권을 부여한 땅, 시지는 땔감을 얻는 땅에 해당함

선지별 키워드 추출

① 활구라고 불리는 은병이 유통되었다.
　→ 고려 숙종 때 **삼한통보**, 해동통보, **활구(은병)** 등 다양한 화폐를 주조하였다.

② 벽란도가 국제 무역항으로 번성하였다.
　→ **고려** 시대에 **예성강** 하구에 위치한 **벽란도**가 국제 무역항으로 번성하였다.

③ 서적점, 다점 등의 관영 상점을 운영하였다.
　→ **고려**는 국가가 서적점, 다점, 주점 등의 **관영 상점**을 운영하였다.

④ 경시서의 관리들이 수도의 시전을 감독하였다.
　→ **고려**는 **경시서**를 설치하여 시전을 감독하였다.

⑤ 설점수세제의 시행으로 민간의 광산 개발이 허용되었다.
　→ **조선 후기**에는 광산 개발이 활성화되며 **설점수세제**를 시행하여 **민간의 광산 개발**을 허용하였다.

 고려 시대의 대표적인 토지 제도로는 전지와 시지를 지급한 전시과가 있습니다!

11. 정답 ②
| 난이도 | ●●○

(가)~(다) 학생이 발표한 내용을 순서대로 옳게 나열한 것은? [2점]

〈한국사 주제 발표〉
주제: 거란에 대한 고려의 대응

광군을 창설하여 거란의 침입에 대비하였습니다.

강감찬이 귀주에서 거란군을 크게 물리쳤습니다.

서희가 소손녕과 외교 담판을 벌여 강동 6주 지역을 확보하였습니다.

(가)　(나)　(다)

지문의 핵심 키워드 ▶ 거란에 대한 고려의 대응

(가) 사건(고려 3대 정종, 광군 창설, 947)
✓ 광군 – 고려 정종 때 거란의 침략에 대비하여 광군을 창설하였다.
(나) 사건(고려 8대 현종, 강감찬의 귀주 대첩, 1019)
✓ 강감찬, 귀주 – 고려 현종 때 강감찬이 귀주 대첩을 통해 거란의 제3차 침입을 격퇴함
(다) 사건(고려 6대 성종, 서희의 강동 6주 확보, 994)
✓ 서희, 소손녕, 강동 6주 – 거란의 제1차 침입 당시 서희는 거란 소손녕과 외교 담판을 벌여 강동 6주를 획득함

선지별 키워드 추출

② (가) – (다) – (나)
→ 광군 창설(가-고려 정종, 침략 이전) → 서희의 외교 담판(다-고려 성종, 거란의 1차 침입 방어) → 강감찬의 귀주 대첩(나-고려 현종, 거란의 3차 침입 방어) 순으로 발생하였다.

고려 시대 외세 침입 중 중 거란은 흐름형 유형으로 출제할 가능성이 가장 높습니다!

12. 정답 ④
| 난이도 | ●●○

(가) 기구에 대한 설명으로 옳은 것은? [2점]

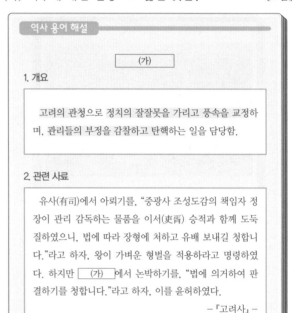

역사 용어 해설

(가)

1. 개요

고려의 관청으로 정치의 잘잘못을 가리고 풍속을 교정하며, 관리들의 부정을 감찰하고 탄핵하는 일을 담당함.

2. 관련 사료

유사(有司)에서 아뢰기를, "중광사 조성도감의 책임자 정장이 관리 감독하는 물품을 이서(吏胥) 승적과 함께 도둑질하였으니, 법에 따라 장형에 처하고 유배 보내길 청합니다."라고 하자, 왕이 가벼운 형벌을 적용하라고 명령하였다. 하지만 　(가)　에서 논박하기를, "법에 의거하여 판결하기를 청합니다."라고 하자, 이를 윤허하였다.

– 『고려사』 –

지문의 핵심 키워드 ▶ 어사대

✓ 정치의 잘잘못을 가리고 풍속을 교정, 관리들의 부정을 감찰하고 탄핵 – 고려 시대 어사대의 대표적인 역할

선지별 키워드 추출

① 무신 집권기 최고 권력 기구였다.
→ 무신 정권의 최고 권력 기구는 중방(정권 초기), 교정도감(최충헌 집권 이후) 등이 있다.

② 원 간섭기에 첨의부로 격하되었다.
→ 원 간섭기에 중서문하성·상서성은 첨의부로 격하하였다.

③ 고려 말에 도평의사사로 개편되었다.
→ 원 간섭기에 도병마사가 도평의사사로 개편되었다.

④ 관직 임명에 대한 서경권을 행사하였다.
→ 고려의 어사대는 관리에 대한 임명 동의 및 거부권 행사가 가능한 서경권을 행사하였다.

⑤ 서얼 출신의 학자들이 검서관으로 기용되었다.
→ 조선 정조 때 박제가·유득공 등 서얼 출신의 인물들이 규장각 검서관에 등용되었다.

고려 시대에서 빈출도가 높은 중앙 정치 기구는 도병마사 및 어사대가 대표적입니다!

13. 정답 ③ | 난이도 | ●●○

(가)의 침입에 대한 고려의 대응으로 옳은 것을 〈보기〉에서 고른 것은?   [2점]

강화중성은 (가) 의 침략에 맞서 고려가 강화도로 천도한 이후 건립한 내성, 중성, 외성 중 하나입니다. 강화중성은 당시 수도를 둘러싼 토성(土城)으로, 이번 발굴 조사에서 방어를 위해 성벽의 바깥에 돌출시킨 대규모 치성(雉城)이 확인되었습니다.

지문의 핵심 키워드 ▶ 몽골에 대한 고려의 대응

✓ (가)의 침략에 맞서 고려가 강화도로 천도 – 고려의 최우 정권은 대몽 항쟁을 위하여 강화도로 천도함

선지별 키워드 추출

ㄱ. 양규가 무로대에서 적군을 물리쳤다.
→ 거란의 제2차 침입 때 양규는 무로대, 흥화진 등에서 거란군을 물리쳤다.

ㄴ. 김윤후가 충주성 전투에서 활약하였다.
→ 김윤후는 충주산성에서 관노들과 함께 몽골의 제5차 침입을 격퇴하였다.

ㄷ. 송문주가 죽주성에서 적군을 격퇴하였다.
→ 몽골의 제3차 침입 때 송문주는 죽주산성에서 몽골군을 격퇴하였다.

ㄹ. 윤관이 별무반을 이끌고 동북 9성을 쌓았다.
→ 고려 예종 때 윤관은 별무반을 이끌고 여진을 정벌한 뒤, 동북 지방 일대에 9성을 축조하였다.

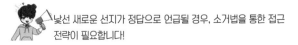 낯선 새로운 선지가 정답으로 언급될 경우, 소거법을 통한 접근 전략이 필요합니다!

14. 정답 ② | 난이도 | ●●○

다음 자료에 나타난 상황 이후의 사실로 옳은 것은?   [2점]

경대승이 정중부를 죽이자, 조정 신하들이 대궐에 나아가 축하하였다. 경대승이 말하기를 "임금을 죽인 사람이 아직 살아 있는데, 무슨 축하인가?"라고 하였다. 이의민은 이 말을 듣고 매우 두려워하여 날랜 사람들을 모아서 대비하였다. 또한 경대승의 도방(都房)에서 자기들이 싫어하는 사람을 죽일 것을 모의한다는 말을 들었다. 이의민이 더욱 두려워하여 마을에 큰 문을 세워 밤마다 경계하였다.

지문의 핵심 키워드 ▶ 경대승 집권

✓ 경대승이 정중부를 죽임 – 경대승은 정중부를 죽인 뒤 집권한 무신 정권의 제3대 집권자임(고려 19대 명종, 1179)

선지별 키워드 추출

① 묘청 등이 서경 천도를 주장하였다.
→ 고려 인종 때 묘청은 서경 천도 운동을 추진하며 칭제 건원 및 금국 정벌을 주장하였다(1135).

② 최충헌이 왕에게 봉사 10조를 올렸다.
→ 최충헌은 1196년에 이의민을 제거하고 집권한 뒤 명종에게 봉사 10조를 올렸다.

③ 강조가 정변을 일으켜 왕을 폐위하였다.
→ 고려 목종 때 강조가 정변을 일으켜 목종을 폐위하였다(1009).

④ 이자겸과 척준경이 반란을 일으켜 궁궐을 불태웠다.
→ 고려 인종 때인 1126년에 외척 세력인 이자겸이 척준경과 반란을 일으켰다.

⑤ 김보당이 폐위된 왕의 복위를 주장하며 군사를 일으켰다.
→ 이의방 정권 때 김보당이 폐위된 의종의 복위를 도모하며 반란을 일으켰다(1173).

 무신 정권 집권자의 순서는 별도로 암기하는 것을 권장합니다!

15. 정답 ④

| 난이도 | ●○○

밑줄 그은 '왕'의 재위 기간에 볼 수 있는 모습으로 가장 적절한 것은? [1점]

> 이자춘이 쌍성 등지의 천호들을 거느리고 내조하니 왕이 맞이하며 말하기를, "어리석은 민(民)을 보살펴 편안하게 하느라 얼마나 노고가 많았는가?"라고 하였다. 그때 어떤 사람이 '기철이 쌍성의 반민(叛民)들과 몰래 내통하여 한패로 삼아 역모를 도모하려 한다'고 밀고하였다. 왕이 이자춘에게 이르기를, "경은 마땅히 돌아가서 우리 민을 진정시키고, 만일 변란이 일어나면 마땅히 내 명령대로 하라."라고 하였다. …… 이자춘이 명령을 듣고 곧 행군하여 유인우와 합세한 후 쌍성총관부를 공격하여 격파하였다.

지문의 핵심 키워드 ▶ 공민왕

✔ 유인우, 이자춘 – 쌍성총관부 공격을 주도한 인물들
✔ 쌍성총관부를 공격하여 격파 – 공민왕의 반원 정책

선지별 키워드 추출

① 초량 왜관에서 교역하는 상인
→ 조선 후기에 초량 왜관을 통하여 일본과 교류하였다.

② 내의원에서 동의보감을 읽는 의원
→ 조선 광해군 때 허준이 동양의 의학을 집대성한 『동의보감』을 완성하였다.

③ 주자감에서 유학을 공부하는 학생
→ 발해는 국립 교육 기관으로 주자감을 설치하였다.

④ 전민변정도감에 억울함을 호소하는 농민
→ 고려 공민왕은 불법적으로 토지를 빼앗긴 뒤 노비가 된 자들은 양민으로 해방시키기 위하여 전민변정도감을 설치하였다.

⑤ 황룡사 구층 목탑의 건립에 참여하는 장인
→ 신라 선덕 여왕 때 자장은 선덕 여왕에게 황룡사 9층 목탑의 건립을 건의하였다.

 원 간섭기 때 쌍성총관부가 설치되었으며, 공민왕 때 쌍성총관부를 공격하여 철령 이북의 땅을 수복하였습니다!

---

16. 정답 ③

| 난이도 | ●●●

(가) 인물에 대한 설명으로 옳은 것은? [3점]

> 이것은 전라남도 강진군 월남사지에 있는 [(가)]의 비입니다. 비문에는 지눌의 제자인 그가 수선사의 제2대 사주가 된 일, 당시 집권자인 최우가 그에게 두 아들을 출가(出家)시킨 일 등이 기록되어 있습니다.

지문의 핵심 키워드 ▶ 혜심

✔ 수선사의 제2대 사주 – 혜심의 업적
✔ 집권자인 최우 – 혜심의 활동 시기

선지별 키워드 추출

① 화엄일승법계도를 지어 화엄 사상을 정리하였다.
→ 의상은 「화엄일승법계도」를 지어 화엄 사상을 정리하였다.

② 해동 천태종을 개창하여 불교 교단 통합에 힘썼다.
→ 의천은 고려 숙종 때 불교 교단 통합을 목적으로 해동 천태종을 창시하였다.

③ 선문염송집을 편찬하고 유불 일치설을 주장하다.
→ 혜심은 『선문염송집』을 편찬하고, 유불 일치설을 주장하였다.   헷갈리기 쉬운 선지!

④ 권수정혜결사문을 작성하여 정혜쌍수를 강조하였다. ↗
→ 지눌은 권수정혜결사문을 작성하였고, 수행 방법으로 정혜쌍수 · 돈오점수를 주장하였다.

⑤ 보현십원가를 지어 불교 교리를 대중에게 전파하였다.
→ 균여는 「보현십원가」를 지어 불교 교리를 대중에게 전파하였다.

 요세 및 혜심은 공통적으로 무신 정권 때 활동한 승려라는 특징이 있습니다!

답을 명확히 결정지을 수 있는 핵심 키워드를 정확히 찾아봅시다!

해품사의 문제 첫인상

1. 기존의 고려 승려 유형은 의천과 지눌 중심이었는데, 개편 이후 혜심은 거의 처음 출제되었는데?!
2. 우선 문제에서 지눌의 제자라는 키워드와 집권자 최우를 주목할 필요가 있겠군!
3. 이를 바탕으로 지눌 선지를 소거한 뒤, 무신 정권 때 활동한 승려를 골라보자!

해품사의 "대처 방법"

✓ 수험생의 입장에서 기존에 자주 출제되지 않은 사례가 언급되면 오답율이 매우 높아집니다!
  → 그 이유는 익숙하지 않은 선지 또는 키워드를 답으로 고르기 쉽지 않기 때문입니다!

✓ 문제에서 명확하게 제시한 힌트를 바탕으로 소거할 필요가 있습니다!
  → 이 문제에서는 사실상 최우라는 무신 정권 집권자만으로도 선지 소거가 가능합니다!

✓ 이를 바탕으로 선지에서 연결할 수 있는 자연스러운 사례를 고를 필요가 있습니다!
  → 무신 정권 때 활동한 승려는 요세와 혜심이 대표적이므로, 이와 관련된 3번이 정답!

17. 정답 ①

| 난이도 | ●●○

(가)에 해당하는 문화유산으로 옳은 것은?　　　[3점]

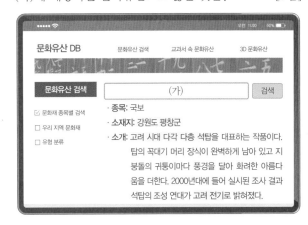

문화유산 DB　　문화유산 검색　　교과서 속 문화유산　　3D 문화유산

문화유산 검색　　[(가)]　　검색

☑ 문화재 종목별 검색
☐ 우리 지역 문화재
☐ 유형 분류

· 종목: 국보
· 소재지: 강원도 평창군
· 소개: 고려 시대 다각 다층 석탑을 대표하는 작품이다. 탑의 꼭대기 머리 장식이 완벽하게 남아 있고 지붕돌의 귀퉁이마다 풍경을 달아 화려한 아름다움을 더한다. 2000년대에 들어 실시된 조사 결과 석탑의 조성 연대가 고려 전기로 밝혀졌다.

지문의 핵심 키워드 ▶ 월정사 팔각 구층 석탑

✓ 강원도 평창군 – 월정사 팔각 구층 석탑이 위치한 지역
✓ 고려 시대 다각 다층 석탑, 고려 전기 – 월정사 팔각 구층 석탑을 제작한 시기

선지별 키워드 추출

① 평창 월정사 팔각 구층 석탑(고려)

② 경주 정혜사지 십삼층 석탑(신라)

③ 개성 경천사지 십층 석탑(고려)

④ 영광탑(발해)

⑤ 정선 정암사 수마노탑(고려)

한능검에서 출제하는 고려 시대의 탑은 공통적으로 다각 다층 형식의 구조로 이뤄졌다는 특징이 있습니다!

다음 시나리오의 상황 이후에 전개된 사실로 옳은 것은?
[2점]

#12. 이성계의 집

이방원이 정몽주를 죽였다고 말하자 이성계가 크게 화를 낸다.

이성계: 대신을 함부로 살해하였으니, 나라 사람들이 내가 몰랐다고 하겠느냐? 우리 가문은 평소 충효로 소문 났는데, 네가 감히 불효를 저질러 이렇게 되었구나.

이방원: 정몽주 등이 우리 가문을 무너뜨리려 하는데, 어찌 앉아서 망하기만을 기다리겠습니까? 이것이야말로 효입니다.

지문의 핵심 키워드 ▶ 정몽주 피살

✓ 이방원이 정몽주를 죽임 – 이방원은 부하를 보내 조선 건국에 끝까지 반대한 정몽주를 선죽교에서 제거함(1392)

선지별 키워드 추출

① 최승로가 시무 28조를 올렸다.
→ 고려 성종 때 최승로가 유교적 정치 이념을 담은 **시무 28조**를 올렸다.

② 권근 등의 건의로 **사병이 혁파**되었다.
→ 조선 태종(이방원)은 사병을 혁파하여 왕권을 강화하였다.

③ 안우, 이방실 등이 **홍건적을 격파**하였다.
→ 고려 공민왕 때인 1360년에 안우, 이방실 등이 홍건적을 격파하였다.

④ 망이·망소이가 공주 명학소에서 봉기하였다.
→ 고려 명종 때 망이·망소이가 반란을 일으켰다.

⑤ 쌍기의 의견을 수용하여 **과거제**가 시행되었다.
→ 고려 광종은 후주 출신 쌍기의 건의를 수용하여 **과거제**를 시행하였다.

 정몽주가 피살된 직후 고려가 멸망하고 조선이 건국되었습니다!

밑줄 그은 '왕'의 업적으로 옳은 것은?
[2점]

이전에 주조한 활자가 크고 고르지 않았다. 이에 왕께서 경자년에 다시 주조하셨다. 그리하여 그 모양이 작고 바르게 되었으니, 이것으로 인쇄하지 않은 책이 없었다. 이를 경자자라고 하였다. 갑인년에 다시 『위선음즐(爲善陰騭)』의 글자 모양을 본떠 갑인자를 주조하니, 경자자에 비하여 조금 크고 활자 모양이 매우 좋았다.

지문의 핵심 키워드 ▶ 조선 세종

✓ 경자자, 갑인자 – 조선 세종 때 간행된 활자

선지별 키워드 추출

① 조선의 기본 법전인 **경국대전**을 반포하였다.
→ 조선 성종 때 조선의 첫 공식 법전인 『경국대전』이 완성되었다.

② 역대 문물을 정리한 **동국문헌비고**를 간행하였다.
→ 조선 영조 때 조선의 역대 문물 제도를 분류 및 정리한 『동국문헌비고』를 편찬하였다.

③ 삼남 지방의 농법을 소개한 **농사직설**을 편찬하였다.
→ 조선 세종 때 정초, 변효문 등이 우리나라 실정에 맞는 **농법**을 정리한 『농사직설』을 편찬하였다.

④ 전세를 1결당 4~6두로 고정하는 **영정법**을 제정하였다.
→ 조선 인조 때 풍흉에 관계없이 전세를 1결당 4~6두로 고정하는 **영정법**을 시행하였다.

⑤ 삼정의 문란을 시정하기 위해 **삼정이정청**을 설치하였다.
→ 조선 철종 때 임술 농민 봉기가 발생한 이후 안핵사로 박규수를 파견하였고, 삼정의 문란을 바로잡기 위하여 **삼정이정청**을 설치하였다.

 태종 때 주조한 계미자와 세종 때 주조한 갑인자를 혼동하지 않도록 주의할 필요가 있습니다!

---

20. 정답 ⑤

(가), (나) 사이의 시기에 있었던 사실로 옳은 것은?

[2점]

> (가) 정문형, 한치례 등이 아뢰기를, "지금 김종직의 조의제문을 보니, 입으로만 읽지 못할 뿐 아니라 차마 눈으로도 볼 수 없습니다. …… 마땅히 대역의 죄로 논단하고 부관참시해서 그 죄를 분명히 밝혀 신하와 백성의 분을 씻는 것이 사리에 맞는 일입니다."라고 하였다. …… 왕이 정문형 등의 의견을 따랐다.
> (나) 의금부에 전지하기를, "조광조, 김정 등은 서로 사귀어 무리를 이루고 자기 편은 천거하고 자기 편이 아닌 자는 배척하면서, 위세를 높여 서로 의지하며 권세가 있는 요직을 차지하였다. …… 이 모든 일들을 조사하여 밝혀라."라고 하였다.

지문의 핵심 키워드 ▶ 무오사화, 기묘사화

- ✓ (가) 김종직의 조의제문 – 연산군 때 무오사화(1498)의 배경
- ✓ (나) 조광조 – 중종 때, 현량과 실시 및 위훈 삭제 등을 주장하다가 훈구파의 견제를 받아 사망함(기묘사화, 1519)

선지별 키워드 추출

① 정여립 모반 사건으로 기축옥사가 일어났다.
→ 조선 선조 때 정여립이 반란을 일으킨다는 혐의를 받아, 정여립과 연루된 다수의 동인이 처벌되었다. – (나) 이후

② 외척 간의 권력 다툼으로 윤임이 제거되었다.
→ 조선 명종 때 외척 간의 다툼으로 윤임이 제거되었다. – (나) 이후

③ 자의 대비의 복상 문제로 예송이 전개되었다.
→ 조선 현종 때 자의 대비의 복상 문제를 계기로 두 차례의 예송이 발생하였다. – (나) 이후

④ 희빈 장씨 소생의 원자 책봉 문제로 환국이 발생하였다.
→ 조선 숙종 때 발생한 기사환국의 결과 인현 왕후가 폐위되고 남인이 권력을 차지하였다. – (나) 이후

⑤ 폐비 윤씨 사사 사건을 빌미로 김굉필 등이 처형되었다.
→ 조선 연산군 때 폐비 윤씨 사사 사건을 빌미로 갑자사화가 발생하였다.

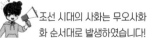 조선 시대의 사화는 무오사화 → 갑자사화 → 기묘사화 → 을사사화 순서대로 발생하였습니다!

---

21. 정답 ③

다음 상황이 나타난 시기를 연표에서 옳게 고른 것은?

[2점]

> 4월 누르하치의 군대가 무순을 함락하고, 7월에는 청하를 함락하였다. 이에 명에서 정벌을 결정하고 우리나라에 군사 징발을 요구하였다. 명의 총독 왕가수의 군문(軍門)에서 약 4만의 병사를 요구하였으나, 경략(經略) 양호가 조선의 병사와 군마가 적다고 하여 마침내 그 수를 줄여서 총수(銃手) 1만 명만 징발하였다. 7월 조정에서 강홍립을 도원수로, 김경서를 부원수로 삼았다.
>
> – 『책중일록』 –

1453	1510	1597	1627	1728	1811
(가)	(나)	(다)	(라)	(마)	
계유정난	삼포왜란	정유재란	정묘호란	이인좌의 난	홍경래의 난

지문의 핵심 키워드 ▶ 광해군의 중립 외교

- ✓ 명에서 우리나라에 군사 징발을 요구 – 명나라와 후금 사이의 전쟁으로 인해, 명나라는 조선에 군사를 요구함
- ✓ 강홍립을 도원수로 삼음 – 광해군 때 명분상 명나라에 강홍립을 도원수로 하는 군대를 파견함

선지별 키워드 추출

③ (다)
→ 강홍립 부대 파견은 조선 광해군의 중립 외교 정책의 일환으로 시행되었기 때문에, 흐름상 정유재란(선조)과 정묘호란(인조) 사이인 3번이 적절하다.

 사료의 맥락을 종합적으로 파악하여, 문제에 제시된 시기를 파악할 필요가 있었습니다!

답을 명확히 결정지을 수 있는 핵심 키워드를 정확히 찾아봅시다!

해품사의 문제 첫인상

1. 누르하치 등 유목 민족과 관련된 집권자 키워드는 수험생이 파악하기 어려울텐데...

2. 그러나 문제를 끝까지 읽어보니 강홍립을 도원수로 삼았다는 것이 핵심이군!

3. 이를 바탕으로 광해군의 중립 외교를 유추하는 것이 이 문제의 포인트였네!

해품사의 "대처 방법"

✓ 한능검에서 출제되는 모든 역사적 사실에 대해 완벽히 이해하는 것은 어렵습니다.
   → 모든 지식을 다 알지는 못하더라도, 문제를 푸는 데 크게 무리가 없는 유형이 대부분입니다!

✓ 문제에서 가장 중요한 키워드는 의외로 가장 마지막에 배치되었을 가능성이 있습니다!
   → 이 유형의 경우 가장 마지막 줄에 배치된 '강홍립의 도원수 임명'이 핵심입니다!

✓ 이를 바탕으로 종합적인 맥락을 파악한 뒤 정답을 찾을 필요가 있습니다!
   → 강홍립의 도원수 파견은 광해군의 중립 외교와 관련된 것이므로, 흐름상 3번이 정답!

---

22. 정답 ④

| 난이도 | ●●●○

(가) 전쟁 중에 있었던 사실로 옳은 것은? [2점]

지문의 핵심 키워드 ▶ 임진왜란

✓ 송상현 - 임진왜란 때 동래성 전투에서 왜군에 항전한 인물
✓ 금산 전투 - 임진왜란 때 고경명, 조헌 등이 금산에서 싸운 두 차례의 전투
✓ 『징비록』 - 유성룡이 임진왜란 동안에 경험한 사실을 기록한 책

선지별 키워드 추출

① 김상용이 강화도에서 순절하였다.
   → 병자호란 때 김상용은 종묘의 신주를 들고 강화도로 피란하였다가 순절하였다.

② 이괄이 이끈 반란군이 도성을 장악하였다.
   → 조선 인조 때 공신 책봉에 불만을 품은 이괄이 반란을 일으켜 도성을 장악하자 인조는 공산성으로 피란하였다.

③ 정봉수와 이립이 용골산성에서 항전하였다.
   → 정묘호란 때 정봉수와 이립은 용골산성에서 후금의 침입을 방어하였다.

④ 김시민이 진주성에서 적군을 크게 물리쳤다.
   → 임진왜란 때 김시민은 진주성에서 왜군에게 크게 승리하였다(진주 대첩).

⑤ 이종무가 적의 근거지인 쓰시마섬을 정벌하였다.
   → 조선 세종 때 이종무가 왜구의 근거지인 쓰시마섬을 정벌하였다.

 임진왜란의 다양한 키워드를 기억하세요!

23. 정답 ③

| 난이도 | ●○○

(가) 왕에 대한 설명으로 옳은 것은? [1점]

지문의 핵심 키워드 ▶ 조선 영조

✓ 탕평 군주, 청계천 준설 공사, 균역법 - 조선 영조

선지별 키워드 추출

① 학문 연구 기관으로 **집현전**을 두었다.
→ 세종 때 학문 연구 기관으로 **집현전**이 설치되었다.

② 삼수병으로 구성된 **훈련도감**을 설치하였다.
→ 선조 때 발생한 **임진왜란** 당시 **삼수병으로 구성**된 **훈련도감**을 창설하였다.

③ 속대전을 편찬하여 통치 체제를 정비하였다.
→ 영조 때 기존의 『경국대전』을 개정 및 증보한 『속대전』을 편찬하였다.

④ 궁중 음악을 집대성한 **악학궤범**을 편찬하였다.
→ 성종 때 음악 이론을 집대성한 『**악학궤범**』을 간행하였다.

⑤ 시전 상인의 특권을 축소하는 **신해통공**을 단행하였다.
→ 조선 정조 때 육의전을 제외한 시전 상인의 특권을 축소하는 **신해통공**이 단행되었다.

 조선 영조 때 편찬된 『속대전』과 조선 정조 때 편찬된 『대전통편』을 구별할 필요가 있습니다!

---

24. 정답 ②

| 난이도 | ●●○

다음 인물에 대한 설명으로 옳은 것은? [3점]

지문의 핵심 키워드 ▶ 홍대용

✓ 담헌 - 홍대용의 호
✓ 천문을 관측 - 홍대용은 천문학을 연구함
✓ 연행사 - 홍대용은 연행사의 일원으로 청나라에 다녀옴

선지별 키워드 추출

① 지봉유설에서 **천주실의**를 소개하였다.
→ 이수광은 『**지봉유설**』에서 천주교의 교리를 정리한 『**천주실의**』를 소개하였다.

② 의산문답에서 **무한 우주론**을 주장하였다.
→ 홍대용은 『**의산문답**』을 통해 **중국 중심**의 천하관을 비판하였다.

③ 양반전을 지어 **양반의 허례와 무능**을 풍자하였다.
→ 박지원은 「**양반전**」, 「허생전」, 「호질」 등을 저술하여 양반의 허례와 무능을 비판 및 풍자하였다.

④ 북학의를 저술하여 청의 문물 수용을 강조하였다.
→ 박제가는 『**북학의**』에서 **재화를 우물에 비유**하여 저축보다 소비의 촉진을 강조하였다.

⑤ 동의수세보원을 편찬하여 **사상 의학**을 정립하였다.
→ 이제마는 사상 의학을 정립한 『**동의수세보원**』을 저술하였다.

 홍대용은 중상학파 인물 중에서 유일하게 천문학을 연구하였다는 특징이 있습니다!

(가)에 들어갈 내용으로 가장 적절한 것은?　　　　[2점]

2023년
한국사 교양 강좌

우리 학회는 조선의 역대 왕들에 대해 알아보는 교양 강좌를 운영하고 있습니다. 8월에는 제17대 왕에 대한 강좌를 준비하였으니, 관심 있는 분들의 많은 참여 바랍니다.

■ **강의 주제**
[제1강] 청에서의 볼모 생활과 귀국 후 즉위 과정
[제2강] 제주도에 표착한 외국인 하멜과의 만남
[제3강] 　　　　(가)
[제4강] 나선 정벌과 조총 부대 파병

■ 일시: 2023년 8월 매주 수요일 16시
■ 장소: □□대학교 인문대학 대강의실
■ 주최: △△학회

지문의 핵심 키워드 ▶ 조선 효종

✓ 제17대 왕, 청에서의 볼모 생활, 나선 정벌 – 조선 효종

선지별 키워드 추출

① **어영청**의 개편과 **북벌** 추진
→ 조선 효종은 어영청을 중심으로 북벌을 추진하였다.

② **위화도 회군**과 **과전법**의 시행
→ 고려 우왕 때 이성계는 **위화도에서 회군**한 뒤 정권을 장악하였으며, **공양왕** 때 **과전법**을 실시하였다.

③ 문신 재교육을 위한 **초계문신제**의 운영
→ 조선 정조 때 젊은 관리 중 재능이 뛰어난 자를 선발하여 규장각에서 재교육하는 **초계문신제**를 시행하였다.

④ 백두산정계비 건립과 청과의 국경 획정
→ 조선 숙종 때 조선과 청나라의 국경을 정하는 **백두산정계비**가 건립되었다.

⑤ **기유약조** 체결을 통한 일본과의 무역 재개
→ 조선 광해군 때 일본과 **기유약조**를 체결하였다.

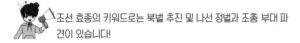 조선 효종의 키워드로는 북벌 추진 및 나선 정벌과 조총 부대 파견이 있습니다!

다음 일기가 작성된 시기의 경제 상황으로 적절하지 않은 것은?　　　　[1점]

5월 ○○일, 앞 밭에 담배를 파종했다.
5월 ○○일, 비록 비가 여러 날 내렸으나 큰비는 끝내 내리지 않았다. 가물어서 고답(高畓)은 모두 이앙을 하지 못하였다.
6월 ○○일, 목화 밭에 풀이 무성해져 노비 5명에게 김매기를 하도록 시켰다.

지문의 핵심 키워드 ▶ 조선 후기의 사회상

✓ 담배 – 조선 후기에 재배된 대표적인 상품 작물
✓ 고답(高畓)은 모두 이앙을 하지 못함 – 조선 후기에는 모내기법이 전국적으로 시행됨

선지별 키워드 추출

① **상평통보**가 화폐로 사용되었다.
→ 조선 숙종 때 **상평통보**가 전국적으로 유통되었다.

② 시장을 관리하기 위한 **동시전**이 설치되었다.
→ 신라 지증왕 때 동시를 설치한 뒤, 이를 감독하는 관청인 동시전을 설치하였다.

③ 관청에 물품을 조달하는 **공인**이 활동하였다.
→ 조선 광해군 때 **대동법**의 시행 이후 관청에 물품을 조달하는 **공인이 등장**하였다.

④ **보부상**이 **장시**를 돌아다니며 상품을 판매하였다.
→ 조선 후기에는 보부상, 송상, 만상 등 **다양한 사상(私商)**이 무역 활동을 전개하였다.

⑤ 국경 지대에서 **개시 무역과 후시 무역**이 이루어졌다.
→ 조선 후기에는 국경 지대에서 **개시 무역**과 **후시 무역**이 활발히 이루어졌다.

 한능검에서 담배, 목화, 인삼 등이 언급되면, 조선 후기의 상품 작물임을 알 수 있습니다!

27. 정답 ④ | 난이도 | ●●●

(가) 궁궐에 대한 설명으로 옳은 것은?   [3점]

> ┌─(가)─┐ **복원 기공식 대통령 연설문**
>
> 임진왜란 때 (가) 은/는 불길 속에 휩싸여 흥선 대원군이 그 당시의 국력을 기울여 중건할 때까지 270년의 오랜 세월 동안 폐허로 남아 있었습니다. 일제는 1910년 우리나라를 병탄한 뒤 우리 역사의 맥을 끊기 위해 350여 채에 이르던 전각 대부분을 헐어내고 옮겼습니다. 국권의 상징이던 근정전을 가로막아 총독부 건물을 세웠습니다. 이제 우리가 궁을 복원하려는 것은 남에 의해 훼손된 민족사에 대한 긍지를 회복하기 위한 것입니다.

지문의 핵심 키워드 ▶ 경복궁

- ✓ 흥선 대원군이 중건 – 경복궁은 흥선 대원군 때 중건됨
- ✓ 근정전 – 경복궁의 정전
- ✓ 총독부 – 일제는 근정전 앞에 조선 총독부를 세움

선지별 키워드 추출

① 일제에 의해 동물원 등이 설치되었다.
  → **창경궁**은 일제 강점기에 일제에 의해 동물원 및 식물원이 설치되며 창경원으로 격하되었다.

② 제1차 미소 공동 위원회가 개최되었다.
  → **덕수궁** 석조전에서 제1차 미·소 공동 위원회가 개최되었다.

③ 도성 내 서쪽에 있어 **서궐**이라고 불렸다.
  → **경희궁**에 대한 설명이다.

④ 조선 물산 공진회 개최 장소로 이용되었다.
  → 일제는 **경복궁**을 조선 물산 공진회의 개최 장소로 이용하였다(1915).

⑤ 태종이 도읍을 한양으로 다시 옮기며 건립하였다.
  → **창덕궁**에 대한 설명이다.

 조선 물산 공진회는 무단 통치 시기 문제의 키워드로도 응용될 수 있습니다!

해품사의 시사점 풀이   27번

흐름을 종합적으로 파악하는 유형은 체감상 난이도가 높습니다!

해품사의 문제 첫인상

1. 문제에서 흥선 대원군이 중건, 근정전 등 기존 기출에서 언급했던 키워드를 다시 제시하였네!
2. 그런데, 조선 물산 공진회는 수험생의 입장에서 체감상 매우 어려울 수 있겠는데?!
3. 그러나, 나머지 오답 선지가 모두 기존 기출에서 언급되었으니 최대한 소거법을 활용할 필요가 있군!

해품사의 "대처 방법"

- ✓ 조선 시대의 궁궐 유형은 근현대사의 역사적 사실까지 응용하는 대표적인 고난도 유형입니다!
  → 실제로 경복궁 및 덕수궁은 현대사까지 연계할 수 있는 역사적 사실이 존재합니다!
- ✓ 그러므로 최대한 기출 풀이를 통한 키워드 복습이나 전체적인 학습이 요구됩니다.
  → 처음에 공략하기 상당히 어려운 유형이나, 반복할수록 익숙한 키워드가 주로 제시됩니다!
- ✓ 이를 바탕으로 해당 문제에 어울리는 정답을 도출할 필요가 있습니다!
  → 1번은 창경궁, 2번은 덕수궁, 3번은 경희궁, 5번은 창덕궁이므로, 남는 선지인 4번이 정답!

다음 장면에 나타난 사건이 끼친 영향으로 가장 적절한 것은? [2점]

평양부 방수성 앞 물가에 큰 이양선 한 척이 머무르다가 끝내 물러가지 않으며 상선을 약탈하고 총을 쏴 백성들을 살상하였습니다. 이에 평안감사 박규수가 관민을 이끌고 공격하여 불태웠다고 합니다.

지문의 핵심 키워드 ▶ 제너럴셔먼호 사건

✔ 이양선 한 척이 상선을 약탈하고 총을 쏴 백성들을 살상 - 제너럴셔먼호 사건 당시의 상황
✔ 평안감사 박규수가 관민을 이끌고 공격하여 불태웠다 - 제너럴셔먼호 사건의 결과

선지별 키워드 추출

① 이용태가 안핵사로 파견되었다.
→ 고부 농민 봉기 발생 직후 정부는 사태 수습을 위해 이용태를 안핵사로 파견하였다.

② 이원익이 대동법 시행을 건의하였다.
→ 조선 광해군 때 이원익 등의 건의로 경기도 지역에 한정하여 대동법을 처음 시행하였다.

③ 정약종 등이 희생된 신유박해가 일어났다.
→ 조선 순조 때 신유박해가 일어나 이승훈 · 정약종 등의 천주교도들이 처형되었다.

④ 로저스 제독이 이끄는 미군이 강화도에 침입하였다.
→ 신미양요 당시에 어재연이 로저스 제독이 이끄는 미군 부대를 광성보에서 방어하였다.

⑤ 황사영이 외국 군대의 출병을 요청하는 백서를 작성하였다.
→ 조선 순조 때 신유박해가 발생하자 황사영은 베이징 교구의 주교에게 군대 출병을 요청하는 백서를 작성하였다.

 한능검에서 외국 상선을 불태웠다는 맥락이 언급되면, 제너럴셔먼호 사건을 의심하세요!

다음 사건 이후에 전개된 사실로 옳은 것은? [2점]

> 홍영식이 우정국에서 개업식을 명목으로 연회를 열어 세인들이 독립당이라고 칭하는 사람들과 각국 사관(使官) 등을 초대하였다. 연회가 끝날 무렵에 우정국 옆에서 불이 일어났다. …… 마침내 어젯밤의 사변에 따라 독립당이 정권을 획득하였다. 조보(朝報)에서는 새롭게 관리를 임명하겠다는 취지를 포고하였다. 박영효, 김옥균, 서광범은 승지가 되었고, 김옥균은 혜상공국 당상을 겸하였다.
>
> - 「조난기사」 -

지문의 핵심 키워드 ▶ 갑신정변

✔ 우정국에서 개업식을 명목으로 연회를 엶 - 갑신정변이 일어난 장소
✔ 박영효, 김옥균, 서광범 - 갑신정변을 주도한 대표적인 개화당 세력

선지별 키워드 추출

① 한성 조약이 체결되었다.
→ 갑신정변의 결과 조선은 일본에게 배상금 및 공사관 신축비 지불을 규정한 한성 조약을 체결하였다.

② 신식 군대인 별기군이 창설되었다.
→ 조선은 1881년에 신식 군대인 별기군을 창설하고, 일본 교관의 훈련을 받았다.

③ 김윤식이 청에 영선사로 파견되었다.
→ 김윤식을 대표로 한 영선사는 1881년~1882년에 청나라에서 근대식 무기 제조 기술과 군사 훈련을 습득하였다.

④ 일본 군함 운요호가 영종도를 공격하였다.
→ 1875년 일본 군함 운요호가 영종도와 강화도를 공격하였다(운요호 사건). 이 사건은 조선과 일본이 강화도 조약을 체결하는 계기가 되었다.

⑤ 개화 정책을 총괄하는 통리기무아문이 설치되었다.
→ 통리기무아문은 1880년에 변화하는 국내외 정세에 대응하기 위하여 설치한 개화 정책 총괄 기구이다.

 갑신정변과 관련된 특정 시기 이후 유형을 출제하면, 정답 키워드로 한성 조약, 텐진 조약 등이 언급됩니다!

(가) 고대 여러 나라들도 역시 각각 사관(史官)을 두어 일을 기록하였습니다. 그러므로 맹자께서 이르시기를, "진(晉)의 승(乘)과 초(楚)의 도올(檮杌)과 노(魯)의 춘추(春秋)는 모두 한가지다."라고 하셨습니다. 생각건대 우리 해동(海東) 삼국도 역사가 길고 오래되어 마땅히 그 사실이 책으로 기록되어야 하므로 폐하께서 이 늙은 신하에게 명하시어 편집하도록 하셨습니다. …… 신의 학술이 이처럼 부족하고 얕으며, 옛 말과 지나간 일은 그처럼 아득하고 희미합니다. 그러므로 온 정신과 힘을 다 쏟아 부어 겨우 ㉠책을 만들었습니다. 그러나 보잘 것 없기에 스스로 부끄러울 따름입니다.

(나) 고려가 끝내 발해사를 편찬하지 않아 토문강 북쪽과 압록강 서쪽이 누구의 땅인지 알 수 없게 되었다. 여진을 책망하려 하여도 할 말이 없고, 거란을 책망하려 하여도 할 말이 없다. 고려가 약한 나라가 된 것은 발해의 땅을 차지하지 못하였기 때문이니, 탄식할 수밖에 없다. …… 내가 내규장각 관리로 있으면서 비밀스런 책[秘書]을 꽤 많이 읽었으므로 발해에 관한 일을 차례로 편찬하여, 군고(君考)·신고(臣考)·지리고(地理考)·직관고(職官考)·의장고(儀章考)·물산고(物産考)·국어고(國語考)·국서고(國書考)·속국고(屬國考) 등 9편으로 구성된 ㉡책을 만들었다.

(다) 역사란 무엇인가? 인류 사회의 아(我)와 비아(非我)의 투쟁이 시간부터 발전하며 공간부터 확대하는 정신적 활동 상태의 기록이니, 세계사라 하면 세계 인류가 그리되어 온 상태의 기록이며, 조선 역사라 하면 조선 민족이 그리되어 온 상태의 기록인 것이다. 무엇을 '아'라 하며 무엇을 '비아'라 하는가? …… 무릇 주체적 위치에 선 자를 '아'라 하고, 그 외에는 '비아'라 하는데, 이를테면 조선 사람은 조선을 '아'라 하고, 영국·미국·프랑스·러시아 등을 '비아'라 하지만, 그들은 각기 제 나라를 '아'라 하고 조선을 '비아'라 하며, …… 그러므로 역사는 '아'와 '비아'의 투쟁의 기록인 것이다.

30. 정답 ⑤ | 난이도 | ●●●

(가)~(다)를 작성한 인물에 대해 탐구한 내용으로 가장 적절한 것은? [3점]

한능검에서는 종종 우리나라 역사서의 원문을 활용하여 문제를 출제할 수 있습니다!

31. 정답 ②
| 난이도 | ●●○

밑줄 그은 ㉠, ㉡에 해당하는 역사서에 대한 설명으로 옳은 것은? [2점]

해품사의 시사점 풀이 31번

문제를 풀이할 때, 이 키워드도 힌트로 활용해보셨나요?!

해품사의 문제 첫인상

1. 한능검의 대표 고난도 유형인 장문 통합사 유형이 출제되다니! 수험생들이 또 피로감을 느끼겠네!
2. 이번 유형의 경우 각 사료의 맥락을 정확히 이해하는 것이 중요해!
3. 특히 이번 유형에서는 편찬 배경을 정확히 파악하는 것이 핵심이구나!

해품사의 "대처 방법"

✓ 한능검에서 출제되는 역사서 유형은 저자, 내용, 서술 방식 등이 중요합니다!
   → 이번 유형의 경우 각 역사서의 편찬 배경 및 내용을 힌트로 제시하였습니다!
✓ 특히 문제에 제시된 맥락을 정확히 파악하는 것이 필수적이었습니다!
   → 폐하께서 늙은 신하에게 편찬을 명령=왕명에 의한 편찬, 내가 내규장각 관리로 있음=규장각 검서관 활동으로 키워드를 연결지을 수 있었습니다!
✓ 맥락을 파악하였다면, 정답 키워드와 정확히 연결할 필요가 있습니다!
   → 김부식의 『삼국사기』는 기전체 형식으로 서술되었으므로, 2번이 정답!

지문의 핵심 키워드 ▶ 삼국사기 및 발해고

생략(선지분석으로 대체!)

선지별 키워드 추출

① ㉠ - 불교사를 중심으로 고대의 민간 설화를 수록하였다.
   → 고려의 일연은 『삼국유사』를 저술하여 불교사를 비롯하여 민간의 다양한 설화를 수록하였다.

② ㉠ - 본기, 연표, 잡지, 열전 등으로 구성된 기전체 사서이다.
   → 고려의 김부식이 저술한 『삼국사기』는 본기, 연표, 열전 등으로 구성된 기전체 형식으로 서술되었다.

③ ㉡ - 사초와 시정기 등을 바탕으로 편찬하였다.
   → 『조선왕조실록』은 편년체 형식으로 구성하였고, 사초 및 시정기를 바탕으로 편찬되었다.

④ ㉡ - 고구려 건국 시조의 일대기를 서사시로 표현하였다.
   → 고려의 이규보는 「동명왕편」을 통해 고구려 시조의 일대기를 서사시 형식으로 표현하였다.

⑤ ㉠, ㉡ - 우리 역사의 시작을 단군 조선으로 삼았다.
   → 이승휴가 저술한 『제왕운기』는 우리 역사의 시작을 단군 조선으로 삼았다.

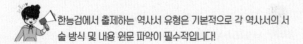

한능검에서 출제하는 역사서 유형은 기본적으로 각 역사서의 서술 방식 및 내용 원문 파악이 필수적입니다!

32. 정답 ①

| 난이도 | ●○○

(가) 종교에 대한 설명으로 옳은 것은? [1점]

🔍 역사 돋보기 　(가)　의 교세를 확장한 해월 최시형

해월 선생은 제자들에게 '최보따리'라고도 불렸다. 포교를 위해 잠행을 하면서 보따리를 자주 쌌기 때문에 붙여진 별명이다. 교조 최제우의 처형으로 위축되었던 　(가)　의 교세는 2대 교주였던 그의 노력으로 크게 확장되었다. 그는 1897년 손병희에게 도통을 전수하였고 1898년 체포되어 재판을 받고 처형되었다. 그에게 사형을 선고한 판사 중에는 고부 학정의 원흉 조병갑이 있었다.

지문의 핵심 키워드 ▶ 동학

✔ 최제우, 최시형, 손병희 – 동학의 교주들

선지별 키워드 추출

① 동경대전을 경전으로 삼았다.
→ 동학은 경전인 『동경대전』과 포교가사집인 『용담유사』를 통해 교세를 확장하였다.

② 항일 무장 단체인 중광단을 결성하였다.
→ 대종교는 무장 투쟁을 위해 북간도에서 군사 조직인 중광단을 결성하였다.

③ 박중빈을 중심으로 새생활 운동을 펼쳤다.
→ 박중빈이 창시한 원불교는 근검 저축·금주·단연 등 전반적인 생활의 개선을 실천하는 새생활 운동을 추진하였다.

④ 배재 학당을 세워 신학문 보급에 앞장섰다.
→ 미국인 선교사 아펜젤러는 서울 정동에 근대식 중등 교육 기관인 배재 학당을 설립하였다.

⑤ 프랑스와의 조약을 통해 포교가 허용되었다.
→ 조불 수호 통상 조약이 체결된 결과 국내에서 천주교 포교가 허용되었다.

 한능검에서 동학을 출제할 경우 최제우, 최시형, 손병희 등 역대 교주 관련 키워드를 언급할 수 있습니다!

33. 정답 ②

| 난이도 | ●○○

다음 자료를 활용한 탐구 활동으로 가장 적절한 것은? [2점]

각국 공관에 보내는 호소문

지금 일본 공사가 우리 외부(外部)에 공문을 보내어 산림, 천택(川澤), 들판, 황무지에 대한 권리를 청구하였습니다. 우리나라 사람들을 이를 이용해 2~3년에 걸러 윤작을 해야만 먹고살 수 있습니다. 그런데 만일 이를 외국인에게 주어버린다면 전국의 강토를 모두 빼앗기게 되며 수많은 사람이 참혹한 빈곤에 빠져 구제할 수 없게 될 것입니다. 일본인들의 침략을 막고 우리 강토를 보전하도록 힘써 주십시오.

1904년 ○○월 ○○일

지문의 핵심 키워드 ▶ 보안회

✔ 일본 공사가 산림, 천택(川澤), 들판, 황무지에 대한 권리를 청구 – 보안회가 활동할 당시에 일본이 황무지 등 우리나라의 일부 영토에 대한 권리를 요구함

선지별 키워드 추출

① 독립문의 건립 과정을 알아본다.
→ 독립 협회는 자주 표방 및 청나라에 대한 사대 청산을 목적으로 기존의 영은문을 헐고 독립문을 건립하였다.

② 보안회의 활동 내용을 파악한다.
→ 보안회는 일제의 황무지 개간권 요구를 저지시킨 대표적인 애국 계몽 운동 단체이다.

③ 조일 통상 장정의 조항을 검토한다.
→ 조일 통상 장정에는 조선이 일시적으로 쌀 수출을 금지할 경우 사전에 지방관이 일본 영사관에 통지할 것을 규정한 방곡령 조항이 있다.

④ 화폐 정리 사업이 끼친 영향을 살펴본다.
→ 메가타가 추진한 화폐 정리 사업(1905)으로 민족 은행이 몰락하고 국내 상인이 큰 타격을 받았다.

⑤ 황국 중앙 총상회가 조직된 목적을 분석한다.
→ 청나라 및 일본 등 외국 상인의 국내 침투에 저항하여 시전 상인을 중심으로 1898년에 황국 중앙 총상회가 설립되었다.

 한능검에서 주로 출제하는 애국 계몽 운동 단체는 보안회와 신민회가 대표적입니다!

34. 정답 ①

| 난이도 | ●○○

다음 상황의 배경으로 가장 적절한 것은?　　　[2점]

> 근일에 의병을 일으킨 이들이 각처에 글을 보내어 말하기를, "정부에 변란이 자주 나고 각처에 도적이 일어나며 대군주 폐하께서 외국 공사관에 파천하여 환궁하실 기약이 없고 일본 사람들이 조선 인민을 어지럽게 하는 고로, 의병을 일으켜 서울에 올라와 궁궐을 지키고 대군주 폐하를 환궁하시게 한다."라고 하였다.

지문의 핵심 키워드 ▶ 아관 파천

✔ 대군주 폐하께서 외국 공사관에 파천 – 아관 파천(1896)

선지별 키워드 추출

① 을미사변이 일어났다.
　→ 고종은 을미사변이 일어나자 러시아 공사관으로 피신하였다(아관 파천).

② 을사늑약이 체결되었다.
　→ 1905년 을사늑약이 체결되어 대한 제국은 외교권을 박탈당하였다.

③ 용암포 사건이 발생하였다.
　→ 러시아가 1903년에 용암포를 점령하는 용암포 사건이 발생하였고, 이는 러·일 전쟁이 발발하는 원인이 되었다.

④ 헤이그에 특사가 파견되었다.
　→ 고종은 을사늑약의 체결에 반발하여 1907년 이준, 이위종, 이상설을 네덜란드 만국 평화 회의에 특사로 파견하였다.

⑤ 대한 제국의 군대가 해산되었다.
　→ 1907년 정미 7조약(한·일 신협약)의 체결로 대한 제국의 군대가 해산되었다.

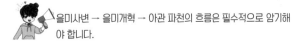 을미사변 → 을미개혁 → 아관 파천의 흐름은 필수적으로 암기해야 합니다.

35. 정답 ①

| 난이도 | ●○○

다음 관제가 반포된 이후의 사실로 옳은 것은?　　　[2점]

> 〈원수부 관제〉
>
> 대황제 폐하는 대원수로서 군기(軍機)를 총람하고 육해군을 통령하며, 황태자 전하는 원수로서 육해군을 일률적으로 통솔한다. 이에 원수부를 설치한다.
> 제1조
> 원수부는 국방과 용병(用兵)과 군사에 관한 각 항의 명령을 관장하며 특별히 세운 권한을 가지고 군부와 경외(京外)의 각 부대를 지휘 감독한다.

지문의 핵심 키워드 ▶ 광무개혁

✔ 원수부 – 광무개혁 때 황제의 군 통수권 장악을 위해 설치한 기관

선지별 키워드 추출

① 지계아문이 설치되었다.
　→ 대한 제국은 광무개혁의 일환으로 지계아문을 설치하였고, 근대적 토지 소유권 보장 문서인 지계를 발급하였다.

② 군국기무처가 창설되었다.
　→ 제1차 갑오개혁 때 군국기무처가 설치되어 개혁을 주도하였다.

③ 5군영이 2영으로 통합되었다.
　→ 1881년에 별기군이 창설되어 기존의 5군영이 2영으로 개편되었다.

④ 한성 사범 학교가 설립되었다.
　→ 제2차 갑오개혁 때 교육 입국 조서를 반포하고 한성 사범 학교가 설립되었다.

⑤ 건양이라는 연호가 제정되었다.
　→ 을미개혁 때 건양이라는 연호가 제정되었다.

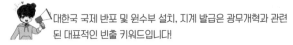 대한국 국제 반포 및 원수부 설치, 지계 발급은 광무개혁과 관련된 대표적인 빈출 키워드입니다!

36. 정답 ③ | 난이도 | ●●○

(가) 부대에 대한 설명으로 옳은 것은? [2점]

> 남대관, 권수정 등은 전 한족총연합회 간부였던 지청천, 신숙 등과 함께 아성현(阿城縣)에서 한국대독립당을 조직하고 지청천을 총사령, 남대관을 부사령으로 하는 (가) 을/를 편성하였다. …… (가) 은/는 딩차오(丁超)의 군으로부터 무기를 지급받고 대원을 모집하여 일본 측 기관의 파괴, 일본 요인의 암살 등을 기도하였다.

지문의 핵심 키워드 ▶ 한국 독립군

- ✔ 지청천을 총사령 – 한국 독립군의 총사령관
- ✔ 한국대독립당 – 한국 독립군이 소속된 정당

선지별 키워드 추출

① 청산리에서 일본군을 크게 격파하였다.
  → 김좌진이 이끈 북로 군정서군은 대한 독립군, 대한 국민회군 등과 연합하여 청산리 전투에서 일본군에게 승리하였다.

② 미군과 연계하여 국내 진공 작전을 준비하였다.
  → 한국 광복군은 미국 전략 정보국(OSS)과 연합하여 국내 진공 작전을 추진하였다.

③ 대전자령 전투에서 일본군을 상대로 승리를 거두었다.
  → 한국 독립군은 북만주 지역에서 중국 호로군과 연합하여 쌍성보, 대전자령 전투에서 승리를 거두었다.

④ 중국 관내(關內)에서 결성된 최초의 한인 무장 부대였다.
  → 조선 의용대는 중국 국민당의 지원을 받아 중국 관내(關內)에서 결성된 최초의 한인 무장 부대이다.

⑤ 대한 국민회군 등과 연합하여 봉오동 전투에서 승리하였다.
  → 홍범도가 이끈 대한 독립군은 북만주(북간도)에 위치한 봉오동에서 일본군에게 승리를 거두었다.

 한국 독립군은 북만주에서 결성된 한국독립당 산하의 군사 조직입니다!

37. 정답 ③ | 난이도 | ●○○

밑줄 그은 '법령'이 시행된 시기 일제의 정책으로 옳은 것은? [1점]

> ### □□신문
> 제△△호 ○○○○년 ○○월 ○○일
>
> **어려움에 빠진 한인 회사**
>
> 회사를 설립할 때 조선 총독의 허가를 받도록 하는 법령이 제정되었다. 이후 한인의 회사는 큰 영향을 받아 손해가 적지 않기에 실업계의 원성이 자자하다. 전국에 있는 회사를 헤아려보니 한국에 본점을 두고 설립한 회사가 171개인데 자본 총액이 5,021만여 원이요, 외국에 본점을 두고 지점을 한국에 설립한 회사가 52개인데 자본 총액이 1억 1,230만여 원이다. 그중에 일본인의 회사가 3분의 2 이상이고, 몇 개 되지 않는 한인의 회사는 상업 경쟁에 밀리고 회사 세납에 몰려 도무지 유지하기가 어렵다고 한다.

지문의 핵심 키워드 ▶ 무단 통치기의 사회상

- ✔ 회사를 설립할 때 조선 총독의 허가를 받도록 하는 법령 – 1910년대 무단 통치기에 제정된 회사령

선지별 키워드 추출

① 신문지법을 제정하였다.
  → 일제는 1907년에 신문지법을 제정하여 언론을 탄압하였다.

② 미쓰야 협정을 체결하였다.
  → 1925년에 만주 군벌 장쭤린과 조선 총독부의 경무국장 미쓰야 사이에 협정이 체결되었다.

③ 토지 조사 사업을 실시하였다.
  → 무단 통치 시기에 일제는 식민지적 토지 소유 관계를 확립할 목적으로 시행한 경제 침탈 사업인 토지 조사 사업을 실시하였다.

④ 경성 제국 대학이 설립되었다.
  → 1920년대 민립 대학 설립 운동을 저지하기 위하여 일제가 경성 제국 대학을 설립하였다.

⑤ 조선 사상범 예방 구금령을 시행하였다.
  → 민족 말살 통치 시기에 조선 사상범 예방 구금령이 시행되었다(1941).

 무단 통치기의 경제 침탈과 관련된 대표적인 키워드로는 토지 조사 사업 및 회사령이 있습니다!

38. 정답 ②

| 난이도 | ●○○

(가) 단체에 대한 설명으로 옳은 것은? [3점]

> **판결문**
>
> **피고인**: 박상진, 김한종
> **주 문**: 피고 박상진, 김한종을 사형에 처한다.
> **이 유**
> 피고 박상진, 김한종은 한일 병합에 불평을 가지고 구한국의 국권 회복을 명분으로 <u>(가)</u> 을/를 조직하고 국권 회복을 위한 자금 조달을 위해 조선 각도의 자산가에게 공갈로 돈을 받아내기로 하고 …… 채기중 등을 교사하여 장승원의 집에 침입하여 자금을 강취하고 살해하도록 한 죄가 인정되므로 위와 같이 판결한다.

지문의 핵심 키워드 ▶ 대한 광복회

✔ 박상진, 채기중 – 대한 광복회의 대표 인물

선지별 키워드 추출

① 중일 전쟁 발발 직후에 결성되었다.
 → 대한 광복회는 중일 전쟁(1937) 이전인 1915년에 결성되었다.

② 군대식 조직을 갖춘 비밀 결사였다.
 → 대한 광복회는 군대식 조직을 갖춘 비밀 결사였다.

③ 파리 강화 회의에 대표를 파견하였다.
 → 신한 청년당은 김규식을 파리 강화 회의에 대표로 파견하였다.

④ 일제가 꾸며낸 105인 사건으로 와해되었다.
 → 신민회는 일제가 조작한 105인 사건으로 와해되었다.

⑤ 만민 공동회를 열어 열강의 이권 침탈을 비판하였다.
 → 독립 협회는 민중 계몽을 위하여 만민 공동회를 개최하였다.

 독립 의군부와 관련된 대표 인물은 임병찬이며, 대한 광복회와 관련된 대표 인물은 박상진입니다!

---

39. 정답 ⑤

| 난이도 | ●●○

밑줄 그은 '시위 운동'의 배경으로 가장 적절한 것은? [1점]

> **수신**: 육군 대신
> **발신**: 조선 헌병대 사령관
>
> 오늘 1일 새벽 경성에서 조선 독립에 관한 선언서를 발견함. 위 선언서에는 천도교, 기독교 신도들의 서명이 있었는데, 이면에는 일본 및 조선의 학생들과 비밀리에 연락했을 가능성이 있어 수사 중. 오후 2시에 이르러 중학(中學)정도의 학생 약 1,000명이 모이자, 민중이 이에 어울려 시내를 행진하고 시위 운동을 시작함. 지금 수배중. 위 집단은 각 장소에서 한국 독립 만세를 외치나 난폭한 행동으로 나오지는 않아 매우 불온한 형세는 없음. 주모자를 체포하고 해산시킬 예정이고 선언서에 서명한 사람 대부분은 즉시 체포함.

지문의 핵심 키워드 ▶ 3 · 1 운동

✔ 천도교, 기독교 신도들의 서명 – 3 · 1 운동은 다양한 종교 세력이 연합하여 준비하였음
✔ 한국 독립 만세를 외치나 난폭한 행동으로 나오지는 않음 – 3 · 1 운동은 처음에는 비폭력 운동으로 진행됨

선지별 키워드 추출

① 간도 참변으로 민간인이 학살되었다.
 → 일제는 봉오동 전투 · 청산리 전투에 대한 보복으로 간도 지역의 민간인들을 학살하는 간도 참변을 일으켰다.

② 상하이에서 국민 대표 회의가 개최되었다.
 → 1923년에 대한민국 임시 정부는 독립운동의 방향을 논의하기 위하여 국민 대표 회의를 개최하였다.

③ 언론사의 주도로 브나로드 운동이 전개되었다.
 → 동아일보는 1930년대에 문맹 퇴치 운동의 일환으로 브나로드 운동을 주도하였다.

④ 조선 노동 총동맹과 조선 농민 총동맹이 결성되었다.
 → 1927년에 조선 노동 총동맹과 조선 농민 총동맹이 조직되었다.

⑤ 도쿄 유학생을 중심으로 2 · 8 독립 선언서가 발표되었다.
 → 1919년에 도쿄에서 발표된 2 · 8 독립 선언은 3 · 1 운동 발생의 배경이 되었다.

 2 · 8 독립 선언서 발표 이후 3 · 1 운동이 발생하였습니다!

40. 정답 ②

| 난이도 | ●●○

(가) 인물에 대한 설명으로 옳은 것은? [3점]

문학으로 보는 한국사

내 고장 칠월은
청포도가 익어가는 시절

이 마을 전설이 주저리주저리 열리고
먼 데 하늘이 꿈꾸며 알알이 들어와 박혀

하늘 밑 푸른 바다가 가슴을 열고
흰 돛단배가 곱게 밀려서 오면

내가 바라는 손님은 고달픈 몸으로
청포(靑袍)를 입고 찾아온다고 했으니

내 그를 맞아 이 포도를 따 먹으면
두 손은 함뿍 적셔도 좋으련

아이야, 우리 식탁엔 은쟁반에
하이얀 모시 수건을 마련해 두렴

[해설]
이 시는 독립운동가이자 문학가인 ___(가)___ 의 '청포도'이다. 그는 이 시를 비롯한 다양한 작품에서 식민지 현실에 맞서 꺼지지 않는 민족의식을 표현하였다.
그의 본명은 이원록으로 안동에서 태어났고, 1927년 장진홍의 조선은행 대구 지점 폭탄 의거에 연루되어 투옥되었다. 이후에도 그는 중국을 오가며 독립운동에 힘쓰다가 1943년 체포되어 이듬해 베이징의 일본 감옥에서 생을 마감하였다.

지문의 핵심 키워드 ▶ 이육사

✓ 청포도 - 이육사가 지은 대표적인 저항시
✓ 본명은 이원록 - 이육사의 본명
✓ 조선은행 대구 지점 폭탄 의거에 연루 - 이육사는 의열단의 단원으로 활동함

선지별 키워드 추출

① 소설 **상록수**를 신문에 연재하였다.
　→ 심훈은 브나로드 운동을 소재로 한 농촌 계몽 소설인 『상록수』를 발표하였다.

② **광야, 절정** 등의 저항시를 발표하였다.
　→ 이육사는 「광야」, 「절정」, 「청포도」 등의 저항시를 발표하였다.

③ 타이완에서 일본 육군 대장을 저격하였다.
　→ 조명하는 타이완에서 일본 육군 대장을 저격하였다.

④ **삼균주의**를 바탕으로 한 **건국 강령**을 만들었다.
　→ 조소앙은 삼균주의를 바탕으로 만든 **건국 강령**을 선포하였다.

⑤ **여유당전서**를 간행하고 **조선학 운동**을 전개하였다.
　→ 정인보는 민족의 얼을 강조하였으며, 조선학 운동의 일환으로 정약용의 저술을 모은 『여유당전서』를 간행하였다.

인물의 이름 및 활동 시기도 문제 풀이에서 중요한 힌트로 활용할 수 있습니다!

해품사의 시사점 풀이 [40번]

문제를 풀이할 때, 이 키워드도 힌트로 활용해보셨나요?!

해품사의 문제 첫인상

1. 기존 기출에서 「청포도」나, 조선은행 대구 지점 폭탄 의거 등이 언급되었으니 이육사를 유추하기 쉽네!
2. 문제에서 본명이 이원록이라는 힌트도 제시하였네?!
3. 그렇다면 이육사 관련 내용을 찾으면 되겠구나!

해품사의 "대처 방법"

✓ 한국사에서 출제되는 인물 유형은 기본적으로 이름과 활동 시기도 중요한 힌트가 될 수 있습니다!
　→ 역사 과목은 기본적으로 인물과 관련된 사실을 학습한다는 것을 상기할 필요가 있습니다!
✓ 이 유형의 경우 인물의 이름만 바탕으로 풀이하더라도 완벽한 접근이 가능하였습니다!
　→ 실제로 모든 선지를 분석하면, 2번 선지를 제외하고 이씨 성을 가진 인물이 아무도 없습니다.
✓ 이를 바탕으로 보다 종합적인 키워드 파악을 통한 풀이를 시도할 수 있습니다!
　→ 이씨 성씨의 인물이며, 청포도 등을 지은 인물은 이육사이므로, 2번이 정답!

41. 정답 ③

(가) 단체에 대한 설명으로 옳은 것은?　[2점]

□□신문

제△△호　　　　　　　　　1924년 ○○월 ○○일

이중교 폭탄 사건 주역은 　(가)　의 김지섭
9월 1일 대지진 때 일어난 조선인 학살이 도화선

금년 1월 5일 오후 7시에 동경 궁성 이중교 앞에서 일어난 폭탄 투척 사건은 전일본을 경악하게 만든 대사건이었다. 당국은 이 사건에 대한 신문 게재 일체를 금지하였고, 동경 지방 재판소의 검사와 예심 판사가 수사를 진행하였다. 이번에 예심이 결정되고 당국의 보도 금지가 해제되었기에, 피고 김지섭 외 4명은 전부 유죄로 공판에 회부되었음을 보도한다. 김지섭은 조선 독립을 위해 　(가)　의 단장 김원봉과 함께 과격한 방법을 강구하였고, 이를 일본에서 실행하기로 하였다고 한다.

지문의 핵심 키워드 ▶ 의열단

✔ 김지섭 - 의열단의 대표 단원, 동경 궁성에 폭탄을 투척함

선지별 키워드 추출

① 김구가 상하이에서 조직하였다.
→ 한인 애국단은 김구가 대한민국 임시 정부의 부흥을 목적으로 조직한 독립운동 단체이다.

② 비밀 행정 조직인 **연통제**를 운영하였다.
→ 대한민국 임시 정부는 국내외 연락을 위해 비밀 행정 조직인 **연통제**를 운영하였다.

③ 조선 혁명 선언을 활동 지침으로 삼았다.
→ 신채호는 직접적이고 폭력적인 혁명의 방향성을 제시한 조선 혁명 선언을 집필하였으며, 이는 **의열단의 활동 지침**이 되었다.

④ 신흥 무관 학교를 세워 무장 투쟁을 준비하였다.
→ 신민회의 대표 인물인 이회영, 이동녕, 이상룡 등은 서간도 삼원보에 신흥 강습소(신흥 무관 학교)를 설립하여 독립군을 양성하였다.

⑤ 조선 총독부에 국권 반환 요구서를 제출하려 하였다.
→ 독립 의군부는 조선 총독부에 국권 반환 요구서를 제출하려고 시도하였다.

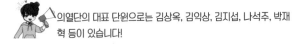 의열단의 대표 단원으로는 김상옥, 김익상, 김지섭, 나석주, 박재혁 등이 있습니다!

---

42. 정답 ④

다음 자료에 나타난 민족 운동에 대한 설명으로 옳은 것은?　[2점]

2천만 피압박 민중 제군이여!

우리 2천만 생령(生靈)을 사랑하고 조국을 사랑하는 광주 학생 남녀 수십 명이 빈사(瀕死)의 중상을 입었다. 고뇌하는 청년 학생 2백 명이 불법으로 철창 속에 갇혀 있다. 그들은 정의를 위하여 거리로 나가 시위를 했다. 그러나 지배 계급의 미친개의 이빨에 물리고 말았다. 우리들은 광주 학생의 석방을 요구하는 동시에 참을 수 없는 피눈물로 시위 대열에 나가는 것이다.

－ 감금된 학생을 탈환하자
－ 총독 폭압 정치 절대 반대
－ 교육에 경찰 간섭 반대
－ 치안 유지법을 철폐하라

지문의 핵심 키워드 ▶ 광주 학생 항일 운동

✔ 광주 학생의 석방을 요구 - 광주 학생 항일 운동 당시의 요구사항

선지별 키워드 추출

① 순종의 장례일을 맞아 가두시위를 벌였다.
→ 6·10 만세 운동은 순종의 장례일에 전개된 대표적인 항일 운동이다.

② 대한민국 임시 정부가 수립에 영향을 주었다.
→ 3·1 운동 이후 조직적인 독립운동의 필요성이 모색되며 상하이에 대한민국 임시 정부가 수립되었다.

③ 조선 사람 조선 것이라는 구호를 내세웠다.
→ 물산 장려 운동은 '조선 사람 조선 것' 등의 구호를 내세웠다.

④ 신간회의 지원을 받으며 전국적으로 확산되었다.
→ 신간회는 광주 학생 항일 운동 발생 이후 진상 조사단을 파견하여 지원하였다.

⑤ 일본, 프랑스 등의 노동 단체로부터 격려 전문을 받았다.
→ 원산 총파업은 중국, 일본, 프랑스 등의 노동 단체로부터 격려 및 후원을 받았다.

 '광주 학생 항일 운동'과 '신간회의 지원'은 짝꿍 키워드입니다!

43. 정답 ④

교사의 질문에 대한 학생의 답변으로 가장 적절한 것은?

[1점]

조선 민사령 중 개정의 건
(제령 제19호)

조선인 호주는 본령 시행 후 6개월 이내에 새로 씨(氏)를 정하고 이를 부윤 또는 읍면장에게 신고해야 한다. …… 신고를 하지 않을 때는 본령 시행 당시 호주의 성을 씨로 삼는다.

> 일제는 조선 민사령을 개정하여 일본식 씨명을 사용하도록 강요하였습니다. 이렇게 개정한 이후에 일제가 추진한 정책에 대해 말해 볼까요?

지문의 핵심 키워드 ▶ 민족 말살 정책

✔ 일본식 씨명을 사용 – 민족 말살 통치기의 창씨개명

선지별 키워드 추출

① 통감부를 설치하였습니다.
 → 통감부는 **1906년**에 설립되었기 때문에, 시기상 일치하지 않는다.

② 조선 태형령을 시행하였습니다.
 → 무단 통치기인 **1912년**에 **조선 태형령**이 시행되었다.

③ 헌병 경찰제를 실시하였습니다.
 → 무단 통치기에 일제는 **헌병 경찰제**를 실시하였다.

④ 여자 정신 근로령을 공포하였습니다.
 → **민족 말살 통치 시기**에 일제는 여성들을 노동 현장에 강제로 동원하기 위한 정책을 실시하였다.

⑤ 동양 척식 주식회사를 설립하였습니다.
 → 동양 척식 주식회사는 **1908년**에 일제가 국내의 자본 및 토지를 침탈할 목적으로 국내에 세운 회사이다.

 민족 말살 통치기에 시행된 노역과 관련된 키워드로는 대표적으로 국민 징용령과 여자 정신 근로령이 있습니다!

44. 정답 ③

(가) 인물에 대한 설명으로 옳은 것은?

[2점]

항복 전에 정무총감 엔도 등이 법과 질서를 유지하고 일본인들의 생명과 재산을 지키기 위하여 ┌(가)┐와/과 논의하였다. …… 일본인들은 그가 유혈 사태를 막아줄 수 있다고 믿었던 것 같다. …… 그런데 ┌(가)┐은/는 조선 총독부가 생각했던 바를 따르지 않았다. 일본이 원했던 것은 연합군이 올 때까지 질서를 유지하기 위한 평화 유지 위원회 정도였다. 그러나 그는 실질적인 정부로 여겨질 수 있는 조선 건국 준비 위원회를 만들었다.

지문의 핵심 키워드 ▶ 여운형

✔ 조선 건국 준비 위원회 – 여운형 및 안재홍 등이 광복 직후 국가 재건을 위해 설립한 단체

선지별 키워드 추출

① 샌프란시스코에서 **흥사단**을 결성하였다.
 → 샌프란시스코에서 **안창호** 등의 주도로 독립 운동 단체인 **흥사단**이 창립되었다.

② 조선어 학회 사건으로 구속되어 옥고를 치렀다.
 → 조선어 학회의 대표 인물인 **이극로 · 최현배** 등은 조선어 학회 사건으로 구속되어 옥고를 치렀다.

③ 김규식과 함께 좌우 합작 위원회를 조직하였다.
 → **여운형 · 김규식** 등이 조직한 **좌우 합작 위원회**는 미 · 소 공동 위원회의 속개 등을 주장한 좌우 합작 7원칙을 발표하였다.

④ 반민족 행위 특별 조사 위원회에서 활동하였다.
 → **여운형**은 **1946년**에 사망하였기 때문에, 시기상 일치하지 않는다.

⑤ 미국에서 귀국하여 **독립 촉성 중앙 협의회**를 이끌었다.
 → **이승만**은 광복 직후 미국에서 귀국하여 **독립 촉성 중앙 협의회**를 이끌었다.

 한능검에서 여운형과 관련된 단독 유형을 출제할 경우, 최소한 5 · 10 총선거 이후의 사례는 모두 오답입니다!

45. 정답 ③

| 난이도 | ●●○

(가) 전쟁 중에 있었던 사실로 옳은 것을 〈보기〉에서 고른 것은? [2점]

지문의 핵심 키워드 ▶ 6·25 전쟁

✓ 끊어진 대동강 철교, 유엔군, 중국군 – 6·25 전쟁

선지별 키워드 추출

ㄱ. 애치슨 라인이 발표되었다. ✐ 헷갈리기 쉬운 선지!
→ 미국의 국무장관 애치슨은 1950년에 태평양 지역 방어선을 발표하였으며, 이때 한반도와 타이완이 제외되었다.

ㄴ. 인천 상륙 작전이 전개되었다.
→ 6·25 전쟁 당시인 1950년에 유엔군 사령관인 맥아더는 인천 상륙 작전을 전개하여 서울을 수복하는 성과를 거뒀다.

ㄷ. 부산에서 발췌 개헌안이 통과되었다.
→ 6·25 전쟁 중인 1952년에 이승만 정부는 대통령 직선제를 규정한 발췌 개헌안을 통과시켰다.

ㄹ. 모스크바 3국 외상 회의가 개최되었다.
→ 1945년 12월 모스크바 3국 외상 회의가 개최되어 한반도에 대한 최고 5년간의 신탁 통치가 결정되었다.

 한능검에서 유엔군, 중국군 등의 키워드가 언급되면 6·25 전쟁을 떠올려야 합니다!

46. 정답 ①

| 난이도 | ●○○

다음 뉴스가 보도된 정부 시기의 경제 상황으로 옳은 것은? [2점]

지문의 핵심 키워드 ▶ 박정희 정부

✓ 경부 고속 도로 – 박정희 정부 때 개통된 고속 도로

선지별 키워드 추출

① 제2차 경제 개발 5개년 계획이 추진되었다.
→ 박정희 정부 때 제2차 경제 개발 5개년 계획이 추진되었다.

② 미국의 경제 원조로 삼백 산업이 발달하였다.
→ 이승만 정부 때 제분(밀가루)·제당(설탕)·면방직 등의 삼백 산업이 발달하였다.

③ 귀속 재산 처리를 위한 신한 공사가 설립되었다.
→ 신한 공사는 미군정 때 일제의 귀속 재산 처리를 위하여 설립한 회사이다.

④ 대통령 긴급 명령으로 금융 실명제가 실시되었다.
→ 김영삼 정부는 금융 거래 시 반드시 본인의 실명으로 거래하는 금융 실명제를 실시하였다.

⑤ 최저 임금 결정을 위한 최저 임금 위원회가 설치되었다.
→ 전두환 정부 때 근로자의 생활 안정 및 노동자의 질적 향상을 목적으로 최저 임금법을 제정하였다.

 현대 정부 중에서 경제 개발 계획을 키워드로 제시하는 정부는 사실상 박정희 정부가 유일합니다!

47. 정답 ④ | 난이도 | ●●○

다음 발표가 있었던 시기를 연표에서 옳게 고른 것은?
[2점]

> 정부는 최근 겪고 있는 금융·외환 시장의 어려움을 극복하기 위해 국제 통화 기금(IMF)에 유동성 조절 자금을 지원해 줄 것을 요청하기로 결정하였습니다. …… 유동성 부족 상태가 조속한 시일 안에 해결될 것으로 기대합니다. 정부는 국제 통화 기금과 참여국의 지원과 함께 우리 스스로도 원활한 외화 조달을 위한 다각적인 대책을 함께 적극 추진해 나갈 계획입니다.

1949	1965	1977	1988	1998	2007
(가)	(나)	(다)	(라)	(마)	
농지 개혁법 제정	한일 기본 조약 체결	100억 달러 수출 달성	서울 올림픽 개최	노사정 위원회 구성	한미 자유 무역 협정(FTA) 체결

지문의 핵심 키워드 ▶ 김영삼 정부

✔ 국제 통화 기금(IMF)에 유동성 조절 자금을 지원해 줄 것을 요청 - 김영삼 정부 말기에 발생한 외환 위기

선지별 키워드 추출

④ (라)
→ 국제 통화 기금 구제 요청(1997)은 김영삼 정부 때 발생한 사건이므로, 흐름상 서울 올림픽(노태우 정부) 개최와 노사정 위원회 구성(김대중 정부) 사이인 4번이 적절하다.

 김영삼 정부는 IMF, OECD, WTO 등 국제 기구와 관련된 키워드가 언급될 가능성이 높습니다!

48. 정답 ① | 난이도 | ●●●

(가)에 들어갈 내용으로 가장 적절한 것은? [2점]

> 저는 지금 ○○시에 있는 경포대에 와 있습니다. 관동팔경 중 하나인 경포대 안에는 숙종이 직접 지은 시를 비롯하여 많은 명사의 글이 걸려있습니다. 이 지역에서 가 볼 만한 곳을 대화창에 올려 주세요.

ON 대화창

양반의 주거 생활을 볼 수 있는 선교장을 추천해요.

보물로 지정된 승탑과 당간지주가 있는 굴산사지는 어때요?

(가)

지문의 핵심 키워드 ▶ 강릉 지역사

✔ 경포대 - 강릉 지역에 위치한 대표적인 누각
✔ 관동팔경 - 강원도의 명소 8곳
✔ 선교장 - 강릉 지역에 위치한 상류층의 주택

선지별 키워드 추출

① 율곡 이이가 태어난 오죽헌을 추천해요.
→ 강릉에는 이이가 태어난 오죽헌이 있다.

② 무령왕릉이 있는 송산리 고분군을 추천해요.
→ 공주에는 백제 무령왕릉과 송산리 고분군이 있다.

③ 어재연 부대가 항전했던 광성보에 가 보세요.
→ 강화도에서 발생한 신미양요 당시 어재연은 로저스 제독이 이끄는 미군 부대를 광성보에서 방어하였다.

④ 팔만대장경판이 보관된 해인사를 방문해 보세요.
→ 경상남도 합천 지역에 위치한 해인사의 장경판전에 팔만대장경판이 보관되어 있다.

⑤ 삼별초가 활동한 항파두리 항몽 유적에 가 보세요.
→ 삼별초는 몽골과의 강화 이후 개경 환도 결정에 반발하여 강화도-진도(용장성-배중손)-제주도(항파두리성-김통정)로 근거지를 옮기며 끝까지 항전하였다.

 한능검에 신유형을 출제할 경우, 정답 키워드 역시 기존에 주로 오답으로 언급된 사례가 등장할 수 있습니다!

49. 정답 ②

다음 민주화 운동에 대한 설명으로 옳은 것은?　[1점]

○○○○년 ○○월 ○○일

학생 대표의 연설이 끝나자 우리는 단단하게 스크럼을 짜고 교문 밖으로 행진했다. 3·15 부정 선거에 대한 분노와 얼마 전 마산에서 일어난 규탄 대회에서 김주열 군이 최루탄에 눈 부분을 맞고 마산 앞바다에 죽은 채 떠올랐다는 소문이 파다하게 퍼져있던 터였다. …… 시위대의 물결이 경무대로 향했다. 그때 귀청을 뚫을 듯한 총소리가 연발로 들렸다. 얼마나 지났을까. 총소리가 멈춘 후 고개를 들고 주위를 둘러보다가 벌떡 일어나고 말았다. 같은 반 친구가 바지가 찢어진 채 피를 흘리며 쓰러져 있었다. 나는 정신없이 달려가 그를 안았다. 그러나 그는 이미 사지를 축 늘어뜨린 채 힘이 없었다.

지문의 핵심 키워드 ▶ 4·19 혁명

✓ 3·15 부정 선거에 항거, 김주열 - 4·19 혁명

선지별 키워드 추출

① 시민군이 조직되어 계엄군에 저항하였다.
→ 5·18 광주 민주화 운동 당시 광주 시민들은 자발적으로 시민군을 조직하여 계엄군에 저항하였다.

② 당시 대통령이 하야하는 결과를 가져왔다.
→ 이승만 정부 때 발생한 4·19 혁명으로 이승만이 대통령직에서 하야하였다.

③ 호헌 철폐, 독재 타도 등의 구호를 내세웠다.
→ 전두환 정부 때 4·13 호헌 조치에 반발하여 호헌 철폐 및 독재 타도를 내세운 6월 민주 항쟁이 발생하였다.

④ 3선 개헌 반대 범국민 투쟁 위원회가 주도하였다.
→ 박정희 정부 때 3선 개헌에 반대하는 민주화 운동이 전개되었다.

⑤ 장기 독재를 비판하는 3·1 민주 구국 선언이 발표되었다.
→ 박정희 정부의 유신 체제에 반발하여 3·1 민주 구국 선언이 발표되었다.

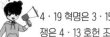 4·19 혁명은 3·15 부정 선거를 계기로 발생하였고, 6월 민주 항쟁은 4·13 호헌 조치를 계기로 발생하였다.

---

50. 정답 ⑤

(가), (나) 사이의 시기에 있었던 사실로 옳은 것은?

[3점]

(가) 남북 간의 제반 문제를 개선, 해결하며 나라의 통일 문제를 다루는 남북 조절 위원회가 정식으로 발족하였다. 남북 조절 위원회는 판문점에 공동 사무국을 두기로 하였으며, 회의는 서울과 평양에서 번갈아 진행하기로 하였다.

(나) 서울에서 열린 제5차 남북 고위급 회담에서 남북 사이의 화해와 불가침 및 교류·협력 등을 주요 내용으로 하는 남북 기본 합의서를 채택하였다. 특히 이번 합의서에서는 분단 이후 처음으로 남북 양측의 국호를 사용하였다.

지문의 핵심 키워드 ▶ 남북 조절 위원회 설치, 남북 기본 합의서 채택

✓ (가) 남북 조절 위원회 - 박정희 정부 때 발표된 7·4 남북 공동 성명 이후 설치(1972)

✓ (나) 남북 기본 합의서 - 노태우 정부 때 상호 체제 인정 및 상호 불가침 등을 합의한 합의서(1991)

선지별 키워드 추출

① 금강산 육로 관광이 시작되었다.
→ 노무현 정부 때 통일 교류 발전에 힘입어 금강산 육로 관광이 시작되었다. - (나) 이후

② 6·15 남북 공동 선언이 발표되었다.
→ 김대중 정부 때 최초의 남북 정상 회담이 개최되어 6·15 남북 공동 선언이 발표되었다. - (나) 이후

③ 평창 동계 올림픽에 남북 단일팀이 참가하였다.
→ 문재인 정부 때 개최된 평창 동계 올림픽의 여자 아이스하키 종목에 남북 단일팀이 참가하였다. - (나) 이후

④ 남북 경제 협력을 위한 개성 공업 지구가 조성되었다.
→ 김대중 정부 때 개성 공단 설치를 합의하였고, 노무현 정부 때 개성 공단 조성을 본격적으로 실현하였다. - (나) 이후

⑤ 남북 이산가족 고향 방문단의 교환 방문이 최초로 성사되었다.
→ 전두환 정부 때 남북 교류 사업의 일환으로 남북 이산가족 고향 방문단의 교환을 최초로 실현하였다.

 각 정부 시기의 통일 교류와 관련된 선언 또는 합의문의 원문을 파악하는 것을 권장합니다!

남에게 하듯 나에게
구체적으로, 다정하게 칭찬해 주세요.

#나만의길 #다잘될거야

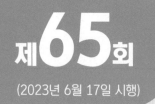

1. 난이도

쉬움~보통

- 일부 문제를 제외하면 기존의 기출문제를 그대로 활용한 사례가 많은 회차!

- 실제로 해당 회차 기준 이전 3회차 기출의 연계 체감율이 매우 높으며, 쉬운 유형은 확실히 쉽게 출제하였음!

- 동시에 다른 회차에 비해서 흐름형 유형의 비중이 상당히 높아 난이도를 살짝 높인 경향이 있음!

- 시기형 문제에서 킬러 유형 다수!

- 통합사 유형 중 일부 유형이 까다로웠기 때문에 고득점 방지를 위한 최소한의 걸림돌이 존재하였음!

☆ **결론:** 흐름형 유형을 다수 출제하거나, 변별력 확보를 위하여 고난도 유형을 일부 출제한 것은 분명하지만, 동시에 최근 회차 중 기존 기출을 바탕으로 응용한 유형이 가장 많기 때문에 합격권 점수를 얻기에는 쉬운 회차!

합격률: 57.67%

2. 유형 분포도

1) 전근대사 비중(52%): 1번~2번, 4번~25번, 27번~28번

2) 근현대사 비중(40%): 29번~38번, 40번~48번, 50번

3) 통합사 비중(8%): 3번, 26번, 39번, 49번

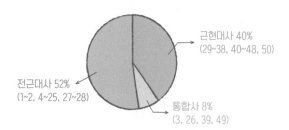

근현대사 40%
(29~38, 40~48, 50)

전근대사 52%
(1~2, 4~25, 27~28)

통합사 8%
(3, 26, 39, 49)

- 공주 지역사, 우리나라와 일본의 대립 사례, 우리나라의 교육 기관, 전주 지역사

- 시대순으로 출제되었으며, 개항기 파트의 비중이 높은 회차!

- 다른 회차에 비해 특정 분야를 종합적으로 파악하는 통합사가 많이 출제된 편!

– 한눈에 보는 65회 시대별 · 주제별 유형 분포도

문항	시대	주제	문항	시대	주제
1	선사	청동기 시대	26	통합사	우리나라와 일본의 대립 사례
2	선사	고조선	27	조선	이익
3	통합사	공주 지역사	28	조선	조선 후기의 사회상
4	고대	호우명 그릇	29	개항기	흥선 대원군 집권 및 척화비 건립
5	고대	백제 근초고왕의 평양성 공격	30	개항기	임오군란
6	고대	백강 전투 및 매소성 전투	31	개항기	동학 농민 운동
7	고대	발해	32	개항기	헤이그 특사 파견
8	고대	설총	33	개항기	정미의병
9	고대	통일 신라 하대의 사회상	34	개항기	아관파천
10	고려	고려 왕건	35	개항기	일본의 경제 침탈에 대한 저항 사례 `시사점 문제`
11	고려	고려 성종	36	개항기	독립 협회
12	고려	거란에 대한 고려의 대응	37	개항기	개항기의 근대 문물 사례
13	고려	의천	38	일제 강점기	무단 통치기의 사회상
14	고려	고려 중기의 정치적 사건	39	통합사	우리나라의 교육 기관
15	고려	원 간섭기의 사회상	40	일제 강점기	제2차 조선 교육령 반포 `시사점 문제`
16	고려	고려의 경제 상황	41	일제 강점기	대한민국 임시 정부
17	고려	수덕사 대웅전	42	일제 강점기	민족 말살기의 사회상
18	고려	최영의 요동 정벌 추진	43	일제 강점기	조선 의용대
19	조선	조선 성종	44	일제 강점기	최현배
20	조선	조선 명종 `시사점 문제`	45	현대	5 · 10 총선거
21	조선	사육신의 단종 복위 운동	46	현대	6 · 25 전쟁
22	조선	몽유도원도	47	현대	제2차 경제 개발 5개년 계획 시작 `시사점 문제`
23	조선	병자호란	48	현대	전두환 정부
24	조선	조선 정조	49	통합사	전주 지역사
25	조선	대동법	50	현대	김대중 정부의 통일 노력 `시사점 문제`

3. 시사점 문제 ★ 아래의 문제들은 각 문제 해설에서 해품사의 시사점 풀이!

1) 20번 → 모든 내용을 모르겠다면, 확실히 이해할 수 있는 키워드를 공략해봅시다!

2) 47번, 50번 → 문제를 종합적으로 파악해야 정확하고 추가적인 힌트를 찾아낼 수 있습니다!

3) 35번, 40번 → 이번 회차의 까다로운 신유형의 출제 의도는 인과 관계입니다!

해설 보기 전 주목!

해품사 한능검
기특 무료강의

어제의 오답 선지 = 내일의 정답 선지

한능검은 역사적 사실이 아닌 것은 선지에 포함하지 않습니다. 즉, 모든 선지는 사실이죠!

기출에서 오답 선지는 이후 시험에서 언제든 정답이 될 수 있습니다.

결국 키워드를 추출하여 선지를 분석하는 것이 기출문제 공부의 핵심입니다.

1. 문제 지문의 핵심 키워드를 찾고   2. 선지별로 키워드를 추출한 후   3. 연관된 것을 찾으면 정답입니다.

이제 본격적으로 키워드 추출 훈련을 해볼까요?

제65회	정답 한눈에 보기								기출문제편 p.124
01 ②	02 ⑤	03 ②	04 ①	05 ③	06 ⑤	07 ④	08 ⑤	09 ⑤	10 ①
11 ②	12 ③	13 ①	14 ④	15 ③	16 ②	17 ①	18 ③	19 ③	20 ⑤
21 ③	22 ①	23 ③	24 ⑤	25 ⑤	26 ④	27 ④	28 ①	29 ④	30 ⑤
31 ④	32 ⑤	33 ⑤	34 ③	35 ①	36 ③	37 ④	38 ④	39 ⑤	40 ⑤
41 ④	42 ④	43 ②	44 ①	45 ⑤	46 ②	47 ②	48 ②	49 ③	50 ②

---

1. 정답 ②

| 난이도 | ●○○

밑줄 그은 '이 시대'의 생활 모습으로 옳은 것은?   [1점]

부여 송국리

축제에 초대합니다.

2023.○○.○○.~○○.○○.
부여 송국리 유적 일원

모시는 글

사유 재산과 계급이 출현한 이 시대의 대표적 유적지인 부여 송국리 유적에서 축제를 개최합니다. 다양한 행사에 참여하여 당시 생활을 체험해 보시기 바랍니다.

◆ 주요 프로그램 ◆
• 비파형 동검 모형 만들기
• 민무늬 토기 조각 맞추기
• 증강 현실로 환호와 목책 보기

지문의 핵심 키워드 ▶ 청동기 시대

✓ 부여 송국리 – 청동기 시대의 대표적인 유적지

✓ 사유 재산과 계급이 발생 – 청동기 시대에 발생

✓ 비파형 동검, 민무늬 토기 – 청동기 시대의 대표 유물

선지별 키워드 추출

① 소를 이용한 깊이갈이가 일반화되었다.
→ 소를 이용한 깊이갈이는 고려 시대에 이르러서야 일반화되었다.

② 많은 인력을 동원하여 고인돌을 축조하였다.
→ 청동기 시대에는 계급이 발생하여 지배층의 무덤으로 고인돌을 제작하기 시작하였다.

③ 실을 뽑기 위해 가락바퀴를 처음 사용하였다.
→ 신석기 시대에는 가락바퀴와 뼈바늘을 이용하여 원시적 수공업이 이루어졌다.

④ 쟁기, 쇠스랑 등의 철제 농기구가 이용되었다.
→ 철기 시대에는 쟁기, 쇠스랑 등 철제 농기구를 통해 보다 효율적으로 농사를 지었다.

⑤ 주로 동굴이나 강가에 막집을 짓고 거주하였다.
→ 구석기 시대에는 주변의 동굴 또는 바위 그늘에 거주하거나 막집을 따로 지어 살았다.

신석기 시대의 빗살무늬 토기와 청동기 시대의 민무늬 토기를 혼동하지 않도록 주의할 필요가 있습니다!

2. 정답 ⑤ 　　　　　　　　　　　　| 난이도 | ●○○

(가) 국가에 대한 설명으로 옳은 것은? 　　　　　[2점]

> 니계상 참이 사람을 시켜 [(가)] 의 왕 우거를 죽이고 와서
> 항복하였다. 그러나 왕검성은 끝내 함락되지 않았기에 우거왕
> 의 대신(大臣) 성기가 한(漢)에 반기를 들고 공격하였다. 좌장
> 군은 우거왕의 아들 장과 항복한 상 노인의 아들 최로 하여금
> 그 백성을 달래고 성기를 주살하도록 하였다. 드디어 [(가)]
> 을/를 평정하고 진번·임둔·낙랑·현도군을 설치하였다.
> 　　　　　　　　　　　　　　　　　　－ 『한서』 －

지문의 핵심 키워드 ▶ 고조선

✓ 왕검성, 우거왕 – 고조선의 마지막 수도 및 왕

✓ 진번·임둔·낙랑·현도군을 설치 – 고조선 멸망 이후 한
   나라가 고조선의 옛 영토에 세운 한사군

선지별 키워드 추출

① 동맹이라는 제천 행사를 열었다.
　→ 고구려는 매년 10월에 제천 행사인 동맹을 열었다.

② 신성 지역인 소도가 존재하였다.
　→ 삼한에는 제사장인 천군과 신성 지역인 소도가 존재하
　　였다.

③ 읍락 간의 경계를 중시하는 책화가 있었다.
　→ 동예에는 다른 부족의 영역을 침범할 경우 소나 말로
　　배상하는 풍습인 책화가 존재하였다.

④ 여러 가(加)들이 별도로 사출도를 주관하였다.
　→ 부여는 마가·우가·저가·구가 등 여러 가(加)들이 별
　　도로 사출도를 다스렸다.

⑤ 사회 질서를 유지하기 위해 범금 8조를 두었다.
　→ 고조선에는 사회 질서 유지를 위하여 범금 8조(8조법)
　　가 있었다.

 고조선은 중국 한 무제의 군대에 의해 멸망하였으며, 이후 한사군
이 설치되었습니다!

3. 정답 ② 　　　　　　　　　　　　| 난이도 | ●●○

(가) 지역에 대한 탐구 활동으로 가장 적절한 것은?
　　　　　　　　　　　　　　　　　　　　　　[2점]

> 이달의 역사 인물
> 문주왕
> 미상~477
> (가) 에 백제의 새로운 터전을 잡다
>
> 고구려 장수왕의 공격으로 백제의 수도 한성이 파괴되고
> 개로왕이 전사하였다. 그에 이어 즉위한 문주왕은 위기를 수
> 습하고자 [(가)] (으)로 도읍을 옮겼다.

지문의 핵심 키워드 ▶ 공주 지역사

✓ 문주왕, 도읍을 옮김 – 문주왕은 백제의 중흥을 위해 수도
   를 웅진(공주)으로 천도함

선지별 키워드 추출

① 무왕이 미륵사를 창건한 곳을 살펴본다.
　→ 백제 무왕은 익산에 미륵사를 창건하였다.

② 무령왕과 왕비의 무덤이 발굴된 곳을 답사한다.
　→ 공주에 위치한 무령왕릉은 중국 남조의 영향을 받아 벽
　　돌무덤 양식으로 축조되었다.

③ 성왕이 신라와의 전투에서 전사한 곳을 검색한다.
　→ 백제 성왕은 충청북도 옥천의 관산성에서 신라의 군대
　　와 싸우다 전사하였다.

④ 윤충이 의자왕의 명을 받아 함락시킨 곳을 지도에 표시한다.
　→ 백제 의자왕은 윤충을 보내어 경상남도 합천의 신라 대
　　야성을 함락하였다.

⑤ 계백이 이끄는 결사대가 신라군에 맞서 싸운 곳을 조사한다.
　→ 백제의 계백은 논산의 황산벌에서 나·당 연합군에 맞
　　서 항전하다가 끝내 사망하였다.

 공주 지역 및 부여 지역은 공통적으로 백제와 관련된 역사적 사실
및 문화유산을 연계할 가능성이 높습니다!

(가)에 해당하는 문화유산으로 옳은 것은?　　　[2점]

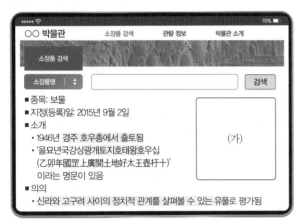

지문의 핵심 키워드 ▶ 호우명 그릇

✓ 경주 호우총에서 출토 – 호우명 그릇
✓ 신라와 고구려 사이의 정치적 관계를 살펴볼 수 있는 유물
　– 호우명 그릇은 고구려가 신라의 내정에 간섭하였다는
　증거로 활용됨

선지별 키워드 추출

① 호우명 그릇(고구려)

② 무령왕릉 출토 진묘수(백제)

③ 칠지도(백제)

④ 금동 연가 7년명 여래 입상(고구려)

⑤ 신라 기마인물형 토기

 호우명 그릇은 고구려 광개토 대왕과 관련된 대표적인 문화유산
입니다!

다음 상황 이후에 있었던 사실로 옳은 것은?　　　[2점]

> 10월에 백제왕이 병력 3만 명을 거느리고 평양성을 공격해 왔
> 다. 왕이 군대를 출정시켜 백제군을 막다가 날아온 화살에 맞아
> 이달 23일에 세상을 떠났다.

지문의 핵심 키워드 ▶ 백제 근초고왕의 평양성 공격

✓ 백제왕, 평양성을 공격 – 백제 근초고왕은 고구려의 평양
　성을 공격함(371)
✓ 왕이 백제군을 막다가 날아온 화살에 맞아 세상을 떠남 –
　고구려의 고국원왕은 백제 근초고왕의 공격을 받아 사망함

선지별 키워드 추출

① 유리왕이 졸본에서 국내성으로 천도하였다.
　→ 1세기 고구려 유리왕은 국내성으로 수도를 천도하였다.

② 미천왕이 낙랑군을 축출하여 영토를 확장하였다.
　→ 4세기 초 고구려 미천왕 때 요동 지역에 위치한 서안평
　을 점령하고, 한사군 중 하나인 낙랑군을 축출하였다.

③ 소수림왕이 불교를 공인하고 율령을 반포하였다.
　→ 고구려 소수림왕은 고국원왕 이후에 즉위하여, 불교 공
　인, 율령 반포, 태학 설립 등 국가를 정비하였다.

④ 고국천왕이 을파소를 등용하고 진대법을 실시하였다.
　→ 2세기 고구려 고국천왕은 빈민 구제 제도인 진대법을
　실시하였다.

⑤ 유주자사 관구검이 이끄는 군대가 환도성을 함락하였다.
　→ 3세기 고구려 동천왕 때 위나라 관구검의 공격을 받아
　환도산성이 함락되었다.

 근초고왕의 평양성 공격 → 장수왕의 한성 함락 → 성왕의 관산성
전투는 한능검이 좋아하는 대표 흐름입니다!

---

6. 정답 ⑤ | 난이도 | ●●○

(가), (나) 사이의 시기에 있었던 사실로 옳은 것은?

[2점]

> (가) 당의 손인사, 유인원과 신라왕 김법민은 육군을 거느려 나아
> 가고, 유인궤 등은 수군과 군량을 실은 배를 거느리고 백강으
> 로 가서 육군과 합세하여 주류성으로 갔다. 백강 어귀에서 왜
> 의 군사를 만나 …… 그들의 배 4백 척을 불살랐다.
>
> (나) 이근행이 군사 20만 명을 이끌고 매소성에 머물렀다. 신라군
> 이 공격하여 달아나게 하고 말 3만여 필을 얻었는데, 노획한
> 병장기의 수도 그 정도 되었다.

지문의 핵심 키워드 ▶ 백강 전투, 매소성 전투

- ✓ (가) 당의 손인사, 유인원과 신라왕 김법민 – 백강 전투
  (663) 당시의 나당 연합군
- ✓ (가) 백강, 왜의 군사 – 백제 부흥군은 백강에서 왜의 군대
  와 연합함
- ✓ (나) 매소성 – 나당 전쟁 당시 신라가 육지전에서 당군에
  승리한 장소(매소성 전투, 675)

선지별 키워드 추출

① 장문휴가 당의 등주를 공격하였다.
   → **발해 무왕**은 **장문휴**를 파견하여 당의 **등주**(산둥 반도)
   를 선제 공격하였다.

② 원광이 왕명으로 걸사표를 작성하였다.
   → **신라 진평왕** 때 **원광**이 왕명으로 **수나라**에 군사를 요청
   하기 위한 글을 작성하였다.

③ 을지문덕이 살수에서 대승을 거두었다.
   → **고구려 을지문덕**은 **중국의 수 양제**가 파견한 대군을 **살
   수**에서 격퇴하였다(612).

④ 김춘추가 당과의 군사 동맹을 성사시켰다.
   → **신라 진덕 여왕** 때인 648년에 **김춘추**가 **당나라**로 넘어
   가 **당 태종**과 군사 동맹을 성사시켰다.

⑤ 검모잠이 안승을 왕으로 세워 부흥 운동을 벌였다.
   → 668년 **고구려** 멸망 이후 **고연무, 검모잠, 안승** 등이 **고
   구려 부흥 운동**을 전개하였다.

백제 멸망 · 백제 부흥 운동이 발생한 이후 고구려 멸망 · 고구려
부흥 운동이 발생하였습니다!

7. 정답 ④ | 난이도 | ●○○

밑줄 그은 '이 나라'에 대한 설명으로 옳은 것은? [1점]

> ○ 조영이 죽으니, 이 나라에서는 고왕이라 하였다. 아들 무예가
> 왕위에 올라 영토를 크게 개척하니, 동북의 모든 오랑캐들이
> 겁을 먹고 그를 섬겼다.
>
> ○ 처음에 이 나라의 왕이 자주 학생들을 경사의 태학에 보내어
> 고금의 제도를 배우고 익혀 가더니, 드디어 해동성국이 되었
> 다. 그 땅에는 5경 15부 62주가 있다.
>
> – 『신당서』 –

지문의 핵심 키워드 ▶ 발해

- ✓ 조영, 고왕 – 대조영
- ✓ 무예 – 무왕(발해 제2대 왕)
- ✓ 5경 15부 62주 – 발해 선왕 때 정비된 지방 행정 제도

선지별 키워드 추출

① 정사암 회의를 개최하였다.
   → **백제**는 **정사암**에 모여 국가 중대사를 논의하였다.

② 9서당 10정의 군사 조직을 갖추었다.
   → **통일 신라 신문왕** 때 군사 조직으로 **9서당 10정**을 운영
   하였다.

③ 욕살, 처려근지 등의 지방관을 두었다.
   → **고구려**는 지방에 **욕살, 처려근지** 등의 지방관을 파견하
   였다.

④ 인안, 대흥 등 독자적인 연호를 사용하였다.
   → **발해의 무왕**은 **인안**, **문왕**은 **대흥**이라는 독자적인 연호
   를 사용하였다.

⑤ 광평성을 비롯한 각종 정치 기구를 마련하였다.
   → **후고구려**의 **궁예**는 최고 중앙 관서로 **광평성**이라는 기
   구를 설치하였다.

한능검에서 발해 유형을 출제하면 대조영, 무왕(대무예), 문왕(대
흥무) 등 왕 자체를 힌트로 제시할 수 있습니다!

제65회

8. 정답 ⑤
| 난이도 | ●●○

밑줄 그은 '이 인물'에 대한 설명으로 옳은 것은? [3점]

오전 10:40 48%

좋아요 28회   8시간 전

이곳은 이 인물을 제사하는 경주의 서악 서원.
그는 한자의 음과 훈을 빌려 우리말을 표기하는
이두를 체계적으로 정리함. 우리말로 유학 경전
을 풀이하여 후학들을 가르침. 원효의 아들임.

지문의 핵심 키워드 ▶ 설총

✓ 이두 – 설총이 만든 우리나라의 언어
✓ 원효 – 설총의 아버지

선지별 키워드 추출

① 향가 모음집인 삼대목을 편찬하였다.
→ 통일 신라의 진성 여왕 때 위홍과 대구화상이 향가 모음집인 『삼대목』을 편찬하였다.

② 진성 여왕에게 시무책 10여 조를 올렸다.
→ 통일 신라의 최치원은 진성 여왕에게 정치 개혁안인 시무 10조를 건의하였다.

③ 화랑도의 규범으로 세속 5계를 제시하였다.
→ 신라의 원광은 세속 5계라는 화랑의 규율을 제시하였다.

④ 외교 문서 작성에 능하여 청방인문표를 지었다.
→ 통일 신라의 강수는 당나라에 붙잡힌 김인문을 석방할 것을 요구하는 청방인문표를 작성하였다.

⑤ 국왕에게 조언하는 내용인 화왕계를 집필하였다.
→ 통일 신라의 설총은 충신과 간신을 꽃에 비유한 창작 설화인 화왕계를 집필하여 신문왕에게 건의하였다.

 설총은 원효 및 신문왕 유형과 연계하여 출제할 수 있습니다!

9. 정답 ⑤
| 난이도 | ●○○

밑줄 그은 '시기'에 볼 수 있는 모습으로 적절한 것은? [2점]

이 유물에는 민애왕을 추모하는 명문이 있습니다. 그는 혜공왕 피살 이후 왕위 쟁탈전이 치열했던 시기에 희강왕을 축출하고 왕이 되었으나, 다른 진골 세력에 의해 1년 만에 제거되었습니다.

전(傳) 대구 동화사 비로암 삼층 석탑
납석사리호

지문의 핵심 키워드 ▶ 신라 하대의 사회상

✓ 민애왕 – 신라 하대의 왕
✓ 혜공왕 피살 이후 왕위 쟁탈전이 치열했던 시기 – 신라 하대의 특징

선지별 키워드 추출

① 의창에서 곡식을 빌리는 백성
→ 고려 성종 때 의창을 설치하였다.

② 만권당에서 대담을 나누는 학자
→ 고려의 이제현은 원나라의 연경에 세워진 만권당에서 원의 학자들과 교류하였다.

③ 혜민국에서 약을 받아 가는 환자
→ 고려 시대에 서민의 질병 치료 및 의약품을 제공하는 기구인 혜민국을 설치하였다.

④ 화엄일승법계도를 저술하는 승려
→ 통일 신라의 의상은 당에서 화엄학을 공부한 뒤, 「화엄일승법계도」라는 그림시를 지어 화엄 사상을 정리하였다.

⑤ 청해진을 거점으로 해적을 소탕하는 병사
→ 신라 하대에 활동한 장보고는 완도에 청해진이라는 해상 무역 기지를 설치하여 동아시아의 해상 무역을 장악하였다.

 기출에서 혜공왕 피살 이후의 시기를 언급하면 신라 하대 사회상을 출제하였을 가능성이 높습니다!

(가) 왕의 재위 시기에 있었던 사실로 옳은 것은? [2점]

〈탐구 활동 보고서〉

○학년 ○반 이름: △△△

1. 주제: (가) , 안정과 통합을 꾀하다
2. 방법: 『고려사』 사료 검색 및 분석
3. 사료 내용과 분석

사료 내용	분석
명주의 순식이 투항하자 왕씨 성을 내리다.	지방 호족 포섭
『정계』와 『계백료서』를 지어 반포하다.	관리의 규범 제시
흑창을 두어 가난한 백성에게 곡식을 빌려주다.	민생 안정

지문의 핵심 키워드 ▶ 고려 왕건

✓ 왕씨 성을 내림 – 고려 왕건 때 시행한 사성 정책
✓ 『정계』와 『계백료서』 – 고려 왕건이 관리의 규범을 제시할 목적으로 저술한 책
✓ 흑창 – 고려 왕건 때 설치한 빈민 구제 기구

선지별 키워드 추출

① 개국 공신에게 역분전을 지급하였다.
   → 고려 왕건 때 후삼국 통일에 공을 세운 공신에게 인품과 공로를 기준으로 토지를 지급하였다.

② 외침에 대비하여 광군을 조직하였다.
   → 고려 정종 때 광군을 조직하였다.

③ 광덕, 준풍 등의 독자적 연호를 사용하였다.
   → 고려 광종은 광덕, 준풍 등의 독자적인 연호를 사용하였다.

④ 관학 진흥을 목적으로 양현고를 운영하였다.
   → 고려 예종 때 관학 진흥을 목적으로 국자감 내에 장학 재단인 양현고를 설치하였다.

⑤ 주전도감을 설치하여 해동통보를 발행하였다.
   → 고려 숙종 때 삼한통보, 해동통보, 활구 등 다양한 화폐를 주조하였다.

 고려 왕건은 후삼국 통일을 완성하였기 때문에, 이를 연계할 수 있는 키워드가 일부 등장합니다!

다음 상황이 나타난 시기를 연표에서 옳게 고른 것은?

[3점]

처음으로 12목을 설치하고 조서를 내려 말하기를, "부지런히 정사를 돌보면서 매번 신하들의 충고를 구하고 있다. 낮은 곳의 이야기를 듣고 멀리 보고자 어질고 현명한 이들의 힘을 빌리려고 한다. 이에 수령들의 공로에 의지해 백성들의 바람에 부합하고자 한다. 『우서(虞書)』의 12목 제도를 본받아 시행하니, 주나라가 8백 년간 지속하였듯이 우리의 국운도 길이 이어질 것이다."라고 하였다.

(가)	(나)	(다)	(라)	(마)
918 고려 건국	945 왕규의 난	1009 강조의 정변	1196 최충헌의 집권	1270 개경 환도	1351 공민왕 즉위

지문의 핵심 키워드 ▶ 고려 성종

✓ 12목 – 고려 성종 때의 지방 행정 제도

선지별 키워드 추출

② (나)
   → 12목은 고려 성종 때 정비된 지방 행정 제도이므로, 흐름상 왕규의 난(혜종)과 강조의 정변(목종) 사이인 2번이 적절하다.

 고려 시대의 외세 중 거란이 흐름형 유형으로 출제할 가능성이 가장 높습니다!

12. 정답 ③　　　| 난이도 | ●●●

(가) 국가에 대한 고려의 대응으로 옳은 것은?　[2점]

> 이곳은 전라남도 나주시에 있는 심향사입니다. (가) 의 침입으로 나주로 피란한 고려 현종이 나라의 평안을 위해 이곳에서 기도를 올렸다고 전해집니다. 이 왕 때 부처의 힘으로 국난을 극복하고자 초조대장경의 조성이 시작되었습니다.

지문의 핵심 키워드 ▶ 거란에 대한 고려의 대응

✔ (가)의 침입으로 나주로 피란한 고려 현종 - 거란의 제2차 침입 당시 현종은 나주로 피란함
✔ 초조대장경 - 부처의 힘으로 거란의 침략을 방어하는 것을 염원하며 간행한 불교 경전

선지별 키워드 추출

① 박위를 보내 근거지를 토벌하였다.
　→ 고려 창왕 때 박위를 파견하여 왜구의 근거지인 쓰시마 섬을 정벌하였다.

② 조총 부대를 나선 정벌에 파견하였다.
　→ 조선 효종 때 청나라의 러시아 정벌에 변급과 신류가 이끄는 조총 부대를 파견하여 지원하였다.

③ 개경을 방어하기 위해 나성을 축조하였다.
　→ 고려는 거란의 제3차 침입 이후 개경에 나성을 축조하였다.

④ 압록강 상류 지역을 개척하여 4군을 설치하였다.
　→ 조선 세종 때 최윤덕과 김종서를 파견하여 압록강 및 두만강 인근의 여진 세력을 소탕하고 4군 6진을 설치하였다.

⑤ 국방 문제를 논의하기 위해 비변사가 신설되었다.
　→ 조선 중종 때 삼포왜란을 계기로 변방을 수비하기 위하여 임시 기구인 비변사가 설치되었다.

 거란에 대한 고려의 대응 유형을 응용하기 위해 고려 현종 관련 역사적 사실 유형을 출제할 수도 있습니다!

13. 정답 ①　　　| 난이도 | ●●○

(가)에 들어갈 내용으로 옳은 것은?　[2점]

왕후(王煦), 왕자로 태어나 승려가 되다

문종의 아들로 불법(佛法)을 구하러 송에 유학하였다. 귀국 후 흥왕사에서 『신편제종교장총록』을 간행하였다. 이 책은 송·거란·일본 등 동아시아 각지의 불교 서적을 수집하여 정리한 것이다. 이후 　(가)

지문의 핵심 키워드 ▶ 의천

✔ 문종의 아들 - 의천은 왕족 출신의 승려임
✔ 흥왕사 - 의천이 주지를 담당한 사찰
✔ 『신편제종교장총록』 - 의천이 동아시아 국가들의 서적을 수집하여 정리한 불교서

선지별 키워드 추출

① 국청사의 주지가 되어 해동 천태종을 개창하였다.
　→ 고려의 의천은 교종을 중심으로 선종을 통합하기 위하여 해동 천태종을 창시하였다.

② 불교 개혁을 주장하며 수선사 결사를 조직하였다.
　→ 고려의 지눌은 타락한 불교의 현실을 비판하며, 승려 본연의 모습으로 돌아갈 것을 주장하는 불교 개혁 운동인 수선사 결사 운동을 주도하였다.

③ 선문염송집을 편찬하고 유불일치설을 주장하였다.
　→ 고려의 혜심은 『선문염송집』을 편찬하고, 유불일치설을 주장하였다.

④ 불교 관련 자료를 중심으로 삼국유사를 집필하였다.
　→ 고려의 일연은 『삼국유사』를 저술하여 불교사를 비롯하여 민간의 다양한 설화를 수록하였다.

⑤ 인도와 중앙아시아를 순례하고 왕오천축국전을 남겼다.
　→ 통일 신라의 혜초는 고대 인도 및 중앙아시아의 국가들을 답사한 이후 『왕오천축국전』을 저술하였다.

 의천은 문종의 아들 등 왕족 출신의 승려라는 힌트가 언급될 가능성이 높습니다!

14. 정답 ④

(가)~(다)를 일어난 순서대로 옳게 나열한 것은? [3점]

> (가) 왕이 보현원 문에 들어서자 …… 이고 등이 왕을 모시던 문관 및 대소 신료, 환관들을 모두 살해하였다. …… 정중부 등이 왕을 모시고 환궁하였다.
>
> (나) 이자겸과 척준경이 왕을 위협하여 남궁(南宮)으로 거처를 옮기게 하고 안보린, 최탁 등 17인을 죽였다. 이 외에도 죽인 군사가 헤아릴 수 없을 정도였다.
>
> (다) 묘청이 서경을 근거지로 삼고 반란을 일으켰다. …… 국호를 대위, 연호를 천개, 그 군대를 천견충의군이라 불렀다.

지문의 핵심 키워드 ▶ 고려 중기의 정치적 사건

✓ (가) 문관 및 대소 신료, 환관들을 모두 살해, 정중부 – 이의방 및 정중부 등은 무신에 대한 차별에 반발하여 무신 정변을 일으켜 문신들을 대거 살해함(1170)

✓ (나) 이자겸과 척준경 – 고려 인종 때 반란을 주도한 대표적인 인물들(1126)

✓ (다) 묘청이 서경을 근거지로 삼고 반란을 일으킴 - 묘청은 서경 천도 운동이 실패하자, 서경(평양)에 연호를 천개로 하는 대위국을 선포함(1135~1136)

선지별 키워드 추출

④ (나) - (다) - (가)
→ 고려 중기에 발생한 정치적 변동과 관련된 사건의 흐름은 이자겸의 난(나) → 묘청의 난(다) → 무신 정변(가) 순으로 발생하였다.

 이자겸의 난 → 묘청의 서경 천도 운동 및 반란 → 무신 정변은 고려 중기의 대표적인 사건의 흐름입니다!

15. 정답 ③

다음 상황이 나타난 시기에 볼 수 있는 모습으로 적절한 것은? [2점]

> 기철의 친척 기삼만이 권세를 믿고 불법으로 남의 토지를 빼앗았기에 정치도감에서 그를 잡아 장(杖)을 치고 하옥하였는데 20여 일 만에 죽었다. …… 그러자 정동행성 이문소에서 정치도감 관리들을 잡아 가두었다.

지문의 핵심 키워드 ▶ 원 간섭기의 사회상

✓ 기철 – 원 간섭기에 활동한 대표적인 권문세족

✓ 정동행성 이문소 – 원 간섭기 때 일본 원정을 위해 설치한 기구의 부속 관서

선지별 키워드 추출

① 농사직설을 편찬하는 학자
→ 조선 세종 때 정초, 변효문 등에게 명령하여 우리나라 실정에 맞는 농법을 정리한 『농사직설』을 편찬하였다.

② 초량 왜관에서 교역하는 상인
→ 조선 후기에 초량 왜관을 개항하여 일본과 교류하였다.

③ 도평의사사에서 회의하는 관리
→ 원 간섭기에 도병마사가 도평의사사로 개편되었다.

④ 규장각 검서관으로 근무하는 서얼
→ 조선 정조 때 서얼 출신의 박제가 · 유득공 · 이덕무 등을 규장각 검서관에 임명하였다.

⑤ 빈공과 응시를 준비하는 6두품 유학생
→ 통일 신라 때 최치원 등 6두품 출신 유학생들은 당나라의 빈공과에 응시하여 많은 사람들이 합격하였다.

 원 간섭기와 관련된 대표적인 기구 및 직책으로는 응방, 정동행성, 쌍성총관부, 탐라총관부가 있습니다!

16. 정답 ②　　　　　　　　　　| 난이도 | ●○○

(가) 국가의 경제 상황으로 옳은 것은?　　　　　　[1점]

> 　명주의 정해현에서 순풍을 만나 3일이면 큰 바다 가운데로 들어가고, 다시 5일이면 흑산도에 도달하여 그 경계에 들어간다. 흑산도에서 섬들을 지나 7일이면 예성강에 이른다. …… 거기서 3일이면 연안에 닿는데, 벽란정(碧瀾亭)이라는 객관이 있다. 사신은 여기에서부터 육지에 올라 험한 산길을 40여 리쯤 가면　(가)　의 수도에 도달한다.
> 　　　　　　　　　　　　　　　　　　　　　　　ー『송사』ー

지문의 핵심 키워드 ▶ 고려의 경제 상황

✓ 벽란정(碧瀾亭) - 고려의 국제 무역항인 벽란도에 있던 관사

선지별 키워드 추출

① 집집마다 **부경**이라는 창고가 있었다.
　→ **고구려**는 집집마다 **부경**이라는 창고를 통해 곡식을 저장하였다.

② 활구라고 불리는 은병이 주조되었다.
　→ 고려 숙종 때 **삼한통보, 해동통보, 활구** 등 다양한 화폐를 주조하였다.

③ **동시전**이 설치되어 시장을 감독하였다.
　→ **신라 지증왕** 때 **동시전**을 설치하여 시장을 감독하였다.

④ **계해약조**가 체결되어 일본과 교역하였다.
　→ **조선 세종** 때 일본과 **계해약조**를 맺어 교류하였다.

⑤ 광산을 전문적으로 경영하는 덕대가 등장하였다.
　→ **조선 후기**에 광산 개발이 활성화되며 전문 경영인인 덕대가 등장하였다.

 통일 신라의 국제 무역항은 당항성, 울산항이 있으며, 고려 시대의 무역항은 벽란도가 대표적입니다!

---

17. 정답 ①　　　　　　　　　　| 난이도 | ●●●

(가)에 해당하는 문화유산으로 옳은 것은?　　　　[2점]

> 충청남도 예산군에 있는 이 건물은 맞배지붕에 주심포 양식입니다. 건물 보수 중 묵서명이 발견되어 충렬왕 34년이라는 정확한 건립 연도를 알게 되었습니다.

한국사 교실
국보로 지정된 불교 건축물

(가)

지문의 핵심 키워드 ▶ 수덕사 대웅전

✓ 충청남도 예산군 - 수덕사 대웅전이 위치한 지역
✓ 맞배지붕, 주심포 양식 - 수덕사 대웅전의 건축 양식
✓ 충렬왕 34년이라는 정확한 건립 연도 - 수덕사 대웅전은 건립 연도를 알 수 있는 대표적인 고려 시대의 문화유산임

선지별 키워드 추출

① 예산 수덕사 대웅전(고려)

② 구례 화엄사 각황전(조선 후기)

③ 영주 부석사 무량수전(고려)

④ 안동 봉정사 극락전(고려)

⑤ 보은 법주사 팔상전(조선 후기)

 고려 시대의 건축물 유형은 기본적으로 지역 키워드만 파악하더라도 쉽게 풀이할 수 있습니다!

18. 정답 ③ | 난이도 | ●●○

다음 대화 이후에 전개된 사실로 옳은 것은? [2점]

> 이번에 왕이 최영에게 명하여 요동을 정벌한다고 하네.

> 명 황제가 철령 이북을 일방적으로 명의 영토로 귀속시키려 한 것이 원인이라더군.

지문의 핵심 키워드 ▶ 최영의 요동 정벌 추진

✔ 왕이 최영에게 명하여 요동 정벌을 추진 – 고려 우왕 때 최영은 명의 철령위 설치에 반발하여 요동 정벌을 추진함 (1388)

선지별 키워드 추출

① 윤관이 별무반을 이끌고 동북 9성을 축조하였다.
→ 고려 예종 때 윤관은 별무반을 이끌고 여진을 정벌한 뒤, 동북 9성을 축조하였다.

② 서희가 외교 담판을 벌여 강동 6주를 획득하였다.
→ 거란의 제1차 침입 때 서희는 거란과의 외교 담판을 통하여 강동 6주를 획득하였다.

③ 이성계가 위화도에서 회군하여 정권을 장악하였다.
→ 고려 우왕 때인 1388년에 이성계가 위화도에서 회군한 뒤 최영의 군대에게 승리하며 정권을 장악하였다.

④ 배중손이 이끄는 삼별초가 용장산성에서 항전하였다.
→ 고려 원종 때 배중손이 이끄는 삼별초가 진도의 용장산성에서 항전하였다.

⑤ 최우가 강화도로 도읍을 옮겨 장기 항전을 준비하였다.
→ 최우 정권 때 강화도로 도읍을 옮겨 몽골과의 장기 항전에 대비하였다.

 최근 한능검에서 이성계의 위화도 회군 이전의 흐름으로 최영의 요동 정벌을 점차 언급하기 시작하였습니다!

19. 정답 ③ | 난이도 | ●○○

밑줄 그은 '이 왕'의 재위 시기에 있었던 사실로 옳은 것은? [2점]

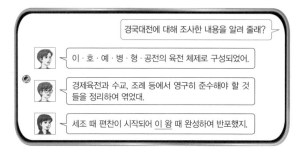

> 경국대전에 대해 조사한 내용을 알려 줄래?

> 이·호·예·병·형·공전의 육전 체제로 구성되었어.

> 경제육전과 수교, 조례 등에서 영구히 준수해야 할 것들을 정리하여 엮었대.

> 세조 때 편찬이 시작되어 이 왕 때 완성하여 반포했지.

지문의 핵심 키워드 ▶ 조선 성종

✔ 『경국대전』 – 조선 성종 때 완성한 조선의 첫 공식 법전

선지별 키워드 추출

① 독립된 간쟁 기관으로 사간원이 설치되었다.
→ 조선 태종은 문하부의 낭사를 사간원으로 독립시켜 언론 기구의 역할을 담당시켰다.

② 함길도 토착 세력인 이시애가 난을 일으켰다.
→ 조선 세조 때 함길도에서 이시애를 중심으로 반란이 발생하였다.

③ 직제가 개편된 홍문관에서 경연을 주관하였다.
→ 조선 성종은 홍문관을 설치하고 경연을 주관하였다.

④ 집현전 관리를 대상으로 사가독서제가 시행되었다. ⟳ 헷갈리기 쉬운 선지!
→ 조선 세종 때 집현전 관리들을 대상으로 휴가를 주는 사가독서제를 운영하였다.

⑤ 붕당의 폐해를 경계하기 위한 탕평비가 건립되었다.
→ 조선 영조 때 탕평책의 의지를 담은 탕평비를 건립하였다.

 조선 세종 때 설치된 집현전의 기능은 성종 때 설치된 홍문관으로 계승되었습니다!

20. 정답 ⑤

| 난이도 | ●●○

⊙~⑩에 대한 탐구 활동으로 가장 적절한 것은? [3점]

> ⊙왕이 어려서 즉위하여 모후(母后)가 수렴청정을 하고, 사림 간에 큰 옥사가 연달아 일어난 데다가 ⓒ요승(妖僧)을 높이고 사랑하여 불교를 숭상했으나 모두 왕의 뜻은 아니었다. …… ⓒ부세는 무겁고 부역은 번거로웠으며 흉년으로 백성들이 고달프고 도적이 성행하여 국내의 재력이 고갈되었다. 그래서 왕이 비록 성덕(盛德)을 품었어도 끝내 하나도 펴지 못했으니 참으로 애석하다. 그러다가 ②문정 왕후가 돌아가신 후에 국정을 주관하게 되자 …… ⑩을사사화 때 화를 당한 사람들을 풀어 주고 먼 곳으로 쫓겨난 사람들을 모두 내지로 옮겼다.

지문의 핵심 키워드 ▶ 조선 명종

생략(선지분석으로 대체!)

선지별 키워드 추출

① ⊙ - 1차 왕자의 난이 일어난 이유를 찾아본다.
→ 조선 태조 때 이방원(태종)은 왕위 계승 문제 제1차 왕자의 난을 주도하며 정도전 및 이방석 등을 살해하였다.

② ⓒ - 황사영 백서 사건이 가져온 결과를 살펴본다.
→ 조선 순조 때 신유박해가 발생하자 황사영은 베이징에 주재하는 프랑스 선교사에게 군대 출병을 요청하는 백서를 작성하였다.

③ ⓒ - 예송 논쟁의 발생 배경을 파악한다.
→ 조선 현종 때 자의 대비의 복상 문제를 계기로 두 차례의 예송이 발생하였다.

④ ② - 갑술환국의 전개 양상을 정리한다.
→ 갑술환국은 조선 숙종 때 인현 왕후의 복위를 반대한 남인이 축출된 사건이다.

⑤ ⑩ - 윤임 일파가 축출되는 과정을 조사한다.
→ 조선 명종 때 인종의 외척인 대윤(윤임)과 명종의 외척인 소윤(윤원형)의 대립 결과 대윤 세력이 제거되었다.

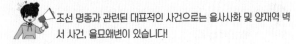 조선 명종과 관련된 대표적인 사건으로는 을사사화 및 양재역 벽서 사건, 을묘왜변이 있습니다!

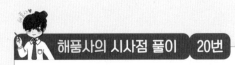 **해품사의 시사점 풀이 20번**

모든 내용을 모르겠다면, 확실히 이해할 수 있는 키워드를 공략해봅시다!

해품사의 문제 첫인상

1. 오랜만에 지문에 밑줄을 활용하여 출제하였는데, 독해형 유형인가?!
2. 음.. 모후의 수렴청정이나, 명종 때 활동한 보우 등 승려 키워드는 수험생이 잘 모를 것 같은데..?!
3. 그러나, 하단에 문정 왕후나 을사사화 등 보다 쉬운 키워드가 제시되었으니 명종을 유추할 수 있네!

해품사의 "대처 방법"

✓ 한능검은 기본적으로 문제 및 선지에서 일관성 있는 역사적 사실을 반드시 제시합니다!
  → 즉 문정 왕후나 을사사화 등의 키워드를 통해 명종과 관련된 역사적 사실을 출제하였음을 알 수 있습니다!
✓ 이를 바탕으로 명종의 사례와 연결하기에 어색한 선지들을 모두 소거할 수 있습니다!
  → 예로 명종 때는 훈구파와 사림파의 대립 사례가 언급되므로, 예송 및 환국 등 붕당과 관련된 개념이 언급된 3, 4번 선지의 내용은 어색합니다!
✓ 또는 문제 키워드와 가장 직관적인 사례만 이해하더라도 풀이를 쉽게 접근할 수 있습니다!
  → 즉 문제에서 을사사화가 언급되었기 때문에, 명종을 정확히 기억하지 못하더라도 을사사화=윤임 일파 축출만 연결하면 정답인 5번을 쉽게 유추할 수 있습니다!

21. 정답 ③ | 난이도 | ●●○

다음 상황이 전개된 배경으로 옳은 것은? [1점]

> 교지를 내려 이르기를, "전날 성삼문 등이 상왕(上王)도 그 모의에 참여하였다고 인정하자, 백관들이 상왕도 종사(宗社)에 죄를 지었으니 편안히 도성에 거주하는 것은 마땅치 않다고 하였다. …… 상왕을 노산군(魯山君)으로 낮추고, 궁에서 내보내 영월에 거주시키도록 하라."라고 하였다.

지문의 핵심 키워드 ▶ 사육신의 단종 복위 운동

✓ 성삼문 - 단종 복위 운동(1456)을 주도한 사육신
✓ 상왕을 노산군(魯山君)으로 낮춤 - 단종 복위 운동의 결과 단종의 지위가 노산군으로 격하됨

선지별 키워드 추출

① **인조반정**으로 북인 세력이 몰락하였다.
→ **인조반정**의 결과 광해군이 축출되고 **북인이 몰락**하였다.

② **인현 왕후가 폐위**되고 **남인이 권력을 차지**하였다.
→ **숙종** 때 발생한 **기사환국**의 결과 **인현 왕후가 폐위**되고 **남인이 집권**하였다.

③ **계유정난**을 통해 **수양 대군이 정권을 장악**하였다.
→ **수양 대군은 계유정난**을 통하여 권력을 차지하였고, 세조로 즉위하였다.

④ **이인좌를 중심으로 한 소론 세력이 난**을 일으켰다.
→ 영조 때 **이인좌를 중심으로 소론 세력이 반란**을 일으켰다.

⑤ **폐비 윤씨 사사 사건**으로 인해 **김굉필 등이 처형**되었다.
→ **연산군** 때 **폐비 윤씨 사사 사건**으로 인해 김굉필 등이 처형된 **갑자사화**가 발생하였다.

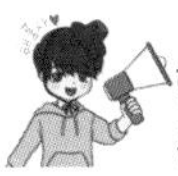

한능검에서 조선 세조 유형을 출제할 때, 사육신의 단종 복위 운동을 흐름형 유형으로 연계할 수 있습니다!

22. 정답 ① | 난이도 | ●●○

(가)에 해당하는 작품으로 옳은 것은? [1점]

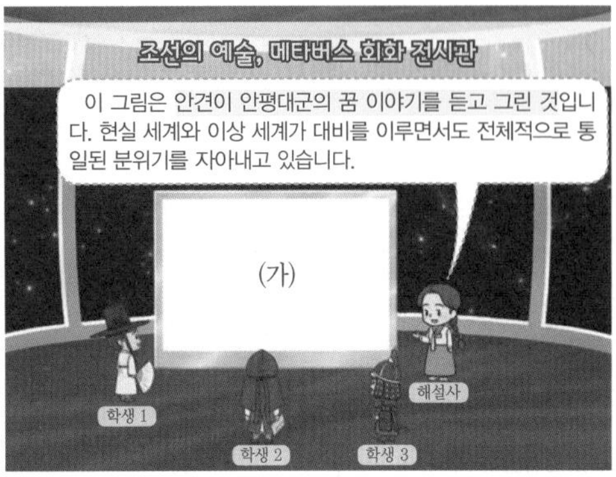

지문의 핵심 키워드 ▶ 몽유도원도

✓ 안견이 안평 대군의 꿈 이야기를 듣고 그린 그림 - 「몽유도원도」의 제작 배경

선지별 키워드 추출

① **안견의 「몽유도원도」(조선 전기)**

② 김정희의 「세한도」(조선 후기)

③ 김홍도의 「옥순봉도」(조선 후기)

④ 강희안의 「고사관수도」(조선 전기)

⑤ 정선의 「인왕제색도」(조선 후기)

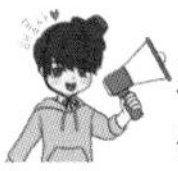

조선 전기 안견의 「몽유도원도」와 조선 후기 정선의 「금강전도」를 혼동할 수 있으므로 주의할 필요가 있습니다!

밑줄 그은 '이 전쟁' 중에 있었던 사실로 옳은 것은?
[2점]

이달의 책

忠烈錄

이 책은 조선 후기 문인 김창협이 편찬한 『충렬록』
이다. 이 전쟁에서 충의를 지키고자 죽은 김상용 등
에 관한 기록과 그들을 기리기 위한 충렬사의 건립
경위를 담고 있다. 김상용은 세자빈과 봉림대군 등
왕실 사람들을 호종하여 강화도로 피난하였다가 이
듬해 강화성이 함락되자 순절하였다.

지문의 핵심 키워드 ▶ 병자호란

✓ 김상용 – 병자호란 발생 이후 종묘의 신주를 들고 강화도
에서 순절한 인물

선지별 키워드 추출

① 조명 연합군이 평양성을 탈환하였다.
　→ 조선 선조 때 발생한 임진왜란 당시 조선과 명나라의
　　군대가 연합하여 왜군에 빼앗긴 평양성을 탈환하였다.

② 강홍립이 사르후 전투에 참전하였다.
　→ 조선 광해군 때 명의 요청에 따라 사르후 전투에 강홍
　　립 부대를 파견하였다.

③ 김준룡이 광교산 전투에서 승리하였다.
　→ 병자호란 때 김준룡은 근왕군을 이끌고 광교산에서 청
　　군과의 전투에서 승리하였다.

④ 김종서가 두만강 일대에 6진을 개척하였다.
　→ 조선 세종 때 김종서는 두만강 일대에 6진을 개척하였다.

⑤ 곽재우, 김천일 등이 의병장으로 활약하였다.
　→ 임진왜란 때 곽재우(홍의장군), 김천일 등의 의병장들
　　이 등장하여 왜군에 항전하였다.

 병자호란과 관련된 대표 인물로는 김상용, 김준룡, 임경업, 홍명
구가 있습니다!

(가) 왕에 대한 설명으로 옳은 것은?
[2점]

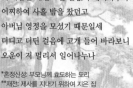

이 시는 　(가)　이/가 현륭원을 참배하고 화성 행궁
에 머물다가 환궁하는 길에 지은 것입니다. 아버지인 사
도 세자에 대한 마음이 잘 표현되어 있습니다.

혼정신성*의 그리움 다할 길 없어
오늘 또 화성에 와보니
궂은 비는 침원에 부슬부슬 내리고
이 마음은 재전**을 끝없이 배회하누나
어찌하여 사흘 밤을 잤던고
아버님 영정을 모셨기 때문일세
더디고 더딘 걸음에 고개 들어 바라보니
오운이 저 멀리서 일어나누나

*혼정신성: 부모님께 효도하는 도리
**재전: 제사를 지내기 위하여 지은 집

지문의 핵심 키워드 ▶ 조선 정조

✓ 화성 – 조선 정조 때 당파 정치의 근절과 왕도 정치의 실
현을 위해 수원에 설치한 성

✓ 사도 세자 – 정조의 아버지

선지별 키워드 추출

① 청과 국경을 정하는 백두산정계비를 세웠다.
　→ 조선 숙종 때 조선과 청나라의 국경을 정하는 백두산정
　　계비가 건립되었다.

② 통치 체제를 정비하고자 속대전을 편찬하였다.
　→ 조선 영조 때 기존의 『경국대전』을 개정 및 증보한 『속
　　대전』을 편찬하였다.

③ 왕실의 위엄을 높이기 위해 경복궁을 중건하였다.
　→ 흥선 대원군은 왕실의 권위 회복을 위하여 경복궁을 중
　　건 하였다.

④ 삼정의 문란을 시정하려고 삼정이정청을 설치하였다.
　→ 조선 철종 때 임술 농민 봉기가 발생하자 조선 정부는
　　삼정의 문란을 해결하기 위하여 삼정이정청을 설치하
　　였다.

⑤ 시전 상인의 특권을 축소하는 신해통공을 단행하였다.
　→ 조선 정조 때 육의전을 제외한 시전 상인의 금난전권을
　　폐지하는 신해통공이 단행되었다.

 사도 세자는 정조의 아버지로, 한능검에서 좋아하는 대표적인 정
조 관련 키워드입니다!

25. 정답 ⑤ | 난이도 | ●○○

(가) 제도에 대한 설명으로 옳은 것은? [2점]

> 광해군 때 이원익이 방납의 폐단을 혁파하고자 선혜청을 두고 [(가)]을/를 실시할 것을 청하였다. …… 맨 먼저 경기도 내에 시범적으로 실시하니 백성들은 대부분 편리하게 여겼다. 다만 권세가와 부호들은 방납의 이익을 잃기 때문에 온갖 방법으로 반대하였다.
>
> – 『국조보감』 –

지문의 핵심 키워드 ▶ 대동법

- ✔ 광해군 - 대동법 시행
- ✔ 이원익 - 대동법 건의
- ✔ 방납의 폐단을 혁파 - 대동법의 시행 원인
- ✔ 선혜청 - 대동법 시행 이후 조세 수취를 담당한 기구

선지별 키워드 추출

① 양반에게도 군포를 부과하였다.
→ 흥선 대원군은 양반에게도 군포를 부과하는 호포제를 시행하였다.

② 수신전과 휼양전을 폐지하였다.
→ 조선 세조 때 현직 관리에게만 토지를 지급하는 직전법을 실시하며 수신전 및 휼양전을 폐지하였다.

③ 양전 사업을 실시하여 지계를 발급하였다.
→ 대한 제국 때 지계아문을 설치하고 양전 사업을 실시하여 지계를 발급하였다.

④ 전세를 풍흉에 따라 9등급으로 차등 과세하였다.
→ 조선 세종 때 시행한 공법은 토지의 비옥도(전분6등법) 및 풍흉(연분9등법)에 따라 전세를 차등 부과하였다.

⑤ 관청에 물품을 조달하는 공인이 등장하는 배경이 되었다.
→ 대동법 시행 이후 기존의 공납을 대신 담당하기 위한 어용 상인인 공인이 등장하였다.

 대동법은 조선 광해군, 영정법은 조선 인조, 균역법은 조선 영조 때 시행한 제도입니다!

26. 정답 ④ | 난이도 | ●●●

(가)~(라)를 일어난 순서대로 옳게 나열한 것은? [3점]

> (가) 좌의정 박은이 상왕(上王)에게 아뢰기를, "이제 왜구가 중국에 들어가 도적질하고 본도로 돌아오는 것이 곧 이때이므로 마땅히 이종무 등으로 대마도에 나가 적이 섬에 돌아오기를 기다렸다가 맞서서 치게 되면 적을 파함에 틀림없을 것이니, 진멸(殄滅)시킬 기회를 잃지 마소서."라고 하니, 상왕이 옳게 여겼다.
>
> (나) 김방경이 중군을 거느리게 하고 흔돈과 홍다구와 더불어 일본을 정벌하게 하였다. 일기도(一岐島)에 이르러 천여 명을 죽이고 길을 나누어 진격하였다. 왜인들이 달아나는데 쓰러진 시체가 마치 삼대와 같았다. 날이 저물어 이내 공격을 늦추었는데 마침 밤에 태풍이 크게 불어서 전함들이 많이 부서졌다.
>
> (다) 왜구가 배 5백 척을 이끌고 진포 입구에 들어와서는 큰 밧줄로 배를 서로 잡아매고 병사를 나누어 지키다가, 해안에 상륙하여 여러 고을로 흩어져 들어가 불을 지르고 노략질을 자행하였다. …… 나세, 심덕부, 최무선 등이 진포에 이르러, 최무선이 만든 화포를 처음으로 사용하여 그 배들을 불태웠다.
>
> (라) 왜장이 군사 수만 명을 모두 동원하여 진주성을 포위하였는데 성 안의 군사는 3천여 명이었다. 진주 목사 김시민이 여러 성첩을 나누어 지키게 하였다. …… 10여 일 동안 4~5차례 큰 전투를 벌이면서 안팎에서 힘껏 싸웠으므로 적이 먼저 도망하였다.

지문의 핵심 키워드 ▶ 우리나라와 일본의 대립

- ✔ (가) 이종무, 대마도 - 조선 세종 때 왕명으로 이종무가 왜구의 근거지인 쓰시마섬을 정벌함(1419)
- ✔ (나) 김방경, 일본을 정벌 - 여몽 연합군의 일본 원정(1274)
- ✔ (다) 진포, 최무선 - 우왕 때 진포에 침입한 왜구를 화약 및 화포를 통해 격퇴한 인물(진포 대첩, 1380)
- ✔ (라) 진주성, 진주 목사 김시민 - 임진왜란 당시 진주성에서 왜군에 항전한 인물(진주 대첩, 1592)

선지별 키워드 추출

④ (나) - (다) - (가) - (라)
→ 여몽 연합군의 1차 일본 원정(나-고려 충렬왕) → 진포 대첩(다-고려 우왕) → 이종무의 대마도 정벌(가-조선 세종) → 진주 대첩(라-조선 선조) 순으로 발생하였다.

 우리나라와 일본의 대립 사례는 개항기를 제외하고, 고려 후기부터 조선 후기 사이에 주로 발생하였습니다!

제65회 (세로)

다음 가상 인터뷰의 주인공에 대한 설명으로 옳은 것은? [2점]

지문의 핵심 키워드 ▶ 이익

✓ 『성호사설』 – 이익의 문답을 정리한 책

✓ 6가지 좀 – 이익이 주장한 나라를 해치는 여섯 가지 폐단

선지별 키워드 추출

① 마과회통에서 홍역에 대한 지식을 정리하였다.
→ 『마과회통』을 저술한 인물은 정약용이다.

② 의산문답에서 중국 중심의 세계관을 비판하였다.
→ 조선의 홍대용은 『의산문답』에서 중국 중심의 천하관을 비판하였다.

③ 발해고에서 남북국이라는 용어를 처음 사용하였다.
→ 유득공은 『발해고』에서 남북국이라는 용어를 최초로 사용하였다.

④ 곽우록에서 토지 매매를 제한하는 한전론을 제시하였다.
→ 이익은 중농학파로서 토지 매매의 하한선을 제시한 한전론을 주장하였다.

⑤ 금석과안록에서 북한산비가 진흥왕 순수비임을 고증하였다.
→ 『금석과안록』에서 북한산비가 진흥왕 순수비임을 고증한 인물은 김정희이다.

 이익의 키워드를 쉽게 암기하기 위해 과로(곽우록)를 여섯 번 하다가 무좀에 걸렸다(6종론)고 연상해봅시다!

밑줄 그은 '이 시기'에 볼 수 있는 모습으로 적절하지 않은 것은? [1점]

지문의 핵심 키워드 ▶ 조선 후기의 사회상

✓ 판소리, 한글 소설 – 조선 후기에 민간에서 유행한 대표적인 문화 활동

선지별 키워드 추출

① 주자소에서 계미자를 만드는 장인
→ 조선 태종 때 주자소를 설치하고 계미자를 주조하였다.

② 송파장에서 산대놀이를 공연하는 광대
→ 조선 후기에 판소리, 탈춤, 한글 소설 등 서민 문화가 발달하였다.

③ 대규모 자본으로 물품을 구매하는 도고
→ 조선 후기에 독점적 도매상인 도고가 등장하였다.

④ 시사를 조직하여 작품 활동을 하는 중인
→ 조선 후기에 중인들의 시사(詩社) 조직이 유행하였다.

⑤ 인삼, 담배 등을 상품 작물로 재배하는 농민
→ 조선 후기에 담배, 면화, 인삼 등 다양한 상품 작물 재배가 성행하였다.

 조선 후기의 사회상 유형을 출제할 때 염포 왜관 및 과전법 등 일부 조선 전기의 사례가 오답으로 언급됩니다!

(가), (나) 사이의 시기에 있었던 사실로 옳은 것은?

[2점]

> (가) 대왕대비전이 전교하기를, "익성군이 이제 입궁하였으니, 흥선 대원군과 부대부인의 봉작을 내리는 것을 오늘 중으로 거행하도록 하라."라고 하였다.
>
> (나) 종로에 비석을 세웠다. 그 비에서 이르기를, '서양 오랑캐가 침범하는데 싸우지 않으면 즉 화친하는 것이요, 화친을 주장함은 나라를 팔아먹는 것이다.'고 하였다.

지문의 핵심 키워드 ▶ 흥선 대원군 집권기

✔ (가) 익성군이 이제 입궁, 흥선 대원군의 봉작을 내림 - 고종이 즉위한 결과 흥선 대원군이 집권하게 됨(1863)
✔ (나) 종로에 비석을 세움, 서양 오랑캐가 침범하는데 싸우지 않으면 즉 화친하는 것 - 척화비의 건립 및 내용(1871)

선지별 키워드 추출

① **영국**이 **거문도를 불법으로 점령**하였다.
→ 영국은 **1885년**에 러시아의 남하 정책을 견제하기 위하여 거문도를 불법으로 점령하였다. - (나) 이후

② **일본의 운요호**가 **영종도를 공격**하였다.
→ 1875년 일본 군함 운요호가 강화도와 영종도를 침략하였다(운요호 사건). 이 사건은 조선과 일본이 강화도 조약을 체결하는 계기가 되었다. - (나) 이후

③ **러시아**가 **용암포에 대한 조차**를 요구하였다.
→ 1903년 러시아가 용암포를 점령한 뒤 조선에 조차를 요구하였다. - (나) 이후

④ **독일 상인 오페르트**가 **남연군 묘의 도굴을 시도**하였다.
→ 1868년 독일 상인 오페르트가 흥선 대원군의 아버지 남연군의 묘를 도굴하려다 발각되어 실패하였다.

⑤ **미국**이 **조미 수호 통상 조약** 체결 후 **푸트 공사를 파견**하였다.
→ 1882년 조선이 서양과 맺은 최초의 근대적 조약인 조미 수호 통상 조약 체결 이후 미국은 1883년에 푸트 공사를 파견하였다. - (나) 이후

 흥선 대원군은 병인양요, 오페르트 도굴 사건, 신미양요의 결과 전국에 척화비를 건립하였습니다!

(가)에 대한 설명으로 옳은 것은?

[2점]

동대문 일대 재개발 당시 발견된 하도감 터 사진이군요. 이곳은 어떤 용도로 사용된 장소인가요?

여기는 훈련도감에 속한 하도감이 있었던 장소로 군사를 훈련시키고 무기를 제작했던 곳입니다. 1881년부터 이듬해 구식 군인들에 대한 차별 대우로 발생한 [(가)] 때까지 교련병대의 훈련 장소로 사용되었습니다.

TV 교양 한국사

하도감 터

지문의 핵심 키워드 ▶ 임오군란

✔ 1881년부터 이듬해 구식 군인들에 대한 차별 대우로 발생 - 임오군란의 발생 원인

선지별 키워드 추출

① **입헌 군주제 수립**을 목표로 하였다.
→ **갑신정변**을 주도한 개화당 세력은 입헌 군주제 수립을 목표로 하였다.

② **조선 총독부의 방해와 탄압**으로 실패하였다.
→ 조선 총독부는 **1910년**에 설립되었으므로, 시기상 일치하지 않는다.

③ **우정총국 개국 축하연**을 이용하여 일어났다.
→ 개화당 세력은 우정총국 개국 축하연을 이용하여 **갑신정변**을 주도하였다.

④ **홍범 14조**를 기본 개혁 방향으로 제시하였다.
→ **제2차 갑오개혁** 때 홍범 14조를 기본 개혁 방향으로 제시하였다.

⑤ **일본 공사관에 경비병**이 주둔하는 계기가 되었다.
→ 임오군란의 결과 일본 공사관에 경비병 주둔을 허용하는 **제물포 조약**을 체결하였다.

 임오군란을 출제할 때 구식 군인에 대한 차별의 반발 또는 난병들의 습격 등이 언급될 수 있습니다!

제65회

31. 정답 ④ | 난이도 | ●●○

(가), (나) 사이의 시기에 있었던 사실로 옳은 것은?

[2점]

> (가) 복합 상소 이후에도 "물러나면 원하는 바를 시행할 것이다"
> 라던 국왕의 약속과 달리 관리들의 침학이 날로 심해졌다.
> …… 최시형은 도탄에 빠진 교도들을 구하고 최제우의 억울
> 함을 씻기 위해 보은 집회를 개최하였다.
>
> (나) 동학 농민군은 거짓으로 패한 것처럼 꾸며 황토현에 진을 쳤
> 다. 관군은 밀고 들어가 그 아래에 진을 쳤다. …… 농민군이
> 삼면을 포위한 채 한쪽 모퉁이만 빼고 크게 함성을 지르며
> 압박하자 관군은 일시에 무너졌다.

지문의 핵심 키워드 ▶ 보은 집회, 황토현 전투

- ✓ (가) 보은 집회 - 동학교도들이 최제우의 신원을 요구하며
  개최한 교조 신원 운동(1893)
- ✓ (나) 황토현에 진을 침 - 동학 농민 운동 초기의 대표적인
  전투 사례(황토현 전투, 1894. 4)

선지별 키워드 추출

① 논산으로 남접과 북접이 집결하였다.
  → 제1차 동학 농민 운동 이후 일본이 경복궁을 불법 점령
    하자 동학 농민군의 남접과 북접이 논산에서 집결하였
    다(1894. 9). - (나) 이후

② 개혁을 추진하기 위해 교정청이 설치되었다.
  → 조선 정부에서는 교정청을 설치하여 자주적인 개혁을
    시도하였다(1894. 6). - (나) 이후

③ 일본이 군대를 동원하여 경복궁을 점령하였다.
  → 제1차 동학 농민 운동 이후 일본은 경복궁을 불법으로
    점령하였다. - (나) 이후

④ 고부 농민들이 조병갑의 탐학에 맞서 만석보를 파괴하였다.
  → 동학 농민 운동의 지도자인 전봉준은 탐관오리인 조병
    갑의 수탈 및 횡포에 저항하여 고부 농민 봉기를 주도
    하였다.

⑤ 공주 우금치에서 농민군이 관군과 일본군에게 패배하였다.
  → 제2차 동학 농민 운동 당시 동학 농민군은 공주 지역의
    우금치에서 관군과 일본군에게 패배하였다(1894. 11).
    - (나) 이후

 보은 집회 및 삼례 집회는 동학 농민 운동이 발생하기 직전에 일
어난 교조 신원 운동입니다!

---

32. 정답 ⑤ | 난이도 | ●○○

다음 글이 작성된 시기를 연표에서 옳게 고른 것은?

[2점]

> 전보 제○○○호
>
> 발신인: 외무대신 하야시
> 수신인: 통감 이토
>
> 네덜란드에 파견된 전권 대사 쓰즈키가 보낸 전보 내용임.
> 한국인 3명이 이곳에 머물면서 평화 회의의 위원 대우
> 를 받고자 진력하고 있다고 함. 그들은 오늘 아침 러시아
> 수석 위원 넬리도프를 방문하려 했는데, 넬리도프는 네덜
> 란드 정부로부터 평화 회의 위원으로 확인되지 않는 자는
> 만나지 않겠다고 함. 이들은 일본이 한국에 시행한 정책
> 에 대해 항의서를 인쇄하여 각국 수석 위원(단, 영국 위원
> 은 제외한 것으로 보임)에게도 보냈다고 함.

1866 병인양요		1884 한성 조약		1904 러일 전쟁	
(가)	(나)	(다)	(라)	(마)	
	1876 강화도 조약		1894 청일 전쟁		1910 국권 피탈

지문의 핵심 키워드 ▶ 헤이그 특사 파견

- ✓ 통감 이토 - 초대 통감 이토 히로부미
- ✓ 네덜란드 평화 회의 - 헤이그 특사(1907)가 파견된 네덜
  란드 만국 평화 회의
- ✓ 한국인 3명 - 헤이그 특사로 파견된 이준, 이위종, 이상설

선지별 키워드 추출

⑤ (마)
  → 헤이그 특사는 러일 전쟁 종결 이후 체결된 을사늑약의
    부당성에 항거할 목적으로 파견되었기 때문에, 흐름상
    5번이 적절하다.

 러일 전쟁 → 포츠머스 조약 체결 → 을사늑약 체결 → 헤이그 특
사 파견의 흐름 파악이 필요하였습니다!

33. 정답 ⑤ | 난이도 | ●○○

다음 의병 부대에 대한 설명으로 옳은 것은? [2점]

> 이인영을 총대장으로 추대하고, 허위를 군사장으로 삼아 ······ 각 도에 격문을 전하니 전국에서 불철주야 달려온 지원자들이 만여 명이더라. 이에 서울로 진군하여 국권을 회복하고자 ······ 먼저 이인영은 심복을 보내 각국 영사에게 진군의 이유를 상세히 알리며 도움을 요청하고, 각 도의 의병으로 하여금 일제히 진군하게 하였다.

지문의 핵심 키워드 ▶ 정미의병

✓ 이인영 – 정미의병 총대장
✓ 허위 – 정미의병 군사장
✓ 서울로 진군하여 국권을 회복 – 정미의병이 추진한 서울 진공 작전

선지별 키워드 추출

① 조선 혁명 선언을 활동 지침으로 삼았다.
→ 신채호는 직접적이고 폭력적인 혁명의 방향성을 제시한 조선 혁명 선언을 집필하였으며, 이는 의열단의 활동 지침이 되었다.

② 이만손이 주도하여 영남 만인소를 올렸다.
→ 『조선책략』 국내 유포 이후 이만손 등은 미국과의 수교를 반대하는 영남 만인소를 올렸다.

③ 상덕태상회를 통하여 군자금을 모집하였다.
→ 대한 광복회는 상덕태상회를 통하여 군자금을 모집하였다.

④ 일본에 국권 반환 요구서를 제출하고자 하였다.
→ 독립 의군부는 조선 총독부에 국권 반환 요구서를 제출하려고 시도하였다.

⑤ 고종의 강제 퇴위와 군대 해산에 반발하여 결성되었다.
→ 정미의병은 의병 부대를 비롯하여 해산된 군인이 일부 합류하여 13도 창의군을 결성한 뒤 서울 진공 작전을 전개하여 일본군에 대항하였다.

 정미의병은 고종의 강제 퇴위 및 대한 제국의 군대 강제 해산 이후에 조직된 의병입니다!

34. 정답 ③ | 난이도 | ●○○

다음 상소가 작성된 이후의 사실로 옳은 것은? [1점]

> 러시아 공사관으로 거처를 옮기시고 해가 바뀌었습니다. 그곳 유리창과 분칠한 담장은 화려하지만 그을음 나는 석탄을 때는 전돌(甎堗)은 옥체를 보호하기에 적합하지 않은 듯합니다. ······ 온 나라 신하들의 심정을 염두에 두시어 간하는 말을 따라 바로 환궁하여 끓어오르는 여론에 부응하시고 영원히 누릴 태평의 터전을 공고히 만드소서.

지문의 핵심 키워드 ▶ 아관 파천

✓ 러시아 공사관으로 거처를 옮김 – 고종은 궁녀로 위장하여 가마를 타고 러시아 공사관으로 피신함(아관 파천, 1896)

선지별 키워드 추출

① 영선사가 파견되었다.
→ 1881년 청에 영선사가 파견되었다.

② 군국기무처가 설치되었다.
→ 1894년 군국기무처가 설치되고 제1차 갑오개혁을 위한 다양한 여러 의결사항이 논의되었다.

③ 대한국 국제가 반포되었다.
→ 대한 제국은 1899년에 광무개혁을 시행하며 황제를 중심으로 권력을 개편한 헌법인 대한국 국제를 발표하였다.

④ 제너럴셔먼호 사건이 일어났다.
→ 흥선 대원군 집권 때인 1866년에 미국의 상선인 제너럴셔먼호가 평양 인근의 대동강을 거슬러 올라와 통상 수교를 요구하였다.

⑤ 조청 상민 수륙 무역 장정이 체결되었다.
→ 임오군란의 결과 외국 상인의 내지 통상을 허용하는 조청 상민 수륙 무역 장정이 체결되었다(1882).

 아관 파천 이후 고종은 덕수궁(경운궁)으로 환궁하였고, 대한 제국을 선포한 뒤 황제로 즉위하였습니다!

제65회

35. 정답 ①

| 난이도 | ●●●

(가)~(다)를 일어난 순서대로 옳게 나열한 것은? [3점]

주제: 일본의 경제 침탈에 대한 저항

상권을 수호하기 위해 황국 중앙 총상회가 창립되었어요.

일본의 황무지 개간권 요구를 저지하기 위해 보안회가 조직되었어요.

대구에서 서상돈을 중심으로 금주, 금연 등을 통한 국채 보상 운동이 시작되었어요.

(가)   (나)   (다)

지문의 핵심 키워드 ▶ 일본의 경제 침탈에 대한 저항

✓ (가) 황국 중앙 총상회 – 시전 상인을 중심으로 청나라 및 일본 등 외국 상인의 국내 침투에 저항하여 상권 보호를 목적으로 설립한 단체(1898)
✓ (나) 보안회 – 일제의 황무지 개간권 요구를 저지한 애국 계몽 운동 단체(1904)
✓ (다) 국채 보상 운동 – 우리나라의 국채 1,300만원을 갚기 위해 전개된 경제 구국 운동(1907)

선지별 키워드 추출

① (가) - (나) - (다)
→ 황국 중앙 총상회의 활동(가) → 보안회 설립(나) → 국채 보상 운동 전개(다) 순으로 발생하였다.

정확한 연도보다 각 단체의 성격 및 결성 배경을 정확히 이해하여 접근하는 사고가 필요하였습니다!

해품사의 시사점 풀이 35번

이번 회차의 까다로운 신유형의 출제 의도는 인과관계입니다!

해품사의 문제 첫인상

1. 대놓고 개항기의 사례만 언급하긴 했는데, 수험생 체감상 단순 연도형 문제로 접근할 것 같다!
2. 우선 황국 중앙 총상회는 개항기 전기의 상권 침탈에 저항한 사례인 것을 먼저 떠올리자!
3. 이후 국채 보상 운동이 사실상 마지막 경제 구국 운동인 것을 기억하는 것이 중요하겠군!

해품사의 "대처 방법"

✓ 최근 한능검은 고난도 유형을 출제하기 위하여 특정 주제를 종합적으로 파악하는 유형을 활용합니다!
→ 만약 이와 같은 방식으로 출제할 경우, 대체로 흐름형 방식으로 출제할 가능성이 높습니다!
✓ 흐름형 유형의 경우 시작과 끝부터 먼저 이해하는 것이 풀이에 상당히 도움이 됩니다!
→ 예로 황국 중앙 총상회는 조청 상민 수륙 무역 장정, 조일 통상 장정 등 개항기 전기의 조약의 영향을 연계하여 접근할 필요가 있었습니다!
✓ 이를 바탕으로 더욱 명확한 인과관계를 파악하여 정답에 접근할 필요가 있습니다!
→ 국채 보상 운동은 개항기 범위에서 사실상 마지막 시기쯤에 해당되는 경제 구국 운동 사례이므로, 이를 연결할 수 있는 1번이 정답!

36. 정답 ③
| 난이도 | ●○○

(가) 단체에 대한 설명으로 옳은 것은? [2점]

(가) 의 주요 간부인 이상재, 정교 등이 러시아의 요구에 대해 정부가 어떻게 대처할 건지를 밝히라는 글이군.

듣기에 절영도에 러시아 사람이 석탄고를 건축하려고 땅을 청구한다고 하니 …… 러시아 사람의 요청대로 빌려줄 건지, 잠깐만 빌려줄 건지, 영영 줄 건지, 빌려줄 때에는 정부 회의를 거치는지, 홀로 결정하여 도장을 찍는지……

지문의 핵심 키워드 ▶ 독립 협회

✓ 절영도에 러시아 사람이 석탄고를 건축하려고 땅을 청구
- 독립 협회의 러시아의 절영도 조차 요구 원인

선지별 키워드 추출

① 정우회 선언의 영향으로 결성되었다.
→ 신간회는 6 · 10 만세 운동을 계기로 제기된 정우회 선언을 통해 비타협적 민족주의 계열과 사회주의 계열이 연합하여 결성된 단체이다.

② 만세보를 발행하여 민족의식을 고취하였다.
→ 만세보는 천도교의 기관지로 간행된 신문이다.

③ 중추원 개편을 통해 의회 설립을 추진하였다.
→ 독립 협회가 발표한 헌의 6조에서는 중추원 개편을 통한 의회 설립 운동을 추진하였다.

④ 어린이날을 제정하고 소년 운동을 전개하였다.
→ 천도교 소년회의 방정환은 어린이 운동을 전개하며 어린이날을 제정하고 소년 운동을 추진하였다.

⑤ 태극 서관을 운영하여 계몽 서적 등을 보급하였다.
→ 신민회는 민중 계몽을 위한 서적 및 출판물을 보급할 목적으로 태극 서관을 운영하였다.

 독립 협회는 주로 러시아의 이권 침탈을 저지하기 위한 활동을 주도하였습니다!

37. 정답 ④
| 난이도 | ●●●

(가)~(마)에 대한 설명으로 옳은 것은? [3점]

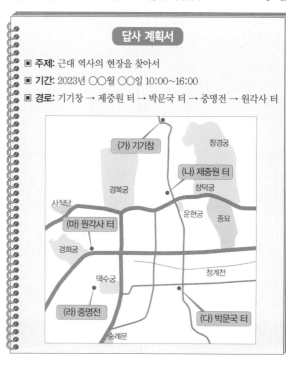

답사 계획서

■ 주제: 근대 역사의 현장을 찾아서
■ 기간: 2023년 ○○월 ○○일 10:00~16:00
■ 경로: 기기창 → 제중원 터 → 박문국 터 → 중명전 → 원각사 터

(가) 기기창 / 창경궁 / (나) 제중원 터 / 경복궁 / 창덕궁 / 사직단 / 운현궁 / 종묘 / (마) 원각사 터 / 경희궁 / 청계천 / 덕수궁 / (라) 중명전 / (다) 박문국 터 / 숭례문

지문의 핵심 키워드 ▶ 개항기의 근대 문물

생략(선지분석으로 대체!)

선지별 키워드 추출

① (가) - 우리나라 최초의 근대 신문이 간행되었다.
→ 기기창은 1883년 설립된 근대식 무기 공장이다.

② (나) - 고종의 황제 즉위식이 거행된 장소이다.
→ 1885년 최초의 서양식 병원인 광혜원이 설립되었고, 후에 제중원으로 개칭되었다.

③ (다) - 백동화가 주조되었다.
→ 박문국에서 최초의 근대 신문인 한성순보가 발행되었다.

④ (라) - 을사늑약이 체결되었다.
→ 덕수궁 중명전은 대한 제국이 일제에 의해 강제로 을사늑약을 체결한 장소이다.

⑤ (마) - 나운규의 아리랑이 처음 상영된 곳이다
→ 원각사는 최초의 서양식 극장으로 은세계 등 신극이 공연되었다.

 개항기의 근대 문물 사례는 주로 흐름형 유형 또는 단일 시대 통합형 유형으로 출제합니다!

38. 정답 ④ | 난이도 | ●○○

다음 판결이 내려진 시기에 있었던 사실로 옳은 것은?
[1점]

> **판결문**
>
> 피고인: 박○○
> 주 문: 피고인을 태 90에 처한다.
> 이 유
>   피고 박○○은 이○○가 '구한국의 국권 회복을 도모한다.'고 각지를 돌아다니며 유세한 것에 찬동하였다. …… 법률에 비추어 보니 피고의 소행은 …… 태형에 처함이 타당하다고 인정하여 조선 태형령 제1조, 제4조에 준하여 처단해야 한다. 따라서 주문과 같이 판결한다.

지문의 핵심 키워드 ▶ 무단 통치 시기의 사회상

✔ 태형 – 무단 통치기에 조선인들에게만 적용된 형벌

선지별 키워드 추출

① 원수부가 설치되었다.
→ 대한 제국은 황제의 군사권 강화를 위하여 원수부를 설치하였다.

② 신간회가 창립되었다.
→ 신간회는 6·10 만세 운동을 계기로 제기된 정우회 선언을 통해 비타협적 민족주의 계열과 사회주의 계열이 연합하여 결성된 단체이다.

③ 치안 유지법이 적용되었다.
→ 이른바 '문화 통치' 시기에 일제의 식민 지배에 반대하고 사유 재산 제도를 부인하는 사회주의자들을 탄압할 목적으로 치안 유지법을 제정하였다.

④ 헌병 경찰제가 실시되었다.
→ 무단 통치기에는 헌병이 경찰을 담당하였다.

⑤ 동양 척식 주식회사가 설립되었다.
→ 동양 척식 주식회사는 1908년에 일제가 국내의 자본 및 토지를 침탈할 목적으로 국내에 세운 회사이다.

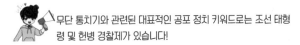 무단 통치기와 관련된 대표적인 공포 정치 키워드로는 조선 태형령 및 헌병 경찰제가 있습니다!

---

39. 정답 ⑤ | 난이도 | ●●●

㉠~㉤에 대한 탐구 활동으로 적절하지 <u>않은</u> 것은? [2점]

> 🔍 역사 돋보기 **한국 교육의 역사**
>
>   삼국 시대에는 ㉠국가가 운영하는 기관을 통해 제도적인 교육이 이루어졌다. 이때 교재는 유학 경전과 역사서가 중심이었다.
>   고려 시대에 와서 과거제가 실시되었다. 조상의 음덕을 입은 관직 진출도 있었지만, 과거에 합격하는 것을 영예롭게 여기기도 하였다. 이 과정에서 관학인 국자감 못지 않게 ㉡사학 역시 중요한 역할을 하였다.
>   조선 시대의 교육 기관은 ㉢관학으로 성균관·향교 등이 있었고, 사학으로 서원 등이 있었다. 국가는 교육을 통해 성리학의 이념을 확산시키고, 통치 질서를 유지하려고 하였다.
>   19세기 말 서구 문물을 접하면서 교육에도 상당한 변화가 일어났다. ㉣정부는 새로운 변화에 대처하고 행정의 실무를 담당할 필요에서 학교를 설치하였다.
>   갑오개혁 때 ㉤교육 입국 조서가 반포된 이후에는 각종 관립 학교가 세워져 교육을 담당하였다. 한편, 선교사들은 기독교를 전파하고 서양 문화를 보급하려고 학교 설립에 앞장섰다.

지문의 핵심 키워드 ▶ 우리나라의 교육 기관 사례

생략(선지분석으로 대체!)

선지별 키워드 추출

① ㉠ – 태학의 설립 취지를 찾아본다.
→ 고구려 소수림왕 때 태학을 설립하였다.

② ㉡ – 9재 학당의 수업 내용을 조사한다.
→ 고려 문종 때 최충은 고려 최초의 사립 교육 기관인 문헌공도(9재 학당)를 설립하였다.

③ ㉢ – 명륜당과 대성전의 기능을 알아본다.
→ 조선의 성균관 및 향교에는 명륜당과 대성전이 있었다.

④ ㉣ – 동문학과 육영 공원의 운영 목적을 분석한다.
→ 개항기에 정부는 근대식 교육을 위하여 동문학과 육영 공원을 설립하였다.

⑤ ㉤ – 배재 학당, 이화 학당의 설립 시기를 파악한다.
→ 배재 학당 및 이화 학당은 사립 학교로, 교육 입국 조서 반포를 계기로 설립된 교육 기관은 한성 사범 학교이다.

 우리나라의 교육 기관 유형은 설립 시기 및 특징, 의의를 중심으로 파악하는 것을 권장합니다!

40. 정답 ⑤ | 난이도 | ●●●

다음 법령이 발표된 이후에 있었던 사실로 옳은 것은?

[3점]

> 제1조 조선에서의 교육은 본령에 의한다.
> 제2조 국어[일본어]를 상용(常用)하는 자의 보통 교육은 소학교령, 중학교령 및 고등 여학교령에 의한다.
> 제3조 국어[일본어]를 상용하지 않는 자에게 보통 교육을 하는 학교는 보통학교, 고등 보통학교 및 여자 고등 보통학교로 한다.
> 제5조 보통학교의 수업 연한은 6년으로 한다. …… 보통학교에 입학할 수 있는 자는 연령 6세 이상으로 한다.

지문의 핵심 키워드 ▶ 제2차 조선 교육령 반포

✓ 보통학교의 수업 연한은 6년 – 제2차 조선 교육령(1922)에 규정된 수업 연한

선지별 키워드 추출

① 서당 규칙이 제정되었다.
  → 일제는 1918년에 서당 교육을 통제하기 위한 법을 제정하였다.

② 2·8 독립 선언이 발표되었다.
  → 1919년 도쿄에서 2·8 독립 선언서가 발표되었고, 이는 3·1 운동의 배경이 되었다.

③ 조선어 연구회가 결성되었다.
  → 1921년에 조선어 연구회가 결성되었다.

④ 조선 여자 교육회가 조직되었다.
  → 1920년에 조선 여자 교육회가 조직되었다.

⑤ 조선 민립 대학 설립 기성회가 창립되었다.
  → 1923년 이상재, 이승훈 등을 중심으로 조직된 조선 민립 대학 설립 기성회는 일제의 식민지 교육에 저항하여 우리나라만의 고등 교육 기관을 설립하기 위한 운동을 주도하였다.

 제2차 조선 교육령이 반포된 이후 민립 대학 설립 운동이 전개되었습니다!

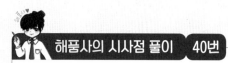

해품사의 시사점 풀이 40번

이번 회차의 까다로운 신유형의 출제 의도는 인과관계입니다!

해품사의 문제 첫인상

1. 교육령 자체를 문제에서 대놓고 출제한 것은 오랜만인데?! 수업 연한 6년이 핵심이네!
2. 그런데, 선지의 연도가 다 1918~1923년 사이인데? 이후 시기 유형 꼼수를 쓰기도 어렵게 출제했다!
3. 그렇다면 단순하게 1920년대의 교육과 관련된 키워드에 가장 주목하여 풀이해보자!

해품사의 "대처 방법"

✓ 특정 시기 이후 유형은 기본적으로 선지에서 마지막에 발생한 사례만 찾아도 풀이가 가능합니다!
  → 단, 이번 유형의 경우 선지끼리 연도 간격이 너무 짧기 때문에 전략 활용이 어려운 편이었습니다!
✓ 그렇다면 최대한 인과관계를 바탕으로 접근하는 전략이 필요합니다!
  → 일제 강점기에 2차 조선 교육령 반포된 이후에 고등 교육 기관 설립의 필요성이 모색되었습니다!
✓ 이를 바탕으로 자연스러운 역사적 흐름을 연결할 수 있는 정답을 고를 필요가 있습니다!
  → 제2차 조선 교육령이 반포된 이후 민립 대학 설립 운동이 전개되었기 때문에, 5번이 정답!

41. 정답 ④ | 난이도 | ●○○

(가) 정부의 활동에 대한 설명으로 옳은 것은? [2점]

> 도내 관공서의 조선인 관리·기타 조선인 부호 등에게 빈번하게 불온 문서를 배부하는 자가 있어서 수사한 결과 이○○의 소행으로 판명되어 그의 체포에 노력하고 있다. …… 그는 [(가)]의 교통부 차장과 재무부 총장 등으로부터 여러 가지 명령을 받았다. 조선에 돌아가서 인쇄물을 뿌리는 등 인심을 교란하는 동시에 [(가)]이/가 발행한 독립 공채를 판매하는 한편, 조선 내부와의 연락 및 기타 기관을 충분히 갖추게 하는 것 등이었다.
> — 「고등 경찰 요사」 —

지문의 핵심 키워드 ▶ 대한민국 임시 정부

✔ 독립 공채 - 대한민국 임시 정부가 독립운동 자금을 마련하기 위해 발행한 공채

선지별 키워드 추출

① 무장 투쟁을 위해 **중광단**을 결성하였다.
→ 대종교는 무장 투쟁을 위해 **북간도**에서 군사 조직인 **중광단**을 결성하였다.

② 민족 교육을 위해 **서전서숙**을 설립하였다.
→ 북간도에서 이상설이 민족 교육을 위하여 **서전서숙**을 설립하였다.

③ 독립군 양성을 위해 **신흥 강습소**를 세웠다.
→ 신민회의 대표 인물인 **이회영, 이동녕, 이상룡** 등은 서간도 삼원보에 **신흥 강습소(신흥 무관 학교)**를 설립하여 독립군을 양성하였다.

④ 외교 활동을 위해 **구미 위원부**를 설치하였다.
→ **상하이 시기의 대한민국 임시 정부는 대미 외교**를 수행하기 위하여 워싱턴에 **구미 위원부**를 설치하였다.

⑤ 농촌 계몽을 위해 **브나로드 운동**을 전개하였다.
→ **동아일보**는 1930년대에 **농촌 계몽**을 목적으로 '배우자, 가르치자, 다 함께 브나로드'를 구호로 내세운 **브나로드 운동**을 주도하였다.

 대한민국 임시 정부는 국내 연락망을 위한 교통국과 대미 외교를 위한 구미 위원부를 설치하였습니다!

42. 정답 ④ | 난이도 | ●○○

밑줄 그은 '시기'에 있었던 사실로 옳은 것은? [2점]

이곳 사할린에 있는 탄광으로 강제 동원되기 전 고향 생활 중 기억나는 것이 있으신가요?

그때는 중일 전쟁이 시작된 뒤여서 황국 신민 서사를 외우지 못하면 기차표 사기도 어렵던 시기였어요. 기차표를 사려고 하면 일본 사람들이 나보고 황국 신민 서사를 외워 보라고 시켰었지요.

지문의 핵심 키워드 ▶ 민족 말살 통치 시기의 사회상

✔ 중일 전쟁이 시작(1937) - 민족 말살기의 대표적인 동아시아 전쟁
✔ 황국 신민 서사 - 민족 말살기에 천황에 대한 충성을 강요한 서사

선지별 키워드 추출

① **원산 총파업**이 발생하였다.
→ 1929년에 **원산 총파업**이 발생하였다.

② **미쓰야 협정**을 체결하였다.
→ 1925년에 **미쓰야 협정**이 체결되었다.

③ **조선 형평사**가 결성되었다.
→ 1920년대에 백정들이 신분 해방 이후에도 남아있는 사회적 차별에 맞서 **조선 형평사**를 조직하여 **형평 운동**을 주도하였다.

④ **국가 총동원법**이 시행되었다.
→ 일제는 중일 전쟁을 일으킨 뒤 **조선인을 물적·인적으로 수탈**하기 위하여 **국가 총동원법**을 제정하였다

⑤ **임시 토지 조사국**이 설립되었다.
→ 1910~1918년 일제는 **임시 토지 조사국**을 설립하여 **토지 조사 사업**을 시행하였다.

 민족 말살기에 시행된 세뇌 관련 키워드로는 대표적으로 신사 참배, 창씨개명, 황국 신민 서사가 있습니다!

43. 정답 ②　　　　　　　　| 난이도 | ●●○

(가)에 대한 설명으로 옳은 것은?　　　　　　[2점]

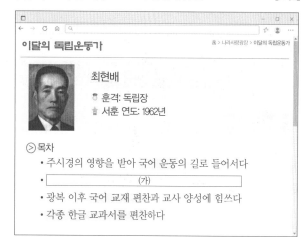

전자 사료관

○ 표시된 인물이 김원봉

자료는 <u>(가)</u> 의 창립 1주년을 기념하며 계림에서 촬영된 사진이다. 중국 국민당 정부의 지원을 받아 김원봉 등을 중심으로 창설된 <u>(가)</u> 은/는 중국 관내(關內)에서 만들어진 최초의 한인 무장 부대이다.

지문의 핵심 키워드 ▶ 조선 의용대

✓ 김원봉, 중국 관내(關內)에서 만들어진 최초의 한인 무장 부대 – 조선 의용대

선지별 키워드 추출

① 자유시 참변으로 시련을 겪었다.
→ 서일을 총재로 집결된 대한 독립 군단은 자유시 참변으로 큰 피해를 입었다.

② 대원 일부가 한국 광복군에 합류하였다.
→ 조선 의용대의 일부 대원은 한국광복군에 합류하였으며, 남은 대원은 중국 화북으로 이동하여 조선 의용군으로 개편되었다.

③ 쌍성보 전투에서 한중 연합 작전을 전개하였다.
→ 한국 독립군은 중국 호로군과 연합하여 쌍성보, 대전자령 전투에서 승리를 거두었다.

④ 독립군 양성 기관인 한인 소년병 학교를 설립하였다.
→ 박용만은 미국에 독립군 양성을 목적으로 한인 소년병 학교를 설립하였다.

⑤ 홍범도 부대와 연합하여 청산리에서 일본군과 교전하였다.
→ 청산리 전투는 김좌진의 북로 군정서군 및 홍범도의 대한 독립군 등 다양한 부대가 연합하여 일본군에게 승리한 전투이다.

 최근 한능검에서 조선 의용대를 출제할 때 종종 한국광복군 합류 및 조선 독립 동맹 개편을 언급합니다!

44. 정답 ①　　　　　　　　| 난이도 | ●●○

(가)에 들어갈 내용으로 적절한 것은?　　　　　　[2점]

이달의 독립운동가　　　　　홈 > 나라사랑광장 > 이달의 독립운동가

최현배

🎖 훈격: 독립장
🏅 서훈 연도: 1962년

▷ 목차
• 주시경의 영향을 받아 국어 운동의 길로 들어서다
• <u>(가)</u>
• 광복 이후 국어 교재 편찬과 교사 양성에 힘쓰다
• 각종 한글 교과서를 편찬하다

지문의 핵심 키워드 ▶ 최현배

생략(선지분석으로 대체!)

선지별 키워드 추출

① 조선어 학회 사건으로 구속되어 옥고를 치렀다.
→ 조선어 학회의 대표 인물인 이극로 및 최현배 등은 조선어 학회 사건으로 구속되어 옥고를 치렀다.

② 파리 강화 회의에서 독립 청원서를 제출하다.
→ 신한 청년당은 김규식을 파리 강화 회의에 대표로 파견하였다.

③ 복벽주의를 내세우며 독립 의군부를 조직하다.
→ 임병찬은 복벽주의를 표방하며 독립 의군부를 조직하였다.

④ 국권 피탈 과정을 정리한 한국통사를 저술하다.
→ 박은식은 고종 즉위부터 105인 사건까지의 우리나라 근현대사를 정리한 『한국통사』를 저술하였다.

⑤ 일제에 의해 조작된 105인 사건으로 재판을 받다.
→ 신민회는 일제가 조작한 105인 사건으로 와해되었다.

 문제에서 한글 관련 단체 활동이 언급되었기 때문에, 정답 역시 이를 바탕으로 고르는 전략이 필요했습니다!

45. 정답 ⑤
| 난이도 | ●○○

다음 총선거에 대한 설명으로 옳은 것을 〈보기〉에서 고른 것은? [3점]

지문의 핵심 키워드 ▶ 5 · 10 총선거

- ✔ 우리나라 첫 번째 총선거 - 5 · 10 총선거의 의의
- ✔ 유엔 한국 임시 위원단 - 5 · 10 총선거를 감독한 단체

선지별 키워드 추출

ㄱ. 좌우 합작 위원회가 주도하였다.
→ 여운형 및 김규식 등이 조직한 좌우 합작 위원회는 미 · 소 공동 위원회의 속개 등을 주장한 좌우 합작 7원칙을 발표하였다.

ㄴ. 장면 정부가 수립되는 계기가 되었다.
→ 4 · 19 혁명 이후 허정 과도 정부에서 발표한 3차 개헌의 결과 의원 내각제를 중심으로 한 장면 내각이 출범하였다.

ㄷ. 제주도에서 무효 처리된 선거구가 있었다.
→ 제헌 국회는 제주 4 · 3 사건의 영향으로 2개의 선거구에서 국회의원을 선출하지 못한 채 출범하였다.

ㄹ. 제헌 국회의원을 선출하기 위해 실시되었다.
→ 5 · 10 총선거는 제헌 국회의원을 선출하기 위해 실시되었다.

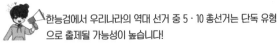
한능검에서 우리나라의 역대 선거 중 5 · 10 총선거는 단독 유형으로 출제될 가능성이 높습니다!

46. 정답 ②
| 난이도 | ●●○

밑줄 그은 '이 전쟁' 중에 있었던 사실로 옳은 것은? [1점]

사료로 보는 한국사

피하는 것은 죽는 것이요, 다 같이 일어나는 것은 사는 길이니 비록 중국군 2백만 명이 들어오기로서니 우리 2천만 명이 일어나면 한 놈도 살아나갈 수 없이 만들 수 있을 것이다. …… 각 도시나 촌락에서 모든 인민들은 쌀을 타다가 밥을 지어 주먹밥이라도 만들면 실어다가 전선에서 싸우는 사람들을 먹여야 하며, 또 장년들은 참호라도 파며 한편으로 결사대를 조직하여 적의 진지를 뚫고 적군 속에 들어가 백방으로 싸워야만 될 것이다.

[해설] 중국군의 개입으로 이 전쟁의 전세가 불리해진 상황에서 국민의 항전 의지를 독려하는 대통령의 담화문이다.

지문의 핵심 키워드 ▶ 6 · 25 전쟁

- ✔ 중국군 - 6 · 25 전쟁 당시 북한군을 지원

선지별 키워드 추출

① 애치슨 라인이 발표되었다. → 헷갈리기 쉬운 선지!
→ 미 국무장관 애치슨은 1950년에 태평양 지역 방어선을 발표하였고, 이때 한반도와 타이완이 제외되었다.

② 부산이 임시 수도로 정해졌다.
→ 6 · 25 전쟁 당시에는 북한군의 공세를 피하여 부산을 임시 수도로 활용하였다.

③ 한미 상호 방위 조약이 맺어졌다.
→ 1953년 정전 협정 이후 한국과 미국이 한미 상호 방위 조약을 체결하였다.

④ 푸에블로호 나포 사건이 발생하였다.
→ 박정희 정부 때 푸에블로호가 북한의 해군에 의해 나포되는 사건이 발생하였다.

⑤ 국가 보위 비상 대책 위원회가 설치되었다.
→ 1980년 신군부가 국가 보위 비상 대책 위원회를 설치하였다.

우리나라의 역사에서 부산이 수도였던 시기는 6 · 25 전쟁 때가 유일합니다!

47. 정답 ②

| 난이도 | ●●●

다음 상황이 나타난 시기를 연표에서 옳게 고른 것은?

[3점]

□□ 신문

제△△호 　　　　　　　　　　　　　○○○○년 ○○월 ○○일

희망에 찬 전진을

　제1차 경제 개발 5개년 계획을 성공적으로 매듭지은 현 시점에서 우리에게는 진실로 기쁘고 자랑스럽게 생각해야 할 일이 있다. 우리나라가 새롭고 희망에 찬 생활을 향하여 전진을 거듭하고 있다는 사실에 대한 자각이 더욱 높아가고 미래에 대한 자신이 날로 굳어져 가고 있다는 사실이다. …… 여러분이 아시다시피 올해는 제2차 경제 개발 5개년 계획에 착수하여 이미 도약 단계에 들어선 조국의 발전에 일대 박차를 가해야 할 중대한 새 출발의 해인 것이다. 앞으로 4~5년 후에는 아시아에 빛나는 공업 국가를 건설해 보자는 것이 이 계획의 목표인 것이다.

(가)	(나)	(다)	(라)	(마)
1949 농지 개혁법 제정	1965 한일 협정 체결	1977 100억 달러 수출 달성	1988 서울 올림픽 개최	1996 경제 협력 개발 기구 (OECD) 가입	2007 한미 자유 무역 협정(FTA) 체결

지문의 핵심 키워드 ▶ 박정희 정부

✓ 제2차 경제 개발 5개년 계획에 착수(1967) – 박정희 정부 때 시행된 대표적인 경제 개발 계획의 사례, 경공업 육성을 중심으로 함

선지별 키워드 추출

② (나)
  · 제2차 경제 개발 5개년 계획은 1967년부터 시작되었기 때문에, 흐름상 2번이 적절하다.

 단순히 문제의 첫 줄만 읽는 것보다 맥락을 종합적으로 파악하는 습관이 중요한 대표적인 유형입니다!

해풍사의 시사점 풀이 47번

문제를 종합적으로 파악해야 정확하고 추가적인 힌트를 찾아낼 수 있습니다!

해풍사의 문제 첫인상

1. 문제의 첫 줄만 읽으면 제1차 경제 개발 5개년 계획 시기를 출제한 것인가?
2. 앗! 문제를 정확히 다 읽어보니, 1차 경제 개발 계획은 끝났고, 2차 경제 개발 계획이 시작되었네?!
3. 이런! 맥락을 읽지 않고 키워드만 단순히 읽는 수험생들은 시기를 혼동할 수 있을 것 같다!

해풍사의 "대처 방법"

✓ 한능검에서 출제하는 문제를 단순히 한, 두 줄만 읽고 풀이하는 습관은 좋지 않습니다!
  → 그 이유는 앞에서 제시한 내용이 무조건 답을 결정지을 수 있는 결정적인 키워드가 아닐 수 있기 때문입니다!
✓ 실제로 이 문제의 경우 앞줄보다 뒤에 결정적인 키워드를 배치하였습니다!
  → 문제에서 정확하게 올해는 제2차 경제 개발 계획을 착수하였다고 키워드를 제시하였습니다!
✓ 즉, 한능검은 기본적으로 역사 과목이므로 수식어구에 대한 파악도 중요합니다!
  → 특정 역사적 사실의 시작, 확대, 완료, 종결 등에 따라 시기가 달라질 수 있으므로, 이 문제의 경우 제2차 경제 개발 계획이 시작된 시점인 2번이 정답!

48. 정답 ②　　　　　　　　　| 난이도 | ●●○

밑줄 그은 '정부' 시기에 있었던 사실로 옳은 것은?
[2점]

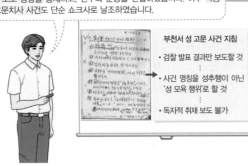

이것은 부천 경찰서에서 자행된 여성 노동자에 대한 성 고문 사건을 축소, 은폐하기 위해 내린 정부의 보도 지침 내용입니다. 당시 정부는 언론의 보도 방향을 통제하고, 민주화 운동을 탄압하였습니다. 이후 박종철 고문치사 사건도 단순 쇼크사로 날조하였습니다.

부천서 성 고문 사건 지침
· 검찰 발표 결과만 보도할 것
· 사건 명칭을 성추행이 아닌 '성 모욕 행위'로 할 것
· 독자적 취재 보도 불가

지문의 핵심 키워드 ▶ 전두환 정부

✔ 언론의 보도 방향을 통제 – 전두환 정부의 언론 통제
✔ 박종철 고문치사 사건 – 전두환 정부 때 발생한 사건

선지별 키워드 추출

① 야당 총재가 국회의원직에서 제명되었다.
→ 박정희 정부 때 신민당의 김영삼 총재가 제명되었다.

② 5년 단임의 대통령 직선제 개헌이 이루어졌다.
→ 6월 민주 항쟁의 결과 5년 단임의 대통령 직선제를 규정한 제9차 개헌이 이루어졌다.

③ 국가 재건 최고 회의를 기반으로 군정이 실시되었다.
→ 박정희는 5·16 군사 정변으로 정권을 장악하고 국가 재건 최고 회의를 설치하였다.

④ 평화 통일론을 내세우던 진보당의 조봉암이 처형되었다.
→ 이승만 정부는 진보당의 조봉암을 견제하기 위하여 조봉암에게 간첩 혐의를 씌워 사형시킨 뒤 진보당을 해체하였다.

⑤ 긴급 조치 철폐 등을 포함한 3·1 민주 구국 선언이 발표되었다.
→ 박정희 정부 때 유신 헌법에 반대하는 3·1 민주 구국 선언이 발표되었다.

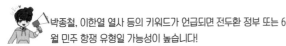 박종철, 이한열 열사 등의 키워드가 언급되면 전두환 정부 또는 6월 민주 항쟁 유형일 가능성이 높습니다!

---

49. 정답 ③　　　　　　　　　| 난이도 | ●●○

다음 지역에 대한 탐구 활동으로 적절한 것은?　　[1점]

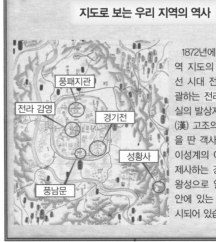

지도로 보는 우리 지역의 역사

1872년에 제작된 우리 지역 지도의 일부입니다. 조선 시대 전라도 일대를 총괄하는 전라 감영, 조선 왕실의 발상지라는 의미로 한(漢) 고조의 고사에서 이름을 딴 객사 풍패지관, 태조 이성계의 어진을 봉안하고 제사하는 경기전, 후백제의 왕성으로 알려진 동고산성 안에 있는 성황사 등이 표시되어 있습니다.

지문의 핵심 키워드 ▶ 전주 지역사

✔ 경기전 – 전주 지역에 위치한 이성계의 어진을 모신 장소
✔ 동고산성 – 견훤이 전주 지역에 후백제를 건국한 흔적이 남아있는 장소

선지별 키워드 추출

① 유형원이 반계수록을 저술한 장소를 답사한다.
→ 유형원은 전북 부안의 반계서당에서 『반계수록』을 저술하였다.

② 견훤이 아들 신검에 의해 유폐된 장소를 알아본다.
→ 견훤은 아들인 신검에 의해 전북 김제의 금산사에 유폐되었다.

③ 동학 농민군이 정부와 화약을 맺은 장소를 조사한다.
→ 동학 농민군은 전주 지역에 있는 전주성을 점령한 뒤 정부와 전주 화약을 체결하며 해산하였다.

④ 기묘사화로 유배된 조광조가 사사된 장소를 검색한다.
→ 조광조는 훈구파의 견제를 받아 기묘사화를 계기로 전남 화순 지역에 유배되어 사망하였다.

⑤ 임병찬이 의병을 일으킨 무성 서원이 있는 장소를 찾아본다.
→ 전북 정읍에는 임병찬이 의병을 일으킨 무성 서원이 있다.

 지역사 유형에서 다룰 수 있는 키워드 중 지나치게 낯선 사례가 언급될 경우 정답일 가능성이 낮은 편입니다!

50. 정답 ②

| 난이도 | ●●●

다음 뉴스가 보도된 정부 시기의 통일 정책으로 옳은 것은? [2점]

> 대통령은 오늘 도쿄에서 오부치 일본 총리와 21세기 새로운 한일 파트너십 공동 선언에 합의하였습니다. 이 공동 선언문에는 일본이 과거 한때 식민지 지배로 인하여 한국 국민에게 다대한 손해와 고통을 안겨주었다는 역사적 사실을 겸허히 받아들이면서, 이에 대한 통절한 반성과 마음으로부터 사죄라는 표현이 명문화되어 있습니다.

대통령, 일본 국회 연설에서 일본 대중문화 단계적 개방 약속

지문의 핵심 키워드 ▶ 김대중 정부

✔ 21세기 새로운 한일 파트너십 공동 선언 – 김대중 정부

선지별 키워드 추출

① 남북 조절 위원회를 구성하였다.
  → 박정희 정부 때 남북 조절 위원회가 구성되었다.

② 6·15 남북 공동 선언을 채택하였다.
  → 김대중 정부 때 분단 후 최초의 남북 정상 회담 합의문인 6·15 남북 공동 선언을 채택하였다.

③ 한반도 비핵화 공동 선언에 합의하였다.
  → 노태우 정부 때 한반도 비핵화 공동 선언을 발표하였다.

④ 판문점에서 남북 정상 회담을 개최하였다.
  → 문재인 정부는 한반도의 평화와 번영, 통일을 위한 판문점 선언(4·27 판문점 선언)을 발표하였다.

⑤ 남북 이산가족 고향 방문을 최초로 실현하였다.
  → 전두환 정부는 남북 교류 사업의 일환으로 남북 이산가족 고향 방문단의 교환을 최초로 실현하였다.

 21세기라는 키워드만 주목하였더라도, 선지에서 대부분의 사례를 소거할 수 있는 유형이었습니다!

해품사의 시사점 풀이 50번

문제를 종합적으로 파악해야 정확하고 추가적인 힌트를 찾아낼 수 있습니다!

해품사의 문제 첫인상

1. 21세기 새로운 한일 파트너십 공동 선언? 이건 솔직히 나도 처음 들어보는 키워드인데?!
2. 문제에서 21세기라는 키워드가 굳이 언급된 것을 보면 비교적 최근 정부일 것 같다!
3. 제시된 사진에서 당시 대통령의 모습을 간접적으로 파악할 수 있는 것도 힌트가 될 수 있겠다!

해품사의 "대처 방법"

✔ 현대사 정부 유형의 난이도를 높이기 위해 가끔 낯선 정치 또는 외교 업적 사례를 언급합니다!
  → 이러한 키워드는 대체로 교재나 강의에 없을 가능성이 높기 때문에 공략이 매우 까다롭습니다!

✔ 그러나 현대사 정부 문제는 21세기를 기점으로 구별하면 쉽게 접근이 가능합니다!
  → 한능검에서 21세기 이후에 주로 출제되는 정부는 실질적으로 김대중 정부와 노무현 정부입니다!

✔ 또한 그림, 사진 힌트 역시 문제를 풀이할 때 중요한 힌트로 활용할 수 있습니다!
  → 앞의 단서를 통해 2번과 4번 선지만 남았다면, 사진 힌트를 통해 비교적 최근에 재임한 문재인 대통령이 아닌 김대중 대통령임을 확인할 수 있기 때문에, 남는 선지인 2번이 정답!

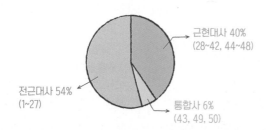

1. 난이도

어려움

- 전반적으로 기존에 출제하지 않았던 신유형을 다양한 방식으로 출제하거나, 기존에 출제된 유형이 어렵게 출제됨

- 시기형 문제가 대체로 까다로움!

- 일부 유형에서 선지 2개 중 혼동을 대놓고 유도하여 수험생들의 체감 난이도를 높임
  예) 김유신, 한성 사범 학교 설립 ◀━━━

- 다른 회차에 비해 인물 유형을 많이 출제하였으며, 쉬운 사례도 있고 어려운 사례도 있음
  예) 최우, 최익현, 이윤재 ◀━━━

- 전반적으로 흐름형 유형과 관련된 사례가 난도가 높았기 때문에, 이를 잘 풀이해야 고득점이 가능하였음!

★결론: 출제자가 난도를 높이기 위해 활용하는 선지 함정 유도나 신유형의 출제 방식이 다양하게 활용되었기 때문에, 기본적인 개념 학습이나 전략이 충분히 선행되지 않았다면 풀이가 까다로울 수 있는 회차임!

합격률: 48.66%

2. 유형 분포도

1) 전근대사 비중(54%): 1번~27번

2) 근현대사 비중(40%): 28번~42번, 44~48번

3) 통합사 비중(6%): 43번, 49번, 50번

근현대사 40%
(28~42, 44~48)

전근대사 54%
(1~27)

통합사 6%
(43, 49, 50)

- 우리나라의 지방 통치 제도, 우리나라의 외교 활동을 주도한 인물, 안동 지역사

- 시대순으로 출제되었으며, 개항기 파트의 비중이 높은 회차!

- 다른 회차에 비해 특정 분야를 종합적으로 파악하는 통합사가 많이 출제된 편!

- 한눈에 보는 64회 시대별 · 주제별 유형 분포도

문항	시대	주제		문항	시대	주제
1	선사	신석기 시대		26	조선	조선 정조
2	선사	부여		27	조선	정약용
3	고대	고구려의 역사적 사실		28	개항기	제너럴셔먼호 사건
4	고대	백제 금동 대향로		29	개항기	최익현
5	고대	김유신	시사점 문제	30	개항기	갑신정변
6	고대	백제 성왕		31	개항기	제1차 갑오개혁
7	고대	안시성 전투 및 고구려 멸망		32	개항기	독립 협회
8	고대	발해의 경제 상황		33	개항기	한성 사범 학교 규칙 반포	시사점 문제
9	고대	장보고의 난		34	개항기	대한매일신보
10	고대	궁예		35	개항기	러일 전쟁 시기의 역사적 사실	시사점 문제
11	고려	거란에 대한 고려의 대응		36	일제 강점기	무단 통치기의 사회상
12	고려	이자겸의 난		37	일제 강점기	신간회
13	고려	고려의 경제 상황		38	일제 강점기	물산 장려 운동
14	고려	최우		39	일제 강점기	민족 말살기의 사회상
15	고려	원 간섭기의 사회상		40	일제 강점기	이윤재	시사점 문제
16	고려	고려의 불교 문화유산		41	일제 강점기	한국 광복군
17	조선	조선 세종		42	현대	정읍 발언 및 제2차 미소 공동 위원회
18	조선	창덕궁		43	통합사	우리나라의 지방 통치 체제
19	조선	향약	시사점 문제	44	현대	6 · 25 전쟁(1 · 4 후퇴)
20	조선	조선 후기의 사회상		45	현대	박정희 정부(경제)
21	조선	임술 농민 봉기		46	현대	4 · 19 혁명 및 6월 민주 항쟁
22	조선	조선 성종		47	현대	박정희 정부(정치)
23	조선	조선 중종		48	현대	김대중 정부
24	조선	임진왜란		49	통합사	우리나라의 외교 활동
25	조선	조선 후기의 문화		50	통합사	안동 지역사

3. 시사점 문제 ★ 아래의 문제들은 각 문제 해설에서 해품사의 시사점 풀이!

1) 5번, 33번 → 출제자가 대놓고 함정을 유도한 유형을 정확히 피할 필요가 있어요!

2) 19번, 40번 → 문제에 제시된 맥락을 정확히 이해하여 간접적인 풀이를 시도해봅시다!

3) 35번 → 어려운 신유형이 언급되면, 기본적인 개념 이해도를 바탕으로 접근해야 합니다!

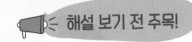

해설 보기 전 주목!

어제의 오답 선지 = 내일의 정답 선지

한능검은 역사적 사실이 아닌 것은 선지에 포함하지 않습니다. 즉, 모든 선지는 사실이죠!

기출에서 오답 선지는 이후 시험에서 언제든 정답이 될 수 있습니다.

결국 키워드를 추출하여 선지를 분석하는 것이 기출문제 공부의 핵심입니다.

1. 문제 지문의 핵심 키워드를 찾고   2. 선지별로 키워드를 추출한 후   3. 연관된 것을 찾으면 정답입니다.

이제 본격적으로 키워드 추출 훈련을 해볼까요?

제64회	정답 한눈에 보기								기출문제편 p.138
01 ⑤	02 ①	03 ③	04 ⑤	05 ③	06 ②	07 ④	08 ⑤	09 ②	10 ④
11 ①	12 ①	13 ⑤	14 ①	15 ⑤	16 ④	17 ①	18 ⑤	19 ④	20 ⑤
21 ⑤	22 ③	23 ④	24 ②	25 ②	26 ①	27 ⑤	28 ②	29 ③	30 ③
31 ④	32 ②	33 ③	34 ③	35 ④	36 ①	37 ②	38 ③	39 ②	40 ①
41 ①	42 ④	43 ②	44 ①	45 ①	46 ③	47 ⑤	48 ①	49 ④	50 ③

---

1. 정답 ⑤

| 난이도 | ●○○

밑줄 그은 '이 시대'의 생활 모습으로 옳은 것은? [1점]

> 화면 속 갈돌과 갈판, 빗살무늬 토기는 이 시대의 대표적인 유물로 알려져 있습니다.

> 농경과 정착 생활이 시작된 이 시대의 사람들은 토기를 만들어 곡식을 저장하고 음식을 조리하기도 하였습니다.

지문의 핵심 키워드 ▶ 신석기 시대

✓ 갈돌과 갈판, 빗살무늬 토기 – 신석기 시대의 대표 유물

✓ 농경과 정착 생활이 시작 – 신석기 시대에 발생한 생활 방식의 변화

선지별 키워드 추출

① 소를 이용하여 깊이갈이를 하였다.
→ 소를 이용한 깊이갈이는 신라 지증왕 때 최초의 기록이 발견되었다.

② 반량전, 명도전 등의 화폐를 사용하였다.
→ 철기 시대에는 명도전, 반량전 등 중국 화폐를 통해 교역이 이루어졌다.

③ 청동 방울 등을 의례 도구로 이용하였다.
→ 청동기 시대에는 청동 거울, 청동 방울 등을 의례 도구로 사용하였다.

④ 거푸집을 이용하여 세형 동검을 제작하였다.
→ 초기 철기 시대에는 거푸집을 이용하여 세형 동검을 제작하였다.

⑤ 가락바퀴와 뼈바늘을 이용하여 옷을 만들었다.
→ 신석기 시대부터 가락바퀴와 뼈바늘을 이용하여 원시적 수공업이 이루어졌다.

 신석기 시대부터 농경과 정착 생활이 시작되었으며, 청동기 시대부터 계급이 발생하였습니다!

2. 정답 ①　　　　　　　　　　　　　　| 난이도 | ●○○

(가) 나라에 대한 설명으로 옳은 것은?　　　　[2점]

> ○ 　(가)　의 풍속에는 가뭄이나 장마가 계속되어 오곡이 영글
> 지 않으면, 그 허물을 왕에게 돌려 "왕을 마땅히 바꾸어야 한
> 다."고 하거나 "죽여야 한다."라고 하였다.
> 　　　　　　　　　　　　　　　　　　　- 『삼국지』 동이전 -
>
> ○ 　(가)　 사람들은 …… 활·화살·칼·창으로 무기를 삼았
> 다. 가축의 이름으로 관직명을 지으니 마가·우가·구가 등
> 이 있었다. 그 나라의 읍락은 모두 여러 가(加)에 소속되었다.
> 　　　　　　　　　　　　　　　　　　　- 『후한서』 동이열전 -

지문의 핵심 키워드 ▶ 부여

✓ 마가·우가·구가, 여러 가(加)에 소속됨 - 부여는 동물의
　이름을 딴 관직이 지방을 관할함

선지별 키워드 추출

① **영고**라는 제천 행사를 열었다.
　→ **부여**는 매년 12월에 추수를 마치면 하늘에 제사를 지내
　　고 음주가무를 즐기는 제천 행사인 영고를 열었다.

② 한 무제의 공격으로 멸망하였다.
　→ **고조선**은 중국 **한 무제**의 공격으로 멸망하였다.

③ 정사암에 모여 재상을 선출하였다.
　→ **백제**는 **정사암**에 모여 **귀족 회의**를 개최하였다.

④ 읍락 간의 경계를 중시하는 **책화**가 있었다.
　→ **동예**는 다른 부족의 영역을 침범할 경우 소나 말로 배
　　상하는 풍습인 **책화**가 존재하였다.

⑤ 제사장인 **천군**과 신성 지역인 **소도**가 존재하였다.
　→ **삼한**은 제사장인 **천군**이 별도로 존재하였으며, 하늘의
　　신에게 제사를 지내는 **특수 행정 구역**인 **소도**가 존재하
　　였다.

👦🏻🚩 마가·우가·저가·구가 등 동물의 이름을 딴 관직이 등장한다면
부여를 떠올려야 합니다!

---

3. 정답 ③　　　　　　　　　　　　　　| 난이도 | ●●○

(가)에 들어갈 내용으로 가장 적절한 것은?　　　　[2점]

> 지금 보시는 자료는 안악 3호분 벽화 중 일부로, 무덤 주인공과 호위
> 군사 등의 행렬 모습을 자세히 보여줍니다. 이 벽화를 남긴 나라에 대
> 하여 알고 있는 내용을 대화창에 올려 주세요.

대화창 (ON)

👤 책을 읽고 활쏘기를 익히
　는 경당을 설치하였어요.

👤 제가 회의에서 국가 중대
　사를 결정하였어요.

👤 　(가)

지문의 핵심 키워드 ▶ 고구려의 역사적 사실

✓ 안악 3호분 - 고구려의 대표적인 고분
✓ 경당 - 고구려에 존재하였던 미성년 학교
✓ 제가 회의 - 고구려의 귀족 회의

선지별 키워드 추출

① 연의 장수 진개의 공격을 받았어요.
　→ **고조선** 전기에는 중국 연나라의 장수 진개의 공격을 받
　　았다.

② 골품에 따른 신분 차별이 엄격하였어요.
　→ **신라**의 골품제는 정해진 신분에 따라 부여되는 혜택에
　　차이를 두었다.

③ 빈민을 구제하기 위해 **진대법**을 실시하였어요.
　→ **고구려** 고국천왕 때 빈민 구제 제도인 진대법을 실시하
　　였다.

④ 사회 질서를 유지하기 위한 범금 8조가 있었어요.
　→ **고조선**에는 사회 질서의 유지를 위하여 다양한 범죄에
　　대한 형벌을 규정한 **범금 8조**(8조법)가 있었다.

⑤ 왕족인 부여씨와 8성의 귀족이 지배층을 이루었어요.
　→ **백제**는 왕족인 **부여씨**와 함께 백씨·해씨 등 8성의 귀
　　족이 지배층을 구성하였다.

👦🏻🚩 고대 국가의 사회 유형을 출제할 경우, 귀족 회의, 관직, 기관, 제
도 등의 키워드를 파악하는 것이 중요합니다!

4. 정답 ⑤ | 난이도 | ●●○

(가)에 해당하는 문화유산으로 옳은 것은? [1점]

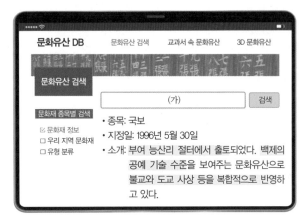

문화유산 DB 문화유산 검색 교과서 속 문화유산 3D 문화유산

문화유산 검색

[(가)] 검색

문화재 종목별 검색
☑ 문화재 정보
□ 우리 지역 문화재
□ 유형 분류

• 종목: 국보
• 지정일: 1996년 5월 30일
• 소개: 부여 능산리 절터에서 출토되었다. 백제의 공예 기술 수준을 보여주는 문화유산으로 불교와 도교 사상 등을 복합적으로 반영하고 있다.

지문의 핵심 키워드 ▶ 백제 금동 대향로

✓ 부여 능산리 절터 - 백제 금동 대향로가 출토된 장소
✓ 백제의 공예 기술 수준 - 백제 금동 대향로는 백제의 수준 높은 공예 기술을 보여줌
✓ 불교와 도교 사상 등을 복합적으로 반영 - 백제 금동 대향로의 양식

선지별 키워드 추출

① 이불병좌상(발해)

② 금동 연가 7년명 여래 입상(고구려)

③ 고령 지산동 32호분 금동관(가야)

④ 경주 기마 인물형 토기(신라)

⑤ 백제 금동 대향로

송산리 고분군에서 발견된 무령왕릉과 능산리 고분군에서 발견된 백제 금동 대향로를 구별할 필요가 있습니다!

---

5. 정답 ③ | 난이도 | ●●●

(가) 인물에 대한 설명으로 옳은 것은? [3점]

오전 10:50 100%

대한민국 방방곡곡 – 충북 진천

ⓗ 한국사 채널 조회 수 230,213

이 전경은 [(가)]의 탄생지로 알려진 곳의 모습입니다. 금관가야 마지막 왕의 후손인 그는 진평왕부터 문무왕까지 다섯 임금을 섬기며 신라의 삼국 통일에 크게 기여하였습니다. 그는 사후에 '흥무 대왕'에 봉해지며 신라의 왕이 아니면서도 대왕의 칭호를 갖게 된 인물로 기억되고 있습니다.

지문의 핵심 키워드 ▶ 김유신

✓ 금관가야 마지막 왕의 후손, 흥무 대왕 – 김유신

선지별 키워드 추출

① 안승을 왕으로 추대하였다.
→ 고구려 멸망 이후 검모잠은 안승을 왕으로 추대하였다.

② 당의 등주를 선제 공격하였다.
→ 발해 무왕 때 장문휴를 파견하여 중국의 산둥 반도(등주)를 선제 공격하였다.

③ 비담과 염종의 난을 진압하였다.
→ 김유신은 선덕 여왕 때 일어난 비담과 염종의 난을 진압하였다.

④ 기벌포 전투를 승리로 이끌었다. ✎ ➔ 헷갈리기 쉬운 선지!
→ 신라의 시득이 기벌포 전투에서 당나라를 격퇴하였다.

⑤ 일리천에서 신검의 군대를 물리쳤다.
→ 고려의 왕건은 일리천 전투에서 후백제 신검의 군대를 물리치고 후삼국 통일을 완성하였다.

김유신은 삼국 통일에 기여한 대표적인 인물이며, 왕이 아님에도 대왕이라는 시호를 받았다는 특징이 있습니다!

해품사의 문제 첫인상

1. 금관가야의 후손·흥무 대왕 등을 통해 김유신이라는 건 유추가 가능한데, 키워드가 조금 어려운데?
2. 특히 문제에서 대놓고 삼국 통일에 기여했다는 키워드 때문에 함정에 빠지기 쉬울 것 같다!
3. 그렇다면 진평왕때부터 문무왕 때까지 활동했다는 키워드까지 복합적으로 활용해보자!

해품사의 "대처 방법"

✓ 익숙한 인물을 출제하더라도 낯선 키워드가 언급된다면 체감 난이도가 높아집니다!
   → 이번 유형의 경우 흥무대왕·비담과 염종의 난 진압이라는 키워드가 까다로웠습니다!

✓ 특히 출제자의 함정에 걸려들지 않도록 주의할 필요가 있습니다!
   → 이 문제의 경우 삼국 통일에 기여하였다는 키워드 때문에 4번 선지를 헷갈리기 쉬웠습니다!

✓ 이와 같이 출제된다면 키워드를 더욱 종합적으로 파악하여 접근할 필요가 있습니다!
   → 이번 문제의 경우 진평왕~문무왕 사이에 재위한 왕인 선덕 여왕을 연계하여, 이와 관련된 사건을 제시한 3번이 정답!

6. 정답 ②

밑줄 그은 '이 왕'에 대한 설명으로 옳은 것은? [2점]

무령왕의 뒤를 이어 즉위한 이 왕은 국호를 고치고 중앙 관청을 22부로 정비하였어.

신라와 연합하여 한강 유역을 되찾았지만, 신라에 다시 빼앗겼지.

결국 신라와 전쟁을 벌이다가 관산성 전투에서 전사하였어.

지문의 핵심 키워드 ▶ 백제 성왕

✓ 무령왕의 뒤를 이어 즉위 - 백제 성왕의 즉위 순서
✓ 신라와 연합하여 한강 유역을 되찾음 - 백제 성왕
✓ 신라와 전쟁을 벌이다가 관산성 전투에서 전사 - 백제 성왕의 사망 과정

선지별 키워드 추출

① 금마저에 미륵사를 창건하였다.
   → 백제 무왕은 익산에 미륵사를 창건하였다.

② 수도를 웅진에서 사비로 옮겼다.
   → 백제 성왕은 백제의 중흥을 위해 웅진에서 사비로 천도하고 국호를 남부여로 개칭하였다.

③ 윤충을 보내 대야성을 함락하였다.
   → 백제 의자왕은 윤충을 보내어 신라의 대야성을 함락하였다.

④ 고흥으로 하여금 서기를 편찬하게 하였다.
   → 백제 근초고왕은 고흥으로 하여금 역사서인 『서기』를 편찬하게 하였다.

⑤ 북위에 사신을 보내 고구려 공격을 요청하였다.
   → 백제 개로왕은 고구려의 침략이 발생하기 이전부터 북위에 국서를 보내 고구려를 견제하려고 시도하였다.

 한능검에서 백제 성왕을 출제할 때 관산성 전투와 관련된 사료 및 키워드가 자주 언급되었습니다!

(가) 시기에 있었던 사실로 옳은 것은?   [3점]

지문의 핵심 키워드 ▶ 안시성 전투, 고구려 멸망

✔ 안시성 전투에서 당군을 격파 – 고구려 보장왕 때 당군의 침략을 안시성에서 방어함(안시성 전투, 645)
✔ 고구려 집권층 내부에 분열, 연남생은 고구려의 여러 성을 당에 바치며 투항함 – 고구려의 멸망 과정(668)

선지별 키워드 추출

① 소수림왕이 율령을 반포하였다.
→ 4세기 후반 고구려 소수림왕은 불교 공인, 율령 반포, 태학 설립 등 국가를 정비하였다.

② 진흥왕이 대가야를 병합하였다.
→ 6세기 후반 신라 진흥왕 때 대가야를 병합하였다.

③ 을지문덕이 살수에서 대승을 거두었다.
→ 을지문덕은 중국 수 양제의 대군을 살수에서 격퇴하였다(살수 대첩, 612).

④ 김춘추가 당과의 군사 동맹을 성사시켰다.
→ 진덕 여왕 때 김춘추가 당 태종과 군사 동맹을 성사시켰다(648).

⑤ 근초고왕이 평양성을 공격하여 고국원왕을 전사시켰다.
→ 백제 근초고왕 때 고구려의 평양성을 공격하여 고구려 고국원왕을 전사시켰다(371).

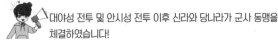대야성 전투 및 안시성 전투 이후 신라와 당나라가 군사 동맹을 체결하였습니다!

(가) 국가의 경제 상황으로 옳은 것은?   [2점]

이 지도는 (가) 의 전성기 영역을 나타낸 것입니다. 이 국가에서는 각지에서 말이 사육되었는데, 그중에서도 솔빈부의 말은 당에 수출될 정도로 유명하였습니다. 특히, 고구려 유민 출신으로 산둥 반도 지역을 장악하였던 이 정기 세력에게 많은 말을 수출하였습니다.

지문의 핵심 키워드 ▶ 발해

✔ 솔빈부의 말, 상경, 중경, 동경 – 발해의 특산품 및 수도

선지별 키워드 추출

① 벽란도를 통해 아라비아 상인과 무역하였다.
→ 고려 시대에는 벽란도가 국제 무역항으로 번성하였다.

② 구황 작물로 감자, 고구마를 널리 재배하였다.
→ 조선 후기에는 감자 및 고구마 등의 구황 작물이 널리 재배되었다.

③ 해동통보를 발행하여 화폐 유통을 추진하였다.
→ 고려 숙종 때 삼한통보, 해동통보, 활구 등 다양한 화폐를 주조하였다.

④ 시장을 관리하는 관청인 동시전을 설치하였다.
→ 신라 지증왕 때 시장을 관리하는 동시전을 설치하였다.

⑤ 거란도, 영주도 등을 통해 주변국과 교역하였다.
→ 발해는 거란도, 영주도, 신라도 등 다양한 교역로를 통해 주변국과 교류하였다.

발해의 경제와 관련된 키워드로는 거란도, 영주도 등의 교역로와 솔빈부의 말이라는 특산품이 있습니다!

9. 정답 ②　　　　　　　　　　　| 난이도 | ●●○

다음 상황 이후에 전개된 사실로 옳은 것은?　　　　[2점]

> 청해진의 궁복은 왕이 딸을 [왕비로] 받아들이지 않은 것에 원한을 품고 반란을 일으켰다. 조정에서는 장차 그를 토벌하자니 예측하지 못할 환난이 생길까 두렵고, 그대로 두자니 그 죄를 용서할 수 없어서, 우려하면서도 어떻게 해야 할지를 몰랐다. 무주 사람 염장이란 자는 용맹하고 씩씩하기로 당시에 소문이 났는데, 와서 아뢰기를 "조정에서 다행히 신의 말을 들어주신다면 신은 한 명의 병졸도 번거롭게 하지 않고 맨주먹으로 궁복의 목을 베어 바치겠습니다."라고 하였다. 왕이 그의 말을 따랐다.
>
> — 『삼국사기』 —

지문의 핵심 키워드 ▶ 장보고의 난(846)

✔ 궁복 – 장보고의 이름
✔ 염장 – 장보고를 암살한 인물

선지별 키워드 추출

① 혜공왕이 귀족 세력에게 피살되었다.
　→ 혜공왕은 780년에 김지정의 난을 계기로 피살되었으며, 이후 통일 신라 하대가 시작되었다(상황 이전).

② 최치원이 시무책 10여 조를 건의하였다.
　→ 신라의 최치원은 894년에 진성 여왕에게 정치 개혁안인 시무 10조를 진상하였다(상황 이후).

③ 왕의 장인인 김흠돌이 반란을 도모하였다.
　→ 통일 신라 신문왕 때 왕의 장인인 김흠돌이 반란을 일으켰다가 실패하였다(681, 상황 이전).

④ 자장의 건의로 황룡사 구층 목탑이 건립되었다.
　→ 신라 선덕 여왕 때 자장은 황룡사 9층 목탑의 건립을 건의하였다(상황 이전).

⑤ 원광이 화랑도의 규범으로 세속 5계를 제시하였다.
　→ 신라 진평왕 때 원광은 세속 5계라는 화랑의 규율을 제시하였다(상황 이전).

 김헌창의 난 → 장보고의 난 → 원종과 애노의 난 → 적고적의 난 순으로 발생했습니다!

10. 정답 ④　　　　　　　　　　　| 난이도 | ●○○

다음 검색창에 들어갈 인물에 대한 설명으로 옳은 것은?
　　　　　　　　　　　　　　　　　　　　　[2점]

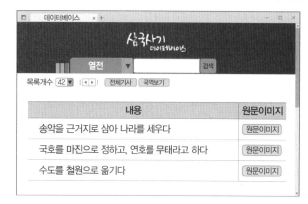

지문의 핵심 키워드 ▶ 궁예

✔ 송악, 철원 – 후고구려의 수도
✔ 마진, 무태 – 후고구려의 국호 및 연호

선지별 키워드 추출

① 후당, 오월에 사신을 파견하였다.
　→ 후백제의 견훤은 중국의 후당과 오월에 사신을 파견하여 교류하였다.

② 이사부를 보내 우산국을 복속시켰다.
　→ 신라 지증왕 때 이사부를 파견하여 현재의 울릉도인 우산국을 우리나라의 영토로 복속하였다.

③ 폐정 개혁을 목표로 정치도감을 설치하였다.
　→ 고려 충목왕 때 불법 토지 등의 문제를 해결하기 위한 폐정 개혁 기관인 정치도감을 설치하였다.

④ 광평성을 비롯한 각종 정치 기구를 마련하였다.
　→ 궁예는 최고 중앙 관서로 광평성을 설치하였다.

⑤ 정계와 계백료서를 지어 관리가 가져야 할 규범을 제시하였다.
　→ 고려 왕건 때 관리의 규범을 제시할 목적으로 『정계』 및 『계백료서』가 반포되었다.

 한능검에서 궁예를 출제할 경우, 국호, 수도, 연호 등의 키워드를 주로 제시합니다!

(가), (나) 사이의 시기에 있었던 사실로 옳은 것은?

[3점]

> (가) 거란에서 사신을 파견하여 낙타 50필을 보냈다. 왕은 거란이 일찍이 발해와 지속적으로 화목하다가 갑자기 의심하여 맹약을 어기고 멸망시켰으니, 이는 매우 무도하여 친선 관계를 맺어 이웃으로 삼을 수 없다고 생각하였다. 드디어 교빙을 끊고 사신 30인을 섬으로 유배 보냈으며, 낙타는 만부교 아래에 매어두니 모두 굶어 죽었다.
>
> (나) 양규가 흥화진으로부터 군사 7백여 명을 이끌고 통주까지 와서 군사 1천여 명을 수습하였다. 밤중에 곽주로 들어가서 지키고 있던 적들을 급습하여 모조리 죽인 후 성안에 있던 남녀 7천여 명을 통주로 옮겼다.

지문의 핵심 키워드 ▶ 거란에 대한 고려의 대응

✔ (가) 거란에서 사신을 파견하여 낙타 50명을 보냄, 낙타는 만부교 아래에 메어두니 모두 굶어죽음 - 고려 왕건 때 발생한 만부교 사건(942)

✔ (나) 양규 - 거란의 제2차 침입 때(1010) 무로대, 흥화진 등에서 거란군을 방어한 인물

선지별 키워드 추출

① 외침에 대비하여 광군이 조직되었다.
→ 고려 정종 때 광군을 조직하였다(947).

② 강감찬이 귀주에서 대승을 거두었다.
→ 강감찬은 거란의 제3차 침입 때 귀주에서 대승을 거두었다. - (나) 이후

③ 화통도감이 설치되어 화포를 제작하였다.
→ 고려 우왕 때 화통도감을 설치하여 최무선이 화포를 제작하였다. - (나) 이후

④ 김윤후가 처인성에서 살리타를 사살하였다.
→ 김윤후는 1232년에 몽골의 제2차 침입 때 처인성에서 적장 살리타를 사살하였다(1232). - (나) 이후

⑤ 철령위 설치에 반발하여 요동 정벌이 추진되었다.
→ 고려 우왕 때 명의 철령위 설치에 반발하여 최영이 요동 정벌을 추진하였다. - (나) 이후

 만부교 사건을 계기로 고려와 거란 간의 대립이 발생하였으며, 이후 광군을 창설하여 침입에 대비하였습니다!

밑줄 그은 '반란'이 일어난 시기를 연표에서 옳게 고른 것은?

[1점]

> 이것은 경원 이씨 가문의 이자연 묘지명으로, 딸 셋을 모두 문종의 왕비로 보냈다는 내용이 기록되어 있습니다. 훗날 이자연의 손자 또한 딸들을 왕비로 보내 최고 권력을 누렸는데, 이에 위협을 느낀 인종이 그를 제거하려 하자 척준경과 함께 반란을 일으켰습니다.

1104	1135	1170	1196	1270	1351
(가)	(나)	(다)	(라)	(마)	
별무반 조직	묘청의 난	무신 정변	최충헌의 집권	개경 환도	공민왕 즉위

지문의 핵심 키워드 ▶ 이자겸의 난(1126)

✔ 인종이 그를 제거하려 하자 척준경과 함께 반란을 일으킴 - 이자겸의 난의 원인

선지별 키워드 추출

① (가)
→ 이자겸의 난은 고려 인종 때 발생한 정치적 사건이기 때문에, 흐름상 묘청의 난 이전 시기인 1번이 적절하다.

 이자겸의 난과 묘청의 난은 고려 인종 때 발생한 사건으로, 이자겸의 난 이후 묘청의 난이 발생했습니다!

13. 정답 ⑤ | 난이도 | ●○○

교사의 질문에 대한 학생의 답변으로 가장 적절한 것은?
[2점]

지문의 핵심 키워드 ▶ 고려의 경제 상황

✓ 여진을 정벌하여 동북 9성을 축조 - 고려 시대에 여진 정 벌을 담당한 윤관의 업적
✓ 해동 천태종 - 고려 시대에 불교 교단 통합을 위해 천태종 을 개창한 의천의 업적

선지별 키워드 추출

① 집집마다 **부경**이라는 창고가 있었어요.
→ 고구려는 집집마다 **부경**이라는 창고를 통해 곡식을 저 장하였다.

② 관료전이 폐지되고 녹읍이 지급되었어요.
→ 통일 신라 경덕왕 때 녹읍이 부활하였다.

③ **상평통보**가 발행되어 법화로 사용되었어요.
→ 조선 숙종 때 **상평통보**라는 법화를 발행하였으며, 상업 의 발달에 힘입어 전국적으로 유통되었다.

④ 당항성, 영암이 국제 무역항으로 번성하였어요.
→ 당항성 및 영암은 통일 신라의 국제 무역항으로 번성하 였다.

⑤ 경시서의 관리들이 시전의 상행위를 감독하였어요.
→ 고려 시대에는 시전을 감독 및 관리하기 위한 관청인 경시서가 설치되었다.

 고려 시대의 경제 상황 유형을 출제하기 위해 가끔 고려 시대의 인물 또는 기구 키워드를 언급할 수 있습니다!

14. 정답 ① | 난이도 | ●●○

(가) 인물의 활동으로 옳은 것은?
[2점]

지문의 핵심 키워드 ▶ 최우

✓ 강화 천도를 단행 - 최우 정권 때 대몽 항쟁을 지속하기 위해 시행한 천도 정책

선지별 키워드 추출

① 인사 행정 담당 기구로 **정방**을 설치하였다.
→ 최우는 자신의 집에 인사 행정 기구인 **정방**을 설치하여 인사 행정권을 장악하였다.

② 봉사 10조를 올려 시정 개혁을 건의하였다.
→ 고려의 **최충헌**은 이의민을 제거한 뒤 명종에게 일종의 시무책인 **봉사 10조**를 올렸다.

③ 삼별초를 이끌고 진도 용장성에서 항전하였다.
→ **삼별초**는 몽골과의 강화 이후 **개경 환도** 결정에 반발하 여 **강화도-진도(용장성-배중손)-제주도(항파두리성- 김통정)**로 근거지를 옮기며 끝까지 항전하였다.

④ 군사를 일으켜 **정중부** 등의 제거를 도모하였다.
→ 서경유수였던 조위총은 무신 정권이 수립된 직후 정중 부 타도를 주장하며 평양에서 반란을 주도하였다.

⑤ 전민변정도감의 책임자로 임명되어 권문세족을 견제하였다.
→ 고려 공민왕 때 **신돈**의 건의로 권문세족에게 억울하게 빼앗긴 토지를 돌려주는 것을 목적으로 **전민변정도감** 을 설치하였다.

 최우의 대표적인 업적으로는 강화 천도, 야별초 조직(삼별초의 기 원), 정방 설치 등이 있습니다!

15. 정답 ⑤

| 난이도 | ●○○

다음 대화 이후에 전개된 사실로 옳은 것은? [2점]

원의 공주와 혼인한 태자께서 돌아와 왕이 되신 건 알고 있는가? 이전에 변발과 호복 차림으로 돌아오신 걸 보고 눈물을 흘렸다네.

나도 그랬다네. 그나저나 며칠 앞으로 다가온 일본 원정이 더 큰 걱정이군.

지문의 핵심 키워드 ▶ 원 간섭기의 사회상

문제에 제시된 사건(고려, 원 간섭기)

✓ 원의 공주와 혼인 – 원 간섭기 때는 고려의 왕이 원의 공주들과 혼인함
✓ 변발과 호복 – 원 간섭기 때 유행한 몽골의 풍습
✓ 일본 원정 – 원 간섭기 때 정동행성을 설치하여 단행된 일본 원정

선지별 키워드 추출

① 빈민 구제를 위해 **흑창**이 처음 설치되었다.
→ **고려 태조 왕건**은 진휼 기관인 **흑창**을 설치하였다.

② 망이 · 망소이가 **공주 명학소**에서 봉기하였다.
→ **정중부 정권** 때(무신 정권) 망이 · 망소이가 반란을 일으켰다.

③ 김부식 등이 왕명으로 **삼국사기**를 편찬하였다.
→ **고려 인종** 때 김부식은 왕명으로 『삼국사기』를 편찬하였다.

④ 김보당이 **의종 복위**를 주장하며 난을 일으켰다.
→ **이의방 정권** 때 동북면병마사 출신의 김보당이 의종 복위를 도모하며 반란을 일으켰다.

⑤ 유인우, 이자춘 등이 **쌍성총관부**를 수복하였다.
→ **고려 공민왕** 때 반원 정책의 일환으로 유인우, 이자춘 등이 원의 **쌍성총관부**를 공격하여 철령 이북의 땅을 수복하였다.

한능검에서 원 간섭기 이후의 사실 유형을 출제하면 주로 공민왕의 업적이 정답으로 언급됩니다!

16. 정답 ④

| 난이도 | ●●○

(가)에 들어갈 문화유산으로 적절하지 않은 것은? [1점]

특별 사진전

🌸 사진으로 보는 고려의 불교 문화 🌸

우리 박물관에서는 고려 시대의 다양한 불교 문화유산을 보여주는 특별 사진전을 마련하였으니 많은 관심과 참여 바랍니다.

예산 수덕사 대웅전

수월관음도

(가)

• 기간: 2023년 ○○월 ○○일~○○월 ○○일
• 장소: △△박물관

지문의 핵심 키워드 ▶ 고려의 불교 문화 사례

생략(선지분석으로 대체!)

선지별 키워드 추출

① 평창 월정사 팔각 구층 석탑(고려)

② 논산 관촉사 석조 미륵보살 입상(고려)

③ 원주 법천사지 지광국사 탑비(고려)

④ 보은 법주사 팔상전(조선 후기)

⑤ 영주 부석사 무량수전(고려)

법주사 팔상전은 자주 출제되는 조선 후기의 대표적인 건축물로, 관련 사실을 반드시 암기하는 것을 권장합니다!

17. 정답 ①　　|　난이도　|　●○○

밑줄 그은 '왕'의 재위 시기에 있었던 사실로 옳은 것은?
[2점]

이달의 책

동국정운

이 책의 제목은 우리나라의 바른 음이라는 뜻으로, 집현전 학사인 신숙주, 최항, 박팽년 등이 왕의 명을 받아 편찬하였습니다. 우리나라 한자음을 바로잡아 통일된 표준음을 정하려는 목적으로 만들어진 이 책은 국어 연구 자료로서 높이 평가되고 있습니다.

지문의 핵심 키워드 ▶ 조선 세종

✓ 집현전 – 조선 세종 때 설치된 학술 연구 기관

선지별 키워드 추출

① 금속 활자인 **갑인자**가 제작되었다.
→ 조선 세종 때 금속 활자인 **갑인자**, 경자자 등을 제작하였다.

② 수도 방어를 위하여 **금위영**이 창설되었다.
→ 조선 숙종 때 수도 방어를 위해 **금위영**을 창설하여 **5군영 체제가 완비**되었다.

③ 훈련 교범인 **무예도보통지**가 편찬되었다.
→ 조선 정조 때 무예 훈련 교범인 『**무예도보통지**』가 편찬되었다.

④ 국가의 기본 법전인 **경국대전**이 완성되었다.
→ 조선 성종 때 조선의 기본 **법전**인 『**경국대전**』이 완성되었다.

⑤ 신진 인사를 등용하기 위해 **현량과가 시행**되었다.
→ 조선 중종 때 조선의 조광조는 일종의 인재 추천 제도인 **현량과 실시**를 강조하였다.

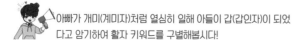
아빠가 개미(게미자)처럼 열심히 일해 아들이 갑(갑인자)이 되었다고 암기하여 활자 키워드를 구별해봅시다!

---

18. 정답 ⑤　　|　난이도　|　●●●

(가) 궁궐에 대한 설명으로 옳은 것은?
[3점]

2023
달빛기행

유네스코 세계유산에 등재된 조선의 궁궐
(가) 에 여러분을 초대합니다.
달빛과 별이 어우러진 밤하늘 아래
자연과 어우러진 고궁의 아름다움을
느껴 보시기 바랍니다.

◆ 관람 동선 ◆
돈화문 → 금천교 → 인정전 → 낙선재 →
부용지 → 연경당 → 후원 숲길 → 돈화문

■ 일시: 2023년 ○○월 ○○일 19:00~21:00
■ 주관: △△ 문화재단

지문의 핵심 키워드 ▶ 창덕궁

✓ 돈화문, 인정전 – 창덕궁의 대표 부속 건물

선지별 키워드 추출

① 일제에 의해 동물원 등이 설치되었다.
→ **창경궁**은 일제에 의해 동물원 및 식물원이 설치되고, 창경원으로 격하되었다.

② 도성 내 서쪽에 있어 **서궐**이라고 불렸다.
→ **경희궁**에 대한 설명이다.

③ 인목 대비가 광해군에 의해 유폐된 장소이다.
→ 인목 대비가 유폐된 장소는 **덕수궁(경운궁)**이다.

④ 정도전이 궁궐과 주요 전각의 명칭을 정하였다.　↗ 헷갈리기 쉬운 선지!
→ **경복궁**을 비롯하여, 정도전이 주요 전각의 명칭을 정하였다.

⑤ 태종이 도읍을 한양으로 다시 옮기며 건립하였다.
→ **창덕궁**은 태종이 도읍을 다시 한양으로 옮기며 건립한 경복궁의 이궁이다.

창덕궁은 우리나라에서 유네스코 세계 문화유산으로 등재된 유일한 궁궐입니다!

19. 정답 ④

| 난이도 | ●●○

(가)에 대한 설명으로 옳은 것은? [2점]

> 1. 처음 [(가)]을/를 정할 때 약문(約文)을 동지에게 두루 보이고 그 마음을 바로잡고, 몸가짐을 단속하고, 착하게 살고, 허물을 고치기 위해 약계(約契)에 참례하기를 원하는 자 몇 사람을 가려 서원에 모아 놓고 약법(約法)을 의논하여 정한 다음 도약정(都約正), 부약정 및 직월(直月) · 사화(司貨)를 선출한다. ……
> 1. 물건으로 부조할 때는 약원이 사망하였다면 초상 치를 때 사화가 약정에게 고하여 삼베 세 필을 보내고, 같은 약원들은 각각 쌀 다섯되와 빈 거적때기 세 닢씩 내어서 상을 치르는 것을 돕는다.
> — 『율곡전서』 —

지문의 핵심 키워드 ▶ 향약

- ✓ 도약정, 부약정, 직월, 사화 – 향약의 대표 직책
- ✓ 초상을 치를 때 사화가 삼베 세 필을 보냄, 같은 약원들은 상을 치르는 것을 도움 – 향약에서 상을 치를 때 도움을 주기 위한 방식을 정리한 사례
- ✓ 율곡전서 – 이이는 해주 향약, 서원 향약 등을 만듦

선지별 키워드 추출

① 7재라는 전문 강좌를 두었다.
   → 고려 시대 국자감 내에 전문 강좌인 7재를 마련하였다.

② 옥당이라고 불리며 경연을 담당하였다.
   → 조선의 홍문관은 옥당이라고도 불렸다.

③ 중앙에서 파견된 교수나 훈도가 지도하였다.
   → 조선의 지방 관립 교육 기관인 향교에는 중앙에서 교관인 교수와 훈도가 파견되었다.

④ 풍속 교화와 향촌 자치 등의 역할을 하였다.
   → 향약은 지방의 자치 조직으로서 지방 세력을 결집시키고 상부상조의 목적을 위한 규칙을 규정하였다.

⑤ 매향(埋香) 활동 등 각종 불교 행사를 주관하였다.
   → 향도는 각종 불교 행사를 주관하였다.

 향약은 조선의 사림 세력을 중심으로 향촌에서 전개된 자치 규약 및 조직이라는 것을 이해할 필요가 있습니다!

해품사의 시사점 풀이   19번

문제에 제시된 맥락을 정확히 이해하여 간접적인 풀이를 시도해봅시다!

해품사의 문제 첫인상

1. 약정, 사화 등 향약 관련 키워드를 모르면 정확한 풀이가 어려울 수 있을 것 같다!
2. 우선 하단에서 상을 치를 때 도움을 주는 방식에 대한 힌트를 제시하였네?!
3. 또한 율곡 이이 역시 향약을 주장하였으므로 종합적으로 키워드를 파악할 필요가 있을 것 같다!

해품사의 "대처 방법"

- ✓ 문제에 제시된 사료에서 핵심 키워드를 파악할 수 없다면, 맥락을 이해할 필요가 있습니다!
  - → 예로 이 문제의 경우 직월, 사화 등의 키워드를 모른다면, 다른 키워드로 접근할 필요가 있습니다!
- ✓ 단순히 키워드가 아닌 사료의 문단 역시 중요한 힌트로 활용할 수 있습니다!
  - → 단순히 접근하면 향약은 기본적으로 좋은 일은 서로 권하고, 힘들 때 서로 돕자는 것이 핵심입니다!
- ✓ 또한 사료의 출처 역시 중요한 힌트로 활용할 수 있습니다!
  - → 『율곡전서』와 관련된 해주 향약을 주장하였기 때문에, 향약과 관련된 키워드인 4번이 정답!

20. 정답 ⑤

다음 자료에 나타난 시기에 볼 수 있는 모습으로 적절한 것은? [2점]

> 비변사에서 아뢰기를 "…… 우리나라는 물력(物力)이 부족하여 요역이 매우 무겁습니다. 매번 나라의 힘으로 채굴한다면, 노동과 비용이 많이 들어갑니다. 채은관(採銀官)에게 명해 광산을 개발한 이후 백성을 모집하여 [채굴할 것을] 허락하고 그로 하여금 세를 거두도록 하되 그 세금의 많고 적음은 [채은관이] 적당히 헤아려 정하게 한다면 관에서 힘을 들이지 않아도 세입이 저절로 많아질 것입니다. ……"라고 하니, 왕이 아뢴 대로 하라고 답하였다.

지문의 핵심 키워드 ▶ 조선 후기의 사회상

✔ 광산을 개발 – 조선 후기에는 민간의 광산 개발을 허용함

선지별 키워드 추출

① 주자감에서 공부하는 학생
→ 발해는 국립 교육 기관으로 주자감을 설치하여 유학 교육을 실시하였다.

② 초조대장경 조판을 지켜보는 승려
→ 고려 현종 때 거란의 침략을 방어하기 위한 염원을 담아 『초조대장경』이 조판되었다.

③ 빈공과를 준비하는 6두품 출신 유학생
→ 통일 신라 때 최치원 등의 많은 6두품 인물들이 당나라의 과거제인 빈공과에 응시하였다.

④ 과전법에 따라 수조권을 지급받는 관리
→ 과전법은 고려 공양왕 때 처음 시행하였다.

⑤ 고추, 담배 등을 상품 작물로 재배하는 농민
→ 조선 후기에는 농법이 발달하며 벼농사 이외에도 담배, 면화, 인삼 등 다양한 상품 작물 재배를 시작하였다.

 광산 개발 관련 키워드는 조선 후기 사회상과 관련된 빈출 키워드로 자주 언급됩니다!

21. 정답 ⑤

다음 상황이 전개된 배경으로 옳은 것은? [2점]

> 며칠 전 안핵사로 파견된 박규수가 전하께 특별 기구 설치를 상소하였다고 하네.

> 그렇다네. 전하께서 이를 받아들여 삼정이정청을 설치하고, 각 고을마다 대책을 모아 올려 보내라고 명하셨다.

지문의 핵심 키워드 ▶ 임술 농민 봉기

✔ 안핵사로 파견된 박규수, 삼정이정청을 설치 – 임술 농민 봉기(1862) 당시 파견된 안핵사 및 조선 정부의 대책

선지별 키워드 추출

① 이만손 등이 영남 만인소를 올렸다.
→ 『조선책략』 국내 유포 이후 이만손 등 유생은 1881년에 미국과의 수교를 반대하는 영남 만인소를 올렸다.

② 운요호가 강화도와 영종도를 공격하였다.
→ 1875년 일본의 군함 운요호가 강화도와 영종도를 침략하여 인적·물적 피해를 줬으며, 이 사건은 조선과 일본이 강화도 조약을 체결하는 계기가 되었다.

③ 동학교도가 교조 신원을 주장하며 삼례 집회를 개최하였다.
→ 1892~1893년에 동학교도들이 최제우의 신원을 주장하며 삼례 집회와 보은 집회를 개최하였다.

④ 황사영이 외국 군대의 출병을 요청하는 백서를 작성하였다.
→ 조선 순조 때 신유박해가 발생하자 황사영은 베이징에 주재하는 프랑스 선교사에게 군대 출병을 요청하는 백서를 작성하였다.

⑤ 백낙신의 탐학이 발단이 되어 진주에서 농민들이 봉기하였다.
→ 1862년 진주에서 삼정의 문란과 백낙신의 탐학이 발단이 되어 유계춘을 중심으로 농민들이 봉기하였다.

 임술 농민 봉기와 관련된 인물은 대표적으로 박규수, 백낙신, 유계춘이 있습니다!

22. 정답 ③
| 난이도 | ●●○

밑줄 그은 '전하'가 재위한 시기의 사실로 옳은 것은?
[3점]

> 무술년 봄에 양성지가 팔도지리지를 바치고, 서거정 등이 동문선을 바쳤더니, 전하께서 드디어 노사신, 양성지, 서거정 등에게 명하여 시문을 팔도지리지에 넣게 하셨나이다. …… 연혁을 앞에 둔 것은 한 고을의 흥함과 망함을 먼저 알아야 하기 때문이며 …… 경도(京都)의 첫머리에 팔도총도를 기록하고, 각 도의 앞에 도별 지도를 붙여서 양경(兩京) 8도로 50권을 편찬하여 바치나이다.

지문의 핵심 키워드 ▶ 조선 성종

✓ 『팔도지리지』, 『동문선』 – 조선 성종 때 제작된 지리서 및 시문집

선지별 키워드 추출

① 예학을 정리한 **가례집람**이 저술되었다.
→ 조선 숙종 때 김장생은 가례의 문제점의 보완 및 수정을 목적으로 『가례집람』이라는 예법서를 편찬하였다.

② 외교 문서를 집대성한 **동문휘고**가 편찬되었다.
→ 조선 정조 때 대청 및 대일 외교 문서를 집대성한 외교문서집인 『동문휘고』를 편찬하였다.

③ 국가의 의례를 정비한 **국조오례의**가 완성되었다.
→ 조선 성종 때 가례 · 빈례 · 흉례 등 조선의 기본적인 예법과 절차 등을 다섯 가지 요점으로 나누어 규정한 『국조오례의』를 완성하였다.

④ 전통 한의학을 정리한 **동의보감**이 간행되었다.
→ 조선 광해군 때 허준이 동양의 의학을 집대성한 『동의보감』을 완성하였다.

⑤ 역대 문물제도를 정리한 **동국문헌비고**를 편찬하였다.
→ 조선 영조 때 조선의 역대 문물 제도를 분류 및 정리한 백과사전식 기록유산인 『동국문헌비고』를 편찬하였다.

조선 전기의 왕 중 다양한 분야의 책을 집대성한 왕은 성종이라고 기억합시다!

23. 정답 ④
| 난이도 | ●○○

(가)에 들어갈 내용으로 가장 적절한 것은?
[2점]

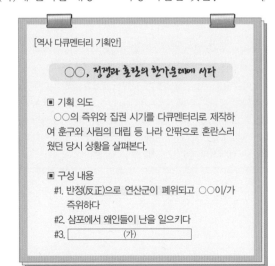

[역사 다큐멘터리 기획안]

○○, 정쟁과 혼란의 한가운데에 서다

■ 기획 의도
○○의 즉위와 집권 시기를 다큐멘터리로 제작하여 훈구와 사림의 대립 등 나라 안팎으로 혼란스러웠던 당시 상황을 살펴본다.

■ 구성 내용
#1. 반정(反正)으로 연산군이 폐위되고 ○○이/가 즉위하다
#2. 삼포에서 왜인들이 난을 일으키다
#3. ___(가)___

지문의 핵심 키워드 ▶ 조선 중종

✓ 반정(反正)으로 연산군이 폐위 – 조선 중종은 반정으로 연산군을 쫓아내고 즉위함
✓ 삼포에서 왜인들이 난을 일으킴 – 조선 중종 때 발생한 삼포왜란

선지별 키워드 추출

① 이괄이 난을 일으켜 도성을 점령하다.
→ 조선 인조 때 공신 책봉에 불만을 품은 이괄이 반란을 주도하였다.

② 허적과 윤휴 등 남인이 대거 축출되다.
→ 조선 숙종 때 허적의 유악 사건을 계기로 허적과 윤휴 등 남인들이 대거 축출된 경신환국이 발생하였다.

③ 정여립 모반 사건으로 기축옥사가 일어나다.
→ 조선 선조 때 동인 출신의 정여립이 반란을 일으킨다는 혐의를 받아, 관련된 동인들이 피해를 입은 기축옥사가 발생했다.

④ 위훈 삭제를 주장한 조광조 일파가 제거되다.
→ 조선 중종 때 조광조가 위훈 삭제를 건의하였다.

⑤ 조의제문이 발단이 되어 김일손 등이 화를 입다.
→ 조선 연산군 때 김종직의 조의제문을 제자들이 사초에 실으려는 것이 발단이 되어 김일손 등 김종직의 제자 출신 사림 세력들이 피해를 입었다.

조선 시대에 반정을 통해 즉위한 대표적인 왕으로는 중종 및 인조가 있습니다!

(가) 전쟁 중에 있었던 사실로 옳은 것은?　　[2점]

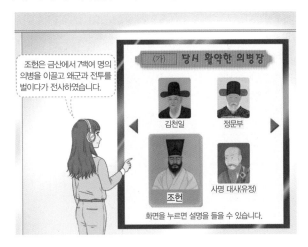

조헌은 금산에서 7백여 명의 의병을 이끌고 왜군과 전투를 벌이다가 전사하였습니다.

(가) 당시 활약한 의병장

김천일 정문부 조헌 사명 대사(유정)

화면을 누르면 설명을 들을 수 있습니다.

지문의 핵심 키워드 ▶ 임진왜란

✓ 정문부, 조헌, 사명대사(유정) – 임진왜란 때 활약한 대표적인 의병장들

선지별 키워드 추출

① 이종무가 대마도를 정벌하였다.
　→ 조선 세종 때 이종무가 왜구의 근거지인 대마도를 정벌하였다.

② 송상현이 동래성에서 항전하였다.
　→ 송상현은 임진왜란 초기에 부산의 동래성에서 왜군에게 항전하다가 순절하였다.

③ 김상용이 강화도에서 순절하였다.
　→ 병자호란 때 김상용은 종묘의 신주를 들고 강화도로 피란하였다가, 함락되자 순절하였다.

④ 최영이 홍산 전투에서 크게 승리하였다.
　→ 고려의 최영은 홍산 지역에 침입한 왜구를 크게 격퇴하였다.

⑤ 강홍립 부대가 사르후 전투에 참전하였다.
　→ 조선 광해군 때 명나라와 후금 사이의 전투인 사르후 전투에 강홍립 부대를 파견하였다.

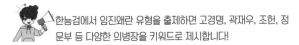 한능검에서 임진왜란 유형을 출제하면 고경명, 곽재우, 조헌, 정문부 등 다양한 의병장을 키워드로 제시합니다!

밑줄 그은 '시기'의 문화에 대한 설명으로 옳지 않은 것은?　　[1점]

이 그림은 조영석과 김홍도의 풍속화입니다. 인부들이 말발굽에 징을 박는 모습과 기와를 이어나가는 모습을 묘사하고 있습니다. 이를 통해 이 그림이 그려진 시기 서민들의 일상생활을 생생하게 살펴볼 수 있습니다.

지문의 핵심 키워드 ▶ 조선 후기의 문화

✓ 김홍도 – 조선 후기에 활동한 대표적인 화가

선지별 키워드 추출

① 금강전도 등 진경산수화가 그려졌다.
　→ 조선 후기에는 정선을 비롯하여 우리나라의 자연을 사실적으로 표현하는 진경산수화가 유행하였다.

② 새로운 역법으로 수시력이 도입되었다.
　→ 원 간섭기에 수시력을 도입하여 조선 중기까지 사용하였다.

③ 양반 사회를 풍자한 탈춤이 성행하였다.
　→ 조선 후기에는 양반 사회를 풍자한 탈춤이 유행하였다.

④ 춘향가, 흥보가 등의 판소리가 유행하였다.
　→ 조선 후기에는 「춘향가」, 「흥부가」 등의 판소리가 유행하였다.

⑤ 홍길동전, 박씨전 등의 한글 소설이 널리 읽혔다.
　→ 조선 후기에는 「홍길동전」, 「박씨전」 등의 한글 소설이 널리 읽혔다.

 조선 후기의 문화와 관련된 대표적인 키워드로는 진경산수화, 판소리, 탈춤, 한글 소설 등이 있습니다!

제64회

26. 정답 ①

| 난이도 | ●○○

밑줄 그은 '왕'의 재위 시기에 있었던 사실로 옳은 것은?
[2점]

> 대전통편이 완성되었는데, 나라의 제도 및 법식에 관한 책이다. ...... <u>왕</u>이 말하기를, "속전(續典)은 갑자년에 이루어졌는데, 선왕의 명령으로서 갑자년 이후에 이루어진 것도 많으니 어찌 감히 지금과 가까운 것만을 내세우고 먼 것은 소홀히 할 수 있겠는가?"라고 하였다. 이에 김치인 등에게 명하여 원전(原典)과 속전 및 지금까지의 왕명을 모아 한 책으로 편찬한 것이었다.

지문의 핵심 키워드 ▶ 조선 정조

✓ 『대전통편』 – 조선 정조 때 기존의 법전들을 보완하여 편찬한 법전

선지별 키워드 추출

① 인재 양성을 위해 **초계문신제**를 시행하였다.
  → **조선 정조** 때 젊은 관리를 규장각에서 재교육하는 **초계문신제**를 시행하였다.

② **홍경래** 등이 봉기하여 정주성을 점령하였다.
  → **조선 순조** 때 발생한 **홍경래의 난**은 홍경래를 비롯한 우군칙, 이희저 등의 주도로 발생하였으며, 청천강 이북의 정주성을 점령하였다.

③ 자의 대비의 복상 문제로 **예송**이 전개되었다.
  → **조선 현종** 때 자의 대비의 복상 문제를 계기로 두 차례의 **예송**이 발생하였다.

④ **이인좌**를 중심으로 소론 세력 등이 난을 일으켰다.
  → **조선 영조** 즉위 이후에는 **영조**를 지지하는 노론이 권력을 차지하며 세력이 약화된 소론이 영조의 즉위에 비판을 제기하며 반란을 주도하였다.

⑤ **신류**가 조총 부대를 이끌고 흑룡강에서 전투를 벌였다.
  → **조선 효종** 때 청나라의 러시아 정벌에 변급과 신류가 이끄는 조총 부대를 파견하여 지원하였다.

 『경국대전』-성종, 『속대전』-영조, 『대전통편』-정조, 『대전회통』-흥선 대원군임을 반드시 구별할 필요가 있습니다!

27. 정답 ⑤

| 난이도 | ●●○

(가) 인물에 대한 설명으로 옳은 것은?
[1점]

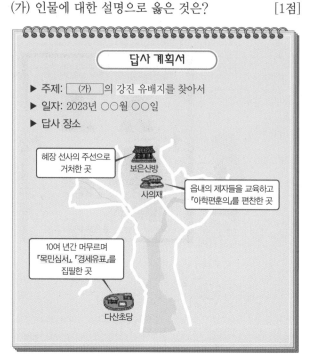

지문의 핵심 키워드 ▶ 정약용

✓ 『목민심서』 『경세유표』 – 정약용이 저술한 책

선지별 키워드 추출

① 일본에 다녀와 **해동제국기**를 편찬하였다.
  → **조선의 신숙주**는 일본을 기행한 뒤 일본의 정치, 사회, 지리 등을 정리한 기행문인 『해동제국기』를 저술하였다.

② 최초의 서원인 **백운동 서원**을 건립하였다.
  → **조선 중종** 때 풍기 군수 주세붕이 조선 시대의 사립 교육 기관인 서원을 처음 설립하였다.

③ **북한산비가 진흥왕 순수비**임을 고증하였다.
  → **조선의 김정희**는 『금석과안록』에서 북한산비가 진흥왕 순수비임을 고증하였다.

④ **양명학**을 연구하여 강화학파를 형성하였다.
  → **양명학**은 정제두를 대표로 강화도에 형성된 강화학파를 통해 독자적인 연구가 이루어졌다.

⑤ **기기도설**을 참고하여 거중기를 설계하였다.
  → **정약용**은 수원 화성 축조에 거중기를 활용하였다.

 정약용과 관련된 대표적인 저서로는 『경세유표』, 『마과회통』, 『목민심서』, 『흠흠신서』가 있습니다!

밑줄 그은 '이 사건'에 대한 설명으로 옳은 것은? [2점]

> 사료로 보는 한국사
>
> 온 성의 군민이 모두 울분을 품고, …… 총환과 화살을 어지러이 발사하였으며 사생을 잊고 위험을 무릅쓰지 않는 자가 없었으니, 반드시 오랑캐를 도륙하고야 말 태세였습니다. 강 아래 위의 요해처에서 막고, 마침내 화선(火船)으로 불길이 옮겨붙게 함으로써 모조리 죽여 살아남은 종자가 없게 된 것은 모두 이들이 …… 용감하게 싸운 것에 기인한 것이었습니다.
>
> [해설] 자료는 『환재집』의 일부로, 평양 군민들이 대동강에서 이양선을 격침한 <u>이 사건</u>의 전말을 서술한 것이다. 평안 감사가 여러 차례 조정에 올린 장계를 통해 당시의 생생한 상황을 파악할 수 있다.

지문의 핵심 키워드 ▶ 제너럴셔먼호 사건

✓ 평양 군민들이 대동강에서 이양선을 격침, 평안 감사 - 평안 감사인 박규수는 평양에 침입한 제너럴셔먼호를 격침함

선지별 키워드 추출

① 신유박해가 원인이 되어 발생하였다.
   → 조선 순조 때 신유박해가 발생하자 **황사영**은 베이징에 주재하는 프랑스 선교사에게 군대 출병을 요청하는 백서를 작성하였다.

② 신미양요가 일어나는 계기가 되었다.
   → 제너럴셔먼호 사건을 계기로 신미양요가 발생하였다.

③ 전개 과정에서 **전주 화약**이 체결되었다.
   → 동학 농민군은 전주 지역에 있는 **전주성**을 점령한 뒤 정부와 전주 화약을 체결하며 해산하였다.

④ 외규장각 도서가 국외로 약탈되는 결과를 가져왔다.
   → 병인양요 때 프랑스군이 강화도에 위치한 **외규장각**에서 의궤를 비롯한 여러 도서를 약탈하였다.

⑤ 오페르트의 남연군 묘 도굴 사건을 배경으로 일어났다.
   → 독일 상인 오페르트가 흥선 대원군의 아버지인 **남연군**의 묘를 도굴하려다 발각되어 실패하였다.

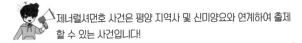 제너럴셔먼호 사건은 평양 지역사 및 신미양요와 연계하여 출제할 수 있는 사건입니다!

(가) 인물에 대한 설명으로 옳은 것은? [2점]

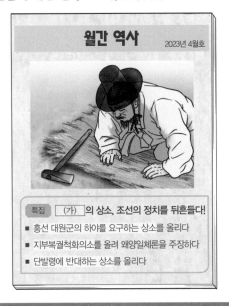

> **월간 역사** 2023년 4월호
>
> [특집] (가) 의 상소, 조선의 정치를 뒤흔들다!
> ■ 흥선 대원군의 하야를 요구하는 상소를 올리다
> ■ 지부복궐척화의소를 올려 왜양일체론을 주장하다
> ■ 단발령에 반대하는 상소를 올리다

지문의 핵심 키워드 ▶ 최익현

✓ 흥선 대원군의 하야를 요구하는 상소, 지부복궐척화의소 - 최익현

선지별 키워드 추출

① 대한 광복회를 조직하여 친일파를 처단하였다.
   → 대한 광복회는 박상진이 대구에서 결성한 독립 운동 단체이다.

② 국권 피탈 과정을 정리한 한국통사를 집필하였다.
   → 박은식은 고종 즉위부터 105인 사건까지의 우리나라의 근현대사를 정리한 『한국통사』를 저술하였다.

③ 을사늑약 체결에 반대하여 태인에서 의병을 일으켰다.
   → 최익현은 전북 태인에서 을사의병을 주도하였다.

④ 13도 창의군을 지휘하여 서울 진공 작전을 전개하였다.
   → 정미의병은 의병 부대를 비롯하여 해산된 군인이 일부 합류하여 13도 창의군을 결성한 뒤 서울 진공 작전을 전개하여 일본군에 대항하였다.

⑤ 보국안민을 기치로 우금치에서 일본군 및 관군에 맞서 싸웠다.
   → 제2차 동학 농민 운동 때 전봉준이 이끄는 동학 농민군은 공주 우금치에서 관군과 일본군에게 패배하였다.

 최익현과 관련된 대표적인 키워드로는 왜양일체론 및 을사의병이 있습니다!

다음 사건이 일어난 시기를 연표에서 옳게 고른 것은?

[3점]

> 심히 급박한 상황 중에 나는 적의 활동과 청국 군대의 내습을 우려하여 주상을 모시고 지키기 편리한 경우궁으로 옮기시게 한 후 일본 병사로 하여금 호위할 방침을 세웠다. 곧이어 주상께 일본군의 지원을 구하도록 요청하니, 주상은 곧 영숙문 앞 노상에서 연필로 "일본 공사는 와서 나를 보호하라."라는 글을 친히 쓰시어 주시는지라. …… 졸지에 변란을 만난 사대당의 거두들은 주상께서 경우궁에 계심을 듣고 입궐하다가 …… 민영목, 민태호 등은 용감한 우리 집행원의 손에 비참한 최후를 당하였다.

1866	1873	1882	1885	1894	1899
(가)	(나)	(다)	(라)	(마)	
병인박해	고종친정	임오군란	톈진조약	청일 전쟁발발	대한국국제 반포

지문의 핵심 키워드 ▶ 갑신정변

문제에 제시된 사건(개항기, 갑신정변, 1884)
✓ 경우궁 – 갑신정변 발생 직후 개화당이 국왕 및 왕비를 피신시킨 장소
✓ 일본 병사, 일본 공사는 와서 나를 보호 ┌ 갑신정변은 일본군의 지원을 받아 발생함

선지별 키워드 추출

③ (다)
→ 갑신정변은 1884년에 발생한 대표적인 정치적 사건이므로, 흐름상 임오군란(1882)과 톈진 조약(1885) 사이인 3번이 적절하다.

 사료에서 일본군의 지원을 받았다는 맥락이 언급되면, 우선 갑신정변을 의심하는 것을 권장합니다!

밑줄 그은 '개혁안'의 내용으로 옳은 것을 〈보기〉에서 고른 것은?

[2점]

> 파리의 외무부 장관 아노토 각하께
>
> 전임 일본 공사는 국왕에게서 사실상 거의 모든 권력을 빼앗고, 개혁 위원회[군국기무처]가 내린 결정을 확인하는 권한만 남겨 놓았습니다. …… 이후 개혁 위원회[군국기무처]는 매우 혁신적인 개혁안을 발표했습니다. 그런데 일부 위원들이 몇몇 조치에 대해 시의적절하지 않다고 판단하더니 이에 대해 동의하기를 거부했습니다. …… 게다가 조선인들은 이 기구가 왕권을 빼앗고 일본에 매수되었다고 비난하면서, …… 어떤 지방에서는 왕권 수호를 위해 봉기했다고 합니다.
>
> 주 조선 공사 르페브르 올림

지문의 핵심 키워드 ▶ 제1차 갑오개혁

✓ 군국기무처 – 제1차 갑오개혁을 주관한 기구

선지별 키워드 추출

ㄱ. 건양이라는 연호를 제정하였다.
→ 을미개혁의 내용이다.

ㄴ. 탁지아문으로 재정을 일원화하였다.
→ 탁지아문은 갑오개혁이 시행된 당시에 국가의 재무를 총괄한 중앙 행정 관청이다.

ㄷ. 양전 사업을 실시하여 지계를 발급하였습니다.
→ 광무개혁의 내용이다.

ㄹ. 조혼을 금지하고 과부의 재가를 허용하였다.
→ 제1차 갑오개혁 때 조혼을 금지하고 과부의 재가를 허용하는 등 기존의 악습을 일부 폐지하였다.

 80아문과 관련된 다양한 키워드는 갑오개혁의 사례로 이해할 필요가 있습니다!

32. 정답 ②　　　　　| 난이도 | ●○○

(가) 단체에 대한 설명으로 옳은 것은?　　　　[2점]

> ┌─(가)─┐ 은/는 독립관에서 경축 모임을 열었다. 회장은 모임을 여는 큰 뜻을 설명하였다. "오늘은 황제 폐하께서 대황제라는 존귀한 칭호를 갖게 되신 계천(繼天) 경축일이니, 대한의 신민은 이를 크게 경축드립니다. 우리는 관민 공동회에서 황실을 공고히 하고 인민을 문명 개화시키며 영토를 보존하고자 여섯 개 조항의 의견안을 바쳤습니다."라고 말하였다. …… 이어 회원들은 조칙 5조와 헌의 6조 10만 장을 인쇄하여 온 나라에 널리 배포하고 학생들에게 그것을 배우고 익히도록 하였다. 경축연을 마친 회원들은 울긋불긋한 종이꽃을 머리에 꽂은 채 국기와 ┌─(가)─┐ 의 깃발을 세우고 경축가를 부르며 인화문 앞으로 가서 만세를 외치고 종로의 만민 공동회로 갔다.

지문의 핵심 키워드 ▶ 독립 협회

✓ 관민 공동회, 만민 공동회, 헌의 6조 - 독립 협회

선지별 키워드 추출

① 일제의 황무지 개간권 요구를 저지하였다.
　→ 보안회는 일제의 황무지 개간권 요구를 저지하였다.

② 러시아의 절영도 조차 요구에 반대하였다.
　→ 독립 협회는 러시아의 절영도 조차 요구 반대·한러 은행 폐쇄 등 러시아의 이권 침탈을 저지하기 위한 활동을 주도하였다.

③ 태극 서관을 설립하여 계몽 서적을 보급하였다.
　→ 신민회는 민중 계몽을 위한 서적 및 출판물을 보급할 목적으로 태극 서관을 운영하였다.

④ 민립 대학 설립을 위한 모금 활동을 전개하였다.
　→ 이상재, 이승훈 등을 중심으로 결성된 민립 대학 기성회는 일제의 식민지 교육에 저항하여 우리나라만의 고등 교육 기관을 설립하기 위한 운동을 주도하였다.

⑤ 조소앙의 삼균주의를 기초로 건국 강령을 발표하였다.
　→ 대한민국 임시 정부는 조소앙의 삼균주의를 기초로 한 건국 강령을 발표하였다.

 독립 협회와 관련된 대표적인 키워드로는 관민 공동회 및 만민 공동회와 헌의 6조가 있습니다!

---

33. 정답 ③　　　　　| 난이도 | ●●●

다음 규칙이 발표된 이후의 사실로 옳은 것은?　　　[3점]

> **한성 사범 학교 규칙**
> 제1조　한성 사범 학교는 칙령 제79호에 의해 교원에 활용할 학생을 양성함
> 제2조　한성 사범 학교의 졸업생은 소학교 교원이 되는 자격이 있음
> 제3조　한성 사범 학교의 본과 학생이 수학할 학과목은 수신·교육·국문·한문·역사·지리·수학·물리·화학·박물·습자·작문·체조로 함
> ⋮

지문의 핵심 키워드 ▶ 한성 사범 학교 규칙 반포

✓ 한성 사범 학교 규칙(1895) - 제2차 갑오개혁 때 설립된 근대식 사범 학교의 운영 규칙

선지별 키워드 추출

① 길모어 등이 육영 공원 교사로 초빙되었다.
　→ 1886년에 정부 주도로 최초의 공립 교육 기관인 육영 공원이 설립되었다.

② 정부가 동문학을 세워 통역관을 양성하였다.
　→ 1883년에 정부가 관립 외국어 교육 기관인 동문학을 설립하였다.

③ 이승훈이 인재 양성을 위해 오산 학교를 세웠다.
　→ 신민회의 대표 간부인 이승훈은 인재 양성을 위해 1907년에 민족 학교인 오산 학교를 설립하였다.

④ 함경도 덕원 지방의 관민들이 원산 학사를 설립하였다.
　→ 1883년에 함경도 덕원 지방의 관민들에 의해 최초의 근대적 교육 기관인 원산 학사가 설립되었다.

⑤ 교육의 기본 방향을 제시한 교육 입국 조서가 반포되었다. ⤳ 헷갈리기 쉬운 선지!
　→ 제2차 갑오개혁 때 교육 입국 조서가 반포되었으며, 그 후에 한성 사범 학교 규칙이 제정되었다.

 연도가 같은 시기의 사례일 경우 정확한 인과 관계를 통해 순서를 구별할 필요가 있습니다!

제64회

출제자가 대놓고 함정을 유도한 유형을 정확히 피할 필요가 있어요!

해품사의 문제 첫인상

1. 한성 사범 학교는 제2차 갑오개혁 때 교육 입국 조서 반포를 계기로 설치된 학교지!
2. 그런데, 문제에서 한성 사범 학교 수립의 배경을 대놓고 함정으로 제시하였네?!
3. 이번 문제의 경우 특정 시기 이후 유형이므로 한성 사범 학교 이후에 설립된 학교를 찾아보자!

해품사의 "대처 방법"

✓ 특정 시기 이후 유형은 선지에서 마지막에 발생한 사례를 고르면 정답이 됩니다!
 → 즉 기본적으로 문제에 제시된 유형의 특성에 맞게 접근할 필요가 있습니다!
✓ 가끔 출제자는 함정을 유도하기 위해 종종 흐름형 유형에서 직전의 사례를 제시할 수 있습니다!
 → 이 문제의 경우 교육 입국 조서 반포를 계기로 한성 사범 학교를 수립했다는 흐름 파악이 필수적이었습니다!
✓ 그러므로 보다 정확한 풀이 방법을 바탕으로 논리적인 접근이 요구됩니다!
 → 오산 학교는 한성 사범 학교 수립 이후에 설립된 대표적인 교육 기관이므로, 3번이 정답!

---

34. 정답 ③ | 난이도 | ●○○

(가) 신문에 대한 설명으로 옳은 것은? [1점]

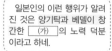

> 경천사지 십층 석탑에 대한 일본인의 약탈 행위에 관해 보도한 (가) 기사를 읽어 보았는가? 보도 내용을 접한 헐버트가 사건 현장을 방문하여 사진을 촬영하고 목격자 의견을 청취했다더군.

> 일본인의 이런 행위가 알려진 것은 양기탁과 베델이 창간한 (가) 의 노력 덕분이라고 하네.

지문의 핵심 키워드 ▶ 대한매일신보

✓ 경천사지 십층 석탑에 대한 일본인의 약탈 행위에 관해 보도 – 대한매일신보에 게재된 항일 논설
✓ 양기탁, 베델 – 대한매일신보의 창간자

선지별 키워드 추출

① 상업 광고를 처음으로 실었다.
 → 한성주보는 상업 광고를 최초로 게재한 신문이다.

② 천도교의 기관지로 발행되었다.
 → 만세보는 천도교의 기관지로 간행된 신문이다.

③ 국채 보상 운동의 확산에 기여하였다.
 → 대한매일신보는 국채 보상 운동을 지원한 대표적인 신문이다.

④ 일장기를 삭제한 손기정 사진을 게재하였다.
 → 동아일보 및 조선일보는 베를린 올림픽의 마라톤 금메달 수상자인 손기정의 사진에서 일장기를 삭제하여 일제의 탄압을 받았다.

⑤ 순 한문 신문으로 열흘마다 발행하는 것이 원칙이었다.
 → 한성순보는 박문국에서 발행된 최초의 근대식 신문으로, 순한문으로 발행되었으며 열흘마다 발행하는 것이 원칙이었다.

 대한매일신보는 외국인이 창간자로 활동하였기 때문에, 비교적 쉽게 항일 논설을 게재할 수 있었습니다!

35. 정답 ④

| 난이도 | ● ● ●

밑줄 그은 '전쟁' 중에 있었던 사실로 옳지 <u>않은</u> 것은?

[3점]

당신은 무슨 이유로 이토 히로부미를 살해했는가?

일본은 전쟁 당시 우리나라의 독립을 보장해 주겠다고 약속했다. 그러나 포츠머스 조약으로 전쟁이 종결되자, 이토는 우리 군신을 위협해 주권을 뺏으려 하였다.

지문의 핵심 키워드 ▶ 러일 전쟁 시기의 역사적 사실

✓ 포츠머스 조약으로 전쟁이 종결 – 러일 전쟁 종결 이후 러시아와 일본이 맺은 조약, 일본의 대한 제국에 대한 정치적·경제적·군사적 간섭에 대해 러시아가 관여하지 않을 것을 규정함

선지별 키워드 추출

① 일본이 독도를 불법적으로 편입하였다.
  → 러일 전쟁 당시 일본은 독도를 시마네 현에 불법적으로 편입시켰다.

② 일본과 미국이 **가쓰라 · 태프트 밀약**을 맺었다.
  → 러일 전쟁 당시 미국은 필리핀, 일본은 조선을 지배할 것을 서로 인정하는 **가쓰라 · 태프트 밀약**을 체결하였다.

③ 일본인 메가타가 대한 제국의 재정 고문으로 초빙되었다.
  → 화폐 정리 사업은 제1차 한일 협약을 계기로 국내에 파견된 재정 고문인 일본인 **메가타**가 주도하였다.

④ 대한 제국이 **기유각서**를 통해 일제에 사법권을 박탈당하였다.
  → 1909년에는 일제에 의해 **기유각서**가 체결되어, 한국의 사법권 및 감옥사무의 처리권을 일본 정부에 위탁하였다.

⑤ 군사 전략상 필요한 지역을 일본에 제공하는 **한일 의정서**가 강요되었다.
  → 러일 전쟁 당시 일본의 시정 개선 충고를 수용하고, 일본의 주요 군사적 요충지 확보를 인정하는 **한일 의정서**를 체결하였다.

러일 전쟁 전후로 일본은 국외의 여러 국가 및 대한 제국과 다양한 조약을 체결하였습니다!

해품사의 시사점 풀이 35번

어려운 신유형이 언급되면, 기본적인 개념 이해도를 바탕으로 접근해야 합니다!

해품사의 문제 첫인상

1. 처음에는 안중근 유형을 출제한 줄 알았는데, 자세히 읽어보니 러일 전쟁 유형을 제시했네?!
2. 기존 기출에서는 주로 흐름형 유형을 출제하였는데, 러일 전쟁 시기의 사례를 동시에 제시했네?
3. 그렇다면 시기를 정확히 파악하여 가장 어색한 사례를 소거할 필요가 있겠다!

해품사의 "대처 방법"

✓ 개항기 파트의 경우 다양한 조약의 체결 시기를 정확히 이해할 필요가 있습니다!
  → 그중에서도 가장 많은 조약이 체결된 시기는 러일 전쟁 전후의 시점입니다!
✓ 이 문제의 경우 러일 전쟁 때 일본이 체결한 조약 사례 및 사건을 이해할 필요가 있습니다!
  → 실제로 일본은 러일 전쟁 당시에 국내 및 국외의 여러 국가와 다양한 조약을 체결하였습니다!
✓ 이를 바탕으로 시기상 가장 어색한 선지를 소거하여 접근할 필요가 있습니다!
  → 기유각서는 일제 강점기 직전에 체결한 조약의 사례이므로, 시기가 어색하기 때문에 4번이 정답!

36. 정답 ①

다음 규정이 시행된 시기에 있었던 사실로 옳은 것은?

[1점]

> #### 임시 토지 조사국 조사 규정
> 제1장 면과 동의 명칭 및 강계(疆界) 조사와 토지 신고서의 접수
> 제2장 지주 지목(地目) 및 강계 조사
> 제3장 분쟁지와 소유권에 부의(付疑)* 있는 토지 및 신고하지 않은 토지에 대한 재조사
> 제4장 지위(地位) 등급 조사
> ⋮
> – 조선 총독부 관보 –
>
> *부의(付疑): 이의를 제기함

지문의 핵심 키워드 ▶ 무단 통치기의 사회상

✓ 임시 토지 조사국 – 무단 통치기에 일제가 시행한 토지 조사 사업을 위해 설치한 기구

선지별 키워드 추출

① 회사령이 실시되었다.
→ 무단 통치기에는 회사를 설립할 때 조선 총독의 허가를 받도록 하는 법령이 제정되었다.

② 원산 총파업이 일어났다.
→ 이른바 '문화 통치' 시기에 최대 규모의 노동 운동인 원산 총파업이 발생하였다.

③ 국가 총동원법이 제정되었다.
→ 민족 말살 통치 시기에 일제는 전시 체제에 대비하기 위하여 국가 총동원법을 제정하였다.

④ 조선 노동 공제회가 조직되었다.
→ 이른바 '문화 통치' 시기에 서울에서 최초의 대중적 노동 단체인 조선 노동 공제회가 조직되었다.

⑤ 조선 사상범 예방 구금령이 공포되었다.
→ 민족 말살기에 조선 사상범 예방 구금령이 제정되었다.

 토지 조사 사업은 무단 통치기에 시행된 대표적인 경제 침탈 사업입니다!

37. 정답 ②

(가) 단체에 대한 설명으로 옳은 것은?

[2점]

> #### 역사 신문
> 제△△호　　　　　　　　○○○○년 ○○월 ○○일
> #### 민중 대회 개최 모의로 지도부 대거 체포
> 허헌, 홍명희 등 ＿(가)＿ 의 지도부는 광주 학생 항일 운동을 전국적 시위 운동으로 확산시키기 위한 민중 대회 개최를 추진하다가 경찰에 체포되었다. 이 단체는 사건 진상 보고를 위한 유인물 배포 및 연설회 개최를 계획하고, 각 지회에 행동 지침을 내리는 등 시위 확산을 도모하였다.

지문의 핵심 키워드 ▶ 신간회

✓ 광주 학생 항일 운동을 전국적 시위 운동으로 확산, 사건 진상 보고 – 신간회는 광주 학생 항일 운동에 진상 조사단을 파견함

선지별 키워드 추출

① 암태도 소작 쟁의를 지원하였다.
→ 일제 강점기에는 전남 신안에서 지주 문재철의 횡포에 맞서 암태도 소작 쟁의가 발생하였다.

② 민족 협동 전선으로 결성되었다.
→ 신간회는 6 · 10 만세 운동을 계기로 제기된 정우회 선언을 통해 비타협적 민족주의 계열과 사회주의 계열이 연합하여 결성된 단체이다.

③ 부민관 폭파 사건을 주도하였다.
→ 대한 애국 청년당은 부민관에서 폭탄 의거를 주도하였다.

④ 조선 혁명 선언을 활동 지침으로 하였다.
→ 신채호는 직접적이고 폭력적인 혁명의 방향성을 제시한 조선 혁명 선언을 집필하였으며, 이는 의열단의 활동 지침이 되었다.

⑤ 어린이날을 제정하고 잡지 어린이를 간행하였다.
→ 천도교 소년회의 방정환은 어린이 운동을 전개하며 어린이날을 제정하고 소년 운동을 추진하였다.

 신간회는 6 · 10 만세 운동 이후에 민족 연합 전선의 성격으로 형성된 단체라는 특징이 있습니다!

밑줄 그은 '이 운동'에 대한 설명으로 옳은 것은?　[2점]

> 이것은 평양에서 조만식 등의 주도로 시작된 이 운동의 선전 행렬을 보여주는 사진이야.

> 이 운동은 '조선 사람 조선 것' 등의 구호를 내세웠지만, 자본가의 이익만을 추구하는 이기적인 운동이라고 비판받기도 했어.

지문의 핵심 키워드 ▶ 물산 장려 운동

✔ 조만식 – 물산 장려 운동을 주도한 인물
✔ 조선 사람 조선 것 – 물산 장려 운동의 구호

선지별 키워드 추출

① 통감부의 탄압과 방해로 중단되었다.
　→ 물산 장려 운동은 조선 총독부의 탄압과 방해로 실패하였기 때문에, 시기상 일치하지 않는다.

② 조선 관세령 폐지를 계기로 확산되었다.
　→ 물산 장려 운동은 조선 관세령 폐지를 계기로 발생하였다.

③ 황국 중앙 총상회가 설립되는 결과를 가져왔다.
　→ 1898년에는 시전 상인을 중심으로 청나라 및 일본 등 외국 상인의 국내 침투에 저항하여 상권 보호를 목적으로 황국 중앙 총상회가 설립되었다.

④ 한성 은행, 대한 천일 은행 설립에 영향을 끼쳤다.
　→ 1897년에 한성 은행, 1899년에 대한 천일 은행이 각각 설립되었다.

⑤ 일본, 프랑스 등의 노동 단체로부터 격려 전문을 받았다.
　→ 원산 총파업은 중국, 일본, 프랑스 등의 노동 단체로부터 격려 및 후원을 받았다.

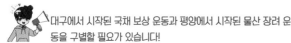
대구에서 시작된 국채 보상 운동과 평양에서 시작된 물산 장려 운동을 구별할 필요가 있습니다!

밑줄 그은 '시기'에 볼 수 있는 모습으로 적절한 것은?
　[2점]

이 자료는 태평양 전쟁 발발 후 일제의 전시 동원 체제가 강화된 시기의 판결문이다. 판결문에는 피고인 임○○이 이웃 주민과의 잡담에서 "자식이 징용되거나 근로 보국대에 가지 않도록 취직시킨다." 등의 발언을 하여 민심을 어지럽혔다는 이유로 징역형을 선고한다는 내용이 담겨 있다.

지문의 핵심 키워드 ▶ 민족 말살 통치 시기의 사회상

✔ 태평양 전쟁 – 민족 말살 통치 시기에 발생한 대표적인 전쟁
✔ 징용 – 민족 말살 통치 시기에 일제는 조선인들을 노동 현장에 강제로 동원함

선지별 키워드 추출

① 국가 보안법 철폐를 요구하는 학생
　→ 이승만 정부 때 국가 보안법의 철폐를 요구하는 운동이 전개되었다.

② 몸뻬 착용을 권장하는 애국반 반장
　→ 민족 말살 통치 시기에 일제는 전시 체제하에 조선인들을 통제하기 위해 애국반을 운영하고, 여성의 방공 활동 참여 및 노동력 동원을 목적으로 몸뻬라는 바지를 착용하게 하였다.

③ 경부선 철도 개통식을 구경하는 청년
　→ 1905년에는 서울과 부산을 잇는 철도인 경부선이 개통되었다.

④ 형평사 창립 대회 개최를 취재하는 기자
　→ 이른바 '문화 통치' 시기에 백정들은 조선 형평사를 조직하여 형평 운동을 주도하였다.

⑤ 헌병 경찰에게 끌려가 태형을 당하는 농민
　→ 무단 통치기에는 헌병이 경찰을 담당하였고, 조선인에게만 적용된 형벌인 태형이 적용되었다.

민족 말살기의 사회상 유형을 출제할 때 징병 및 징용 등 키워드도 힌트로 활용할 수 있습니다!

40. 정답 ①

| 난이도 | ●●○

다음 인물의 활동으로 옳은 것은? [2점]

이달의 독립운동가

우리 말과 글을 지키는 데 앞장선 ○○○

- 생몰년: 1888~1943
- 호: 한산, 한뫼
- 주요 활동

  김해 출신으로 합성 학교 등에서 교사로 재직하며 교육 계몽 운동을 전개하였다. 1919년 영변에서 만세 운동을 주도하였으며, 중국의 베이징 대학에서 역사학을 공부하였다. 귀국 이후 조선어 연구회에 가입하여 한글의 연구 및 보급에 앞장섰으며, 1942년 조선어 학회 사건으로 가혹한 고문을 받고 이듬해 옥사하였다. 1962년 건국훈장 독립장이 추서되었다.

지문의 핵심 키워드 ▶ 이윤재

✓ 조선어 연구회 – 이윤재가 활동한 대표적인 한글 수호 단체
✓ 조선어 학회 사건 – 이윤재는 조선어 학회에서 활동한 대표적인 인물임

선지별 키워드 추출

① 한글 맞춤법 통일안 제정에 참여하였다.
→ 이윤재는 국어 문법을 정리한 한글 맞춤법 통일안 제정에 참여하였다.

② 미국과 유럽을 여행한 뒤 서유견문을 집필하였다.
→ 『서유견문』을 집필한 인물은 유길준이다. *헷갈리기 쉬운 선지!*

③ 국문 연구소를 설립하고 연구위원으로 활동하였다.
→ 주시경 등은 국문 연구소의 연구위원으로 활동하였다.

④ 세계지리 교과서인 사민필지를 한글로 저술하였다.
→ 헐버트는 세계지리의 지식과 문화를 전달하기 위한 목적으로 한글로 세계지리서를 저술하였다.

⑤ 민족을 역사 서술의 중심에 둔 독사신론을 발표하였다.
→ 신채호는 민족주의 사관에 기초하여 『독사신론』을 저술하였다.

 이윤재라는 인물을 정확히 몰랐더라도, 조선어 학회 사건을 통한 간접적인 풀이가 가능한 유형이었습니다!

해품사의 시사점 풀이 40번

문제에 제시된 맥락을 정확히 이해하여 간접적인 풀이를 시도해봅시다!

해품사의 문제 첫인상

1. 한글 수호와 관련된 인물을 제시한 것 같은데, 수험생들이 잘 모를만한 인물이 언급되었군!
2. 그러나, 문제에서 조선어 연구회 등 한글 수호와 관련된 키워드를 제시하였네?!
3. 특히 조선어 학회 사건을 통해 해당 인물이 조선어 학회에서 활동하였다는 사실은 알 수 있겠군!

해품사의 "대처 방법"

✓ 기출에서 모르는 인물을 출제하면, 인물을 완벽히 파악하는 것은 사실상 불가능합니다!
→ 인물 유형은 해당 인물의 이름을 정확히 파악하는 것이 아닌 업적을 파악하는 것이 더욱 중요합니다!

✓ 즉 해당 인물의 활동 사례라도 간접적으로 이해하여 접근할 필요가 있습니다!
→ 이 문제의 경우 제시된 키워드를 통해 해당 인물이 한글 수호 활동을 전개하였다는 것을 알 수 있습니다!

✓ 특히 인물 유형의 경우 문제에서 정답 선지와 연결할 수 있는 결정적 단서를 제시합니다!
→ 실제로 이 문제의 경우 조선어 학회 사건을 제시하였기 때문에, 문제에 제시된 인물이 조선어 학회에서 활동하였다는 것을 알 수 있으므로, 이와 관련된 사례인 1번이 정답!

---

41. 정답 ①

| 난이도 | ●●○

(가) 부대에 대한 설명으로 옳은 것은?　　　　[1점]

지문의 핵심 키워드 ▶ 한국 광복군

✓ 대한민국 임시 정부는 지청천을 총사령관으로 함 – 한국 광복군의 소속 및 총사령관

선지별 키워드 추출

① 미군과 연계하여 국내 진공 작전을 계획하였다.
　→ 한국 광복군은 미국 전략 정보국(OSS)과 연합하여 국내 정진군을 육성한 뒤 국내 진공 작전을 추진하였다.

② 쌍성보, 대전자령 전투에서 일본군을 격파하였다. *헷갈리기 쉬운 선지!*
　→ 한국 독립군은 중국 호로군과 연합하여 쌍성보, 대전자령 전투에서 승리를 거두었다.

③ 조선 민족 전선 연맹의 무장 조직으로 결성되었다.
　→ 조선 의용대는 조선 민족 전선 연맹의 산하 군사 조직으로 결성되었다.

④ 중국 의용군과 연합하여 영릉가 전투에서 승리하였다.
　→ 조선 혁명군은 중국 의용군과 연합하여 영릉가 전투, 흥경성 전투에서 승리를 거두었다.

⑤ 간도 참변 이후 조직을 정비하고 자유시로 이동하였다.
　→ 간도 참변 발생 이후 서일을 총재로 밀산부에 집결한 독립군은 대한 독립 군단을 결성하여 자유시로 이동하였다.

 지청천이 문제 키워드로 언급되면, 충칭 시기의 대한민국 임시 정부의 언급 여부를 살펴볼 필요가 있습니다!

42. 정답 ④

| 난이도 | ●○○

(가) 시기에 있었던 사실로 옳은 것은?　　　　[2점]

지문의 핵심 키워드 ▶ 정읍 발언 및 제2차 미소 공동 위원회

✓ 정읍에서 이승만이 단독 정부를 수립을 시사 – 이승만은 제1차 미소 공동 위원회 결렬 이후 남한만의 단독 정부 수립을 주장함(정읍 발언, 1946)
✓ 소련의 주장은 작년 제1차 미·소 공동 위원회 때와 같음 – 한국의 임시 정부 수립 문제를 논의하기 위해 제2차 미·소 공동 위원회가 개최됨(1947)

선지별 키워드 추출

① 여수·순천 10·19 사건이 발생하였다.
　→ 여수·순천 10·19 사건은 대한민국 수립 이후인 1948년에 발생하였다.

② 유엔 한국 임시 위원단이 서울에 도착하였다.
　→ 제2차 미소 공동 위원회가 결렬된 이후 한국의 임시 정부 수립 문제를 해결하기 위해 유엔 한국 임시 위원단이 1947년 11월에 국내에 파견되었다.

③ 송진우, 김성수 등이 한국 민주당을 창당하였다.
　→ 김성수 및 송진우는 광복 직후인 1945년에 한국 민주당을 창당하였다.

④ 여운형 등의 주도로 좌우 합작 위원회가 발족되었다.
　→ 1946년 7월 여운형 및 김규식 등의 주도로 좌우 합작 위원회가 발족되어 좌우 합작 운동을 전개하였다.

⑤ 조선 건국 준비 위원회에서 조선 인민 공화국을 선포하였다.
　→ 광복 직후 조선 건국 준비 위원회는 조선 인민 공화국을 선포하였다.

 제1차 미소 공동 위원회 → 정읍 발언 → 좌우 합작 위원회 조직의 흐름을 이해하는 것이 중요하였습니다!

제64회

43. 정답 ②　　　　　　　　　　　| 난이도 | ●●●

(가)~(라) 지방 통치 체제에 대한 설명으로 옳은 것을 〈보기〉에서 고른 것은?　　　　　　　　　　[3점]

> (가) 완산주를 다시 설치하고 용원을 총관으로 삼았다. 거열주를 빼서 청주(菁州)를 두니 처음으로 9주가 되었다. 대아찬 복세를 총관으로 삼았다.
>
> (나) 현종 초에 절도사를 폐지하고, 5도호와 75도 안무사를 두었으나, 얼마 후 안무사를 폐지하고, 4도호와 8목을 두었다. 그 이후로 5도 · 양계를 정하니, 양광 · 경상 · 전라 · 교주 · 서해 · 동계 · 북계가 그것이다.
>
> (다) 각 도 각 고을의 이름을 고쳤다. …… 드디어 완산을 다시 '전주'라고 칭하고, 계림을 다시 '경주'라고 칭하고, 서북면을 '평안도'로 하고, 동북면을 '영길도'로 하였으니, 평양 · 안주 · 영흥 · 길주가 계수관이기 때문이다.
>
> (라) 전국을 23부의 행정 구역으로 나누어 아래에 열거하는 각 부를 둔다. …… 앞 조항 외에는 종래의 목, 부, 군, 현의 명칭과 부윤, 목사, 부사, 군수, 서윤, 판관, 현령, 현감의 관명을 다 없애고 읍의 명칭을 군이라고 하며 읍 장관의 관명을 군수라고 한다.

지문의 핵심 키워드 ▶ 우리나라의 지방 통치 체제 사례

- ✓ (가) 완산주, 청주, 9주 - 통일 신라의 9주 5소경
- ✓ (나) 5도 · 양계 - 고려 현종 때 정비된 지방 행정 제도
- ✓ (다) 전주, 경주, 평안도 - 조선 태종 때 전국의 지방 행정 제도를 8도를 중심으로 정비
- ✓ (라) 전국을 23부의 행정 구역으로 나눔 - 제2차 갑오개혁 때 8도를 23부로 개편한 사례

선지별 키워드 추출

ㄱ. (가) - 신문왕 재위 시기에 정비되었다.
→ 통일 신라 신문왕 때 9주 5소경이 정비되었다.

ㄴ. (나) - 지방 관청으로 욕살, 처려근지 등이 있었다.
→ 고구려는 큰 성에 욕살, 작은 성에 처려근지라는 지방관을 파견하여 관리하였다.

ㄷ. (다) - 도에는 관찰사가 임명되어 수령을 감독하였다.
→ 조선 시대에는 수령을 감독하는 관찰사가 임명되어 수령의 근무 성적을 평가하였다.

ㄹ. (라) - 광무개혁의 일환으로 실시되었다.
→ 8도의 23부 개편은 제2차 갑오개혁 때이다.

한능검에서 통합형 유형을 ㄱ~ㄹ 선지 구성 방식으로 배치하였을 경우, 대체로 시대순일 가능성이 높습니다!

---

44. 정답 ①　　　　　　　　　　　| 난이도 | ●●○

다음 상황 이후에 일어난 사실로 옳은 것은?　　　[2점]

> 유엔군과 국군은 서울에서 퇴각하고 한강 이북의 부대를 철수시키기로 결정하였다. 이들은 한강에 설치된 임시 교량을 이용해 철수하였고, 오후 1시경에 마지막 부대가 통과한 후 임시 교량을 폭파시켰다. 이에 앞서 정부는 서울 시민들에게 피란을 지시하였고, 많은 서울 시민들이 보따리를 싸서 피란길에 나섰다.

지문의 핵심 키워드 ▶ 6 · 25 전쟁(1 · 4 후퇴)

문제에 제시된 사건(현대, 1 · 4 후퇴, 1951)
✓ 한강에 설치된 임시 교량을 폭파시킴 - 6 · 25 전쟁 당시 중공군의 개입으로 인해 서울에서 재후퇴를 단행하며 한강의 임시 교량을 폭파시킴

선지별 키워드 추출

① 한미 상호 방위 조약이 체결되었다.
→ 이승만 정부 때인 1953년에 한미 상호 방위 조약을 체결하였다.

② 장진호 전투에서 중국군이 유엔군을 포위하였다.
→ 1950년에 북한 함경남도에 위치한 장진호에서 미군과 중공군이 충돌하였다.

③ 경찰이 반민족 행위 특별 조사 위원회를 습격하였다.
→ 이승만 정부 때인 1949년에 반민특위에서 활동하는 국회의원들에게 남조선노동당의 프락치 혐의를 씌워 검거한 뒤 반민특위를 해산시켰다.

④ 미국의 극동 방위선이 조정된 애치슨 라인이 발표되었다.
→ 미 국무장관 애치슨은 1950년에 태평양 지역 방어선을 발표하였고 이때 한반도와 타이완이 제외되었다.

⑤ 우리나라 최초의 보통 선거인 5 · 10 총선거가 실시되었다.
→ 1948년에는 유엔 한국 임시 위원단의 감시 아래에 우리나라 최초의 보통 선거인 5 · 10 총선거가 실시되었다.

한미 상호 방위 조약은 6 · 25 전쟁이 종결된 이후에 미국과 체결한 조약입니다!

45. 정답 ①
| 난이도 | ●●○

다음 뉴스의 사건이 일어난 정부 시기의 경제 상황으로 옳은 것은? [2점]

경기도 광주 대단지에서 주민들이 차량을 탈취하는 등 대규모 시위를 벌였습니다. 서울시가 도심 정비를 명목으로 10만여 명의 주민들을 광주로 이주시키는 과정에서 약속한 이주 조건을 지키지 않자 주민들이 대지 가격 인하 등을 요구하며 집단으로 반발하였습니다.

지문의 핵심 키워드 ▶ 박정희 정부(경제)

✓ 경기도 광주 대단지에서 주민들이 차량을 탈취하는 등 대규모 시위를 벌임 - 박정희 정부 때 급속한 도시화 정책 추진의 문제로 인해 발생한 광주 대단지 사건

선지별 키워드 추출

① 경부 고속 도로가 개통되었다.
→ 박정희 정부 때 서울과 부산을 잇는 고속 도로인 **경부 고속 도로**가 개통되었다.

② 경제 협력 개발 기구(OECD)에 가입하였다.
→ 김영삼 정부 때 우리나라가 경제 협력 개발 기구 (OECD)의 29번째 회원국이 되었다.

③ 원조 물자를 가공한 **삼백 산업**이 발달하였다.
→ 이승만 정부 때 제분(밀가루)·제당(설탕)·면직물의 **삼백 산업**이 발달하였다.

④ 저유가·저금리·저달러의 3저 호황이 있었다.
→ 전두환 정부 때 저유가·저금리·저달러의 3저 호황을 통해 경제적 호황을 누렸다.

⑤ 대통령 직속 자문 기구인 **노사정 위원회**가 구성되었다.
→ 김대중 정부 때 **노사정 위원회**가 구성되었다.

 박정희 정부 때 발생한 대표적인 노동자 운동으로는 광주 대단지 사건 및 전태일 분신 자살 사건이 있습니다!

46. 정답 ③
| 난이도 | ●●○

(가), (나) 민주화 운동에 대한 설명으로 옳은 것은? [1점]

사진으로 보는 민주화 운동
(가) / (나)

대학 교수들이 3·15 부정 선거를 규탄하고 대통령의 퇴진을 요구하며 시위에 나섬

명동 성당에서 시민들이 호헌 철폐, 독재 타도를 외치며 시위를 전개함

지문의 핵심 키워드 ▶ 4·19 혁명, 6월 민주 항쟁

✓ (가) 3·15 부정 선거 - 4·19 혁명의 원인
✓ (나) 호헌 철폐, 독재 타도 - 6월 민주 항쟁 당시의 구호

선지별 키워드 추출

① (가) - 굴욕적인 한일 국교 정상화에 반대하였다.
→ 박정희 정부 때 굴욕적인 한·일 국교 정상화에 반대하는 6·3 시위가 전개되었다.

② (가) - 군부 독재를 타도하려 한 민주화 운동이었다.
→ 5·18 광주 민주화 운동은 신군부의 비상 계엄 확대 및 무력 진압에 저항하기 위해 발생한 민주화 운동이다.

③ (나) - 대통령 직선제 개헌을 이끌어냈다.
→ 6월 민주 항쟁의 결과 5년 단임의 대통령 직선제 개헌을 이끌어 냈다.

④ (나) - 전개 과정에서 시민군이 자발적으로 조직되었다.
→ 5·18 광주 민주화 운동이 발생한 이후 광주 시민들은 시민군을 자발적으로 조직하여 계엄군에 저항하였다.

⑤ (가), (나) - 대통령이 하야하는 결과를 가져왔다.
→ 이승만 정부 때 발생한 4·19 혁명의 결과 이승만이 대통령직에서 하야하였다.

 현대사의 민주화 운동 유형은 각 민주화 운동의 발생 원인을 정확히 구별할 필요가 있습니다!

다음 조치를 시행한 정부 시기에 있었던 사실로 옳은 것은? [2점]

> **대통령 긴급 조치 제9호**
>
> **국가안전과 공공질서의 수호를 위한 대통령 긴급 조치**
>
> 1. 다음 각 호의 행위를 금한다.
>   가. 유언비어를 날조·유포하거나 사실을 왜곡하여 전파하는 행위.
>   나. 집회·시위 또는 신문·방송·통신 등 공중 전파 수단이나 문서·도서·음반 등 표현물에 의하여 대한민국 헌법을 부정·반대·왜곡 또는 비방하거나 그 개정 또는 폐지를 주장·청원·선동 또는 선전하는 행위.
>   ⋮
> 8. 이 조치 또는 이에 의한 주무부 장관의 조치에 위반한 자는 법관의 영장 없이 체포·구금·압수 또는 수색할 수 있다.
> 13. 이 조치에 의한 주무부 장관의 명령이나 조치는 사법적 심사의 대상이 되지 아니한다.

지문의 핵심 키워드 ▶ 박정희 정부

✓ 긴급 조치 - 박정희 정부 때 헌법에 규정된 특별조치

선지별 키워드 추출

① 국민 방위군 설치법이 공포되었다.
→ 이승만 정부 때의 내용이다.

② 내각 책임제를 골자로 하는 개헌이 이루어졌다.
→ 허정 과도 정부는 내각 책임제(의원 내각제) 및 양원제를 골자로 하는 3차 개헌을 단행하였다.

③ 귀속 재산 처리를 위해 신한 공사가 설립되었다.
→ 신한 공사는 미 군정 때 일제의 귀속 재산을 관리한 회사이다.

④ 평화 통일론을 주장한 진보당의 조봉암이 구속되었다.
→ 이승만 정부 때 야당 후보인 진보당의 조봉암을 견제하기 위해 조봉암에게 간첩 혐의를 씌워 사형시킨 뒤 진보당을 해체하였다.

⑤ 장기 독재에 저항하는 3·1 민주 구국 선언이 발표되었다.
→ 박정희 정부 때 유신 헌법에 반대하는 3·1 민주 구국 선언이 발표되었다.

 긴급조치는 박정희 정부 때 제정된 유신 헌법과 관련된 대표적인 키워드입니다!

다음 연설문을 발표한 정부의 통일 노력으로 옳은 것은? [2점]

> 저는 김정일 국방위원장과 분단 55년 만에 처음 정상 회담을 가졌습니다. 세 차례에 걸친 회담을 통해 우리 두 사람은 민족의 장래와 통일을 생각하는 마음과 열정에 큰 차이가 없으며, 이를 추진하는 방법에 공통점이 많다는 것을 확인했습니다. …… 남북이 열과 성을 모아, 이번의 정상 회담을 성공적으로 마쳐 온 세계를 깜짝 놀라게 했습니다. 남과 북의 화해와 협력을 향한 새 출발에 온 세계가 축복해 주고 있습니다. 불가능해 보였던 남북 정상 회담을 이뤄냈듯이 남과 북이 마음과 정성을 다한다면 통일의 날도 반드시 오리라 저는 확신합니다.

지문의 핵심 키워드 ▶ 김대중 정부의 통일 노력

✓ 저는 김정일 국방위원장과 분단 55년 만에 처음 정상 회담을 가짐 - 김대중 정부 때 시행된 최초의 남북 정상 회담

선지별 키워드 추출

① 남북 교류 협력을 위한 개성 공업 지구 조성에 합의하였다.
→ 김대중 정부 때 남북 경제 교류 사업의 일환으로 개성 공단 건설에 합의하였다.

② 평화 통일 외교 정책에 관한 6·23 특별 성명을 발표하였다.
→ 박정희 정부 때 평화 통일 외교 정책에 관한 6·23 특별 성명을 발표하였다.

③ 남북 사이의 화해와 불가침 및 교류·협력에 관한 합의서를 채택하였다.
→ 노태우 정부 때 상호 체제 인정 및 상호 불가침 합의 등을 규정한 남북 기본 합의서를 채택하였다.

④ 남북 관계 발전과 평화 번영을 위한 10·4 남북 정상 선언에 서명하였다.
→ 노무현 정부는 제2차 남북 정상 회담 후 10·4 남북 공동 선언을 채택하였다.

⑤ 7·4 남북 공동 성명을 실천하기 위해 남북 조절 위원회를 구성하였다.
→ 박정희 정부 때 7·4 남북 공동 성명을 계기로 통일 교류 실천을 위한 남북 조절 위원회가 구성되었다.

 남북 정상 회담 키워드가 언급될 경우 최초의 사례인지 두 번째 사례인지 정확히 구별할 필요가 있습니다!

49. 정답 ④

(가)~(마)에 들어갈 내용으로 옳지 않은 것은?　[3점]

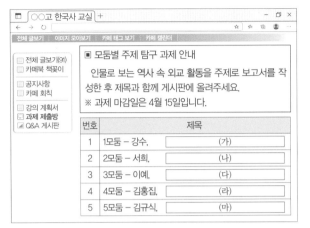

지문의 핵심 키워드 ▶ 우리나라의 외교 활동을 주도한 인물 사례

생략(선지분석으로 대체!)

선지별 키워드 추출

① (가) - 외교 문서 작성에 능하여 **청방인문표**를 짓다
　→ 신라의 강수는 당나라에 붙잡힌 김인문을 석방시킬 것을 요구하는 **청방인문표**를 작성하였다.

② (나) - 외교 담판을 통해 **강동 6주**를 확보하다
　→ 고려의 서희는 거란의 제1차 침입 당시 **거란 장수 소손녕과의 외교 담판**을 통해 강동 6주를 획득하는 성과를 이루었다.

③ (다) - 일본에 파견되어 **계해약조** 체결에 기여하다
　→ 조선의 이예는 계해약조를 체결하는 데 기여하였다.

④ (라) - 보빙사의 전권대신으로 미국에 파견되다
　→ 보빙사의 대표 구성원은 전권대신 민영익과 부전권대신 홍영식 등으로 구성되었다.

⑤ (마) - 파리 강화 회의에 독립 청원서를 제출하다
　→ 상하이 시기의 대한민국 임시 정부 및 신한 청년당 출신의 김규식은 파리 강화 회의에 독립 청원서를 제출하였다.

사절단 또는 외교 유형의 경우 시기별 교류한 각 국가와 관련된 인물의 사례부터 구별할 필요가 있습니다!

50. 정답 ③

(가) 지역에 대한 탐구 활동으로 가장 적절한 것은? [2점]

지문의 핵심 키워드 ▶ 안동 지역사

✓ 고창 전투 - 안동 지역에서 고려가 후백제에게 승리한 전투
✓ 봉정사 극락전, 도산 서원 - 안동의 문화유산
✓ 임청각 - 안동 지역에 위치한 이상룡의 생가

선지별 키워드 추출

① 김헌창이 반란을 일으킨 근거지를 파악한다.
　→ 통일 신라 헌덕왕 때 김헌창은 아버지인 김주원이 왕이 되지 못한 것에 불만을 품고 **공주에서** 반란을 일으켰다.

② 강주룡이 고공 시위를 전개한 장소를 알아본다.
　→ 강주룡은 평양의 을밀대 지붕 위에서 고공 농성을 전개하였다.

③ 공민왕이 홍건적의 침입 때 피란한 지역을 알아본다.
　→ 홍건적의 제2차 침입 때 공민왕 및 노국 대장 공주는 복주(안동)로 피란하였다.

④ 신립이 배수의 진을 치고 전투를 벌인 위치를 검색한다.
　→ 신립은 임진왜란이 발생하자 **충주 탄금대에서** 배수의 진을 치고 왜군에 항전하였다.

⑤ 김사미가 가혹한 수탈에 저항하여 봉기한 곳을 조사한다.
　→ 고려 명종 때 김사미가 봉기한 곳은 운문(청도)이다.

한능검에서 출제되는 지역 중 안동 지역은 주로 다양한 문화유산 및 전투와 관련된 키워드가 언급됩니다!

기출은 해품사!
해품사의 기출총평

1. 난이도

쉬움 ~ 보통

- 전반적으로 새로운 유형을 시도하거나, 까다로운 키워드가 많지 않았던 무난한 회차

- 일부 어렵다고 느낄 수 있는 유형의 경우 교재나 기존 기출에서 모두 언급된 사례이므로, 꼼꼼한 공부가 중요하였음!
  └─→ ⓔ 백제 및 고구려의 역사적 사실, 붕당 형성 및 기해 예송, 신해박해 및 병인박해
- 일부 유형에서 대놓고 새로운 선지를 정답으로 유도하였으나, 오답 선지가 매우 쉽기 때문에 충분히 소거가 가능하였음
  ⓔ 1차 갑오개혁, 박정희 정부 ←
- 기본적으로 시험에서 자주 제시하는 유형 및 키워드가 많기 때문에, 한능검의 기본 출제 방식을 파악하기 좋은 회차!

☆결론: 한능검의 기본 출제 방식을 파악하기 좋은 회차이며, 충분한 개념 공부 및 기출 풀이를 통해 합격권에 도달하기에
　　　크게 무리가 없는 무난한 회차

합격률: 53.93%

2. 유형 분포도

　　1) 전근대사 비중(58%): 1번~28번, 46번

　　2) 근현대사 비중(38%): 29번~45번, 49~50번

　　3) 통합사 비중(4%): 47번~48번

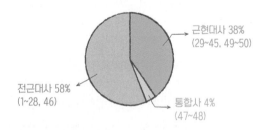

근현대사 38%
(29~45, 49~50)

전근대사 58%
(1~28, 46)

통합사 4%
(47~48)

- 우리나라의 전쟁 사례, 부산 지역사

- 다른 회차에 비해 시대를 번갈아가며 출제하는 경향이 확인됨!

- 다른 회차에 비해 통합사의 비중은 적으나, 흐름형 유형의 출제 비중이 높음

- **한눈에 보는 63회 시대별 · 주제별 유형 분포도**

문항	시대	주제	문항	시대	주제
1	선사	구석기 시대	26	조선	비변사
2	선사	동예	27	조선	김정희
3	고대	백제 및 고구려의 역사적 사실 시사점 문제	28	조선	신해박해 및 병인박해
4	고대	삼국의 통일 과정(백제의 멸망)	29	개항기	박규수 시사점 문제
5	고대	통일 신라의 경제 상황	30	개항기	갑신정변
6	고대	최치원	31	일제 강점기	3 · 1 운동
7	고대	신라 진흥왕	32	개항기	제1차 갑오개혁 시사점 문제
8	고대	발해 문왕	33	개항기	독립 협회
9	고려	최충헌 정권	34	개항기	장인환 및 전명운의 스티븐스 사살
10	고대	불국사 삼층 석탑	35	일제 강점기	임병찬
11	고대	견훤	36	일제 강점기	조선 혁명군
12	고려	고려 광종	37	일제 강점기	형평 운동
13	고려	고려의 관학 진흥책	38	일제 강점기	무단 통치기의 사회상
14	고려	거란에 대한 고려의 대응	39	일제 강점기	조선어 학회
15	고려	고려의 문화유산	40	현대	김구 및 여운형 시사점 문제
16	고려	지눌	41	현대	제헌 국회
17	고려	고려 말의 상황	42	현대	6 · 25 전쟁
18	고려	고려의 경제 상황	43	현대	이승만 정부
19	조선	조선 영조	44	현대	3선 개헌 및 유신 헌법 시사점 문제
20	조선	무오사화	45	현대	박정희 정부 시사점 문제
21	조선	조선 세조	46	고려	부석사 소조 여래 좌상
22	조선	이이	47	통합사	우리나라의 전쟁의 흐름
23	조선	붕당 형성 및 기해 예송	48	통합사	부산 지역사
24	조선	청나라에 대한 조선의 정책	49	현대	6월 민주 항쟁
25	조선	조선 후기의 경제 상황	50	현대	노태우 정부의 통일 노력

3. 시사점 문제 ★ 아래의 문제들은 각 문제 해설에서 해품사의 시사점 풀이!

1) 3번, 29번 → 낯선 유형일수록, 기본 개념에 충실하게 접근할 필요가 있습니다!

2) 32번, 45번 → 소거법은 선택이 아닌 필수 전략입니다!

3) 40번, 44번 → 문제의 유형에 따른 알맞은 접근법을 활용해야 쉬운 공략이 가능합니다!

해품사 한능검
기특 무료강의

어제의 오답 선지 = 내일의 정답 선지

한능검은 역사적 사실이 아닌 것은 선지에 포함하지 않습니다. 즉, 모든 선지는 사실이죠!
기출에서 오답 선지는 이후 시험에서 언제든 정답이 될 수 있습니다.
결국 키워드를 추출하여 선지를 분석하는 것이 기출문제 공부의 핵심입니다.

1. 문제 지문의 핵심 키워드를 찾고   2. 선지별로 키워드를 추출한 후   3. 연관된 것을 찾으면 정답입니다.

이제 본격적으로 키워드 추출 훈련을 해볼까요?

제63회	정답 한눈에 보기								기출문제편 p.152
01 ⑤	02 ④	03 ③	04 ②	05 ⑤	06 ③	07 ④	08 ④	09 ⑤	10 ①
11 ③	12 ②	13 ④	14 ②	15 ③	16 ①	17 ①	18 ①	19 ④	20 ②
21 ④	22 ⑤	23 ①	24 ②	25 ⑤	26 ③	27 ①	28 ⑤	29 ③	30 ②
31 ③	32 ③	33 ④	34 ①	35 ②	36 ②	37 ④	38 ③	39 ④	40 ②
41 ③	42 정답없음	43 ⑤	44 ④	45 ①	46 ⑤	47 ③	48 ①	49 ②	50 ④

---

1. 정답 ⑤ | 난이도 | ●○○

밑줄 그은 '이 시대'의 생활 모습으로 옳은 것은?   [1점]

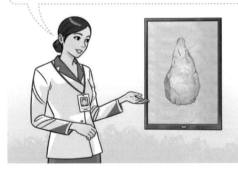

이 그림은 한 미군 병사가 경기도 연천군 전곡리에서 이 시대의 대표적인 유물인 주먹도끼 등을 발견하고 그린 것입니다. 그가 발견한 아슐리안형 주먹도끼는 이 시대 동아시아에는 찍개 문화만 존재하고 주먹도끼 문화는 없었다는 모비우스(H. Movius)의 학설을 뒤집는 증거가 되었습니다.

지문의 핵심 키워드 ▶ 구석기 시대

✓ 경기도 연천군 전곡리 – 구석기 시대의 대표 유적지
✓ 주먹도끼 – 구석기 시대의 대표 유물

선지별 키워드 추출

① 소를 이용하여 깊이갈이를 하였다.
　→ 소를 이용한 깊이갈이는 신라 지증왕 때 최초의 기록이 발견되었다.

② 빗살무늬 토기에 식량을 저장하였다.
　→ 신석기 시대에는 빗살무늬 토기를 이용하여 식량을 저장하였다.

③ 지배층의 무덤으로 고인돌을 만들었다.
　→ 청동기 시대에는 지배층의 무덤으로 고인돌을 제작하였다.

④ 거푸집을 이용하여 세형동검을 제작하였다.
　→ 초기 철기 시대에는 거푸집을 이용하여 세형동검을 제작하였다.

⑤ 주로 동굴이나 강가의 막집에서 거주하였다.
　→ 구석기 시대에는 주변의 동굴 또는 바위 그늘에 거주하거나 막집을 따로 지어 살았다.

한능검에서 구석기 시대를 출제하면, 주로 주먹도끼 · 찍개 등의 뗀석기 키워드를 언급합니다!

2. 정답 ④
| 난이도 | ●○○

밑줄 그은 '이 나라'에 대한 탐구 활동으로 가장 적절한 것은? [2점]

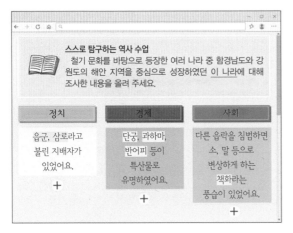

3. 정답 ③
| 난이도 | ●●●

(가), (나) 국가의 사회 모습에 대한 설명으로 옳은 것은? [2점]

(가) 왕의 성은 부여씨이고, [왕을] '어라하'라고 하며 백성들은 '건길지'라고 부른다. 모두 중국 말로 왕이라는 뜻이다. …… 도성에는 1만 가(家)가 거주하며 5부로 나뉘는데 상부 · 전부 · 중부 · 하부 · 후부라고 하며, 각각 5백 명의 군사를 거느린다. [지방의] 5방에는 각기 방령 1인을 두는데 달솔로 임명하고, 군에는 군장(郡將) 3인이 있으니 덕솔로 임명한다.
– 『주서』 –

(나) 60개의 주현이 있으며, 큰 성에는 녹살 1인을 두는데 도독과 비슷하다. 나머지 성에는 처려근지를 두는데 도사라고도 하며, 자사와 비슷하다. …… [수도는] 5부로 나뉘어 있다.
– 『신당서』 –

지문의 핵심 키워드 ▶ 동예

✓ 읍군, 삼로 – 옥저 및 동예의 대표적인 우두머리
✓ 단궁, 과하마, 반어피 – 동예의 대표 특산물
✓ 책화 – 동예의 풍습

선지별 키워드 추출

① 신성 지역인 **소도**의 역할을 알아본다.
 → **삼한**은 제사장인 **천군**과 특수 행정 구역인 **소도**가 존재하였다.

② **포상 8국의 난**의 진압 과정을 찾아본다.
 → **포상 8국의 난**은 경상남도 해안 지방에 위치한 **8개의 소국**이 가야를 공격한 사건이다.

③ 삼국유사에 실린 **김알지 신화**를 분석한다.
 → **김알지** 설화는 신라 **경주 김씨의 시조**와 관련된 설화이다.

④ **무천**이라는 제천 행사를 개최한 이유를 파악한다.
 → **동예**는 매년 10월에 밤낮이 술을 마시며 노래를 부르는 제천 행사인 **무천**을 열었다.

⑤ 마가, 우가, 저가, 구가 등이 다스렸던 지역을 조사한다.
 → **부여**는 마가 · 우가 · 저가 · 구가 등의 여러 가(加)들이 별도로 **사출도**를 다스렸다.

 읍군 · 삼로는 옥저와 동예 모두 해당하는 키워드이므로, 다른 결정적인 키워드로 구별할 필요가 있습니다!

지문의 핵심 키워드 ▶ 백제 · 고구려의 역사적 사실

✓ (가) 왕의 성은 부여씨 – 백제는 왕족인 부여씨와 8성의 귀족이 지배층을 이룸
✓ (가) 5부 5방 – 백제의 중앙 및 지방 행정 제도
✓ (나) 녹살, 처려근지 – 고구려의 지방관

선지별 키워드 추출

① (가) – 사회 질서를 유지하기 위해 **범금 8조**를 두었다.
 → **고조선**에는 사회 질서의 유지를 위한 **범금 8조**(8조법)가 있었다.

② (가) – **거란도, 일본도** 등을 통해 주변 국가와 교류하였다.
 → **발해**는 거란도, 영주도, 신라도, 일본도 등 다양한 교역로를 통하여 주변 국가와 **교류**하였다.

③ (나) – **태학과 경당**을 두어 인재를 양성하였다.
 → **고구려**는 수도에 태학을 세우고 지방에는 경당을 두어 인재를 양성하였다.

④ (나) – **정사암 회의**에서 국가 중대사를 논의하였다.
 → **백제**는 정사암에 모여 **귀족 회의**를 개최하였다.

⑤ (가), (나) – **골품**에 따라 관등 승진에 제한이 있었다.
 → **신라의 골품제**는 정해진 신분에 따라 부여되는 혜택에 **차이**를 두었다.

 왕족인 부여씨와 고구려의 욕살 · 처려근지 등의 키워드는 이미 기존 기출에서 오답 선지로 자주 언급되었습니다!

낯선 유형일수록, 기본 개념에 충실하게 접근할 필요가 있습니다!

해품사의 문제 첫인상

1. 왕족 부여씨나, 욕살 및 처려근지 등은 수험생이 파악하기 조금 어려울 수 있는 키워드인데?!
2. 그러나 이 두 선지는 공통적으로 이전 기출에서 오답 사례로 이미 자주 언급된 사례!
3. 그러므로 기출을 꼼꼼히 풀이한 수험생이라면 충분히 접근이 가능할 것 같다!

해품사의 "대처 방법"

✔ 한능검은 기본적으로 기출에서 제시한 키워드를 최대한 꼼꼼히 암기할 필요가 있습니다!
  → 즉 이전 기출에서 잠깐 언급된 키워드, 오답 선지 모두 언젠가 다시 등장할 수 있습니다!
✔ 그러므로 문제 키워드와 선지 분석을 꾸준히 하는 습관이 중요하다고 할 수 있습니다!
  → 문제가 어렵다고 제대로 분석하지 않을 경우, 이후 기출에서 또 오답을 고를 수 있습니다!
✔ 이와 같은 습관을 바탕으로 정확한 문제 풀이를 시도할 필요가 있습니다!
  → 이번 문제의 경우 왕족 부여씨-백제, 욕살·처려근지-고구려이므로, 이를 연결할 수 있는 3번이 정답!

---

4. 정답 ② | 난이도 | ●●○

다음 상황이 나타난 시기를 연표에서 옳게 고른 것은?

[2점]

> [당의] 고종이 소정방을 신구도대총관(神丘道大摠管)으로 삼아 군사를 이끌고 바다를 건너 신라와 함께 백제를 정벌하도록 하였다. 계백은 장군이 되어 죽음을 각오한 군사 5천 명을 뽑아 이들을 막고자 하였다. …… 황산의 벌판에 이르러 세 개의 군영을 설치하였다. 신라군을 만나 전투를 시작하려고 하자, [계백은] 여러 사람 앞에서 맹세하며 "지난날 구천(句踐)은 5천 명으로 오(吳)의 70만 무리를 격파하였다. 오늘 마땅히 힘써 싸워 승리함으로써 나라의 은혜에 보답하자."라고 하였다. 드디어 격렬히 싸우니, 일당천(一當千)이 아닌 자가 없었다.
>
> - 『삼국사기』 -

612	642	660	668	676	698
(가)	(나)	(다)	(라)	(마)	
살수대첩	대야성 전투	사비성 함락	안동도호부 설치	기벌포 전투	발해 건국

지문의 핵심 키워드 ▶ 삼국의 통일 과정(백제의 멸망)

문제에 제시된 사건(백제 31대 의자왕, 황산벌 전투, 660)
✔ 당의 고종, 신라와 함께 백제를 정벌 – 나당 연합군은 백제를 멸망시킴
✔ 계백, 황산의 벌판 – 백제의 장군인 계백은 황산벌에서 신라 김유신의 5만 대군에 맞서 항전함

선지별 키워드 추출

② (나)
  → 황산벌 전투 이후에 사비성이 함락되었기 때문에, 흐름상 백제가 완전히 멸망한 사비성 함락 이전인 2번이 적절하다.

백제는 사비성이 함락되며 완전히 멸망하였으며, 고구려는 평양성이 함락되며 완전히 멸망하였습니다!

5. 정답 ⑤ | 난이도 | ●○○

(가) 국가의 경제 상황으로 옳은 것은? [1점]

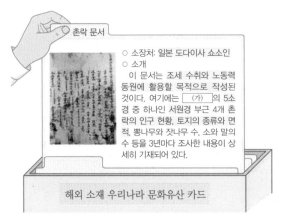

지문의 핵심 키워드 ▶ 통일 신라의 경제

✓ 일본 도다이사 쇼소인 - 통일 신라의 민정 문서가 발견된 장소
✓ 조세 수취와 노동력 동원에 활용할 목적으로 작성 - 민정 문서의 작성 목적
✓ 5소경, 서원경 - 통일 신라의 지방 행정 제도인 9주 5소경

선지별 키워드 추출

① 낙랑군과 왜에 철을 수출하였다.
→ 가야는 철이 풍부하여 덩이쇠를 화폐처럼 사용하였으며, 낙랑 및 왜 등 주변 국가에 철을 수출하였다.

② 집집마다 부경이라는 창고가 있었다.
→ 고구려는 집집마다 부경이라는 창고를 통해 곡식을 저장하였다.

③ 활구라고 불리는 은병이 유통되었다.
→ 고려 숙종 때 주전도감을 설치하여 삼한통보, 해동통보, 활구 등의 화폐를 주조하였다.

④ 특산품으로 솔빈부의 말이 유명하였다.
→ 발해는 특산품으로 솔빈부의 말이 유명하였다.

⑤ 울산항, 당항성이 국제 무역항으로 번성하였다.
→ 울산항, 당항성 등은 통일 신라의 대표적인 국제 무역항으로 번성하였다.

민정 문서는 통일 신라의 경제 유형을 출제할 때 자주 언급되므로, 관련 키워드 암기가 필수적입니다!

6. 정답 ③ | 난이도 | ●○○

(가)에 들어갈 내용으로 가장 적절한 것은? [2점]

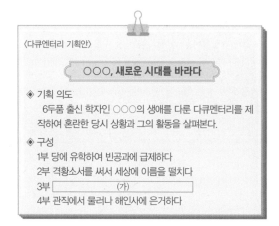

지문의 핵심 키워드 ▶ 최치원

✓ 6두품 - 최치원의 출신 신분
✓ 빈공과에 급제 - 최치원은 당나라의 빈공과에 합격함
✓ 격황소서 - 최치원은 황소의 난이 발생하자, 항복을 권유하는 글을 작성함

선지별 키워드 추출

① 화왕계를 지어 국왕에게 조언하다.
→ 신라의 설총은 화왕계를 집필하여 신문왕에게 건의하였다.

② 외교 문서인 청방인문표를 작성하다.
→ 신라의 강수는 당나라에 붙잡힌 김인문을 석방시킬 것을 요구하는 외교 문서인 청방인문표를 작성하였다.

③ 진성 여왕에게 시무책 10여 조를 올리다.
→ 통일 신라의 최치원은 진성 여왕에게 정치 개혁안인 시무 10조를 건의하였다.

④ 청해진을 중심으로 해상 무역을 전개하다.
→ 통일 신라의 장보고는 완도에 청해진이라는 해상 무역 기지를 설치하여 동아시아의 해상 무역을 장악하였다.

⑤ 인도와 중앙아시아를 순례하고 왕오천축국전을 남기다.
→ 신라의 혜초는 고대 인도 및 중앙아시아의 국가들을 순례하고 기행문인 『왕오천축국전』을 저술하였다.

최치원은 고대의 대표적인 빈출 인물이므로, 관련 키워드를 반드시 암기할 필요가 있습니다!

7. 정답 ④ | 난이도 | ●○○

밑줄 그은 '왕'의 업적으로 옳은 것은? [2점]

> ○ 담당 관청에 명하여 월성의 동쪽에 새 궁궐을 짓게 하였는데, 그곳에서 황룡이 나타났다. 왕이 이것을 기이하게 여기고는 [계획을] 바꾸어 사찰을 짓고, '황룡'이라는 이름을 내려 주었다.
>
> ○ [거칠부가] 왕의 명령을 받들어 여러 문사(文士)를 모아 국사를 편찬하였다.
>
> － 『삼국사기』 －

지문의 핵심 키워드 ▶ 신라 진흥왕

✓ 사찰, 황룡 – 신라 진흥왕 때 건립된 사찰인 황룡사
✓ 거칠부, 『국사』 – 신라 진흥왕 때 편찬된 역사서

선지별 키워드 추출

① 이사부를 보내 우산국을 복속시켰다.
  → 신라 지증왕 때 이사부를 파견하여 현재의 울릉도인 우산국을 우리나라의 영토로 복속하였다.

② 예성강 이북에 패강진을 설치하였다.
  → 통일 신라 선덕왕 때 북쪽 변방의 방어를 위하여 패강진을 설치하였다.

③ 관료전을 지급하고 녹읍을 폐지하였다.
  → 통일 신라 신문왕 때 귀족들에게 관료전을 지급하여 기존의 귀족들이 보유한 녹읍을 폐지하였다.

④ 국가적인 조직으로 화랑도를 개편하였다.
  → 신라 진흥왕 때 청소년 수양 단체인 화랑도를 국가 조직으로 개편하였다.

⑤ 이차돈의 순교를 계기로 불교를 공인하였다.
  → 신라 법흥왕 때 이차돈이 순교한 결과 귀족들의 반발을 물리치고 신라에 불교가 공인되는 계기를 가져왔다.

 사찰 및 사찰 내 부속 건물(예 불상, 탑 등)의 건립 시기는 다를 수 있으므로 주의할 필요가 있습니다!

---

8. 정답 ④ | 난이도 | ●●●

(가) 왕에 대한 설명으로 옳은 것은? [3점]

> **한국사 역대 연호 소개**
>
> 건원
> **대흥**
> 천수
>
> 발해의 (가) 이/가 사용한 연호이다. (가) 의 딸인 정효 공주의 묘지석에 기록된 이 연호와 '황상(皇上)'이라는 칭호는 발해의 자주성을 보여 주는 사례이다.

지문의 핵심 키워드 ▶ 발해 문왕

✓ 대흥 – 발해 문왕의 연호
✓ 정효 공주 – 발해 문왕의 딸

선지별 키워드 추출

① 북연의 왕을 신하로 봉하였다.
  → 고구려 장수왕 때 북연의 마지막 왕인 풍홍이 장수왕에게 망명을 요청하였고, 장수왕은 이를 수용하였다.

② 지린성 동모산에서 나라를 세웠다.
  → 고구려 유민 출신인 대조영은 만주에 위치한 지린성 동모산에서 발해를 건국하였다.

③ 신라에 군대를 파견하여 왜를 격퇴하였다.
  → 고구려 광개토 대왕은 신라 내물왕 때 왜의 침입이 발생하자, 군사를 파견하여 왜의 침입을 격퇴하였다.

④ 수도를 상경 용천부로 옮겨 체제를 정비하였다.
  → 발해 문왕 때 국가의 체제 정비를 위해 중경 현덕부에서 상경 용천부로 천도를 단행하였다.

⑤ 5경 15부 62주의 지방 행정 조직을 확립하였다. ⤳ 헷갈리기 쉬운 선지!
  → 발해 선왕 때 5경 15부 62주의 지방 통치 제도를 정비하였다.

한능검에서 발해 유형을 어렵게 출제할 경우, 발해의 왕 업적 유형을 출제할 수 있습니다!

9. 정답 ⑤

다음 상황 이후에 있었던 사실로 옳은 것은? [2점]

> 청교역(靑郊驛) 서리 3인이 최충헌 부자를 죽일 것을 모의하면서, 거짓 공첩(公牒)을 만들어 여러 사원의 승려들을 불러 모았다. 공첩을 받은 귀법사 승려들은 그 공첩을 가져온 사람을 잡아서 최충헌에게 고해바쳤다. [최충헌은] 즉시 영은관에 교정별감을 둔 후 성문을 폐쇄하고 대대적으로 그 무리를 색출하였다.

지문의 핵심 키워드 ▶ 최충헌 집권기

문제에 제시된 사건[고려 19대 명종(최충헌 집권기), 청교역서리 사건, 1209]

✓ 최충헌 – 무신 정권의 다섯 번째 집권자

선지별 키워드 추출

① 김부식이 묘청의 난을 진압하였다.
  → 김부식은 묘청이 서경에서 난을 일으키자 관군을 이끌고 묘청의 난을 진압하였다(상황 이전).

② 원종과 애노가 사벌주에서 봉기하였다.
  → 통일 신라 진성 여왕 때 원종과 애노의 난 및 적고적의 난 등 민란이 발생하였다(상황 이전).

③ 이자겸이 금의 사대 요구를 수용하였다.
  → 고려 인종 때 이자겸은 금의 사대 요구를 수용하였다(상황 이전).

④ 정중부 등이 정변을 일으켜 권력을 차지하였다.
  → 고려 의종 때 무신에 대한 차별 대우에 반발하여 정중부 등이 정변을 일으켰다(무신 정변, 상황 이전).

⑤ 최우가 인사 행정 담당 기구로 정방을 설치하였다.
  → 최우 정권 때 자신의 집에 인사 행정 기구인 정방을 설치하여 인사 행정권을 장악하였다(상황 이후).

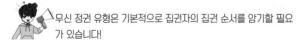
무신 정권 유형은 기본적으로 집권자의 집권 순서를 암기할 필요가 있습니다!

10. 정답 ①

밑줄 그은 '이 탑'으로 옳은 것은? [2점]

유물로 보는 한국사

[해설]
경주 불국사에 있는 이 탑의 해체 보수 과정에서 발견된 금동제 사리외함이다. 2층 탑신부에 봉안되어 있던 이 유물 안에는 은제 사리 내 · 외합과 무구정광대다라니경 등이 함께 놓여 있었다. 이를 통해 당시의 뛰어난 공예 기술 및 사리장엄 방식과 특징을 알 수 있다.

지문의 핵심 키워드 ▶ 불국사 삼층 석탑

✓ 경주 불국사 – 불국사 삼층 석탑이 위치한 지역 및 장소
✓ 『무구정광대다라니경』 – 불국사 삼층 석탑을 보수하는 과정에서 발견된 현존하는 가장 오래된 목판 인쇄물

선지별 키워드 추출

① 경주 불국사 삼층 석탑(통일 신라)

② 부여 정림사지 오층 석탑(백제)

③ 익산 미륵사지 석탑(백제) 헷갈리기 쉬운 선지!

④ 구례 화엄사 사사자 삼층 석탑(통일 신라)

⑤ 평창 월정사 팔각 구층 석탑(고려)

금제사리봉영기가 미륵사지와 관련된 대표적인 기록 유산임을 주의할 필요가 있습니다!

(가) 인물에 대한 설명으로 옳은 것은?   [2점]

완산주를 도읍으로 삼아 나라를 세운 (가) 에 대해 말해 볼까요?

신라의 금성을 습격하여 경애왕을 죽게 하였어요.

금산사에 유폐되었다가 탈출하여 고려에 귀부하였어요.

지문의 핵심 키워드 ▶ 견훤

✓ 완산주 - 견훤이 후백제를 건국한 지역
✓ 경애왕을 죽게 함- 견훤은 신라 경애왕을 살해함
✓ 금산사에 유폐되었다가 탈출하여 고려에 귀부함 - 견훤은 아들인 신검에 의해 금산사에 유폐되었다가 고려의 왕건에게 귀부함

선지별 키워드 추출

① 공산 전투에서 전사하였다.
→ 고려 왕건은 공산 전투에서 후백제 견훤의 군대에게 패배하였으며, 당시 신숭겸의 희생으로 겨우 죽음을 면하였다.

② 금마저에 미륵사를 창건하였다.
→ 백제 무왕은 금마저(익산)에 미륵사를 창건하였다.

③ 후당과 오월에 사신을 파견하였다.
→ 후백제의 견훤은 후당과 오월에 사신을 파견하여 교류하였다.

④ 김흠돌 등 진골 세력을 숙청하였다.
→ 통일 신라 신문왕은 장인인 김흠돌이 반란을 일으키자 이를 진압하고 관련 귀족 세력을 숙청하였다.

⑤ 국호를 마진으로 바꾸고 철원으로 천도하였다.
→ 후고구려의 궁예는 국가를 정비하기 위하여 국호를 마진으로 바꾸고 송악에서 철원으로 천도하였다.

 후삼국 시대의 인물 중 견훤은 주로 가족 및 중국과의 외교 키워드가 언급됩니다!

(가) 왕의 재위 시기에 있었던 사실로 옳은 것은? [2점]

❖ 우리 고장의 유적 ❖

충주 숭선사지

숭선사는 (가) 이/가 어머니인 신명 순성 왕후의 명복을 빌기 위하여 세운 절로, 현재 그 터만 남아 있다. 이곳에서는 '숭선사(崇善寺)'라는 명문이 새겨진 기와 등 다양한 고려 시대 유물이 출토되었다.

유적 발굴 현장

(가) 은/는 치열한 왕위 쟁탈전 속에서 외가인 충주 유씨 세력 등 여러 호족의 도움으로 왕위에 올랐다. 하지만 즉위 이후 노비안검법 등 호족을 견제하는 정책을 펼쳤다.

지문의 핵심 키워드 ▶ 고려 광종

✓ 노비안검법 - 고려 광종 때 억울하게 노비가 된 자를 양인으로 해방시킨 정책

선지별 키워드 추출

① 최승로가 시무 28조를 건의하였다.
→ 최승로는 고려 성종에게 국정 개혁안인 시무 28조를 올렸다.

② 광덕, 준풍 등의 연호가 사용되었다.
→ 고려 광종 때 광덕, 준풍 등의 독자적인 연호를 사용하였다.

③ 관리의 규범을 제시한 계백료서가 반포되었다.
→ 고려 태조 왕건 때 관리의 규범을 제시할 목적으로 『정계』 및 『계백료서』가 반포되었다.

④ 쌍성총관부를 공격하여 철령 이북을 수복하였다.
→ 고려 공민왕 때 반원 정책의 일환으로 쌍성총관부를 공격하여 철령 이북의 땅을 수복하였다.

⑤ 지방 세력 견제를 목적으로 한 상수리 제도가 실시되었다.
→ 통일 신라는 지방 세력을 견제하기 위하여 일종의 인질 제도인 상수리 제도를 운영하였다.

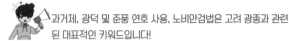 과거제, 광덕 및 준풍 연호 사용, 노비안검법은 고려 광종과 관련된 대표적인 키워드입니다!

13. 정답 ④
| 난이도 | ●○○

(가)에 들어갈 내용으로 옳은 것은? [1점]

지문의 핵심 키워드 ▶ 고려의 관학 진흥책

✓ 최충의 9재 학당을 비롯한 사학이 융성 – 고려 문종 때 최충의 문헌공도를 비롯한 사학 12도가 유행함
✓ 서적포 – 고려 숙종 때 국자감 내에 설치된 출판부
✓ 7재 – 고려 예종 때 국자감 내에 개설된 전문 강좌

선지별 키워드 추출

① 독서삼품과를 통해 인재를 등용하였어요.
→ 통일 신라 원성왕 때 유교 경전의 이해 수준에 따라 관리를 선발하는 **독서삼품과**를 시행하였다.

② 사액 서원에 서적과 노비 등을 지급하였어요.
→ 조선 시대에는 사림 세력을 중심으로 지방에 사립 교육 기관인 **서원**을 세웠다.

③ 중등 교육 기관으로 4부 학당을 설립하였어요.
→ 조선 시대에는 한양에 중등 교육을 담당하는 관립 교육 기관인 **4부 학당**이 설립되었다.

④ 양현고를 설치하여 장학 기금을 마련하였어요.
→ 고려 예종 때 관학 진흥을 위해 국자감 내에 장학 재단인 **양현고**를 설치하였다.

⑤ 초계문신제를 시행하여 문신을 재교육하였어요.
→ 조선 정조 때 젊은 관리를 규장각에서 재교육하는 **초계문신제**를 시행하였다.

 한능검에서 최충의 9재 학당(문헌공도)을 언급하면, 고려 시대의 관학 진흥책 문제일 가능성이 높습니다!

14. 정답 ②
| 난이도 | ●●○

(가) 국가에 대한 고려의 대응으로 옳은 것은? [2점]

○ (가) 의 임금이 개경으로 침입하여 궁궐을 불사르고 퇴각하였다. …… 양규는 (가) 의 군대를 무로대에서 습격하여 2,000여 급을 베고, 포로가 되었던 남녀 3,000여 명을 되찾았다. 다시 이수에서 전투를 벌이고 추격하여 석령까지 가서 2,500여 급을 베고, 포로가 되었던 1,000여 명을 되찾았다.

○ (가) 의 병사들이 귀주를 지나가자 강감찬 등이 동쪽 교외에서 전투를 벌였다. …… 적병이 북쪽으로 달아나자 아군이 그 뒤를 좇아가서 공격하였는데, 석천을 건너 반령에 이르기까지 시신이 들에 가득하였다.

지문의 핵심 키워드 ▶ 거란의 침입에 대한 고려의 대응

✓ 양규 – 거란의 제2차 침입을 방어한 장군
✓ 강감찬 – 거란의 제3차 침입을 방어한 문신

선지별 키워드 추출

① 강화도로 도읍을 옮겨 항전하였다.
→ 최우 정권 때 대몽 항쟁을 지속하기 위하여 **강화도로 천도**를 단행하였다.

② 광군을 조직하여 외침에 대비하였다.
→ 고려 정종 때 거란의 침략에 대비하기 위하여 **광군**을 조직하였다.

③ 박위를 파견하여 근거지를 토벌하였다.
→ 고려 창왕 때 박위를 파견하여 왜구의 근거지인 **쓰시마 섬**을 정벌하였다.

④ 압록강 상류 지역을 개척하여 4군을 설치하였다.
→ 조선 세종 때 최윤덕과 김종서를 파견하여 압록강 및 두만강 인근의 여진 세력을 소탕하고 **4군 6진**을 설치하였다.

⑤ 신기군, 신보군, 항마군으로 구성된 별무반을 편성하였다.
→ 고려 숙종 때 여진 정벌을 위하여 윤관의 건의로 신기군, 신보군, 항마군으로 편성된 **별무반**을 조직하였다.

 거란의 침략을 방어한 고려의 인물로는 대표적으로 서희, 양규, 강감찬이 있습니다!

15. 정답 ③ | 난이도 | ●●○

(가)에 들어갈 문화유산으로 옳은 것은? [1점]

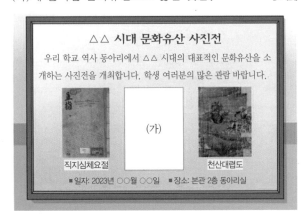

△△ 시대 문화유산 사진전

우리 학교 역사 동아리에서 △△ 시대의 대표적인 문화유산을 소개하는 사진전을 개최합니다. 학생 여러분의 많은 관람 바랍니다.

(가)

직지심체요절   천산대렵도

■일자: 2023년 ○○월 ○○일 ■장소: 본관 2층 동아리실

지문의 핵심 키워드 ▶ 고려의 문화유산

✓ 『직지심체요절』 - 고려 시대의 대표적인 금속활자본, 현존하는 가장 오래된 금속활자본이라는 의의가 있음

✓ 『천산대렵도』 - 고려 공민왕이 그린 것으로 추정되는 그림, 수렵의 장면을 묘사함

선지별 키워드 추출

① 금동 대향로(백제)

② 호우명 그릇(고구려)

③ 청자 상감 모란문 표주박모양 주전자(고려)

④ 이불병좌상(발해)

⑤ 정선의 「인왕제색도」(조선 후기)

고려 시대에 제작된 도자기는 대체로 초록색을 띠는 특징이 있습니다!

16. 정답 ① | 난이도 | ●●○

(가) 인물에 대한 설명으로 옳은 것은? [2점]

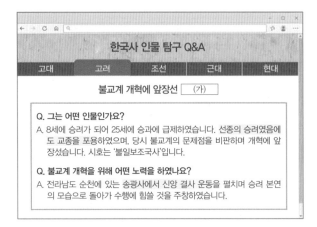

한국사 인물 탐구 Q&A

| 고대 | 고려 | 조선 | 근대 | 현대 |

불교계 개혁에 앞장선 (가)

Q. 그는 어떤 인물인가요?
A. 8세에 승려가 되어 25세에 승과에 급제하였습니다. 선종의 승려였음에도 교종을 포용하였으며, 당시 불교계의 문제점을 비판하며 개혁에 앞장섰습니다. 시호는 '불일보조국사'입니다.

Q. 불교계 개혁을 위해 어떤 노력을 하였나요?
A. 전라남도 순천에 있는 송광사에서 신앙 결사 운동을 펼치며 승려 본연의 모습으로 돌아가 수행에 힘쓸 것을 주창하였습니다.

지문의 핵심 키워드 ▶ 지눌

✓ 불일보조국사 - 지눌의 시호

✓ 송광사에서 신앙 결사 운동을 펼침 - 고려의 지눌이 주도한 불교 개혁 운동(수선사 결사 운동)

선지별 키워드 추출

① 참선을 강조하고 **돈오점수**를 주장하였다.
→ 고려의 **지눌**은 수행 방법으로 **돈오점수**와 **정혜쌍수**를 주장하였다.

② 불교 교단 통합을 위해 **해동 천태종**을 개창하였다.
→ 고려의 **의천**은 **해동 천태종**이라는 새로운 불교 종파를 창시하였다.

③ **선문염송집**을 편찬하고 유불일치설을 제창하였다.
→ 고려의 **혜심**은 『**선문염송집**』을 편찬하고, 유불일치설을 주장하였다.

④ 승려들의 전기를 정리하여 해동고승전을 편찬하였다.
→ 고려의 **각훈**은 삼국 시대부터 고려 시대까지의 승려들의 전기를 정리한 『**해동고승전**』을 저술하였다.

⑤ **보현십원가**를 지어 불교 교리를 대중에게 전파하였다.
→ 고려의 **균여**는 광종 때 불교의 교리를 사람들이 따라 부르기 쉬운 노래를 이용하여 **11수**의 **향가**로 지었다.

대각국사는 의천의 시호이며, 보조국사는 지눌의 시호입니다!

(가)~(다)를 일어난 순서대로 옳게 나열한 것은? [2점]

> (가) 우왕이 요동을 공격하는 일을 최영과 은밀하게 의논하였다. …… 마침내 8도의 군사를 징발하고 최영이 동교에서 군사를 사열하였다.
>
> (나) 대군이 압록강을 건너서 위화도에 머물렀다. …… 이성계가 회군한다는 소식을 듣고 앞다투어 모여든 사람이 천여 명이나 되었다.
>
> (다) 도평의사사에서 글을 올려 과전을 지급하는 법을 정할 것을 청하니, 그 의견을 따랐다. …… 경기는 사방의 근본이므로 마땅히 과전을 설치하여 사대부를 우대하여야 한다. 무릇 수도에 거주하며 왕실을 지키는 자는 현직, 산직(散職)을 불문하고 각각 과(科)에 따라 받게 한다.

지문의 핵심 키워드 ▶ 고려 말의 상황

- ✓ (가) 우왕이 요동을 공격하는 일을 최영과 은밀히 논의 – 최영은 우왕 때 명의 철령위 설치에 반발하여 요동 정벌을 추진함(1388. 4)
- ✓ (나) 위화도, 이성계가 회군 – 이성계는 요동 정벌 추진 당시 위화도에서 4불가론을 내세우며 회군함(1388. 5)
- ✓ (다) 과전을 지급하는 법, 경기는 사방의 근본이므로 마땅히 과전을 설치하여 사대부를 우대 – 공양왕 때 정도전, 조준 등은 신진 사대부의 경제적 기반을 확보할 목적으로 과전법을 실시함(1391)

선지별 키워드 추출

① (가) – (나) – (다)
→ 최영의 요동 정벌 추진(가) → 이성계의 위화도 회군(나) → 과전법 제정(다) 순으로 발생하였다.

 최영의 요동 정벌이 추진된 이후 이성계의 위화도 회군이 발생하였습니다!

다음 상황이 나타난 시기의 경제 모습으로 옳은 것은?
[2점]

> 도병마사가 아뢰기를, "안서도호부에서 바친 철은 예전에는 무기용으로 충당하였습니다. 근래에 흥왕사를 창건하면서 또다시 철을 더 바치라고 명령하셨으니 백성들이 고통을 감당하지 못하고 있습니다. 청컨대 염주, 해주, 안주 세 곳에서 2년 동안 바치는 철을 흥왕사 창건에 쓰게 하여 수고로운 폐단을 풀어 주십시오." 라고 하니, 이를 따랐다.

지문의 핵심 키워드 ▶ 고려의 경제 상황

- ✓ 도병마사 – 고려시대의 대표적인 독자적 기구, 국방 및 군사 문제 등을 논의함
- ✓ 흥왕사 – 고려 의천이 주지를 담당한 사찰

선지별 키워드 추출

① 관리에게 전지와 시지를 지급하였다.
→ 고려 시대에는 전시과를 시행하여 관리에게 전지와 시지를 지급하였다.

② 시장을 감독하기 위해 동시전을 설치하였다.
→ 신라 지증왕 때 기존의 시장을 개편하여 동시를 개설한 뒤, 이를 감독하는 관청인 동시전을 설치하였다.

③ 허적의 제안에 따라 상평통보를 발행하였다.
→ 조선 숙종 때 상평통보라는 법화를 발행하였으며, 상업의 발달에 힘입어 전국적으로 유통되었다.

④ 일본과의 교역 규모를 규정한 계해약조를 체결하였다.
→ 조선 세종 때 대마도주와 세견선 등 무역에 관한 조약인 계해약조를 체결하였다.

⑤ 상권 수호를 목적으로 황국 중앙 총상회를 조직하였다.
→ 개항기에 시전 상인들은 외국 상인의 국내 침투에 저항하여 상권 보호를 위한 황국 중앙 총상회를 설립하였다.

 역분전, 전시과, 과전법은 고려 시대에 제정된 대표적인 토지 제도입니다!

제63회

(가) 왕에 대한 설명으로 옳은 것은? [2점]

이것은 『어전준천제명첩』에 담긴 어제사언시(御製四言詩)로, (가) 이/가 홍봉한 등 청계천 준설 공사에 공이 있는 신하들의 노고를 치하하며 지은 것이다.

청계천 준설을 추진한 (가) 은/는 탕평, 균역 등도 자신의 치적으로 거론한 글을 남겼다.

지문의 핵심 키워드 ▶ 조선 영조

✓ 청계천 준설 공사 – 조선 영조 때 홍수 대비를 위해 시행한 사업
✓ 탕평 – 조선 영조 때 붕당의 폐해를 경계하며 시행한 정책
✓ 균역 – 조선 영조 때 군역의 부담을 완화하기 위해 시행한 정책

선지별 키워드 추출

① 나선 정벌에 조총 부대를 파견하였다.
→ 조선 효종 때 청나라의 러시아 정벌에 조총 부대를 파견하여 지원하였다.

② 경기도에 한해서 대동법을 실시하였다.
→ 조선 광해군 때 이원익 등의 건의로 경기도 지역에 한정하여 대동법을 처음 시행하였다.

③ 삼수병으로 구성된 훈련도감을 창설하였다.
→ 조선 선조 때 임진왜란이 발생하자 유성룡의 건의에 따라 삼수병으로 구성된 훈련도감을 창설하였다.

④ 통치 제도를 정비하고자 속대전을 편찬하였다.
→ 조선 영조 때 기존의 『경국대전』을 개정 및 증보한 법전인 『속대전』을 편찬하였다.

⑤ 한양을 기준으로 한 역산서인 칠정산을 만들었다.
→ 조선 세종 때 우리나라의 실정에 맞는 역법서인 『칠정산』을 간행하였다.

 한능검에서 청계천 준설 및 탕평책 시행 등을 언급하면 우선 영조를 떠올려야 합니다!

다음 상황이 나타난 시기를 연표에서 옳게 고른 것은? [2점]

왕이 전지하기를, "김종직은 보잘것없는 시골의 미천한 선비였는데, 선왕께서 발탁하여 경연에 두었으니 은혜와 총애가 더없이 컸다고 하겠다. 그런데 지금 그의 제자 김일손이 사초에 부도덕한 말로써 선왕 대의 일을 거짓으로 기록하고, 또 스승인 김종직의 조의제문을 싣고서 그 글을 찬양하였으니, 형명(刑名)을 의논하여 아뢰어라."라고 하였다.

1468	1494	1506	1518	1545	1589
(가)	(나)	(다)	(라)	(마)	
남이의 옥사	연산군 즉위	중종 반정	소격서 폐지	명종 즉위	기축 옥사

지문의 핵심 키워드 ▶ 무오사화

문제에 제시된 사건(조선 시대 연산군, 무오사화, 1498)
✓ 김종직 – 성종 때 등용된 대표적인 사림파 출신 인물
✓ 조의제문 – 김종직이 작성한 중국 초나라 황제인 의제를 애도하는 글로, 훈구파에 의해 단종의 왕위를 찬탈한 수양대군을 비판한다는 평가를 받아 무오사화의 원인이 됨

선지별 키워드 추출

② (나)
→ 무오사화는 조선 연산군이 재위한 당시에 발생한 대표적인 정치적 사건이므로, 흐름상 2번이 적절하다.

 문제에서 김종직의 조의제문 또는 김일손을 언급하면, 사실상 무오사화를 출제한 유형입니다!

(가) 왕의 재위 시기에 있었던 사실로 옳은 것은? [2점]

□□ 신문

제△△호　　　　　　　　○○○○년 ○○월 ○○일

원각사 창건 당시 작성된 계문(契文) 공개

원각사의 낙성을 축하하는 경찬회 때 (가) 이/가 조정 신하와 백성에게 수륙재 참여를 권하는 내용이 담긴 원각사 계문이 공개되었다. 조선의 임금과 왕실이 불교 행사를 직접 후원하였다는 기록이 희소하기에 의미가 있다.

한명회, 권람 등의 조력으로 김종서, 황보인 등을 제거하고 왕위에 오른 (가) 은/는 간경도감을 설치하여 불경을 한글로 번역, 간행하고 원각사를 창건하는 등 불교를 후원하였다.

지문의 핵심 키워드 ▶ 조선 세조

✓ 한명회, 권람 등의 조력으로 김종서, 황보인 등을 제거하고 왕위에 오름 – 조선 세조(수양 대군)의 즉위 과정
✓ 간경도감 – 조선 세조 때 설치된 불교 경전 간행을 담당하는 기구

선지별 키워드 추출

① 주자소에서 계미자를 주조하였다.
　→ 조선 태종 때 활자인 계미자를 주조하였다.

② 국가의 의례를 정비한 국조오례의를 완성하였다.
　→ 조선 성종 때 『국조오례의』를 완성하였다.

③ 삼남 지방의 농법을 소개한 농사직설을 편찬하였다.
　→ 조선 세종 때 정초, 변효문 등에게 명령하여 우리나라 실정에 맞는 농법을 정리한 『농사직설』을 편찬하였다.

④ 현직 관리에게만 수조지를 지급하는 직전법을 시행하였다.
　→ 조선 세조 때 현직 관리에게만 수조권을 지급하는 직전법을 실시하며 수신전 및 휼양전을 폐지하였다.

⑤ 우리나라와 중국의 의서를 망라한 동의보감을 간행하였다.
　→ 조선 광해군 때 허준이 동양의 의학을 집대성한 의학서인 동의보감을 완성하였다.

한능검에서 한명회 또는 김종서 살해를 언급하면, 조선 세조가 주도한 계유정난을 간접적으로 의도한 것입니다!

밑줄 그은 '이 인물'에 대한 설명으로 옳은 것은? [3점]

해주 향약을 시행하여 향촌 교화에 힘썼던 이 인물에 대해 말해 보자.

동호문답에서 수취 제도 개편 등 다양한 개혁 방안을 제시하였어.

격몽요결을 저술하여 체계적인 성리학 교육에 힘썼어.

지문의 핵심 키워드 ▶ 이이

✓ 해주 향약 – 조선의 이이가 향촌 교화를 위해 창시한 향약
✓ 『동호문답』 – 이이가 왕도 정치의 이상을 문답 형식으로 서술하여 선조에게 올린 글
✓ 『격몽요결』 – 이이가 학문을 시작하는 아동을 가르치기 위한 목적으로 편찬한 책

선지별 키워드 추출

① 명에 대한 의리를 내세운 기축봉사를 올렸다.
　→ 송시열은 효종 때 명에 대한 의리를 내세우며 기축봉사를 올렸다.

② 청으로부터 시헌력을 도입하자고 건의하였다.
　→ 김육은 태음력과 태양력의 원리를 적용하여 24절기의 시각 및 하루의 시각을 정밀하게 계산한 역법인 시헌력의 도입을 건의하였다.

③ 양반의 허례와 무능을 풍자한 양반전을 저술하였다.
　→ 박지원은 「양반전」, 「허생전」, 「호질」 등을 저술하여 양반의 허례와 무능을 비판 및 풍자하였다.

④ 예학을 조선의 현실에 맞게 정리한 가례집람을 지었다.
　→ 김장생은 가례의 문제점의 보완 및 수정을 목적으로 『가례집람』이라는 예법서를 편찬하였다.

⑤ 군주가 수양해야 할 덕목과 지식을 담은 성학집요를 집필하였다.
　→ 이이는 제왕의 학문을 정리하여 군주가 수행해야 할 덕목과 지식을 총망라한 『성학집요』를 집필하였다.

이황의 『성학십도』 및 예안 향약과 이이의 『성학집요』 및 해주 향약을 혼동하지 않도록 주의할 필요가 있습니다!

(가), (나) 사이의 시기에 있었던 사실로 옳은 것은?[3점]

> (가) 처음에 심의겸이 외척으로 권세를 부리니 당시 명망 있는 사람들이 섬겨 따랐다. 그런데 김효원이 전랑(銓郎)이 되어 그들을 배척하자 심의겸의 무리가 그를 미워하니, 점차 사림이 나뉘어 동인과 서인이라는 말이 나오게 되었다.
>
> (나) 기해년에 왕이 승하하자 재신 송시열이 사종(四種)의 설을 인용하여 "대행 대왕은 왕대비에게 서자가 된다. 왕통을 이었으나 장자가 아닌 경우이니 기년복(朞年服)*을 입어야 마땅하다."라고 하였다. 이에 대해 허목 등 신하들은 전거를 들어 다투기를, "대행 대왕은 왕대비에게 서자가 아니라 장자가 된 둘째이니, 삼년복을 입어야 한다."라고 하였다.
>
> *기년복(朞年服): 1년 동안 입는 상복

지문의 핵심 키워드 ▶ 붕당 형성 및 기해 예송

✓ (가) 김효원, 심의겸, 사림이 나뉘어 동인과 서인이 됨 - 사림은 이조 전랑 임명권을 놓고 동인(김효원 지지)와 서인(심의겸 지지)으로 나뉘는 붕당을 형성함(1575)

✓ (나) 기해년에 왕이 승하, 송시열의 기년복, 허목의 삼년복 - 효종이 사망한 이후 서인과 남인은 각자 기년복(1년 상복)과 삼년복을 주장함(기해 예송, 1659)

선지별 키워드 추출

① 인조반정으로 북인 세력이 몰락하였다.
→ 광해군 때 발생한 인조반정의 결과 북인이 몰락하고 서인이 집권하였다.

② 목호룡의 고변으로 옥사가 발생하였다.
→ 경종 때 목호룡의 고변으로 신임사화가 발생하였다.

③ 양재역 벽서 사건으로 이언적 등이 화를 입었다.
→ 명종 때 대윤 일파의 잔당이 숙청되는 양재역 벽서 사건이 발생하였다.

④ 인현왕후가 폐위되고 남인이 권력을 차지하였다.
→ 숙종 때 발생한 기사환국으로 인현 왕후가 폐위되고 남인이 집권하였다.

⑤ 이인좌를 중심으로 소론 세력 등이 난을 일으켰다.
→ 영조 때 이인좌를 중심으로 소론 세력 등이 난을 일으켰다.

 붕당과 관련된 대표적인 사건의 흐름은 기축옥사 → 인조반정 → 예송 → 환국이 있습니다!

(가) 국가에 대한 조선의 정책으로 옳은 것은?   [2점]

> **〈답사 보고서〉**
>
> ◈ **주제:** 남한산성에서 삼학사의 충절을 만나다
> ◈ **날짜:** 2023년 ○○월 ○○일
> ◈ **내용:** 현절사(顯節祠)는 삼학사(홍익한, 윤집, 오달제)의 충절을 기려 남한산성에 세운 사당이다. 그들은 ___(가)___ 의 침입으로 발생한 전쟁에서 화의를 반대하며 결사 항전을 주장하였다. 항복 이후 그들은 ___(가)___ (으)로 압송되어 처형되었다. 그들과 함께 척화를 주장했던 김상헌, 정온도 추가로 이곳에 모셔졌다.
> ◈ **사진**

지문의 핵심 키워드 ▶ 청나라에 대한 조선의 정책

✓ 남한산성 - 병자호란 당시 청나라의 침입에 항전한 장소

✓ 삼학사 - 병자호란 당시 화의를 끝까지 반대한 신하들

✓ 김상헌 - 병자호란 때 끝까지 맞서 싸울 것을 주장함

선지별 키워드 추출

① 만권당을 세워 학문 교류를 장려하였다.
→ 이제현은 원의 만권당에서 원의 학자들과 교류하였다.

② 어영청을 강화하는 등 북벌을 추진하였다.
→ 조선 효종 때 청나라에 대한 복수를 위하여 기존에 설치된 어영청을 개편하고 북벌을 추진하였다.

③ 화통도감을 설치하여 군사력을 증강하였다.
→ 고려 우왕 때 최무선은 왜구 격퇴를 위한 화약 및 화포 개발을 목적으로 화통도감의 설치를 건의하였다.

④ 사신 접대를 위해 한성에 동평관을 설치하였다.
→ 조선은 일본의 사신 접대를 위하여 동평관을 설치하였다.

⑤ 포로 송환을 목적으로 유정을 회답 겸 쇄환사로 파견하였다.
→ 조선 선조 때 임진왜란이 종결된 이후 일본의 국내 사정 파악 및 포로 송환을 목적으로 유정을 회답 겸 쇄환사로 파견하였다.

 청나라와 조선의 외교와 관련된 키워드로는 대표적으로 백두산 정계비 건립, 병자호란, 연행사가 있습니다!

25. 정답 ⑤

밑줄 그은 '이 시기'의 경제 상황으로 옳은 것은? [1점]

> ### 시(詩)로 만나는 한국사
>
> 이현과 종루 그리고 칠패는
> 도성의 3대 시장이라네
> 온갖 장인들이 살고 일하니
> 사람들이 많아서 어깨를 부딪히네
> 온갖 재화가 이익을 좇아
> 수레가 끊임없네
> 봉성의 털모자, 연경의 비단실
> 함경도의 삼베, 한산의 모시
> 쌀, 콩, 벼, 기장, 조, 피, 보리
> ……
>
> [해설] 이것은 한양의 모습을 그린「성시전도」를 보고 박제가가 지은 시의 일부이다. 시의 내용을 통해 이 시기 생동감 있는 시장의 모습을 엿볼 수 있다.

지문의 핵심 키워드 ▶ 조선 후기의 사회상

✔ 도성의 3대 시장 – 조선 후기에는 장시가 활성화됨
✔ 박제가 – 조선 후기에 활동한 대표적인 실학자

선지별 키워드 추출

① 백성에게 정전이 지급되었다.
→ 통일 신라 성덕왕 때 백성에게 정전이라는 토지를 지급하였다.

② 서경에 관영 상점이 설치되었다.
→ 고려 시대에는 서적점, 다점, 주점 등의 관영 상점을 운영하였다.

③ 금속 화폐인 건원중보가 주조되었다.
→ 고려 성종 때 우리나라 최초의 주화인 건원중보가 주조되었다.

④ 벽란도가 국제 무역항으로 번성하였다.
→ 고려 시대에는 예성강 하구에 위치한 벽란도가 국제 무역항으로 번성하였다.

⑤ 인삼, 담배 등이 상품 작물로 재배되었다.
→ 조선 후기에는 농법이 발달하여 벼농사 이외에도 담배, 면화, 인삼 등 다양한 상품 작물 재배를 시작하였다.

 시장의 활성화 및 여러 상인의 등장 관련 키워드도 조선 후기의 사회상 유형을 출제할 때 활용됩니다!

26. 정답 ③

(가) 기구에 대한 설명으로 옳은 것은? [1점]

> 오늘에 와서는 큰일이건 작은 일이건 중요한 것으로 취급되지 않는 것이 없어, 의정부는 한갓 헛이름만 지니고 6조는 모두 그 직임을 상실하였습니다. 명칭은 '변방의 방비를 담당하는 것'이라고 하면서 과거 시험에 대한 판하(判下)*나 비빈 간택 등의 일까지도 모두 [(가)]을/를 경유하여 나옵니다. 명분이 바르지 못하고 말이 이치에 맞지 않음이 이보다 심할 수가 없습니다. 신의 어리석은 소견으로는 [(가)]을/를 고쳐 정당(政堂)으로 칭하는 것이 상책이라 생각합니다.
>
> *판하(判下): 안건을 임금이 허가하는 것

지문의 핵심 키워드 ▶ 비변사

✔ 의정부는 한갓 헛이름만 지니고 6조는 모두 그 직임을 상실 – 비변사의 역할이 강화되면서 기존의 의정부 및 6조의 역할이 유명무실화됨
✔ 변방의 방비를 담당하는 것 – 비변사의 본래 설치 목적

선지별 키워드 추출

① 사헌부, 사간원과 함께 3사로 불렸다.
→ 조선의 홍문관은 언론 기관인 사헌부, 사간원과 함께 3사로 불렸다.

② 서얼 출신 학자들이 검서관에 등용되었다.
→ 조선 정조 때 이덕무 · 박제가 · 유득공 등 서얼 출신 인물들을 규장각 검서관으로 등용하였다.

③ 흥선 대원군이 집권한 시기에 혁파되었다.
→ 흥선 대원군은 왕권 강화를 위하여 비변사를 혁파하였다.

④ 서울과 수원에 설치되어 국왕의 호위를 맡았다.
→ 조선 정조 때 장용영의 내영은 서울, 외영은 수원 화성에 두었다.

⑤ 대사성을 수장으로 좨주, 직강 등의 관직을 두었다.
→ 조선의 최고 관립 교육 기관인 성균관은 대사성을 수장으로 좨주, 직강 등의 관직을 두었다.

 사료에서 의정부 및 6조의 기능이 유명무실화되었다는 맥락을 언급하면, 비변사를 의심할 필요가 있습니다!

27. 정답 ③　　　　　　　　| 난이도 | ●●○

(가) 인물에 대한 설명으로 옳은 것은?　　　　[2점]

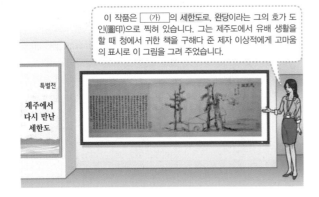

이 작품은 　(가)　 의 세한도로, 완당이라는 그의 호가 도 인(圖印)으로 찍혀 있습니다. 그는 제주도에서 유배 생활을 할 때 청에서 귀한 책을 구해다 준 제자 이상적에게 고마움의 표시로 이 그림을 그려 주었습니다.

특별전
제주에서
다시 만난
세한도

지문의 핵심 키워드 ▶ 김정희

✓ 세한도 - 김정희가 제주도 유배 당시 자신의 제자가 책을 구해다 준 답례로 그려준 그림
✓ 완당 - 김정희의 호

선지별 키워드 추출

① 남북국이라는 용어를 처음 사용하였다.
　→ 유득공은 『발해고』에서 남북국이라는 용어를 최초로 사용하였다.

② 기기도설을 참고하여 거중기를 설계하였다.
　→ 조선의 정약용은 수원 화성을 보다 쉽게 축조하기 위하여 거중기를 발명하였다.

③ 북한산비가 진흥왕 순수비임을 고증하였다.
　→ 조선의 김정희는 『금석과안록』에서 북한산비가 진흥왕 순수비임을 고증하였다.

④ 양명학을 연구하여 강화학파를 형성하였다.
　→ 양명학은 정제두를 대표로 강화도에 형성된 강화학파를 통해 독자적인 연구가 이루어졌다.

⑤ 안평 대군의 꿈을 소재로 몽유도원도를 그렸다.
　→ 조선의 안견은 안평대군의 꿈 이야기를 듣고 『몽유도원도』를 그렸다.

 김정희의 「세한도」는 조선 시대의 그림 유형에서 자주 출제되는 대표적인 그림입니다!

---

28. 정답 ⑤　　　　　　　　| 난이도 | ●●●

(가), (나) 사이의 시기에 있었던 사실로 옳은 것은?

[3점]

(가) 전라도 관찰사 정민시가 [진산의] 죄인 윤지충과 권상연에 대한 조사 결과를 아뢰었다. "…… 근래에 그들은 평소 살아 계신 부모나 조부모처럼 섬겨야 할 신주를 태워 없애면서도 이마에 진땀 하나 흘리지 않았으니 정말 흉악한 일입니다. 제사를 폐지한 일은 오히려 부차적입니다."

(나) 의금부에서 아뢰었다. "얼마 전 죄인 남종삼은 명백한 근거도 없이 러시아에 변란이 있을 것이고, 프랑스와 조약을 맺을 계책이 있다는 요망한 말로 여러 사람을 현혹하였습니다. 감히 나라를 팔아먹고자 몰래 외적을 끌어들일 음모를 꾸몄으니, 즉시 참형에 처해야 합니다. …… [베르뇌를 비롯한] 서양인 4명을 군영에 넘겨 효수하여 본보기로 삼도록 하였습니다."

지문의 핵심 키워드 ▶ 신해박해 및 병인박해

✓ (가) 윤지충과 권상연 - 신해박해 때 희생된 대표적인 인물들(1791)
✓ (나) 남종삼, 베느뢰를 비롯한 서양인 4명 - 병인박해 때 희생된 대표적인 한국인 신자 및 천주교 선교사(1866)

선지별 키워드 추출

① 대종교 계열의 중광단이 결성되었다.
　→ 1911년 대종교는 북간도에서 군사 조직인 중광단을 결성하였다. - (나) 이후

② 한용운이 조선불교유신론을 저술하였다.
　→ 일제 강점기에 한용운은 불교 개혁을 위하여 『조선불교유신론』을 저술하였다. - (나) 이후

③ 보은에서 교조 신원을 요구하는 집회가 열렸다.
　→ 1893년 보은에서 동학교도들의 교조 신원 운동이 전개되었다. - (나) 이후

④ 이수광이 지봉유설에서 천주실의를 소개하였다.
　→ 이수광은 『지봉유설』에서 천주교의 교리를 정리한 천주실의를 소개하였다. - (가) 이전

⑤ 황사영이 외국 군대의 출병을 요청하는 백서를 작성하였다.
　→ 신유박해(1801)가 발생하자 황사영은 베이징에 주재하는 프랑스 선교사에게 군대 출병을 요청하는 백서를 작성하였다.

 조선 시대에 발생한 대표적인 천주교 박해는 신해박해 → 신유박해 → 병인박해 순서대로 발생하였습니다!

29. 정답 ③

| 난이도 | ●●○

(가) 인물에 대한 설명으로 옳은 것은? [2점]

개화사상의 선구자

박지원의 손자이며, 진주에서 농민 봉기가 일어나자 안핵사로 파견되었다. 자신의 사랑방에서 양반 자제들에게 세계 정세를 전하였으며, 청에 다녀온 경험을 바탕으로 문호 개방을 주장하는 등 개화 사상 형성에 선구적인 역할을 하였다.

(가)

지문의 핵심 키워드 ▶ 박규수

✓ 박지원의 손자, 진주에서 농민 봉기가 일어나자 안핵사로 파견 - 박규수의 가족 및 활동

선지별 키워드 추출

① 조선 중립화론을 건의하였다.
→ 유길준은 거문도 불법 점령 사건 직후 조선의 영세 중립화를 건의하는 조선 중립화론을 건의하였다.

② 베델과 함께 대한매일신보를 창간하였다.
→ 양기탁은 영국인 베델과 함께 대한매일신보를 창간하여 항일 논설을 다수 게재하였다.

③ 대동강에 침입한 제너럴셔먼호를 격침하였다.
→ 박규수는 평양 감사로 있을 때 대동강에 침입한 미국 상선 제너럴셔먼호를 격침하였다.

④ 서양의 과학 기술을 정리한 지구전요를 저술하였다.
→ 조선의 최한기는 우주의 형상 및 전세계의 인문지리에 대해 서술한 『지구전요』를 저술하였다.

⑤ 강화도 조약 체결의 전말을 기록한 심행일기를 남기다
→ 신헌은 강화도 조약 협상 당시 한국측 대표 인물로, 강화도 조약 체결의 전말을 기록한 『심행일기』를 저술하였다.

문제에서 인물의 본명 또는 아버지 등의 이름을 언급하면, 성씨를 활용하여 소거법을 통한 풀이가 가능합니다!

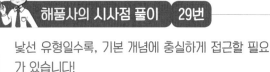

해품사의 시사점 풀이 **29번**

낯선 유형일수록, 기본 개념에 충실하게 접근할 필요가 있습니다!

해품사의 문제 첫인상

1. 박규수는 기존 기출에서 다른 유형의 키워드로 등장했는데, 인물 유형으로 출제한 것은 오랜만인데?!
2. 문제에서 진주 농민 봉기가 일어나자 안핵사로 파견되었다는 것이 핵심이네!
3. 그런데, 박규수의 손자라는 키워드 역시 선지 소거를 위해 활용할 수 있을 것 같다!

해품사의 "대처 방법"

✓ 하나의 키워드는 생각보다 다양한 유형에서 연계하여 활용할 수 있습니다!
→ 즉 내가 지금 공부하는 키워드가 어떤 유형에서 활용될 수 있을지 분석하는 것도 도움이 됩니다!

✓ 특히 인물 유형의 경우 인물의 성씨를 파악할 수 있다면 생각보다 풀이에 큰 도움이 됩니다!
→ 실제로 이 문제의 경우 박지원의 손자라는 것을 통해 해당 인물이 박씨임을 유추할 수 있으며, 실제로 선지에서 박씨에 해당하는 인물은 단 한 명입니다!

✓ 이를 바탕으로 문제 키워드를 종합적으로 파악하여 접근할 필요가 있습니다!
→ 박씨에 해당되는 인물이며, 임술 농민 봉기의 안핵사로 파견된 박규수는 제너럴셔먼호도 격침하였기 때문에 3번이 정답!

30. 정답 ②

밑줄 그은 '이 사건'에 대한 설명으로 옳은 것은? [2점]

이번 시간에는 근대 국가 수립을 위해 김옥균 등이 일으켰던 이 사건에 대한 의견을 들어 보고자 합니다.

그들이 개혁안에서 내세운 인민 평등권 확립 등은 이후의 근대적 개혁에 영향을 주었습니다.

하지만 일부 급진 개화파를 중심으로 개혁을 추진하였고, 청과의 사대 관계 청산을 주장하면서도 일본의 힘에 의존하였다는 한계가 있습니다.

지문의 핵심 키워드 ▶ 갑신정변

✓ 김옥균, 급진 개화파 – 갑신정변을 주도한 인물 및 세력
✓ 인민 평등권 확립, 청과의 사대 관계 청산을 주장 – 갑신정변 때 발표된 14개조 개혁 정강

선지별 키워드 추출

① 보국안민, 제폭구민을 기치로 내걸었다.
→ 동학 농민 운동은 보국안민과 제폭구민을 기치로 내세운 반봉건, 반외세 운동이다.

② 한성 조약이 체결되는 결과를 가져왔다.
→ 갑신정변의 결과 조선은 일본에게 배상금 및 공사관 신축비 지불을 규정한 한성 조약을 체결하였다.

③ 개혁 추진을 위해 교정청을 설치하였다.
→ 전주 화약을 체결한 이후 정부는 개혁 추진을 위하여 교정청을 설치하였다.

④ 구식 군인에 대한 차별 대우가 발단이 되었다.
→ 임오군란은 신식 군대인 별기군이 창설된 이후 기존의 구식 군인에 대한 차별 대우가 발단이 되어 일어났다.

⑤ 민영익 등이 보빙사로 파견되는 계기가 되었다.
→ 조미 수호 통상 조약을 체결한 이후 민영익, 홍영식 등이 보빙사로 파견되었다.

 갑신정변 때 발표된 개혁 정강 14조의 일부 조항을 활용하여 키워드로 제시할 수 있습니다!

---

31. 정답 ③

(가) 운동에 대한 설명으로 옳은 것은? [1점]

국가보훈처는 광복 73주년을 맞아 독립 유공자를 발굴하여 포상하기로 하였습니다. 이번 포상에는 (가) 의 1주년에 만세 운동을 전개하다가 체포되어 옥고를 치른 배화 여학교 학생 여섯 명이 포함되었습니다. 이들은 일제 강점기 최대 민족 운동인 (가) 의 영향을 받아 수립된 대한민국 임시 정부의 활동 소식을 접하면서 민족의식을 키웠다고 합니다.

김경화 등 6명의 독립운동가, 독립운동 유공 인정

지문의 핵심 키워드 ▶ 3 · 1 운동

✓ 일제 강점기 최대 민족 운동 – 3 · 1 운동의 의의
✓ (가)의 영향을 받아 수립된 대한민국 임시 정부 – 3 · 1 운동은 대한민국 임시 정부 수립에 영향을 줌

선지별 키워드 추출

① 김광제 등의 발의로 본격화되었다.
→ 국채 보상 운동은 대구 지역에서 서상돈 및 김광제 등의 발의로 시작된 경제 구국 운동이다.

② 순종의 인산일을 기회로 삼아 추진되었다.
→ 6 · 10 만세 운동은 순종의 인산일에 추진된 대표적인 항일 운동이다.

③ 제암리 학살 등 일제의 가혹한 탄압을 받았다.
→ 3 · 1 운동 당시 일제는 경기도 화성에 위치한 제암리에서 민간인 학살을 자행하였다.

④ 신간회에서 진상 조사단을 파견하여 지원하였다.
→ 신간회는 광주 학생 항일 운동 발생 이후 진상 조사단을 파견하여 지원하였다.

⑤ 성진회와 각 학교 독서회에 의해 전국적으로 확산하였다.
→ 광주 학생 항일 운동은 항일 학생 운동 단체인 성진회 및 독서회에 의해 전국적으로 확산되었다.

 3 · 1 운동의 결과 대한민국 임시 정부가 수립되고, 이른바 '문화 통치'가 시작되었습니다!

---

32. 정답 ③　　　　　　　　　　| 난이도 | ●●○

밑줄 그은 '개혁'의 내용으로 옳은 것은?　　　　　[3점]

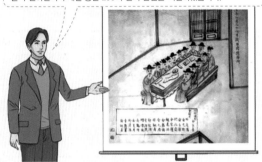

이 그림은 군국기무처에서 회의하는 모습입니다. 그림의 아래쪽에는 총재 김홍집 등 회의에 참여한 관리들의 이름이 적혀 있습니다. 군국기무처는 개혁을 추진하면서 수개월 동안 200여 건의 안건을 의결하였습니다.

지문의 핵심 키워드 ▶ 제1차 갑오개혁

✓ 군국기무처 – 제1차 갑오개혁을 담당한 기구

선지별 키워드 추출

① 원수부를 두었다.
　→ 대한 제국은 광무개혁 때 황제 직속의 군통수 기구인 원수부를 설치하였다.

② 재판소를 설치하였다.
　→ 제2차 갑오개혁 때 근대식 사법 기구인 재판소가 설치되었다.

③ 은본위제를 도입하였다.
　→ 제1차 갑오개혁 때 일정한 은의 양을 기준으로 화폐의 가치를 정한 제도인 은본위제를 도입하였다.

④ 태양력을 공식 채택하였다.
　→ 을미개혁 때 태양력을 채택하였다.

⑤ 5군영을 2영으로 통합하였다.
　→ 통리기무아문이 설치된 이후 기존의 5군영을 2영으로 개편하였다.

 낯선 선지가 정답으로 언급되면, 소거법을 통해 최대한 어색한 사례부터 소거할 필요가 있습니다!

해품사의 시사점 풀이　32번

소거법은 선택이 아닌 필수 전략입니다!

해품사의 문제 첫인상

1. 군국기무처와 김홍집 총재는 제1차 갑오개혁과 관련된 빈출 키워드지!
2. 그런데.. 은본위제는 지금까지 제1차 갑오개혁의 키워드로 출제된 사례가 거의 없을텐데?!
3. 만약 이 키워드를 정확히 모른다면, 나머지 오답 선지를 정확히 소거할 필요가 있겠다!

해품사의 "대처 방법"

✓ 익숙한 유형이더라도 낯선 사례를 정답으로 제시하면 정답을 고르기 어려워질 수 있습니다!
　→ 어떤 유형이더라도 무조건적으로 같은 정답만 제시하지 않는다는 것을 주의할 필요가 있습니다!

✓ 시험 현장에서 파악하기 어려운 선지 사례는 우선 제외하거나 다른 방법으로 접근할 필요가 있습니다!
　→ 만약 낯선 선지가 정답일 경우, 오답 선지가 비교적 쉽게 출제될 가능성이 높습니다!

✓ 이를 바탕으로 더욱 명확한 오답 사례를 먼저 소거하여 정답을 추론할 필요가 있습니다!
　→ 1번 선지는 광무개혁, 2번 선지는 제2차 갑오개혁, 4번 선지는 을미개혁, 5번 선지는 제1차 갑오개혁 이전의 사례이므로, 남는 선지인 3번이 정답!

(가)에 들어갈 내용으로 가장 적절한 것은? [2점]

한국사 동영상 제작 계획안

○○○○, 공론의 장을 열다

△학년 △반 △모둠

■ 제작 의도

지식인뿐 아니라 농민, 상인, 노동자 등 다양한 계층이 참여한 집회 등을 통해 공론의 장을 마련한 ○○○○의 활동을 살펴본다.

■ 장면별 구성 내용

#1. 독립문 건설을 위해 성금을 모으다
#2. 러시아의 절영도 조차 요구를 규탄하는 집회를 열다
#3. _____(가)_____
#4. 황국 협회의 습격으로 사망한 구두 수선공의 장례를 치르다

지문의 핵심 키워드 ▶ 독립 협회

✔ 독립문 – 독립 협회가 자주 표방 및 청나라에 대한 사대 청산을 목적으로 새롭게 세운 문
✔ 러이사의 절영도 조차 요구를 규탄 – 독립 협회
✔ 황국 협회의 습격 – 독립 협회가 해산된 원인

선지별 키워드 추출

① 평양에 대성 학교를 설립하다
→ 안창호는 대성 학교를 설립하여 민족 교육을 실시하였다.

② 고종 강제 퇴위 반대 운동을 주도하다
→ 대한 자강회는 고종의 강제 퇴위를 반대하는 국민 운동을 전개하였다.

③ 집강소를 중심으로 폐정 개혁안을 실천하다
→ 동학 농민군은 전주 화약을 체결한 이후 자치 기구인 집강소를 설치하였다.

④ 관민 공동회를 개최하여 헌의 6조를 결의하다.
→ 독립 협회는 의회 설립 운동을 추진하면서 관민 공동회를 개최하였다.

⑤ 개혁의 기본 방향을 제시한 홍범 14조를 반포하다
→ 제2차 갑오개혁 때 고종이 종묘에서 홍범 14조를 반포하며 개혁의 방향성을 제시하였다.

독립 협회는 입헌군주제를 지향하였으나, 공화정을 지향하였다는 모함을 받아 황국 협회에 의해 해산되었습니다!

다음 기사를 활용한 탐구 활동으로 가장 적절한 것은? [3점]

해외 언론 보도로 본 민족 운동

THE CALL

Shot Down by Korean Conspirators, Diplomat Stevens Is at Point of Death

오늘 나는 스티븐스를 쏘았다. 그는 대한 제국의 외교 고문에 임명되어 후한 대접을 받고 있음에도 일본의 이익을 위해 한국인에게 온갖 잔인한 일을 자행하였다. …… 나는 어떤 처벌에도 불만이 없으며, 조국의 자유를 위한 투쟁에 도움이 된다면 영광스럽게 죽을 것이다.

지문의 핵심 키워드 ▶ 장인환 · 전명운의 스티븐스 사살

✔ 스티븐스, 대한 제국의 외교 고문에 임명 – 제1차 한일 협약을 체결하며 국내에 파견된 외교 고문, 장인환 및 전명운에 의해 샌프란시스코에서 암살됨

선지별 키워드 추출

① 제1차 한일 협약의 내용을 알아본다.
→ 제1차 한일 협약에 따라 외교 고문에 미국인 스티븐스, 재정 고문에 일본인 메가타가 파견되었다.

② 삼국 간섭이 발생한 원인을 분석한다.
→ 청 · 일 전쟁 종결 이후 일본은 청나라와 시모노세키 조약을 체결하며 랴오둥 반도를 할양받았으나, 일본의 영향력 확대를 우려한 독일, 러시아, 프랑스가 랴오둥 반도를 청나라에 반환할 것을 일본에서 요구하였다.

③ 일제가 조작한 105인 사건의 영향을 파악한다.
→ 신민회는 일제가 조작한 105인 사건으로 와해되었다.

④ 영국이 거문도를 불법으로 점령한 과정을 조사한다.
→ 영국은 러시아의 남하 정책을 견제하기 위하여 거문도를 불법으로 점령하였다.

⑤ 고종이 러시아 공사관으로 피신한 이유를 찾아본다.
→ 고종은 을미사변 이후 자신의 신변에 위협을 느꼈기 때문에, 궁녀로 위장하며 가마를 타고 새벽에 러시아 공사관으로 피신하였다(아관 파천).

일제와 제1차 한일 협약을 체결한 결과 외교 고문인 스티븐스와 재정 고문인 메가타가 국내에 파견되었습니다!

(가) 인물의 활동으로 옳은 것은?　　　　　　[2점]

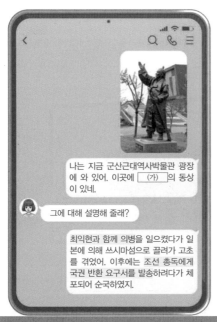

나는 지금 군산근대역사박물관 광장에 와 있어. 이곳에 (가) 의 동상이 있네.

그에 대해 설명해 줄래?

최익현과 함께 의병을 일으켰다가 일본에 의해 쓰시마섬으로 끌려가 고초를 겪었어. 이후에는 조선 총독에게 국권 반환 요구서를 발송하려다가 체포되어 순국하였지.

지문의 핵심 키워드 ▶ 임병찬

✓ 조선 총독에게 국권 반환 요구서를 발송 - 임병찬이 독립 의군부를 조직하여 주도한 대표 활동

선지별 키워드 추출

① 명동 성당 앞에서 이완용을 습격하였다.
→ 이재명은 을사늑약 체결 이후 명동 성당에서 을사 오적 중 한 명인 이완용에게 중상을 입혔다.

② 고종의 밀지를 받아 독립 의군부를 조직하였다.
→ 임병찬은 독립 의군부를 조직하였으며, 조선 총독부에 국권 반환 요구서를 제출하려고 시도하였다.

③ 국권 침탈 과정을 정리한 한국통사를 저술하였다.
→ 박은식은 고종 즉위부터 105인 사건까지의 우리나라의 근현대사를 정리한 『한국통사』를 저술하였다.

④ 13도 창의군의 총대장으로 서울 진공 작전을 지휘하였다.
→ 이인영은 정미의병 당시 13도 창의군의 총대장으로 서울 진공 작전을 전개하였다.

⑤ 논설 단연보국채를 써서 국채 보상 운동에 적극 참여하였다.
→ 장지연은 황성신문에 단연보국채라는 논설을 써서 국채 보상 운동을 지원하였다.

 임병찬은 개항기에 을사의병 활동을 주도하였으며, 일제 강점기에 독립 의군부를 조직하였습니다!

(가) 부대에 대한 설명으로 옳은 것은?　　　　　　[2점]

주제: (가) 의 무장 독립 투쟁

국민부 산하 군사 조직으로 편성되었다가 이후 여러 부대를 통합하며 재편되었습니다.

총사령에 양세봉, 참모장에 김학규가 임명되어 부대를 이끌었습니다.

만주 사변 이후 중국 의용군과 함께 남만주 일대에서 항일 투쟁을 벌였습니다.

지문의 핵심 키워드 ▶ 조선 혁명군

✓ 국민부 산하 군사 조직으로 편성, 총사령 양세봉, 중국 의용군과 연합 - 조선 혁명군

선지별 키워드 추출

① 간도 참변 이후 자유시로 이동하였다.
→ 간도 참변 발생 이후 서일을 총재로 밀산부에 집결한 독립군은 대한 독립 군단을 결성하여 자유시로 이동하였다.

② 영릉가 전투에서 일본군과 싸워 크게 승리하였다.
→ 조선 혁명군은 중국 의용군과 연합하여 영릉가 전투, 흥경성 전투에서 승리를 거두었다.

③ 조선 독립 동맹 산하의 군사 조직으로 개편되었다.
→ 조선 의용대의 일부 대원은 한국광복군에 합류하였으며, 남은 대원은 중국 화북으로 이동하여 조선 의용군으로 개편되었다.

④ 영국군의 요청으로 인도·미얀마 전선에 투입되었다.
→ 한국 광복군은 제2차 세계 대전 당시 연합군과 연합 작전을 주도하였다.

⑤ 중국 국민당 정부의 지원을 받아 우한에서 창설되었다.
→ 조선 의용대는 중국 국민당의 지원을 받아 중국 관내(關內)에서 결성된 최초의 군사 조직이다.

 한국 독립군은 중국 호로군과 연합하였으며, 조선 혁명군은 중국 의용군과 연합하였습니다!

37. 정답 ④ | 난이도 | ●○○

(가) 운동에 대한 설명으로 옳은 것은? [1점]

이것은 (가) 을/를 주도한 단체의 제7회 전국 대회 포스터입니다. '모히라! 자유평등의 기치하에로'라는 문구가 있으며, '경성 천도교 기념관'에서 개최된다고 알리고 있습니다. 진주에서 시작된 (가) 은/는 '공평은 사회의 근본이요, 애정은 인류의 본량(本良)'이라는 구호 아래 전개되었습니다.

지문의 핵심 키워드 ▶ 형평 운동

✓ 진주에서 시작 - 형평 운동이 시작된 지역
✓ 공평은 사회의 근본이요, 애정은 인류의 본량(本良) - 형평 운동 당시의 구호

선지별 키워드 추출

① 통감부의 탄압으로 중단되었다.
→ 형평 운동은 조선 총독부의 탄압으로 중단되었기 때문에, 시기상 일치하지 않는다.

② 중국의 5·4 운동에 영향을 주었다.
→ 3·1 운동은 중국의 5·4 운동 및 인도의 독립 운동 등 해외 독립운동에 영향을 주었다.

③ 대한 자강회가 결성되는 배경이 되었다.
→ 대한 자강회는 고종의 강제 퇴위 반대 운동을 전개한 대표적인 애국 계몽 운동 단체이다.

④ 백정에 대한 사회적 차별 철폐를 주장하였다.
→ 백정들은 신분 해방 이후 남아있는 사회적 차별에 맞서 조선 형평사를 조직하여 형평 운동을 주도하였다.

⑤ 여성 교육의 중요성을 강조한 여권통문을 발표하였다.
→ 여권통문은 1898년에 발표된 우리나라 최초의 여성 인권 선언이다.

 한능검에서 형평 운동을 출제할 때, 공평, 사랑, 애정 등의 키워드를 언급할 수 있습니다!

38. 정답 ③ | 난이도 | ●○○

밑줄 그은 '이 시기'에 볼 수 있는 모습으로 적절한 것은? [1점]

이 사진은 조선 물산 공진회가 열렸던 당시 일장기가 내걸린 근정전의 모습을 보여 줍니다. 조선 총독부는 토지 조사 사업이 진행되던 이 시기에 식민 통치를 미화하고, 그 성과를 선전하기 위해 이 행사를 개최하였습니다. 공진회장 조성 과정에서 경복궁의 많은 건물이 헐렸습니다.

지문의 핵심 키워드 ▶ 무단 통치기의 사회상

✓ 조선 물산 공진회 - 1915년 일제가 개최한 일종의 박람회
✓ 토지 조사 사업 - 무단 통치기에 일제가 시행한 정책

선지별 키워드 추출

① 황국 신민 서사를 암송하는 학생
→ 민족 말살 통치 시기에는 천황에 대한 충성심을 강조한 서사를 강요하였다.

② 경성 제국 대학에서 강의하는 교수
→ 이른바 '문화 통치' 시기에 일제는 민립 대학 설립 운동을 탄압하기 위하여 경성 제국 대학을 설립하였다.

③ 조선인에게 태형을 집행하는 헌병 경찰
→ 무단 통치기에는 헌병이 경찰을 담당하였고, 조선인에게만 적용된 형벌인 태형이 적용되었다.

④ 원산 총파업에 연대 지원금을 보내는 외국 노동자
→ 이른바 '문화 통치' 시기에 발생한 노동 운동인 원산 총파업 당시 중국, 일본, 프랑스 등의 노동 단체로부터 격려 및 후원을 받았다.

⑤ 나운규가 감독한 아리랑의 첫 상영을 준비하는 단성사 직원
→ 이른바 '문화 통치' 시기에 나운규는 일제 강점기 민족의 아픔을 그린 영화 아리랑을 단성사에서 개봉하였다.

 조선 물산 공진회는 무단 통치기의 사회상 및 경복궁 유형의 키워드로 활용할 수 있습니다!

39. 정답 ④

| 난이도 | ●○○

다음 검색창에 들어갈 단체에 대한 설명으로 옳은 것은?
[2점]

지문의 핵심 키워드 ▶ 조선어 학회

✓ 최현배, 이극로 – 조선어 학회의 대표 회원
✓ 조선말 큰사전 – 조선어 학회에서 편찬을 시도한 우리나라 최초의 국어사전

선지별 키워드 추출

① 한글 신문인 제국신문을 간행하였다.
　→ 개항기에 이종일이 제국신문을 간행하였다.

② 태극 서관을 설립하여 서적을 보급하였다.
　→ 신민회는 민중 계몽을 위한 서적 및 출판물을 보급할 목적으로 태극 서관을 운영하였다.

③ 파리 강화 회의에 독립 청원서를 제출하였다.
　→ 대한민국 임시 정부는 김규식을 파리 강화 회의에 파견하여 독립 청원서를 제출하였다.

④ 한글 맞춤법 통일안과 표준어 사정안을 제정하였다.
　→ 조선어 학회는 일제 강점기의 대표적인 한글 수호 단체로서, 국어 문법을 정리한 한글 맞춤법 통일안과 표준어 사정안을 제정하였다. 　헷갈리기 쉬운 선지!

⑤ 국문 연구소를 두어 한글을 체계적으로 연구하였다.
　→ 대한 제국은 학부 내에 국문 연구소를 두어 한글을 체계적으로 연구하였다.

한능검에서 조선어 학회를 출제하면, 빈출 오답 선지로 국문 연구소를 제시할 가능성이 높습니다!

---

40. 정답 ②

| 난이도 | ●●○

(가), (나) 인물에 대한 설명으로 옳은 것을 〈보기〉에서 고른 것은?
[2점]

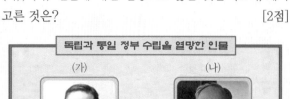

지문의 핵심 키워드 ▶ 김구 · 여운형

✓ (가) 남북 협상 – 김구는 김규식과 남북 협상을 추진함
✓ (나) 좌우 합작 위원회 조직 – 제1차 미소 공동 위원회 결렬 이후 여운형이 김규식과 함께 조직한 단체

선지별 키워드 추출

ㄱ. (가) – 상하이에서 한인 애국단을 조직하였다.
　→ 한인 애국단은 김구가 대한민국 임시 정부의 부흥을 목적으로 조직한 독립운동 단체이다.

ㄴ. (가) – 조선 혁명 간부 학교를 세워 독립군을 양성하였다.
　→ 김원봉은 독립군 간부 양성을 목적으로 난징에 조선 혁명 간부 학교를 설립하였다.

ㄷ. (나) – 조선 건국 준비 위원회의 활동을 주도하였다.
　→ 여운형 및 안재홍 등은 광복 직후 국가 재건을 위한 단체인 조선 건국 준비 위원회를 설립하였다.

ㄹ. (나) – 미국에서 귀국하여 독립 촉성 중앙 협의회를 이끌었다.
　→ 이승만은 광복 이후 미국에서 귀국하여 독립 촉성 중앙 협의회를 조직하였다.

두 인물 유형을 박스형(ㄱ~ㄹ 선지 구성)으로 출제할 경우, 1번과 5번은 정답이 될 가능성이 낮습니다!

제63회

문제의 유형에 따른 알맞은 접근법을 활용해야 쉬운 공략이 가능합니다!

해품사의 문제 첫인상

1. 김구 및 여운형은 광복~정부 수립 유형에서도 자주 언급하는 빈출 인물이지!
2. 그런데, 박스형(ㄱ~ㄹ 선지 구성)으로 두 인물을 동시에 출제한 것은 나름의 의도가 있는 것이다!
3. 즉 두 인물의 업적을 모두 이해해야 풀이가 가능한 선지에 우선 집중해보자!

해품사의 "대처 방법"

✓ 인물 유형의 경우 크게 단독 인물 유형 또는 두 인물을 동시에 파악하는 유형으로 나뉩니다.
  → 그중에서도 두 인물의 업적을 동시에 파악하는 유형이 체감 난이도가 당연히 높습니다!
✓ 그러나 만약 박스형으로 출제할 경우, 나름대로 출제 의도를 역으로 이용할 필요가 있습니다!
  → 만약 이 유형에서 1번이나 5번을 정답으로 제시할 경우, 한 인물의 업적을 전혀 몰라도 풀이가 가능하기 때문에, 굳이 (가), (나) 인물을 나눠 동시에 출제하는 것이 사실상 의미가 없습니다!
✓ 이를 바탕으로 조금 더 정답의 가능성이 있는 선지를 고를 필요가 있습니다!
  → 실제로 이 문제의 경우 김구가 한인 애국단을 조직하였다는 사실만 이해하였다면, 정답을 2번으로 바로 쉽게 고를 수 있습니다!

---

41. 정답 ③ | 난이도 | ●●○

밑줄 그은 '국회'에 대한 설명으로 옳지 <u>않은</u> 것은? [3점]

> 이 우표는 우리나라 최초로 실시된 총선거를 기념하기 위해 발행되었습니다. 보통·직접·평등·비밀 선거 원칙에 따라 치른 이 선거를 통해 구성된 국회에서 활동한 의원의 임기는 2년이었습니다.

| 지문의 핵심 키워드 ▶ 제헌 국회 |

✓ 우리나라 최초로 실시된 총선거 – 5·10 총선거의 의의
✓ 임기는 2년 – 제헌 국회의원의 임기

선지별 키워드 추출

① 반민족 행위 처벌법을 제정하였다.
  → 이승만 정부 때 출범한 제헌 국회는 친일파 처벌을 목적으로 반민족 행위 처벌법을 제정하였다.

② 의원들의 선거로 대통령을 선출하였다.
  → 제헌 국회는 국회의원들의 선거를 통해 대통령을 선출하는 간선제를 시행하였다.

③ 민의원과 참의원의 양원제로 운영되었다.
  → 제3차 개헌에 따라 민의원과 참의원의 양원제로 운영하였다.

④ 일부 지역의 국회의원들이 선출되지 못한 채 출범하였다.
  → 제헌 국회는 제주 4·3 사건의 영향으로 2개의 선거구에서 국회의원을 선출하지 못한 채 출범하였다.

⑤ 일제가 남긴 재산 처리를 위한 **귀속 재산 처리법**을 만들었다.
  → 제헌 국회는 일제가 남긴 재산을 처리하기 위한 목적으로 귀속 재산 처리법을 제정하였다.

 제헌 국회는 5·10 총선거를 통해 구성되었으며, 반민족 행위 처벌법과 농지 개혁법을 제정하였습니다!

(가) 전쟁 중에 볼 수 있는 모습으로 적절하지 <u>않은</u> 것은?
[2점]

역사 뮤지컬

기적의 항해

MEREDITH VICTORY

한 척의 배로 가장 많은 인명을 대피시킨
메러디스 빅토리호!
(가) 전쟁 중의 <u>흥남 철수</u> 당시
배에 실린 군수 물자를 내리고
14,000여 명의 피난민을 구출한
감동적인 이야기가 펼쳐집니다.

◈ 일시 : 2023년 ○○월 ○○일 19:00
◈ 장소 : △△ 문화회관 대극장

지문의 핵심 키워드 ▶ 6·25 전쟁

✓ 흥남 철수 – 6·25 전쟁 때의 대규모 철수 작전

선지별 키워드 추출

① 국민 방위군에 소집되는 청년
→ 이승만 정부 때 국민 방위군 설치법이 공포되었다.

② 원조 물자 배급을 기다리는 시민
→ 6·25 전쟁 때 미국으로부터 원조 물자를 배급받았다.

③ 지가 증권을 싼값에 매각하는 지주
→ 제헌 국회에서 제정한 농지 개혁법을 바탕으로 지주에게 지가 증권을 발행하였으나 6·25 전쟁의 발발로 개혁 추진에 어려움을 겪었다.

④ 거제도 포로수용소에서 석방되는 반공 포로 ✏→ 논란 선지!
→ 6·25 전쟁 당시인 1953년 정전 협정 체결 직전에 이승만이 단독으로 국내에 위치한 포로 수용소에 있는 반공 포로들을 일방적으로 석방시켰는데, 거제도 포로수용소의 반공 포로 석방 사실의 논증이 필요하다.

⑤ 제2차 미소 공동 위원회 개최 소식을 보도하는 기자
→ 제2차 미소 공동 위원회는 6·25 전쟁 이전인 1947년에 개최되었다.

 이승만의 반공 포로 석방 사건 자체는 6·25 전쟁 종결 직전에 발생한 역사적 사실입니다!

(가) 정부 시기에 있었던 사실로 옳은 것은?　　　[2점]

[국가 기념일에 담긴 역사 이야기]

2·28 민주 운동 기념일
– 학생들, 불의에 저항하여 일어서다 –

경북도청으로 향하는 학생 시위대의 모습

2월 28일 일요일은 민주당 부통령 후보 장면의 대구 유세가 있는 날이었다. (가) 정부는 이 유세장에 학생들이 가지 못하도록 2월 28일에도 등교할 것을 대구 시내 고등학교에 지시하였다. 각 학교가 내세운 등교의 명분은 시험, 단체 영화 관람, 토끼 사냥 등이었다. 이에 분노한 학생들은 "학원의 자유를 보장하라!" 등의 구호를 외치며 시위에 나섰다. 이날의 시위는 3·15 의거 등 이후 전개된 민주화 운동에 영향을 주었다. 이 시위의 역사적 의의가 인정되어 2018년에 국가 기념일로 지정되었다.

지문의 핵심 키워드 ▶ 이승만 정부

생략(선지분석으로 대체!)

선지별 키워드 추출

① 프로 야구가 6개 구단으로 출범하였다.
→ 전두환 정부 때 프로 야구단·프로 축구단이 출범하였다.

② YH 무역 노동자들이 야당 당사에서 농성하였다.
→ 박정희 정부 때 YH 무역 노동자들이 회사의 일방적인 폐업 조치에 항의하여 농성을 벌였다.

③ 사회 정화를 명분으로 삼청 교육대가 설치되었다.
→ 전두환 정부 때 삼청 교육대를 설치하였다.

④ 인민 혁명당 재건위 사건으로 관련자가 탄압받았다.
→ 박정희 정부 때 민청학련에게 북한의 지령을 받아 민중 폭동과 학생 시위를 조종하였다는 혐의를 씌워 다수의 사람들이 탄압받는 사건이 발생하였다.

⑤ 평화 통일론을 주장한 진보당의 조봉암이 구속되었다.
→ 이승만 정부는 조봉암에게 간첩 혐의를 씌워 사형시킨 뒤 진보당을 해체하였다.

 대구 2·28 민주화 운동은 4·19 혁명의 대표 키워드로 활용할 수 있는 민주화 운동입니다!

제63회

44. 정답 ④

| 난이도 | ●●●

(가), (나) 헌법이 제정된 시기 사이에 있었던 사실로 옳은 것은? [3점]

(가)	(나)
제1조 ① 대한민국은 민주 공화국이다. ② 대한민국의 주권은 국민에게 있고, 모든 권력은 국민으로부터 나온다. 제64조 ① 대통령은 국민의 보통 · 평등 · 직접 · 비밀 선거에 의하여 선출한다. 제69조 ① 대통령의 임기는 4년으로 한다. ③ 대통령의 계속 재임은 3기에 한한다.	제1조 ① 대한민국은 민주 공화국이다. ② 대한민국의 주권은 국민에게 있고, 국민은 그 대표자나 국민 투표에 의하여 주권을 행사한다. 제39조 ① 대통령은 통일 주체 국민 회의에서 토론 없이 무기명 투표로 선거한다. 제47조 대통령의 임기는 6년으로 한다. 제59조 ① 대통령은 국회를 해산할 수 있다.

지문의 핵심 키워드 ▶ 3선 개헌, 유신헌법

✓ (가) 대통령의 계속 재임은 3기에 한함 – 3선 개헌은 대통령의 연임 횟수를 3회로 제한함(1969)
✓ (나) 통일 주체 국민 회의, 대통령의 임기는 6년으로 함, 대통령은 국회를 해산할 수 있음 – 유신 헌법(1972)

선지별 키워드 추출

① 지방 자치제가 전면 시행되었다.
　→ 김영삼 정부 때 지방 자치제가 전면 실시되었다(1995).

② 여수 · 순천 10 · 19 사건이 일어났다.
　→ 여수 · 순천 10 · 19 사건은 1948년에 여수에 주둔하던 국방경비대 제14연대 소속의 일부 군인들이 제주 4 · 3 사건의 진압을 거부하며 일으킨 사건이다(1948).

③ 일부 군인들이 5 · 16 군사 정변을 일으켰다.
　→ 박정희는 1961년에 육군 사관 학교 출신의 군인들과 함께 군사 정변을 일으켜 정권을 장악하였다.

④ 서울과 평양에서 7 · 4 남북 공동 성명이 발표되었다.
　→ 박정희 정부 때 자주 · 평화 · 민족적 대단결을 표방한 7 · 4 남북 공동 성명이 발표되었다(1972).

⑤ 한일 국교 정상화에 반대하는 6 · 3 시위가 전개되었다.
　→ 박정희 정부 때인 1964년 굴욕적인 한 · 일 국교 정상화에 반대하는 6 · 3 시위가 전개되었다.

 유신 헌법은 7 · 4 남북 공동 성명 발표 이후 시행된 개헌입니다!

해품사의 시사점 풀이　44번

문제의 유형에 따른 알맞은 접근법을 활용해야 쉬운 공략이 가능합니다!

해품사의 문제 첫인상

1. 현대사 개헌 문제는 수험생들이 모두 어려워하는 대표적인 고난도 유형일텐데!!
2. 두 시기 사이의 역사적 사실 유형은 반드시 인과 관계가 있는 사례를 제시할 필요가 있지!
3. 이번 유형의 경우 어떤 사건을 계기로 유신 헌법이 시행되었는지 이해하는 것이 중요하다!

해품사의 "대처 방법"

✓ 한능검의 두 시기 사이 유형은 단순 연도 암기가 아닌 인과 관계를 파악하는 유형입니다!
　→ 즉, 문제의 사건과 정답의 사건이 아무 연관성이 없는 사례를 언급하면 안됩니다!
✓ 이를 바탕으로 문제와 정답을 인과 관계에 맞게 연결할 수 있는 사례를 찾을 필요가 있습니다!
　→ 우선 문제에 제시된 두 개헌의 키워드를 정확히 분석하여 접근하는 것이 중요합니다!
✓ 이를 바탕으로 논리적인 연결이 가능한 사례를 정답으로 고를 필요가 있습니다!
　→ 박정희 정부 때 7 · 4 남북 공동 성명 이후 유신 헌법을 발표하였기 때문에, 인과 관계가 자연스러운 4번이 정답!

45. 정답 ①

| 난이도 | ●●●

다음 뉴스의 사건이 있었던 정부 시기의 사실로 옳은 것은?

[3점]

오늘 오후 2시경 서울 평화시장에서 있었던 노동자들의 시위 도중 재단사 전태일 씨가 분신하는 사건이 발생하였습니다. 전 씨는 "근로 기준법을 지켜라!", "우리는 기계가 아니다!"라고 절규하며 열악한 노동 환경 개선을 요구하였습니다.

지문의 핵심 키워드 ▶ 박정희 정부

✓ 서울 평화시장 – 전태일 분신 자살 사건이 발생한 장소
✓ 전태일 씨가 분신하는 사건, 근로 기준법을 지켜라 – 전태일은 열악한 노동 환경에 저항하여 근로 기준법을 준수할 것을 요구하며 분신 자살함

선지별 키워드 추출

① 함평 고구마 피해 보상 운동이 전개되었다.
  → 박정희 정부 때 함평군 농민들이 농협·정부를 상대로 고구마 피해 보상 운동을 전개하였다.

② 저유가·저금리·저달러의 3저 호황이 있었다.
  → 전두환 정부 때 저유가·저금리·저달러의 3저 호황을 통해 경제적 호황을 누렸다.

③ 미국과의 자유 무역 협정(FTA)이 체결되었다.
  → 노무현 정부 때 한국과 미국 간 상품 및 서비스 무역에 대한 관세 철폐를 규정한 협정을 체결하였다.

④ 경제 협력 개발 기구(OECD)의 회원국이 되었다.
  → 김영삼 정부 때 우리나라가 경제 협력 개발 기구(OECD)의 29번째 회원국이 되었다.

⑤ 최저 임금 결정을 위한 최저 임금 위원회가 설치되었다.
  → 전두환 정부 때 근로자의 생활 안정 및 노동자의 질적 향상을 목적으로 최저 임금법을 제정하였다.

 박정희 정부 때 발생한 대표적인 농민 운동으로는 함평 고구마 피해 보상 운동이 있습니다!

해품사의 시사점 풀이 45번

소거법은 선택이 아닌 필수 전략입니다!

해품사의 문제 첫인상

1. 전태일 분신 자살 사건은 박정희 정부 때 발생한 대표적인 노동자 운동의 사례지!
2. 그러나, 함평 고구마..?! 선지의 내용부터 너무 독특한데? 이거 강의나 교재에서 볼만한 내용인가?!
3. 그러나 오답 선지의 사례가 모두 기출에서 빈출로 언급된 사례니 소거는 쉽게 할 것 같다!

해품사의 "대처 방법"

✓ 한능검에서 출제하는 선지는 모두 기본적으로 실제로 발생한 역사적 사실에 기반해야 합니다!
  → 아무리 낯선 내용이 언급되더라도 반드시 사실이라는 전제하에 풀이를 시도할 필요가 있습니다!
✓ 특히 상당히 다양한 키워드를 활용하는 유형일수록 종종 문제를 접근하기 어려울 수 있습니다!
  → 박정희 정부는 현대사에서 최장기간 재임한 정부인만큼, 앞으로의 기출에서도 더욱 다양한 키워드를 제시할 수 있습니다!
✓ 그러므로 문제 키워드를 확실히 이해하였다면, 오답 선지를 소거하여 접근하는 것이 중요합니다!
  → 2, 5번 선지는 전두환 정부, 3번 선지는 노무현 정부, 4번 선지는 김영삼 정부의 사례이므로, 남는 선지인 1번이 정답!

(가)에 해당하는 문화유산으로 옳은 것은? [2점]

국가문화유산포털

종목별 | 전체 국보 보물 사적 명승

문화유산 검색 [ ] 검색 초기화 □ 결과 내 재검색

(가)

부석사 무량수전에 있는 소조불상으로 우리나라 소조불상 가운데 가장 규모가 크고 오래되어 그 가치가 높다.

얼굴은 풍만한 편이며 두꺼운 입술과 날카로운 코 등에서 근엄한 인상을 풍긴다. 옷 주름의 형태 등을 통해 고려 시대 불상임을 알 수 있다.

지문의 핵심 키워드 ▶ 영주 부석사 소조 여래 좌상

✓ 부석사 무량수전에 있는 소조불상 – 부석사 소조 여래 좌상이 위치한 장소
✓ 고려 시대 불상 – 부석사 소조 여래 좌상의 제작 시기

선지별 키워드 추출

① 경주 석굴암 본존불(통일 신라)

② 금동 관음보살 좌상(고려 말~조선 초)

③ 하남 하사창동 철조 석가여래 좌상(고려)

④ 금동 미륵보살 반가 사유상(삼국 시대)

⑤ 영주 부석사 소조 여래 좌상(고려)

 고려 시대의 영주 부석사 소조 여래 좌상은 통일 신라의 불상 양식을 계승하였다는 특징이 있습니다!

[47~48] 다음 자료를 읽고 물음에 답하시오.

(가) 살리타이가 처인성을 공격하였다. 적을 피해 성에 와 있던 한 승려가 살리타이를 쏘아 죽였다. 국가에서 그 전공을 칭찬하여 상장군 벼슬을 주었다. 승려가 전공을 다른 사람에게 돌리며 말하기를, "전투할 때 나는 활과 화살이 없었으니, 어찌 감히 공 없이 무거운 상을 받겠습니까."라고 하고, 굳게 사양하며 받지 않았다.

(나) [우리 부대가] 대군(大軍)과 연합하여 평양을 포위하였다. 보장왕이 먼저 연남산 등을 보내 영공에게 항복을 청하였다. 이에 영공은 보장왕과 왕자 복남 · 덕남 및 대신 등 20여만 명을 끌고 본국으로 돌아갔다. 각간 김인문과 대아찬 조주는 영공을 따라 돌아갔다.

(다) 비국(備局)에서 아뢰기를, "적병이 두 차례나 용골산성을 공격해 왔지만 정봉수는 홀로 고립된 성을 지키면서 충성과 용맹을 더욱 떨쳤습니다. …… 죽음을 두려워하지 않는 용사를 더 모집하여 육로로 혹은 배편으로 달려가서 기세(氣勢)를 돕게 하소서. 용골산성이 비록 포위에서 풀렸으나 이 일은 그만둘 수 없을 듯합니다."라고 하니, 왕이 따랐다.

(라) 부사 송상현은 왜적이 바다를 건넜다는 소식을 듣고 지역 주민과 군사 그리고 이웃 고을의 군사를 모두 불러 모아 성에 들어가 지켰다. …… 성이 포위당하자 상현이 성의 남문에 올라가 전투를 독려하였으나 한나절 만에 성이 함락되었다. 상현은 갑옷 위에 조복(朝服)*을 입고 의자에 앉아 움직이지 않았다. …… 적이 모여들어 생포하려고 하자 상현이 발로 걷어차면서 항거하다가 마침내 해를 입었다.

*조복(朝服): 관원이 조정에 나아가 하례할 때 입던 예복

47. 정답 ③ | 난이도 | ●●●

(가)~(라) 전투를 일어난 순서대로 옳게 나열한 것은?

[2점]

48. 정답 ① | 난이도 | ●●●

(라) 전투가 벌어진 지역에서 있었던 사실로 옳은 것은?

[2점]

지문의 핵심 키워드 ▶ 부산 지역사

생략(선지분석으로 대체!)

선지별 키워드 추출(48번)

① 내상이 무역 활동을 전개하였다.
  → 내상은 부산 지역을 중심으로 대일 무역을 전개한 대표적인 상인들이다.

② 안승이 왕으로 봉해진 보덕국이 세워졌다.
  → 신라는 고구려의 부흥 운동을 지원하기 위하여 674년 익산에 보덕국을 세운 뒤 안승을 왕으로 책봉하였다.

③ 지역 차별에 반발하여 홍경래가 봉기하였다.
  → 조선 순조 때 서북민에 대한 차별 대우에 반발하여 평안도 지역에서 홍경래의 난이 발생하였다.

④ 만적을 비롯한 노비들이 신분 해방을 도모하였다.
  → 최충헌 정권 때 개경 지역에서 만적을 비롯한 노비들이 신분 해방을 도모하며 반란을 모의하다가 사전에 발각되어 실패하였다.

⑤ 지주 문재철의 횡포에 맞서 소작 쟁의가 일어났다.
  → 일제 강점기에 전남 신안 지역에서 지주 문재철의 횡포에 맞서 암태도 소작 쟁의가 발생하였다.

지문의 핵심 키워드 ▶ 우리나라의 전쟁 사례

(가) 사건(고려 23대 고종, 처인성 전투, 1232)
✔ 살리타이가 처인성을 공격, 한 승려가 살리타이를 쏘아 죽임 - 김윤후가 몽골의 제2차 침입을 방어함
(나) 사건(고구려 28대 보장왕, 고구려 멸망, 668)
✔ 평양을 포위, 보장왕이 먼저 연남산 등을 보내 영공에게 항복을 청함 - 고구려는 나당 연합군에 의해 평양성이 함락되며 멸망함
(다) 제도(조선 16대 인조, 정묘호란, 1627)
✔ 용골산성, 정봉수 - 정묘호란 때 후금의 침입을 방어한 장소 및 인물
(라) 사건(조선 14대 선조, 동래성 전투, 1592)
✔ 송상현 - 임진왜란 초기에 동래성에서 왜군의 침입을 방어한 인물

선지별 키워드 추출(47번)

③ (나) - (가) - (라) - (다)
  → 고구려 멸망(나) → 처인성 전투(가) → 동래성 전투(라) → 정묘호란(다) 순으로 발생하였다.

우리나라에서 발생한 전투 중 일부 사례는 지역사 유형의 키워드로 활용됩니다!

제63회

49. 정답 ② | 난이도 | ●○○

(가) 민주화 운동에 대한 설명으로 옳은 것은? [1점]

박종철 군 고문살인 은폐조작과 호헌 조치를 규탄하는 국민 대회 당시의 모습이야. 정부의 원천 봉쇄 방침에도 각 지역에서 열렸어.

이 대회를 주최한 민주 헌법 쟁취 국민 운동 본부는 4·13 호헌 조치가 무효라고 선언하였지. 이후 민주화를 요구하는 시민들의 시위가 전국 각지에서 더욱 거세졌어.

(가) 사진전

호헌철폐 독재타도 민주쟁취

지문의 핵심 키워드 ▶ 6월 민주 항쟁

✓ 박종철 고문치사 사건 - 6월 민주 항쟁의 원인
✓ 4·13 호헌 조치가 무효 - 6월 민주 항쟁 당시 구호

선지별 키워드 추출

① 허정 과도 정부가 구성되는 계기가 되었다.
　→ 이승만 정부 때 발생한 4·19 혁명의 결과 이승만이 하야하였고, 허정 과도 정부가 출범하는 계기가 되었다.

② 5년 단임의 대통령 직선제 개헌을 이끌어냈다.
　→ 6월 민주 항쟁의 결과 5년 단임의 대통령 직선제 개헌을 이끌어 냈다.

③ 야당 총재의 국회의원직 제명으로 촉발되었다.
　→ YH 무역 농성 사건을 계기로 신민당의 김영삼 총재가 제명되었으며, 이는 부·마 민주 항쟁의 원인이 되었다.

④ 관련 기록물이 세계 기록 유산으로 등재되었다.
　→ 5·18 광주 민주화 운동 관련 기록물이 세계 기록 유산으로 등재되었다.

⑤ 이승만이 대통령에서 물러나는 결과를 가져왔다.
　→ 이승만 정부 때 발생한 3·15 부정 선거로 인해 촉발된 4·19 혁명의 결과 이승만이 대통령직에서 하야하였다.

 박종철 및 이한열은 6월 민주 항쟁과 관련된 대표적인 인물들입니다!

---

50. 정답 ④ | 난이도 | ●●○

다음 선언을 발표한 정부의 통일 노력으로 옳은 것은? [3점]

나는 오늘 온 겨레의 염원인 조국의 평화적 통일을 실현해 나가기 위한 새 공화국의 정책을 밝히려 합니다. 우리 민족이 남북 분단의 고통을 겪어온 지 반세기가 가까워 옵니다. …… 민족자존과 통일 번영의 새 시대를 열어나갈 것임을 약속하면서 다음과 같은 정책을 추진해 나갈 것을 내외에 선언합니다.

셋째, 남북 간 교역의 문호를 개방하고 남북 간 교역을 민족 내부 교역으로 간주한다.

……

여섯째, 한반도의 평화를 정착시킬 여건을 조성하기 위하여 북한이 미국, 일본 등 우리 우방과의 관계를 개선하는 데 협조할 용의가 있으며 또한 우리는 소련, 중국을 비롯한 사회주의 국가들과의 관계 개선을 추구한다.

지문의 핵심 키워드 ▶ 노태우 정부의 통일 노력

✓ 남북 간 교역의 문호를 개방하고 남북 간 교역을 민족 내부 교역으로 간주 - 노태우 정부 때 발표한 7·7 선언의 내용
✓ 우리는 소련, 중국을 비롯한 사회주의 국가들과의 관계 개선을 추구 - 노태우 정부 때 발표한 7·7 선언의 내용

선지별 키워드 추출

① 남북 조절 위원회를 구성하였다.
　→ 박정희 정부 때 남북 조절 위원회가 구성되었다.

② 개성 공업 지구 건설에 합의하였다.
　→ 김대중 정부 때 개성 공단 건설에 합의하였다.

③ 10·4 남북 정상 선언을 발표하였다.
　→ 노무현 정부 때 10·4 남북 공동 선언을 채택하였다.

④ 남북한이 국제 연합(UN)에 동시 가입하였다.
　→ 노태우 정부 때 남북한이 국제 연합(UN)에 동시 가입하였다.

⑤ 남북 이산가족 고향 방문을 최초로 실현하였다.
　→ 전두환 정부 때 남북 교류 사업의 일환으로 남북 이산가족 고향 방문단의 교환을 최초로 실현하였다.

 노태우 정부 때 발표한 7·7 선언의 결과 사회주의 국가와의 수교 및 통일 교류가 모색되었습니다!

고맙다.
끝까지 애써 온 너의 최선이
너에게 다정한 결실이 되어 올 것이다.

기출은 해품사!
해품사 한능검 저격 모의고사

모의고사	정답 한눈에 보기							기출문제편 p.168	
01 ⑤	02 ②	03 ①	04 ①	05 ④	06 ②	07 ③	08 ③	09 ⑤	10 ④
11 ①	12 ⑤	13 ③	14 ③	15 ④	16 ②	17 ①	18 ③	19 ①	20 ④
21 ①	22 ①	23 ③	24 ④	25 ④	26 ⑤	27 ②	28 ①	29 ④	30 ③
31 ②	32 ⑤	33 ①	34 ④	35 ⑤	36 ④	37 ②	38 ③	39 ⑤	40 ④
41 ④	42 ①	43 ①	44 ④	45 ①	46 ⑤	47 ③	48 ③	49 ④	50 ②

해품사 한능검 저격 모의고사는 단순한 모의고사가 아닙니다.
총 26회분 출제분석 결과를 바탕으로 가장 출제 확률이 높은 주제를 엄선한 빅데이터 자료입니다.

문항	시대	주제	문항	시대	주제
1	선사	구석기 시대	26	조선	정약용
2	선사	삼한	27	조선	김정희
3	고대	백제 성왕	28	통합사	부산 지역사
4	고대	신라 진흥왕	29	개항기	신미양요
5	고대	웅진 도독부 설치	30	개항기	임오군란, 거문도 점령 사건
6	고대	통일 신라 신문왕	31	개항기	조미 수호 통상 조약
7	고대	경주 불국사 삼층 석탑	32	개항기	경복궁 불법 점령
8	고대	최치원	33	개항기	아관 파천
9	고대	발해	34	개항기	광무개혁
10	고대	궁예	35	개항기	정미의병
11	고려	고려 왕건, 고려 성종	36	개항기	신민회
12	고려	최충헌 정권	37	일제 강점기	일제 강점기 경제 침탈 정책
13	고려	고려 의천	38	일제 강점기	6·10 만세 운동
14	고려	원 간섭기의 사회상	39	일제 강점기	미주 지역의 국외 독립운동
15	고려	고려 공민왕	40	일제 강점기	물산 장려 운동
16	고려	몽골에 대한 고려의 대응	41	일제 강점기	대한민국 임시 정부
17	고려	고려의 경제 상황	42	일제 강점기	의열단
18	조선	조선 세종	43	일제 강점기	한국광복군
19	조선	조선 세조	44	일제 강점기	형평 운동
20	조선	갑자사화, 을사사화	45	일제 강점기	조선어 학회
21	조선	승정원	46	현대	6·25 전쟁
22	조선	병자호란	47	현대	이승만 정부
23	조선	조선 후기의 정책	48	현대	박정희 정부
24	조선	조선 후기의 사회상	49	현대	5·18 광주 민주화 운동
25	조선	균역법	50	현대	노태우 정부의 통일 노력

1. 정답 ⑤ | 난이도 | ●○○

(가) 시대의 생활 모습으로 옳은 것은? [1점]

> 최근 연세대 박물관에서는 작년부터 공주 석장리 유적 발굴 60주년을 기념하는 전시회를 개최하였습니다. 공주 석장리 유적은 우리나라 최초의 (가) 시대 유적지라는 의의가 있으며, 연세대 박물관은 약 10년에 걸친 발굴 과정에서 남긴 다양한 기록과 주먹도끼 등 여러 유물을 한 자리에 선보일 것입니다.

지문의 핵심 키워드 ▶ 구석기 시대

✓ 공주 석장리 유적 - 구석기 시대의 유적
✓ 주먹도끼 - 구석기 시대의 도구

선지별 키워드 추출

① 소를 이용하여 깊이갈이를 하였다.
　→ 소를 이용한 깊이갈이에 관한 최초의 기록은 신라 지증왕 때이다.

② 반량전, 명도전 등의 화폐를 사용하였다.
　→ 철기 시대에는 교역을 할 때 명도전, 반량전 등 중국 화폐를 사용하였다.

③ 청동 방울 등을 의례 도구로 이용하였다.
　→ 청동기 시대에는 청동 거울, 청동 방울 등을 만들어 종교 의례에 필요한 도구로 사용하였다.

④ 가락바퀴와 뼈바늘을 이용하여 옷을 만들었다.
　→ 신석기 시대에는 가락바퀴와 뼈바늘을 이용하여 옷을 만들었다.

⑤ 주로 동굴이나 강가에 막집을 짓고 거주하였다.
　→ 구석기 시대에는 동굴, 바위 그늘, 막집에 살았다.

2. 정답 ② | 난이도 | ●○○

밑줄 그은 '이 나라'에 대한 설명으로 가장 적절한 것은? [2점]

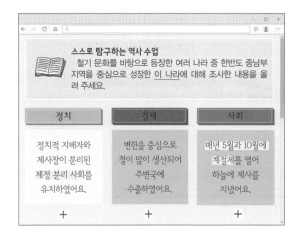

지문의 핵심 키워드 ▶ 삼한

✓ 제정 분리 사회 - 삼한에서는 정치적 지배자와 종교적 지배자가 분리되어 있었음
✓ 매년 5월과 10월에 계절제 - 삼한의 제천 행사

선지별 키워드 추출

① 무천이라는 제천 행사를 열었다.
　→ 동예에서는 매년 10월에 제천 행사인 무천을 열었다.

② 신성 지역인 소도가 존재하였다.
　→ 삼한에는 제사장인 천군이 다스리는 특수 행정 구역인 소도가 존재하였다.

③ 혼인 풍습으로 민며느리제가 있었다.
　→ 옥저에서는 여자의 나이가 열 살이 되기 전 혼인을 약속한 뒤 신랑 집에서 기르다가, 여자가 장성하면 아내로 삼는 혼인 풍습인 민며느리제가 유행하였다.

④ 여러 가(加)들이 각각 사출도를 주관하였다.
　→ 부여에서는 마가, 우가, 구가, 저가가 각각의 지방 관할 구획인 사출도를 다스렸다.

⑤ 사회 질서를 유지하기 위해 범금 8조를 두었다.
　→ 고조선에서는 사회 질서를 유지하기 위해 다양한 범죄에 대한 형벌을 규정한 범금 8조를 두었다.

3. 정답 ①　　　　　　　　　| 난이도 | ●○○

다음 검색창에 들어갈 왕에 대한 설명으로 옳은 것은?

[2점]

한국사 전자 사료관

| 백제 | 왕대별 보기 |

내용	이미지
16년	사비로 천도하다	이미지
29년	한강 하류 지역을 점령하다	이미지
32년	관산성 전투에서 전사하다	이미지

지문의 핵심 키워드 ▶ 백제 성왕

✔ 사비로 천도, 관산성 전투에서 전사 – 백제 성왕 시기에 일어난 사건

선지별 키워드 추출

① 국호를 남부여로 개칭하였다.
→ 백제 성왕은 웅진에서 사비로 도읍을 옮기고 국호를 남부여로 개칭하였다.

② 중국 남조의 양과 교류하였다.
→ 백제 무령왕의 무덤인 무령왕릉은 중국 남조의 양에 영향을 받아 벽돌무덤 양식으로 축조되었다.

③ 금마저에 미륵사를 창건하였다.
→ 백제 무왕은 금마저(오늘날의 익산)에 미륵사를 창건하였다.

④ 고흥에게 서기를 편찬하게 하였다.
→ 백제 근초고왕은 고흥에게 명하여 역사서인 서기를 편찬하게 하였다.

⑤ 윤충을 보내 대야성을 함락하였다.
→ 백제 의자왕은 윤충을 보내 신라의 대야성을 공격하였으며, 그 결과 대야성이 함락되고 이 과정에서 김춘추의 가족들이 살해당하였다.

---

4. 정답 ①　　　　　　　　　| 난이도 | ●○○

밑줄 그은 '왕'에 대한 설명으로 옳은 것은?　　　　[2점]

최근 왕께서 이사부에게 대가야를 공격할 것을 명하셨다는 소식을 들었는가?

나도 들었네. 이사부는 이전에도 왕에게 역사서의 편찬을 건의한 적이 있지 않은가? 이로 인해 국사가 편찬되었지.

지문의 핵심 키워드 ▶ 신라 진흥왕

✔ 대가야를 공격 – 신라 진흥왕 때의 사건
✔ 국사 – 신라 진흥왕 때 거칠부가 편찬한 역사서

선지별 키워드 추출

① 화랑도를 국가적인 조직으로 개편하였다.
→ 신라 진흥왕은 청소년 수양 단체인 화랑도를 국가적인 조직으로 개편하였다.

② 이차돈의 순교를 계기로 불교를 공인하였다.
→ 신라 법흥왕은 이차돈의 순교를 계기로 귀족들의 반발을 물리치고 불교를 공인하였다.

③ 시장을 감독하는 관청인 동시전을 설치하였다.
→ 신라 지증왕 때 기존의 시장을 개편한 동시를 개설하고, 이를 감독하는 관청인 동시전을 설치하였다.

④ 지방관을 감찰하기 위해 외사정을 파견하였다.
→ 통일 신라 문무왕은 지방에 대한 감찰과 행정 통제를 위해 지방에 외사정을 파견하였다.

⑤ 자장의 건의로 황룡사 9층 목탑이 건립되었다.
→ 신라의 자장은 나라를 지키기 위한 염원을 담아 선덕여왕에게 황룡사 9층 목탑의 건립을 건의하였다.

5. 정답 ④ | 난이도 | ● ● ○

다음 상황이 나타난 시기를 연표에서 옳게 고른 것은?
[3점]

> 소정방은 왕 의자와 태자 융, 왕자 태, 왕자 연 및 대신과 장사 88명과 백성 1만 2천 8백 70인을 당의 수도로 보냈다. 백제에는 원래 5부 37군 200성 76만호가 있었는데 이때 이르러 웅진·마한·동명·금련·덕안 등 5도독부를 나누어 설치하고 우두머리를 뽑아 도독과 자사로 삼아 다스리게 하였다. 낭장 유인원에게 도성을 지키도록 명하고 또 좌위랑장 왕문도를 웅진 도독으로 삼아 백제의 남은 백성을 다스리게 하였다. 소정방이 포로들을 이끌고 당의 황제를 알현하니 의자왕을 꾸짖기만 하고 용서해 주었다.
>
> － 『삼국사기』 －

612	642	648	660	668	675
(가)	(나)	(다)	(라)	(마)	
살수 대첩	대야성 전투	나당 동맹	황산벌 전투	평양성 함락	매소성 전투

지문의 핵심 키워드 ▶ 웅진 도독부 설치(660)

✓ 왕문도를 웅진 도독으로 삼아 백제의 남은 백성을 다스리게 함 - 백제 멸망 이후 당은 백제의 옛 영토에 웅진 도독부를 설치하고 최고 책임자로 왕문도를 세움

선지별 키워드 추출

④ (라)
→ 당은 황산벌 전투 이후 백제의 사비성을 함락시킨 뒤 백제의 옛 영토에 웅진 도독부를 설치하였으므로, 흐름상 4번이 적절하다.

6. 정답 ② | 난이도 | ● ○ ○

(가) 왕의 재위 시기에 있었던 사실로 옳은 것은? [2점]

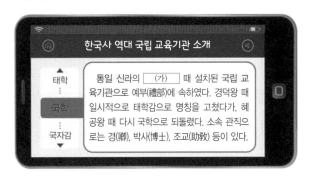

통일 신라의 [(가)] 때 설치된 국립 교육기관으로 예부(禮部)에 속하였다. 경덕왕 때 일시적으로 태학감으로 명칭을 고쳤다가, 혜공왕 때 다시 국학으로 되돌렸다. 소속 관직으로는 경(卿), 박사(博士), 조교(助敎) 등이 있다.

지문의 핵심 키워드 ▶ 통일 신라 신문왕

✓ 국학 - 통일 신라 신문왕 때 설치된 국립 교육기관

선지별 키워드 추출

① 병부와 상대등을 설치하였다.
→ 신라 법흥왕 때 군사에 대한 사무를 관장하는 관청인 병부와 신라의 최고 관등인 상대등을 설치하였다.

② 관료전을 지급하고 녹읍을 폐지하였다.
→ 통일 신라 신문왕은 귀족들에게 관료전을 지급하고 노동력 징발권을 인정받았던 녹읍을 폐지하였다.

③ 백성들에게 최초로 정전을 지급하였다.
→ 통일 신라 성덕왕 때 백성들에게 최초로 정전이라는 토지를 지급하였다.

④ 마립간이라는 칭호를 처음 사용하였다.
→ 신라 내물왕 때 왕의 호칭으로 마립간을 처음 사용하였다.

⑤ 관리 선발을 위해 독서삼품과를 실시하였다.
→ 통일 신라 원성왕 때 유교 경전의 독해 능력에 따라 관리를 선발하는 독서삼품과를 시행하였다.

7. 정답 ③ | 난이도 | ●●○

(가)에 들어갈 문화유산으로 옳은 것은?   [2점]

지문의 핵심 키워드 ▶ 경주 불국사 삼층 석탑

- ✓ 경주에 위치 - 경주 불국사 삼층 석탑의 위치
- ✓ 무구정광대다라니경 - 경주 불국사 삼층 석탑 내부에서 발견된 현존하는 가장 오래된 목판 인쇄물

선지별 키워드 추출

① 익산 미륵사지 석탑

② 경주 불국사 다보탑

③ 경주 불국사 삼층 석탑

④ 경주 분황사 모전석탑

⑤ 경주 감은사지 삼층 석탑

8. 정답 ③ | 난이도 | ●○○

(가) 인물에 대한 설명으로 옳은 것은?   [2점]

 한국사 교양 강좌

우리 학회는 통일 신라의 인물을 주제로 교양 강좌를 운영하고 있습니다. 이번 달에는 통일 신라 하대에 활동한 6두품 출신의 인물인 [(가)]에 대한 강좌를 준비하였습니다.

제1강 – 당에 유학하여 빈공과에 합격하다
제2강 – 황소의 난이 발생하자 격황소서를 저술하다
제3강 – 해인사에 은거하며 묘길상탑기를 짓다

- ■ 주최: □□학회
- ■ 일시: 2025년 2월 매주 토요일 20:00~21:00
- ■ 장소: ○○대학교 인문대학 대강의실

지문의 핵심 키워드 ▶ 최치원 정권

✓ 격황소서, 묘길상탑기 - 최치원의 저술

선지별 키워드 추출

① 화왕계를 지어 국왕에게 조언하였다.
→ 통일 신라의 설총은 충신과 간신을 꽃에 비유한 설화인 화왕계를 집필하여 신문왕에게 올렸다.

② 향가 모음집인 삼대목을 편찬하였다.
→ 통일 신라 진성 여왕 때 위홍과 대구 화상이 향가 모음집인 삼대목을 편찬하였다.

③ 진성 여왕에게 시무책 10여 조를 올렸다.
→ 통일 신라의 최치원은 진성 여왕에게 정치 개혁안인 시무 10조를 올렸다.

④ 외교 문서 작성에 능하여 청방인문표를 지었다.
→ 신라의 강수는 당에 붙잡힌 김인문의 석방을 요구하는 외교 문서인 청방인문표를 작성하였다.

⑤ 완도에 청해진을 설치하여 해상 무역을 주도하였다.
→ 통일 신라의 장보고는 완도에 청해진이라는 해상 무역 기지를 설치하여 동아시아의 해상 무역을 장악하였다.

9. 정답 ⑤ | 난이도 | ●○○

(가) 국가에 대한 설명으로 옳은 것은? [1점]

> ___(가)___ 은/는 본래 속말말갈로서 그 추장 조영에 이르러 나라를 창건하고 자칭 진단(震旦)이라 부르더니 선천(先天)연간에 비로소 말갈이라는 이름을 버리고 오로지 ___(가)___ (이)라 불렀다. ······ 조영이 죽으니 시호를 고왕(高王)이라 하였다. 세자가 이어서 왕위에 오르니 명황(明皇)이 왕위 계승의 책문을 내리고 왕위를 계승하게 하였던 바, 사사로이 연호를 고치고 마침내 해동성국이 되어 이 지역에 5경 15부 62주를 두었다.

지문의 핵심 키워드 ▶ 발해

✔ 조영, 고왕 – 발해를 건국한 대조영
✔ 해동성국 – 발해 선왕 때 당에서 발해를 일컫던 말
✔ 5경 15부 62주 – 발해 선왕 때 정비된 발해의 지방 행정 제도

선지별 키워드 추출

① 9서당 10정의 군사 조직을 갖추었다.
  → 통일 신라 신문왕 때 군사 조직을 중앙군 9서당, 지방군 10정으로 정비하였다.

② 욕살, 처려근지 등의 지방관을 두었다.
  → 고구려에서는 큰 성에 욕살, 작은 성에 처려근지라는 지방관을 파견하여 관리하였다.

③ 골품제라는 엄격한 신분제를 마련하였다.
  → 신라에서는 정해진 신분에 따라 부여되는 혜택에 차이를 두는 골품제가 있었다.

④ 정사암에 모여 국가 중대사를 논의하였다.
  → 백제 귀족들은 부여의 정사암에 모여 귀족 회의를 개최하였다.

⑤ 인안, 대흥 등 독자적인 연호를 사용하였다.
  → 발해 무왕은 인안, 문왕은 대흥이라는 독자적인 연호를 사용하였다.

10. 정답 ④ | 난이도 | ●●●

(가) 인물에 대한 설명으로 옳은 것은? [3점]

대한민국 방방곡곡 – 원주 석남사지

史 한국사 채널 　　　　　 조회 수 220,212

> 이번에 소개할 곳은 원주 석남사지입니다. 이곳은 신라 왕족 출신으로 양길의 휘하에서 성장하였던 ___(가)___ 이/가 강원도 지역의 새로운 세력으로 성장한 과정을 간접적으로 알 수 있는 장소로서 의의가 있습니다. 특히 석남사는 당시 ___(가)___ 와/과 관련된 사찰로 여겨집니다.

지문의 핵심 키워드 ▶ 궁예

✔ 신라 왕족 출신, 양길의 휘하에서 성장 – 궁예에 대한 설명

선지별 키워드 추출

① 공산 전투에서 전사하였다.
  → 고려 왕건은 공산 전투에서 후백제의 견훤에게 패배하였는데, 신숭겸의 희생으로 겨우 죽음을 면할 수 있었다.

② 후당과 오월에 사신을 파견하였다.
  → 후백제의 견훤은 중국의 후당과 오월에 사신을 파견하였다.

③ 김흠돌 등 진골 세력을 숙청하였다.
  → 통일 신라 신문왕은 김흠돌이 일으킨 반란을 진압하고 귀족 세력을 숙청하였다.

④ 광평성을 비롯한 정치 기구를 마련하였다.
  → 궁예는 후고구려의 최고 중앙 관서로 광평성이라는 기구를 설치하였다.

⑤ 정계와 계백료서를 지어 관리의 규범을 제시하였다.
  → 고려 왕건은 관리의 규범을 제시하기 위해 정계와 계백료서를 지었다.

한국사

11. 정답 ①
| 난이도 | ● ● ○

(가), (나) 사이의 시기에 있었던 사실로 옳은 것은?
[2점]

> (가) 거란이 사신을 보내 낙타 50필을 선사하였다. 왕은 거란이 일찍이 발해와 화친을 이어 오다가 돌연히 발해를 의심하고는 맹약을 어기고 멸망시켰으므로, 매우 무도하여 화친하여 국교를 맺을 바가 되지 못한다고 생각하고는 외교 관계를 끊고, 사신 30명을 섬으로 유배 보내고 낙타를 만부교 아래에 매어 놓아 모두 굶어 죽게 하였다.
>
> (나) 왕이 교서를 내려 말하기를 "경전에 통하고 전적(典籍)을 널리 읽은 자들을 선발하여 경학박사와 의학박사로 삼아, 12목에 각각 1명씩 파견하여 돈독하게 가르치고 깨우치게 하라."라고 하였다.

지문의 핵심 키워드 ▶ 고려 왕건, 고려 성종

✓ (가) 낙타를 만부교 아래에 매어 놓고 모두 굶어 죽게 함 - 고려 왕건 때 거란에서 보내온 낙타를 굶어 죽인 사건(만부교 사건, 942)
✓ (나) 경학박사와 의학박사 - 고려 성종 때 지방에 파견한 교수직(987)

선지별 키워드 추출

① **과거제를 처음 도입**하였다.
→ 고려 광종은 후주 출신의 인물인 **쌍기의 건의**를 받아 관리 임용 제도인 **과거제를 시행**하였다(958).

② 경기에 한하여 **과전법**이 실시되었다.
→ 고려 공양왕 때 시행한 과전법에서는 **토지의 지급 범위를 경기도로 한정**하였다(1391).

③ 왕명에 의해 **삼국사기가 편찬**되었다.
→ 고려 인종 때 김부식이 왕명을 받아 **삼국사기를 편찬**하였다(1145).

④ 관학을 진흥하고자 **양현고를 설치**하였다.
→ 고려 예종 때 관학을 진흥하고자 국자감 내에 장학 재단인 **양현고를 설치**하였다(1119).

⑤ 주전도감을 설치하여 **해동통보**를 발행하였다.
→ 고려 숙종 때 윤관과 의천 등의 건의로 주전도감을 설치하고 **삼한통보, 해동통보, 활구** 등 다양한 화폐를 발행하였다(1102).

12. 정답 ⑤
| 난이도 | ● ○ ○

다음 상황 이후에 있었던 사실로 옳은 것은?
[2점]

> 경주의 별초군(別抄軍)은 영주의 별초군과 본래 사이가 좋지 않았다. 이 달에 운문사의 반적과 부인사·동화사 두 사찰의 승려를 끌어들여 영주를 공격하였다. …… 최충헌이 이 소식을 듣고 재상과 여러 장군을 대관전에 모아놓고 의논하기를, "경주 사람들이 함부로 옳지 않은 일을 하더니 지금 다시 패거리를 모아서 인근 고을을 공격하고 있으니, 마땅히 군사를 동원하여 토벌해야 합니다."라고 하였다.

지문의 핵심 키워드 ▶ 최충헌 집권기

✓ 경주의 별초군 - 고려 신종(최충헌 집권기) 때 난을 일으킴(1202)
✓ 최충헌 - 무신 정권 제5대 집권자

선지별 키워드 추출

① 김부식이 묘청의 난을 진압하였다.
→ 묘청이 서경에서 난을 일으키자, 김부식은 1136년에 관군을 이끌고 묘청의 난을 진압하였다.

② 강조가 정변을 일으켜 왕을 폐위하였다.
→ 고려 목종 때 강조가 정변을 일으켜 김치양을 살해하고 목종을 폐위한 뒤 현종을 왕으로 세웠다. 이는 거란의 2차 침입 명분이 되었다.

③ 김사미가 가혹한 수탈에 저항하여 봉기하였다.
→ 무신 정권 시기인 이의민 정권 때 가혹한 수탈에 저항하여 김사미와 효심의 주도로 운문(경상북도 청도)과 초전(울산)에서 반란이 일어났다.

④ 정중부 등이 정변을 일으켜 권력을 차지하였다.
→ 이의방, 정중부 등은 1170년에 무신에 대한 차별에 반발하여 무신 정변을 주도하여 권력을 차지하였다.

⑤ 최우가 인사 행정 담당 기구로 정방을 설치하였다.
→ 무신 정권 시기인 1225년에 최우는 자신의 집에 인사 행정 기구 정방을 설치하여 인사 행정권을 장악하였다.

13. 정답 ③ | 난이도 | ●○○

(가)에 들어갈 내용으로 적절한 것은? [1점]

```
●●●● 📶          오전 10:40          73% 🔋

🤖 한국사 챗봇

Q  의천에 대해 알려줘.

A  의천은 문종의 아들로 왕족 출신의
   승려입니다. 그는 송에서 유학하고
   돌아온 후 국청사를 중심으로 해동
   천태종이라는 불교 종파를 창단하였
   으며, 사후 대각국사라는 시호를 받
   았습니다.

Q  의천의 다양한 불교 관련 활동 사례를 알
   려 줘.

A  ┌─────────────────────┐
   │        (가)          │
   └─────────────────────┘

┌─────────────────────────┐
│ |                     >  │
└─────────────────────────┘
  •      ⊐      ▢      ←
```

지문의 핵심 키워드 ▶ 고려 의천

생략(선지분석으로 대체!)

선지별 키워드 추출

① 참선을 강조하고 **돈오점수**를 주장하였습니다.
→ 고려의 **지눌**은 점진적인 수행을 강조하는 돈오점수와 공부 및 수행을 함께 할 것을 강조하는 정혜쌍수를 주장하였다.

② **선문염송집**을 편찬하고 유불 일치설을 제창하였습니다.
→ 고려의 **혜심**은 선문염송집을 편찬하고, 유교와 불교 사상의 뜻이 일치한다는 이론인 유불일치설을 주장하였다.

③ 불교 경전에 대한 주석서를 모아 **교장**을 편찬하였습니다.
→ 고려의 **의천**은 흥왕사에 불교 경전인 교장의 간행을 담당하는 **교장도감**을 설치하였다.

④ 승려들의 전기를 정리하여 **해동고승전**을 편찬하였습니다.
→ 고려의 **각훈**은 삼국 시대부터 고려 시대까지 승려들의 전기를 정리한 해동고승전을 저술하였다.

⑤ **보현십원가**를 지어 불교 교리를 대중에게 전파하였습니다.
→ 고려의 **균여**는 사람들이 불교 교리를 따라 부르기 쉽도록 11수의 향가로 이루어진 **보현십원가**를 지었다.

---

14. 정답 ③ | 난이도 | ●○○

다음 상황이 나타난 시기의 사회 모습으로 옳은 것은? [2점]

> 중찬 김방경과 직사관 문연을 원(元)에 파견하여 황제의 생일을 축하하였다. 왕이 중서성에 상서하기를, "하나는 다루가치인 경력 장국강은 총명하고 민첩하며 청렴하고 공평하여 백성들이 그의 덕을 입었습니다. 임기가 이미 찼지만 유임시켜 주시옵소서. 다른 하나는, 우리나라의 저울 제도는 상국과 다릅니다. 지난번에 내려주신 16근(斤)짜리 저울 한 대, 10근 반짜리 저울추 한 벌, 3근 2냥(兩)짜리 저울추 한 개를 받아서 전국에서 사용하고 있습니다만, 아직 두루 사용하지 못하니 저울대와 저울추를 각각 500개씩 다시 내려주시기 바랍니다."라고 하였다.

지문의 핵심 키워드 ▶ 원 간섭기의 사회상

✓ 다루가치 – 원 간섭기 때 원에서 고려의 내정을 간섭하기 위해 설치한 관직

선지별 키워드 추출

① **최충**이 9재 학당을 설립하였다.
→ 고려 문종 때 최충은 고려 최초의 사립 교육기관인 9재 학당(문헌공도)를 설립하였다.

② **원종과 애노**가 사벌주에서 봉기하였다.
→ 통일 신라 진성 여왕 때 원종과 애노가 조세 수탈에 저항하여 사벌주(오늘날의 상주)에서 봉기하였다.

③ 지배층을 중심으로 **변발과 호복**이 유행하였다.
→ 원 간섭기에 고려에서는 지배층을 중심으로 원의 풍습인 변발과 호복이 유행하였다.

④ 기근에 대비하기 위해 **구황촬요**가 간행되었다.
→ 조선 명종 때 기근에 대비하여 **구급법 및 비상 식량 조리법** 등에 대한 정보를 정리한 구황촬요를 간행하였다.

⑤ **김보당**이 의종 복위를 주장하며 난을 일으켰다.
→ 무신 정권 시기인 **이의방 정권** 때 동북면병마사 출신의 김보당이 의종 복위를 도모하며 반란을 일으켰다.

15. 정답 ④　　　　　　　　| 난이도 | ●●●

(가) 왕에 대한 설명으로 옳은 것은?　　　　　[3점]

> 이 장소는 경상북도 봉화군에 있는 청량산으로 낙동강 인근에 위치한 우리나라의 대표적인 명산입니다. 이곳은 (가) 이/가 홍건적의 난을 피해 안동에 피란할 당시 축조하였다는 산성의 흔적이 남아 있으며 더불어 마을 주민들이 (가) 을/를 추모하기 위해 만든 사당도 있었다고 합니다.

지문의 핵심 키워드 ▶ 고려 공민왕

✓ 홍건적의 난을 피해 안동에 피란 - 홍건적의 2차 침입 당시 고려 공민왕은 복주(오늘날의 안동)로 피란함

선지별 키워드 추출

① 국정 총괄 기구로 **교정도감**을 설치하였다.
→ 무신 정권 시기에 **최충헌**은 최고 정치 기구로 **교정도감**을 설치하고 수장인 **교정별감**을 역임하며 국정을 총괄하였다.

② 만권당을 두어 원의 학자들과 교류하였다.
→ 고려 **충선왕**은 원의 연경에 **만권당**을 세웠으며, 고려의 **이제현**이 이곳에서 원의 학자들과 교류하였다.

③ 빈민 구제를 위해 흑창을 처음 설치하였다.
→ 고려 **왕건**은 봄에 곡식을 빌려주고 가을에 갚도록 하는 **진휼** 기관인 **흑창**을 설치하였다.

④ 신돈을 등용하여 전민변정도감을 운영하였다.
→ 고려 **공민왕** 때 **신돈**의 건의로 권문세족의 불법 토지 소유 문제 등을 해결하기 위한 **전민변정도감**이 설치되었다.

⑤ 최승로의 시무 28조를 받아들여 통치 체제를 정비하였다.
→ **최승로**는 고려 **성종**에게 유교 정치의 실현을 건의하는 상소문인 **시무 28조**를 올렸다.

16. 정답 ②　　　　　　　　| 난이도 | ●●○

(가)에 대한 고려의 대응으로 옳은 것은?　　　[2점]

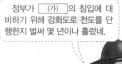

> 정부가 (가) 의 침입에 대비하기 위해 강화도로 천도를 단행한지 벌써 몇 년이나 흘렀네.

> 최근에는 대장경이 (가) 에 의해 불타 버려서 대장도감을 설치하고 새 불교 경전을 다시 간행한다고 하는군!

지문의 핵심 키워드 ▶ 몽골에 대한 고려의 대응

✓ 강화도로 천도 - 최우 집권기에 몽골과의 항쟁을 위해 강화도로 천도함(1232)
✓ 대장도감 - 팔만대장경 간행을 위해 설치한 기구

선지별 키워드 추출

① 광군을 창설하여 침입에 대비하였다.
→ 고려 정종 때 거란의 침략을 대비하기 위해 농민으로 구성된 예비 군사 조직인 **광군**을 조직하였다.

② 김윤후가 처인성에서 살리타를 사살하였다.
→ **김윤후**는 몽골의 2차 침입 당시 **처인성**에서 적장 살리타를 사살하였다.

③ 강감찬이 개경에 나성을 축조할 것을 건의하였다.
→ 고려 현종 때 **강감찬**의 건의로 거란의 침입을 막기 위해 개경에 **나성**을 축조하였다.

④ 철령위 설치에 반발하여 요동 정벌을 추진하였다.
→ 고려 우왕 때 **최영**은 명의 철령위 설치에 반발하며 요동 정벌을 추진하였다.

⑤ 신기군, 신보군, 항마군으로 구성된 별무반을 창설하였다.
→ 고려 숙종 때 윤관의 건의로 여진 정벌을 위해 **신기군, 신보군, 항마군**으로 편성된 **별무반**을 조직하였다.

17. 정답 ①　　　　　　　| 난이도 | ●○○

다음 자료에 나타난 시기의 경제 상황으로 옳은 것은?
[1점]

> 송(宋)에서 국신사로 형부상서 양응성과 제주방어사 한연 등이 왔다. 처음에 양응성이 강정에 도착하여 접반소로 첩을 보내 말하기를, "황제의 칙명을 받들고 이제 곧 벽란정(碧瀾亭)에 도착하게 됩니다. 귀국은 예로써 존경을 나타내는 데 극진하여 만약 우리가 미리 말씀을 드리지 않는다면 반드시 번거롭고 헛된 수고만 하게 될 것입니다. …… 지금 구례(舊例)에 의거하여 황제의 조서를 받고 표문을 올리는 날에는 음악을 사용하시고, 이외에 만약 연회가 있다면 참여는 하겠지만 음악은 없도록 하여 주십시오." 라고 하였다.

지문의 핵심 키워드 ▶ 고려의 경제 상황

✓ 송(宋) - 고려와 교류하던 중국의 국가
✓ 벽란정(碧瀾亭) - 고려의 국제 무역항인 벽란도에 위치한 건물

선지별 키워드 추출

① 활구라고 불리는 은병이 주조되었다.
→ 고려 숙종 때 화폐 주조 기구인 주전도감을 설치하고 삼한통보, 해동통보, 활구 등 다양한 화폐를 주조하였다.

② 특산품으로 솔빈부의 말이 유명하였다.
→ 발해에서는 15부 중 하나인 솔빈부의 말이 특산품으로 유명하였다.

③ 송상이 전국 각지에 송방을 설치하였다.
→ 조선 후기에는 개성 출신 상인인 송상이 전국 각지에 송방이라는 근거지를 두고 물건을 유통하였다.

④ 일본과 교역을 위해 부산포, 염포, 제포를 개항하였다.
→ 조선 세종 때 대마도주의 요청으로 염포, 제포, 부산포를 개항하였다.

⑤ 설점수세제의 시행으로 민간의 광산 개발이 허용되었다.
→ 조선 후기에는 광산 개발이 활성화되자 설점수세제를 시행하여 민간의 광산 개발을 허용하였다.

18. 정답 ③　　　　　　　| 난이도 | ●○○

(가) 왕의 재위 시기에 있었던 사실로 옳은 것은? [2점]

역사 신문

제△△호　　　　　　　　　　○○○○년 ○○월 ○○일

(가) 왕 탄신일, 국가 기념일 지정 예고

문화 체육 관광부는 (가) 의 애민사상 · 자주정신 · 실용정신의 계승 및 발전을 위해 5월 15일을 (가) 나신 날'로 지정하였다. 이에 따라 내년부터 문화 체육 관광부와 국가유산청은 이 날에 다양한 기념행사를 개최할 예정이라고 밝혔다. (가) 은/는 재위 당시 앙부일구, 자격루 등 다양한 과학 기구의 제작을 통해 과학의 발전에 이바지하였으며, 집현전 설치를 통해 학문 발전에도 크게 기여한 점에서 그 업적을 높게 평가할 수 있다.

지문의 핵심 키워드 ▶ 조선 세종

✓ 앙부일구, 자격루 - 조선 세종 때 제작된 과학 기구
✓ 집현전 - 조선 세종 때 설치된 학술 연구 기관

선지별 키워드 추출

① 주자소를 설치하여 계미자를 주조하였다.
→ 조선 태종 때 활자 주조 담당 관청인 주자소를 설치하고 조선 최초의 구리 활자인 계미자를 주조하였다.

② 조선의 기본 법전인 경국대전이 반포되었다.
→ 조선 성종 때 육전 체제로 구성된 조선의 첫 공식 법전인 경국대전이 완성되었다.

③ 한양을 기준으로 한 역법서인 칠정산을 만들었다.
→ 조선 세종 때 우리나라의 실정에 맞는 역법서인 칠정산을 간행하였다.

④ 왕권 강화를 위해 6조 직계제를 처음 실시하였다.
→ 조선 태종 때 6조의 의결 사항을 왕에게 바로 보고하는 6조 직계제가 처음 시행되었다.

⑤ 역대 문물제도를 정리한 동국문헌비고가 간행되었다.
→ 조선 영조 때 조선의 역대 문물 제도를 백과사전식으로 정리한 동국문헌비고가 간행되었다.

한국사

19. 정답 ①　　　　　　　　| 난이도 | ●○○

밑줄 그은 '이 왕'이 추진한 정책으로 옳은 것은? [2점]

> 한명회, 권람 등과 주도한 정변을 통해 즉위한 이 왕에 대해 이야기해보자.

> 간경도감을 설치하는 등 독특하게 불교 장려 정책을 시행하였지.

> 이시애의 난을 계기로 유향소를 폐지한 것은 안타깝다고 생각해.

지문의 핵심 키워드 ▶ 조선 세조

✔ 간경도감 – 조선 세조 때 불교 경전 간행을 위해 설치한 기구
✔ 이시애 – 조선 세조 때 함경도 지역에서 반란을 주도한 인물

선지별 키워드 추출

① 현직 관리를 대상으로 **직전법**을 실시하였다.
　→ **조선 세조** 때 현직 관리에게만 토지를 지급하는 **직전법**을 실시하고 수신전과 휼양전을 폐지하였다.

② 전란의 피해를 복구하고 **동의보감**을 완성하였다.
　→ **조선 광해군** 때 동양의 의학을 집대성한 의학서인 동의보감이 완성되었다.

③ 신하를 재교육하기 위한 **초계문신제**를 실시하였다.
　→ **조선 정조** 때 젊은 관리를 규장각에서 재교육하는 초계문신제를 시행하였다.

④ 삼남 지방의 농법을 소개한 **농사직설**을 편찬하였다.
　→ **조선 세종** 때 정초, 변효문 등이 우리나라 실정에 맞는 농법을 정리한 농사직설을 편찬하였다.

⑤ 시전 상인의 특권을 축소하는 **신해통공**을 단행하였다.
　→ **조선 정조** 때 채제공의 건의로 육의전을 제외한 시전상인의 금난전권이 폐지되는 **신해통공**이 단행되었다.

---

20. 정답 ④　　　　　　　　| 난이도 | ●●○

(가), (나) 사이의 시기에 있었던 사실로 옳은 것은? [3점]

> (가) 폐비(廢妃)는 선왕(先王)에게 죄를 지었기 때문에 선왕께서 대의로써 결단하여 상제를 갖추지 못하게 하였으나, 상(上)에게 있어서는 모자의 사이이므로 임시 방편에 따라 효도를 펴는 것을 하지 않을 수 없습니다. 대체로 어머니가 비록 도리를 잃었더라도 자식이 어버이를 섬기는 데는 마땅히 정성을 다해야 할 것입니다.

> (나) 근래 선비들의 습속이 아름답지 못하여 다만 자기 일신만 있는 줄 알고 국사는 돌아보지 않아 선왕(先王)께서도 일찍이 이것을 우려하셨다. 하물며 지금은 임금이 어리고 나라는 위태하여 국사를 오직 대신만을 믿고 있는데 윤임의 흉모를 누가 모를 것인가. 나라의 형세가 매우 위태로우니 통곡할 일이다. 대신 역시 진정시키려는 것이었는데 어찌 대죄할 것까지 있겠는가.

지문의 핵심 키워드 ▶ 갑자사화, 을사사화

✔ (가) 폐비(廢妃)는 선왕(先王)에게 죄를 지음 – 갑자사화(연산군, 1504)의 계기가 된 폐비 윤씨 사사 사건
✔ (나) 윤임 – 을사사화(명종, 1545)로 희생된 대윤 세력 인물

선지별 키워드 추출

① 성삼문 등이 단종의 복위를 꾀하였다.
　→ **조선 세조** 때 성삼문 등이 단종 복위 운동을 주도하였다.

② 정여립 모반 사건으로 기축옥사가 일어났다.
　→ **조선 선조** 때 동인 정여립의 반란 혐의를 계기로, 서인이 동인을 처단하는 **기축옥사**가 일어났다.

③ 자의 대비의 복상 문제로 예송이 전개되었다.
　→ **조선 현종** 때 자의대비의 복상 문제를 계기로 두 차례의 예송이 발생하였다.

④ 위훈 삭제를 주장한 조광조 일파가 축출되었다.
　→ **조선 중종** 때 위훈 삭제를 건의한 조광조 일파가 기묘사화(1519)로 인하여 축출당하였다.

⑤ 조의제문이 발단이 되어 김일손 등이 화를 입었다.
　→ **조선 연산군** 때 김종직의 조의제문이 발단이 되어 김일손 등 김종직의 제자 출신의 사림 세력들이 피해를 입은 무오사화(1498)가 발생하였다.

21. 정답 ① | 난이도 | ●○○

(가)에 들어갈 내용으로 옳은 것은? [2점]

지문의 핵심 키워드 ▶ 승정원

✓ 조선 시대에 국왕의 비서 기관 - 승정원
✓ 승지 - 승정원에 소속된 정3품 관직

선지별 키워드 추출

① 은대(銀臺)라고도 불렸어요.
  → 조선의 승정원은 은대(銀臺), 후원(喉院)이라고도 불렸다.

② 수도의 행정과 치안을 맡았어요.
  → 조선의 한성부는 수도의 행정과 치안을 담당하였다.

③ 흥선 대원군이 집권한 시기에 혁파되었어요.
  → 조선의 비변사는 세도 정치 시기에 역할이 변질되었다 가 흥선 대원군 집권 이후 혁파되었다.

④ 반역죄, 강상죄를 범한 중죄인을 다스렸어요.
  → 조선의 의금부는 국왕 직속의 사법 기구로서, 반역죄와 강상죄 등을 처벌하였다.

⑤ 5품 이하의 관리 임명에 대한 서경권을 행사하였어요.
  → 조선의 사헌부와 사간원은 5품 이하의 관리 임명에 대 한 동의 및 거부권 행사가 가능한 서경권을 행사하였다.

22. 정답 ① | 난이도 | ●●○

밑줄 그은 '전쟁' 중에 있었던 사실로 옳은 것은? [2점]

지문의 핵심 키워드 ▶ 병자호란

✓ 임경업 - 병자호란 당시 백마산성에서 적의 침입에 대비 한 인물
✓ 청의 침입으로 발생한 전쟁 - 병자호란

선지별 키워드 추출

① 김상용이 강화도에서 순절하였다.
  → 병자호란 때 김상용은 종묘의 신주를 들고 강화도로 피 란하였다가 강화도마저 함락되자 순절하였다.

② 강홍립 부대가 사르후 전투에 참전하였다.
  → 조선 광해군 때 조선은 명과 후금 사이에서 벌어진 사 르후 전투에 강홍립 부대를 파견하였다.

③ 삼수병으로 구성된 훈련도감이 설치되었다.
  → 임진왜란 때 일본의 조총 부대에 대비하기 위해 포수 (총, 대포), 살수(칼, 창), 살수(활)로 구성된 훈련도감이 창설되었다.

④ 김시민이 진주성에서 적군을 크게 물리쳤다.
  → 임진왜란 때 김시민은 진주 대첩에서 왜군에 승리하였다.

⑤ 최윤덕이 올라산성에서 이만주 부대를 정벌하였다.
  → 조선 세종 때 최윤덕은 4군 개척의 일환으로 올라산성 에서 여진의 추장인 이만주를 소탕하였다.

23. 정답 ③ | 난이도 | ●●○

(가)~(다)를 일어난 순서대로 옳게 나열한 것은? [3점]

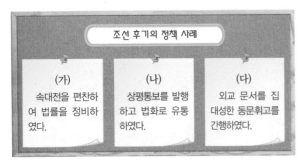

조선 후기의 정책 사례

(가)	(나)	(다)
속대전을 편찬하여 법률을 정비하였다.	상평통보를 발행하고 법화로 유통하였다.	외교 문서를 집대성한 동문휘고를 간행하였다.

지문의 핵심 키워드 ▶ 조선 후기의 정책

✓ (가) 속대전 - 조선 영조 때 기존의 경국대전을 보완하여 편찬한 법전(1746)
✓ (나) 상평통보 - 조선 숙종 때 발행된 동전(1678)
✓ (다) 동문휘고 - 조선 정조 때 외교 문서를 집대성한 책(1788)

선지별 키워드 추출

③ (나) - (가) - (다)
→ 조선 후기의 정책 사례는 **상평통보 발행(나-숙종)** → **속대전 편찬(가-영조)** → **동문휘고 편찬(다-정조)** 순으로 발생하였다.

24. 정답 ④ | 난이도 | ●○○

다음 상황이 나타난 시기에 볼 수 있는 모습으로 적절하지 않은 것은? [1점]

신이 이번 길에서 연안의 군과 여러 섬들을 많이 돌아다녔는데 이러한 곳에 반드시 고구마를 많이 심었을 것이라고 생각했었습니다. 그러나 흉년에 곡식이 없는 것을 목견하고는 구제할 방도가 없어 시험삼아 고구마의 유무를 찾아보다가 그 사실을 갖추어 알았습니다. ...... 세상에 이와 같이 좋은 물건이 있어 다행히 종자를 가져오게 되었으니, 국가로서는 마땅히 백성들에게 주어 심기를 권장하고 풍속을 이루게끔 해서 온 나라 사람들이 모두 좋은 혜택을 받기를 문익점(文益漸)이 가져온 목화씨처럼 하여야 할 것입니다.

지문의 핵심 키워드 ▶ 조선 후기의 사회상

✓ 고구마 - 조선 후기에 전래된 구황 작물

선지별 키워드 추출

① 담배 농사를 짓는 농민
→ 조선 후기에는 벼 이외에도 **담배**, 면화, 인삼 등 다양한 **상품 작물 재배**를 시작하였다.

② 한글 소설을 읽어 주는 전기수
→ 조선 후기에는 **한글 소설**이 유행하며 소설을 읽어 주는 직업인 **전기수**가 활동하였다.

③ 시사(詩社)에서 시를 낭송하는 중인
→ 조선 후기에는 중인들이 **시사(詩社)**를 조직하고 문화 활동을 향유하였다.

④ 시전의 상행위를 감독하는 경시서의 관리
→ 고려 시대에는 **시전**을 관리 감독하기 위해 **경시서**가 설치되었다.

⑤ 송파장에서 산대놀이 공연을 벌이는 광대
→ 조선 후기에는 **산대놀이**와 같은 **탈춤** 등의 서민 문화가 널리 퍼졌다.

25. 정답 ④　　　　　　　| 난이도 | ●●○

밑줄 그은 '폐단'에 대한 정부의 대책 사례로 옳은 것을 〈보기〉에서 모두 고른 것은?　　　　[2점]

> 신(臣)이 이 균역(均役)의 일로써 오랫동안 곤경을 치르며 몸으로써 과녁을 삼아 아침저녁으로 화살을 받고 있는데, 말하는 자들이 어찌 신에게 사사로운 감정이 있어서 그런 것이겠습니까? 가령 신이 양역(良役)의 폐단에 대해 애당초 무관심하게 보아 넘겨 통양(痛瘍)에 관계하지 않았다면 유유히 지나가고 아무런 일도 없었을 터인데, 30년 동안 끊임없이 왕래하며 망령되이 상량(商量)하기를, '이 폐단이 제거되지 않는다면 나라가 반드시 멸망할 것이다.'라고 한 것이 신의 죄입니다.

지문의 핵심 키워드 ▶ 균역법

✓ 균역(均役)의 일, 양역(良役)의 폐단 - 균역법의 시행 원인

선지별 키워드 추출

ㄱ. 양반에게도 군포를 부과하였다.
　→ 흥선 대원군은 양반에게도 군포를 부과하는 호포제를 시행하였다.

ㄴ. 어장세, 선박세 등이 국가 재정으로 귀속되었다.
　→ 조선 영조 때 균역법 시행 이후 부족한 조세를 보충하기 위해 선박세, 어장세, 염세 등 여러 잡세를 국가 재정으로 귀속시켰다.

ㄷ. 전세를 풍흉에 따라 9등급으로 차등 과세하였다.
　→ 조선 세종 때 시행한 공법은 토지의 비옥도(전분 6등법)와 풍흉(연분 9등법)에 따라 전세를 차등 과세하였다.

ㄹ. 재정을 보충하기 위해 지주에게 결작이 부과되었다.
　→ 조선 영조 때 균역법 시행 이후 부족한 조세를 보충하기 위해 토지 소유자에게 토지 1결당 쌀 2두의 결작세를 부과하였다.

26. 정답 ⑤　　　　　　　| 난이도 | ●●●

(가) 인물에 대한 설명으로 옳은 것은?　　　　[2점]

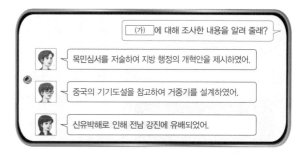

(가) 에 대해 조사한 내용을 알려 줄래?

- 목민심서를 저술하여 지방 행정의 개혁안을 제시하였어.
- 중국의 기기도설을 참고하여 거중기를 설계하였어.
- 신유박해로 인해 전남 강진에 유배되었어.

지문의 핵심 키워드 ▶ 정약용

✓ 목민심서 - 백성을 다스리는 방안을 제시한 정약용의 저술
✓ 거중기 - 정약용이 수원 화성을 축조하기 위해 제작한 기구

선지별 키워드 추출

① 성호사설에서 한전론을 주장하였다.
　→ 조선의 이익은 성호사설에서 토지 매매의 하한선을 제시한 한전론을 주장하였다.

② 의산문답에서 중국 중심의 세계관을 비판하였다.
　→ 조선의 홍대용은 의산문답을 통해 중국 중심의 천하관을 비판하는 동시에 천체마다 각자의 중심이 있다고 하는 상대주의를 주장하였다.

③ 북학의에서 절약보다 적절한 소비를 권장하였다.
　→ 조선의 박제가는 청에 다녀온 뒤 저술한 북학의에서 재화를 우물에 비유하며 저축보다 소비의 촉진을 강조하였다.

④ 양반전을 지어 양반의 허례와 무능을 풍자하였다.
　→ 조선의 박지원은 양반전, 허생전, 호질 등의 한문 소설을 저술하여 양반의 허례와 무능을 풍자하였다.

⑤ 경세유표를 집필하여 국가 제도의 개혁 방향을 제시하였다.
　→ 조선의 정약용은 경세유표를 집필하여 국가의 전반적인 제도 개혁을 제시하였다.

27. 정답 ②
| 난이도 | ● ● ○

(가) 인물의 업적으로 옳은 것은? [2점]

이 장소는 추사 (가) 선생의 고택 사랑채로, 그의 증조할아버지인 김한신이 지었다고 합니다. (가) 선생은 금석학을 연구하고 금석과안록을 통해 북한산에 위치한 비석이 진흥왕의 순수비임을 고증하였습니다.

지문의 핵심 키워드 ▶ 김정희

✓ 추사 – 김정희의 호
✓ 금석과안록 – 김정희의 저서로, 황초령비와 북한산비가 진흥왕 순수비임을 고증함

선지별 키워드 추출

① 양명학을 연구하여 **강화 학파**를 형성하였다.
→ **조선 후기**에 **정제두**는 **강화 학파**를 형성하고 **양명학**에 대한 체계적이고 독자적인 연구를 진행하였다.

② 역대 명필을 연구하여 **추사체**를 창안하였다.
→ **김정희**는 **중국 역대 명필**가들의 **필체**를 연구하고 이를 바탕으로 자신만의 독특한 필체인 **추사체**를 창안하였다.

③ 명에 대한 의리를 내세운 **기축봉사**를 올렸다.
→ **조선 효종** 때 **송시열**은 **명에 대한 의리**를 내세우며 북벌을 주장하는 **기축봉사**라는 상소를 올렸다.

④ 충청도 지역까지 대동법 확대 실시를 건의하였다.
→ **조선 효종** 때 **김육**은 대동법을 충청도 지역까지 확대 실시할 것을 건의하였다.

⑤ 군주가 수양해야 할 덕목과 지식을 담은 **성학집요**를 집필하였다.
→ 조선의 **이이**는 제왕의 학문을 정리하여 **군주가 수행해야 할 덕목과 지식**을 총망라한 **성학집요**를 집필하였다.

---

28. 정답 ①
| 난이도 | ● ● ●

(가) 지역에서 있었던 사실로 옳은 것은? [3점]

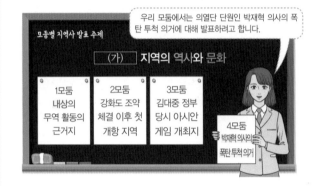

우리 모둠에서는 의열단 단원인 박재혁 의사의 폭탄 투척 의거에 대해 발표하려고 합니다.

모둠별 지역사 발표 주제

(가) 지역의 역사와 문화

1모둠 내상의 무역 활동의 근거지
2모둠 강화도 조약 체결 이후 첫 개항 지역
3모둠 김대중 정부 당시 아시안 게임 개최지
4모둠 박재혁 의사의 폭탄 투척 의거

지문의 핵심 키워드 ▶ 부산

✓ 내상 – 조선 후기에 동래(오늘날의 부산)를 중심으로 활동한 상인
✓ 박재혁 의사의 폭탄 투척 의거 – 박재혁이 부산 경찰서에 폭탄을 투척한 사건

선지별 키워드 추출

① 초량 왜관을 통해 일본과 교역하였다.
→ **조선 후기**에 조선은 **부산**의 **초량 왜관**을 통해 일본과 교역하였다.

② 이성계의 어진을 모신 **경기전**이 위치하였다.
→ **전주**에 조선의 태조인 이성계의 어진을 모신 **경기전**이 위치하였다.

③ **만적**을 비롯한 노비들이 신분 해방을 도모하였다.
→ 고려 **최충헌 정권** 때 개경에서 만적 등의 **노비**들이 **신분 해방을 도모**하며 반란을 모의하였으나 결국 실패하였다.

④ 강주룡이 을밀대 지붕 위에서 고공 농성을 하였다.
→ 일제 강점기에 **강주룡**은 임금 삭감 반대와 노동 조건 개선 등을 주장하며 평양의 을밀대 지붕 위에서 고공 농성을 전개하였다

⑤ **신립**이 탄금대에서 배수의 진을 치고 왜군과 맞서 싸웠다.
→ **임진왜란** 발생 당시 **신립**은 충주의 탄금대에서 배수의 진을 치고 왜군에 항전하였다.

29. 정답 ④ | 난이도 | ●○○

(가) 사건에 대한 설명으로 옳은 것은? [1점]

> **사료로 보는 한국사**
>
> 그토록 작은 공간에 그리고 그토록 짧은 시간에, 그토록 많은 탄환과 포연이 집중되는 것은 남북 전쟁의 고참들도 일찍이 본 적이 없었다. 남북 전쟁 당시 자기가 이끌던 2척의 배가 남부군으로부터 포격을 당한 일이 있는 그 늙은 블레이크도 이때보다 더 날카로운 사격을 가한 적을 기억할 수 없노라고 말했다.
>
> －W.E. 그리피스, 『은자의 나라 한국』
>
> [해설] 제너럴셔먼호 사건을 계기로 발생한 ［(가)］ 당시에 있었던 윈필드 S. 슐레이 해군 소령의 손돌목 전투에 대한 회고이다.

지문의 핵심 키워드 ▶ 신미양요

✓ 제너럴셔먼호 사건을 계기로 발생 – 신미양요(1871)

선지별 키워드 추출

① 운요호 사건을 빌미로 일어났다.
→ 일본이 운요호라는 군함을 이끌고 강화도와 영종도를 침략한 사건이 발단이 되어 조선은 일본과 강화도 조약을 체결하게 되었다.

② 의궤를 비롯한 외규장각 도서가 약탈당하였다.
→ 병인양요 당시 프랑스군은 강화도 외규장각에서 의궤를 비롯한 여러 도서를 약탈하였다.

③ 홍경래 등이 난을 일으켜 정주성을 점령하였다.
→ 조선 순조 때 홍경래, 우군칙, 이희저 등이 난을 일으켜, 청천강 이북의 정주성을 점령하는 사건이 일어났다.

④ 전개 과정에서 어재연 부대가 광성보에서 항전하였다.
→ 신미양요 당시 어재연 장군이 이끄는 부대가 강화도의 광성보에서 미군에 맞서 항전하였다.

⑤ 황사영이 외국 군대의 출병을 요청하는 백서를 작성하였다.
→ 조선 순조 때 신유박해가 발생하자 황사영은 베이징 주재 프랑스 선교사에게 출병을 요청하는 백서를 작성하였다.

30. 정답 ③ | 난이도 | ●●○

(가), (나) 사이의 시기에 있었던 사실로 옳은 것은? [2점]

지문의 핵심 키워드 ▶ 임오군란, 거문도 사건

✓ (가) 구식 군인, 폭동 – 임오군란(1882)
✓ (나) 거문도를 불법으로 점령 – 거문도 사건(1885)

선지별 키워드 추출

① 통리기무아문과 12사가 설치되었다.
→ 1880년에 개화 정책 총괄 기구로 통리기무아문을 설치하고 다양한 업무를 분담하기 위해 산하에 12사를 두었다.

② 김기수가 수신사로 일본에 파견되었다.
→ 강화도 조약 체결 이후, 조선 정부는 1876년에 1차 수신사로 김기수를 일본에 파견하였다.

③ 조선과 일본 간 한성 조약을 체결하였다.
→ 1884년에 일어난 갑신정변으로 조선은 일본에 배상금과 공사관 신축비 지불을 규정한 한성 조약을 체결하였다.

④ 종로와 전국 각지에 척화비가 건립되었다.
→ 병인양요, 오페르트 도굴 사건, 신미양요 등을 계기로 흥선 대원군은 1871년에 서양과의 통상 수교 반대 의지를 표방하는 척화비를 전국에 건립하였다.

⑤ 삼정의 문란을 시정하기 위한 삼정이정청이 설치되었다.
→ 조선 철종 때인 1862년에 임술 농민 봉기가 발생하자 안핵사로 파견된 박규수는 삼정의 문란을 해결하기 위해 삼정이정청의 설치를 건의하였다.

31. 정답 ②
| 난이도 | ●●○

다음 자료에 제시된 조약에 대한 설명으로 옳은 것은?
[2점]

> 제14관 현재 양국이 논의하여 결정하고 난 이후 대조선국 군주가 어떠한 은혜로운 정사와 은혜로운 법 및 이익을 다른 나라 혹은 그 상인에게 베풀 경우, 배로 항해하여 통상 무역을 왕래하는 등의 일을 해당국과 그 상인이 종래 누리지 않았거나 이 조약에 없는 경우를 막론하고 미국 관원과 백성이 일체 균점(均霑)하는 것을 승인한다. 이러한 타국의 이익을 우대하는 문제에서, 이것과 전적으로 관련된 조항으로 상호 보답을 규정할 경우, 미국 관원과 백성도 반드시 상호 체결한 보답하는 해당 조항을 일체 준수해야 비로소 우대하는 이익을 동일하게 누리는 것을 승인한다.

지문의 핵심 키워드 ▶ 조미 수호 통상 조약

✔ 이익을 다른 나라 혹은 그 상인에게 베풀 경우, 미국 관원과 백성이 일체 균점(均霑)하는 것을 승인 - 조미 수호 통상 조약(1882)에 규정된 최혜국 대우

선지별 키워드 추출

① 천주교 포교 허용의 근거가 되었다.
→ 프랑스와의 조불 수호 통상 조약 체결 이후 국내에서의 천주교 포교가 허용되었다.

② 거중 조정에 대한 내용을 포함하였다.
→ 조미 수호 통상 조약에는 조약 체결국이 제3국과 분쟁을 겪을 경우 다른 조약 체결국이 중재할 것을 규정하는 거중 조정에 대한 내용이 포함되었다.

③ 방곡령 시행에 대한 규정을 명시하였다.
→ 조일 통상 장정에는 조선이 일시적으로 쌀 수출을 금지하려고 할 때에는 1개월 전에 지방관이 일본 영사관에 통지할 것을 규정한 방곡령이 포함되었다.

④ 재정 고문을 두도록 하는 조항을 담고 있다.
→ 제1차 한일 협약에 따라 외교 고문 스티븐스와 재정 고문 메가타가 조선에 파견되었다.

⑤ 외국 상인의 내지 통상권을 최초로 규정하였다.
→ 조청 상민 수륙 무역 장정에 따라 청 상인의 한성과 양화진 내 내지 통상권이 허용되었다.

32. 정답 ⑤
| 난이도 | ●●○

다음 가상 뉴스에서 보도하는 사건 이후에 전개된 사실로 옳은 것은?
[3점]

> 최근 일본군이 한양으로 진격하여 경복궁을 점령한 뒤, 고종을 인질로 삼았습니다. 이후 일본은 김홍집을 중심으로 한 친일 내각을 구성하여 조선에 내정 개혁을 요구하고 있습니다.

속보 일본군의 경복궁 불법 점령

지문의 핵심 키워드 ▶ 경복궁 불법 점령

✔ 일본군, 경복궁을 점령 - 제1차 동학 농민 운동으로 조선에 들어온 일본군이 경복궁을 불법으로 점령한 사건 (1894. 6)

선지별 키워드 추출

① 고부 농민들이 만석보를 파괴하였다.
→ 전봉준은 탐관오리 조병갑의 수탈과 횡포에 저항하여 고부의 농민들과 만석보를 파괴하는 등 농민 봉기를 주도하였다(1894. 1).

② 개혁을 추진하기 위해 교정청이 설치되었다.
→ 동학 농민 운동으로 청일 양국 군대가 조선에 들어오자 동학 농민군은 정부와 전주 화약을 체결(1894. 5)하고 해산하였으며, 정부는 개혁을 추진하기 위해 교정청을 설치하였다. 하지만 일본군은 철수하지 않고 경복궁을 점령하였다.

③ 농민군이 황룡촌 전투에서 관군에 승리하였다.
→ 동학 농민군은 황룡촌에서 관군에게 승리한 뒤(1894. 4) 전주성을 점령하였다.

④ 사태 수습을 위해 안핵사 이용태가 파견되었다.
→ 고부 농민 봉기가 발생하자 정부는 사태 수습을 위해 안핵사로 이용태를 파견하였다.

⑤ 공주 우금치에서 농민군이 관군과 일본군에게 패배하였다.
→ 일본의 경복궁 점령에 반발하여 일어난 제2차 동학 농민 운동 당시 동학 농민군은 공주 지역의 우금치에서 관군과 일본군에게 패배(1894. 11)하였다.

33. 정답 ①

| 난이도 | ●●○

다음 자료에 나타난 사건이 발생한 배경으로 옳은 것은?
[2점]

> 지난해 9월부터 반역 도배들이 집요하게 나를 압박해 오고 있다. 최근에는 단발령으로 일어난 전국적 시위의 혼란을 틈타 나와 내 아들을 살해할지 모른다는 두려움에 떨고 있다. 나는 내 아들과 함께 이러한 위급한 상황에서 벗어나 러시아 공사관에서 보호받기를 바란다. 나를 구출할 수 있는 다른 수단은 없다. 나는 두 공사가 나에게 피신처를 마련해 줄 것을 간곡히 당부한다.

지문의 핵심 키워드 ▶ 아관 파천

✓ 러시아 공사관에서 보호 받기를 바람 – 고종이 러시아로 피신한 아관 파천

선지별 키워드 추출

① 을미사변이 일어났다.
→ 일제는 친러 내각을 형성하려는 **명성황후를 견제**하기 위해 1895년에 경복궁에 침입하여 **명성황후를 시해**하는 **을미사변**을 일으켰으며, 이로 인해 **고종이 러시아 공사관으로 피신**하게 되었다.

② 용암포 사건이 발생하였다.
→ 1903년에 러시아가 **용암포와 압록강 하구를 점령**한 뒤 조선에 조차를 요구한 것이 계기가 되어 러 · 일 전쟁이 발발하였다.

③ 이토 히로부미가 초대 통감으로 부임하였다.
→ 1905년에 **을사늑약의 체결**로 통감부가 설치되고 **이토 히로부미가 초대 통감으로 부임**하였다.

④ 기유각서가 체결되어 사법권을 박탈당하였다.
→ 1909년에는 **기유각서가 체결**되어 **한국의 사법권과 감옥 사무의 처리권이 일본 정부에게 넘어갔다.**

⑤ 헤이그에서 열린 만국 평화 회의에 특사가 파견되었다.
→ 고종은 **을사늑약 체결의 부당함**을 알리고자 **1907년에 이준, 이위종, 이상설을 네덜란드 만국 평화회의에 파견**하였다.

34. 정답 ①

| 난이도 | ●○○

(가)에 들어갈 내용으로 옳은 것은?
[1점]

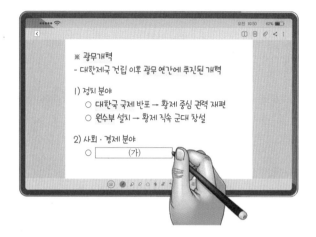

> ※ 광무개혁
> - 대한제국 건립 이후 광무 연간에 추진된 개혁
>
> 1) 정치 분야
>   ○ 대한국 국제 반포 → 황제 중심 권력 재편
>   ○ 원수부 설치 → 황제 직속 군대 창설
>
> 2) 사회 · 경제 분야
>   ○ ____(가)____

지문의 핵심 키워드 ▶ 광무개혁

✓ 광무 연간에 추진된 개혁 – 광무개혁이 추진된 시기

선지별 키워드 추출

① 지계 발급
→ 대한 제국은 양전 사업 이후 **지계아문을 설치**하고 토지 증명 문서인 **지계를 발급**하였다.

② 태양력 사용
→ **을미개혁** 때 **태양력을 채택**하고 조선의 독자적인 연호인 **건양**이 사용되었다.

③ 한성주보 발행
→ 1886년에 박문국에서 발간한 **한성주보**는 **최초로 상업 광고**를 게재하였다.

④ 과부의 재가 허용
→ **제1차 갑오개혁** 당시 동학 농민군의 요구를 일부 수용하며 **신분제를 폐지**하고, **과부의 재가를 허용**하였다.

⑤ 교육 입국 조서 반포
→ **제2차 갑오개혁** 때 근대식 사범 학교에 대한 관제인 **교육 입국 조서를 반포**하였다.

35. 정답 ⑤　　　　| 난이도 | ●●○

(가) 의병에 대한 설명으로 옳은 것은?　　　[2점]

이것은 경기도 양평 용문사에 위치한 은행나무로, 수령이 천 년이 넘어 천연기념물로 지정되었대.

대한 제국 군대 강제 해산에 반발하여 발생한 (가) 당시 일본군이 의병의 근거지인 용문사에 불을 질렀는데, 이 나무만 타지 않았다는 이야기도 전해지고 있어.

지문의 핵심 키워드 ▶ 정미의병

✓ 대한 제국 군대 강제 해산에 반발 - 정미의병(1907)의 발생 원인

선지별 키워드 추출

① 최익현이 태인에서 궐기하였다.
→ 최익현은 을사늑약 체결에 반발하여 전북 태인에서 을사의병(1905)을 주도하였다.

② 이만손이 주도하여 영남 만인소를 올렸다.
→ 조선책략의 유포로 미국과의 수교가 논의되자 이만손 등의 유생들은 미국과의 수교를 반대하는 영남 만인소를 올렸다.

③ 고종의 해산 권고 조칙에 따라 해산하였다.
→ 아관 파천으로 친일 내각이 붕괴되고 단발령이 철회되자 을미의병(1895)은 고종의 해산 권고 조칙에 따라 해산하였다.

④ 민종식이 이끄는 부대가 홍주성을 점령하였다.
→ 민종식은 을사늑약 체결에 반발하여 충남 홍성에서 을사의병을 일으켜 홍주성을 점령하였다.

⑤ 의병 부대가 연합하여 서울 진공 작전을 전개하였다.
→ 정미 7조약으로 해산된 군인들이 정미의병에 합류하여 13도 창의군을 결성하고 서울 진공 작전을 전개하여 일본군에 대항하였다.

---

36. 정답 ⑤　　　　| 난이도 | ●○○

(가)에 들어갈 내용으로 가장 적절한 것은?　　　[2점]

〈다큐멘터리 기획안〉

○○○, 애국 계몽 운동을 전개하다

◆ 기획 의도
공화정을 지향하였던 애국 계몽 운동 단체인 ○○○의 활동을 다룬 다큐멘터리를 제작하여, 당시 단체의 활동 및 의의를 재조명한다.

◆ 구성
1부 안창호, 양기탁 등이 비밀 결사를 조직하다.
2부 계몽 서적 보급을 위해 태극 서관을 설립하다.
3부 　　　　(가)

지문의 핵심 키워드 ▶ 신민회

✓ 안창호, 양기탁 - 신민회의 간부
✓ 태극 서관 - 신민회에서 계몽 서적 보급을 위해 설립한 서점

선지별 키워드 추출

① 일제의 황무지 개간권 요구를 저지하였다.
→ 보안회는 일제의 황무지 개간권 요구를 저지시켰다.

② 러시아의 절영도 조차 요구를 저지하였다.
→ 독립 협회는 러시아의 절영도 조차 요구 반대, 한러 은행 폐쇄 등 러시아의 이권 침탈을 저지하기 위한 활동을 주도하였다.

③ 근대 교육을 위해 배재 학당을 설립하였다.
→ 미국인 선교사 아펜젤러는 서울 정동에 근대식 중등 교육기관인 배재 학당을 설립하였다.

④ 중추원 개편을 통해 의회 설립을 추진하였다.
→ 독립 협회는 중추원 개편을 통한 의회 설립 운동을 추진하였다.

⑤ 대성 학교와 오산 학교를 설립하여 민족 교육을 실시하였다.
→ 신민회 간부인 안창호는 대성 학교, 이승훈은 오산 학교를 설립하여 민족 교육을 실시하였다.

37. 정답 ②

| 난이도 | ●●○

(가)~(다)를 일어난 순서대로 옳게 나열한 것은? [3점]

주제: 일제 강점기 경제 침탈 사례

회사를 설립할 때 조선 총독의 허가를 받도록 하는 회사령이 시행되었어요.

전시 체제에 대비하기 위한 미곡 배급 통제법이 공포되었어요.

일제가 자국의 식량 문제를 해결하기 위해 산미 증식 계획을 추진하였어요.

(가)   (나)   (다)

지문의 핵심 키워드 ▶ 일제 강점기 경제 침탈 정책

✔ (가) 회사령 - 무단 통치기에 일제가 우리나라의 회사 설립을 통제한 정책(1910)
✔ (나) 미곡 배급 통제법 - 일제가 전시 체제에 대비하여 미곡의 배급에 대한 통제를 규정한 법(1939)
✔ (다) 산미 증식 계획 - 일제가 자국의 식량 문제를 해결하기 위해 추진한 사업(1920~1934)

선지별 키워드 추출

② (가) - (다) - (나)
→ 일제 강점기의 경제 침탈은 회사령(가-무단 통치기) → 산미 증식 계획(다-문화 통치기) → 미곡 배급 통제법(나-민족 말살 통치 시기) 순으로 발생하였다.

---

38. 정답 ③

| 난이도 | ●●○

다음 가상 기사와 관련된 운동에 대한 설명으로 옳은 것은? [2점]

□□신문

제△△호   ○○○○년 ○○월 ○○일

융희 황제의 인산일, 만세 시위가 발생하다

최근 융희 황제의 인산일을 기점으로 조선 학생 과학 연구회 등의 학생 단체로 사회주의 계열에 의해 만세 시위를 계획하였으나, 권오설 등 사회주의 계열의 인사들이 사전에 체포되어 실패할 위기에 놓였었다. 그러나 융희 황제의 인산일 당일에 상여가 종로를 통과할 때를 기점으로 학생들이 '타도 일제 제국주의, 8시간 노동제' 등을 주장한 전단을 배포하면서 대규모의 군중 시위 운동을 전개하였다. 이로 인해 당시 연희 전문 학교의 박하균, 이병립 등이 주모자로 체포되었으며, 공모자와 관련자를 포함하여 전국에서 약 1,000여 명이 체포, 투옥되었다.

지문의 핵심 키워드 ▶ 6·10 만세 운동

✔ 융희 황제의 인산일 - 6·10 만세 운동의 기점(1926)

선지별 키워드 추출

① 치안 유지법이 제정되는 결과를 가져왔다.
→ 치안 유지법은 6·10 만세 운동 이전인 1925년에 제정되었다.

② 한일 학생 간 충돌이 발단이 되어 일어났다.
→ 한일 학생 간 충돌 과정에서 경찰이 일본인 학생만 편을 들어준 것이 발단이 되어 1929년에 광주 학생 항일 운동이 발생하였다.

③ 민족 유일당 운동이 추진되는 계기가 되었다.
→ 6·10 만세 운동 이후 정우회 선언을 통해 비타협적 민족주의 계열과 사회주의 계열이 연합의 필요성이 제기되며 민족 유일당 운동이 추진되었다.

④ 일제가 이른바 문화 통치를 실시하는 배경이 되었다.
→ 3·1 운동 이후 일제는 조선인에 대한 통치 방식을 무단 통치에서 문화 통치로 변화하였다.

⑤ 성진회와 각 학교 독서회에 의해 전국적으로 확산되었다.
→ 광주 학생 항일 운동은 항일 학생 운동 단체인 독서회와 성진회에 의해 전국적으로 확산되었다.

한국사

39. 정답 ⑤ | 난이도 | ●●○

다음 대화에 해당하는 지역에서 일어난 민족 운동으로 옳은 것은?   [1점]

지문의 핵심 키워드 ▶ 미주 지역의 국외 독립운동

✔ 호놀룰루항 – 미국 하와이의 항구
✔ 사진 교환을 통해 중매 결혼 – 미국 지역에서 유행한 결혼 방식

선지별 키워드 추출

① 대종교 계열의 중광단이 결성되었다.
→ 대종교 계열을 중심으로 **북간도**에서 무장 투쟁을 위한 군사 조직인 **중광단**이 결성되었다.

② 숭무 학교를 세워 독립군을 양성하였다.
→ 이근영은 **멕시코**의 메리다 지역에서 한인 무관을 양성하기 위해 **숭무 학교**를 설립하였다.

③ 권업회가 조직되어 권업신문을 창간하였다.
→ 최재형은 **연해주**의 신한촌에서 항일 독립운동 단체인 **권업회**를 조직하고 **권업신문**을 발행하였다.

④ 이봉창이 일왕의 행렬에 폭탄을 투척하였다.
→ 한인 애국단의 단원인 이봉창은 **도쿄**에서 일왕이 탄 마차에 폭탄을 투척하는 의거를 단행하였다.

⑤ 대조선 국민 군단이 조직되어 군사 훈련을 실시하였다.
→ **미국 하와이**에서 박용만은 대조선 국민 군단을 창설하고 독립운동을 위한 군사를 양성하였다.

40. 정답 ④ | 난이도 | ●●○

밑줄 그은 '이 운동'에 대한 설명으로 옳은 것은?   [2점]

지문의 핵심 키워드 ▶ 물산 장려 운동

✔ 회사령 폐지 이후 발생 – 물산 장려 운동(1922)의 발생 시점
✔ 민족의 기업을 육성하여 경제적 자립을 추구 – 물산 장려 운동의 목적

선지별 키워드 추출

① 통감부의 탄압으로 중단되었다.
→ 물산 장려 운동은 조선 총독부의 방해와 탄압으로 중단되었다.

② 국채 보상 기성회를 중심으로 전개되었다.
→ 국채 보상 운동은 대구에서 서상돈과 김광제 등의 발의로 시작되었으며, 국채 보상 기성회를 중심으로 전개되었다.

③ 조선 노동 총동맹을 중심으로 전개되었다.
→ 조선 노동 총동맹은 조선 노농 총동맹에서 분화되어 형성된 단체로, 물산 장려 운동과는 관련이 없다.

④ 자작회, 토산 애용 부인회 등이 활동하였다.
→ 물산 장려 운동 전개 당시에는 자작회, 토산 애용 부인회 등 국산품 애용을 강조하는 단체들이 활동하였다.

⑤ 일본, 프랑스 등지의 노동 단체로부터 격려 전문을 받았다.
→ 원산 총파업은 중국, 일본, 프랑스 등의 노동 단체로부터 격려와 후원을 받았다.

41. 정답 ④

| 난이도 | ●●○

(가) 단체의 활동으로 옳은 것은? [3점]

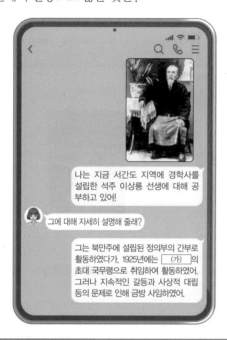

> 나는 지금 서간도 지역에 경학사를 설립한 석주 이상룡 선생에 대해 공부하고 있어!

> 그에 대해 자세히 설명해 줄래?

> 그는 북만주에 설립된 정의부의 간부로 활동하였다가, 1925년에는 (가) 의 초대 국무령으로 취임하여 활동하였어. 그러나 지속적인 갈등과 사상적 대립 등의 문제로 인해 금방 사임하였어.

지문의 핵심 키워드 ▶ 대한민국 임시 정부

✔ 초대 국무령 - 대한민국 임시 정부는 제2차 개헌을 통해 국무령제를 시행하였음

선지별 키워드 추출

① **만세보**를 발행하여 민중 계몽에 힘썼다.
→ **천도교**는 기관지로 **만세보**를 발행하였다.

② 민족 교육을 위해 **서전서숙**을 설립하였다.
→ **이상설**은 민족 교육을 위해 북간도에 **서전서숙**을 설립하였다.

③ 농촌 계몽을 위해 **브나로드 운동**을 전개하였다.
→ **동아일보**는 1930년대에 **농촌 계몽**을 위해 **브나로드 운동**을 주도하였다.

④ **구미 위원부**를 조직하여 외교 활동을 전개하였다.
→ **대한민국 임시 정부**는 대미 외교를 수행하기 위해 워싱턴에 **구미 위원부**를 설치하였다.

⑤ **진상 조사단**을 파견하여 광주 학생 항일 운동을 지원하였다.
→ **신간회**는 광주 학생 항일 운동 발생 이후 **진상 조사단**을 파견하여 지원하였다.

42. 정답 ①

| 난이도 | ●○○

(가) 단체에 대한 설명으로 옳은 것은? [2점]

> **판결문**
>
> **피고**: 구여순 외 4인
> **주문**: 피고 다섯 명을 각각 징역 8개월부터 4년까지 처한다.
> **이유**
> 1. 피고 구여순은 보안법 2년에 처해져 복역 중 그 형이 1년으로 감하게 되어 형을 마쳤는데, 출소 이래 조선 독립(朝鮮獨立)을 열망하여 (가) 에 가입하여 단장 김원봉과 화합하고 조선 및 일본 내지에서 중요 관서를 파괴하고, 요로의 대관을 암살하기로 한 계획에 참여하였다.
> 2. 피고 오세덕은 상해 임시 정부와 조선 내와의 연락을 취하는 연통제에 관한 협의를 위해 상해로 건너가기로 하고 동 읍내 시장에서 박건병(朴健秉)과 협의한 후 그곳에 모인 다수의 사람과 함께 조선 독립의 시위 운동으로 조선 독립 만세 시위를 높이 부르고 중국 상해로 건너갔다가 …

지문의 핵심 키워드 ▶ 의열단

✔ 단장 김원봉 - 김원봉은 의열단의 단장이었음
✔ 중요 관서를 파괴하고, 요로의 대관을 암살하기로 한 계획 - 의열단의 활동 계획

선지별 키워드 추출

① **조선 혁명 선언**을 활동 지침으로 삼았다.
→ **의열단**은 신채호가 집필한 직접적이고 폭력적인 혁명의 방향성을 제시한 **조선 혁명 선언**을 활동 지침으로 삼았다.

② **삼균주의**를 기초로 한 **건국 강령**을 발표하였다.
→ **대한민국 임시 정부**는 조소앙의 **삼균주의**를 바탕으로 해방 이후의 **건국 계획**을 발표하였다.

③ 일제가 조작한 **105인 사건**으로 큰 타격을 입었다.
→ **신민회**는 일제가 조작한 데라우치 총독 암살 혐의로 주요 간부들이 대거 체포당하는 **105인 사건**으로 와해되었다.

④ 조선 총독부에 **국권 반환 요구서**를 제출하려 하였다.
→ **독립 의군부**는 조선 총독부에 **국권 반환 요구서**를 제출하려고 시도하였다.

⑤ **이륭양행**에 교통국을 설치하여 국내와 연락을 취하였다.
→ **영국인 루이스 쇼**는 중국 단둥에서 무역 회사인 **이륭양행**을 운영하며 대한민국 임시 정부의 교통국을 지원하였다.

43. 정답 ①　　　　　　　　　　| 난이도 | ●●○

(가) 단체에 대한 설명으로 옳은 것은?　　　　[2점]

> 중앙 조직부 주 부장 보십시오. 김구의 보고는 잘 받아보았습니다. 본 안건을 총장에게 넘겨 심의한 결과 다음과 같이 간략하게 전합니다. 조선 의용대를 ___(가)___ 에 귀속 합병시키는 문제는 김원봉과 여러 차례 협의하였습니다. 그 결과 현재 김원봉은 자신이 ___(가)___ 의 부사령을 맡고 조선 의용대가 ___(가)___ 의 한 지대로 편입되는 조건하에 조선 의용대가 ___(가)___ 에 합병되는 것을 받아들이기로 하였습니다.

지문의 핵심 키워드 ▶ 한국 광복군

✔ 조선 의용대, 귀속 합병 – 조선 의용대의 일부가 한국 광복군에 합류함
✔ 김원봉, 부사령 – 김원봉이 한국 광복군의 부사령관을 맡음

선지별 키워드 추출

① 미군과 연계하여 국내 진공 작전을 계획하였다.
　→ 한국 광복군은 미국 전략 정보국(OSS)과 연합하여 국내 정진군을 육성한 뒤 국내 진공 작전을 추진하였다.

② 쌍성보, 대전자령 전투에서 일본군을 격파하였다.
　→ 한국 독립군은 북만주 지역의 한국 독립당 산하 조직으로, 중국 호로군과 연합하여 쌍성보, 대전자령 전투에서 승리를 거두었다.

③ 중국 의용군과 연합하여 영릉가 전투에서 승리하였다.
　→ 조선 혁명군은 남만주 지역의 조선 혁명당 산하 조직으로, 중국 의용군과 연합하여 영릉가 전투, 흥경성 전투에서 승리를 거두었다.

④ 중국 관내(關內)에서 결성된 최초의 한인 무장 부대이다.
　→ 조선 의용대는 중국 국민당의 지원을 받아 중국 관내에서 결성된 최초의 군사 조직이다.

⑤ 간도 참변 이후 밀산에서 집결하여 자유시로 이동하였다.
　→ 간도 참변 발생 이후 밀산부에 집결한 독립군은 서일을 총재로 한 대한 독립 군단을 결성하여 러시아 자유시로 이동하였다.

---

44. 정답 ④　　　　　　　　　　| 난이도 | ●●○

(가) 운동에 대한 설명으로 옳은 것은?　　　　[2점]

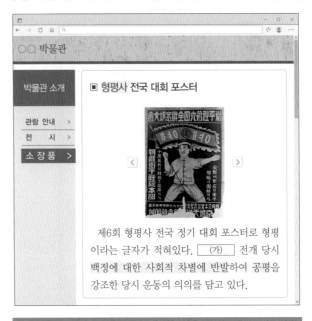

○○ 박물관

관람 안내
전　시
소장품

■ 형평사 전국 대회 포스터

> 제6회 형평사 전국 정기 대회 포스터로 형평이라는 글자가 적혀있다. ___(가)___ 전개 당시 백정에 대한 사회적 차별에 반발하여 공평을 강조한 당시 운동의 의의를 담고 있다.

지문의 핵심 키워드 ▶ 형평 운동

✔ 형평사 – 형평 운동을 주도한 조선 형평사
✔ 백정에 대한 사회적 차별에 반발 – 형평 운동 발생 원인

선지별 키워드 추출

① 대한매일신보의 지원을 받았다.
　→ 대한매일신보는 서상돈, 김광제 등의 발의로 시작된 국채 보상 운동을 지원하였다.

② 중국의 5·4 운동에 영향을 주었다.
　→ 3·1 운동은 중국의 5·4 운동과 인도의 독립 운동 등 해외 독립운동에 영향을 주었다.

③ 천도교 소년회를 중심으로 추진되었다.
　→ 방정환은 천도교 소년회 등을 조직하여 어린이의 권익을 보호하는 소년 운동을 추진하고 어린이날을 제정하였다.

④ 진주 지역에서 시작하여 전국적으로 확산되었다.
　→ 형평 운동은 진주 지역에서 이학찬 등을 중심으로 시작되어 전국적으로 확산되었다.

⑤ 의민단을 조직하여 항일 무장 투쟁을 전개하였다.
　→ 천주교는 일제 강점기에 만주에서 의민단을 조직하여 항일 무장 투쟁을 전개하였다.

45. 정답 ①　　　　　　　| 난이도 | ●●○

(가) 단체에 대한 설명으로 옳은 것은?　　　　[1점]

이곳은 외솔 최현배 선생의 생가터입니다. 그는 국어학자로서 많은 연구 실적을 쌓았습니다. 특히 그는 이극로와 함께 (가) 의 대표 회원으로서 한글 수호 활동을 전개하다가, 1942년에 일제의 탄압으로 발생한 사건으로 광복까지 약 4년 간의 옥고를 치렀습니다.

지문의 핵심 키워드 ▶ 조선어 학회

- ✓ 최현배, 이극로 – 조선어 학회의 대표 인물
- ✓ 1942년에 일제의 탄압으로 발생한 사건 – 조선어 학회 사건

선지별 키워드 추출

① 우리말 큰 사전 편찬을 시도하였다.
  → 조선어 학회는 우리나라의 어휘를 수집하여 한국어로 풀이한 국어사전인 우리말(조선말) 큰 사전 편찬을 시도하였다.

② 한글 신문인 제국신문을 간행하였다.
  → 개항기에 이종일은 부녀자와 민중을 대상으로 한 한글 신문인 제국신문을 간행하였다.

③ 한글로 된 교재인 사민필지를 집필하였다.
  → 육영 공원의 교사였던 헐버트는 한글로 된 세계 지리서인 사민필지를 저술하였다.

④ 우리말 음운 연구서인 언문지를 저술하였다.
  → 조선의 유희는 한글을 체계적으로 연구하여 초성·중성·종성을 세부적으로 정리하였다.

⑤ 국문 연구소를 두어 한글을 체계적으로 연구하였다.
  → 주시경은 국문 연구소의 위원으로 활동하여 한글을 체계적으로 연구하였다.

---

46. 정답 ⑤　　　　　　　| 난이도 | ●●○

(가) 전쟁 중에 있었던 사실로 옳은 것은?　　　　[3점]

이 사진 속 장소는 (가) 당시에 사용되었던 임시 정부 청사입니다. (가) 이/가 발생하자 북한군의 공격을 피해 부산을 임시 수도로 결정되었습니다. 최근에는 임시 정부 청사를 비롯한 부산에 남아 있는 9곳의 관련 장소가 유네스코 세계 유산 잠정 목록으로 등재되었습니다.

지문의 핵심 키워드 ▶ 6·25 전쟁

- ✓ 부산 – 6·25 전쟁 당시 임시 수도

선지별 키워드 추출

① 애치슨 선언이 발표되었다.
  → 미국의 국무장관 애치슨은 태평양 지역 방어선에서 한반도와 타이완을 제외하였다.

② 한미 상호 방위 조약이 체결되었다.
  → 이승만 정부는 6·25 전쟁 이후 안보 강화를 위해 한미 상호 방위 조약을 체결하였다.

③ 여수 순천 10·19 사건이 일어났다.
  → 여수 순천 10·19 사건은 국방 경비대 소속의 일부 군인들이 제주 4·3 사건의 진압을 거부하며 1948년에 일으킨 사건이다.

④ 모스크바 3국 외상 회의가 개최되었다.
  → 광복 직후 미국, 영국, 소련 3국의 외무 장관은 모스크바에서 한국을 비롯하여 제2차 세계대전 이후의 여러 지역 문제를 협의하기 위한 회의를 개최하였다.

⑤ 비상 계엄이 선포된 가운데 발췌 개헌안이 통과되었다.
  → 6·25 전쟁이 진행되던 시기에 부산에서 발생한 정치 파동을 계기로 직선제를 규정한 개헌안이 통과되었다.

47. 정답 ③ | 난이도 | ●●○

밑줄 그은 '정부' 시기의 사회 모습으로 옳은 것은?
[2점]

지문의 핵심 키워드 ▶ 이승만 정부

✓ 농지 개혁법, 반민족 행위 처벌법 – 이승만 정부 때 제정된 법
✓ 4 · 19 혁명 – 이승만 정부 때 발생한 민주화 운동

선지별 키워드 추출

① 전국 민주 노동 조합 총연맹이 창립되었다.
→ 김영삼 정부 때 노동자의 권익 향상을 위해 전국 민주 노동 조합 총연맹이 창립되었다.

② 양성 평등 실현을 위해 호주제가 폐지되었다.
→ 노무현 정부는 양성 평등의 실현을 위해 호주제를 가족 관계 등록부로 변경하였다.

③ 평화 통일론을 내세우던 진보당이 해체되었다.
→ 이승만 정부는 야당 후보인 진보당의 조봉암에게 간첩 혐의를 씌워 사형시킨 뒤 진보당을 해체하였다.

④ 외환 위기 극복을 위한 금 모으기 운동이 전개되었다.
→ 김대중 정부 때 외환 위기를 극복하기 위해 전국에서 자발적으로 금을 기부하여 외환 부채를 갚자는 금 모으기 운동이 전개되었다.

⑤ 중학교 입시 제도가 폐지되고 무시험 추첨제가 실시되었다.
→ 박정희 정부는 과도한 입시 제도의 폐해를 개선하기 위해 중학교 입시 제도를 폐지하고 추첨 제도를 실시하였다.

48. 정답 ③ | 난이도 | ●●○

다음 선언문이 발표된 정부 시기에 있었던 사실로 옳은 것은?
[2점]

> **우리는 왜 3선 개헌에 반대하는가?**
>
> 우리는 이제 3선 개헌을 강행하여 자유 민주에의 반역을 기도하는 어떤 명분이나 위장된 강변에도 현혹됨이 없이 헌정 20년간 모든 호헌 세력들의 공통된 신념과 공통된 결단 위에서 전 국민의 힘을 뭉쳐 단호히 이에 대처하려 한다. 집권자에 의해서 자유 민주에의 기대가 끝내 배신당할 때, 조국을 수호하려는 전 국민은 요원의 불길처럼 봉기할 것이다. 우리는 날로 그 맹방을 확장시키고 있고, 선악의 대결과 진부(眞否)의 결전에서 용솟음치는 결의를 가지고 있다.

지문의 핵심 키워드 ▶ 박정희 정부

✓ 3선 개헌 – 박정희 대통령의 3 연임을 가능하게 하도록 단행한 개헌

선지별 키워드 추출

① 야간 통행 금지가 해제되었다.
→ 전두환 정부 때 유화 정책의 일환으로 대한민국 정부 출범 이후부터 지속된 야간 통행 금지를 해제하였다.

② 대통령 긴급 명령으로 금융 실명제를 실시하였다.
→ 김영삼 정부 때 금융 거래 시 반드시 본인의 실명으로 거래하는 금융 실명제를 실시하였다.

③ 농촌의 근대화를 표방한 새마을 운동이 전개되었다.
→ 박정희 정부는 도시와 농촌 간의 빈부 격차를 해소하기 위해 농촌 근대화를 위한 새마을 운동을 추진하였다.

④ 진실 · 화해를 위한 과거사 정리 기본법이 제정되었다.
→ 노무현 정부 때 반인권적 인권 유린과 폭력 학살 의문 사건 등을 조사하기 위해 진실과 화해 위원회를 설치하고 관련 제도를 제정하였다.

⑤ 대통령 직속 자문 기구인 노사정 위원회가 구성되었다.
→ 김대중 정부 때 IMF 외환 위기 이후의 상황을 극복하기 위해 노동자, 회사, 정치인으로 구성된 노사정 위원회를 구성하였다.

49. 정답 ④ | 난이도 | ●○○

(가) 민주화 운동에 대한 설명으로 옳은 것은?   [1점]

> **노래로 읽는 한국사**
>
> **5월의 노래**
>
> 봄볕 내리는 날
> 뜨거운 바람 부는 날
> 붉은 꽃잎 져 흩어지고
> 꽃 향기 머무는 날
> 묘비 없는 죽음에
> 커다란 이름 드리오
> 여기 죽지 않은 목숨에
> 이 노래 드리오
> 사랑이여 내 사랑이여
>
> [해설]
>
> 이 곡은 [(가)] 을/를 소재로 한 최초의 민중 가요이다. 서울대학교 출신의 작곡가 문승현이 작사·작곡한 노래로 기자 출신의 친척으로부터 전달받은 광주의 진실을 절제된 가사로 잘 표현하였다는 평가를 받는다. 이 곡은 계엄군에 의해 희생된 광주 시민들에 대한 애도의 마음도 담겨 있다.

지문의 핵심 키워드 ▶ 5·18 광주 민주화 운동

✓ 계엄군에 의해 희생된 광주 시민 – 5·18 광주 민주화 운동

선지별 키워드 추출

① 3·1 민주 구국 선언을 발표하였다.
→ 박정희 정부 때 유신 헌법 체제에 반대하는 사람들이 모여 3·1 민주 구국 선언을 발표하였다.

② 장면 내각이 출범하는 배경이 되었다.
→ 4·19 혁명으로 이승만이 대통령직에서 하야하고, 이후 장면 내각이 출범하였다.

③ 호헌 철폐, 독재 타도 등의 구호를 내세웠다.
→ 전두환 정부 때 4·13 호헌 조치에 반발하여 호헌 철폐와 독재 타도를 내세운 6월 민주 항쟁이 발생하였다.

④ 관련 기록물이 유네스코 세계 기록 유산으로 등재되었다.
→ 5·18 광주 민주화 운동 관련 기록물은 세계 기록 유산으로 등재되었다.

⑤ 5년 단임의 대통령 직선제 개헌이 이루어지는 계기가 되었다.
→ 6월 민주 항쟁의 결과 전두환 정부는 6·29 선언을 발표하며 5년 단임의 대통령 직선제 개헌을 약속하였다.

---

50. 정답 ② | 난이도 | ●●○

다음 연설이 있었던 정부 시기의 통일 노력으로 옳은 것은?   [2점]

> 제24회 서울 올림픽은 12년 만에 동서양의 세계가 이념을 초월하여 우리 서울에 함께 모인 명실상부한 인류 화합의 대축제로서 인류가 바라던 올림픽 본래의 정신과 그 모습을 되찾게 된 가장 뜻깊은 대회였습니다.

지문의 핵심 키워드 ▶ 노태우 정부의 통일 노력

✓ 제24회 서울 올림픽 – 노태우 정부 때 개최한 국제 대회

선지별 키워드 추출

① 남북 조절 위원회를 구성하였다.
→ 박정희 정부 때 7·4 남북 공동 성명을 계기로 통일 교류 실천을 위한 남북 조절 위원회가 구성되었다.

② 남북한이 국제 연합(UN)에 동시 가입하였다.
→ 노태우 정부 때 남북한이 국제 연합에 동시 가입하였다.

③ 남북 교류 협력을 위한 개성 공업 지구 조성에 합의하였다.
→ 김대중 정부 때 남북 경제 교류 사업의 일환으로 개성 공단 건설에 합의하였다.

④ 남북 이산가족 고향 방문단의 교환 방문이 최초로 성사되었다.
→ 전두환 정부 때 남북 교류 사업의 일환으로 남북 이산가족 고향 방문단의 교환이 최초로 성사되었다.

⑤ 남북 관계 발전과 평화 번영을 위한 10·4 남북 정상 선언에 서명하였다.
→ 노무현 정부는 제2차 남북 정상 회담을 개최하고 10·4 남북 공동 선언을 채택하였다.

어떤 길은 시작한 것만으로도,
다른 길이 펼쳐진다.
너의 시작을 옳게 만드는 노력,
그 단단한 걸음에 빛나는 길이 마중나올 것이니.

※ 교재 내 수록된 사진 자료 출처
 • 국사편찬위원회 우리역사넷
 • 국가유산청 국가유산포털
 • 문화체육관광부 국립중앙박물관(e뮤지엄)

2025 최신간 기분좋은 해품사 한능검 심화
#기출은 해품사 회차별 기출 500제 + 분석해설

초 판 인 쇄	2025년 01월 07일
초 판 발 행	2025년 02월 09일
발 행 인	박영일
출 판 책 임	이해욱
저 자	해품사
개 발 편 집	김기임 · 김선아 · 변영은 · 신지호
표 지 디 자 인	박수영 · 하연주
본 문 디 자 인	하한우
마 케 팅	박호진
발 행 처	㈜시대고시기획시대교육
출 판 등 록	제 10-1521호
주 소	서울시 마포구 큰우물로 75 [도화동 성지빌딩]
전 화	1600-3600
홈 페 이 지	www.sdedu.co.kr